FACHBUCHREIHE
für wirtschaftliche Bildung

Schwerpunkt Einzelhandel

Schuljahr 1

10. Auflage

VERLAG EUROPA-LEHRMITTEL
Nourney, Vollmer GmbH & Co. KG
Düsselberger Straße 23
42781 Haan-Gruiten

Europa-Nr.: 97909

EUROPA LEHRMITTEL

Verfasser

Steffen **Berner**

10. Auflage 2023

Druck 5 4 3 2 1

Alle Drucke derselben Auflage sind parallel einsetzbar, da sie bis auf die Korrektur von Druckfehlern identisch sind.

ISBN 978-3-7585-9264-5

Umschlag, Satz: Satz+Layout Werkstatt Kluth GmbH, 50374 Erftstadt
Umschlagkonzept: tiff.any GmbH, 10999 Berlin
Umschlagfoto: © nonnie192 – stock.adobe.com
Druck: Plump Druck & Medien GmbH, 53619 Rheinbreitbach

Vorwort zur 10. Auflage

„Schwerpunkt Einzelhandel – Schuljahr 1" ist ein umfassendes Lehr- und Lernbuch, das aktuell in der 10. Auflage vorliegt. Es richtet sich an Auszubildende, Lehrer/innen und Ausbilder/innen in den Berufen

- **Verkäufer/Verkäuferin**
- **Kaufmann im Einzelhandel/Kauffrau im Einzelhandel**

sowie an alle in der **beruflichen Weiterbildung Tätigen im Einzelhandel.** Zugleich kann es **Fachleuten in der Einzelhandelspraxis** als wertvolles Nachschlagewerk und zur Vertiefung bekannter Inhalte dienen.

Das Buch umfasst die **Lerngebiete** des ersten Schuljahres in der **Berufsfachlichen Kompetenz** sowie in der Projektkompetenz auf der Grundlage des **aktuellen baden-württembergischen Bildungsplans.**

Die inhaltliche Gestaltung orientiert sich am baden-württembergischen **Lernfeldkonzept.** Es stellt lernfeldbezogene und handlungsorientierte Materialien und Unterlagen für eine Unterrichtsgestaltung bereit, welche die Aktivität der Auszubildenden fördert und fordert und es ihnen ermöglicht, am Ende eines Ausbildungsabschnittes berufliche Handlungsabläufe zu verstehen.

„Schwerpunkt Einzelhandel" bietet dazu eine **Vielzahl praxisnaher Situationsaufgaben** mit zahlreichen lerngruppenzentrierten Aufgabenstellungen und will so **selbstorganisiertes Lernen** sowie die Erarbeitung und Gestaltung **klassenindividueller Lernarrangements** ermöglichen.

Es enthält praktische Ansätze für einen **sprachsensiblen Fachunterricht.**

Neben dem bisherigen Schwerpunkt Gesamtwirtschaft wurden im **Kompetenzbereich (WiSo)** „In Ausbildung und Beruf orientieren" noch **Zusatzaufgaben** ergänzt. Dieses **Kompetenztraining** beinhaltet im Wesentlichen komplexe und realitätsnahe Problemstellungen unter Berücksichtigung der Erfahrungswelt der Lernenden. Das Kompetenztraining dient einer aktiven Beteiligung der Lernenden und zur **Prüfungsvorbereitung**.

Das Lehrbuch wird durch ein **Arbeitsheft mit Lernsituationen** ergänzt sowie durch einen **Lösungsband** für Buch und Arbeitsheft.

Ihr Feedback ist uns wichtig. Wir freuen uns auf eine positive Aufnahme dieses Buches, aber auch auf Hinweise, die zu einer Verbesserung des Buches führen. Ihre Anregungen und Stellungnahmen sind uns unter lektorat@europa-lehrmittel.de sehr willkommen.

Frühjahr 2023

Verlag und Autor
Steffen Berner

Inhaltsverzeichnis

■ Schwerpunkt Betriebswirtschaft (SBW)
Lernfeld 1: Aufgaben, Leistungen und die organisatorische Struktur des Einzelhandelsunternehmens darstellen.

■ Schwerpunkt Betriebswirtschaft (SBW)
Lernfeld 2: Verkaufsgespräche kundenorientiert führen

■ Schwerpunkt Betriebswirtschaft (SBW)

Lernfeld 3: Rechtsgrundlagen und Zahlungsarten beim Warenverkauf erarbeiten

Schwerpunkt Betriebswirtschaft (SBW)
Lernfeld 4: Waren präsentieren

Schwerpunkt Betriebswirtschaft (SBW)
Lernfeld 5: Werben und den Verkauf fördern

Schwerpunkt Steuerung und Kontrolle (SSuK)
Lernfeld 11: Geschäftsprozesse erfassen und kontrollieren

Schwerpunkt Gesamtwirtschaft (Kompetenzbereich WiSo I)
In Ausbildung und Beruf orientieren

Projektkompetenz (PKO)
Projekte auswählen, planen und durchführen

Schwerpunkt Betriebswirtschaft (SBW)

Lernfeld 1

Aufgaben, Leistungen und die organisatorische Struktur des Einzelhandelsunternehmens darstellen.

Inhalte

© Robert Kneschke – Fotolia.com

© contrastwerkstatt – Fotolia.com

© METRO AG

1 Präsentation des Ausbildungsbetriebes

Wer uns noch nicht kennt, wird uns jetzt kennen lernen!

SITUATION

© Alexander Raths – Fotolia.com

Sie sind seit kurzem Schülerinnen und Schüler einer Einzelhandelsklasse in einer kaufmännischen Berufsschule.

In der Zwischenzeit haben Sie sich näher kennengelernt und in einer Vorstellungsrunde auch kurz über Ihren Ausbildungsbetrieb informiert. Sicher haben Sie dabei festgestellt, dass Sie in sehr unterschiedlichen Unternehmen ausgebildet werden.

In einem Ausbildungsbetrieb arbeiten z. B. nur fünf Mitarbeiter, in einem anderen sind es fünfhundert. In manchen Betrieben spielt die Kundenberatung fast keine, in anderen eine sehr große Rolle.

Auch hinsichtlich des Sortiments wird es in Ihrer Klasse große Unterschiede geben: Ein Unternehmen führt nur wenige Warengruppen, aber dafür in sehr großer Auswahl; viele Ihrer Ausbildungsunternehmen bieten fast alles, aber zum Teil ist dort die Auswahl innerhalb einer Warengruppe gering.

Erkunden Sie Ihren Ausbildungsbetrieb und stellen Sie ihn anschließend der Klasse vor. (Hinweis: Wenn in Ihrer Klasse mehrere Auszubildende aus einem Unternehmen sind, dann erstellen Sie eine Gruppenpräsentation).

Bitten Sie Kolleginnen und Kollegen aus Ihrem Ausbildungsbetrieb, Ihnen zu helfen.

INFORMATION

Zur Lösung der Aufgabe „Ich präsentiere meinen Ausbildungsbetrieb" nutzen Sie die Informationen und Anleitungen im Teil **„Projektkompetenz"** dieses Buches, ab der Seite 497. Dort finden Sie alles, was man braucht, um eine solche Präsentation zu planen und durchzuführen.

Hier noch einige **Tipps:**

› Führen Sie mit Auszubildenden aus dem 2. und 3. Ausbildungsjahr Interviews, ebenso mit anderen Mitarbeitern und wenn möglich auch mit Kunden (Erlaubnis im Betrieb vorher einholen!),

› bitten Sie Ihren Betrieb um Informationsmaterial *(Imagebroschüre, Statistiken, Mitarbeiterzeitschrift)* und um die Möglichkeit, Fotos zu machen,

› nutzen Sie auch Medien wie Zeitung, Fernsehen oder das Internet, ob Sie dort etwas zu Ihrem Ausbildungsbetrieb finden.

Ihre mündlich vorgetragene Präsentation unterstützen Sie durch die Wahl einer Ihnen geeigneten **Präsentationsform**, wie z. B. einem Plakat, einer Power-Point-Präsentation, einem Video oder durch Folien bzw. mit einem Tafelanschrieb.

Für Ihre Mitschüler erstellen Sie zusätzlich auf einer DIN-A4-Seite eine **Zusammenfassung** zu den wichtigsten „Facts" Ihres Ausbildungsunternehmens.

Dazu soll Ihnen die folgende Vorlage eine Hilfe sein, nach der Sie einen **„Steckbrief"** Ihres Ausbildungsbetriebs gestalten können.

›› Beispiel:

Wichtiges zu meinem Ausbildungsunternehmen: Reinbach GmbH	
Branche	Papier, Büro- und Schreibwaren
Rechtsform	Gesellschaft mit beschränkter Haftung (GmbH)
Geschäftsführer	Herr Kurt Reinbach
Mitgliedschaft	Einkaufsverband Büro Aktuell und im Neuburger Handels- und Gewerbeverein sowie der IHK Neuburg.
Standort und Adresse	77777 Neuburg, Berliner Straße 15 Telefon: 07889 554466 Internet: www.reinbach-pbs.de E-Mail: info@reinbach-pbs.de
Mitarbeiterzahl › **Vollzeit** › **Teilzeit** › **Auszubildende**	28 8 16 4
Jahresumsatz	7,8 Millionen €
Sortimentsbeschreibung	Schreibwaren für den privaten, geschäftlichen und schulischen Gebrauch, technischer Zeichen- und Grafikbedarf, Mal- und Zeichenbedarf, Papiere und Folien, Bürobedarf, Druckerpatronen und Toner, Kalender und Zeitplansysteme, Verpackungsmaterialien, Geschenkartikel, Karten und Atlanten. In einem Nachbargebäude große Büromöbelausstellung mit speziellem Firmenservice.
Kundenstruktur	Etwa 50 % Stammkunden, die ihren privaten Bedarf an PBS-Artikeln decken, ca. 30 % Schüler und ca. 20 % Firmenkunden für Bürobedarf und Büromöbel.
Einzugsgebiet	Stadtgebiet Neuburg sowie Umkreis von ca. 15 km.
Werbemaßnahmen	Wöchentliche Anzeigen in den beiden Neuburger Lokalzeitungen. Zum Schuljahresanfang und vor Weihnachten Sonderprospekte. Vor Schuljahresanfang mehrere Rundfunkspots im lokalen Rundfunksender „Antenne 17".
Ladenöffnung	Montag bis Freitag von 8:30 Uhr bis 19:30 Uhr, Samstag von 9:00 Uhr bis 18:00 Uhr.

2 Gesamtwirtschaftliche Bedeutung des Einzelhandels

2.1 Wertschöpfungsprozess

SITUATION

© bojan – stock.adobe.com

Neulich nach der Schule

„Ey, Danny, ist bei dir der Reichtum ausgebrochen? Ist doch alles neu, oder?

„Klaro, wir haben doch eine Tour zum Fabrikladen nach Herzogenaurach gemacht. Ich sage dir, Preise, da fällst du vom Hocker! Glatt die Hälfte von dem, was du sonst so im Laden zahlst."

„Sag ich doch immer. Den Handel kannst du vergessen, der macht die Sachen nur teurer!"

Beurteilen Sie das Gespräch der beiden Auszubildenden und formulieren Sie ein Statement, das der Bedeutung des Einzelhandels als Bestandteil der Gesamtwirtschaft gerecht wird.

INFORMATION

Wertschöpfungskette

Nur sehr wenige **Güter** können von den Verbrauchern so genutzt werden, wie sie in der Natur vorkommen *(Quellwasser, Wald- und Feldfrüchte)*. In den meisten Fällen ist es notwendig, dass sie zum Nutzen und Gebrauch einen **Herstellungsprozess** durchlaufen müssen, um dann anschließend als fertige Produkte den Verbrauchern zum Kauf angeboten werden zu können. Dabei entsteht eine **gesamtwirtschaftliche Wertschöpfung**, die sich dadurch auszeichnet, dass die Güter durch produktive Tätigkeiten *(entwickeln, herstellen, lagern, verkaufen)* an Wert gewinnen.

Dies wird auch als **Wertschöpfungskette** bezeichnet und vollzieht sich in unterschiedlichen **Wirtschaftsbereichen**.

Nahezu alle **Betriebe** einer **Volkswirtschaft** lassen sich folgenden **drei Wirtschaftsbereichen** zuordnen:

- **Primärer Wirtschaftsbereich:** Urproduktion bzw. Gewinnung der Rohstoffe in der Land- und Forstwirtschaft und dem Bergbau sowie Energieerzeugung.
- **Sekundärer Wirtschaftsbereich:** Weiterverarbeitung der Rohstoffe zu fertigen Produkten in der Industrie und im produzierenden Handwerk.
- **Tertiärer Wirtschaftsbereich:** Verteilung der Produkte über den Groß- und Einzelhandel an die Endverbraucher. Angebot von Dienstleistungen *(Banken, Versicherungen, Verkehrsbetriebe)*.

© MEV Agency UG

Der wirtschaftliche Beitrag des **tertiären Wirtschaftsbereichs** zum Bruttoinlandsprodukt beträgt ca. 70 %. Davon entfallen etwa 28 % auf den **Einzelhandel,** der aktuell einen Umsatz von über 423 Milliarden € erzielte (ohne Kfz, Tankstellen sowie Apotheken). Im Einzelhandel arbeiten ca. 3 Millionen Männer und Frauen in etwa 380.000 Betrieben, sei es im Ein-Mann-Kiosk oder im Großkonzern mit mehreren zehntausend Beschäftigten.

© Beck

Die **Kunden** des **Einzelhandels** sind i. d. R. die **privaten Haushalte.** Sie stellen das letzte Glied in der sogenannten „Handelskette" dar.

Die **Aufgabe** des **Einzelhandels** besteht vor allem darin, die von den Endverbrauchern **nachgefragten Waren** zu **beschaffen,** sie als kundengerechtes Sortiment zu **präsentieren** und an die Endverbraucher zu **verkaufen.**

Dabei unterscheidet man zwischen dem **Versorgungshandel** (Versorgung der Kunden mit den lebensnotwendigen Gütern) und dem **Erlebnishandel** (Angebote höherwertiger und modischer Ware sowie Beratung durch fachkundiges Verkaufspersonal und Präsentation des Sortiments in einer angenehmen Einkaufsatmosphäre).

© MEV Agency UG

Jedes einzelne **Handelsunternehmen** hat als **Hauptziel** möglichst viele Waren und Dienstleistungen anzubieten und durch deren Verkauf **Gewinne** zu erzielen.

Die Waren müssen eingekauft, die Dienstleistungen bereitgestellt werden. Dies ist mit **Kosten** verbunden. Um Gewinne zu erzielen, müssen Waren und Dienstleistungen **teurer** verkauft, als eingekauft werden. Diesen **Prozess** bezeichnet man als **unternehmerische Wertschöpfung.**

AKTION

1 Beschreiben Sie verbal die gesamtwirtschaftliche Wertschöpfungskette am Beispiel eines T-Shirts aus reiner Baumwolle. Visualisieren Sie zusätzlich diesen Wertschöpfungsprozess mithilfe einer aussagekräftigen grafischen Darstellung. Welche Darstellungsform prägt sich besser im Gedächtnis ein? Begründen Sie.

2 Die Lederwarenabteilung des Warenhauses Merkur bietet eine große Auswahl an Brieftaschen und Geldbörsen aus Leder. Viele verschiedene Unternehmen waren beteiligt, um diese Artikel den Kunden in den Verkaufsräumen anbieten zu können.

a) Zu welchen Wirtschaftsbereichen zählen die folgenden Unternehmen?

b) Bringen Sie die beteiligten Unternehmen in die zeitlich richtige Reihenfolge.

> Gerberei Naumann e. K./Rinderhof Neudeck/Merkur Warenhaus AG/
> Lederfärberei Berg & Co/Leder-Wolf GmbH Lederwarenfabrik/
> Ledergroßhandel Lotter KG

3 Vervollständigen Sie die folgenden Aussagen:

a) Der Einzelhandel gehört zum … Wirtschaftsbereich.

b) Ein Landwirt beliefert mehrere Supermärkte mit Gemüse. Sein Betrieb zählt zur …

c) Der Einzelhandel ist zwischen … und … einzuordnen.

d) Die Rohstoffgewinnung erfolgt in …

4 Welche Gemeinsamkeiten gibt es zwischen Groß- und Einzelhandel?

5 Das folgende Schaubild zeigt die Entwicklung der Beschäftigtenzahl in den letzten 138 Jahren. Interpretieren Sie diese Entwicklung.

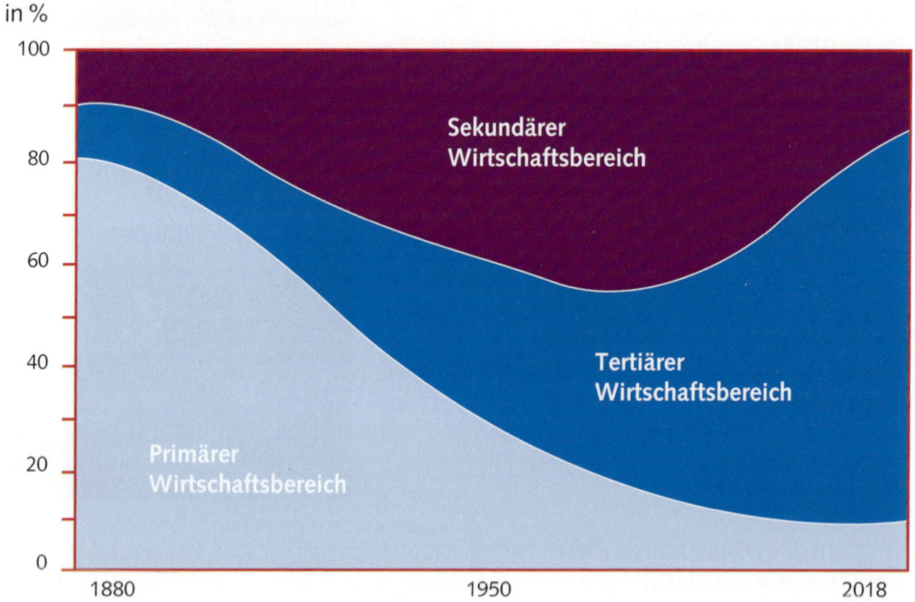

6 Zeigen Sie am Beispiel von Textilien, Lebensmitteln und Haushaltsgeräten, dass die zu diesen Warenbereichen gehörenden Produkte sowohl dem Versorgungshandel, als auch dem Erlebnishandel zuzuordnen sind.

2.2 Leistungen des Einzelhandels

Einzelhändler bieten mehr als nur Waren zu verkaufen!

SITUATION

Anlässlich des 100-jährigen Bestehens des Neuburger Handels- und Gewerbevereins wurde eine Untersuchung durchgeführt, um zu erfahren, was die Neuburger Einwohner an ihrem örtlichen Einzelhandel besonders schätzen. Hier einige typische Antworten:

	„Als Alleinstehende finde ich es prima, dass man bei uns überall auch kleine Mengen kaufen kann. Ich bevorzuge Naturkost und bin froh, dass wir jetzt auch in Neuburg einen Bio-Supermarkt haben." (Monika R., 33 Jahre, Grundschullehrerin)
	„Für mich mit einer großen Familie und daher wenig Zeit ist es ganz wichtig, dass ich alles in der Nähe bekommen kann und kein Auto brauche. Unsere Kinder sind begeisterte Obstesser und freuen sich auch im Winter über einen knackigen Apfel." (Ute B., 41 Jahre, Mutter von 5 Kindern)
	„Unser Warenhaus hat eine riesige Auswahl. Ich kaufe nicht gerne ein und bin froh, alles unter einem Dach zu finden. Das vielfältige und internationale Angebot in der Lebensmittelabteilung schätze ich besonders." (Thomas K., 28 Jahre, Programmierer)
	„Bei meiner Figur und 25 kg zu viel benötige ich auf jeden Fall fachkundigen Rat beim Anzugskauf. Außerdem muss meist was geändert werden." (Heinrich M., 54 Jahre, Bankdirektor)
	„Also ohne mein Schwätzchen jeden Vormittag mit den netten Verkäuferinnen in unserem Supermarkt wäre mein Tag doch recht langweilig. Ganz prima find ich, dass man mir Sprudel und Bier ins Haus bringt. Die Schlepperei wäre doch zu viel." (Martha A., 76 Jahre, alleinstehende Rentnerin)

Welche Handelsfunktionen sind den Befragten besonders wichtig? Informieren Sie sich dazu im Informationsteil.

INFORMATION

Handelsfunktionen

Die Einzelhändler kaufen Waren bei Herstellern und/oder Großhändlern ein und verkaufen sie in der Regel unverändert, d.h. weder bearbeitet noch zu anderen Waren umgeändert, an ihre Kunden.

Bei der Beschaffung und dem Absatz der Waren erfüllt der Handel Aufgaben, die man als **Handelsfunktionen** bezeichnet.

Handelsfunktion	Erklärung	Beispiele
Raumüberbrückung	Der Handel (Groß- und Einzelhandel) überbrückt die räumliche Entfernung zwischen der Güterproduktion und deren Konsum. Der Verbraucher kann an seinem Wohnort i.d.R. die gewünschten Waren erwerben.	› Käse aus Holland › Kaffee aus Kenia › Wein aus Italien › Orangen aus Israel › Jeans aus den USA › Bekleidung aus Frankreich › Computerspiel aus Japan
Zeitüberbrückung	Der Handel überbrückt die Zeit zwischen Produktion bzw. Lieferung der Waren und ihrer Verwendung/Verbrauch durch Lagerung.	› Wintersportbedarf › Weihnachtsartikel › Äpfel, Bananen › Wein
Mengenausgleich	Der Handel kauft große Mengen ein und verkauft in kleinen Mengen. Durch Großaufträge an die Hersteller ist für diese eine kostengünstige Massenfertigung möglich und der Verbraucher kann in den von ihm gewünschten Größenordnungen seinen Bedarf decken.	Diese Funktion erfüllt der Handel bei fast allen Artikeln im Sortiment. Ausnahmen sind Einzelanfertigungen *(Modellkleid)* oder Auftragsproduktionen *(Möbelhandel)*.
Sortimentsfunktion	Der Kunde wünscht ein vielfältiges Angebot. Der Handel stellt sein Sortiment für seinen Kundenkreis zusammen. Dazu ist der Einkauf bei meist mehreren Lieferanten notwendig.	Einkauf › bei Herstellern › bei Großhändlern › auf Messen › über Importeure › bei Einkaufsverbänden
Servicefunktion	Außer Waren werden häufig Kundendienstleistungen angeboten. Sie können sowohl mit dem Kauf einer Ware verbunden sein *(Kürzen einer Hose)* oder auch nicht *(Reinigung einer Hose)*.	› Warenzustellung › Änderung › Reparatur › Auswahlsendung › Aufbau und Installation › Parkplätze › Kinderecke
Beratungsfunktion	Oft haben Kunden nur geringe Warenkenntnisse. Im Beratungsgespräch erhalten sie vom Verkaufspersonal Informationen und Hilfestellung, um eine bedarfsgerechte Kaufentscheidung treffen zu können.	› Beratungsgespräch beim Kauf einer Küche › Tipps zum richtigen Gebrauch eines Schnellkochtopfs › Pflegehinweise beim Kauf einer Seidenbluse

Qualitätsfunktion	Bei der Zusammenstellung von Sortimenten prüft der Handel durch Kontrollen, Stichproben und Tests, ob die Waren seinen Ansprüchen genügt.	Eine Elektrofachmarktkette nimmt Artikel nur in ihr Sortiment auf, wenn Funktions- und Sicherheitsüberprüfungen in eigenen Testlabors erfolgreich verlaufen.
Kreditfunktion	In vielen Fällen muss der Kunde die Ware nicht sofort bezahlen. Der Handel räumt ihm einen Kredit ein (Finanzierung).	Ein Möbelhaus wirbt mit einer Ratenzahlung bis zu 72 Monaten für nur 2 % Zinsen.
Freizeitfunktion und Sozialfunktion	Viele Kunden möchten beim Einkaufen etwas „erleben“. Für die einen soll Einkaufen unterhaltsam sein und für andere *(ältere Menschen)* sind Kontakte zum Personal und/oder anderen Kunden wichtig.	› Modenschau › Sonderveranstaltungen › Aktionen für ältere Menschen oder Familien mit Kindern › Leseecke mit Kaffee in Buchhandlung

Wenn der Handel seine Funktionen erfüllt, leistet er ganz wesentlich mehr als Ware lediglich zu verteilen. Erst dadurch, dass **Handelsleistungen** erbracht werden, wird ein **„Erzeugnis“** zur **„Ware“** und damit konsumreif.

© Beck

Erzeugnis (Gemüse) + **Handelsleistung** (sortieren, abpacken) = **Ware** (präsentieren)

Absatzwege

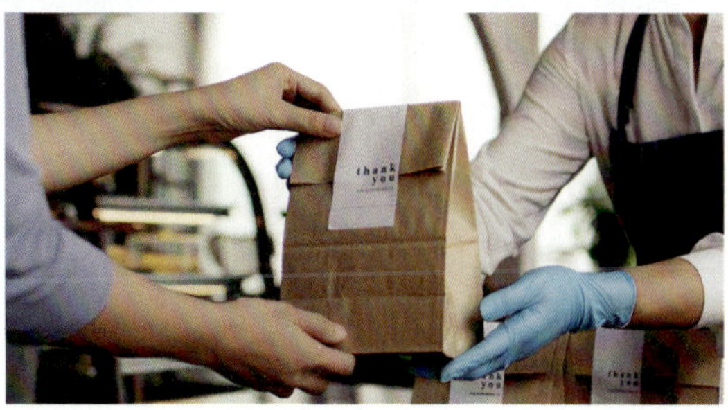

© Chaay_tee-Stock.adobe.com

Eine Ware kann auf sehr unterschiedliche Weise vom Hersteller zu den Konsumenten gelangen. Nicht immer, aber in den meisten Fällen, ist der Einzelhandel daran beteiligt, wie hier am Beispiel „Kaffee“ gezeigt werden soll:

Früher bezogen Einzelhändler (meist Fachgeschäfte für Kaffee, Tee und Kakao) Rohkaffee von Importgroßhändlern in Bremen oder Hamburg und rösteten selbst (Veredelung). Auch hatte der Postversand von Kaffee ab Rösterei eine große Bedeutung. Das hat sich völlig geändert. Heute sind für Kaffee die folgenden „Handelsketten“ üblich:

Hersteller	Großhandel	Einzelhandel	Verbraucher

1. Ein Hersteller *(Tchibo)* verkauft seinen Kaffee über eigene Verkaufsstellen direkt an die Verbraucher.
2. Ein Hersteller *(Hochland Kaffeemanufaktur)* beliefert den Einzelhandel mit eigenen Lieferfahrzeugen. Er übernimmt die Erstbestückung bei der Eröffnung des Geschäfts.
3. Andere Hersteller *(Jacobs, Melitta, Idee Kaffee)* beliefern den Großhandel sowie Einkaufsorganisationen, über die dann der Einzelhandel seinen Bedarf deckt.
4. Ein Discounter *(ALDI)* röstet seinen Kaffee in eigenen Großröstereien und verkauft den Kaffee ausschließlich als Handelsmarke in den eigenen Filialen.

Im ersten Fall spricht man von **direktem Absatz** (weil zwischen Hersteller und Konsumenten keine Mittler treten), in allen anderen Fällen von **indirektem Absatz** (weil Groß- und/oder Einzelhandel eingeschaltet sind und diese für Hersteller und Konsumenten Handelsleistungen erbringen).

© Tchibo, Hamburg

© Beck

Abb. Direkter und indirekter Absatz

■ AKTION

1 Wir haben Kunden im Gespräch miteinander belauscht. Von welchen Handelsfunktionen ist die Rede?

a) „Ich habe nur eine kleine Wohnung und kann nichts lagern. Da ist es gut, dass dieser Laden gleich in meiner Nachbarschaft liegt."

b) „Vielleicht sind die Preise woanders niedriger, aber hier kann ich mich auf einen ordentlichen Kundendienst verlassen."

c) „... und wenn ich am Monatsende ein bisschen knapp bin, kann ich auch anschreiben lassen."

d) „Ich brauche nicht lange hin und her zu laufen, denn ich finde hier alles unter einem Dach."

e) „Wenn ich mal nicht weiß, was ich stricken soll, finde ich Vorschläge und Strickmuster im Woll-Laden."

f) „Als Alleinstehender brauche ich immer nur kleine Mengen. Die kaufe ich im ‚Tante-Emma-Laden' nebenan."

g) „Ich richte mich bei meinen Einkäufen immer auch nach den Anzeigen, die donnerstags in der Zeitung stehen."

h) „... alles ist tadellos frisch. Ich bin sehr zufrieden."

i) „... und dann eine Auswahl wie in der Großstadt."

2 Erklären Sie die Funktionen des Handels am Beispiel Ihres Ausbildungsbetriebes.

Beschreiben Sie dabei möglichst genau, ob und wie der Betrieb jede einzelne der oben genannten Funktionen erfüllt.

Erstellen Sie eine Tabelle nach folgendem Muster:

Mein Ausbildungsbetrieb:	
Handelsfunktion	**wird bei uns erfüllt durch Angebot an:**
Raumüberbrückung . . .	

3 Erläutern Sie den Mitgliedern Ihrer Klasse/Lerngruppe, welche anderen Unternehmen in Ihrem Betrieb Handelsfunktionen übernehmen.

4 Nennen Sie drei Beispiele dafür, dass Konsumenten selbst Handelsleistungen erbringen.

5 Sie sind Mitarbeiter(in) im Feinkostgeschäft Bauer. Bei einem Verkaufsseminar erfährt Ihr Chef von Marketingexperten, dass Kunden besonders dann zu Stammkunden werden, wenn sie zu ihrem Geschäft eine emotionale Bindung haben. Nach seiner Rückkehr bittet er Sie ihm Vorschläge zu machen, wie man diese emotionale Bindung verstärken kann. Dazu gibt er Ihnen folgenden Notizzettel:

> *Hallo,*
> *bitte machen Sie mir bis Ende der Woche Vorschläge zur Verstärkung der gefühlsmäßigen Bindung der Kundschaft an unser Geschäft.*
> *Mir sind folgende Punkte wichtig: Benennung unseres Geschäfts, Ladengestaltung, Warenpräsentation, Sortimentsgestaltung, Werbemaßnahmen.*

3 Betriebsformen im Einzelhandel

Gibt's Waren nur im Warenhaus und kann man nur im Kaufhaus kaufen?

SITUATION

Einzelhandelsbetriebe gibt es in einer Vielzahl unterschiedlicher Formen. Die Tabelle zeigt die Marktanteile der unterschiedlichen Betriebsformen im deutschen Einzelhandel.

Marktanteile von Betriebsformen in Deutschland (HDE, Berlin)	Anteil in %
1. Fachgeschäfte (nicht filialisiert)	21,3
2. Fachmärkte	15,7
3. Discounter	14,9
4. Filialisten des Fachhandels	14,1
5. SB-Warenhäuser/Verbrauchermärkte	12,7
6. Supermärkte/traditioneller LEH	9,1
7. Versandhandel	3,7
8. Kauf- und Warenhäuser	2,5
9. Online-Handel	2,2
10. Sonstige (Convenience, ambulanter Handel)	2,9

1. Notieren Sie auf einem Blatt Papier die Betriebsform Ihres Ausbildungsbetriebs. Erstellen Sie in der Klasse eine „Hitliste" der häufigsten Betriebsformen. Vergleichen Sie mit den Marktanteilen der Betriebsformen in Deutschland und ermitteln Sie den prozentualen Anteil in Ihrer Berufsschulklasse. Welche Gemeinsamkeiten bzw. Unterschiede können Sie feststellen? Präsentieren Sie das Ergebnis als Wandzeitung in der Schule.
2. Nicht jede Ware findet sich in allen Betriebsformen im Sortiment.
   a) Informieren Sie sich in der Sachdarstellung und notieren Sie die Betriebsformen, bei denen Textilien und Bekleidung angeboten werden.
   b) Suchen Sie in der Sachdarstellung die Informationen zur Betriebsform Ihres Ausbildungsbetriebes. Erstellen Sie damit einen „Steckbrief" Ihres Ausbildungsbetriebes. Orientieren Sie sich am folgenden Muster:
   – Sortimentsdimension, – Sortimentsschwerpunkt, – Betriebsgröße
   – Serviceangebot, – Standort, – Verkaufsform.
3. Für welche klassischen Betriebsformen sehen Sie im Internet-Handel eine ernsthafte Konkurrenz?

INFORMATION

Betriebsformen geben Auskunft darüber, welche Leistungen ein Handelsbetrieb seinen Kunden anbieten will und wie er vorhat, dieses umzusetzen. So erwartet der Kunde in einem Fachgeschäft ein anderes Sortiment als bei einem Discounter.
Während im **Laden-** und **ambulanten Handel** fast immer ein direkter Kontakt zur Ware möglich ist, wird sie beim **Bestellhandel** *(Versandhaus, Internet)* nur als Abbildung präsentiert.

3.1 Herkömmliche Betriebsformen im Ladenhandel

Die unterschiedlichen Ausprägungen der Handelsunternehmen lassen sich nach der Sortimentsdimension (breit/eng und tief/flach) sowie der Sortimentsstruktur, Verkaufsform und der Größe der Verkaufsfläche systematisieren.

■ Merkmal Sortimentsdimension

Fachgeschäft und Spezialgeschäft

Fachgeschäfte sind Betriebe mit einem breit und tief gegliederten **Sortiment** einer bestimmten Branche *(Augenoptiker)* oder Bedarfsgruppe *(Sportartikel)*. In Fachgeschäften ist häufig üblich, dass die Kunden durch das Verkaufspersonal während des gesamten Verkaufsvorgangs bedient werden. Serviceleistungen spielen eine wichtige Rolle.

© Beck

Abb. Optikerfachgeschäft

Fachgeschäfte zeichnen sich durch ein mittleres bis gehobenes, in manchen Fällen auch hohes, Preisniveau aus. Der **Standort** befindet sich meist in vor- und innerstädtischen Zentren sowie in Einkaufszentren. Die **Ladeneinrichtung** wird oft sehr individuell gestaltet und reicht von einfachem, bis zu modernstem und luxuriösestem Design *(Textilfachgeschäft, Sportfachgeschäft, Feinkostgeschäft)*.

Das **Spezialgeschäft** ist eine Sonderform des Fachgeschäfts und beschränkt sein Sortiment auf einen Ausschnitt eines Fachgeschäfts, ist aber tiefer als jenes gegliedert **(„Die Käsetheke", „Surf and Snow", „Krawattenecke")**.

Waren- und Kaufhaus

Warenhäuser *(Karstadt, Kaufhof)* sind Großbetriebe, die Waren aus vielen Branchen anbieten *(Textilien, Schuhe, Haushaltswaren, Schreibwaren, Uhren u. Schmuck, Lebensmittel u.a.)*. Die bevorzugten **Standorte** sind die Stadtzentren von Großstädten. Aber auch in kleineren Städten gibt es Filialen dieser Handelskonzerne, die aber nicht die Sortimentsbreite und -tiefe, wie die großen „Flaggschiffe" erreichen. Große Warenhäuser haben ein **Sortiment**, das bis zu 300.000 Artikel umfassen kann. Die Zusammenfassung des Warenangebotes und dessen attraktive und zum Teil luxuriöse Präsentation üben eine starke Anziehungskraft auf große Teile der Bevölkerung aus („Alles unter einem Dach").

© Kaufhof AG, Köln

Abb. Warenhaus

Allerdings wird die einst starke Marktposition der Warenhäuser durch das vermehrte Auftreten von Verbrauchermärkten, SB-Warenhäusern und Einkaufszentren angegriffen.

Daher versuchen die Warenhauskonzerne sich nicht in erster Linie über den Preis, sondern durch große Auswahl in zahlreichen Fachabteilungen, durch eine moderne und anziehende Ladengestaltung sowie ein reichhaltiges Serviceangebot *(Gastronomie, Frisör, Reise)* zu profilieren. Einkaufen soll so zum Erlebnis werden *(Themenhauskonzept bei Karstadt, Galeria-Konzept bei Kaufhof)*.

Kaufhäuser sind Einzelhandelsbetriebe, die den Warenhäusern ähneln. Ihr **Sortiment** umfasst nicht so viele Warengruppen, ist jedoch auch tief ausgeprägt. Gewöhnlich fehlen Lebensmittelabteilungen.

Kaufhäuser gibt es besonders im Bereich **Bekleidung** und **Textilien** *(C&A, Peek u. Cloppenburg)*.

Auch die großen **Möbelhäuser** mit Verkaufsflächen bis zu 70.000 m² können als Kaufhäuser bezeichnet werden *(IKEA, XXXLutz, Walther AG, Möbel Hofmeister)*. Die **Standorte** sind im textilen Bereich in den Innenstädten, während die Möbelkaufhäuser wegen ihrer Abholmärkte viele Parkplätze benötigen und sich daher meist am Stadtrand befinden.

© XXXLutz, Graz

Abb. Möbelkaufhaus

Merkmal Sortimentsstruktur und Verkaufsform

Supermarkt

Supermärkte sind Einzelhandelsbetriebe, die in der Form der **Selbstbedienung** auf einer Verkaufsfläche von mindestens 400 m² neben einem vollen **Lebensmittelsortiment** auch ergänzende problemlose Waren des täglichen Bedarfs anbieten. Haupt- und Nebenstraßen der Städte sind der bevorzugte **Standort** für einen Supermarkt. In geschlossenen Wohngebieten finden sich diese Märkte in Nachbarschaftszentren, in denen sich mehrere Einzelhandelsbranchen zusammenfinden. Aber auch Einkaufszentren sind ein gut geeigneter Standort.

Bei den Supermärkten werden zwei Haupttypen unterschieden:

Servicesupermarkt	Eine oder auch mehrere Bedienungsabteilungen, stilvolle Ladeneinrichtung, umfassendes Frischesortiment. Neben dem Warenkauf gewinnt der „Verzehr vor Ort" an Bedeutung *(Stehcafé, „heiße Theke")*.
Discountsupermarkt	Reine Selbstbedienung, einfache Ladengestaltung und ein sehr begrenztes Frischesortiment. Eine klare Abgrenzung zu Discountgeschäften ist nicht möglich.

Verbrauchermärkte und Selbstbedienungs-Warenhäuser

Verbrauchermärkte (ab 1.500 m² Verkaufsfläche) und die aus ihnen hervorgegangenen **SB-Warenhäuser** (ab 3.000 m² Verkaufsfläche) sind **Großraumläden** mit einem umfassenden Lebensmittelsortiment. Zusätzlich bieten sie ein einem Warenhaus ähnliches Non-Food-Sortiment. Kennzeichen dieser Betriebsform ist ihre z. T. sehr aggressive Preispolitik. Es herrscht das **Selbstbedienungssystem** vor. Verbrauchermärkte und SB-Warenhäuser haben nicht nur mehr Fläche als herkömmliche Selbstbedienungsgeschäfte, sondern zeichnen sich i. d. R. auch durch eine besondere Ausstattung und Warenpräsentation aus.

© METRO Group, Düsseldorf

Abb. Verbrauchermarkt

Die Abbildung unten links zeigt eine Erholungszone in einem Lebensmittelverbrauchermarkt mit Sitzgelegenheit und kostenlosem Getränkeangebot.

Zusätzlich erhöhen z. B. Banken, Restaurants, Reinigungen, Frisöre und Reisebüros die Attraktivität dieser Handelsbetriebe für den Kunden *(E-Center, Kaufland, Marktkauf)*.

Mit zunehmender Fläche steigt jeweils der Non-Food-Anteil am Sortiment.

Verbrauchermärkte und SB-Warenhäuser befinden sich nicht nur „auf der grünen Wiese“, sondern auch in innerstädtischen Lagen, wobei eine ausreichende Zahl an Parkmöglichkeiten gewährleistet sein muss.

© Gebauer, Göppingen

Abb. Erholungszone im Verbrauchermarkt

Discounter

Discountgeschäfte *(Aldi, Lidl, Netto)* sind Handelsbetriebe, die **Lebensmittel** – und in einem **beschränkten** Umfang auch **Non-Food-Artikel** – zu besonders günstigen Preisen nach dem Prinzip der **Selbstbedienung** anbieten.

Das **Sortiment** ist breit und flach. Discountgeschäfte finden sich in innerstädtischen Zentren, an Einkaufszentren angegliedert und wegen der günstigen Parkmöglichkeiten auch in Stadtrandgebieten. Verstärkt übernehmen Discounter die Rolle von **Nahversorgern**, da in

© Peter Maszlen – stock.adobe.com

Abb. Discounter

vielen Gemeinden kleine Einzelhandelsgeschäfte aufgeben mussten. Heute gehören Obst und Gemüse und zunehmend auch abgepackte Fleisch- und Wurstwaren sowie Backwaren zum Standardsortiment vieler Discounter.

Ein typisches Kennzeichen für diese Betriebsform ist der hohe **Werbeaufwand** mit einer Vielzahl an Sonderangeboten. Um das niedrige Preisniveau gewährleisten zu können, sind große Einkaufsmengen bei den Herstellern Voraussetzung. Deshalb wird das Discountgeschäft fast ausschließlich von großen Einzelhandelsunternehmen nach dem Filialprinzip betrieben.

© Edeka, Hamburg

Abb. Discounter mit Frischeabteilung

Fachmärkte

Fachmärkte *(Mediamarkt, OBI, Rossmann, Adler)* ähneln im **Sortiment** den Fachgeschäften, aber hinsichtlich der aggressiven Preispolitik, der Anwendung des **SB-Prinzips** und der besonders für Autokunden attraktiven Standorte den Verbrauchermärkten.

Serviceorientierte Fachmärkte bieten zusätzlich ein umfangreiches Angebot an Dienstleistungen, während der **discountorientierte Fachmarkt** zugunsten niedrigerer Preise darauf verzichtet. Der **Standort** befindet sich je nach Sortiment am Stadtrand *(Baumärkte)* oder in der Innenstadt *(Drogeriefachmärkte)*. Oft sind Fachmärkte räumlich an ein Einkaufszentrum *(Elektrofachmärkte)* angebunden.

© METRO Group, Düsseldorf

Abb. Baumarkt

Werden Waren aus mehreren Branchen angeboten, spricht man von einem **Mehrfach-Fachmarkt**; wird dagegen das Sortiment sehr eng gehalten *(Fliesen- oder Holzmarkt)*, spricht man von einem **Spezialfachmarkt**.

Fachmärkte bilden eine besonders **dynamische** Betriebsform, die überdurchschnittlich zunehmen wird. Das Fachmarktkonzept ist praktisch auf jede Branche anwendbar und als Träger kommen sowohl Fachgeschäftsinhaber, aber auch Filialunternehmen und Verbundgruppen infrage, was zu einem noch schärferen Wettbewerb führen wird.

Übersicht über wichtige herkömmliche Betriebsformen im Ladenhandel

Betriebsform	Sortimentsdimension breit	Sortimentsdimension tief	Sortimentsschwerpunkt	Betriebsgröße	Preisniveau	Beratung und Serviceangebot	Standort	Verkaufsform	Zukunftsperspektive
Fachgeschäft/ Spezialgeschäft	○	★★	eine Warengruppe	klein bis mittel	mittel bis hoch	hoch bis sehr hoch	vor- und innerstädtische Zentren	B, TSB VW	⇩
Fachmarkt	★★	★★	verwandte Warenguppen	mittel bis groß	niedrig bis mittel	mittel bis hoch	Stadtrandlage, Einbindung an EKZ	SB, VW	⇧
Verbrauchermarkt/ SB-Warenhaus	★★	★	Lebensmittel mit Randsortimenten	groß bis sehr groß	niedrig bis mittel	niedrig	häufig in Stadtrandlage, Gewerbegebiete	SB, B	⇨
Supermarkt	★	★	Lebensmittel	mittel	mittel	niedrig bis mittel	Innenstadt, Wohngebiete, in Einkaufszentren	SB, B	⇨
Nachbarschaftsgeschäft	★	○	Waren des täglichen Bedarfs	klein bis mittel	mittel bis hoch	mittel	Kleinstadt, ländliche Gebiete	B, SB	⇩
Discountgeschäft	○	○	Lebensmittel	klein bis mittel	niedrig	niedrig	Wohngebiete, Stadtrandlage	SB	⇧
Kaufhaus	○	★★	Waren eines Verwendungsbereichs	mittel bis groß	mittel, z.T. auch niedrig	mittel bis hoch	Zentrum größerer Städte, EKZ	VW	⇨
Warenhaus	★★	★★	Waren aus fast allen Branchen	mittel bis sehr groß	mittel bis gehoben	mittel bis hoch	Zentrum größerer Städte, EKZ	B, VW, SB	⇩

Bedeutung der Symbole
Sortimentsdimension: ○ = durchschnittlich ★ = groß ★★ = sehr groß
Marktbedeutung: ⇨ = gleich bleibend ⇧ = zunehmend ⇩ = rückläufig
Verkaufsform: B = Bedienung, SB = Selbstbedienung, TSB = Teilselbstbedienung, VW = Vorwahl (vgl. Kap. 4)

3.2 Betriebsformen für spezielle Kundenansprüche

Convenience Store: schnell, bequem und rund um die Uhr!

Ein Convenience Store (convenience = Bequemlichkeit) ist ein moderner „Tante-Emma-Laden". An Standorten mit hoher Verkehrsfrequenz *(Tankstellen, Bahnhöfe, Flughäfen)* bietet er ein breites und flaches Sortiment für den täglichen Bedarf auf einem relativ hohen Preisniveau.

Tankstellen erzielen heute mit dem Shop-Geschäft mehr Umsatz als mit dem Verkauf von Mineralölprodukten. Dies liegt sowohl an den gut erreichbaren Standorten (verkehrsorientiert) als auch daran, dass für diese Betriebe das Ladenschlussgesetz nicht in vollem Umfang gilt.

Abb. Tankstellen-Shop

Boutique: klein, aber fein!

Die Boutique ist ein zumeist kleiner Einzelhandelsbetrieb, der ein begrenztes und auf die jeweilige Kundenzielgruppe ausgerichtetes Sortiment anbietet. Meist sind es modische und exklusive Waren aus den Bereichen Bekleidung, Schmuck und Wohnungseinrichtung. Boutiquen finden sich auch als Fachabteilungen in Waren- und Kaufhäusern und wenden sich vor allem an Kunden, die eine individuelle Beratung und ein besonderes Warenangebot schätzen.

Abb. Textilboutique

Hofladen, direkt vom Erzeuger auf den Tisch!

Landwirtschaftliche Erzeugerbetriebe nutzen zunehmend die Möglichkeiten der **Direktvermarktung** an Konsumenten.

In einem Hofladen bieten sie insbesondere Produkte aus dem eigenen Gemüse- und Obstanbau *(Spargel, Erdbeeren)* und der Milch- und Tierzucht *(Lamm, Gänse, Eier)* an.

Oft handelt es sich um Landwirte, die ökologischen Landbau betreiben oder regionale Spezialitäten anbieten.

Abb. Hofladen

Einkaufszentren (Shopping Center): einkaufen und erleben!

Einkaufszentren sind eigentlich keine eigenständige Betriebsform, sondern eine räumliche Konzentration verschiedener rechtlich selbstständiger Unternehmen in unterschiedlicher Betriebsform *(Warenhaus, Fachgeschäfte, Boutique, Discounter)* sowie weiterer zahlreicher Dienstleistungsbetriebe an einem Standort.

Moderne Einkaufszentren werden zentral verwaltet und sind so konzipiert, dass die Verbraucher sie als Einheit auffassen. Dies wird u.a. auch durch gemeinsame Werbemaßnahmen erreicht.

Sie verfügen über ausreichend Parkplätze und liegen entweder verkehrsgünstig außerhalb von Ballungszentren oder sind von vornherein als innerstädtisches Bauvorhaben geplant.

Einkaufszentren bieten ihren Kunden nicht nur „alles unter einem Dach", sondern auch Dienstleistungen und Aktionen rund ums Einkaufen, das damit zu einem Erlebnis werden soll. Diese Kombination finden die Kunden in besonders ausgeprägter Form in den sogenannten **„Urban Entertainment Centers"** (UEC). Hierbei werden Angebote vorwiegend erlebnisorientierter Einzelhandelsgeschäfte mit Unterhaltungs- und Gastronomieangeboten räumlich zusammengefasst.

Solche Zentren haben sich zu einem überregionalen Anziehungspunkt für Konsumenten entwickelt und haben pro Jahr bis zu mehreren Millionen Besucher. Deutschlands größtes Einkaufszentrum ist das „CentrO" in Oberhausen mit ca. 120.000 m² Verkaufsfläche und ca. 220 Geschäften.

Abb. CentrO – Oberhausen, Mall

Factory-Outlet-Center (FOC): Markenware zu günstigen Preisen!

© mopsgrafik – Fotolia.com

Für den klassischen Einzelhandel stellen Factory-Outlet-Center eine Herausforderung dar, da bei dieser Betriebsform auf den Handel als Mittler zwischen Hersteller und Verbraucher völlig verzichtet wird. In einem FOC verkaufen unterschiedliche Hersteller eigene Markenartikel fernab ihrer Produktionsbetriebe unter einem Dach.

FOC dürfen daher nicht mit Fabrikläden verwechselt werden. In diesen wird selbsterstellte Ware an Endverbraucher – meist auf dem Fabrikgelände – verkauft.

Bei einem FOC handelt es sich um ein geplantes Einkaufszentrum mit einem Angebot an Markenartikeln, wie es auch in bestehenden Einkaufszentren und in den Innenstädten zu finden ist. Die Hersteller wollen besonders solche Kunden ansprechen, die Markenqualität zu günstigen Preisen einkaufen wollen. Neben den preisreduzierten regulären Waren werden aber auch Waren aus Überschussproduktion, zweite Wahl und bei Modefirmen Stücke aus älteren Kollektionen angeboten.

Kritiker der Ansiedlung von Factory-Outlet-Centern befürchten durch ihre Ansiedlung eine Schwächung des innerstädtischen Einzelhandels. Die Folgen wären eine weitere Verödung der Innenstädte sowie eine Zunahme des Individualverkehrs, da diese Zentren meist nur mit dem eigenen Pkw angefahren werden können.

3.3 Handel ohne festen Standort (ambulanter Handel, Wanderhandel)

© Beck

Abb. Verkaufswagen auf Wochenmarkt

Der **ambulante Handel** ist nicht an feste Standorte und offene Verkaufsstellen gebunden.

Er findet auf **Straßen** und **Märkte**n statt, aber es werden zunehmend auch die **privaten Haushalte** aufgesucht.

Heutige Formen des ambulanten Handels		
	Beispiele	**Besonderheiten**
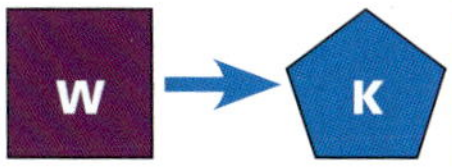 Ware zum Kunden	Waren, die hauptsächlich im Haushalt Verwendung finden *(Elektrogeräte, Kunststoffgeschirr, Kochtöpfe)*, Kosmetik, Schmuck, Eis und Tiefkühlkost, Weine.	Neben dem Gesichtspunkt „Bequemlichkeit" schätzen besonders Frauen den Einkauf zu Hause im Freundeskreis. Einkaufen wird zum gesellschaftlichen Ereignis *(Hauspartys)*.
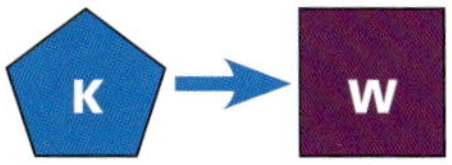 Kunde zur Ware	Markthandel in Form des Wochenmarktes *(Obst, Gemüse, Milchprodukte, Fisch, Fleisch)* oder als „Jahrmarkt" *(Haushaltswaren, Bekleidung, Süßwaren)*.	Viele Verbraucher schätzen Frische und die Sortimentsvielfalt auf überschaubarem Raum. Einzelhändler aus der Lebensmittelbranche nutzen Märkte als zweite Absatzschiene *(Käsestand)*.

3.4 Bestellhandel

Beim Bestellhandel sieht der Kunde in der Regel die Ware nicht im Original. Ausnahmen sind z. B. Bestellungen aufgrund von Mustern und Proben.

Angebotsformen des Verkäufers	Bestellmöglichkeiten des Kaufers	Warenzustellung
› Printmedien *(Kataloge, Prospekte, Anzeigen)* › Online-Dienste › Außendienstmitarbeiter *(s.a. „Hauspartys" beim ambulanten Handel)*	› schriftlich › per Fax › telefonisch › elektronisch (E-Mail, Internet) › mündlich	› firmeneigene Transportmittel › Deutsche Post AG › private Zustelldienste › Außendienstmitarbeiter

Merkmale des Bestellhandels:

- Einkauf von jedem Ort, an jedem Tag und zu jeder Zeit
- Spezialangebote für fast jeden Bedarf
- Häufig Preisgarantie über mehrere Monate *(Versandhandel)*
- Anonymer Einkauf, Vermeidung möglicher Kaufzwänge
- Meist Einkauf ohne Risiko durch großzügige Rücknahmebestimmungen
- Bequeme Zahlungsmöglichkeiten
- Zustellung der Ware ins Haus

Im Jahr 2022 wird nach Angaben des Bundesverbandes des Deutschen Versandhandels (BVH) ein Umsatz von über 100 Milliarden EUR erwartet. Ungebrochen ist dabei der Trend zu mehr Online-Bestellungen. Der Anteil von Einkaufswünschen per Brief, Fax oder Telefon wird deutlich geringer. Einen deutlichen Schub gibt die Bestellmöglichkeit mithilfe von Smartphones und Tablets, die jederzeit und überall mobiles Einkaufen ermöglichen. Doch der Papierkatalog wird laut BVH nicht ganz verschwinden.
Quelle: BVH

Katalog-Versandhandel

© piotr_roae – stock.adobe.com

Lange Zeit boten **Versandhändler** ihre Waren hauptsächlich über **Kataloge** den Kunden an. So wurden in den 1970er Jahren über 25 Millionen Kataloge der vier größten Versandhäuser Deutschlands produziert. Zu den bedeutendsten Katalogversendern gehörte das Versandhaus OTTO mit einer Auflage seines tausend Seiten starken Hauptkatalogs von 5 Millionen. Außerdem produzierte OTTO bis zu 70 Spezialkataloge. Weltweiter Spitzenreiter war der IKEA-Katalog, der in über 200 Millionen Exemplaren und in 31 Sprachen gedruckt wurde, aber nur noch online bestellbar ist.

Die **Bedeutung von Katalogen** geht allerdings aus mehreren Gründen zurück:

› zunehmende Bedeutung des Online-Bestellhandels
› hohe Herstellungskosten
› schlechte Ökobilanz von Druck-Erzeugnissen

Elektronischer Bestellhandel (Electronic-Shopping)

© focus_bell – stock.adobe.com

Elektronische Bestellmöglichkeiten werden sowohl von den Versandunternehmen als auch von stationären Handelsunternehmen *(„Virtuelles Warenhaus")* sowie einer Vielzahl neuer auf diese Medien spezialisierter Anbieter offeriert. Fast jeden Tag kommen neue Anbieter dazu.

Offline-Shopping

© Dark Vectorangel – Fotolia.com

Bequem vom Sofa zu Hause wird Ware im „Fernsehkaufhaus" über das Telefon bestellt. Das Warenangebot ist breit gefächert: Schmuck, Sportartikel, Geschenkartikel, Haushaltsgeräte, aber auch Schuhe und Textilien sind im Sortiment. Teleshopping gibt es in zwei Angebotsformen:

	Angebote innerhalb des Programms privater TV-Kanäle/ Radiosender	Angebote in Shopping-Kanälen (Home-Shopping-Europe, QVC)
Bestellung	telefonisch	telefonisch
Sortiment	einzelne spezielle Angebote *(CDs, Trimmgeräte, Pflegemittel)*	mehrere hundert Artikel
Programmausstrahlung	Zu bestimmten Sendezeiten, meist am Vormittag und am späten Abend und in der Nacht.	Je nach Sender bis zu 24 Stunden
Konditionen/ Lieferzeiten	Lieferzeit meist bis zu 30 Tagen mit einem großzügigen Rückgaberecht.	Je nach Sender innerhalb 3 bis 10 Tagen, u. U. mit einem kostenlosen Rückgaberecht innerhalb 14 Tage

Online-Shopping	
Einkaufen im Internet	Im Internet zeigen Händler ihre Warenangebote in einem elektronischen Katalog ihres Online-Shops, der über eine Internetadresse zu erreichen ist (http://www.xyz.de/). Außer Bildern und Texten sind häufig Videoclips und/oder Musikaufnahmen enthalten.  © phonlamaiphoto – stock.adobe.com
Beispiel für einen Online-Shop	 © Pixel-Shot – stock.adobe.com
Vorteile für Anbieter	Die Angebote können sehr flexibel gestaltet werden. Veränderungen im Sortiment, der Preise und Konditionen sind schnell, problemlos und kostengünstig vorzunehmen. Zeitlich begrenzte Aktionen *(Weihnachtsangebote)* oder auf die jeweilige Zielgruppe ausgerichtete Angebote schaffen zusätzliche Kaufanreize. Durch Bestellungen erhält der Anbieter wichtige Kundendaten.

Vorteile für den Kunden	Wer beim virtuellen Händler einkauft, der schätzt nicht nur die damit verbundene Bequemlichkeit, sondern auch die Möglichkeit, unverbindlich und anonym sich über das Warenangebot zu informieren. Erst durch die Bestellung werden persönliche Daten bekannt. Zudem ist ein Kauf unabhängig von Ort und Zeit möglich (kein Ladenschluss, keine lästige Parkplatzsuche). Außerdem bieten viele Anbieter zusätzlich interessante Serviceangebote, die über den reinen Warenkauf hinausgehen *(Pflegetipps, Urlaubsangebote, zur Ware passende Literatur)*. Beispiel: Bestell- und Lieferleistungen eines Online-Händlers: **Ihre Vorteile auf einen Blick:** ✓ **bequem** zu Hause bestellt – nach Hause geliefert ✓ **schnell** Auslieferung innerhalb von 24 Stunden (in über 95 % aller Fälle) ✓ **sicher** 128-bit-SSL ✓ **informativ** wir beschreiben und illustrieren unsere Produkte bestmöglich ✓ **international** wir liefern überall hin ✓ **Großes Sortiment** über 1.700 Artikel für Ihr Wohlbefinden ✓ **Marken-Qualität** Alle Produkte entsprechen deutschen und EU-Richtlinien und Gesetzen ✓ **Kauf auf Rechnung** (Deutschland, Österreich, Schweiz) ✓ **14 Tage Rückgaberecht** ohne Angabe von Gründen ✓ **Hotline** 0180-50 500 44 **Blitz-Info** Shopping Wie geht's?
Probleme	Die Adresse des Anbieters (Homepage) muss bekannt gemacht werden. Dies kann mit erheblichen Kosten verbunden sein. Um die Risiken bei der Bezahlung klein zu halten, ist die Bezahlung per Nachnahme oder per Bankeinzug zu empfehlen. Vorsicht ist für Kunden bei Bezahlung mit Kreditkarte angeraten. Die Möglichkeit, dass Hacker an die Kreditkartennummer herankommen, ist nicht auszuschließen. Daher sollte man die Kartennummer nur dann angeben, wenn die Übertragung in verschlüsselter Form erfolgt (SSL-Verfahren). Für den Kunden bleibt aber stets das Risiko, ungeeignete Ware zu erhalten.

Ablauf eines elektronischen Einkaufs	
Ware auswählen	Auf der Homepage des Verkäufers wird per Mausklick der gewünschte Warenbereich aus dem virtuellen Sortimentsangebot ausgewählt *(Technik/Multimedia)*. Dann erfolgt die Wahl der Warengruppe *(Foto & Optik)*. Nachdem die Warenart ausgewählt wurde *(Kameras)*, erscheint eine Übersicht zu den im Angebot befindlichen Waren. Meist sind dies kleine Abbildungen (Thumbnails), die durch Anklicken vergrößert werden können. Neben der detaillierten Abbildung erhält der Interessent ausführliche Produktbeschreibungen. Bei ernsthaftem Interesse an der Ware legt man sie durch Mausklick in den elektronischen Einkaufswagen (Warenkorb). Sein Inhalt kann jederzeit eingesehen und verändert (Stückzahl, Löschungen) werden. Sind alle Artikel ausgewählt und in den Warenkorb gelegt, erfolgt die Warenbestellung.
Ware bestellen	Durch einen weiteren Mausklick wird ein elektronisches Bestellformular angezeigt, das bereits alle ausgewählten Artikel und den entsprechenden Einkaufswert enthält. Der Käufer ergänzt das Formular mit seinen persönlichen Daten. Dies entfällt, wenn er bereits über eine Kundennummer verfügt. Zum Schluss werden die gewünschten Zahlungsbedingungen ausgewählt (Kreditkarte, Rechnung, Abbuchung, Nachnahme, PayPal) und die Bestellung wird abgeschickt.

Beispiel für Bestellformular:

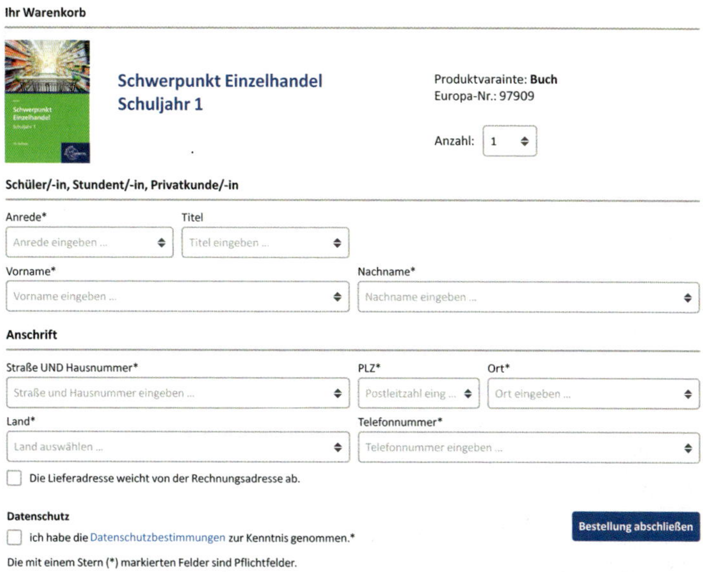
Ihr Warenkorb

Schwerpunkt Einzelhandel
Schuljahr 1

Produktvaraintе: **Buch**
Europa-Nr.: 97909

Anzahl: 1

Schüler/-in, Stundent/-in, Privatkunde/-in

Anrede* — Anrede eingeben ...
Titel — Titel eingeben ...
Vorname* — Vorname eingeben ...
Nachname* — Nachname eingeben ...

Anschrift

Straße UND Hausnummer* — Straße und Hausnummer eingeben ...
PLZ* — Postleitzahl eing ...
Ort* — Ort eingeben ...
Land* — Land auswählen ...
Telefonnummer* — Telefonnummer eingeben ...

☐ Die Lieferadresse weicht von der Rechnungsadresse ab.

Datenschutz

☐ ich habe die Datenschutzbestimmungen zur Kenntnis genommen.*

Bestellung abschließen

Die mit einem Stern (*) markierten Felder sind Pflichtfelder.

Hinweise zur formalen und inhaltlichen Gestaltung eines Online-Shops	
Seiten-gestaltung	Die Homepage sollte sofort das Interesse potenzieller Kunden wecken. Die Startseite muss daher als Blickfang wirken. Aber Vorsicht: Zu überladene Startseiten mit einer Fülle von Bildern und Grafiken können leicht wegen mangelnder Übersichtlichkeit abschreckend wirken. Außerdem verlängern sie die Ladezeiten, was ungeduldige Interessenten u. U. wegklicken lässt.
Angebote	Eine übersichtliche und gut strukturierte Warenpräsentation ist Voraussetzung für ein längeres Verweilen auf der Seite. Neben einer Visualisierung der Artikel ist es u. U. noch wirkungsvoller, Sound und Animationen zu integrieren. Mithilfe einfach zu bedienender Suchoptionen sollte die Auswahl der Produkte erfolgen.
Service	Natürlich erwartet ein Kunde Serviceleistungen rund um die angebotene Produktpalette *(ausführliche Produktinformation, Erklärung spezieller Fachbegriffe in Lexika und Glossaren)*. Zusätzliche Serviceangebote erhöhen die Attraktivität des Online-Shops *(Online-Kochbuch mit Rezepten und Kochanleitungen, Software und Spiele evtl. sogar mit kostenlosen Download-Möglichkeiten, Gewinnspiele, Newsletter und die Möglichkeit, über E-Mail direkt Kontakt zum Shop-Betreiber aufnehmen zu können)*.
Zielgruppe	Wer einen Online-Shop betreiben will, muss sich unbedingt darüber im Klaren sein, ob er seine angepeilte Zielgruppe mehrheitlich über das Internet überhaupt erreichen kann.  © vegefox.com – stock.adobe.com

AKTION

1 Projekt „Fragebogen"
Führen Sie bei Passanten auf der Haupteinkaufsstraße eine kleine Befragung durch, die Ihnen Auskunft darüber geben soll, wo die Verbraucher am liebsten einkaufen. Formulieren Sie dazu einen Fragebogen mit nicht mehr als 5 Fragen.

2 Projekt „Einkaufszentrum"
In Ihrer Stadt will der Gemeinderat in Kürze darüber entscheiden, ob im Gewerbegebiet ca. 2 km vom Stadtzentrum entfernt ein kleines Einkaufszentrum entstehen soll. Gedacht ist an mehrere Fachmärkte, einen Lebensmittelsupermarkt mit ca. 800 m² sowie ein Schnellrestaurant einer bekannten Fast-Food-Kette.

Bilden Sie Gruppen, die folgende Aufgabenstellung lösen sollen:

Gruppe A	Sie vertreten eine große Lebensmittelkette, die den Supermarkt betreiben will. Stellen Sie dem Gemeinderat Ihr Konzept hinsichtlich Sortiment und Ladengestaltung vor.
Gruppe B	Sie sind die Vertreter des örtlichen Handels- und Gewerbevereins. Sie haben erhebliche Bedenken gegen den Bau dieses Zentrums. Formulieren Sie diese Bedenken gegenüber der Stadt und machen Sie Vorschläge, wie die Einkaufssituation am Ort auch ohne Einkaufszentrum verbessert werden könnte.
Gruppe C	Sie gehören zum Bau- und Planungsamt der Stadt. Es war Ihre Idee, ein solches Zentrum zu bauen. Versuchen Sie, die Bedenken des örtlichen Handels zu entkräften.
Gruppe D	Damit die Bürger positiv auf den geplanten Bau des Einkaufszentrums reagieren, erhalten Sie als Werbeagentur die Aufgabe, einen Informationsbrief für alle Bürger der Stadt zu entwerfen. Stellen Sie das geplante Zentrum vor und bringen Sie Argumente, die für den Bau sprechen.

Tragen Sie Ihre Konzeption in Form eines Rollenspiels als Mitglied einer Podiumsdiskussion in der Neuburger Stadthalle vor.

3 Projekt „Shopping im Internet"
Suchen Sie im Internet nach Einkaufsmöglichkeiten für: Lebensmittel, Bekleidung und Schuhe, Bücher und Unterhaltungelektronik.

a) Wo gibt es das größte Angebot?
b) Wie wird das Angebot präsentiert?
c) Wie ist die Preisgestaltung im Verhältnis zum entsprechenden Warenangebot des stationären Handels?
d) In welchen Branchen könnte der Einkauf über das Internet zu einer starken Konkurrenz für Ihre Betriebe werden?

4 Aus welchen Elementen würden Sie eine Homepage für Ihren eigenen Ausbildungsbetrieb gestalten?

5 Welche Vorteile, aber auch welche evtl. Nachteile oder gar Gefahren sehen Sie für Anbieter und Käufer beim Handel von Waren und Dienstleistungen über das Internet?

6 In einem Marketingbuch ist zu lesen:

> „... Menschen, die das Internet nutzen, legen mehr Wert auf Informationen und tendieren dazu, Botschaften, die nur den Verkauf zum Ziel haben, abzulehnen ..."

Welche Forderungen ergeben sich daraus für die Gestaltung des Internetauftritts eines Online-Händlers?

4 Verkaufsformen im Einzelhandel

Braucht man heute eigentlich noch Verkaufspersonal?

SITUATION

Aufregung in der Geschäftsleitung des Warenhauses Merkur! Geschäftsführer Henke liest in der Abteilungsleitersitzung eine E-Mail der Zentrale vor:

MERKUR AG
– Zentralverwaltung –

Geschäftsleitung der Filiale Neuburg
Herrn Henke

Sehr geehrter Herr Henke,

die von Ihnen vorgelegten Zahlen für das Personalkostenbudget des nächsten Jahres können wir so nicht akzeptieren. Sie planen – anlässlich der Erweiterung unserer Neuburger Filiale um mehr als ein Drittel der bisherigen Verkaufsfläche – 20 neue Stellen. Angesichts der sehr angespannten Finanzsituation unseres Gesamtunternehmens können wir höchstens fünf neue Stellen genehmigen.

Mit freundlichen Grüßen
Dr. D. Danz
Vorstand

Sie haben von der Geschäftsleitung den Auftrag, mehrere Abteilungen „unter die Lupe zu nehmen", um festzustellen, wo eventuell durch eine Änderung der Verkaufsform Personal eingespart und an anderer Stelle eingesetzt werden kann. Da dies bei den Kolleginnen und Kollegen sicher zu Ärger und Sorge um den Arbeitsplatz führen wird, legt die Geschäftsleitung großen Wert darauf, dass die Vorschläge gut begründet sind.

Diese Abteilungen sind zu prüfen	Bisherige Verkaufsformen
Bekleidung für Damen, Herren und Kinder	Vorwahl, teilweise Bedienung
Exklusiv (hochwertige Textilien)	Bedienung
Trendy (günstige Mode für junge Leute)	Vorwahl, teilweise Bedienung
Bambino Kinderparadies	Bedienung
Sport-Studio	Vorwahl
Schuh-Oase	Vorwahl
Neptuns Reich	Bedienung
Süße Ecke	Bedienung
Nadel und Faden	Bedienung
Haushaltswaren	Vorwahl, teilweise Bedienung

INFORMATION

© Beck

Abb. Bedienung bei offenen Lebensmitteln

© Beck

Abb. Vorwahl bei Textilien

Die **Verkaufsform** gibt an, auf welche Art und Weise der Einzelhändler sein Sortiment den Kunden anbietet. Je nach Warenart, Betriebsform und Ansprüchen der Kunden erfolgt dieses Angebot in unterschiedlichen Formen.

Es gibt allerdings keine Regeln, aus denen sich ableiten ließe, welche Verkaufsform für einen Einzelhandelsbetrieb die jeweils beste ist. Vor der **Wahl** der **Verkaufsform** ist u.a. zu klären:

› Welche Waren sind für welche Verkaufsform geeignet?
› Was erwarten die Kunden?
› Welche Verkaufsformen passen zum Image des Unternehmens?
› Welche Flächen stehen zur Verfügung?
› Wie viel Personal kann und soll eingesetzt werden?

Verkaufsform	Merkmale	Eignung	Beispiele
Bedienung	Der Verkäufer ermittelt den Bedarf, legt die Ware vor, berät und argumentiert, übernimmt den Transport zur Kasse, kassiert und packt die Ware ein.	Für erklärungsbedürftige, empfindliche, offene sowie diebstahlgefährdete Artikel.	Fachgeschäft Boutique Metzger Bäcker Fischgeschäft
Selbstbedienung	Der Kunde wählt ohne Beratung die Ware im Geschäft aus, übernimmt den Transport zur Kasse, Verkäufer nimmt das Inkasso vor und Kunde verpackt in der Regel die Ware selbst.	Für problemlose Artikel (vorgepackt, nicht erklärungsbedürftig oder durch Informationen selbsterklärend).	Supermarkt Verbrauchermarkt Fachmarkt Convenience-Store
Teil-Selbstbedienung	Ein Teil des Sortiments wird in Bedienung und ein Teil in Selbstbedienung angeboten	Für Artikel, die beide Verkaufsformen erlauben *(Trockensortiment/ Frischwaren im Lebensmittelhandel)*	Supermarkt Vebrauchermarkt

Vorwahl	› Erste Möglichkeit: Der Kunde hat freien Zugang zur verkaufswirksam präsentierten Ware und kann sich entweder beraten lassen oder sich selbst bedienen.	Für fast alle Artikel, die frei zugänglich verkauft werden können.	Fachgeschäft, Kaufhaus, Warenhaus, Fachmarkt.
	› Zweite Möglichkeit: Dem Kunden werden im Verkaufsraum Artikelmuster präsentiert. Die Auswahl erfolgt je nach Kundenwunsch mit oder ohne Beratung. Die eigentliche Ware erhält der Kunde meist originalverpackt vom Lager.	Für diebstahlgefährdete Artikel *(Schuhe, Unterhaltungselektronik, Computer und -zubehör) und sperrige Artikel (Großgeräte, Möbel).*	Fachgeschäft, Fachmarkt, Kaufhäuser.

AKTION

1 Stellen Sie Vorteile und Nachteile der Selbstbedienung jeweils aus der Sicht der Kunden und des Unternehmens gegenüber.

2 Notieren Sie Artikel Ihres Ausbildungsbetriebes, die für mindestens drei der Verkaufsformen geeignet sind.

3 Die folgenden Unternehmen verfolgen unterschiedliche Handelsziele.

Entscheiden Sie sich jeweils für die zu diesen Zielen passende Betriebs- und Verkaufsform:

Unternehmen	Handelsziel	Fläche in qm
Klu	Verkauf sehr hochwertiger und topmodischer Damenoberbekleidung	80
Spottbillig	Verkauf von Lebensmitteln, aggressive Preisstrategie, geringe Kosten.	600
Ambiente	Möbel-Vollsortimenter mit vielen Fachabteilungen	25.000
Papperie	Angebot von Papier- und Schreibwaren in großer Breite und Tiefe	150
Heim & Garten	Garten- und Campingartikel	2.000

4 Welche Verkaufsform wünschen Sie sich als Kunde beim Kauf von:

a) Skiausrüstung

b) Leuchtmittel

c) Mineralwasser

d) LCD-LED-Fernseher

Begründen Sie Ihre Meinung.

5 Sortiment des Einzelhändlers

5.1 Sortimentsbildung

Ketchup zu Nudeln, Deo-Roller neben Dessous?
Worauf der Einzelhändler bei der Planung seines Sortiments achten sollte!

SITUATION

© MEV Agency UG

Der Mode-Treff ist ein seit vielen Jahren vom Ehepaar Hesser geführtes Textilfachgeschäft in Neuburg mit den Sortimentsschwerpunkten Damenoberbekleidung, Kinderbekleidung sowie Damen- und Herrenwäsche (einschließlich Hemden und Krawatten).

Sabrina Hesser hat vor kurzem ihre Ausbildung an der Textilfachschule in Nagold mit dem Betriebswirt erfolgreich abgeschlossen und übernimmt nun das elterliche Geschäft (Hesser-Moden e. K.).

Leider sind die Umsätze in den letzten zehn Jahren stetig zurückgegangen. Sabrina will durch eine andere Sortimentsstrategie verlorene Marktanteile zurückholen und sich mit ihrem Sortiment deutlich von den anderen Textilunternehmen in Neuburg (Boutique La Moda, Textilmarkt-GmbH, Mann-o-Mann, Warenhaus Merkur) unterscheiden.

1. Welche Überlegungen muss Sabrina anstellen, um eine erfolgreiche Sortimentsplanung durchführen zu können?
2. Entwickeln Sie mithilfe des Informationsteils drei erfolgversprechende Sortimentsstrategien.
3. Sabrina möchte ihrer Kundschaft neben einem attraktiven Sortiment zusätzlich verkaufsfördernde Dienstleistungen anbieten. Bisher konnten die Kunden im Mode-Treff Textilien ändern lassen. Machen Sie Vorschläge.

INFORMATION

Alle **Waren** und **Dienstleistungen** eines Handelsbetriebes bilden sein **Sortiment**. Umfang und Gestaltung des Warenangebotes ergeben sich in erster Linie im Hinblick auf die Erwartungen und das Nachfrageverhalten der Kunden.

So ist das Sortiment mehr als nur die Summe aller geführten Waren und spiegelt im Idealfall die Wünsche der Kunden wider.

Die **Sortimentsbildung** erfolgte lange Zeit hauptsächlich unter dem Gesichtspunkt der Warenbeschaffungsmöglichkeiten. Das Ergebnis war eine Handelslandschaft, die von zum Teil sehr stark

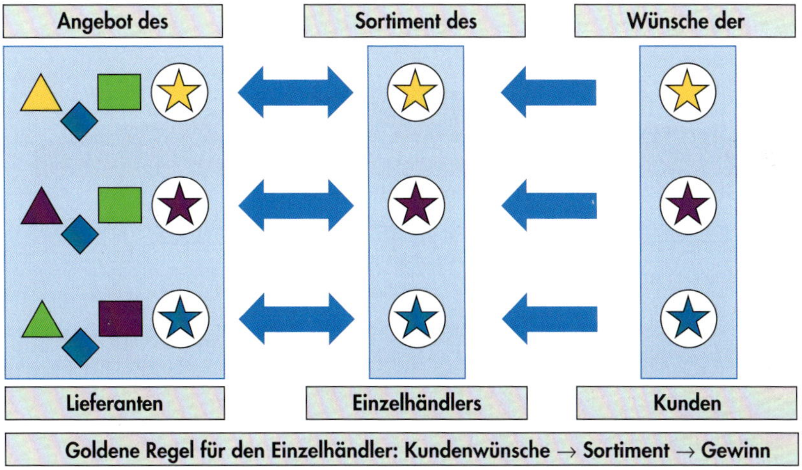

spezialisierten Fachgeschäften *(Hutgeschäft, Weinhandlung)* geprägt wurde. Die großen Warenhauskonzerne haben diese Struktur in Form einer streng nach Abteilungen gegliederten Warenpräsentation übernommen.

Wenn aber – wie geschehen – der Verkäufermarkt zum Käufermarkt wird, ist eine verstärkte Ausrichtung der Sortimentsbildung am Kunden aus Wettbewerbsgründen unerlässlich. Unter dem Gesichtspunkt „Alles für ..." versuchen viele Einzelhandelsunternehmen ein bedarfsorientiertes Sortiment zu gestalten. Durch die Ausnutzung von Verbundeffekten zwischen Waren, die aus Kundensicht zusammengehören, aber bisher noch an unterschiedlichen Stellen im Verkaufsraum angeboten werden, können Kundenwünsche nicht nur besser erfüllt, sondern sogar neue geweckt werden.

» **Beispiel:** Im Warenhaus Merkur wird eine Abteilung „Young-Girl" gebildet. Die angesprochene Zielgruppe ist zwischen 12 und 16 Jahren alt. Neben Textilien, Schuhen und Accessoires werden Körperpflegeartikel, Modeuhren und -schmuck, CDs und für die Zielgruppe geeignete Bücher und Zeitschriften angeboten.

Sortimentsbildung im Versorgungshandel

Versorgungskäufe werden im Rahmen der Basisversorgung getätigt. Es handelt sich dabei meist um gut geplante Einkäufe (Einkaufszettel!) für Güter des täglichen Bedarfs. Die Kaufzeit muss möglichst kurz sein, der Einkauf wird eher als lästige **Notwendigkeit** angesehen und wird auch nicht als Erlebnis empfunden. Ein Sortiment, das diesen Ansprüchen genügt, wird nach wie vor nach Warengruppen ohne besonderen Verbundcharakter gestaltet werden können.

Sortimentsbildung im Erlebnishandel

Bei vielen Waren steht nicht der materielle Gebrauchsnutzen im Vordergrund, sondern der in der Vorstellung des Kunden damit verbundene **Zusatznutzen** *(Prestige, Design, Genuss, Zeitgeist)*. Dieser Zusatznutzen konkretisiert sich schon beim Erwerb dieser Ware in der geistigen Vorstellung des Kunden *(„Mit diesem Kleid werde ich der Mittelpunkt auf der Party sein!")*. Der Kunde stellt also schon beim Kauf einen Bezug zu seinen jeweils individuellen Lebenssituationen her.

Diesen Lebenssituationen werden in der Sortimentsbildung **„Konsumwelten“** gegenübergestellt, in denen Waren thematisch zusammenhängend präsentiert werden.

Konsumwelten

Thema: **Multimedia**				
Musik	Computer	Software	Audio	Video
Thema: **Haushalt und Wohnen**				
Essen	Küche	Wohnen	Schlafen	Bad
Thema: **Mode und Bekleidung**				
Standard	Trend	Beruf	Freizeit	Kinder
Thema: **Lebensstil**				
Parfümerie	Uhren	Schmuck	Bücher	Reisen
Thema: **Essen und Trinken**				
Lebensmittel mit Erlebnisgastronomie				

Abb. Abteilungsbildung in einem großen Warenhaus

Sortimentsbildung nach Warenmerkmalen

Die Sortimentsbildung unter den Gesichtspunkten „Versorgung“ und/oder „Erlebnis“ sagt nichts über die Eigenschaften der dort angebotenen Waren aus. Eine Sortimentsplanung ist daher auch unter anderen Gesichtspunkten möglich:

Preisorientierte Sortimente	Ökoorientierte Sortimente	Markenorientierte Sortimente
Die Sortimente werden hauptsächlich unter dem Gesichtspunkt Preiswürdigkeit geplant. Neben den Discountgeschäften betreiben sogenannte „Schnäppchenmärkte“ *(Sonder- und Restpostenmärkte)* sowie Kaffeefilialisten mit ihren ständig wechselnden Sortimenten im Non-Food-Bereich eine solche Sortimentsstrategie.	Das gesamte Sortiment wird nach ökologischen Gesichtspunkten zusammengestellt *(Bio-Läden, Textilgeschäfte, Möbelhäuser)*. Es können aber auch nur Teile des Sortiments ökologisch ausgerichtet sein *(Umweltschutzpapier, Bio-Produkte im Supermarkt)*.	Die Artikel sind durch Marken gekennzeichnet und werden stets in gleicher Art, Qualität und Aufmachung angeboten. Da Markenartikel durch Werbung den Konsumenten bekannt sind, werden sie von vielen Kunden gegenüber anonymen („No-Name-“) Waren bevorzugt.

Dienstleistungen als Teil des Sortiments

Meist umfasst das Leistungsangebot eines Handelsunternehmens neben Waren auch Dienstleistungen. Es werden dabei waren- und kundenbezogene Dienstleistungen unterschieden (LF 2; Kapitel 9).

Warenbezogene Dienstleistungen	Kundenbezogene Dienstleistungen
› Änderungsdienste › Reparaturen › Zustellung nach Hause › Verpackung › Auswahlsendung	› Kinderbetreuung › Parkplätze › Gastronomie › Kundenkarten › Finanzierung

AKTION

1 Welche Überlegungen müssen bei der Sortimentsplanung im Versorgungshandel besonders berücksichtigt werden?

„Die Kunden wollen Erlebnisse, richten Sie sich in Ihrem Sortiment danach!", rät der Referent des Einzelhandelsverbands auf einem Seminar des City-Werbeverbunds den Neuburger Geschäftsleuten.

Wie könnten diese Händler, die bisher hauptsächlich ein Standardsortiment führten, ihre Sortimente in Richtung „Erlebnishandel" verändern?

Reinbach GmbH	Fachgeschäft für Papier und Schreibwaren	?
Büchertruhe e. K.	Buchhandlung mit Schwerpunkt Taschenbücher und preiswerte Sortimente	
Bessler e. K.	Fachgeschäft für Uhren-Schmuck und Optik	
Russmann AG	Drogerie mit Haushaltsprodukten	
Manz KG	Supermarkt	

3 Bilden Sie ausgehend von den in Ihrer Klasse vertretenen Branchen eigene „Konsumwelten" mit Waren und Dienstleistungen, die besonders Männer und Frauen Ihrer Altersgruppe ansprechen.

5.2 Sortimentsgliederung

Von allem etwas oder von etwas alles? Die Sortimentsgliederung beeinflusst maßgeblich den Geschäftserfolg!

SITUATION

Der Einkaufsverband Haus & Heim gehört zu den größten seiner Art und beliefert Fachgeschäfte, Fachmärkte, Warenhausabteilungen und die Filialen eines Discounters mit Haushaltsartikeln sowie Glas- und Porzellanwaren. Im Angebot sind mehr als 20.000 Artikel in drei unterschiedlichen Preislagen (Exklusiv, Standard, Einfach).

Beschreiben Sie das unterschiedliche Einkaufsverhalten der Einkäufer aus den in der Situation aufgeführten Mitgliedsfirmen mithilfe folgender Sortimentsbegriffe:
„flach" – „tief" – „breit" – „schmal" – „Kernsortiment" – „Zusatzsortiment" – „Versorgung" – „Erlebnis".

■ INFORMATION

■ Sortimentsaufbau

Der Aufbau eines Sortiments wird einmal durch die verschiedenen **Sortimentseinheiten** und zum anderen durch die Anzahl dieser Einheiten beschrieben.

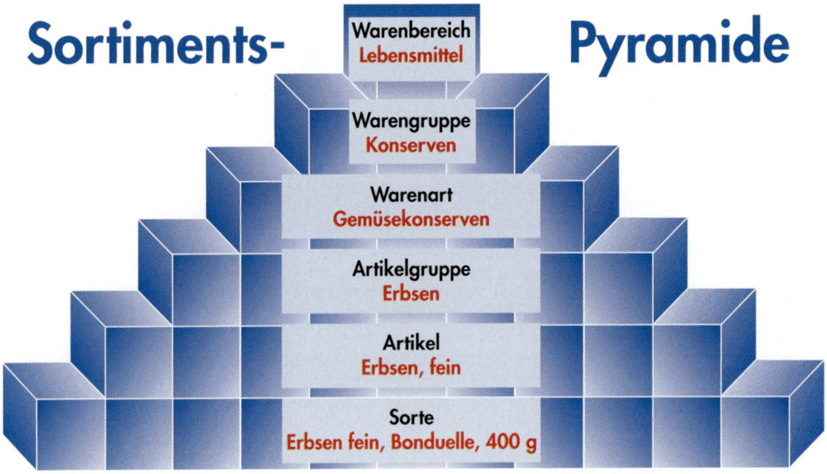

Kleinste Sortimentseinheit ist die **Sorte**. Sie stellt die unterste Ebene der Sortimentspyramide dar. Mit ihr kommt der Kunde unmittelbar in Kontakt und daher bestimmt sie entscheidend das Bild, das ein Kunde vom Unternehmen und dessen Warenangebot hat.

Wie weit ein Unternehmen sein Sortiment gliedert, hängt von den Gegebenheiten der alltäglichen Praxis ab.

Wird mit einem Warenwirtschaftssystem eine genaue Bestandsführung praktiziert, dann ist eine tiefe Gliederung notwendig, um genaues und damit aussagekräftiges Datenmaterial zu erhalten *(Renner-Penner-Listen, Bestellvorschlagslisten)*.

■ Sortimentsdimension

Besteht das Sortiment aus **vielen Warengruppen**, wird es als **breit** bezeichnet *(Warenhäuser, Großversandhäuser)*. Liegt der Sortimentsschwerpunkt auf **wenigen** oder gar **einer Warengruppe**, handelt es sich um ein **schmales** Sortiment *(Wollgeschäft, Hutladen)*.

Wenn die **Auswahl** an Artikeln und Sorten innerhalb einer Warengruppe groß ist, spricht man von einem **tiefen** Sortiment *(Krawattenshop)*. Ist die Auswahl innerhalb einer Warengruppe gering, liegt ein **flaches** Sortiment vor *(Schreibwarenabteilung in Supermarkt)*.

» **Beispiel** für Sortimentsdimensionen:

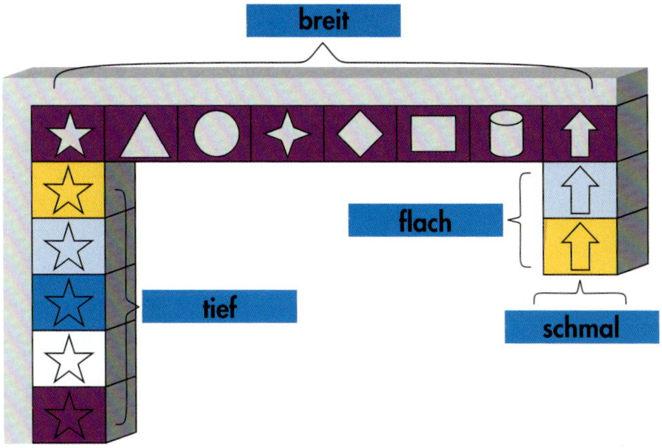

Die Ausprägung der Sortimentsdimension ist stark von der jeweiligen Betriebsform des Unternehmens abhängig.

Sortimentsstrukturen

Die Sortimentsstruktur gibt darüber Auskunft, welche Bedeutung bestimmte Warengruppen, Warenarten und Artikel für den Gesamtumsatz haben und wie lange ihre Verweildauer im Sortiment ist.

Präsenzsortiment: Artikel, die ständig im Verkaufsraum angeboten werden (Verkaufssortiment) oder sich im Lager befinden (Lagersortiment).	
Randsortiment: Selten verlangte Waren sowohl aus dem Kern- als auch dem Zusatzsortiment, z. B.: Sondergrößen bei Textilien, brillantbesetzte Armbanduhr.	**Kernsortiment:** Es besteht aus allen Waren, die angeboten werden müssen, damit das Geschäft von den Kunden überhaupt angenommen wird. Die Artikel des Kernsortiments werden unabhängig von Saisoneinflüssen das ganze Jahr über den Kunden angeboten. Mit dem Kernsortiment wird der Hauptumsatz des Unternehmens erzielt. Beispiele: Lebensmittel, Textilien, Schuhe, Möbel
	Zusatzsortiment: Ergänzung des Kernsortiments, z. B.: Lebensmittel → Feinkost (Aufwertung) Lebensmittel → Schreibwaren (Erweiterung)
Saisonsortiment: Waren, die zu bestimmten Jahreszeiten angeboten werden *(Osterhasen, Lebkuchen, Skibekleidung, Schultüten)*.	**Aktionssortiment:** Waren, die bei Verkaufsaktionen angeboten werden *(italienische Spezialitäten anlässlich einer Italienischen Woche)*.

Abb. Sortimentsteile

AKTION

1 Bereiten Sie eine Präsentation Ihres Ausbildungssortiments vor. Dazu listen Sie alle Warengruppen nebeneinander auf und erstellen am Beispiel einer Warengruppe die entsprechende Sortimentspyramide.

2 Dokumentieren Sie mithilfe von Metaplankarten die Sortimentsdimension Ihrer Ausbildungsbetriebe. Orientieren Sie sich an folgendem Schema:

Breite

Tiefe	?	?
	?	?

3 In Ihrer Berufsschule soll eine Juniorenfirma gegründet werden. Ziel ist es, den Schülerinnen und Schülern während der großen Pausen und über den Mittag ein für sie attraktives Warenangebot zu präsentieren.

a) Wie sollte das Kernsortiment gestaltet werden?

b) Welche Waren eignen sich als Zusatzsortimente?

c) Können Sie verkaufsfördernde Dienstleistungen anbieten?

4 Erstellen Sie eine Übersicht zu Waren Ihres Ausbildungsbetriebes, die zum Aktions- und Saisonsortiment gehören.

5 Ein Warenhauskonzern aus Nordrhein-Westfalen eröffnet sein erstes Warenhaus im Großraum Stuttgart. Alle Häuser führen auch im Lebensmittelbereich bundesweit ein einheitliches Sortiment, das durch die zentrale Einkaufsabteilung für das Gesamtunternehmen gestaltet wird. Nach wenigen Monaten wunderte man sich in der Unternehmenszentrale, warum die Umsätze der Weinabteilung weit unter den Planvorgaben lagen. Welchen Fehler machte der Zentraleinkauf?

6 Eine Analyse des Präsenzsortiments im Baumarkt ProDomo ergab, dass mehr als 15 % der Artikel nur sehr selten nachgefragt werden. Aus welchem Grund hat die Geschäftsleitung entschieden, diese Artikel trotzdem im Sortiment zu belassen?

7 Der Kaufhof verfolgt das „Galeria-Konzept" und hat sein Sortiment in die folgenden Warenwelten eingeteilt: *Feinschmeckerparadies, Damenwelt, Herrenwelt, Kids World, Sportwelt, Haushaltswelt, Heimtexwelt, Media World, Schönes und Nützliches.*

a) Geben Sie an und begründen Sie, in welchen Warenwelten sich Textilien finden.

b) Welche Warengruppen finden sich in den folgenden Warenwelten:

› Haushaltswelt

› Schönes und Nützliches

› Kids World

› Sportwelt?

c) Informieren Sie sich durch einen Besuch im Kaufhof oder auf der Kaufhof-Website über das Galeria-Konzept und berichten Sie vor ihrer Arbeitsgruppe/Klasse.

6 Organisation im Einzelhandelsbetrieb

6.1 Aufbauorganisation

Jede Menge Aufträge, Lieferungen, Reklamationen und dreihundert Mitarbeiter in mehr als 25 Abteilungen, wie klappt so was?

SITUATION

Jonas Weigel bekommt nach der Einführungswoche bei der Wohnwelt GmbH von seiner Ausbildungsleiterin, Frau Schöttle, den Ausbildungsplan für seine dreijährige Ausbildung zum Kaufmann im Einzelhandel ausgehändigt.

Wohnwelt GmbH Ausbildungsplan für: Jonas Weigel, Dauer: 36 Monate
Beginn der Ausbildung: 01.08.2018 Ende der Ausbildung: 31.07.2021
Ausbildungsberater: Marion Schöttle, PA, Zimmer 314, App. 281

Abteilung	Dauer	Abteilung	Dauer
Bildergalerie		Personalverwaltung	1
Boutique	3	Rechnungsprüfung	
Datenverarbeitung	1	Sekretariat Geschäftsführer	
Dekoration	2	Telefonzentrale	1
Einkauf	2	Teppichgalerie	2
Empfang	1	TREFF, Möbelmitnahmemarkt	6
Finanzbuchhaltung	1		
Kleinmöbel	2	Warenannahme	2
Küchenstudio		Warenauszeichnung	
Kundenbetreuung	1	Werbeabteilung	
Kundenbuchhaltung	2	Wohnen & Schlafen	6
Leuchtenabteilung		Zentralkasse	1
Organisation		Zentrallager	2

1. Fassen Sie die im Ausbildungsplan aufgeführten Abteilungen unter den Gesichtspunkten:
   - Einkauf
   - Verkauf
   - Lagerhaltung
   - Verwaltung

   zusammen. Stellen Sie Ihr Ergebnis grafisch dar.
2. Welche Informationen können aus einer solchen Darstellung nicht entnommen werden?

INFORMATION

Jedes Unternehmen möchte Gewinne erzielen, im Wettbewerb bestehen und sich seinen Kunden kompetent und leistungsfähig präsentieren. Um dies zu gewährleisten, muss das Unternehmen **„gut organisiert"** sein, d. h. der betriebliche Leistungsprozess muss möglichst reibungslos ablaufen. Das bedeutet, dass man im Betrieb weiß, wer für welche Aufgaben zuständig ist **(Aufbauorganisation)** und wie diese Aufgaben durchgeführt werden **(Ablauforganisation)**.

Aufgabenanalyse

Die **Hauptaufgabe** jedes Handelsbetriebes besteht darin, Waren zu verkaufen. Diese Hauptaufgabe wird bis in kleinste **Teilaufgaben** untergliedert.

Alle vorkommenden Teilaufgaben werden erfasst und entweder nach **Funktionen** (was muss getan werden?), nach **Objekten** (an welchem Gegenstand wird es getan?) oder **Phasen** (wird geplant, ausgeführt oder kontrolliert?) beschrieben.

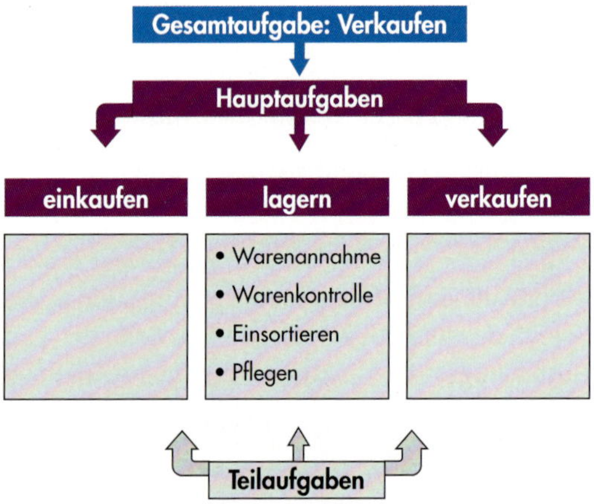

Aufgabensynthese (Stellenbildung)

Die ermittelten **Teilaufgaben** (Einzeltätigkeiten) werden nun in einem weiteren Schritt so zusammengefasst, dass sie von einem Aufgabenträger (Mensch und/oder Maschine) ausgeführt werden können. Eine solche Zusammenfassung wird als **Stelle** bezeichnet.

Die Stelle ist die kleinste organisatorische Einheit im Unternehmen.

Die Beziehungen von Stellen zueinander werden durch Verbindungslinien dargestellt (siehe „Leitungssysteme").

Stellen, die mit Befugnissen *(anordnen, entscheiden)* versehen sind, werden als **Instanzen** bezeichnet.

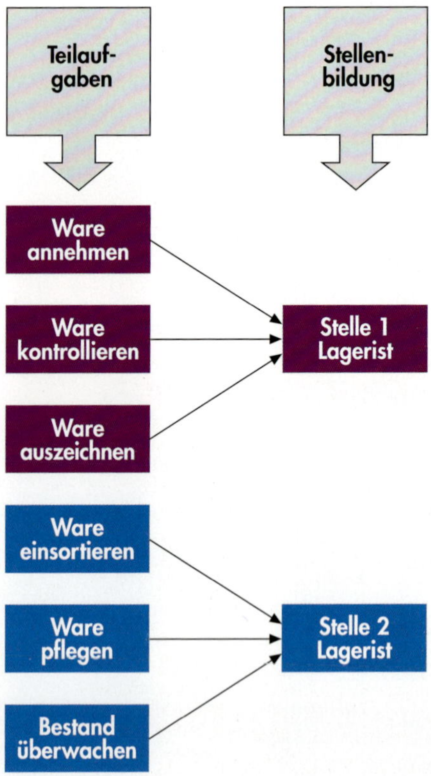

Abteilungsbildung

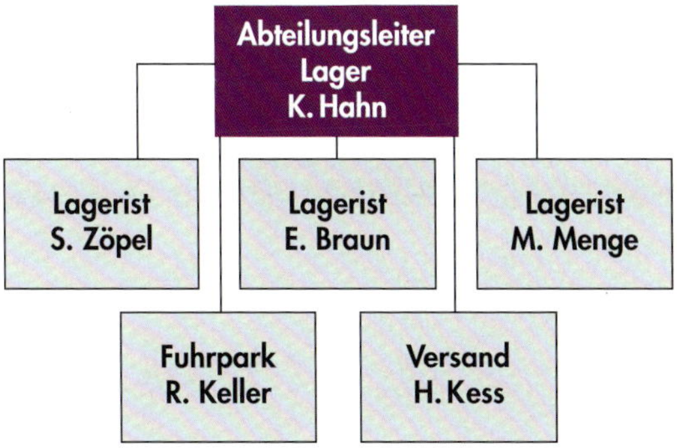

Abb. 1

So wie **Teilaufgaben** zu **Stellen** zusammengefasst werden, wird unter einer Leitungsperson aus mehreren Stellen eine **Abteilung** gebildet.

Größe und Anzahl der Abteilungen sind von der Betriebsgröße abhängig.

Der Abteilungsleiter ist innerhalb der Abteilung weisungsberechtigt und gegenüber seinen Vorgesetzten verantwortlich (Abb. 1).

Bei der **Abteilungsbildung** im Einzelhandel kann nach folgenden Gesichtspunkten vorgegangen werden:

Abb. 2

› Gliederung nach **Objekten** (Warengruppen), sie ist meist bei größeren Betrieben anzutreffen (Abb. 2).

Abb. 3

› Gliederung nach **Funktionen** (Tätigkeiten) kommt meist bei kleineren Betrieben vor (Abb. 3).

AKTION

1 Wie unterscheidet sich die Aufbauorganisation von der Ablauforganisation?

2 Nicht alles kann in einem Unternehmen organisatorisch geregelt sein. Nennen Sie betriebliche Situationen, in denen eine organisatorische Regelung wenig oder gar keinen Sinn macht.

3 Sigrid Doll, beschäftigt im Fachgeschäft Bessler *(Uhren-Schmuck-Optik)*, und Tanja Möller aus dem Warenhaus Merkur treffen sich jeden Mittwoch nach Arbeitsschluss in Tonis Fitnesscenter. „Weißt du", sagt Sigrid zu ihrer Freundin, „ich beneide dich, du kannst dich ganz auf den Verkauf in deinem Uhren-Shop im Warenhaus konzentrieren, während ich außer verkaufen noch soviel anderes tun muss."

a) Wie unterscheiden sich die Aufgaben der beiden Freundinnen?

b) Warum sind Fachgeschäft und Warenhaus unterschiedlich organisiert?

6.2 Leitungssysteme

Ich will doch nur was umtauschen, ist denn hier niemand zuständig?

■ SITUATION

Mittwoch, 8:00 Uhr, es beginnt die wöchentliche Konferenz der Geschäftsführung mit den Abteilungsleitern im Neuburger Multi-Vision-Fachmarkt. Hier ein Auszug aus der Tagesordnung:
...

TOP 5: Kundenbeschwerden

- Eine Kundin beschwerte sich letzten Freitag, dass die im Prospekt angebotenen MP3-Player von Hatusonics nicht da waren. Es stellte sich später heraus, dass 10 Kartons mit 50 Geräten noch beim Wareneingang standen.
- Ein Kunde reklamierte einen defekten Rasierapparat. Der Verkäufer sagte, er solle am Nachmittag wiederkommen, wenn der Abteilungsleiter da sei, er könne das nicht selbst entscheiden.
- Einem Kunden wurde zugesichert, dass die vor drei Wochen bestellte Spülmaschine letzte Woche zugestellt würde. Gestern rief er an und erfuhr, dass sich die Lieferung noch um zwei Wochen verzögern wird. Darauf rief er sehr verärgert beim Marktleiter an und stornierte den Auftrag.

TOP 6: Personalangelegenheiten

- Diego Blanco, der neue Auszubildende im Computer-Shop, beschwerte sich bei der Ausbildungsleiterin, dass er von seinem Abteilungsleiter seiner Meinung nach zu Unrecht zurechtgewiesen worden sei. Er hatte den im Hause nicht mehr vorhandenen Tintenstrahldrucker „PH 990" im Zentrallager bestellt, um einen Kunden nicht zu verlieren.
- Zum wiederholten Male haben sich die Mitarbeiter Schlör und Seybold aus der Kleingeräteabteilung über ihren Kollegen Weise beschwert. Immer wenn Abteilungsleiterin Meller abwesend sei, gebe er Anordnungen, obwohl er doch wie sie ein ganz normaler Verkäufer sei.
- Das Ergebnis der Mitarbeiterbefragung „Prima-Klima!?" brachte u.a. folgende Ergebnisse:
  - 60 % sind mit der Urlaubsplanung nicht einverstanden. Es werde zu oft willkürlich von den Abteilungsleitern entschieden.
  - 45 % wünschen sich bessere Unterlagen darüber, was zu ihrem Tätigkeitsbereich gehört.
  - 45 % fühlen sich nicht ausreichend und 20 % gar nicht von der Geschäftsleitung über wichtige Angelegenheiten des Unternehmens informiert.
  - 48 % wünschen sich mehr Mitsprache in den Abteilungen.
  - 55 % der leitenden Mitarbeiter fühlen sich mit Aufgaben überlastet und beklagen, dass sie zu wenig Zeit für ihre eigentlichen Führungsaufgaben hätten.

Top 7: Mitteilungen der Zentrale

- Für das nächste Jahr kündigt der Vorstand eine grundlegende Neuorganisation des Gesamtunternehmens an. Die Selbstverantwortlichkeit der Filialen soll erheblich ausgebaut werden. Die

Zentrale wird im Bereich Marketing und Logistik ihre Hauptaufgabe als zentraler Dienstleister für die Filialen sehen. Regionalen Gegebenheiten soll stärker Rechnung getragen werden.

› Aus der Geschäftsführung erhielten wir von Vorstandsmitglied Dr. Schwörer ein Fax, in dem er sich sehr kritisch zur letzten Monat durchgeführten Jubiläumsaktion „25 Jahre Multi-Vision" äußert. Es habe erhebliche Schwierigkeiten in der Umsetzung der Aktionen in einigen Filialen gegeben. Kompetenzstreitigkeiten zwischen dortigen Marktleitern und den für die Aktionen Verantwortlichen in der Zentrale dürften so nicht mehr vorkommen (Fax kann bei GL eingesehen werden).

1. Erörtern Sie, worin die Ursachen liegen können, dass es zu den Kunden- und Mitarbeiterbeschwerden kommen konnte. Entwickeln Sie Maßnahmen, um solche Vorfälle künftig möglichst zu vermeiden.
2. Wie kann man der Kritik und den Wünschen der Mitarbeiter, die diese in der Umfrage zum Betriebsklima geäußert haben, durch entsprechende organisatorische Maßnahmen gerecht werden?
3. Entwerfen Sie eine neue Unternehmensorganisation des Multi-Visions-Konzerns, der die vom Vorstand gemachten Organisationsziele umsetzt.
4. Mit welchem Leitungssystem hätten die Schwierigkeiten bei der Durchführung des Jubiläumsverkaufs verringert werden können? Stellen Sie Ihren Lösungsvorschlag grafisch dar.

INFORMATION

Betriebshierarchie und Leitungssysteme

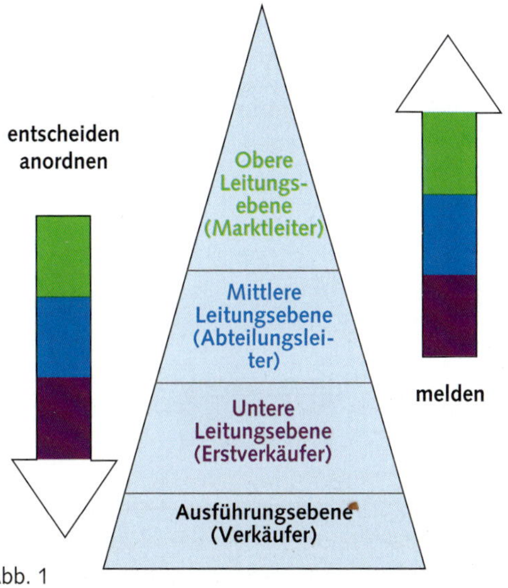

Abb. 1

Die **Betriebshierarchie** (Abb. 1) ergibt sich aus der Über- bzw. Unterstellung einzelner Abteilungen und Stellen.

Je „höher" die Position einer Abteilung/Stelle im Unternehmensaufbau ist, desto größer ist ihr Anteil an Führungsaufgaben.

Je „niedriger" die Position, desto größer wird der Anteil an ausführenden Tätigkeiten.

Leitungs- bzw. Weisungssysteme werden häufig grafisch dargestellt **(Organigramme)** und zeigen den Weg der Anordnungen von oben nach unten und den der Informationen von unten nach oben (vgl. Abb. 2). Die Art des Leitungssystems hängt nicht nur von der Betriebsgröße, der Betriebs- und Vertriebsform ab, sondern auch von der herrschenden Unternehmensphilosophie, d. h., ob zentral von einer Stelle aus alles geplant, gelenkt und kontrolliert wird, oder ob den Mitarbeitern Handlungsfreiräume eingeräumt werden, die einmal motivierend wirken und zum anderen zu einem Wettbewerb der Stellen und Abteilungen untereinander führen.

Einliniensystem

Jede Stelle untersteht jeweils einer einzigen Instanz, d. h., der Mitarbeiter erhält stets von einer genau bestimmten Person Anweisungen und ist dieser gegenüber verantwortlich und informationspflichtig.

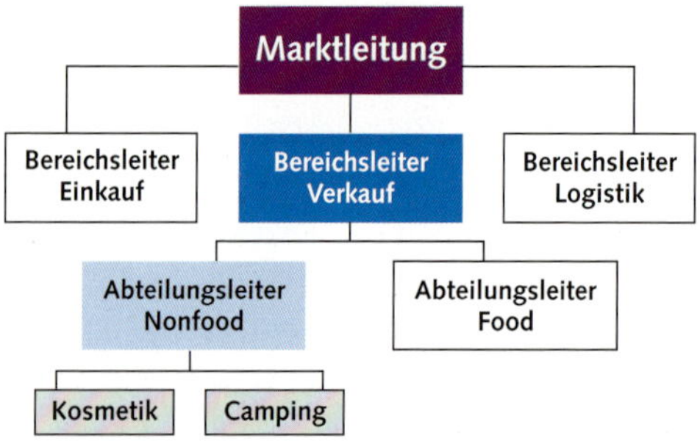

Abb. 2

Einliniensysteme können aus vielen oder wenigen Ebenen bestehen. Viele Unternehmen haben im Zuge einer „Verschlankung" der Organisation Hierarchieebenen abgebaut.

Dadurch werden nicht nur Kosten gesenkt, sondern der einzelne Mitarbeiter bekommt i. d. R. mehr Kompetenz, was seine Motivation stärkt.

Abb. 2 zeigt eine mehrstufige und Abb. 3 eine flache Linienorganisation.

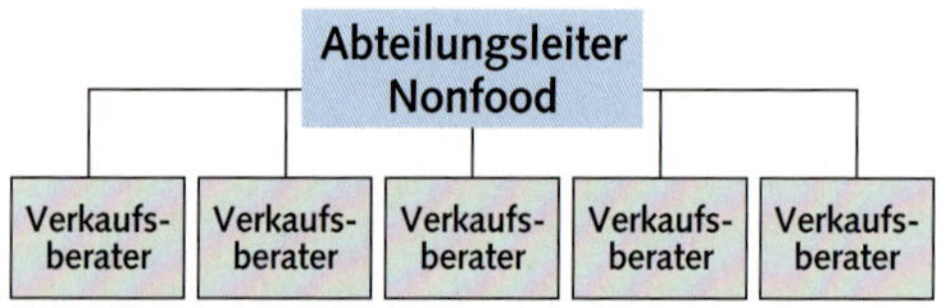

Abb. 3

Die **Vorteile** dieses Systems sind: Eindeutige Abgrenzung der Aufgaben und Verantwortung, übersichtlich, leichtere Kontrolle der Mitarbeiter.

Zu den **Nachteilen** zählt der oft lange und schwerfällige Dienstweg. Dadurch wird eine wirksame Kommunikation zwischen Abteilungen außerordentlich erschwert. Dies führt oft zu einer Überlastung der vorgesetzten Instanzen – sowohl fachlich als auch zeitlich.

Das reine Liniensystem ist schwer mit moderner Unternehmensführung zu vereinbaren *(Förderung des selbstständigen Denkens und Handelns, Arbeiten im Team und in Projekten)*.

Stabliniensystem

Um die Unternehmensleitung zu entlasten und ihr die Möglichkeit zu geben, sich auf ihre Führungsfunktion voll zu konzentrieren, werden ihr Spezialisten zugeordnet. Dieser **Stab** (Stellen und/oder Abteilungen) hat keine Entscheidungs- bzw. Anordnungsbefugnis und ist nur der Unternehmensleitung gegenüber verpflichtet. Typische **Stabsaufgaben** sind: planen, beraten, analysieren und Entscheidungen vorbereiten. Abb. 4

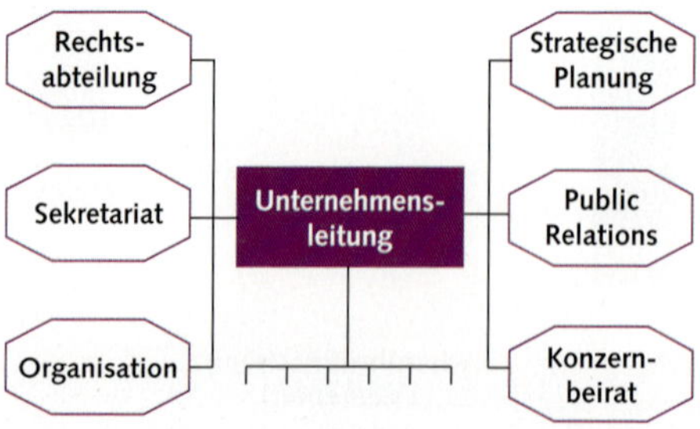

Abb. 4

zeigt die Stab-Linien-Organisation eines großen Warenhauskonzerns. Nicht nur die **Arbeitsentlastung** spricht für die Einführung von Stabsabteilungen und Stabsstellen, auch die Entscheidungsqualität der Führung durch Einbeziehung von Spezialisten wird verbessert. **Nachteile** sind mögliche Konflikte zwischen Linie und Stab, zu starke Beeinflussung der Leitung durch die Spezialisten oder Frustration in den Stäben, wenn ihre Vorschläge von der Unternehmensleitung ignoriert werden.

Spartenorganisation („Unternehmen im Unternehmen")

Im Einzelhandel findet sich diese Organisationsform meist bei **Warenhauskonzernen** und **filialisierten Betrieben** mit mehreren Geschäftsbereichen. Jede Sparte (auch **Division** genannt) ist eigenverantwortlich tätig, erhält eigene Kompetenzen und arbeitet relativ unabhängig. Die Divisionen sind für die Gewinnerzielung verantwortlich **(„Profit-Center")** und tauschen Leistungen mit der Zentrale und anderen Profit-Centern über Verrechnungspreise aus (Kunde-Verkäufer-Verhältnis). Abb. 5 zeigt die Organisation eines Großunternehmens im Lebensmitteleinzelhandel.

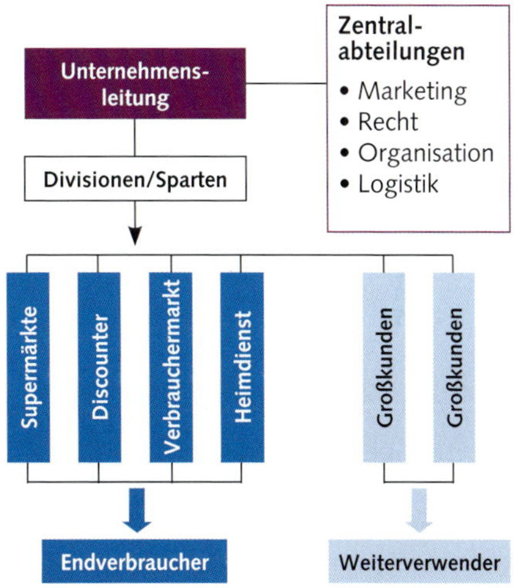

Abb. 5

Die Unternehmenszentrale wird vom Alltagsgeschäft entlastet (weniger Kontrollaufwand), gibt „die große Linie" vor und versteht sich auch als Dienstleister für die einzelnen Filialen *(Marketing, Organisation, Finanz- und Rechnungswesen, Logistik, Aus- und Weiterbildung)*. Durch die größere Selbstständigkeit können z. B. die einzelnen Filialen besser auf regionale Besonderheiten und Veränderungen ihres Marktes reagieren *(unterschiedliche Wein- und Brotsortimente in Nord- und Süddeutschland)*.

Für die Zentrale besteht allerdings die Gefahr, den Gesamtüberblick zu verlieren. Der Grundsatz „so viel Selbstständigkeit wie möglich, so viel Kontrolle wie nötig", ist in der Praxis nicht immer leicht zu verwirklichen.

Matrixorganisation

Bei der **Matrixorganisation** wird ein nach Funktionen gegliederter Unternehmensaufbau von einer zweiten Ebene überlagert. Diese zweite Ebene kann z. B. nach Warengruppen (Abb. 6) oder nach Projekten (Abb. 7) gegliedert sein. Es kommt bei dieser Organisationsform stets zur Überschneidung von **zwei Kompetenzsystemen**. Alle Mitarbeiter haben zwei Vorgesetzte: Den **Linienvorgesetzten** und den Produkt- oder Projektmanager. Die **Produkt-/Projektmanager** sind gegenüber der Unternehmensleitung für ihre Warengruppe bzw. ihr Projekt verantwortlich. Der Linienvorgesetzte betreut die Warengruppe bzw. das Projekt innerhalb seines Funktionsbereiches. Dabei entstehende Konflikte sind durchaus gewollt, da gemeinsam nach Lösungen gesucht werden muss. Aufgaben werden aus unterschiedlichem Blickwinkel betrachtet und es wird davon ausgegangen, dass eine bestmögliche Lösung erfolgt. Die **positiven Wirkungen** können jedoch durch zu große Meinungsverschiedenheiten und Kompetenzstreitigkeiten gefährdet werden. In solchen Fällen muss die Unternehmensleitung korrigierend eingreifen.

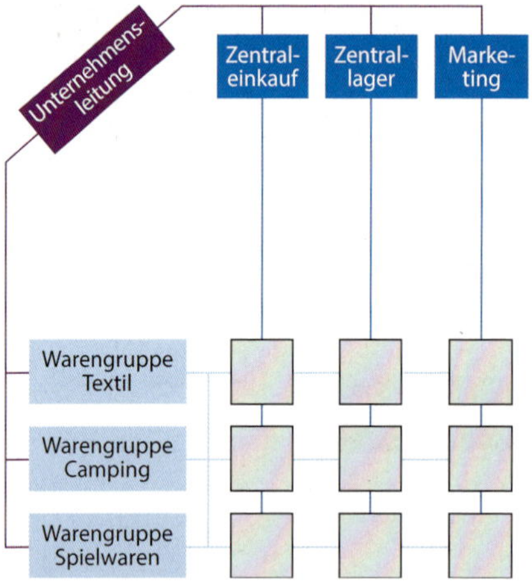

Abb. 6

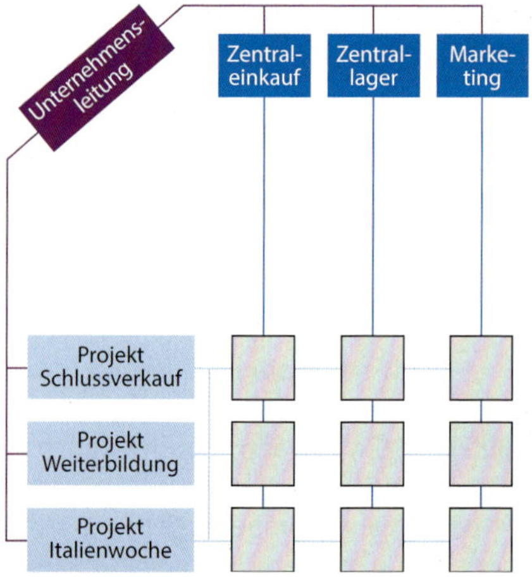

Abb. 7

Flexible Organisationsformen

„Das Beständige am Handel ist der Wandel". Diese alte Aussage ist nach wie vor gültig, steht doch eine große Zahl Einzelhandelsbetriebe von vielen Seiten unter Druck, dem sie durch Anpassungsfähigkeit – auch in der Organisation – begegnen können.

© contrast-werkstatt – Fotolia.com

Einzelhandelsunternehmen, die im immer stärker werdenden Wettbewerb bestehen wollen, können dies umso besser, wenn sie sich von allzu starren Organisationsstrukturen lösen. Dies geschieht entweder durch teilweisen oder vollständigen Abbau von Hierarchiestufen **(Lean Management)** oder Mitarbeiter werden aus der „Linie" herausgelöst und in hierarchieunabhängigen Organisationsformen integriert. Dort werden von ihnen oft spezielle und zeitlich befristete Problemlösungen zu bestimmten Aufgaben erarbeitet. Ist die Aufgabe erledigt, kehren diese Mitarbeiter i. d. R. an ihre alte Stelle zurück.

Zwei solche Organisationsformen sind die **Team-** und die **Projektorganisation**.

Teamorganisation	Projektorganisation
Gleichrangige Mitarbeiter/-innen aus verschiedenen Abteilungen erarbeiten gemeinsam eine Problemlösung. » **Beispiel:** Entwicklung eines Maßnahmenkatalogs, um Arbeitsabläufe zu rationalisieren und Leistungsreserven im Betrieb zu entdecken.	Ein(e) Projektleiter/-in stellt für ein inhaltlich und zeitlich genau definiertes Projekt eine Projektgruppe aus geeigneten Mitarbeitern zusammen. » **Beispiel:** Vorbereitung und Durchführung einer Sonderverkaufswoche „Welcome USA".
Geeignet zur Bearbeitung kreativer Aufgaben, zu deren Lösung ein intensiver Meinungsaustausch von Mitarbeitern nötig ist.	Geeignet für Aufgaben, bei denen eine eindeutige Ziel- und Zeitvorgabe von der Unternehmensleitung vorliegt.

Stellenbeschreibung

© magele-picture – stock.adobe.com

Jeder im Unternehmensaufbau ausgewiesenen Stelle wird eine genau bestimmte Aufgabenstellung zugeordnet. Dies geschieht mithilfe der **Stellenbeschreibung**. Für den Stelleninhaber sind Aufgaben, Kompetenzen und die Verantwortlichkeit klar zu erkennen. Durch die eindeutige Aufgabenbeschreibung können Kompetenzstreitigkeiten vermieden werden. Der Vorgesetzte hat einen Maßstab zur Kontrolle und Beurteilung der Arbeitsleistung. Für die Unternehmensleitung werden Gehaltseinstufung und Personalbeschaffung erleichtert.

Inhalt einer Stellenbeschreibung	
› Stellenbezeichnung	Leiter einer Zentralabteilung
› Position	Hauptabteilungsleiter
› Einordnung	Angaben zur Unterstellung (Wer ist Vorgesetzter?)
	Angaben zur Überstellung (Welchen Stellen können Anweisungen gegeben werden?)
› Aufgaben	Möglichst genaue Ausweisung der mit der Stelle verbundenen Sachaufgabe.
› Befugnisse	Vollmachten *(Prokura)*
› Stellvertretung	Wen der Stelleninhaber vertritt, von wem er in Abwesenheit vertreten wird.
› Anforderungen	Schulbildung, Berufsausbildung, besondere Kenntnisse

AKTION

1 Die Baumarktkette All-Bau expandiert stark und wird in Kürze in Erfurt, Thüringen, ihren 20. Fachmarkt eröffnen. Entwerfen Sie für den neuen Markt ein Organigramm, aus dem der Rang der Mitarbeiter deutlich wird. Die Zentrale in Essen legt folgenden Stellenplan zugrunde:

Stellenbezeichnung	Anzahl	Bereiche
Marktleiter	1	zuständig für gesamte Filiale
stellv. Marktleiter	1	vertritt Filialleiter und ist gleichzeitig Leiter der Abteilung „Bauen"
Abteilungsleiter	4	Heimwerkerbedarf, Holz, Sanitär, Elektro
Erstverkäufer	10	je zwei in jeder Abteilung, sie vertreten den Abteilungsleiter und sind gegenüber den Verkäufern weisungsberechtigt
Verkäufer	15	je drei in jeder Abteilung

2 In der All-Bau-Zentrale wird darüber diskutiert, ob man von der bisherigen Organisationsstruktur abgehen und eine flache Organisation bevorzugen soll. Dazu soll der Markt in Nürnberg zu Testzwecken umorganisiert werden. Der bisherige Stellenplan entspricht dem Erfurter Markt (s. Aufg. 1).

Entwerfen Sie eine flache Organisationsstruktur und zeigen Sie Vorteile und ggf. Nachteile gegenüber dem bisherigen Aufbau.

3 Ihr Betrieb lässt sich nach DIN ISO 9004 zertifizieren. Dazu muss ein umfangreiches Organisationshandbuch erstellt werden. Darin müssen zu allen Stellen die Stellenbeschreibungen angefertigt werden.

Ihr Betrieb bittet auch Sie, durch Selbstaufschreibung Ihrer augenblicklichen Tätigkeit eine Stellenbeschreibung auszuarbeiten. Orientieren Sie sich am Schema im Informationsteil.

4 Erstellen Sie ein Organigramm Ihres Ausbildungsbetriebes.

6.3 Ablauforganisation

Wer, was, wann und wo? Beschreibung von Arbeitsabläufen

SITUATION

Jonas Weigel ist für einen Monat zur Ausbildung in der Kundenbetreuung bei der Wohnwelt GmbH. Sein Telefon klingelt:

Jonas: „Hier Weigel, worum geht es?"

Herr Maier: „Wer ist da bitte?"

Jonas: „Weigel von der Wohnwelt!"

Herr Maier: „Ach so, hören Sie mal, ich warte jetzt schon seit drei Wochen auf meine Sitzgarnitur. Die hätte schon längst geliefert werden sollen!"

Jonas: „Rufen Sie doch morgen wieder an, ich kümmere mich darum."

Herr Maier: „Ja Moment, Sie wissen doch gar nicht, um welchen Auftrag es sich handelt!"

Jonas: „Ach ja, hab ich ganz vergessen. Wie heißen Sie denn?"

Herr Maier: „Markus Maier, aber hören Sie mal, so geht das doch nicht!"

Jonas: „Klar, ich brauche noch Ihre Auftragsnummer, wie lautet die denn?"

Herr Maier: „556617 vom 12. April."

Jonas: „Das hätten Sie doch gleich sagen können! Aufträge mit einer 5er-Nummer bearbeitet meine Kollegin."

Herr Maier: „Und jetzt?"

Jonas: „Ich kann ja mal schauen, ob sie da ist. Moment bitte, soll ich verbinden? Hallo, hallo! Sind Sie noch dran? Hallo …?"

Zur Verbesserung der Servicequalität werden bei der Wohnwelt GmbH regelmäßig Kundengespräche aufgezeichnet.

1. Die Geschäftsleitung bittet Sie das Gespräch von Herrn Weigel auszuwerten.
2. Für eine Schulung neuer Mitarbeiter im Telefonservice schlagen Sie Maßnahmen vor, damit eine solche unerfreuliche Situation nicht mehr vorkommt.

INFORMATION

Die **Ablauforganisation** regelt, wie, wann, wo und womit die den Stellen und Abteilungen zugeordneten Aufgaben zu erledigen sind. Je genauer die Arbeitsvorgänge beschrieben werden, desto weniger Fehler werden gemacht und umso wirksamer ist die Kontrolle.

Beispiel:

Aufgabe	→	Nachbestellung von Artikeln
wo?	→	am Regal und am PC
wann?	→	jeden Mittwochmorgen
womit?	→	mobiles Datenerfassungsgerät und PC
wie?	→	1. Artikel-Nummer einscannen 2. Bestand eingeben 3. Bestellvorschlag überprüfen 4. Menge eingeben 5. ordnungsgemäße Platzierung überprüfen 6. am PC über EDI Bestellung absenden

Für die Beschreibungen der einzelnen Arbeitsschritte zur richtigen Erfüllung der gestellten Aufgabe werden **Arbeitsanweisungen** erstellt. Eine solche Anweisung kann in wenigen Worten oder auf mehreren Seiten abgefasst sein.

Der Umfang dieser Dokumentationen hängt von mehreren Faktoren ab:

› Größe des Unternehmens	→	Die Arbeitsteilung nimmt mit der Größe zu, also muss mehr geregelt werden.
› Qualifikation der Mitarbeiter	→	Gut ausgebildete Mitarbeiter benötigen aufgrund ihrer Qualifikation weniger detaillierte Anweisungen, als z. B. un- oder angelernte Kräfte.
› Schwierigkeitsgrad der Arbeitsvorgänge	→	Regal auffüllen (einfach) oder Umsatzlisten analysieren (anspruchsvoll).

Anweisungen

Arbeitsanweisungen regeln meist den Ablauf ausführender Tätigkeiten, wie:

- Warenbestellungen
- Wareneingang und Warenkontrolle
- Platzierung in Truhen und Regalen
- Durchführung der Inventur
- Behandlung von Reklamationen

» **Beispiel** für Arbeitsanweisungen:

Vorgehensweise bei Auflistungen

Die Auslistung wird per Mail und Auslistungsinformation mit Angabe der Auslistungsgründe an die Märkte geschickt. Die Marktleitung entscheidet, ob der ausgelistete Artikel im Preis reduziert oder ob die Ware zum Normalpreis ausverkauft wird.

Alle ausgelisteten Artikel werden 12 Monate nach Auslistungsdatum aus dem WWS genommen. Monatlich erhalten die Märkte eine Liste über ausgelistete Artikel, die vor 10 Monaten ausgelistet wurden. Es bleiben somit noch zwei Monate Zeit, um die Artikel nochmals zu reduzieren oder in andere Märkte umzulagern. Nach 12 Monaten werden die Preise in der Kasse gelöscht und der Artikel darf bei der Inventur nicht mehr berücksichtigt werden.

Dienstanweisungen regeln das Verhalten der Mitarbeiter in bestimmten Situationen, wie Ladendiebstahl, Feueralarm oder im Umgang mit Kunden.

» **Beispiele** für Dienstanweisungen:

■ AKTION

1 Wählen Sie aus Ihrem Unternehmen eine Aufgabe aus und beschreiben Sie die damit verbundenen Tätigkeiten.

2 Erstellen Sie zu einer einfachen Tätigkeit eine Arbeitsanweisung.

3 Vergleichen Sie Ihre Schulordnung mit der Betriebsordnung Ihres Ausbildungsbetriebes. Wo sehen Sie Gemeinsamkeiten, wo Unterschiede?

4 Erstellen Sie eine Anweisung, worauf beim Verlassen Ihres Klassenzimmers am Ende eines Unterrichtstages zu achten ist.

6.4 Geschäftsprozesse im Einzelhandel

Der Kunde steht im Mittelpunkt

SITUATION

Hanna und Oliver wollen sich für ihre kleine Zwei-Zimmer-Wohnung ein Sofa bei der Wohnwelt GmbH kaufen.
In einem Werbeprospekt des Möbelhauses finden sie ein preisgünstiges Modell, das ihren Vorstellungen entspricht. Sie beschließen, dass Oliver gleich am nächsten Tag das Sofa im Möbelhaus kaufen soll.

© Hofmeister GmbH

Leider ist das Sofa bereits ausverkauft und Oliver lässt sich nun von der Einrichtungsberaterin andere Modelle zeigen. Ein roter Zweisitzer gefällt ihm am besten, und Oliver schließt einen Kaufvertrag ab. Einziger Nachteil: Die Lieferung wird wohl erst in ca. vier Wochen erfolgen. Da Oliver und Hanna zu dieser Zeit im Urlaub sind, vereinbaren sie, dass erst nach weiteren zwei Wochen geliefert wird.

?

© Hofmeister GmbH

Vier Wochen später:
Das Sofa ist bei der Wohnwelt GmbH eingetroffen.
Zwei Wochen danach wird es an der Laderampe bereitgestellt, um es dann am nächsten Tag Hanna und Oliver mit einem Lkw der Wohnwelt GmbH in die Wohnung zu liefern.

Beschreiben Sie den in der Situation dargestellten Vorgang in Form eines einfachen Geschäftsprozesses. Beachten Sie, dass nur ein Teil der betrieblichen Vorgänge und Abläufe dargestellt ist.

INFORMATION

Begriff und Merkmale von Geschäftsprozessen

Geschäftsprozesse beschreiben Tätigkeiten von Menschen und/oder Maschinen, die bei regelmäßig sich wiederholenden betrieblichen **Abläufen** stattfinden.

›› **Beispiel:** Kassiervorgänge, Behandlung von Kundenreklamationen, Einholung und Vergleich von Angeboten, Bestellvorgang, Warenannahme, Werbemaßnahme planen und durchführen.

Geschäftsprozesse zeichnen sich durch folgende **Merkmale** aus:

› Sie haben einen festgelegten Anfang und Abschluss und werden stets durch ein Ereignis *(Kunde wünscht Ware, Meldebestand unterschritten)* ausgelöst,
› sie bestehen aus verschiedenen Teilaktivitäten,
› sie sollen ein Ergebnis bringen, das einen Beitrag zur Wertschöpfung des Unternehmens leistet *(Waren verkaufen mit Gewinn)*,
› sie werden von Menschen und/oder Maschinen *(EDV-Systeme)* gesteuert und kontrolliert,
› sie integrieren Kunden und Lieferanten in den Prozessablauf.

Arten von Geschäftsprozessen

Geschäftsprozesse können wenige Tätigkeiten umfassen, wie z. B. das Kassieren in einem Supermarkt, oder sehr komplex sein, wie z. B. die Durchführung eines Beschaffungsprozesses für bisher nicht im Sortiment geführte Waren. Während beim Kassieren eine Person die Tätigkeit ausübt, können bei einem Beschaffungsprozess viele Mitarbeiter aus unterschiedlichen betrieblichen Abteilungen beteiligt sein.

›› **Beispiel:** Warenbeschaffung

Tätigkeit		Beteiligte Abteilungen
Auswahl der neu zu listenden Artikel	→	Geschäftsleitung
Beschaffung der Artikel	→	Einkauf
Werbung für Artikel	→	Marketing
Warenannahme und Lagerung der Artikel	→	Logistik
Platzierung der Artikel im Verkaufsraum	→	Verkauf
Kassierung der Artikel	→	Verkauf

Geschäftsprozesse unterscheiden sich auch nach ihrem Beitrag zur **Wertschöpfung** im Unternehmen. Jedes Handelsunternehmen hat als Hauptziel möglichst viele Waren und Dienstleistungen anzubieten und durch deren Verkauf Gewinne zu erzielen. Die Waren müssen eingekauft und die Dienstleistungen bereitgestellt werden. Dies ist mit Kosten verbunden. Um Gewinne zu erzielen, müssen Waren und Dienstleistungen teurer verkauft als eingekauft werden. Diesen Prozess bezeichnet man als unternehmerische Wertschöpfung.

Ein **Kunde** wird allerdings nur bereit sein, den geforderten Verkaufspreis zu bezahlen, wenn ihm die Ware das **„wert"** ist, d. h. der erwartete **Nutzen** rechtfertigt für ihn den Preis.

Daraus leitet sich eine **Unterscheidung** der Geschäftsprozesse in **Kernprozesse** und **Unterstützungsprozesse** ab.

Kernprozesse	Sie führen auch zu einer Wertschöpfung beim Kunden, da durch den Kauf der Ware von ihm Nutzen erworben wird.	» **Beispiele** › Warenbeschaffung, › Warenpräsentation, › Warenverkauf.
Unterstützungsprozesse	Sie übernehmen gewissermaßen eine Servicefunktion für die Kernprozesse und beziehen sich nicht direkt auf den Kunden.	» **Beispiele** › Personalbeschaffung, › Lagerhaltung, › Buchhaltung.

Einsatz integrierter Unternehmenssoftware zur Optimierung von Geschäftsprozessen

In Zeiten verschärften Wettbewerbs, weitgehend gleicher Produkte in Qualität und Preis sowie steigender Kundenansprüche wird nur der Einzelhändler langfristig Erfolg haben, der konsequent die Strategie der **Kundenorientierung** verfolgt. Was im Kleinbetrieb vom Inhaber bzw. der Inhaberin noch problemlos überschaubar ist, gestaltet sich in großen Unternehmen erheblich schwieriger. Damit Kunden langfristig gebunden werden können, müssen alle Mitarbeiter, sei es im Einkauf, Lager, Marketing, Verkauf oder in der Buchhaltung, effektiv zusammenarbeiten, um aus Kaufinteressenten zufriedene Kunden zu machen. **Integrierte**, das heißt alle unternehmerischen Bereiche umfassende, **Softwareprogramme** liefern dazu die notwendigen Informationen. „Herzstück" eines solchen Programms ist eine zentrale **Datenbank**, deren Nutzung es ermöglicht, die abteilungsübergreifend angelegten Geschäftsprozesse zusammenzuführen und bestmöglich ablaufen zu lassen.

» **Beispiel:** Bestandsabfrage für einen Artikel in einem Möbelhaus

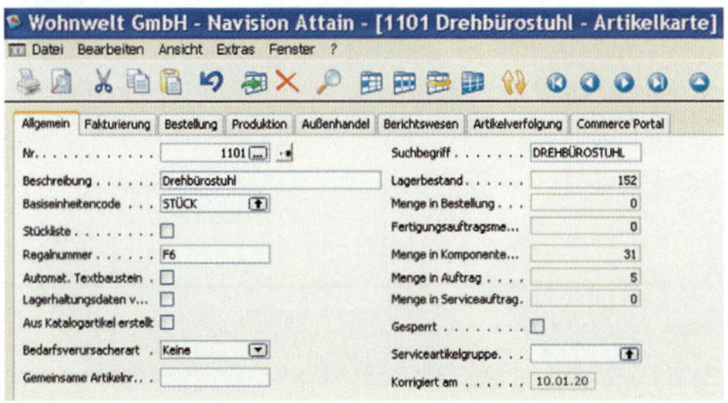

In der Abteilung für Büromöbel ruft ein Verkaufsberater den Lagerbestand eines Bürostuhls ab, da ein Kunde wissen möchte, ob er sofort 20 Stühle für seine neuen Büroräume abholen kann.

Aufgrund der Artikelauskunft kann eine sofortige Lieferung zugesagt werden.

Unterschiede zur klassischen Aufbauorganisation

Unternehmen, die ihre Betriebsabläufe prozessorientiert gestalten, haben erkannt, dass die Organisation nach Funktionen *(einkaufen, lagern, verkaufen)* sehr unflexibel ist und oft nicht ausreichend auf die Wünsche der Kunden eingehen kann, da die Mitarbeiter noch zu sehr einem „Abteilungsdenken" verhaftet sind.

Bei einer **prozessorientierten** Organisation steht im Vordergrund, dass die Abwicklung eines Kundenauftrages möglichst schnell und reibungslos erfolgt. Am besten lässt sich dies verwirklichen, wenn im Unternehmen eine teamorientierte Arbeitsweise gepflegt wird und der Ablauf der Prozesse an einer Stelle koordiniert und überwacht wird.

» **Beispiel:** Kauf des Zweisitzers von Oliver und Hanna bei der Wohnwelt GmbH

Ab dem Augenblick, nachdem die Verkaufsberaterin den Auftrag von Oliver unterschrieben erhalten hat und ihn in das EDV-System eingegeben hat, übernimmt die Kundenbetreuung alles Weitere. Mitarbeiter dieser Abteilung überwachen, ob die Lieferung pünktlich erfolgt. Treten Lieferschwierigkeiten auf, ist es ihre Aufgabe dies zu klären. Für den Kunden sind sie außerdem Ansprechpartner in allen Fragen zum Auftrag. Nach der Auslieferung bearbeiten sie eventuelle Reklamationen des Kunden und leiten Maßnahmen zur Beseitigung aufgetretener Mängel ein.

Darstellung von Geschäftsprozessen

Geschäftsprozesse werden oft nicht nur verbal, sondern zusätzlich grafisch dargestellt. Dabei werden bestimmte Symbole verwendet, die in einer zeitlichen Abfolge die einzelnen Teilprozesse übersichtlich und verständlich zeigen.

» **Beispiel:** Darstellung des Warenflusses von der Warenannahme bis zur Übergabe an einen Kunden nach erfolgtem Kauf in einem Selbstbedienungsgeschäft.

AKTION

1 Erläutern Sie den Begriff Geschäftsprozess anhand von drei Merkmalen.

© Visual Generation-stock.adobe.com

2 Entscheiden Sie, ob es sich bei den im Folgenden beschriebenen Tätigkeiten bzw. Abläufen um Geschäftsprozesse handelt:

a) Durchführung der Monatsinventur,

b) Feststellung eines Fehlbestandes im Reservelager,

c) Auswahl der neuen Auszubildenden,

d) Kauf eines Grundstückes für das neue Zentrallager,

e) Warenrückgabe durch Kunden am Service-Point.

3 Auch ein Verkaufsgespräch mit dem Kunden bei einem Beratungskauf kann als Prozess dargestellt werden. Stellen Sie diesen Prozess grafisch dar.

4 Um die Einarbeitung neuer Kassierkräfte zu erleichtern, wurde in einem Discountmarkt eine Kassieranweisung wie folgt grafisch dargestellt. Beurteilen Sie den dargestellten Prozess.

5 Welche Zusammenhänge können Sie zwischen der Durchführung von Projekten in der Projektkompetenz und der Arbeitsorganisation in Geschäftsprozessen erkennen?

Schwerpunkt Betriebswirtschaft (SBW)

Lernfeld 2

Verkaufsgespräche kundenorientiert führen

Inhalte

1 Kommunikation mit den Kunden

Botschaft angekommen oder Missverständnis?

■ SITUATION

Apotheker: „Für Sie empfehle ich jetzt zum Winteranfang das dispersive Regulationsextrakt Novosanmirantolixcental. Ihre depressive Biophase wird durch dieses Premiumprodukt extraminiert und Sie erleben eine progressive Aktivierungsphase mit einem sensibilisierten, ökogesteuerten und nachhaltigen Vandalismus!"

Kundin: „Eigentlich wollte ich nur was gegen Schnupfen!"

© MEV Agency UG

Beurteilen Sie diese Beratung. Was macht der Apotheker falsch und welche Wirkung hat sein Verhalten wohl auf die Kundin?

■ INFORMATION

1.1 Kommunikationsmodell

Im **Mittelpunkt** der **Kommunikation** zwischen Verkäufer und Kunde steht das **Verkaufsgespräch**. Dabei kommt es zu einem **Informationsaustausch** der Beteiligten mit dem Ziel eines gegenseitigen Verständnisses.

Bei diesem Informationsaustausch wird zwischen **Inhalts- und Beziehungsaussagen** unterschieden. Das bedeutet: Nicht immer wird das Gesagte (Inhaltsaussage) auch so verstanden, wie es gemeint ist (Beziehungsaussage). Wenn z. B. ein Kunde vom Verkäufer nur mit „Bitte?" begrüßt wird, dann denkt der Kunde vielleicht, dass der Verkäufer kein Interesse an ihm hat oder, dass er schlecht gelaunt ist. Dabei wollte der Verkäufer nur schnell zur Bedarfsermittlung kommen.

Kommunikation läuft auf zwei **Ebenen** ab. Einmal durch **Sprache** (verbale Kommunikation) und durch **körpersprachliche** Signale (nonverbale Kommunikation). Der Zusammenhang beim Ablauf von Kommunikation lässt sich in einem einfachen **Modell** darstellen.

Das einfache Kommunikationsmodell

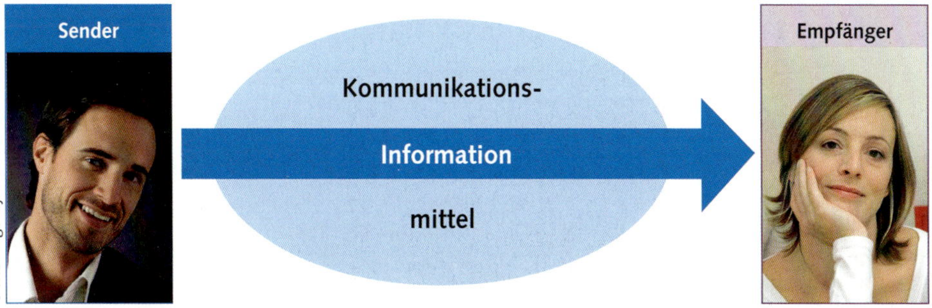

© MEV Agency UG

© MEV Agency UG

Der **Sender** übermittelt seine Informationen über ein Kommunikationsmittel an den **Empfänger**. Das sieht im Modell recht einfach aus. In Wirklichkeit kann der Vorgang durch unterschiedliche Einflüsse jedoch gestört oder verhindert werden.

›› **Beispiele:**

Kommunikation: Florian (Sender) schickt einen Liebesbrief mit der Post (Kommunikationsmittel) an Lisa (Empfänger).	
Störung durch das Kommunikationsmittel:	Durch einen Unfall des Postautos wird der Postsack mit dem Brief vernichtet. Lisa bekommt den Brief nicht.
Störung durch den Empfänger:	Der Liebesbrief kommt bei Lisa an, aber sie hat sich inzwischen in Oliver verknallt. Deshalb verweigert sie die Annahme des Briefes.
Störung durch den Sender:	Florian hat den Liebesbrief an Lisa geschrieben, kann aber Lisas Adresse nicht mehr finden. Er kann Lisa nicht erreichen.

Nahezu bei jedem **Verkaufsgespräch** setzt man **Sprache** als notwendiges **Mittel** zur **Verständigung** ein.

Bei der Verkaufsberatung der Kunden tritt der **Verkäufer** als **Sender** auf. Damit es zu keinen **Kommunikationsstörungen** kommt, sind Fehler beim Sprechen zu vermeiden. Dabei hilft eine gut trainierte Sprache.

© Sangoiri – stock.adobe.com

1.2 Sprache im Verkauf

Wenn Sie mit Ihrer Sprache Erfolge im Verkauf erzielen wollen, müssen Sie die Anforderungen der einzelnen **Einflussfelder** berücksichtigen:

Einflussfeld	Anforderungen	Wirkung
Wortschatz	**Sprechen Sie verständlich!** (keine Überhäufung mit Fachausdrücken, keine Verwendung von Begriffen, die Ihr Zuhörer nicht versteht) **Sprechen Sie abwechslungsreich!** (nicht immer dieselben Ausdrücke und Formulierungen)	Ihr Gesprächspartner fühlt sich angesprochen und versteht Sie. Das ist die Voraussetzung dafür, dass auch er sich verstanden fühlt. Ihr Gesprächspartner wird interessiert und nicht gelangweilt.
Satzbau	**Bilden Sie kurze Sätze!** (keine Satzungetüme verwenden) **Bilden Sie vollständige Sätze!** (nicht mit Wort- und Satzfetzen um sich werfen)	Ihre Sprache ist überschaubar. Sie machen weniger Sprechfehler. Ihr Zuhörer kann besser folgen. Sie wirken konzentrierter und können besser überzeugen.
Aussprache, Lautstärke	**Sprechen Sie die Laute deutlich aus!** (nicht nuscheln und Laute verschlucken) **Gehen Sie von mittlerer Lautstärke aus!** (nicht flüstern oder brüllen)	Ihr Gesprächspartner kann Sie akustisch gut verstehen, auch wenn Nebengeräusche vorhanden sind.
Betonung, Sprechtempo	**Betonen Sie wichtige Punkte und gute Argumente!** (nicht monoton sprechen, nicht leiern) **Sprechen Sie nicht zu schnell und legen Sie wirkungsvolle Pausen ein!** (kein Eiltempo vorlegen, nicht ohne Pause sprechen)	Sie lenken die Aufmerksamkeit auf die wesentlichen Punkte und halten das Interesse wach. Ihr Gesprächspartner kann Ihnen folgen und fühlt sich nicht überfahren. Sie selbst haben Zeit zum Luftholen und Überlegen.
Mimik, Gestik	**Machen Sie ein interessiertes, freundliches Gesicht und achten Sie auf Ihre Haltung!** (keine abweisende Miene aufsetzen und den Körper nicht zu lässig halten)	Die nichtsprachlichen Elemente unterstützen Ihre Sprache. Ihr Zuhörer fühlt sich angesprochen, wenn Ihre Mimik und Gestik Entgegenkommen signalisiert.

Fehler beim Sprechen

Häufige **Fehler** sind: undeutliches, zu leises, einsilbiges oder zu schnelles Sprechen, ein zu großer „Wortschwall" oder zu viele Fachbegriffe („Fachchinesisch"). Auch „Äh"-Pausen und Füllwörter wie „ne" oder „halt" verschlechtern Ihre Sprachwirkung.

Berücksichtigen Sie auch den Bildungsstand und die Fachkenntnisse Ihres Gesprächspartners. Gehen Sie ein auf seine Erwartungen, Stimmungen und Sprechgewohnheiten (Mundart), unterbrechen Sie nicht voreilig und hören (und sehen) Sie gut hin.

Denn auch Mimik und Gestik geben wichtige Informationen (vgl. Körpersprache).

Beim Warenverkauf ist die **Sprache** das wichtigste **„Verkaufsinstrument"** neben der Ware selbst. Schenken Sie deshalb Ihrer Sprache besondere Aufmerksamkeit!

Körpersprache in der Kommunikation

Im linken Bild signalisiert der Darsteller mit seiner offenen Körperhaltung Zuwendung, Interesse und Offenheit für den Gesprächspartner. Rechts hingegen zeigt er Ablehnung, Unsicherheit und Verschlossenheit.

Abb. offene Körperhaltung

Abb. geschlossene Körperhaltung

Die Körpersprache vermittelt sich, meist unbewusst, durch körperlichen Ausdruck (Körperhaltung, Blick), Mimik und Gestik. Sie teilt uns Empfindungen, Stimmungslagen und innere Einstellungen des Kommunikationspartners mit.

Verbale Sprache und Körpersprache verbinden sich und senden eine Botschaft an den Empfänger. Diese ist umso überzeugender, je besser beide Ausdrucksmittel miteinander verknüpft werden.

Körpersprache kann wichtige Aufgaben übernehmen:

- Sie ersetzt Sprache und übermittelt Bedeutung
  (Hand am Kopf: „Wie blöd von mir!").
- Sie zeigt an, wie Sprache zu verstehen ist
  (eine ernsthafte Aussage wird z. B. durch ein Augenzwinkern in Frage gestellt).
- Sie steuert den Handlungsablauf
  (die Reihenfolge der Redner wird z. B. durch Handzeichen geregelt).
- Sie dient der Selbstdarstellung
  (durch eigenwillige Gesten beim Reden).
- Sie manipuliert das Verhalten von anderen
  (Körper drückt Zuneigung, Macht oder Abscheu aus).
- Sie unterstützt das gesprochene Wort
  (Hände unterstreichen eine wichtige Aussage).

Versuchen Sie, **körpersprachliche Signale** immer in Verbindung mit der Person Ihres Gesprächspartners zu sehen. Sein Auftreten, seine Mimik und Gestik, seine Haltung verraten Ihnen etwas über seine Sicherheit, Gelassenheit, Offenheit, kurz über seine Persönlichkeit.

Überprüfen Sie körpersprachliche Aussagen zunächst an sich selbst. Unterstützen Sie Ihr gesprochenes Wort mithilfe Ihrer Körpersprache und Sie werden merken, dass man Sie besser versteht und Sie überzeugender wirken.

AKTION

1 Elektrohändler Heinze bietet Frau Geyer telefonisch ein Fernsehgerät an. Notieren Sie je eine Störung dieser Kommunikationssituation, die durch den Sender, den Empfänger und durch das Kommunikationsmittel verursacht werden kann.

Verfahren Sie ebenso in der folgenden Situation:

Verkäufer Emsig informiert per Lautsprecheranlage des Kaufhauses über die aktuellen Sonderangebote.

2 Schreiben Sie Fachbegriffe aus Ihrem Fach- oder Interessengebiet mit ein paar Sätzen so um, dass sie jeder Laie verstehen kann.

Beispiele:

Playback (Show-Business)
Flambieren (Kochen)
Schiedsrichterball (Sport)
Tageslosung (Rechnungswesen)
Salmonellen (Lebensmittel)
Ausrüstung (Textilien)
Inventur (Rechnungswesen)
Saum (Bekleidung)
Antrag (Kauf)
Quarz (Uhrwerk)

3 Lesen Sie eine Kurzgeschichte oder einen Zeitungsartikel laut vor. Bemühen Sie sich um fehlerfreies Lesen und um eine klare, deutliche Aussprache. Kontrollieren Sie Ihre Leistung durch Aufzeichnung auf Ton- oder Videokassette.

4 Beschreiben Sie aus dem Kopf Ihren täglichen Weg zum Arbeitsplatz oder zur Schule. Nehmen Sie nach mehreren Übungen Ihre Beschreibung auf. Überprüfen Sie beim Abspielen Ihre Beschreibung:

a) Ist sie akustisch klar und deutlich?

b) Sind die Sätze vollständig?

c) Haben Sie im Zusammenhang und ohne große Unterbrechungen gesprochen?

d) Ist der Inhalt verständlich, d.h., könnte ein Fremder den Weg nach Ihrer Beschreibung finden?

5 Lesen Sie den folgenden Satz sechsmal laut vor:

Schauen Sie sich bitte den neuen Komfort-Sessel mit Lederbezug an!

Betonen Sie jeweils nur eines der unterstrichenen Wörter. Stellen Sie fest, wie sich der Sinn des Satzes durch die unterschiedliche Betonung ändert.

6 Falten Sie ein Blatt Papier der Größe DIN A4 und klappen Sie es wieder auf, sodass sich ein Muster wie in der Abbildung ergibt.

Setzen Sie sich mit dem Rücken zur Lerngruppe/Klasse und erklären Sie den Teilnehmern nur mit Worten, wie diese ihr Papier falten müssen, damit das gleiche Muster herauskommt. Vergleichen Sie die Ergebnisse mit Ihrer Vorlage.

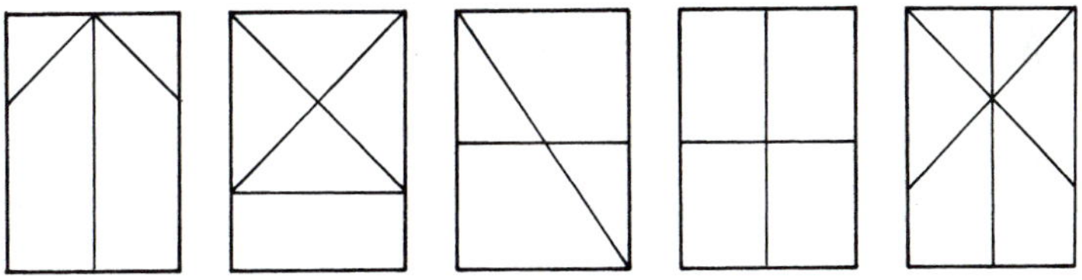

Abb. Faltmuster

7 Eine Gruppe von Schülern bereitet kleine Zettel mit Begriffen aus den vorhergehenden Unterrichtsstunden in verschiedenen Fächern vor. Jeder der anderen zieht einen Zettel. Seine Aufgabe ist es, den Begriff so zu umschreiben, dass die anderen möglichst schnell raten, um welchen Begriff es sich handelt. Der aufgeschriebene Begriff darf natürlich nicht verwendet werden.

» Beispiel:

Auf dem Zettel steht „Kaufmotiv". Der Schüler umschreibt das mit „Beweggrund, etwas zu kaufen".
Alternative Spielidee:
Zusätzlich zu den Ratebegriffen werden „Tabu-Begriffe" gewählt, die zur Beschreibung

» Beispiel:

Zum Begriff „Kaufmotiv" werden als „Tabu-Begriffe" „Kaufen" und „Grund" formuliert.

8 Erläutern Sie einem Partner oder der ganzen Klasse bzw. Lerngruppe

- die Bedienung der Weckfunktion Ihres Handys,
- die Zubereitung Ihres Lieblingsessens,
- den Ablauf einer Flugreise,
- den Vorgang bei Anmeldung eines Motorrades.

Gehen Sie auf Einwände und Zwischenfragen ein. Bitten Sie Ihre Zuhörer um Kritik und um Verbesserungsvorschläge.

9 Nehmen Sie eine Darstellung (wie bei Übung 8) auf Video- oder Tonkassette auf. Prüfen Sie arbeitsteilig beim Abspielen, ob alle Einflussfelder der Sprache angemessen berücksichtigt wurden.

10 Untersuchen Sie in Partnerarbeit den Redetext!

a) Beschreiben Sie die mangelhaften sprachlichen Eigenschaften dieser Rede.

b) Übersetzen Sie die Rede in klare und verständliche Sprache.

c) Tragen Sie die Rede in der alten und in der neuen Fassung vor der Klasse oder Lerngruppe vor.

d) Beobachten Sie die Wirkung der unterschiedlichen Fassungen auf die Zuhörer.

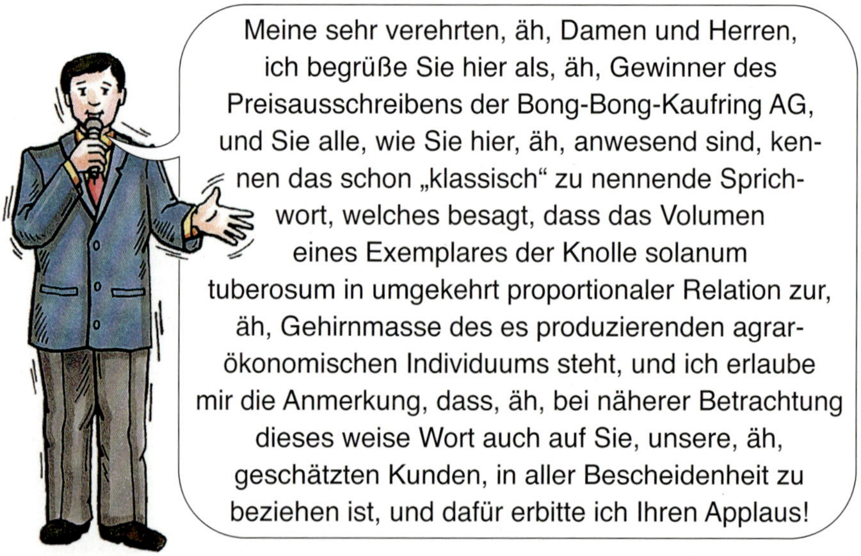

11 Schreiben Sie auf, wie sich eine offene und eine geschlossene Körperhaltung darstellen und welche Wirkung sie beim Betrachter haben können.

12 Viele Redewendungen oder Sprichwörter beziehen sich auf die Körpersprache.

» **Beispiel:** „Die Nase rümpfen“

Notieren Sie drei weitere Redewendungen und erklären Sie ihre Bedeutung in der Klasse/Gruppe.

13 Betrachten Sie diese vier Bilder. Welche Empfindung zeigt die Verkäuferin dabei durch den jeweiligen Gesichtsausdruck?

14 Geben Sie Ihrer Klasse bzw. Lerngruppe folgende Mitteilungen nur über körperliche Signale:

a) Ich weiß nicht.	b) Er ist verrückt!	c) Ich freue mich auf Dich!
d) Lass mich doch in Ruhe!	e) Nicht jetzt!	f) Prima Leistung!
g) Ich habe ernste Zweifel.	h) Ich bin total fertig!	i) Bitte folgt mir.

15 Verstärken Sie die Wirkung des folgenden Textes durch den Einsatz von Körpersprache. Tragen Sie den Text in der Klasse vor und zeichnen Sie mit einer Kamera auf:

Ich habe einen Freund/
der ist so groß wie ein Baum/
mit Schultern so breit wie ein Kleiderschrank/
der baut begeistert Flugzeugmodelle/
kleine/mittlere/und große/
Des Sonntags nimmt er seine Kinder bei der Hand/
seine Modelle unter den Arm/
und geht hinaus vor die Stadt/
Dort lässt er seine Flugzeuge steigen/
die kleinen heben leicht vom Boden ab/
machen einen Hupfer und setzen wieder auf/
die mittleren steigen schräg hoch/
wenden ein paar Mal/
und gleiten elegant zur Erde zurück/
die großen/
rasanten/
steigen steil hoch/
kreisen in der Luft/
und stürzen im Sturzflug zur Erde zurück/
und zerschellen/
das ist bitter/
sehr bitter/
Aber mein Freund macht sich nichts daraus/
er sammelt die Trümmer wieder auf/
nimmt seine Kinder bei der Hand/
und geht nach Hause/
Dort baut er neue/
viel schönere Flugzeugmodelle.

2 Training der Verkaufstätigkeit

It's Showtime! Mit Rollenspielen verkaufen lernen

SITUATION

Herr Meier, Klassenlehrer der W1KE, will heute seine Schülerinnen und Schüler mit Rollenspielen vertraut machen. Im Lehrerzimmer diskutiert er mit Kolleginnen und Kollegen, was er geplant hat:

Herr Meier: „Also, ich habe mir das so vorgestellt: Zuerst losen wir einen Schüler aus, der das Klassenzimmer verlassen muss. Dann erkläre ich der Klasse, was sie als Gruppe tun soll. Ich dachte, wir spielen Busfahrt morgens um 7:00 Uhr zur Schule. Die Klasse spielt die Fahrgäste und der Schüler, den wir rausschicken, wäre dann der Busfahrer, was er aber nicht weiß. Der Schüler kommt zurück ins Zimmer und sieht, wie die Klasse die Situation spielt. Er hat nun die Aufgabe, durch genaues Beobachten herauszufinden, welche Rolle er eigentlich in dieser Situation spielen müsste. Hat er die Lösung gefunden, nimmt er einfach am Rollenspiel teil. Was meint ihr, klappt das?"

Frau Kitaev: „Da bin ich sicher, Kollege Meier. Nehmen Sie den Luigi, der ist ein Cleverle! Nach 2 Minuten weiß er, welche Rolle er zu spielen hat. Viel Erfolg!"

Bitten Sie Ihre Lehrerin bzw. Ihren Lehrer, mit Ihnen ein Rollenspiel nach dem beschriebenen Muster durchzuführen.

INFORMATION

Verkaufstraining ist das planmäßige **Üben** der **Kommunikations-** und **Verkaufstechniken** mit dem Ziel, Ihre Leistungsfähigkeit im Verkauf laufend zu verbessern.

Durch das laufende Anwenden Ihrer zuvor erworbenen Fachkenntnisse in praktischen Übungen erlangen Sie am Ende Ihrer Ausbildung die Handlungsfähigkeit, die Sie benötigen, Verkaufsgespräche professionell zu führen.

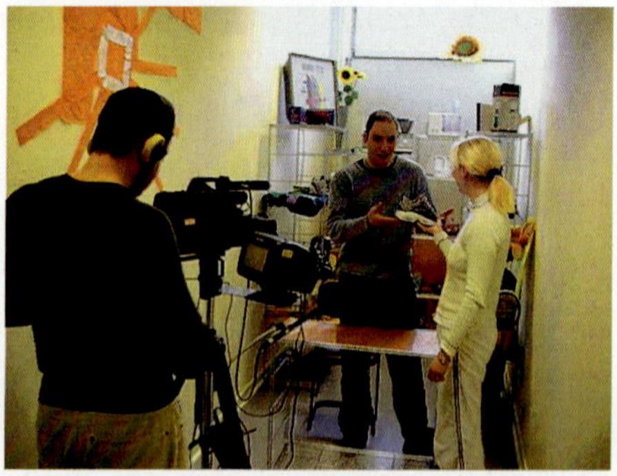

Abb. Auszubildende beim Verkaufstraining

2.1 Training mit Rollenspielen

Das Verkaufsgespräch vollzieht sich immer als Kommunikationsprozess zwischen Verkäufer und mindestens einem Kunden. Deshalb erfolgt das Training häufig mit der Methode des Rollenspiels. In der Verkäuferrolle probieren Sie neue Techniken und Verhaltensmuster aus und beobachten Ihre Wirkung auf die Kunden.

Beispiel:

Rolle des Verkäufers

Sie sind Auszubildender in der gut sortierten Weinhandlung Bacchus. Im Geschäft warten 4 Kunden auf Bedienung. Ein älterer Herr ist an der Reihe.

- Begrüßen Sie Ihren Kunden.
- Ermitteln Sie den Kaufwunsch.
- Achten Sie auf angemessene Sprache und Körpersprache.

Rolle des Kunden

- Sie sind 59 Jahre alt und freundlicher Rechtsanwalt.
- Sie sind zum 60. Geburtstag eines Kollegen eingeladen.
- Sie benötigen ein Geschenk.
- Sie wissen, der Kollege ist Weinkenner und bevorzugt trockene Weine.

Rollenspielverlauf

Information:

Die Rolleninhaber werden bestimmt und über die Spielsituation oder Problemstellung informiert (z. B. durch Rollenkarten). Die Mitschüler bekommen Beobachtungsaufgaben.

Vorbereitung:

Die Akteure des Rollenspiels bereiten ihren Auftritt vor. Der Verkäufer plant die Rahmenbedingungen (Herrichten der Kulisse, Ware bereitstellen, Absprache mit Technik), dann seine Spielrolle, also die Begrüßung, die Eröffnungsfrage und die weitere Fragetechnik bis zur Feststellung des Kundenbedarfs. Der Kunde versetzt sich in die Situation des Anwalts und plant angemessenes Kundenverhalten. Die Mitschüler planen die Reflexionsphase, d. h., sie bestimmen Beurteilungsmerkmale und fertigen dazu einen Beobachtungsbogen an.

Durchführung:

Das Rollenspiel wird umgesetzt und zwecks anschließender Reflexion mit einer Kamera aufgezeichnet.

Reflexion:

Direkt nach dem Spiel oder in einer späteren Feedback-Phase (sofern das Rollenspiel auch von anderen Mitschülern durchgeführt wird) wird das Rollenverhalten, hier insbesondere das des Verkäufers, von allen Beteiligten analysiert und den Darstellern eine Rückmeldung gegeben.

Die Methode des Rollenspiels bietet Ihnen den Vorteil, einzelne Elemente der Verkaufshandlung in Ihren Wirkungszusammenhang zu bringen. Sie erkennen, welche Techniken Ihre Verkaufsbemühungen fördern und welches Verhalten Sie besser vermeiden. Durch aktives Üben haben Sie Erfolge und werden immer sicherer.

2.2 Medieneinsatz

Ein wesentlicher Aspekt des Verkaufstrainings ist die **Reflexion**. Die Aufzeichnung der Spielszenen mit Kamera und Mikrofon ermöglicht Ihnen die **Analyse** des eigenen, Ihnen häufig nicht bewussten **Verhaltens**. Ihre Mitschüler helfen Ihnen bei der Analyse, geben Auskunft über die Wirkung des Verkäufers und machen Verbesserungsvorschläge. Allerdings müssen Sie Kamera und Mikrofon auch akzeptieren und Ihre Widerstände gegen diese Medien abbauen. Dazu eignen sich folgende kleine Übungen:

- Kurzvorstellung der eigenen Person *(Name, Wohnort, Interessen, Ausbildungsbetrieb)*
- Kurzvorstellung des Ausbildungsbetriebes oder des Vereins
- Kurzvorstellung eines Sortiments oder Artikels
- Sprechübungen, Körpersprache

Schon nach wenigen kurzen Trainings werden Sie feststellen, dass Ihnen die Medienarbeit nichts mehr ausmacht, und nach 2 bis 3 Wochen sind Sie ein „alter Hase“.

2.3 Feedback

Die Methode des Rollenspiels endet nicht mit dem Ausschalten der Kamera, sondern mit einer systematischen **Nachbereitung**. Sie haben jetzt die Chance, aus konkreten Handlungen zu lernen und Ihre Verkäuferpersönlichkeit weiterzuentwickeln. Ziel von Feedback ist es, dass die Rollenspieler

- sich ihrer Verhaltensweisen bewusst werden,
- einschätzen lernen, wie ihr Verhalten wirkt,
- und sehen, was sie bei anderen auslösen.

Alle Beteiligten geben den Darstellern, insbesondere dem Verkäufer, eine angemessene **Rückmeldung** unter Beachtung folgender Regeln:

Feedbackgeber	Feedbacknehmer
› Verletzen Sie nicht das Selbstwertgefühl des anderen. › Machen Sie deutlich, dass Sie sich irren können. › Reflektieren Sie konkrete Einzelheiten. › Beschränken Sie sich auf das Wesentliche. › Machen Sie Verbesserungsvorschläge.	› Öffnen Sie sich für das Feedback. › Verteidigen Sie sich nicht, sondern hören Sie erst zu. › Seien Sie dankbar für ein faires Feedback. › Prüfen Sie, was Ihnen weiterhilft.

Nachdem Sie mit dem Verkaufstraining und dem Feedback positive Erfahrungen gemacht haben, empfiehlt es sich, mithilfe ausgewählter Kriterien einen **Beobachtungsbogen** zu entwickeln, mit dessen Hilfe ein Verkaufsrollenspiel von allen Beteiligten bewertet werden kann.

2.4 Beobachtungsbogen

Beurteilungsmerkmal des Rollenspiels …	++	+	o	–	– –
1. Kommunikationstechnik	○	○	○	○	○
angemessene Sprache	○	○	○	○	○
korrekter Satzbau	○	○	○	○	○
vollständige Sätze	○	○	○	○	○
Körpersprache	○	○	○	○	○
Freundlichkeit	○	○	○	○	○
…	○	○	○	○	○
…	○	○	○	○	○
…	○	○	○	○	○
2. Verkaufstechnik	○	○	○	○	○
Kundenorientierung	○	○	○	○	○
Kontaktaufnahme/Begrüßung	○	○	○	○	○
Blickkontakt	○	○	○	○	○
zielorientierte Fragetechnik (W-Fragen)	○	○	○	○	○
…	○	○	○	○	○
…	○	○	○	○	○
…	○	○	○	○	○

Abb. Beobachtungsbogen

Der Beobachtungsbogen kann entsprechend Ihren Bedürfnissen eingegrenzt oder erweitert werden.

AKTION

1 Machen Sie sich mit den Medien zur Bild- und Tonaufzeichnung an Ihrer Schule vertraut, indem Sie die Gebrauchsanleitung der Geräte *(Kamera)* studieren. Üben Sie die Nutzung der Geräte *(Aufzeichnen des Unterrichts mit der Kamera)*. Trainieren Sie das Wechseln des Datenträgers, das Ein- und Ausblenden des Bildes, die Eingabe von Datum und Zeit und die Nutzung des Zooms.

2 Um die Scheu vor dem eigenen Videobild abzubauen, sollten Sie kurze Übungen durchführen und mit der Kamera aufzeichnen. Geben Sie den Darstellern anschließend ein kurzes, die positiven Aspekte betonendes Feedback.

a) Stellen Sie typische Szenen aus dem Alltag pantomimisch dar. Ihre Mitschüler sollen während der Betrachtung erraten, welche Situation Sie gespielt haben.

b) Stellen Sie Ihre Person kurz vor *(Name, Wohnung, Interessen, Wünsche).*

c) Lesen Sie eine Stellenanzeige aus der Tageszeitung laut vor.

d) Lesen Sie eine kurze Nachricht in der Tageszeitung. Berichten Sie in freier Rede über den gelesenen Sachverhalt.

© Sonja Janson – Fotolia.com

3 Im Ausbildungsbetrieb oder als Kunde haben Sie schon öfters gute und weniger gute Verkaufsgespräche beobachtet. Imitieren Sie im Rollenspiel eine kurze Verkaufssituation. Betonen Sie dabei, was Ihnen bemerkenswert erschien. Zeichnen Sie Ihr Rollenspiel auf und führen Sie ein Feedback durch.

4 Führen Sie ein Bewerbungsgespräch als Rollenspiel durch und fertigen Sie eine Videoaufnahme an. Betrachten Sie die Aufzeichnung zunächst ohne Ton. Geben Sie Hinweise, wie die Wirkung zu verbessern wäre. Beachten Sie bei der Planung die folgende Pressemitteilung.

© Industrieblick – stock.adobe.com

Körpersprache entscheidend für Karriere

München. Die Körpersprache der Bewerber wird von Personalchefs als wichtiges Kriterium bei der Beurteilung eines Kandidaten angesehen. Das geht aus einer Umfrage der Zeitschrift „Freundin" hervor. Dabei ergab sich, dass die Körpersprache Frauen oft schwächer erscheinen lässt, als sie es seien, schreibt die Illustrierte.

So müssten Verlegenheitsgesten, wie das Spielen mit den Haaren und dem Schmuck, beim Gespräch mit dem neuen Chef vermieden werden. Auch superhohe Pumps sollten beim Vorstellungsgespräch im Schrank bleiben, weil die kurzen Trippelschritte Frauen schwach erscheinen ließen. Ein zögerlicher und gehemmter Auftritt wird von den Chefs ebenso negativ beurteilt wie betont lässiges Benehmen, schreibt das Blatt. Eine Personalchefin gibt in der Illustrierten den Rat: „Immer ehrlich auftreten, für die Bewerbung keine Rolle übernehmen." (AP)

3 Warenkundliche Grundlagen

3.1 Bedeutung des Warenwissens für die Verkaufsberatung

Warenqualität und Kundennutzen

SITUATION

Versetzen Sie sich in die Situation des Kunden und drücken Sie aus, was er wohl gerade denkt.

INFORMATION

Die meisten Kundinnen und Kunden erwarten insbesondere bei erklärungsbedürftigen Artikeln eine **fachkundige** Verkaufsberatung.

Fundierte **Warenkenntnisse** erleichtern die Beratungstätigkeit und unterstützen die Kunden bei ihrer Kaufentscheidung.

Nutzeneigenschaften von Waren

Wenn ein Kunde sich für eine Ware interessiert, dann steht sehr oft nicht der konkrete Artikel im **Mittelpunkt** seines **Kaufinteresses**, sondern vielmehr der **Nutzen**, den sich der Käufer von dieser Ware verspricht.

Jede **Ware** dient letztlich dazu **Kundenbedürfnisse** durch einen **Grund-** und **Zusatznutzen** zu erfüllen.

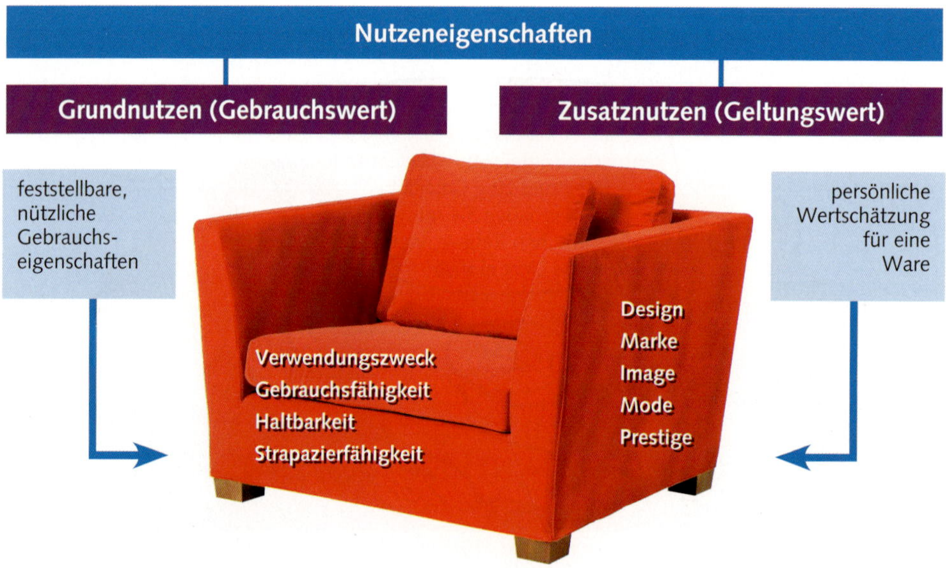

Abb. Grund- und Zusatznutzen einer Ware

Bei der **Verkaufsargumentation** sollte beachtet werden, dass der Kunde die Nutzenarten meist nicht getrennt wahrnimmt. Für den Verkäufer ist es daher wichtig herauszufinden, welche Nutzenart für die Kaufentscheidung die Wichtigere ist.

Mit diesem Wissen kann der Verkäufer seine Verkaufsargumentation „passgenau" führen und so den Kaufwünschen des Kunden bestmöglich entsprechen (vgl. Kap. 6 Kundenerwartungen und Kaufmotive).

Qualitätsmerkmale von Waren

Jeder hat schon mal in einem Geschäft Sätze wie diese gehört: „Die Qualität ist wirklich gut" oder „das ist echte Qualitätsware!" Was ist jedoch unter „Qualität" zu verstehen? Dem Begriff nach bedeutet **Qualität** eigentlich nur **Beschaffenheit**. Diese wird von den jeweiligen Eigenschaften der Ware bestimmt (bügelarmes Hemd, wasserdichte Schuhe).

Ob eine Ware eine „gute" oder „schlechte" Qualität aufweist, hängt zwar von den nachprüfbaren Eigenschaften ab, aber auch zu einem erheblichen Teil davon, welche Ansprüche ein Kunde an eine Ware stellt.

Beispiel: Eine besonders gesundheitsbewusste Kundin kauft lediglich Lebensmittel aus biologischem Anbau. Für sie ist nur dies „gute Qualität", obwohl viele Experten sagen, dass es keine eindeutigen Beweise dafür gäbe, dass diese Produkte gegenüber konventionell angebauten Erzeugnissen in gesundheitlicher Hinsicht besser wären.

© Pixelot – stock.adobe.com

Qualitätskennzeichnung

Da es nicht leicht ist Qualität beim Einkauf zu erkennen, geben viele **Hersteller** einige **Hilfestellungen**, indem sie ihre Waren oft freiwilligen **Qualitätsprüfungen** aussetzen. Der Verbraucher kann dies an den dabei vergebenen **Zeichen** erkennen.

Gütezeichen

Gütezeichen dürfen in Deutschland nur vom **Deutschen Institut für Gütesicherung und Kennzeichnung e. V.** (RAL) vergeben werden. Die Qualitätskriterien werden mit Herstellern, Verbraucherverbänden, Behörden und Prüfinstituten festgelegt. Waren, die ein entsprechendes Gütezeichen tragen, werden laufend nach diesen Kriterien überwacht.

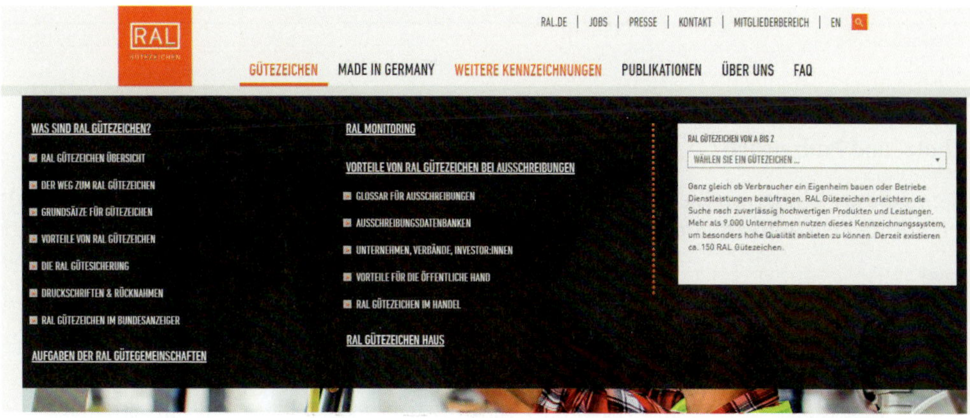

www.ral-guetezeichen.de/ueber-ral-guetezeichen/Was sind RAL Gütezeichen? I RAL Gütezeichen (ral-guetezeichen.de)

Herkunftszeichen

Herkunftszeichen geben gegenüber dem Verbraucher Auskunft über die Herkunft der Ware.

Beispiel:

BADISCHER WEIN®
von der Sonne verwöhnt

Testzeichen

Eine besondere Bedeutung haben **Testzeichen** zur Qualitätsbeurteilung, da hier ein direkter Vergleich mit ähnlichen Produkten vorgenommen wird. Dies erleichtert die Kaufentscheidung der Kunden. Das bekannteste Testzeichen ist das Zeichen der **Stiftung Warentest**. Diese führt als unabhängige Institution Warentests durch und vergibt ihr Qualitätsurteil nach dem Schulnotenprinzip. Für viele Kaufinteressierte sind die Beurteilungen der Stiftung Warentest ein wichtiger Gesichtspunkt beim Treffen einer Kaufentscheidung.

Pflegekennzeichnung

Die Verwendung von **Pflegesymbolen** bei Textilien ist freiwillig. Bei Beachtung der Hinweise sollte das Textilerzeugnis keinen Schaden nehmen.

›› Beispiele:

95			
Kochwäsche bis 95 °C	bügeln bis 200 °C	nicht im Trockner trocknen	nicht chemisch reinigen

Schutz- und Prüfzeichen

Diese Zeichen können solche Waren erhalten, die bestimmten **Sicherheitsbestimmungen** genügen oder die ein **Prüfverfahren** bestanden haben.

›› Beispiele:

A-V 84005 GS geprüfte Sicherheit	Das GS-Zeichen (geprüfte Sicherheit) wird nach deutschem Recht auf einem Produkt oder seiner Verpackung angebracht, wenn eine zugelassene Stelle (TÜV) festgestellt hat, dass die vorgeschriebenen sicherheittechnischen Anforderungen erfüllt sind.
DVE	Dieses Zeichen wird vom VDE (Verband der Elektrotechnik, Elektronik, Informationstechnik e.V.) für solche Waren vergeben, die den vom VDE aufgestellten Sicherheitsvorschriften entsprechen (elektrische Geräte).

„gefühlte" Qualität

Qualitätsvorstellungen werden von Konsumenten sehr unterschiedlich wahrgenommen und bewertet. Oft sind es nicht die nachprüfbaren Qualitätsmerkmale, die eine Ware als „gut" oder „schlecht" erscheinen lassen, sondern die **persönlichen Einstellungen** einer Ware gegenüber. Diese ergibt sich z. B. aus der bisherigen Erfahrung mit dieser bzw. ähnlicher Ware und der geplanten Verwendung.

Ein Verkäufer sollte das akzeptieren und seine Verkaufsberatung darauf abstimmen.

Beispiele:

© fotolia.com

Die italienische Espressomaschine „Maurini" wird in den Farben Lila und Orange als Sonderangebot für 99,00 € angeboten. Unter 20 vergleichbaren Modellen erzielte sie beim letzten Warentest das beste Ergebnis mit der Note „sehr gut (1,3)".
Trotz dieses eindeutigen Qualitätsurteils äußern sich Verbraucherinnen sehr unterschiedlich zu diesem Produkt:

Sofie Sandberg (24): „Superpreis, ein tolles Design und erst die Farben! Die Maschine passt in Orange optimal in meine kleine Küche! Und dann auch noch eine echte „Maurini", die Marke ist zurzeit total angesagt!"

Claudia Bruhns (46): „Farbige Haushaltsgeräte sind doch nur modischer Schnickschnack! Testergebnis hin oder her, ich kaufe nur in Weiß und außerdem traue ich Sachen aus dem Ausland nicht!"

© MEV Agency UG

Helga Opitz (71 Jahre): „Ich lehne Kaffeemaschinen in jeder Form ab! Kaffee muss doch von Hand gebrüht werden. Ich glaube, die jungen Leute wissen gar nicht, wie eine gute Tasse Kaffee wirklich schmeckt!"

Hier wird dieselbe Ware von drei Personen unterschiedlich bewertet. Ob sie gekauft wird oder nicht, hängt davon ab, von welchem Verwendungszweck die drei Verbraucherinnen ausgehen und welchen Nutzen sie damit verbinden.

Beispiel: Die Nutzung verschafft dem Kunden gesellschaftliche Anerkennung *(Wohnungseinrichtung mit Designer-Möbeln, Kauf von fair gehandelten Produkten).*

Da sich heutzutage die Geschmacksvorstellungen und damit auch Konsumgewohnheiten sehr schnell ändern, bilden sich auch immer wieder neue Vorstellungen zum Qualitätsbegriff. Was bei Kunden heute als „Superqualität" gilt, kann morgen für sie schon der „totale Schrott" sein, auch wenn die Ware objektiv gesehen allen Ansprüchen an Verarbeitung, Beschaffenheit oder Leistung genügt.

Nachhaltigkeit

Das Prinzip **Nachhaltigkeit** steht für die althergebrachte Regel in der Forstwirtschaft: „Nicht mehr ernten, als nachwächst!“

Das **„magische Dreieck“** der Nachhaltigkeit besagt: ökologisches Gleichgewicht, ökonomische Sicherheit und soziale Gerechtigkeit sollen gleichrangig angestrebt werden. Auf den **Konsum** übertragen heißt dies: Wenn die Menschheit verantwortungsvoll produziert und konsumiert, kann sie die Welt so an Kinder und Enkel weitergeben, wie man sie selbst vorfinden möchte.

Der **Handel** nimmt hierbei eine **besondere Stellung** als Bindeglied zwischen den Produzenten und den Konsumenten ein. Er entscheidet, ob und welche Produkte aus nachhaltiger Wirtschaft in das Sortiment aufgenommen werden.

Umweltverträglichkeit von Waren

Alle Waren, die heute auf dem Markt sind, belasten die Umwelt mehr oder weniger durch Herstellung, Bereitstellung, Ge- oder Verbrauch und Entsorgung, wie es die Beispiele in der Tabelle verdeutlichen:

Umweltbelastungen	
bei **Rohstoffgewinnung und Produktion** durch › Überfischen der Meere › Abholzung von Tropenwäldern › Chlorbleichung von Zellstoff/Papier	bei **Beschaffung und Bereitstellung** durch › lange Transportwege (Äpfel aus Chile) › überhöhte Lagerbestände (Verderb) › aufwändige Warenpräsentation
bei **Gebrauch und Verbrauch** durch › Geräuschemission von Rasenmähern › Wasserverschmutzung durch hohen Reinigungsmitteleinsatz › Benutzung von Elektrogeräten mit hohem Energieverbrauch	bei **Beseitigung oder Entsorgung** durch › Quecksilber und Cadmium in verbrauchten Akkus › Einwegverpackungen › Verbrennung von Müll und Abfällen

Der **Einzelhandel** hat, wenn es um den **Umweltschutz** geht, eine **Schlüsselstellung** inne. Durch Einwirkung auf die Kunden einerseits, auf die Hersteller andererseits und durch umweltbewussten Umgang mit der Ware und ihrer Verpackung kann der Einzelhandel wichtige aktive Vorkehrungen treffen, z. B.

- Auslistung von wenig umweltverträglichen Produkten *(hochkonzentrierte Lacke, cadmiumhaltige Haushaltswaren)*,
- Anbieten von umweltfreundlichen Verpackungsmaterialien *(Stoffbeutel oder Papiertüten statt Plastiktüten)*,
- Aufstellen von Abfallsammlern zur Rückführung und Wiederverwertung *(Recycling)*,
- Förderung von umweltschonenden Waren *(Herausstellen von Waren mit dem „Umweltengel")*.

Die Mitarbeiter im Einzelhandel wie auch die Kunden sehen der Ware nicht an, welche Aspekte der Nachhaltigkeit sie erfüllt. Deshalb nutzen alle am Markt Beteiligten Kennzeichen (auch Label oder Logo genannt) und einschlägige Informationsquellen, um den besonderen Zusatznutzen, z. B. den der Recyclingfähigkeit oder Schadstoffarmut, herauszustellen oder herauszufinden.

© Eisenhans – stock.adobe.com

Hinter einigen Logos und Bezeichnungen wie „aus kontrolliertem Anbau" oder „ohne Spritzmittel" verbergen sich Mogelpackungen, die das ökologische Bewusstsein der Verbraucher ausnutzen.

Zum Glück gibt es Verbraucherschutzverbände und Medien *(„Stiftung Warentest", „Öko-Test")*, die anmahnen, wenn für eine Ware mit trügerischen Zeichen oder Formulierungen geworben wird.

Umweltzeichen

Das **Bio-Siegel** ist das bundeseinheitliche Dachzeichen für Erzeugnisse aus dem ökologischen Landbau. Es steht für die kontrollierte Erzeugung und Produktion von Bio-Ware. Es hat die klare Aussage: „Wo bio drauf steht, ist auch bio drin." Die Vergabe des Bio-Siegels richtet sich nach den Kriterien der EG-Öko-Verordnung. Diese Verordnung schreibt u. a. vor: Verbot der Bestrahlung, Verbot gentechnisch veränderter Organismen, Verzicht auf chemischen Pflanzenschutz, artgerechte Tierhaltung sowie ökologische Futtermittel ohne Zusatz von Antibiotika.

Bio nach EG-Öko-Verordnung

© BLE, Bonn

Der **Öko-Tex Standard** 100 ist ein Öko-Label für Textil- und Bekleidungserzeugnisse. Das Zeichen garantiert, dass bestimmte Grenzwerte hautbedenklicher Substanzen nicht überschritten werden. So soll z. B. garantiert werden, dass im textilen Erzeugnis keine krebserregenden Farbstoffe enthalten sind.

TEXTILES VERTRAUEN
Schadstoffgeprüfte Textilien
nach Öko-Tex Standard 100
Prüf-Nr. 00.0.0000 · FI Hohenstein

© OEKO-TEX Service GmbH

Der **Blaue Engel** gibt Orientierung beim umweltbewussten Einkauf. Er ist seit 1978 das Umweltzeichen der Bundesregierung. Unabhängig und glaubwürdig kennzeichnet er Produkte und Dienstleistungen, die in einer ganzheitlichen Betrachtung besonders umwelt- und gesundheitsverträglich sind.

Das **Europäische Umweltzeichen** EU Ecolabel (kurz: EU Ecolabel oder Euroblume) kennzeichnet Produkte und Dienstleistungen, die während ihres gesamten Lebenszyklus hohe Umweltstandards erfüllen: von der Rohstoffgewinnung über die Produkte, den Vertrieb bis hin zur Entsorgung. Es ist in allen 27 EU-Mitgliedsstaaten sowie in Norwegen, Island und in Liechtenstein anerkannt.

Sozialverträglichkeit von Waren

Eine nachhaltige Entwicklung schließt die Beachtung der „sozialen Dimension" stets ein. Immer mehr Kunden stellen die Frage der sozialen Gerechtigkeit im Hinblick auf das Wohlstandsgefälle zwischen Nord und Süd oder nach der Einhaltung sozialer Standards bei der Produktion. Sie achten auf

- Einhaltung der Menschenrechte
- Arbeitsbedingungen und Lohngerechtigkeit
- Kinderarbeit
- Frauenausbeutung und Zwangsarbeit
- Faire Handelsbedingungen

Der Einzelhandel weiß um das Interesse dieser wachsenden Käuferschicht und ist zunehmend bemüht, der Kundschaft **fair produzierte** und **fair gehandelte Waren** anzubieten.

Vor über 30 Jahren startete der gemeinnützige Verein **Transfair e. V.** seine Arbeit mit dem Ziel, benachteiligte Arbeiter und Bauern und ihre Familien in Afrika, Asien und Lateinamerika zu fördern und ihre Lebens- und Arbeitsbedingungen zu verbessern. Der Verein vergibt sein Siegel für Produkte, die zu festgelegten fairen Bedingungen gehandelt werden, und kontrolliert deren Einhaltung regelmäßig. Siegelträger sind Kaffee, Tee, Kakao, Schokolade, Honig, Bonbons und Fruchtsäfte.

Das Siegel für fairen Handel

Kampagne für saubere Kleidung

Die **Kampagne für saubere Kleidung** (engl. Clean Clothes Campaign) gibt es in zahlreichen europäischen Ländern. Sie will mit ihrer Arbeit dazu beitragen, dass sich die **Arbeitsbedingungen** in der **Bekleidungsindustrie** weltweit verbessern und klimaneutral produziert wird.

© fascinadora – stock.adobe.com

Große Textilanbieter, wie Adidas, C&A, H&M und andere, sollen nicht nur für Stoffe, Design und Verarbeitung ihrer Produkte, sondern auch für die ethische Qualität, sprich die Arbeitsbedingungen der Näherinnen, Sorge tragen.

Letztlich besteht das Ziel darin, dass durch aufgeklärtes „lokales" Konsumentenverhalten „global" bessere Verhältnisse für Menschen und Natur nachhaltig durchgesetzt werden.

© Irina Strelnikova – stock.adobe.com

Der „Grüne Knopf" soll als erstes staatliches Siegel fair und ökologisch produzierte Kleidung sichtbar machen.

GRÜNER KNOPF
SOZIAL.ÖKOLOGISCH.STAATLICH.
UNABHÄNGIG ZERTIFIZIERT.

© Grüner Knopf

AKTION

1 Jeder Kunde hat es schon mal in einem Verkaufsgespräch gehört: „Das ist eine gute Qualität!" Eine solche Äußerung besagt sehr wenig. Qualität ist zudem ein vielschichtiger Begriff und beschreibt je nach Ware ganz unterschiedliche Eigenschaften. Wenden Sie Ihre Kenntnisse über den Qualitätsbegriff an folgender Aufgabenstellung an, indem Sie zu den aufgeführten Waren jeweils mindestens vier Qualitätsaspekte beschreiben.

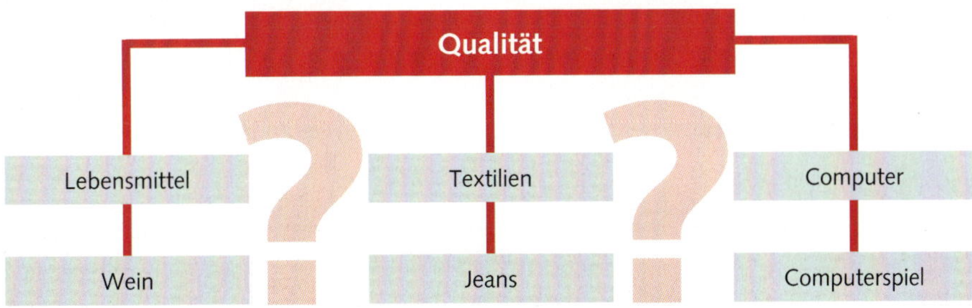

2 Beschreiben Sie Nutzen und mögliche Zusatznutzen bei folgenden Waren:

Goldbarren; Champagner; Staubsauger; Taschenstempel; H-Milch; Pralinen in weihnachtlicher Geschenkpackung; Notizblock aus Recyclingpapier; Modellkleid aus Paris; handgemachte Nudeln; runderneuerte Reifen; Filtertüten für Kaffee oder Tee; Roggenschrot aus ökologischem Anbau; Mikrowellenherd; Schokolade aus fairem Handel; Systemkamera, Kompaktkamera, Einwegkamera; Druckgrafik (begrenzte Auflage, vom Künstler handsigniert).

3 Stellen Sie eine Auswahl von Artikeln Ihres Ausbildungssortiments zusammen, die unter dem Gesichtspunkt

a) der Umweltverträglichkeit

b) der Sozialverträglichkeit

gebildet wird.

4 In Ihrem Ausbildungsbetrieb will man nicht nur umweltbedenkliche Waren aus dem Sortiment nehmen, sondern auch das gesamte Unternehmen soll sich als besonders umweltfreundlich den Kunden präsentieren. Entwickeln Sie Maßnahmen und Aktivitäten zu folgenden Bereichen: – Verpackung, – Kantine, – Ausbildung, – Entsorgung, – Werbung, – Dekoration, – Beratung, – Energie, – Fuhrpark.

5 Kunde: „Ich suche ein Oberhemd ohne alle Beimischungen, in dem ich mich so richtig wohl fühle!"

Verkäufer: „Dann empfehle ich Ihnen ein Hemd aus 100 % Baumwolle. Baumwolle ist saugfähig und luftdurchlässig.

Mit diesem Material bleibt Ihre Haut immer angenehm trocken.

Durch die moderne Ausrüstung lässt sich das Hemd außerdem leicht waschen und bügeln."

a) Wie beurteilen Sie diese Empfehlung in Kenntnis der folgenden Abbildung?

b) Muss ein Verkäufer mehr wissen, als er in den wenigen Augenblicken eines Beratungsgesprächs „unterbringen" kann? Muss er alles sagen, was er weiß – auch Nachteiliges?

---

100 % Baumwolle

• natürlich • gesund • hautfreundlich

Das kann folgende Zusammensetzung bedeuten:

73 % Baumwolle und

8 % Farbstoffe
0,3 % optische Aufheller

gelten als Allergie auslösend

14 % Harnstoff-Formaldehydharz
2,7 % Weichmacher
2 % Polyacryl

gelten als Krebs auslösend bzw. fördernd

3.2 Erwerb von Warenkenntnissen

Warenkundliches Wissen wirkt Wunder!

SITUATION

1. Warum konnte der Verkäufer kein Vertrauensverhältnis zu diesem Kunden aufbauen?
2. Wie wird der Kunde wahrscheinlich reagieren?

INFORMATION

Wollen Sie Ihre Kunden gut beraten, müssen Sie Ihre Waren genau kennen. Warenkenntnisse verleihen Ihnen Überzeugungskraft und innere Sicherheit.

Sie können aber erst dann von einer Ware überzeugt sein, wenn Sie sich mit ihr ausgiebig beschäftigt haben und ihre Qualitäten selbst kennen.

© VectorMine – stock.adobe.com

Beschaffung warenkundlicher Informationen

Wer sich über die Waren seines Sortiments informieren will, hat folgende Möglichkeiten:

Prüfung der Ware beim Wareneingang, im Lager und Verkaufsraum

© Beck

Auf diese Weise erhält man einen Überblick über das Sortiment des Betriebes und bekommt Informationen zum Material, Gebrauch und zu speziellen Wareneigenschaften.

Nur durch umfassende Warenkenntnisse ist es möglich, dem Kunden seine Artikel so zu präsentieren, dass der damit verbundene Kundennutzen deutlich wird.

Möglichkeiten der Warenprüfung	
Textilien	Lesen der Angaben auf Waren- und Pflegeetikett, Knitterprobe und u. U. Waschprobe.
Lebensmittel	Verkostung, Geruchstest, Frischeprüfung.
Elektrogeräte	Funktionsprobe durch Testen aller Bedienungsmöglichkeiten, Dauerfunktionstest über einen oder mehrere Tage.

Fachzeitschriften und Fachbücher

Abb. Fachbuch für Lebensmittelwarenkunde aus dem Verlag Europa-Lehrmittel

Wer sich umfassend über Waren informieren möchte, muss häufig auf **Fachliteratur** zurückgreifen.

Für nahezu jede Branche gibt es entsprechende **Fachzeitschriften** *(Lebensmittelzeitung, Textilwirtschaft, Schuhmarkt, Möbelmarkt)* sowie **Fachbücher**, die besonders umfassend informieren.

Auch die **Fachverbände** geben regelmäßig Informationsmaterial und Mitteilungen heraus. Adressen können über die Industrie- und Handelskammern bzw. die Innungen in Erfahrung gebracht werden.

Studium von Prospekten, Gebrauchsanleitungen und Beschreibungen

Dadurch erhält man Informationen, die nicht unbedingt aus der Ware selbst ersichtlich sind. Mitunter sind dies besonders wichtige Informationsquellen. Die Hersteller liefern so die Grundlage für viele Verkaufsargumente.

»» **Beispiel:** Gebrauchsanleitung für einen Handrasenmäher (Quelle: Gardena AG, Ulm)

D

GARDENA Handrasenmäher 4000 SM / 5000 SM / 6000 SM

Willkommen im Garten GARDENA...

Bitte lesen Sie die Gebrauchsanweisung sorgfältig und beachten Sie deren Hinweise. Machen Sie sich anhand dieser Gebrauchsanweisung mit dem Handrasenmäher, dem richtigen Gebrauch sowie den Sicherheitshinweisen vertraut.

Aus Sicherheitsgründen dürfen Kinder und Jugendliche unter 16 Jahren sowie Personen, die nicht mit dieser Gebrauchsanweisung vertraut sind, diesen Handrasenmäher nicht benutzen.

→ Bitte bewahren Sie diese Gebrauchsanweisung sorgfältig auf.

1. Einsatzgebiet Ihres GARDENA Handrasenmähers

Bestimmung

Die GARDENA Handrasenmäher sind für die private Benutzung im Haus- und Hobbygarten bestimmt und nicht dafür vorgesehen, in öffentlichen Parks, Sportstätten, an Straßen und in der Land- und Forstwirtschaft eingesetzt zu werden.

Die Einhaltung der von GARDENA beigefügten Gebrauchsanweisung ist Voraussetzung für den ordnungsgemäßen Gebrauch des Handrasenmähers.

Zu beachten

Wegen körperlicher Gefährdung darf der GARDENA Handrasenmäher nicht eingesetzt werden zum Schneiden von Rankgewächsen oder Rasen auf Dachbepflanzungen oder in Balkonkästen.

2. Für Ihre Sicherheit

Prüfungen vor jeder Benutzung:

Vor der Benutzung ist stets eine Prüfung vorzunehmen, um festzustellen, dass Muttern, Bolzen und Arbeitswerkzeuge nicht abgenutzt oder beschädigt sind. Die abgenutzten oder beschädigten Messer sind satzweise zu ersetzen.

Die Fläche, auf der der Handrasenmäher benutzt werden soll, ist vorher zu untersuchen. Steine, Holzstücke, Drähte und andere Fremdkörper sind zu entfernen.
Gegenstände, die das Schneidwerkzeug erfasst, könnten unkontrolliert herausgeschleudert werden.

Verwendung/ Verantwortung

Benutzen Sie den Handrasenmäher nicht, während Personen, besonders Kinder, oder Tiere in unmittelbarer Nähe sind.
Der Benutzer ist für Schäden verantwortlich.

Beim Mähen muss festes Schuhwerk mit rutschfesten griffigen Sohlen getragen werden.

Beachten Sie, dass die umlaufende Messerwalze zu Verletzungen führen kann.

Nutzen und Auswerten von Warentestergebnissen

Die **Verbraucherverbände** und die **Stiftung Warentest** testen Waren und auch Dienstleistungen. Da sie unabhängig sind, ist ihr Urteil objektiver als die Darstellung in Firmenprospekten. Das **Testurteil** „Gut" oder „Sehr gut" eines Testinstitutes wird immer häufiger als **Verkaufsargument** eingesetzt. Schlechte Urteile der Stiftung Warentest führen vielfach dazu, dass die getesteten Waren verändert, nicht mehr hergestellt oder vom Handel ausgelistet werden.

›› **Beispiel:** Sonnenschutzmittel im Test (Quelle: Stiftung Warentest)

Sonnenschutzmittel

	Lichtschutzfaktor	Inhalt in ml/Mittlerer Preis in Euro ca.	Preis für 100 ml in Euro ca.	EINHALTUNG DES LICHTSCHUTZFAKTORS 40 %	FEUCHTIGKEITSANREICHERUNG 30 %	ENTNAHME 10 %	ANWENDUNGSHINWEISE 10 %	WÄRME-/KÄLTEBESTÄNDIGKEIT 10 %	test-QUALITÄTSURTEIL
LOTIONEN									
Rossmann/Sun Ozon Feuchtigkeits-Sonnenmilch	15	200/2,55	1,30	++	++	+	++	++	**SEHR GUT (1,3)**
Müller/Sun Ozon Feuchtigkeits-Sonnenmilch	15	200/2,55	1,30	Gleich mit Rossmann/Sun Ozon Feuchtigkeits-Sonnenmilch					**SEHR GUT (1,3)**
L'Oréal Solar Expertise Pflege-Milch	15	150/9,00	6,00	++	++	○	○	++	**GUT (1,6)**
Piz Buin Sahara tested in Sun UVA-UVB Lotion	15	200/16,90	8,45	++	○	○	++	++	**GUT (1,8)**
Lancaster Sun Care Tanning Lotion	15	200/25,00	12,50	++	++	+	–*)	++	**BEFRIEDIG. (2,6)**
Annemarie Börlind Natural Beauty Sonnen-Milch	20	200/12,90	6,45	–*)	+	+	⊖	++	**MANGELH. (5,0)**
Avon Bronze All Round Protection Sonnenlotion	20	200/12,50	6,25	–*)	+	⊖	⊖	++	**MANGELH. (5,0)**
dm/Sun Dance Sonnenmilch 1)	20	200/2,95	1,50	–*)	++	○	++	++	**MANGELH. (5,0)**
Tiroler Nussöl Sonnen Milch 2)	15	Nicht mehr im Angebot		–*)	+	+	⊖	++	**MANGELH. (5,0)**
SPRAYS									
L'Oréal Solar Expertise Pflege-Spray	20	150/11,00	7,35	++	++	+	○	++	**SEHR GUT (1,3)**
Lierac Solaire Bronzage contrôlé Spray lacté	18	150/15,50	10,35	++	++	+	⊖	++	**SEHR GUT (1,4)**
Clarins Spray Solaire Bronzage Sécurité	15	150/23,50	15,65	++	○	+	⊖	++	**GUT (2,0)**
Ladival Sonnenspray 3)	20	100/7,90	7,90	++	○	++	⊖	++	**GUT (2,1)**
Yves Rocher Prevention Soleil Sonnenschutzmilch Spray	15	100/12,50	12,50	++	○	+	–*)	++	**BEFRIEDIG. (3,2)**
Lavera Naturkosmetik Sun sensitiv Family Sun-Spray	15	200/14,80	7,40	–*)	+	+	–	++	**MANGELH. (5,0)**

Bewertungsschlüssel der Prüfergebnisse:
++ = Sehr gut (0,5–1,5), + = Gut (1,6–2,5),
○ = Befriedigend (2,6–3,5), ⊖ = Ausreichend (3,6–4,5),
– = Mangelhaft (4,6–5,5).
Bei gleicher Note Reihenfolge nach Alphabet.

***) Führt zur Abwertung.**
1) Laut Anbieter Parfüm- und Verpackungsänderung.
2) Laut Anbieter jetzt mit geänderter Verpackung und Rezeptur.
3) Laut Anbieter Produktname geändert: Ladival Sport Sonnenspray 20.

Anbieter siehe Seite 100.

Informationen aus dem Internet

Das **Internet** bietet rund um die Uhr und bequem von zu Hause aus Informationsmöglichkeiten zur Vertiefung der Warenkenntnisse. Der große **Vorteil** liegt in der Aktualität des Informationsangebotes, der **Nachteil** in einer oft einseitigen, auf das anbietende Unternehmen bezogenen, Darstellung.

» **Beispiel:** Warenkundliche Informationen eines Wollfachgeschäfts auf dessen Webseite

Messen und Verkaufsausstellungen

Auf **Messen** und **Verkaufsausstellungen** werden Waren und Dienstleistungen besonders anschaulich vorgestellt.

Als Verkaufsberater sollte man jede Gelegenheit nutzen, Neuheiten kennenzulernen sowie mit Herstellern und Lieferanten persönlich ins Gespräch zu kommen.

© Beck

Weiterbildung in Kursen und Schulen

Lehrgänge oder **Schulungen** sind oft der beste Weg, sich in kurzer Zeit intensiv mit einem Gebiet auseinanderzusetzen. Die **Bildungseinrichtungen** der Kammern sowie der Einzelhandels-Fachverbände bieten ein umfangreiches Bildungsangebot. In vielen Fällen finanziert der Arbeitgeber den Besuch solcher Lehrgänge.

Von Kunden lernen

Im **Gespräch** mit fachkundigen und/oder kritischen **Kunden** kann man – gerade als Berufsanfänger – eine Menge Wissenswertes über Waren erfahren. Wenn man weiß, was Kunden gut finden und was sie kritisieren, lässt sich das Verkaufsgespräch nicht nur leichter führen, sondern man verbessert zudem den Kontakt zum Kunden.

Eigene Erfahrungen nutzen

Viele Waren hat man schon selbst gekauft und benutzt. Die eigene Erfahrung im Umgang mit diesen Artikeln kann für die Verkaufsargumentation sehr hilfreich sein.

›› **Beispiele:** Kleidung, Schuhe, Spielwaren, Unterhaltungselektronik, Sport- und Freizeitartikel.

■ Warenbeschreibungsbogen

Das erworbene **Warenwissen** muss in eine **kundenorientierte** Sprache umgesetzt werden. Ein Kunde wird nur dann mit der Beratung zufrieden sein, wenn es dem Verkäufer gelingt, den **Warennutzen** für den Kunden zu verdeutlichen. Ein wichtiges **Werkzeug** dafür ist der **Warenbeschreibungsbogen.**

Vom Warenmerkmal zum Warennutzen

Mit dem Warenbeschreibungsbogen wird eine **Argumentationsstruktur** für Beratungsverkäufe erstellt. Dadurch lernt man die Ware nicht nur besser kennen, sondern man kann systematisch die Umsetzung der Wareneigenschaften in eine kundenorientierte Sprache einüben. Dazu dient eine **Drei-Spalten-Matrix** nach folgendem Muster:

Warenmerkmal	Warenvorteil	Warennutzen
Leitfrage: Welches sind die qualitätsbestimmenden Merkmale und Eigenschaften des nachgefragten Artikels?	**Leitfrage:** Welche Vorteile ergeben sich aus den warenspezifischen Merkmalen?	**Leitfrage:** Worin besteht der Nutzen der Ware für den Kunden?

Eine **Verkaufsargumentation** sollte wann immer möglich als **„Merkmal-Vorteil-Nutzen"**-Kette formuliert werden. Dabei ist zu beachten, dass der **Nutzen**, den das Produkt oder die Dienstleistung bietet, persönlich im sogenannten „Sie-Stil" formuliert wird. Bei dieser Art der Argumentation versetzt sich der Verkäufer in die Problemsituation des Kunden und argumentiert aus dessen Sicht (vgl. Kap. 8.2).

›› **Beispiele** für **Nutzenformulierungen** aus der Kosmetikbranche:

Merkmal	Vorteil	Nutzen
Dieses neue 24-Stunden-Deo enthält einen ganz neuen Wirkstoff. ★	Er ist nicht nur geruchshemmend, sondern beseitigt bereits vorhandenen Geruch. ★	Sie fühlen sich den ganzen Tag sicher und frisch.

Dies ist eine Tagespflege für besonders empfindliche Haut. ★	Die Lotion bildet sofort auf der Haut einen Film, der bis in die Tiefe eindringt. ★	Ihre Haut erhält schon kurz nach dem Auftragen ein samtiges Aussehen.
Der Tiegel ist aus satiniertem Glas. ★	So ist das Produkt besonders gut gegen Temperaturschwankungen geschützt und braucht daher weniger Konservierungsstoffe. ★	Sie können es bis zum letzten Rest einwandfrei und ohne Qualitätsverlust entnehmen.

Checkliste zur Warenbeschreibung

Die **Checkliste** beschreibt die Waren stichwortartig. Je nach Branche können unterschiedliche Merkmale der Artikel untersucht werden.

Warenbeschreibungsbogen		
Merkmale	**Erläuterung**	**Beispiel**
1. Bezeichnung der Ware	Handelsübliche Warenbezeichnung, Markenname, Modell, Warenart.	Herren-Trekkingrad der Marke „Road-Race".
2. Herkunft der Ware	Hersteller, Vertreiber, Herkunftsland.	„Biker's In(n)", Fahrradvertrieb mit Sitz in Mannheim und 10 Filialen.
3. Rohstoffe und Produktionsverfahren	Natürlich, synthetisch, handgemacht, unbehandelt, ökologischer Anbau.	Aluminiumrahmen, Ledersattel.
4. Beschreibung der Ware	Technische Daten, Form, Farbe, Geruch, Geschmack.	Reiserad, ausgestattet mit hydraulischer Felgenbremse, Halogenscheinwerfern mit Standlicht sowie 14-Gang-Nabenschaltung, Gewicht: 16,9 kg.
5. Klassifizierung und Standardisierung	Sorte, Typ, DIN-Normen, Handelsklassen, Güte- und Prüfzeichen.	28-Zoll-Rahmen, Herren, Rahmenhöhen: 52, 54, 58 und 62.
6. Gebrauchs- und Verbrauchseigenschaften	Wann, wie, wozu, wie oft ist die Ware zu benutzen? Ist sie modisch und liegt im Trend? Welche Vorteile/welchen Nutzen bietet der Gebrauch bzw. Verbrauch dieser Ware?	Primär für Einsatz in der freien Natur gedacht, aber auch für die Stadt geeignet; sportliche Rahmengeometrie und leicht nach vorne geneigte Sitzposition; 28-Zoll-Laufräder mit einer mittelbreiten Bereifung; Nabenschaltung mit 14 Gängen; Gepäckträger am Heck.
7. Aspekte der Nachhaltigkeit	Gesundheitsverträglichkeit der Ware; Ausmaß der Umweltbelastung durch Produktion, Nutzung und Entsorgung der Ware; Sozialverträglichkeit der Ware.	Hoher Sitzkomfort durch Ledersattel mit Geleinlage; Satteldesign verhindert Probleme im Bereich des Schambeins; Rücknahmegarantie des Herstellers.
8. Gebrauchshinweise und Verwendungsvorschriften	Gebrauchsanleitung, Rezepte, Pflegehinweise, Sicherheitsvorschriften.	Aufbauanleitung, Hinweise zur Pflege und Wartung der Schaltung und der Bremsen.

9. Verpackung der Ware	Art, Funktion, Recycling.	Versand erfolgt in stabilem Spezialkarton mit Schutzpolsterung.
10. Vertriebswege und Verkaufsformen	Typische Vertriebswege für diese Ware bzw. Präsentation in speziellen Verkaufsformen.	Verkauf in eigenen Fahrrad-Shops und über den unternehmenseigenen Versandhandel.
11. Warenpflege und Lagerfähigkeit	Anforderungen an Warenpflege und Lagerhaltung; Mindesthaltbarkeit	Keine besonderen Anforderungen.
12. Serviceleistungen	Finanzierung, Garantie, Lieferung frei Haus, Aufstellung und Montage.	Ratenzahlung, 2 Jahre Garantie auf alle Komponenten, 10 Jahre Garantie gegen Rahmenbruch, Lieferung nach Hause zu 5,00 € Versandkosten.
13. Ergänzungen und Alternativangebote	Zubehör, Ergänzungsangebote, Ausweichangebote.	Helme, Bekleidung, Handschuhe, Brillen.
14. Preis der Ware	Mengenrabatt, Barzahlungsnachlass, Sonderangebote	Bei Bankeinzug und Vorkasse 3 % Nachlass, Zahlung mit Kreditkarte möglich, Nachnahme 10,00 €.

Nutzenprofil der Ware

Das **Nutzenprofil** einer Ware besteht aus der **Umsetzung** der **Warenmerkmale** in eine **kundenorientierte** Warenbeschreibung.

Aus den Warenmerkmalen wird ein möglichst passgenaues Nutzenprofil erstellt, das im Idealfall deckungsgleich zu den Kaufmotiven des Kunden ist.

›› **Beispiel:** Herr Müller wünscht ein Trekkingrad.

Im Gespräch hat der Verkäufer folgende **Kaufmotive** identifiziert: Sicherheit, leichte Handhabung und attraktives Aussehen.

Aus den Produktmerkmalen, wie sie zum Teil im Warenbeschreibungsbogen festgehalten wurden, wählt er die passenden aus und **„übersetzt"** in eine kundenorientierte Argumentation.

Verkäufer: „Das Modell Road-Race kommt Ihren Vorstellungen am nächsten:

Sicherheit → Eine spezielle Schweißtechnik sorgt für überdurchschnittliche Stabilität des Rahmens. Damit fahren Sie problemlos auch in unebenem Gelände. Dank der hydraulischen Felgenbremsen können Sie in gefährlichen Situationen extrem schnell stoppen, wobei die über Sensoren gesteuerte Bremslastverteilung Sie vor Stürzen schützt, da ein abruptes Bremsen vermieden wird.

Sie sagten, dass Sie oft erst abends zum Radfahren kommen. Da bietet die helle Halogenbeleuchtung mit Standlichtfunktion Ihnen maximale Sicherheit. Für andere Verkehrsteilnehmer sind Sie auch wegen der reflektierenden Reifen im Dunkeln gut zu erkennen.

Handhabung → Wenn ich Sie richtig verstanden habe, dann legen Sie besonderen Wert auf eine leichte Handhabung. Mit der neuen 14-Gang-Nabenschaltung sind Sie die Sorge los, am Straßenrand, womöglich noch bei Kälte und Regen, eine abgesprungene Kette wieder aufzuziehen.

Aussehen Und wie Sie schon sagten, ein Fahrrad soll auch was hermachen. Schauen Sie doch mal in den Katalog: Bei diesem Modell können Sie nicht nur unter 20 verschiedenen Farbkombinationen wählen, sondern Sie können auch eine Farbgebung nach Ihren Wünschen bestellen."

AKTION

1 Warum müssen Sie bei der Kundenberatung und im Verkauf Ihr Angebot genau kennen? Nennen Sie wenigstens 5 Punkte mit Begründung.

2 Entwickeln Sie für Ihre Branche ein Warenbeschreibungs-Formular, das Sie zukünftig immer nutzen können, um sich Kenntnisse über die Waren Ihres Sortiments anzueignen.

3 Wählen Sie eine Ware Ihres Ausbildungssortiments und listen Sie zu allen Punkten des Warenbeschreibungsbogens mögliche Kundenfragen auf.

4 Fertigen Sie ein Wandplakat an, das für Kunden vorteilhafte Produktmerkmale zeigt, die sich aus dem Herstellungsverfahren, der Handhabung und der Gestaltung (Design) einer Ware Ihrer Wahl ergeben.

5 Speziell im Lebensmittelhandel ist ein Trend zum Kauf von Waren zu bemerken, die in der näheren Umgebung der Konsumenten produziert werden.

a) Suchen Sie mindestens 5 solcher Produkte mit regionaler Herkunft aus und präsentieren Sie diese Artikel in einem Kurzreferat vor der Klasse.

b) Besuchen Sie einen solchen Regionalanbieter, der in der Nähe Ihrer Ausbildungsberufsschule seinen Produktionsstandort hat, und vereinbaren Sie eine Betriebsbesichtigung.

6 Schreiben Sie für ein Alltagsprodukt, das Sie in den Unterricht mitbringen, eine leicht verständliche Bedienungsanleitung *(MP4-Player, Handy, Taschenrechner, Digitalkamera)*. Lassen Sie Mitschüler das Produkt genau nach dem Wortlaut Ihrer Bedienungsanleitung in Betrieb nehmen und benutzen.

7 Bringen Sie aus Ihrem Ausbildungsbetrieb Fachzeitschriften zu Ihrem Ausbildungssortiment mit in die Schule. Wählen Sie einen Beitrag aus, der Produktmerkmale eines Artikels näher beschreibt, und fertigen Sie daraus eine kurze Zusammenfassung, die Sie vor der Klasse präsentieren.

8 Das SB-Warenhaus Kaufwelt wird von vielen Stammkunden aufgesucht, deren Kaufverhalten dem Verkaufspersonal gut bekannt ist.

Entwickeln Sie Nutzenprofile zu je zwei Artikeln Ihrer Wahl aus den Warenbereichen Lebensmittel, Textilien sowie Drogerie und Kosmetik, die auf die Ansprüche der unten beschriebenen Kunden zugeschnitten sind.

Monika Raabe, 33 Jahre, Grundschullehrerin:

Sie kauft vor allem Artikel, die die Gesundheit fördern, und legt viel Wert auf die Umweltverträglichkeit der Waren

Thomas Kling, 28 Jahre, IT-Anwendungsentwickler:

Thomas bevorzugt Artikel, die ihm Arbeits- und Zeitersparnis bringen. Der Preis spielt bei seinen Kaufüberlegungen keine besondere Rolle.

© MEV Agency UG

Martha Alber, 76 Jahre, alleinstehende Rentnerin:

Frau Alber hat nur eine kleine Rente und muss sehr sparsam mit ihrem Geld umgehen. Sie ist leicht gehbehindert und wohnt in einem Wohnblock im 5. Stock.

9 Projekt: Schokolade

Führen Sie einen Warentest in der Klasse am Beispiel von Tafelschokolade durch. Dazu beschaffen Sie sich mehrere Sorten *(Vollmilchschokolade, gefüllte Schokoladen)* und vergleichen sie anhand eines von Ihnen entwickelten Kriterienkatalogs, der mindestens vier Beurteilungsmerkmale umfasst.

© Stockphotograf – Fotolia.com

Bewerten Sie die einzelnen Produkte nach dem Schulnotensystem.

Überprüfen Sie Ihre Ergebnisse anschließend durch eine Blindverkostung, bei der die Testpersonen die Schokolade mit dem besten und dem schlechtesten Testergebnis herausfinden müssen.

4 Kontaktaufnahme

Achtung Kunde!

SITUATION

Beschreiben und beurteilen Sie die dargestellte Situation.

INFORMATION

Wenn ein Kunde das Geschäft betritt, beginnt für Sie eine wichtige Phase des Verkaufsgespräches. Sie kennen die meisten Ihrer Kunden nicht. Kunden unterscheiden sich z. B. durch Alter, Geschlecht oder Niveau. Sie müssen sich vorurteilslos auf einen Menschen einstellen, ihn akzeptieren und auch noch versuchen, ihn zu verstehen. Ihre persönlichen Eindrücke müssen Sie dabei in den Hintergrund stellen.

Der Erfolg von Geschäftsbeziehungen zwischen Kunden und Verkaufspersonal hängt vom jeweiligen Kontakt der Partner ab. Sie müssen also alles unternehmen, um Ihren Kunden die Kontaktaufnahme zu erleichtern.

4.1 Kundenansprüche und Anbietformen

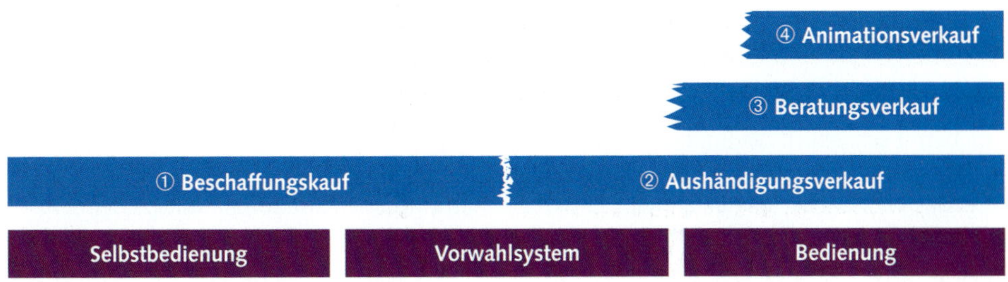

Wie Sie **Kontakt** mit den **Kunden** aufnehmen, hängt von der **Anbietform** des **Einzelhandelsbetriebes** und von den **Ansprüchen** der **Kunden** ab. Diese können sich von Einkauf zu Einkauf unterscheiden.

Kundenansprüche bestimmen die Verkäuferaktivität

① **Beschaffungskauf**	Keine Aktivität des Verkaufspersonals. Der Kunde entnimmt die Ware aus dem Warenträger. Es kommt zu keinem Verkaufsgespräch.
② **Aushändigungsverkauf**	Die Aktivität des Verkaufspersonals beschränkt sich auf die Übergabe der Ware an den Kunden, der genau weiß, was er möchte. Die Bedeutung des Gesprächs liegt nicht in der Beratung, sondern in einem freundlichen Umgang mit dem Kunden.
③ **Beratungsverkauf**	Das Verkaufsgespräch ist wichtig, da es sich meist um erklärungsbedürftige Waren handelt.
④ **Animationsverkauf**	Er spielt bei Kunden eine wichtige Rolle, für die vor allem modische Aspekte eine wichtige Kaufentscheidung spielen. Im Mittelpunkt der Beratung stehen daher nicht die Warenmerkmale, sondern es ist Aufgabe des Verkaufspersonals den Kunden zum Kauf anzuregen, ihn „in (Kauf)Stimmung zu bringen" (= animieren). Dies geschieht vor allem durch die Verdeutlichung des Nutzens für solche Kunden *(Aufmerksamkeit erzielen, von anderen abheben und zeigen, dass man sich was leisten kann).*

Beispiel: Gabi Klee wird am nächsten Wochenende in den Urlaub fahren. Am Samstag vorher erledigt sie folgende Einkäufe:

① **Beschaffungskauf**

Im Drogeriemarkt Rotmann entnimmt sie dem Regal mit den Sonnenschutzmitteln das Gel „Tan-Master“, 250 ml, Schutzfaktor 12, das sie schon öfter gekauft hat. Sie erwartet weder Ansprache noch Beratung.

② **Aushändigungsverkauf**

Im Textilhaus Wollenweber lässt sie sich den Sport-BH „Ganetex“, weiß, in ihrer Größe heraussuchen. Da sie das Modell kennt, erwartet sie eine Aushändigung ohne Beratung.

③ **Beratungsverkauf**

Im Fachgeschäft Bollmann lässt sich Gabi Schalenkoffer zeigen, da sie gehört hat, dass diese sich für die Flugreise am besten eignen. Nach ausführlicher Beratung entscheidet sie sich für das Modell „Kambolik 801“ in Grün mit Rollen und Ziffernschloss.

④ **Animationsverkauf**

Gabi betritt schließlich die Boutique Esprit, um sich etwas Besonderes für den Urlaub zu gönnen. Sie hat noch keine konkreten Vorstellungen und erwartet von der Inhaberin aktuelle Anregungen für etwas Modisches, das ihr gefällt. Ein kurzer naturfarbener Strandrock mit passendem Top findet ihre Begeisterung.

■ Kontaktaufnahme bei Selbstbedienung

Bei der **Selbstbedienung** erwarten Kunden **keine** Kontaktaufnahme durch das Personal. Sie wollen selbstständig und ungestört Waren aussuchen.

Falls der Kunde **Informationen** benötigt („Wo finde ich denn Zitronen?“), sollte man zur Stelle sein und z. B. Einräumarbeiten sofort unterbrechen. Wenn es offensichtlich ist, dass Kunden nicht zurechtkommen *(Senioren, Kinder)*, dann empfiehlt es sich diese anzusprechen und Hilfe anzubieten.

In vielen Fällen kommt es bei der **Selbstbedienung** erst an der **Kasse** zum ersten **Kontakt** mit dem Verkaufspersonal.

Dessen Verhalten ist hierbei von besonderer Bedeutung (vgl. LF 3; Kap. 1.2). Es muss das **Ziel** sein eine **positive Beziehung** zum Kunden aufzubauen, auch wenn die Begegnung nur wenige Minuten oder gar Sekunden dauert. Betriebe aus Branchen, in denen die Selbstbedienung vorherrscht *(Discounter, Baumärkte, Elektrofachmärkte)*, unterscheiden sich kaum hinsichtlich ihres Sortiments.

Wer hier eine langfristige **Kundenbindung** erreichen möchte, tut gut daran eine **positive Verkäufer-Kundenbeziehung** zu fördern und zu festigen.

© Wincor Nixdorf, Paderborn

Kontaktaufnahme bei Vorwahl

Das **Vorwahlsystem** hat sich auch dort durchgesetzt, wo **beratungsbedürftige** Artikel angeboten werden. Es erlaubt dem Kunden sich sowohl **selbstständig** umzuschauen, als auch bei Bedarf **Kontakt** zum **Verkäufer** aufzunehmen. Meist wollen sich die Kunden aber zuerst ungestört umsehen.

Die **Kunden** erwarten bzw. benötigen jedoch eine **Beratung** durch das Verkaufspersonal, wenn sie

© METRO Group, Düsseldorf

- sich im Warenangebot nicht zurechtfinden,
- keine geeignete Ware *(Farbe, Größe, Modell)* finden,
- mit der Ware nicht allein umgehen können *(Handy, Navigationsgerät)*,
- keine Kaufentscheidung treffen wollen oder können,
- kein Zubehör finden *(Staubsaugerbeutel, Pflegemittel)*,
- Unterstützung benötigen, da die Ware abgemessen oder gewogen werden muss *(Kleiderstoff)*,
- Informationen benötigen, da die Ware erklärungsbedürftig ist *(Digitalkamera)*.

Die **Kundenansprache** beim **Vorwahlsystem** hängt davon ab, in welcher **Situation** sich der **Kunde** befindet.

Kundensituation	Verkäuferreaktion
Kunde spricht den Verkäufer direkt an: „Ich suche Duschköpfe, können Sie mir mal was zeigen?"	„Aber gerne! Die finden Sie in unserem Badeparadies!" Der Verkäufer begleitet den Kunden in die entsprechende Abteilung.
Kunde sucht den Kontakt durch Blicke oder geht auf den Verkäufer zu.	„Was kann ich für Sie tun?"; „Ich helfe Ihnen gerne!" Der Verkäufer zeigt durch eine zugewandte Körperhaltung, dass er für den Kunden da ist.
Kunde beschäftigt sich bereits mit der Ware; z. B. betrachtet er sie, hält sie in der Hand, probiert sie aus, liest Informationen wie Pflegehinweise oder Produktinformationen auf der Verpackung.	Allgemein: „Das ist unser Spitzenmodell!"; „Ziehen Sie die Jacke doch mal an!" Hinweise auf bestimmte Wareneigenschaften: „Die Bedienung ist ganz einfach, schauen Sie mal!" „Dieses Modell bekam bei der Stiftung Warentest als Einziges ein Sehr gut!"

Beachten Sie körpersprachliche Signale des Kunden, die besagen: „Hallo Verkäufer, ich brauche deine Hilfe!" Solche Kunden

› blicken suchend umher,
› probieren, vergleichen und prüfen Waren,
› kratzen sich am Kopf, halten Finger an Nase und Kinn,
› zucken mit den Schultern oder machen ein ratloses Gesicht

■ Kontaktaufnahme bei Bedienung (Vollbedienung)

Bei **Vollbedienung** ist es für den Kunden **nicht** möglich, ohne Verkaufsmitarbeiter an die Ware zu gelangen.

© MEV Agency UG

© Kaufhof AG, Köln

Dies ergibt sich aus **zwei** Gründen:

1. Die Ware darf aufgrund gesetzlicher Vorschriften nur in Bedienung angeboten und verkauft werden *(offene Lebensmittel, bestimmte Pflanzenschutzmittel)*.
2. Es handelt sich um hochwertige, wertvolle oder erklärungsbedürftige Waren *(Schmuck, Uhren, hochwertige Schreibgeräte, Einrichtungsgegenstände)*.

Positive und nachhaltige Beziehung aufbauen

Nirgends sonst kommt es zu einer so **intensiven** Verkäufer-Kunden-Beziehung wie bei der **Bedienung**. Von der **Begrüßung** bis zur **Verabschiedung** kann eine Beratung viel **Zeit** in Anspruch nehmen *(Kauf eines Hochzeitkleides, Beratung beim Kauf einer Einbauküche)*. Damit das Beratungsgespräch für alle Beteiligten zufriedenstellend verläuft, muss schon in der K**ontaktphase** eine **positive** Beziehung zum Kunden aufgebaut werden. Die Beachtung der folgenden **drei Schritte** hilft dabei:

Erster Schritt: Ich nehme so schnell wie möglich Kontakt zum Kunden auf.

Kunden ärgern sich sehr, wenn das Verkaufspersonal sie warten lässt und z. B. in aller Ruhe Waren einräumt oder sich unterhält, ohne dass die Kunden beachtet werden.

Zweiter Schritt: Ich begrüße den Kunden.

Man kommt dem Kunden freundlich entgegen und nickt ihm freundlich zu.

Kunden, die einem persönlich bekannt sind, spricht man mit Namen an, z. B. „Guten Morgen Frau Ulmer!“ – „Grüß Gott Herr Hofer!“ – „Hallo Tanja!“

Kennt man den Namen nicht, spricht man die Kunden nur mit der für die Tageszeit üblichen Grußformel an *(„Guten Morgen, bitte sehr?“)*. Verlegenheitsformulierungen wie „junge Frau“, „mein Herr“ oder „Frau äh, äh“ sind zu unterlassen.

Bei Aushändigungsverkäufen in Bedienungsbereichen *(Fleisch, Wurst, Käse, Backwaren)* sollten Formulierungen wie „Was darf es denn sein?“ oder „der Nächste bitte!“ unbedingt vermieden werden! Hier genügen oft schon ein fragender Blick und ein freundliches „bitte?“

Dritter Schritt: Ich trage dazu bei, dass sich die Kunden bei uns wohlfühlen.

Wartenden, älteren, erschöpften oder behinderten Kunden bietet man – sofern möglich – einen Platz an. Begleitpersonen der Kunden können in die Beratung mit einbezogen werden. Kinder der Kunden werden beschäftigt, damit die Eltern in Ruhe einkaufen können.

Eine positive „Wohlfühlstimmung“ des Kunden kann in jedem Einzelhandelsgeschäft erzeugt werden. Wird diese Stimmung nicht auch durch eine besonders attraktive Warenpräsentation oder ein einzigartiges Sortiment mit geschaffen, dann nimmt die Bedeutung des Verkaufspersonals entsprechend zu.

Unabhängig von der Bedienungsform gelten folgende Grundregeln bei der Kontaktaufnahme:

- Wer sich nur umschauen will, wird vom Verkaufspersonal nicht bedrängt. Man sollte aber signalisieren, dass man auf Wunsch gerne berät.
- Blickkontakt, ein freundliches Lächeln, eine entspannte Körperhaltung und gelegentliches Kopfnicken beim Zuhören (= aktives Zuhören) wirken sich positiv auf den Kontakt zum Kunden aus.
- Zwischen Verkäufer und Kunde muss der richtige Gesprächabstand eingehalten werden. Richtig bedeutet hier, dass sich der Kunde nicht unwohl oder gar belästigt fühlt. Wenn es zum Kunden keine enge Beziehung gibt (Bekannter, Freund, Familienangehöriger), dann sollte eine Distanz von ca. 60 cm bis 1,20 m gewahrt werden.

AKTION

1 Was unternehmen Sie, wenn ein Stammkunde Ihr Geschäft betritt? Formulieren Sie je ein Beispiel für Beschaffungskauf, Aushändigungskauf, Beratungsverkauf, Animationsverkauf aus Ihrem Einsatz- oder Erfahrungsbereich!

2 Wie verhalten Sie sich gegenüber Kunden, die sich in Ihrem Geschäft nur umsehen wollen? Notieren Sie ein Beispiel!

3 Wie sprechen Sie Kunden an, die sich mit der Ware aus Ihrem Ausbildungssortiment beschäftigen? Formulieren Sie fünf Beispiele, wie Sie Kunden über die Ware ansprechen können!

© nikO.Oik – stock.adobe.com

4 Wie unterscheidet sich in der Regel die Kontaktaufnahme zwischen Kunde/Kundin und Verkaufspersonal bei einem

a) Beschaffungskauf (Selbstbedienung),

b) Beratungskauf (Bedienung),

c) Animationskauf (Vorwahlsystem)?

Verdeutlichen Sie das Verkäuferverhalten in einem Rollenspiel, das Sie in Partnerarbeit vorbereiten!

5 Durch welche Signale gibt der Kunde bei Vorwahl zu erkennen, dass er angesprochen werden möchte? Führen Sie Ihrer Klasse fünf typische Beispiele vor!

6 Demonstrieren Sie in Rollenspielen die richtige Kontaktaufnahme zu Ihren Kunden:

© nikO.Oik-stock.adobe.com

a) Ein junges Mädchen betritt ein Jeansgeschäft (Vorwahlsystem). Zwei Verkäufer stehen hinter einem Verkaufsregal und unterhalten sich.

b) Eine Frau mit zwei kleinen Kindern betritt ein Wollfachgeschäft (Bedienung). Die Verkäuferin sieht die Kundin eintreten.

c) Eine Dame besucht ein Feinkostgeschäft (Bedienung). Die beiden Verkäuferinnen dekorieren gerade die Schinkentheke.

d) Ein Kunde hält sich im Supermarkt (Selbstbedienung) schon seit längerer Zeit vor dem Regal mit den Parfüms auf.

7 Zeigen Sie in einem Rollenspiel asiatische Höflichkeit!

Situation: Sie arbeiten in der deutschen Filiale einer exklusiven japanischen Textilkaufhauskette. Wie in Japan üblich, werden auch in Deutschland die Kunden beim Betreten des Hauses von speziellem Empfangspersonal begrüßt.

Ihre Aufgabe: Sie begrüßen eine Kundin/einen Kunden und fragen nach den Wünschen. Sie begleiten die Kundin/den Kunden in die entsprechende Abteilung und übergeben sie/ihn an das dortige Verkaufspersonal.

Bedenken Sie bei der Durchführung dieses Rollenspiels: Die Direktion erwartet ein besonders höfliches Verhalten, wie es in Japan üblich ist!

5 Bedarfsermittlung

Wissen Kunden eigentlich nie, was sie wollen?

SITUATION

Mittags in der Kantine des Warenhauses Merkur. Sina und Maria, beide Auszubildende im ersten Jahr, treffen sich zum Mittagessen. Sina wundert sich, dass Maria ziemlich unfreundlich und gestresst wirkt.

Sina: „Sag mal, Maria, was ist denn los? So kenne ich Dich gar nicht."

Maria: „Du, ich kann Dir sagen, heute sind nur Kunden unterwegs, die nicht wissen, was sie wollen und mir das Leben schwer machen!"

Sina: „Also, ich habe da keine Probleme!"

Maria: „Du hast gut reden! In Deinem Backshop ist das alles viel einfacher! Da wissen die Kunden doch, was sie wollen. Aber bei mir in der DOB!"

Sina: „Wie versuchst Du denn herauszufinden, was die Kunden für Wünsche haben?"

Maria: „Ich frag 'ne Menge. Nach der Form, der Farbe, dem Preis, dem Hersteller usw. Die meisten Kunden gucken aber nur verwundert und drucksen herum!"

Sina: „Hast Du schon mal versucht, gleich zu Anfang des Gesprächs Ware zu zeigen?"

Maria: „Eigentlich nicht, ich muss doch erst wissen, was ich zeigen soll, oder?"

Beurteilen Sie Marias Verhalten.

INFORMATION

Nach der Begrüßung und Kontaktaufnahme mit dem Kunden erfolgt in einer weiteren Phase des Verkaufsvorgangs die **Ermittlung** des **Kundenwunsches.** Dabei muss es das Ziel sein, möglichst viel vom Kunden darüber in Erfahrung zu bringen, wozu er die Ware nutzen und verwenden möchte. Dazu dienen **Fragen** an den Kunden.

Allerdings bedeutet dies nicht, den Kunden mit Fragen derart zu überhäufen, dass dieser sich wie in einem Verhör vorkommt.

5.1 Bedarfsermittlung beim Beratungsverkauf

Positive Gesprächsatmosphäre durch Vertrauensauslöser

Vertrauensauslöser sind verkaufsfördernde Formulierungen des Verkaufspersonals nach der Kontaktaufnahme und der Nennung des Kaufwunsches. Sie lösen bei den Kunden positive und angenehme Empfindungen aus, die für das weitere Verkaufsgespräch von großer Bedeutung sind, denn sie signalisieren: Hier bemüht man sich, das Richtige zu finden, und man geht auf die Kundenwünsche und -probleme ein.

Beispiele: „Da finden wir bestimmt was Passendes für Sie!“
„Bei Brettspielen können wir Ihnen eine außergewöhnlich reichhaltige Auswahl bieten!“
„Auf solche Wünsche haben wir uns besonders spezialisiert!“

Durch Fragen im Verkaufsgespräch führen und es lenken

Um möglichst schnell die notwendigen Informationen über die vom Kunden gewünschte Ware oder Dienstleistung zu erkunden, benutzen erfolgreiche Verkäufer spezielle **Fragetechniken.** Dabei ist zwischen **Frageabsicht** und **Frageform** zu unterscheiden.

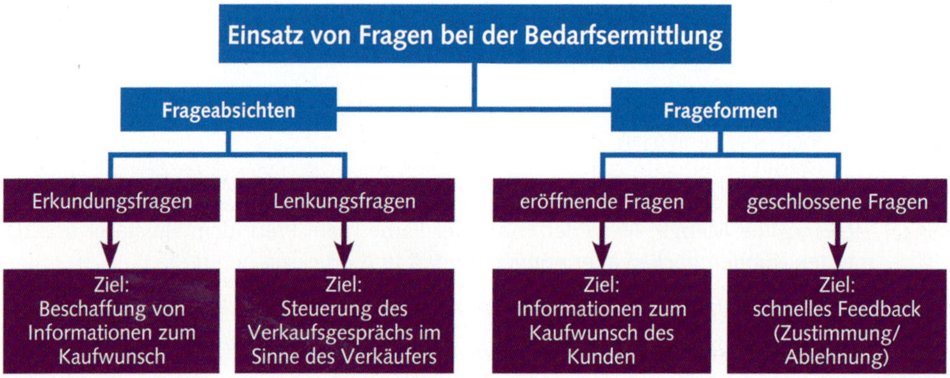

Eröffnende und geschlossene Fragen

Ein Sprichwort besagt: **„Die beste Antwort der erhält, der seine Fragen richtig stellt.“**

Auf ein Verkaufsgespräch übertragen bedeutet dies: Fragen sind an die Kunden so zu formulieren, dass sich der Verkäufer durch die Antworten besonders gut auf die Kunden einstellen kann. Kunden empfinden es als angenehm, wenn sie erkennen, dass sich der Verkaufsberater in ihre Lage versetzen kann. Damit wird Vertrauen geschaffen und die Käufer werden ermuntert, über ihre Einkaufswünsche zu sprechen.

Das folgende **Gespräch** zwischen Verkäuferin und Kundin ist ein **Beispiel** dafür, wie man durch **falsche** Fragetechnik Kunden **verlieren** kann.

Beispiel A: Im Textilgeschäft begrüßt eine Verkäuferin (V) ihre Kundin (K) und verbindet damit die Frage:

V: „Kann ich Ihnen helfen?“

K: „Ich suche einen Rock.“

V: „Haben Sie schon bestimmte Vorstellungen?“

K: „Nein, ich weiß nicht!“

V: „Möchten Sie einen einfarbigen Rock?“

K: „Nein, eigentlich nicht!“

V: „Soll es etwas Buntes sein?"

K: „Das kommt darauf an!"

V: „Möchten Sie denn etwas Sportliches?"

K: „Sportlich, . . . nicht direkt."

V: „Möchten Sie einen eleganten Rock?"

K: „Nein, zu elegant soll er auch nicht sein!"

V: (zeigt Kundin einen Wickelrock) „Wäre dieser das Richtige?"

K: „Nein, der gefällt mir nicht."

V: „Wie wäre es mit einem Faltenrock?"

K: „Ach, Faltenröcke mag ich nicht. Wissen Sie, ich überlege es mir noch einmal."

V: „Gut, auf Wiedersehen."

K: „Auf Wiedersehen!"

In diesem Beispiel formuliert die Verkäuferin acht Fragen, für welche die Kundin noch gar nicht „reif" war. Die Fragen dieser Verkäuferin sind schlechte Grundlagen für die Ermittlung des Kundenwunsches. Sie beginnen mit einem Verb (Tätigkeitswort) und zwingen die Kunden, mit „Ja" oder „Nein" zu antworten (Entscheidungsfragen). Diese Antworten helfen Ihnen bei der Wunschermittlung kaum weiter.

Sehen Sie sich die Fragen genauer an! Auf alle Fragen kann die Kundin nur mit „Ja" oder „Nein" antworten. Wenn das nicht geht, wie in unserem Beispiel, weicht sie aus. Antworten wie „eigentlich nicht" helfen der Verkäuferin nicht weiter.

Im zweiten **Verkaufsgespräch** wird die **Fragetechnik** so eingesetzt, dass es zu einer **erfolgreichen** Verkaufshandlung kommt.

» Beispiel B:

V: „Wie kann ich Ihnen helfen?"

K: „Ich suche einen Rock."

V: „Zu welcher Gelegenheit möchten Sie den Rock tragen?"

K: „Ich brauche ihn für die tägliche Arbeit im Büro!"

V: „Und worauf legen Sie Wert?"

K: „Er soll ziemlich neutral aussehen".

V: (zeigt Kundin einen hellroten Rock) „Diesen Rock können Sie zu allen Gelegenheiten tragen. Er ist knitterarm und Sie können ihn selbst waschen."

K: „Ja, so etwas Ähnliches habe ich mir vorgestellt."

Durch eröffnende Fragen, die mit einem **Fragewort** *(wie, wozu, welche, wann usw.)* eingeleitet werden, erhalten Sie sehr schnell konkrete Informationen, die Sie brauchen, um Ihren Kunden geeignete Waren anbieten zu können. Je früher der Kunde Ware oder Anschauungsmaterial sieht, desto schneller und leichter kann er eine Kaufentscheidung treffen.

W-Fragen sind der Schlüssel

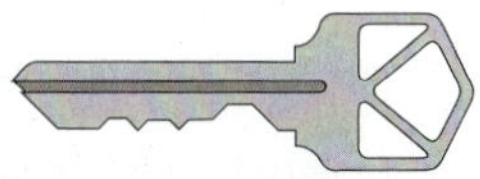

zum Kundenwunsch

5.2 Arten der Bedarfsermittlung

Der **Bedarf** der Kunden kann auf **zwei** Arten ermittelt werden.

Bedarfsermittlung	
Direkt	**Indirekt**
Eröffnende (offene) Fragen veranlassen den Kunden über seine Kaufabsichten nachzudenken und dem Verkäufer mitzuteilen, für welche Gelegenheit und für welchen Einsatzbereich die Ware bestimmt ist.	Nach nur wenigen, orientierenden Fragen legt der Verkäufer Ware als „Testangebot" dem Kunden vor. Dieser äußerst sich verbal und/oder nonverbal dazu und lässt somit Rückschlüsse auf seine Kaufwünsche zu.
» **Beispiel:** K: „Ich brauche einen neuen Anzug!" V: „Zu welcher Gelegenheit wollen Sie den Anzug tragen?" K: „Hauptsächlich zu festlichen Anlässen." **oder** K: „Bei Ihnen gibt es doch Geschenkkörbe!" V: „Für wen ist er denn bestimmt?" K: „Für unseren Chef, der wird sechzig Jahre alt."	» **Beispiel:** K: „Ich brauche einen Mantel." V: „Einen Wintermantel?" K: „Oh ja, ich habe nur einen Übergangsmantel aus sehr leichtem Material." V: „Hier (die Verkäuferin nimmt einen Mantel vom Ständer) das neueste Modell von Montana in der jetzt aktuellen Dreiviertel-Länge mit Lederapplikation." K: „Ja, so was habe ich mir vorgestellt, darf ich mal probieren?"

■ Direkte Bedarfsermittlung

Sinnvolle Anwendung im Verkaufsgespräch

Die **direkte** Bedarfsermittlung **empfiehlt** sich immer dann, wenn der Verkäufer beim Kunden ein **besonderes** Problem erkennt, das meist nur durch eine intensive **Beratung** gelöst werden kann.

» **Beispiel:** Ein Kunde interessiert sich in einem Fotofachgeschäft für Digitalkameras. Da er sich offensichtlich damit nicht auskennt, stellt der Verkäufer mehrere Fragen, die ihm ein klares Bild darüber verschaffen, was der Kunde eigentlich für Vorstellungen hat:

› Was möchten Sie hauptsächlich fotografieren?
› Worauf legen Sie besonderen Wert?
› Was ist Ihnen nicht so wichtig?
› Welche Erfahrung haben Sie bisher mit Fotografieren?

Fehler bei der direkten Bedarfsermittlung

Normalerweise gibt es keine falschen Fragen, sondern nur falsche Antworten. Nicht so bei Fragestellungen im Verkaufsgespräch. Hier können **„falsche"** Fragen zu **negativen** Kundenreaktionen führen.

Frageart	Beispiel	Falsch, denn ...
Fragen, die dem Kunden eine Antwort in den Mund legen	„So etwas wollten Sie doch schon immer mal haben, oder?"	der Kunde erkennt sehr schnell, dass ihm etwas eingeredet werden soll. Das kann zu Widerstand und Trotzreaktionen führen
Geschlossene Fragen	„Gefällt Ihnen die Farbe?"	da die Antwort nur „Ja" oder „Nein" sein kann, ist u.U. ein Gespräch sehr schnell zu Ende.
Entscheidungsfragen	„Wollen Sie den Drucker mit einer oder mehreren Farbpatronen?" „Wie viel soll es denn kosten?"	der Kunde muss sich in einer Phase des Verkaufsgesprächs entscheiden, in der er noch gar nicht die Besonderheiten der Ware (Argumentationsphase) kennengelernt hat.
Fragen nach der Größe	„Ist 42 richtig für Sie?" „Welche Schuhgröße haben Sie denn?"	bei Textilien und Schuhen sollte ein professioneller Verkäufer seinen Kunden die passende Größe zuordnen können.

Indirekte Bedarfsermittlung

Viele Kunden mögen es nicht besonders, dass man ihnen viele Fragen stellt, weil sie sich dann ausgefragt vorkommen. Bei der **indirekten Bedarfsermittlung** „kommt man schnell zur Sache". Dabei ist aber zu beachten, dass vom Verkäufer nicht wahllos ein Artikel nach dem anderen vorgelegt wird.

Wenn die **Warenvorlage** als Testangebot beim Kunden auf eine **positive** Reaktion stößt, erscheint der Verkäufer als besonders kompetent, da er sofort das Richtige präsentierte.

›› Beispiel:

K: „Guten Tag, ich suche eine Kaffeemaschine."
V: „Kennen Sie schon die neue AromaPlus von Brauner mit dem Schnell-Brühsystem?"
K: „Das hört sich interessant an. Was bedeutet das?"
V: „Mit dem Aroma-Controller im Deckel der Kaffeemaschine regeln Sie den Kaffeegeschmack nach Ihren persönlichen Vorlieben, von mild bis kräftig, aber immer mit vollem Aroma."
K: „Das ist prima, denn mein Mann liebt den Kaffee eher kräftig und ich bevorzuge ihn mild. Wie sind denn da die Preise?"

Stößt das **Angebot** auf **Ablehnung,** erhält der Verkäufer Hinweise darauf, was der Kunde nicht möchte. Eine solche **Negativauswahl** hilft ebenfalls weiter, die gewünschte Ware vorzulegen.

Testangebote kundenorientiert präsentieren

Wenn ein Verkäufer seinem Kunden ein erstes oder auch zweites Testangebot unterbreitet, trifft er zwangsläufig eine **Vorauswahl** für den Kunden, **ohne** in den meisten Fällen dessen genauen **Bedarf** zu kennen. So könnte der Eindruck beim Kunden entstehen, der Verkäufer wolle durch die Vorauswahl ihn in seiner Entscheidungsfreiheit beschränken.

Um dies zu vermeiden, sind die **Testangebote** so zu **formulieren,** dass zwar ein möglicher **Nutzen** bereits angesprochen wird, aber es dennoch für den Kunden zu keiner zu frühen Festlegung auf bestimmte Waren kommt.

Dies erreicht man durch sogenannte **„Wenn-dann-Formulierungen".** Im **„Wenn-Teil"** wird ein möglicher **Kundenbedarf** formuliert und im **„Dann-Teil"** werden die dazu passenden **Warenmerkmale** genannt.

» **Beispiel:** Kundin sucht einen Espresso-Kaffeeautomat

V: „**Wenn** Sie Wert auf einfache und problemlose Reinigung legen, **dann** empfehle ich eine Maschine von Zakussi. Hier sind alle Kaffeevollautomaten mit der herausnehmbaren Brühgruppe ausgestattet. Dies ermöglicht eine einfache tägliche Reinigung des Geräteinnenraums und der Brühgruppe."

Besonderheiten beim Aushändigungsverkauf

Bei Waren, die dem **täglichen Bedarf** zuzuordnen sind *(Milchprodukte, Brot-und Backwaren, Zigaretten, Zeitungen, Zeitschriften)*, sowie bei **Markenartikeln** ist eine Bedarfsermittlung meist nicht notwendig. In diesen Fällen äußern die Kunden ihren Kaufwunsch sehr klar und eindeutig, weil sie genau wissen, was sie kaufen möchten.

» **Beispiel:** Am Bahnhofskiosk: „Bitte eine Packung Marlboro, ein Schinkensandwich und noch den ‚Stern'!"

■ Bedarfsermittlung – Das Wichtigste auf einen Blick

AKTION

1 Erklären Sie den Unterschied von Entscheidungsfragen und eröffnenden Fragen an einem von Ihnen gewählten Beispiel.

2 Untersuchen Sie die Ermittlung des Kundenwunsches in diesem Verkaufsgespräch:

Eine Kundin betritt das Geschäft. Eine Verkäuferin geht lächelnd auf sie zu und begrüßt sie freundlich:

V: „Guten Tag, kann ich Ihnen helfen?"

K: „Guten Tag, ich suche ein paar Schuhe."

V: „Ja gern! Haben Sie an etwas Bestimmtes gedacht?"

K: „Eigentlich noch nicht. Ich wollte mich nur einmal umsehen, was Sie so da haben."

V: „Möchten Sie denn lieber einen eleganten Schuh oder darf er etwas sportlich gearbeitet sein?"

K: „Das weiß ich noch nicht so genau, er muss mir nur gefallen."

V: „Soll er denn eine bestimmte Farbe haben?"

K: „Ich weiß nicht. Ich müsste mir die Schuhe erst einmal ansehen."

V: „Möchten Sie einen Schuh mit Ledersohle?"

K: „Das kommt darauf an . . ."

a) Notieren Sie die Fehler der Verkäuferin.

b) Wie hätten Sie den Wunsch der Kundin erfragt? Schreiben Sie das Verkaufsgespräch so auf, wie Sie es geführt hätten.

3 Erarbeiten Sie je drei eröffnende Fragen für folgende Kundenwünsche:

a) „Ich schaue nach einem Fahrrad!"

b) „Also, mein Neffe will einen Ball."

c) „Haben Sie gute Füllfederhalter da?"

d) „Ich brauche eine Schachtel Pralinen."

4 Üben Sie in Partnerarbeit die Ermittlung des Kundenwunsches an folgenden Beispielen:

a) Ein älterer Herr sucht eine Stehlampe.

b) Eine junge Dame wünscht eine Tischdecke.

c) Ein Jugendlicher will ein Sweatshirt kaufen.

d) Eine ältere Dame möchte sich über DVD-Player informieren.

e) Ein etwa 18-jähriges Mädchen möchte Zierfische kaufen.

f) Ein ca. 30-jähriger Mann interessiert sich für einen PC.

g) Eine Stammkundin fragt nach Sherry.

5 Erläutern Sie den Unterschied zwischen direkter und indirekter Bedarfsermittlung.

6 Ermitteln Sie zu den folgenden Kundenäußerungen durch mindestens zwei Fragen den Verwendungszweck von Waren, die Sie in Ihrem Ausbildungssortiment führen. Orientieren Sie sich am folgenden Beispiel:

Kundenäußerung	Direkte Bedarfsermittlung	Indirekte Bedarfsermittlung
„Ich suche für meine Enkelin ein Kuscheltier."	„Wie alt ist Ihre Enkelin?"	„Wenn Sie etwas suchen, was aus dem Fernsehen bekannt ist, dann wäre Taps, der Tiger, genau richtig!"

7 Laura hat sich entschlossen, in der städtischen Musikschule Keyboard spielen zu lernen. Sie sind Verkaufsberater im Musikfachgeschäft Pro-Musica.

Formulieren Sie drei verkaufsfördernde Vertrauensauslöser.

8 Rollenspiel

Ausgangssituation: Eine etwa 20-jährige Frau steht in einem Elektronikfachmarkt vor dem Verkaufsregal mit schnurlosen Telefonen.

Spielanweisung Verkäufer:	Spielanweisung Kundin:
Sie nehmen situationsgerecht Kontakt auf und ermitteln mit offenen Fragen den Kundenbedarf.	Sie antworten auf die Fragen des Verkäufers und lassen sich verschiedene Modelle zeigen.

9 Zur indirekten Bedarfsermittlung gehört das Anbieten von Testangeboten. Besonders erfolgversprechend ist es, wenn man *Kundenbedarf* und <u>Warenmerkmale</u> passend kombiniert (*„Wie Sie gerade sagten, werden Sie bei Ihren Wanderungen im Urlaub auch immer wieder auf steinigen Untergrund treffen.* <u>Da empfehle ich Ihnen diesen leichten und flachen Wanderschuh mit einer sehr festen Sohle, die eine hohe Trittsicherheit gewährleistet"</u>).

a) Kombinieren Sie anhand der folgenden Übersicht Kundenbedarf und Warenmerkmal:

Ware	Herrenanzug
Kundenbedarf	› für die Berufstätigkeit › für die Freizeit › für eine Urlaubsreise › für festliche Anlässe
Warenmerkmale	› Material (Wolle, Baumwolle, Leinen, Seide usw.) › Herstellungsverfahren › Pflegeeigenschaften (reinigen, waschbar usw.) › Aussehen (hochmodisch, zeitlos, konservativ usw.)

b) Entwickeln Sie zu folgenden Waren ein passendes Schema „Kundenbedarf und Warenmerkmal": Stuhl, Kleid, Leuchte, Sportschuh, Krawatte.

c) Unterbreiten Sie Kunden Testangebote mit den unter a) und b) genannten Waren und benutzen Sie dabei „Wenn-dann"-Formulierungen.

6 Kundenerwartungen und Kaufmotive

„Kommissar" Verkäufer: Was ist das Motiv?

SITUATION

Abb. Der Eisbergeffekt

Was soll durch den „Eisbergeffekt" verdeutlicht werden?

INFORMATION

Niemand tut etwas, ohne damit irgendeinen Nutzen anzustreben. Diese Erkenntnis trifft auch für den Kauf von Waren und Dienstleistungen zu. Dieser Nutzen kann sowohl im **Gebrauchswert** einer Ware liegen *(Funkuhr mit genauer Uhrzeit)* als auch im **Geltungswert** *(Nobelmarke).*

Die **Beweggründe,** sich für eine Ware zu interessieren und sie gegebenenfalls auch zu erwerben, bezeichnet man als **Kaufmotive.**

6.1 Einflüsse auf die Kaufmotive

Der **Verstand** und die **Gefühle** sind unterschiedliche **Antriebskräfte** des Menschen, und manchmal liegen sie im Streit miteinander. Man hat deshalb versucht, die Kaufmotive aufzuteilen in rationale (verstandesmäßige) und emotionale (gefühlsmäßige) Kaufgründe.

Rationale (verstandesmäßige) Kaufmotive	Emotionale (gefühlsmäßige) Kaufmotive
Geldersparnis	Genusserleben
Zeitersparnis	Prestigedenken
Wunsch nach Qualität	Nachahmungstrieb
Gesundheitsbewusstsein	Verschwendungssucht
Umweltbewusstsein	Neugier
Verantwortung gegenüber Angehörigen	Gefühlsüberschwang

» **Beispiel:** Ein kaufmännischer Angestellter (33 Jahre) schwärmt für rasante Sportwagen und ist begeistert von dem Modell Carat GT 3000. Allerdings ist er verheiratet und hat zwei kleine Kinder, die mehr Platz benötigen, als der Sportwagen bietet. Er fühlt sich gegenüber seiner Familie verantwortlich und weiß, dass schnelles Fahren das persönliche Risiko erhöht. Außerdem sagt ihm sein Verstand, dass schnelles Fahren die Umwelt belastet. Nach längerem Überlegen und nach einem Gespräch mit seiner Frau entscheidet er sich für den Carat-Kombi 2000. Er tröstet sich damit, dass der Preis des Kombi um mehr als 4.000 € niedriger ist, und dass auch Benzinverbrauch und Versicherung günstiger sind.

In diesem Beispiel vermischen sich Gefühle und Begeisterung, Rücksicht auf die Familie, Sachkenntnisse und persönliche Werte, Nutzen- und Preisüberlegungen. Zum Kauf einer Ware führt meistens nicht nur ein einziges Motiv. Fast immer sind es mehrere Motive, die ein **„Motivbündel"** bilden.

» **Beispiel:** Wenn Jugendliche Bekleidung und Schuhe kaufen, dann oft weniger aus Bequemlichkeit oder der Qualität wegen, sondern der Kauf erfüllt wichtige jugendliche Grundbedürfnisse, wie z. B. die Anerkennung und Integration in der Clique, oder es wird über den Kauf die eigene Persönlichkeit „definiert".

Abb. Einflussgrößen auf die Kaufmotive

Durch den **Eisbergeffekt** ergeben sich **Probleme** für den **Verkauf.** Das Verkaufspersonal muss auf Kaufmotive eingehen, die die Kunden nicht ausdrücklich nennen. Das ist nur möglich durch die gründliche Beobachtung der Kunden und durch die Kenntnis aktueller Entwicklungen bei den Kundenansprüchen.

© Arcady – stock.adobe.com

6.2 Entwicklung der Kundenerwartungen

Wie haben sich die Kundenerwartungen und -ansprüche in den letzten Jahren entwickelt und wie wird es weitergehen? Das untersuchen Markt- und Konsumforscher in Unternehmen und Instituten.

Die Konsumforscher haben in den letzten Jahren eine Entwicklung festgestellt, von der sie sicher sind, dass sie sich in der Zukunft fortsetzen wird. Es handelt sich um die **„Polarisierung"** der Konsumentenansprüche. Früher hatte die Mehrheit der Konsumenten ein mittleres (und unteres) Anspruchsniveau. Jetzt verschieben sich die Ansprüche von der Mitte zu den Extremen (Polen).

Versorgungskäufe

Einkaufen auf dem unteren Anspruchsniveau bedeutet **Basisversorgung** („nur das Notwendige"), bei der die Kunden hauptsächlich auf den Preis schauen. Diese Kunden wollen (oder müssen!) einfache und preiswerte Artikel für ihren Lebensunterhalt kaufen. Es handelt sich um **Versorgungskäufe.**

Dieser **Versorgungshandel** wird hauptsächlich von großen **Filialisten** betrieben und ist durch die **Discountstrategie** gekennzeichnet.

© Edeka, Hamburg

Abb. Versorgungskauf beim Discounter

Erlebniskäufe

Einkaufen auf einem **hohen Anspruchsniveau** bedeutet, dass die **Kunden** sich etwas **leisten** wollen und außerdem Unterhaltung beim Einkaufen suchen. Sie verlangen hohe Qualität und eine persönliche Bestätigung durch die Waren, mit denen sie ihren Lebensstil ausdrücken können.

Eine **spannend** gestaltete **Einkaufssituation** soll zu einem **Erlebnis** werden nach dem Motto: „Alles, außer langweilig!" Im Trend liegt eine Kombination von Einkauf und Unterhaltung, also eine Kombination von Handels- und Dienstleistungen. Diese Kombination finden die Kunden in besonders ausgeprägter Form in den sogenannten **„Urban Entertain-**

© Centro

Abb. Weihnachtsdekoration im CentrO Oberhausen

ment Centers" (UEC). Hierbei werden Angebote vorwiegend erlebnisorientierter Einzelhandelsgeschäfte mit Unterhaltungs- und Gastronomieangeboten räumlich zusammengefasst.

Der „gespaltene" Konsument

Versorgungskäufer und **Erlebniskäufer** sind **nicht** immer **verschiedene** Personen. Natürlich können sich Menschen mit hohem Einkommen mehr Erlebniskäufe leisten als solche, die sich ihr Geld genau einteilen müssen. Aber bei einer immer größeren Zahl von **Kunden** wechselt deren Kaufverhalten von Situation zu Situation. Diese Kunden nennt man „gespalten", da sie beim Einkaufen gewissermaßen „zwei Gesichter" zeigen. Die Konsumforscher bezeichnen solche Kunden als **„hybride Kunden"** (hybrid = gemischt), d. h. sie zeichnen sich gleichzeitig durch ein sparsames als auch durch ein verschwenderisches Kaufverhalten aus.

Morgens Discounter und nachmittags shoppen in der Designerboutique!

Für eine wachsende Zahl an Kunden steht mal der Preis an erster Stelle, mal die Einkaufsatmosphäre; ein weiteres Mal die Bequemlichkeit oder das besondere Image der Einkaufsstätte. Sogenannte hybride Kunden decken zum Beispiel ihren täglichen Bedarf bei Discountern, tätigen aber gleichzeitig Versorgungs- und Impulskäufe an Tankstellenshops zu hohen Preisen. Der moderne Kunde ist anspruchsvoll, aufgeklärt und selbstbewusst. Außerdem vereint er immer häufiger gegensätzliche Verhaltensmuster: Heute Schnäppchenmarkt, morgen Luxus-Shopping.

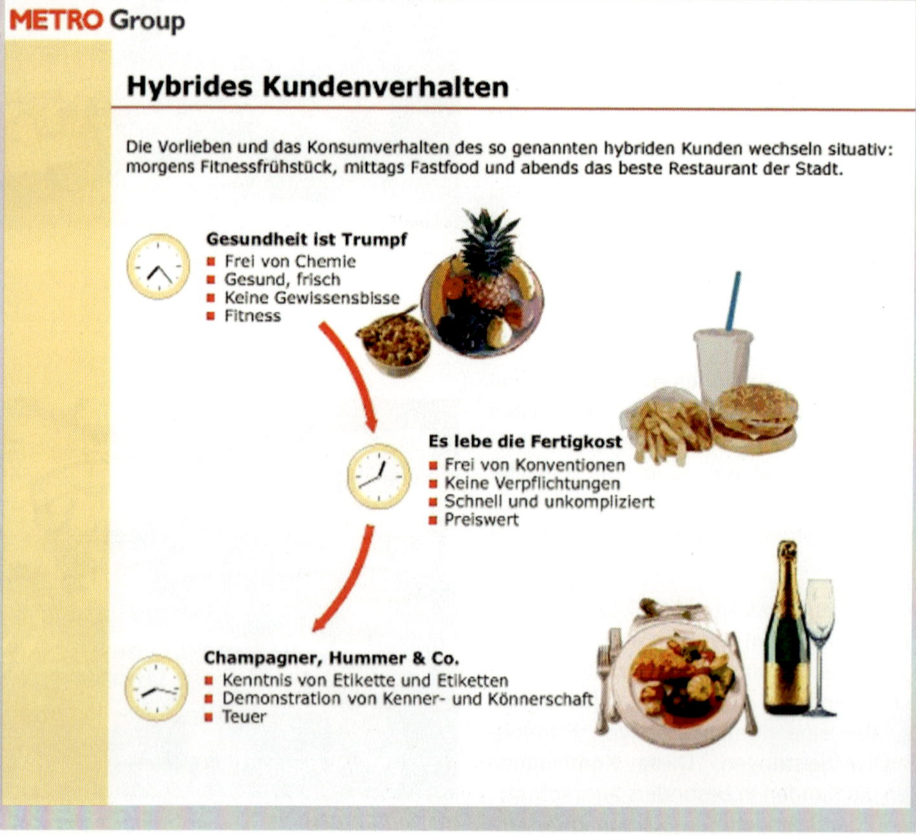

Für das **Verkaufspersonal** ergeben sich aus dieser Entwicklung entsprechende **Folgen.**

Im **Versorgungshandel** sind die Ansprüche an die Verkaufskenntnisse des Personals nur gering.

Im **Erlebnishandel** werden dagegen ziemlich hohe Anforderungen gestellt. Wer hier als Verkaufsberater tätig ist, der muss nicht nur über ein erstklassiges Fachwissen verfügen, sondern auch kundenorientiert beraten können.

» **Beispiel: Vom Shuttle Service bis zum Glas Champagner – ein Einkaufserlebnis der besonderen Art!**

Einkaufen, wie man es sonst nur aus Prominentenkreisen kennt, bietet das Fashion- und Lifestyle Unternehmen Breuninger in seinem Stuttgart Flagship Store. Der Breuninger „Special Service" bietet dem Kunden die Möglichkeit vor seinem Besuch eine „persönliche Kollektion" auf Basis von Konfektionsgröße, Stilvorlieben und Farbwünschen zusammenstellen zu lassen. Nachdem ein Termin vereinbart wurde, kann man sich entweder vom Breuninger Shuttle Service in einer Stuttgarter Nobelmarke abholen und nach dem Einkauf wieder nach Hause bringen lassen, oder man kommt mit dem eigenen Fahrzeug, für das selbstverständlich ein reservierter Parkplatz zur Verfügung steht. Die speziell geschulten Berater empfangen den Kunden in einer exklusiven privaten Atmosphäre, wo dieser bei Espresso und Champagner aus den aktuellen Kollektionen der renommiertesten Modeschöpfer wählen kann. Nach dem Einkauf wird man dann persönlich an seinem Fahrzeug verabschiedet.

Vergleich zwischen	
Versorgungshandel	**Erlebnishandel**
› niedriges Preisniveau	› hohes Preisniveau
› Selbstbedienung	› Beratung, Bedienung, Animation
› kaum Service; anonym	› vielfältige Serviceleistungen; persönlich
› einfaches Ladenlokal	› anregende Einkaufsatmosphäre
› Sonderangebote und Niedrigpreis-Artikel	› wechselnde Angebote mit Anregungs- und Erlebnischarakter
› hier verkaufen heißt: den Weg zur Ware weisen, Selbstbedienung ermöglichen, Ware aushändigen	› hier verkaufen heißt: beraten, animieren, Ware in Szene setzen
› hier einkaufen heißt: preisorientiertes Beschaffen, um den Bedarf zu decken; sich mit Sachen **versorgen**.	› hier einkaufen heißt: erlebnis- und freizeitorientiertes Shopping; Unterhaltung und Spannung beim Einkauf **erleben**.

AKTION

1 Wählen Sie drei Artikel aus Ihrem Ausbildungssortiment. Geben Sie für jeden Artikel vier mögliche Kaufmotive an. Erläutern Sie, wodurch die einzelnen Kaufmotive beeinflusst werden!

2 Bereiten Sie einen Stichwortzettel vor zum Thema: „Warum ich über die Kaufmotive und Ansprüche meiner Kunden informiert sein muss!" Geben Sie die vorbereitete Stellungnahme vor der Klasse oder Gruppe ab!

3 Nennen Sie in den folgenden Fällen je ein Motiv und ein entsprechendes Argument, mit dem der Einkauf rationalisiert werden kann:

a) Ein Hobbyfußballer kauft sich teure Fußballstiefel, obwohl er bereits zwei Paar besitzt.

b) Eine Hausfrau kauft bei einem fliegenden Händler einen Gemüsehobel für 15 €, mit dem man Gemüse und Salate sehr dekorativ schneiden kann.

c) Ein junger Mann mit einer Vorliebe für Süßigkeiten kauft sich drei Packungen Pralinen „Ferrara Mocher" aus dem Sonderangebot im Supermarkt.

d) Eine sportlich orientierte Autofahrerin erwirbt Breitreifen mit Alu-Sportfelgen für ihren Wagen.

4 Erklären Sie an Ihrem eigenen Einkaufsverhalten, was ein „gespaltener Konsument" ist.

5 Stellen Sie am Beispiel Ihrer Ausbildungsbranche dar, welche Tätigkeiten bei der Kundenbetreuung im Versorgungshandel und im Erlebnishandel vom Verkaufspersonal gefordert werden.

7 Warenvorlage

Reden ist Silber – Zeigen ist Gold

SITUATION

Verkäuferin: „Fühlen Sie doch mal, wie angenehm sich der Stoff anfühlt, und die Zebraoptik ist in dieser Saison topmodisch. Sie haben sicher auch bemerkt, wie leicht dieses Kleid ist."

Wodurch weckt die Verkäuferin das Interesse der Kundin an der Ware?

INFORMATION

Die **Warenvorlage** schließt sich beim Beratungskauf an die Bedarfsermittlung an. Mit der Vorlage der Ware tritt der **Verkaufsvorgang** in eine **entscheidende** Phase.

Jetzt zeigt sich, ob es dem Verkaufspersonal gelungen ist, unter Berücksichtigung der Kaufmotive und der Nutzenerwartung ihrer Kundinnen und Kunden die passenden Artikel aus dem Sortiment zu zeigen.

Eine **geschickte** Warendarbietung:

› verkürzt die Verkaufshandlung,
› erzeugt Aufmerksamkeit und Interesse beim Kunden,
› intensiviert den Besitzwunsch.

Dabei ist stets die folgende **Grundregel** für eine **wirkungsvolle** Warenvorlage zu beachten:

› möglichst viele Sinnesorgane des Kunden bei der Vorlage ansprechen,
› Besonderheiten der Ware wirkungsvoll und anschaulich herausstellen,
› Waren wenn möglich vom Kunden ausprobieren *(technische Geräte)* oder anprobieren *(Textilien, Schuhe, Uhren, Schmuck)* lassen.

7.1 Vier Regeln für eine wirkungsvolle Warenvorlage

Reden ist Silber – Zeigen ist Gold!

Zeitpunkt der Warenvorlage

Wer etwas einkaufen möchte, der sucht Gegenstände, die er anschauen, anfassen und erfassen kann. Deshalb sind Kunden mehr an der Ware selbst interessiert als an langen und wortreichen Erklärungen. Für die Warenvorlage heißt das: Hinweise und Vorreden vermeiden oder nur ganz kurz halten. Die Kunden möglichst schnell mit der Ware in Kontakt bringen.

Alle guten Dinge sind drei!

Menge der gezeigten Artikel

Menschen haben nur ein beschränktes Aufnahmevermögen. Dies gilt besonders für Kunden, die sich nach Ware umsehen. Deshalb muss bei der Warenvorlage das Angebot überschaubar gehalten werden. Die Erfahrung zeigt: Drei Artikel kann eine Kundin oder ein Kunde überblicken, einschätzen und gegeneinander abwägen. Auch das Verkaufspersonal behält bei drei Artikeln die Übersicht.

Die goldene Mitte, eine gute Wahl!

Preislage der gezeigten Artikel

Jeder Kunde hat eine bestimmte Erwartung hinsichtlich des Preisniveaus seiner Einkäufe. Dieser Erwartung muss in etwa entsprochen werden, um Enttäuschungen zu vermeiden. Deshalb ist es meistens richtig, bei einer mittleren Preislage zu beginnen. Diese Ausgangslage ermöglicht es, je nach der Kundenreaktion, auf Waren in einer höheren oder niedrigeren Preislage auszuweichen.

Besonderheiten überzeugen!

Besonderheiten der Waren

Die Ware wird immer so gezeigt, dass ihre Besonderheiten für den Kunden deutlich werden.

» **Beispiele:**

- Uhren und Schmuck zeigt man auf einer dunklen Samtunterlage,
- die Qualität von Lautsprecherboxen wird durch Abspielen einer CD verdeutlicht,
- eine Krawatte wird am passenden Hemd wirkungsvoll zur Geltung gebracht.

7.2 Kunden bei der Warendarbietung aktiv beteiligen

Zu einer guten **Warenvorlage** bzw. **Warenvorführung** gehört es, den **Kunden** wenn möglich in die Präsentationsphase mit **einzubeziehen.**

Durch den unmittelbaren Kontakt wird der Kaufwunsch verstärkt.

Integration der Kunden bei der Warendarbietung

Beispiel Textilien: anfassen und anprobieren

Beispiel Unterhaltungselektronik: ausprobieren und bedienen

7.3 Sinne der Kunden ansprechen

Bei der **Vorlage** der Waren sollten möglichst **viele Sinne** der Kunden angesprochen werden. Je mehr Sinne eingeschaltet sind, umso intensiver ist das Erleben!

sehen	Über 80 % der Eindrücke wird durch das Auge **(Sehsinn)** aufgenommen. » **Beispiele:** modischer Schnitt einer Jacke, auffälliges Design eines Sessels, ansprechende Form einer Vase.
hören	Angenehme „Töne“ für das Ohr **(Hörsinn)** fördern die Kaufbereitschaft. » **Beispiele:** Sound einer HiFi-Anlage, leises Arbeitsgeräusch eines Staubsaugers, feiner Klang geschliffener Gläser.
fühlen	Durch den **Tastsinn** „begreift“ der Kunde im doppelten Sinn. » **Beispiele:** Sitzkomfort eines Sofas, Griffgefühl bei Nordic-Walking-Stöcken.
riechen/ schmecken	Der **Geruchssinn** kann angenehme Eindrücke hervorrufen. » **Beispiele:** Aroma eines exotischen Gewürzes, Duft eines Parfüms, Geruch einer Lederhandtasche. Aber auch negative Eindrücke sind möglich. » **Beispiele:** Strenger Geruch von Käse und Fisch, ätzender Geruch bei importierten Billigwaren. Der **Geschmacksinn** wird vor allem bei Verkostungen angesprochen. » **Beispiele:** Wein, Käse, Wurst, Brot, Süßwaren.

» **Beispiele:** Ansprechen mehrerer Sinne bei einer bestimmten Ware.

© fefufoto – stock.adobe.com

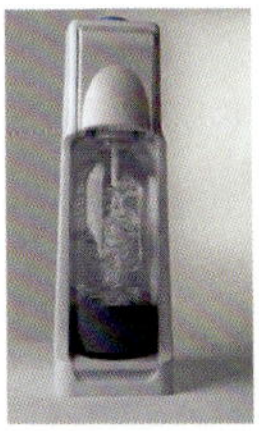

© Andreas Koch – stock.adobe.com

© MARIMA – stock.adobe.com

sehen	Anschauen der Kamera, Blick auf das Display	Anblick des Designs und der Technik	Aussehen des Spielzeugs
hören	Geräusch beim Auslösen und Zoomen	Funktionsgeräusch beim Füllen der Flasche	–
fühlen	einfache Betätigung der Bedienungselemente, handlich	Betätigung der Bedienungselemente	Streicheln des Fells, Kuscheln
riechen/schmecken	–	Probieren des frisch gesprudelten Wassers	Eigengeruch des Spieltieres

AKTION

1 Begründen Sie folgende Verkaufsstrategien schriftlich:

a) Ich bringe den Kunden schnell mit der Ware in Kontakt.

b) Ich lege meinem Kunden in der Regel ca. drei Angebote vor.

c) Ich beginne beim Warenangebot in der mittleren Preisklasse.

d) Ich behandle meine Ware im Verkaufsgespräch so, dass ihr Wert zur Geltung kommt.

e) Ich versuche während des Verkaufsgespräches, mehrere Sinne meiner Kunden anzusprechen.

2 Beurteilen Sie folgendes Verkaufsgespräch in einem Elektrofachgeschäft.

V: „Was soll es denn sein?"

K: „Ich brauche einen Föhn."

V: (entnimmt aus einem Regal einen Föhn) „Diesen Föhn kann ich Ihnen empfehlen. Ein Markengerät, bei dem wir noch nie Reklamationen hatten. Er ist sehr gut verarbeitet und auch sehr formschön."

K: „Was kostet dieser Föhn?"

V: „69 €."

K: „Das ist aber teuer!"

V: „Qualität hat ihren Preis. Ich kann Ihnen aber auch billigere Geräte zeigen."

K: „Ja?"

V: (holt einen zweiten Föhn) „Dieser Föhn kostet 19 €. Sie können ihn natürlich nicht mit den anderen Geräten vergleichen. Er hat nur 300 Watt."

K: „Der gefällt mir nicht. Ich überlege es mir noch einmal."

a) Welche Fehler macht dieser Verkäufer? Notieren Sie die Mängel.

b) Welches Verhalten empfehlen Sie dem Verkäufer? Schreiben Sie Ihren Vorschlag auf.

3 Üben Sie die Warenvorlage mit Artikeln, die jeder mit sich führt oder die in der Schule vorrätig sind: Motorradhelme, Armbanduhren, Schultaschen, Jacken, Handys.

a) Notieren Sie zunächst, auf welche Weise Sie möglichst viele Sinne ansprechen können.

b) Bilden Sie Zweiergruppen und legen Sie Ihrem Partner die Ware fachgerecht vor. Wechseln Sie anschließend die Rollen.

c) Führen Sie die Warenvorlage in der Klasse vor.

4 **Projekt:** Schlemmen im Klassenzimmer

Planen Sie ein Büffet für Käse, Wurst, Obst oder Salate, das besonders ansprechend gestaltet werden soll. Verteilen Sie die Vorbereitungen auf einzelne Gruppen und verwöhnen Sie gegenseitig Ihre Sinne.

5 Wählen Sie Artikel aus, deren Wirkung auf den Kunden bei der Vorlage durch die Verwendung der folgenden Adjektive gesteigert wird:

- apart
- blumig
- duftig
- erotisch
- lässig
- rassig
- adrett
- bezaubernd
- dezent
- feminin
- nobel
- scharf
- brav
- cool
- exklusiv
- herb
- optimal
- zierlich

8 Verkaufsargumentation

Merkmal – Vorteil – Nutzen

SITUATION

1. Informieren Sie sich über die vom Verkäufer gebrauchten Fachbegriffe und argumentieren Sie dem Kunden gegenüber zuerst warenbezogen. Nutzen Sie zur Recherche auch das Internet.
2. Verbessern Sie die Argumentation durch eine kundenbezogene Argumentation im Sie-Stil.

INFORMATION

Der Verkäufer in der Zeichnung hat den Kunden mit technischen Daten überhäuft und offensichtlich überfordert. Es ist dem Verkäufer nicht gelungen, die Vorteile, die das angebotene Fernsehgerät bietet, seinem Kunden deutlich zu machen, um so den Entscheidungsprozess des Kunden zu erleichtern.

Kunden kaufen Waren wegen des Nutzens, den sie aus ihnen ziehen. Deshalb sind Warenmerkmale in Argumente zu verwandeln, aus denen die Kunden den Nutzen erkennen können.

8.1 Warenwissen kundenorientiert anwenden

Kenntnis der Kaufmotive erleichtert die Argumentation

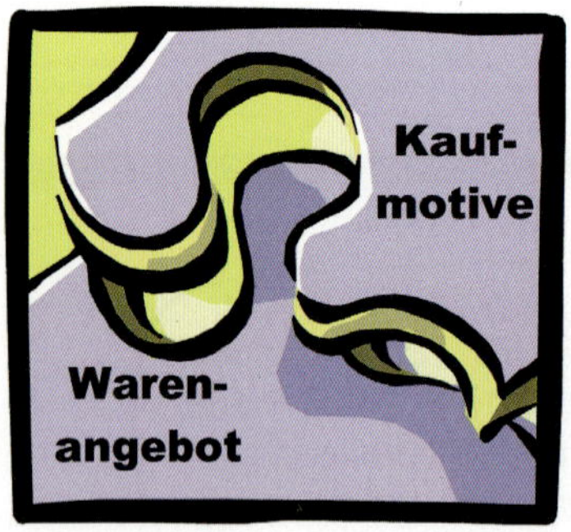

Die **Verkaufsargumentation** wird umso erfolgreicher sein, je besser die **Kaufmotive** des Kunden erkannt wurden und in die Argumentation mit eingebunden sind, denn Kunden kaufen eigentlich nicht Waren oder Dienstleistungen, sondern den damit verbundenen Nutzen.

Für viele Kunden ist das, was sie kaufen wollen, nur Mittel zum Zweck. Warenmerkmale, wie Herstellung, Verarbeitung und Material, sind für sie zweitrangig.

Beispiele:

Kunden kaufen …	Sie wollen aber möglicherweise …
Lebensmittel	› Gaumenkitzel › Genuss › Gesundheit
Kosmetika	› jugendliches Aussehen › Anerkennung › Erfolg bei partnerschaftlichen Beziehungen
Bücher	› Bildung › Unterhaltung › volle Bücherregale zu Hause
Elektrogeräte	› Bequemlichkeit › Sicherheit › Statussymbole

Ansatzpunkte für die Verkaufsargumentation

Für eine gekonnte **Argumentation** ist es wichtig, zu den **Hauptmerkmalen** der Ware den jeweiligen **Kundennutzen** zu kennen. Das setzt voraus, dass der Verkäufer ein umfangreiches Warenwissen besitzt. Gerade bei **Marktneuheiten** ist es von großer Bedeutung, dass schon von Herstellerseite nicht nur Produktbeschreibungen, sondern auch Kundennutzen-Argumentationen mitgeliefert werden.

Tipp: Bei neuen Artikeln im Sortiment sollte man sich die wichtigsten Merkmale aus Lieferantensicht mit Kundennutzen erläutern lassen.

Themenbereiche der Verkaufsargumentation

Ein Problem für den Verkäufer besteht darin herauszufinden, **was** für den Kunden an der Ware wichtig und interessant ist.

Es sind vor allem **vier** Themenbereiche, aus denen die Argumente abgeleitet werden können.

© Beck

Themenbereich	Beispiele
Warenmerkmale	Das Service hat eine zeitlose Formgebung, die man auch in vielen Jahren noch sehen kann. Es wird als 16- oder 22-teiliges Tafelservice angeboten und ist spülmaschinenfest.
Preis der Ware	Der Preis mag hoch erscheinen, aber das Service wird in einer limitierten und von den Designern handsignierten Auflage angeboten und ist somit etwas ganz Besonderes.

Verwendung	Das Service kann sowohl für den Alltag als auch für festliche Anlässe verwendet werden.
Serviceangebote	Für dieses Speiseservice gibt es eine 10-jährige Nachkaufgarantie.

Für eine **erfolgreiche** Beratung im Verkauf ist es sehr wichtig zu wissen, welche Themenbereiche für den Kunden wichtig sind. Wer z. B. exklusive Artikel schätzt, ist erfahrungsgemäß am Preis oder der Pflege der Ware weniger interessiert.

8.2 Regeln für die Verkaufsargumentation

Bei der **Argumentation** im **Verkaufsgespräch** sollten die folgenden **sechs Regeln** stets Beachtung finden.

■ Kunden für sich gewinnen

Auch im Verkaufsgespräch gilt: Nicht nur, **was** gesagt wird, ist wichtig. Ebenso wichtig ist, **wie** es gesagt wird. Für eine erfolgversprechende Verkaufsargumentation sollten folgende allgemeine **Verhaltensregeln** beachtet werden:

- am Kunden Interesse zeigen und ihm freundlich begegnen,
- Verzicht auf lange Vorträge; die Ware durch kurze Ausführungen erläutern,
- mit verständlichen Begriffen und anschaulichen Erklärungen argumentieren,
- durch Hilfestellung und Informationsangebote den Kunden bei seiner Entscheidung unterstützen.

■ Nutzenbezogen, nicht warenbezogen argumentieren

Bei einer ausschließlich **warenbezogenen** Argumentation, deren Grundlage Warenmerkmale sind, wird die Ware ohne direkten Bezug zum Kunden erläutert. Die Kundenansprüche können so nicht deutlich gemacht werden.

» **Beispiel:** Warenbezogene Verkaufsargumentation für Sportunterwäsche aus Mikrofaser: „Diese Unterwäsche besteht aus Tactel, einem ultrafeinen Mikrofasergewebe aus Polyamid, das bei Funktionsunterwäsche Verwendung findet."

Wird eine **nutzenbezogene** Argumentationsweise benutzt, dann werden die Warenmerkmale mit den Kundenansprüchen in Beziehung gebracht.

» **Beispiel:** Nutzenbezogene Verkaufsargumentation für Sportunterwäsche aus Mikrofaser: „Diese Unterwäsche besteht aus Tactel. Das hochelastische und leichte Material verleiht Bewegungsfreiheit und zeichnet sich durch eine perfekte Passform aus. Das Gewebe ist wasserdampfdurchlässig und hält dadurch die Haut beim Schwitzen trocken."

Kundenbezogen im Sie-Stil formulieren

Mit dem **Sie-Stil** wird eine **kundenbezogene** Sprache bezeichnet. Der Kunde wird direkt angesprochen; es wird eine unmittelbare **Beziehung** zwischen ihm und der Ware hergestellt.

Fast jede **Nutzungseigenschaft** von Waren lässt sich durch den Sie-Stil in eine **kundenbezogene** Formulierung übertragen.

Am Beispiel eines Bügeleisens soll dieses verdeutlicht werden. Aus den Warenmerkmalen werden zunächst Nutzungseigenschaften abgeleitet und diese dann durch den Sie-Stil in kundenbezogene Verkaufsargumente umgewandelt.

›› **Beispiel:** Dampfbügeleisen Sowenta „Profi 100“:

Warenmerkmale	Nutzungseigenschaften	Kundenbezogene Verkaufsargumente
Geringes Gewicht	Das Bügeleisen ist leicht und lässt sich mühelos lange Zeit benutzen.	„Das Gewicht dieses Bügeleisens belastet Sie kaum. Sie können längere Zeit bügeln, ohne dass Ihnen der Arm weh tut.“
Leistung 2.400 Watt	Durch die hohe Leistung ist das Bügeleisen schnell funktionsfähig.	„Sie sparen Zeit durch eine extrem kurze Aufheizzeit.“
Extra-Dampfstoß-Funktion	Mit dem Dampfstoß kann eine höhere Dampfmenge auf das Textil aufgebracht werden.	„Mit der Extra-Dampfstoß-Funktion können Sie problemlos Bügelfalten bei Hosen fixieren.“
Elektronische Temperaturkontrolle mit LED-Anzeige	Die Kontrollleuchte zeigt an, ob die vorgewählte Temperatur erreicht ist.	„Mit der elektronischen Temperaturkontrolle mit LED-Anzeige verhindern Sie zu heißes Bügeln bei empfindlichen Stoffen.“
Kundenorientierung →		

Durch Vorteilsformulierungen den Kundennutzen steigern

Zusätzlich zu Sie-Formulierungen, die den Kunden unmittelbar ansprechen, erhöhen sogenannte **Vorteilsformulierungen** den Kundennutzen. Der Kunde „sieht“ gewissermaßen durch die Argumentation des Verkäufers, welche Vorteile ihm Gebrauch oder Verbrauch der Ware bringen.

›› **Beispiele** für **Vorteilsformulierungen:**

› „Durch die Pflegewirkung der Lotion halten Sie Ihre Haut rein.“

› „Dieser Blouson ist aus atmungsaktivem Material. Dadurch schwitzen Sie erheblich weniger, denn Ihre Körperfeuchtigkeit wird nach außen transportiert.“

› „Das VDE-Prüfzeichen garantiert Ihnen eine einwandfreie technische Betriebssicherheit.“

› „Die Energiesparlampe von Marso hat 5 Jahre Garantie und ihre 20 Watt liefern die gleiche Helligkeit wie eine herkömmliche Glühbirne mit 100 Watt. Das bedeutet für Sie eine erhebliche Energieeinsparung und senkt Ihre Stromkosten!“

Die **Wirkung** der Vorteilsformulierungen lässt sich noch steigern, wenn die Formulierungen in einer **positiven** Form erfolgen (Ist ein Glas halb voll oder halb leer?).

Beispiel:

- „In diesem Anzug sehen Sie wirklich gut aus!"
- „Ein Memory-Spiel fördert die Konzentrationsfähigkeit Ihres Kindes."
- „Durch den Einbau der Solaranlage leisten Sie einen nachhaltigen Beitrag zum Klimaschutz."

Auf das Kundenproblem eingehen

Ein Kunde sucht ein Sakko und erklärt der Verkäuferin, dass er es für eine 14-tägige Busreise durch Spanien und Portugal benötigt. Die **Argumente** müssen nun so ausgewählt werden, dass sie sich auf das **Einkaufsproblem** des Kunden beziehen.

Falsch, weil **kein** Bezug zum **Einkaufsproblem**:	**Richtig**, denn der **Kundenanspruch** wird **erkannt** und in der Argumentation aufgegriffen:
„Dieses Sakko ist von Paolo Umberto, ein edles Markenprodukt im aktuellen Blazer-Stil. Das Material ist voll waschbar und Sie können zwischen drei verschiedenen Dessins wählen."	„Für Ihre Reise ist dieses Sakko von Paolo Umberto genau richtig. Es ist bequem geschnitten und luftig. Durch den Polyesteranteil knittert es nicht so schnell, was ja beim Transport im Koffer wichtig ist. Da sehen Sie abends im Hotel immer gut gekleidet aus!"

Ware in die Argumentation mit einbeziehen

Bei der Argumentation im Verkauf darf man nie vergessen, dass es um Ware geht, also etwas, das Kunden anfassen, fühlen, an- und ausprobieren können. Deshalb müssen Verkaufsargumente auch so eingesetzt werden, dass die Ware zu den Kunden „sprechen" kann.

Beispiele:

- „Setzen Sie sich doch mal auf diesen Sessel und fühlen Sie, wie bequem man darin sitzt und wie angenehm weich das Material ist."
- „Probieren Sie den Taschenschirm ruhig aus. Sie werden sehen, wie schnell und einfach er zusammengelegt werden kann."

Die **Verkaufsargumentation** wird durch den gezielten **Einsatz** von **Fragen** an die Kunden wirkungsvoll unterstützt.

Zur Klärung von Sachverhalten dienen **Kontrollfragen** (Bestätigungsfragen), die vor allem zur Beschleunigung des Verkaufsvorganges führen sollen. Außerdem kann sich der Verkäufer davon überzeugen, dass er den Kunden richtig verstanden hat.

Beispiele:

- „Ich habe Sie doch richtig verstanden, Sie suchen ein Sakko, das leicht und knitterarm ist?"
- „Gefallen Ihnen solche, sehr modischen Uhren?"

Mit Fragen zur **Lenkung** des Verkaufsgesprächs **(Suggestivfragen)** will der Verkäufer in der Argumentationsphase seinen Kunden beeinflussen. Die Antwort ist bereits mehr oder weniger in der Frage enthalten, denn Suggestivfragen lassen eine bestimmte Antwort erwarten.

Da solche Fragen manipulativer Natur sind, sollte man sie nur sehr dosiert einsetzen, denn es ist damit zu rechnen, dass viele Kunden auf solche Manipulationsversuche mit Ablehnung reagieren. Das Ende des Verkaufsgespräches ist u.U. schneller gekommen, als es dem Verkäufer lieb ist.

Beispiele:

- „Sie wollen doch sicher auf der Hochzeit Eindruck machen?"
- „Meinen Sie nicht auch, dass man heutzutage für die Umwelt gar nicht genug tun kann? Da kommt doch nur das Energiesparmodell infrage, oder?"
- „Wollen Sie nicht lieber die Premium-Ausführung nehmen? Da haben Sie alles schon eingebaut und brauchen nichts zusätzlich zu kaufen."

AKTION

1 Auf welche Problematik bei der Verkaufsargumentation soll in der im Bild dargestellten Situation hingewiesen werden?

Machen Sie einen verbesserten Formulierungsvorschlag.

2 Übersetzen Sie die folgenden Angebote in den Sie-Stil. Gehen Sie in drei Stufen vor wie bei dem Beispiel „Bügeleisen Sowenta Profi 100".

a) Bodenstaubsauger Klar-O-mat electronic

Elektronische Saugregulierung (stufenlos); hohe Saugleistung (900 Watt); Staubbeutel mit großem Fassungsvermögen; 6 m Kabellänge; automatische Kabelaufwicklung; flexibler Schlauch mit vier verschiedenen Düsen; leichte Beweglichkeit durch Rollen; erhältlich in vier verschiedenen Farben.

b) Herrenhemd City exquisit

Angenehme Trageigenschaft (100 % Baumwolle); vielseitig verwendbar (mit und ohne Krawatte); Formbeständigkeit durch Einlagen an Kragen und Manschetten; knitterarm; vollwaschbar bis 60 °C; mit der Herrenbekleidung des „City-Programms" gut kombinierbar.

c) Städtetour zum Wochenende mit der Bahn

Kurze Reisezeit unabhängig vom Wetter; freie Fahrt auf der Schiene (Umgehung des Wochenendverkehrs auf der Straße); bequemes Reisen (reservierter Platz, Speisewagen, Gepäckaufgabe); Verbindung direkt in das Zentrum der Städte; keine Parkplatzsuche; Hotelzimmer ist gebucht; Programmvorschlag und Theaterbuchungen auf Wunsch; Beitrag zur Energieeinsparung, Vermeidung von Umweltverschmutzung; Preisvorteil gegenüber normaler Rückfahrkarte.

3 Wählen Sie zwei Waren aus Ihrer Branche oder Ihrem Interessenbereich. Sammeln Sie zunächst die wichtigsten Daten und Merkmale. Übertragen Sie diese mit zwei Schritten in kundenbezogene Verkaufsargumente.

4 Formulieren Sie als freie Rede im Sie-Stil:

a) eine Anleitung zur Zubereitung von Spiegeleiern,

b) ein Rezept zur Herstellung von Obstsalat,

c) eine Gebrauchsanweisung für ein Haarfärbe- oder Tönungsmittel,

d) einen Hinweis zum Laden einer Heftzange mit Klammern.

5 Sprechen Sie nach mehreren Übungen Ihre Anweisungen auf Band. Überprüfen Sie selbst, ob Sie sich bereits flüssig im Sie-Stil ausdrücken können. Gehen Sie die Aufzeichnung gemeinsam in der Gruppe durch. Welche Formulierungen lassen sich noch verbessern? Akzeptieren Sie Vorschläge und Anregungen. Nehmen Sie eine verbesserte Fassung auf.

6 Wählen Sie eine Ware aus Ihrem Ausbildungssortiment und stellen Sie diese in der Klasse oder Gruppe vor. Formulieren Sie kundenbezogen einmal mit der Anrede in der zweiten Person (Sie/Ihr), einmal mit der Anrede in der dritten Person (ihr/euer). Vergleichen Sie die Wirkung.

7 Setzen Sie die im Bild dargestellte Situation in ein Rollenspiel um und führen Sie das Gespräch durch eine Problemlösung für die Kundin zu einem erfolgreichen Abschluss.

8 Welche Nutzungseigenschaften müssen Sie bei folgenden Waren (Sitzgruppe, Obst, Freizeithose, Wintermantel, DVD-Player) hervorheben? Nennen Sie mindestens drei Verkaufsargumente

a) für einen gesundheits- und umweltorientierten Kunden,

b) für einen Kunden, der besonders preisbewusst ist,

c) für einen Kunden, der auf repräsentative Wirkung Wert legt.

9 Wählen Sie 3 Warenarten aus Ihrem Ausbildungssortiment. Listen Sie dazu passende Serviceleistungen auf. Formulieren Sie anschließend zu jeder aufgelisteten Serviceleistung ein Verkaufsargument im Sie-Stil.

10 Dies ist die Produktbeschreibung des Herstellers für einen 4-Scheiben-Toaster:

Scheiben-Toaster TP-485 chrom/schwarz, Preis 64,99 €

› Brötchen-Röstaufsatz
› Stopp-Funktion
› Auftaufunktion
› Krümelschublade
› Chrom/Metall im Nostalgie-Design
› Brotscheibenzentrierung
› Kabelaufwicklung
› 1.650 Watt

Bilden Sie mithilfe dieser Warenmerkmale drei Merkmal-Vorteil-Nutzen-Ketten.

11 Rollenspiel: Meine erste Wohnung

Kundenanspruch: Sie beziehen Ihre erste Wohnung. Allerdings haben Sie nur ein einziges Zimmer zur Verfügung. Sie erwarten vom Einrichtungsberater der Wohnwelt GmbH Vorschläge, wie Sie diesen einen Raum sinnvoll möblieren und nutzen können.

Verkäuferrolle: Sie machen dem Kunden im Sie-Stil Einrichtungsvorschläge. Die folgenden Stichworte sollen Ihnen helfen, solche Verkaufsargumente zu finden, die dem Kundenanspruch entsprechen: – Farbgebung des Raumes, – Einteilung in Bereiche, – offene Regale, – Hochbett, – Bettsofa, – Möbel auf Rollen, – Spiegel.

12 Versuchen Sie zu den folgenden, nicht ganz ernst zu nehmenden Vorschlägen, Verkaufsargumente im Sie-Stil mit einer Vorteilsformulierung zu entwickeln.

a) Kühlschrank mit Gefrierfach für Bewohner der Arktis.

b) Kiste Rotwein für den Vorsitzenden der Anti-Alkoholiker-Liga.

c) Ratgeberbuch „Babypflege – richtig gemacht“ für einen 70-jährigen Mann.

9 Kundenservice

9.1 Bedeutung der Serviceleistungen im Einzelhandel

Von der Servicewüste zur Dienstleistungsoase?

SITUATION

Untersuchungen von Marktforschungsinstituten belegen: Viele Kunden sind in Deutschland mit den Leistungen des Einzelhandels unzufrieden.

1. Auf welche Bereiche eines Einzelhandelsgeschäftes beziehen sich die kritischen Anmerkungen der Kunden?
2. Halten Sie diese Kundenäußerungen für übertrieben? Berichten Sie über eigene Erfahrungen als Kunde bzw. Kundin.
3. Zeigen Sie Möglichkeiten auf, wie Missstände im Kundendienstbereich zu mildern oder zu beseitigen sind.

INFORMATION

Befindet sich ein Kunde in Deutschland tatsächlich in einer „Servicewüste“ oder zeigt sich in der Kritik die als typisch deutsch geltende Einstellung, über alles zu meckern und sich negativ zu äußern? Tatsache ist, manchen Einzelhandelsbetrieben gelingt es nicht richtig, ihre Serviceleistungen den Kunden als besondere Dienstleistung bewusst zu machen.

Begriff und Bedeutung von Serviceleistungen

Serviceleistungen sind Dienstleistungen, die einem Kunden vor, während oder nach dem Kauf einer Ware kostenlos oder kostenpflichtig angeboten werden.

Da Waren und Sortimente immer ähnlicher werden, bieten Serviceleistungen eine Chance für den Handel, sich zu profilieren und von den Mitbewerbern abzusetzen.

© Stockpics – stock.adobe.com

Zielsetzungen von Serviceleistungen für den Einzelhändler

Mit seinem „Servicepaket" verfolgt ein Einzelhändler vor allem längerfristige Ziele, die sich nicht sofort in Euro und Cent beziffern lassen:

- bisherige Kunden – vor allem Stammkunden will man stärker an das Unternehmen binden,
- es sollen neue Kunden gewonnen werden,
- durch Serviceangebote dokumentiert man Kundenorientierung und die eigene Leistungskraft,
- Erhöhung der allgemeinen Kundenfrequenz,
- Entwicklung von Merkmalen, die für das Unternehmen eine Alleinstellung am Markt bedeuten,
- Verringerung von Preisdruck und Preiswettbewerb.

Umsetzung des Serviceangebots durch das Verkaufspersonal

Wie diese Ziele durch das Verkaufspersonal in das alltägliche Verkaufsgeschehen umgesetzt werden sollten, verdeutlicht die folgende Übersicht.

Kundenorientierte Umsetzung des Servicegedankens		
Maßnahme	**Beschreibung**	**Beispiele**
Vertrauen aufbauen!	Sie bemühen sich um ein besonderes Vertrauensverhältnis Ihres Kunden zu „seiner" Einkaufsstätte.	› Geburtstagsgrüße übermitteln, › zu Sonderaktionen einladen, › Kundenzeitung zusenden, › Reklamationen und Umtausch kulant regeln.
Mehrwert schaffen!	Sie machen auf eine anschauliche Weise deutlich, dass Sie Ihrem Kunden mehr als nur „nackte" Waren anbieten.	› Servicescheck ausstellen, › Einbauservice anbieten, › Entsorgung von Altgeräten anbieten, › Nachkaufgarantie gewähren.
Kompetenz zeigen!	Sie halten sich fachlich fit und zeigen Ihre Fähigkeiten in einer kompetenten kundenbezogenen Beratung und Betreuung.	› Fachkompetent und ehrlich beraten, › Kundenwünsche ernst nehmen, › Kundeninteressen vertreten, › Kundenbetreuung nach dem Kauf einplanen.

9.2 Vielfalt der Serviceleistungen

Wir bieten mehr als nur den Verkauf von Waren!

SITUATION

Das Einrichtungshaus Wohnwelt bietet eine Reihe von Serviceleistungen für Möbel-Selbstabholer. Verdeutlichen und erläutern Sie diese Serviceangebote in einem Rollenspiel als Verkaufsberater einem Kunden gegenüber.

INFORMATION

Einzelhandelsunternehmen bieten sehr viele und unterschiedliche **Serviceleistungen** an. **Art** und **Umfang** dieses Leistungsangebotes hängen im Wesentlichen von der Art der angebotenen Waren und der Geschäftspolitik ab. Grundsätzlich unterscheidet man:

warenbezogene Serviceleistungen	Sie stehen in Verbindung mit dem Angebot bzw. dem Kauf einer Ware *(Änderungsservice, Reparaturservice)*.
warenunabhängige Serviceleistungen	Sie sind kundenbezogen und nicht an den Erwerb einer Ware gebunden *(Parkplätze, Wickelraum)*.

Das **Serviceangebot** sollte stets an den **Bedürfnissen** der **Kunden** ausgerichtet sein und deren Zufriedenheit mit dem Geschäft erhöhen.

Dabei orientiert sich der Einzelhandel vor allem an **vier Bedürfniskategorien** der Kunden, für die er passende Kundendienstangebote entwickelt und anbietet.

Serviceleistung Information

In den meisten Einzelhandelsgeschäften findet man heutzutage die **Verkaufsform** der **Vorwahl** oder **Selbstbedienung**. Im Gegensatz zur Vollbedienung steht dabei kein Verkaufsberater von der Begrüßung bis zur Verabschiedung zur Verfügung. Um hier dem Informationsbedürfnis der Kunden Rechnung zu tragen, bieten sich eine Reihe darauf abzielender Kundendienstangebote an.

Empfang und Begrüßung

Jeder Kunde freut sich darüber, wenn er schon beim Betreten des Geschäftes wahrgenommen wird, und außerdem die Möglichkeit hat, sich sofort mit Fragen an das Personal zu wenden.

Deshalb ist es sinnvoll, im **Eingangsbereich** eine **Infotheke** zu platzieren, die mit besonders kompetentem Personal besetzt ist.

Ein freundliches Lächeln oder die fachkundige Beantwortung einer Frage werden vom Kunden als positiv und kundenorientiert empfunden und tragen zur Schaffung einer angenehmen Kaufatmosphäre bei.

Sortiments- und Produktinformationen

Damit sich Kunden besonders in größeren Einzelhandelsbetrieben problemlos zurechtfinden, gibt es in vielen Geschäften **„Wegweiser"** zu den einzelnen Abteilungen bzw. Warengruppen.

Auch an den **Waren** selbst finden sich häufig **Produktinformationen**. Dies ist besonders bei Selbstbedienung wichtig und wird von den Kunden als eine hilfreiche Serviceleistung empfunden.

» **Beispiele:**

Pflanzenfachmarkt	Möbelfachmarkt

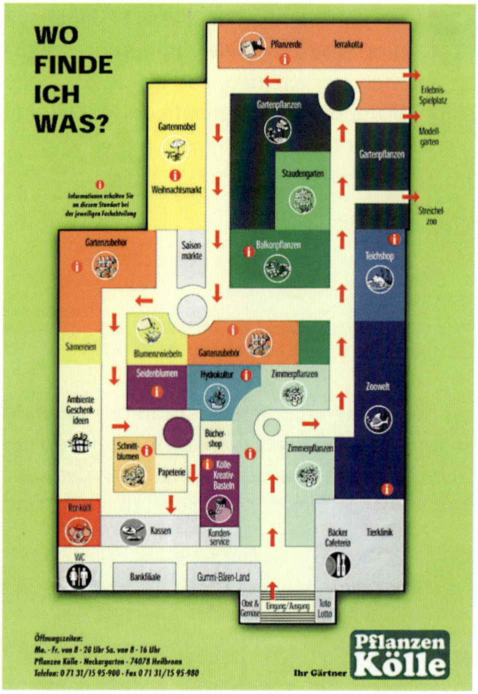

© Pflanzen-Kölle, Heilbronn

© METRO Group, Düsseldorf

Beratung

In vielen Branchen spielt die Beratung – unabhängig von der Verkaufsform – eine bedeutsame Rolle. Ob es zu einem erfolgreichen Kaufabschluss kommt, hängt maßgeblich von der Beratungsleistung des Verkaufspersonals ab. Untersuchungen belegen, dass über 75 % der Kaufentscheidungen erst im Geschäft getroffen werden.

Die **Beratungsleistung** sollte sich nicht nur auf das vom Kunden ins Auge gefasste Produkt richten, sondern die gesamten Serviceangebote des Unternehmens können als zusätzliche Verkaufsargumente genutzt werden. Die **Nutzungseigenschaften** der **Serviceleistung** müssen dabei für den Kunden erkennbar sein; die Formulierung soll kundenbezogen und im Sie-Stil erfolgen.

Beispiele:

Situation 1:	
Ware:	Kleiderschrank
Kundensituation:	Selbstabholung und Aufbau sind aus Zeitmangel nicht möglich.
Serviceangebote:	Zustellung und Aufbau
Verkaufsargumente:	„Unser Kundendienst übernimmt die Zustellung und den Aufbau gerne für Sie. So sparen Sie nicht nur Zeit, sondern können auch sicher sein, dass der Schrank fachgerecht montiert und aufgebaut wird."
Situation 2:	
Ware:	Bilderbuch
Kundensituation:	Eine ältere, gehbehinderte Kundin benötigt dringend ein Buch für ihren Enkel, der morgen Geburtstag hat.
Serviceangebote:	Geschenkverpackung und Versand.
Verkaufsargumente:	„Wir verpacken für Sie das Buch gerne als Geschenk und übernehmen auch den Versand, damit das Geschenk noch rechtzeitig zum Geburtstag Ihres Enkels eintrifft."

Serviceleistung Bequemlichkeit

Kunden schätzen beim Einkauf Zusatzleistungen, die ihrem Wunsch nach einem problemlosen, einfachen und bequemen Einkauf entsprechen.

Angebote, die den **Aufenthalt** im Geschäft **angenehm** gestalten, sind ebenfalls eine vorzügliche Möglichkeit, sich am Markt als kundenorientiertes Unternehmen aufzustellen.

Beispiele:

- Verpackungsservice *(Geschenke)*,
- Geschenkvorschläge und Geschenktische *(Hochzeitstisch)*,
- Kundengarderobe, Fundbüro,
- Kinderbetreuung *(Spielecke, eigener Kindergarten mit Fachpersonal)*,
- Warte- und Ruhezonen *(Sitzgelegenheiten mit Zeitschriften)*,
- Beratung zu Hause *(Küchenplanung, Gardinen, Tapeten)*,
- telefonische Bestellmöglichkeit,
- Auswahllieferung *(Kleidung, Schuhe, Teppiche)*,
- Lieferung, Installation und Montage *(Einrichtungsgegenstände, Großgeräte)*.

Serviceleistung Sicherheit

Kunden sind vor, während und nach dem Kauf einer Ware oft unsicher, ob die erworbene Ware auch das Richtige ist und ihren Nutzenvorstellungen entspricht. Gerade beim Kauf von Artikeln, die einen erheblichen finanziellen Aufwand erfordern *(technische Geräte, Einrichtungsgegenstände, Uhren-Schmuck usw.)*, möchten sie Fehleinkäufe vermeiden.

Technischer Service

Kunden wollen sicher sein, dass sie sich auch nach dem Kauf bei eventuell auftretenden Problemen an ihren Händler wenden können.

Beispiele:

- **Reparaturservice:**
  Er dient dazu, Mängel und Funktionsstörungen an technischen Geräten zu beseitigen. Ein kundenfreundliches Verhalten *(Abholung, Zustellung, Stellung von Ersatzgeräten)* trägt gerade in solchen Situationen positiv zum Serviceimage bei.
- **Reinigung und Wartung:**
  Hier bietet der Einzelhändler spezielle Dienste an, wenn Produkte eine regelmäßige Pflege und Wartung erfordern *(Vermietung eines Teppichreinigungsgerätes, Reinigung einer Espressomaschine)*.

Unternehmenseigene Garantieversprechen

Der Handel versucht Kaufbarrieren durch unternehmensbezogene **Garantieleistungen** abzubauen (Hinweis: Diese dürfen **nicht mit der gesetzlichen Gewährleistung** oder einer darüber hinausgehenden Herstellergarantie verwechselt werden!). Sie werden nur dann wirksam, wenn das, was versprochen wird, nicht eingehalten wird.

Beispiele für Garantieleistungen

Versprechen	Umfang der Garantie und Leistung bei Nichteinhaltung
Fünf Jahre Garantie auf alle elektro- und motorbetriebenen Geräte	Übernahme der Kosten für Fehlerbeseitigung einschließlich Arbeits- und Materialkosten.
Frischegarantie	Der Kunde erhält 3 € für jeden Artikel mit abgelaufenem Mindesthaltbarkeitsdatum. Dieser Betrag wird auch bei nichtverkaufsfähiger Ware *(SB-Käse mit Schimmel)* gewährt, auch wenn das MHD noch nicht abgelaufen ist.
Angebotsgarantie	Sollte ein beworbenes Produkt nicht vorrätig sein, so wird es nachbestellt oder für gleichwertigen Ersatz gesorgt.
Schnelligkeit an Kasse und Bedienungstheke	Beträgt die Wartezeit an der Kasse/Bedienungstheke länger als fünf Minuten und sind nicht alle Kassen/Bedienungswaagen besetzt, erhält der Kunde 3 € ausbezahlt.
Geld-zurück-Garantie	Dem Kunden wird innerhalb einer bestimmten Frist die Sicherheit gegeben, das Produkt in jedem Fall gegen Geldauszahlung zurückbringen zu können.

Umtauschgarantie	Verpackte Ware wird auch ohne Kassenzettel umgetauscht.
Tiefpreisgarantie	Wenn der Kunde innerhalb von fünf Tagen nach dem Kauf nachweist, dass die gekaufte Ware bei gleicher Leistung woanders günstiger zu bekommen ist, erhält er sie zum selben Preis. Zusätzlich wird ihm ein Vertrauensnachlass von 10 % gewährt.
Dauerpreisgarantie	Die Preise gelten für alle im Unternehmen erhältlichen Produkte und werden mindestens alle vier Monate nicht erhöht.
Fehlbongarantie	Sollte ein in der EDV gespeicherter Preis nicht stimmen, erhält der Kunde eine Vergütung oder zahlt nur den für ihn günstigeren Preis.

Serviceleistung Bezahlung

Um dem Kunden größere finanzielle Spielräume zu eröffnen, werden im Verkaufsgespräch auch zahlungsbezogene Dienstleistungen angeboten. Dazu zählen u.a.:

Kartenzahlung	Bezahlung mit Bankkarte, Kreditkarte oder Kundenkarte.
Finanzkauf	Finanzierung über eine Partnerbank des Einzelhändlers.
Mietkauf	Gegen eine monatliche Miete nutzt der Kunde das Produkt. Nach Ablauf der Mietzeit kann er es zurückgeben oder gegen Anrechnung der Mietzahlungen käuflich erwerben *(Musikinstrumente)*.
Sonderkonditionen	Gewährung eines Zahlungszieles *(Heute kaufen, nach sechs Monaten erst bezahlen)*.

AKTION

1 Sie haben den Auftrag erhalten, für Ihr Geschäft eine Infotheke einzurichten. Listen Sie auf, welche Informationen die Kunden dort erhalten können.

2 Gestalten Sie ein Plakat für den Eingangsbereich Ihres Ausbildungsbetriebes bzw. Ihrer Ausbildungsabteilung, das die Kunden darüber informiert, wo sie die gewünschten Waren finden.

3 Stellen Sie ein komplettes Serviceangebot für vier der zwölf angeführten Waren zusammen:

- Fernsehgerät
- Käsespezialitäten
- Handarbeitsartikel
- Tennisausrüstung
- Porzellanservice
- Schlafzimmermöbel
- Zierfische
- Jogging-Schuhe
- Gardinen
- Personal Computer
- Rasenmäher
- Silberschmuck

4 Trainieren Sie den Einbau von Verkaufsargumenten mit Serviceleistungen in das Verkaufsgespräch. Benutzen Sie dazu ein Beispiel aus der Aufgabe 3. Üben Sie wechselweise mit einem Partner.

5 Einer Kundin passt keine der angebotenen Konfektionsgrößen. Das ausgesuchte Kleid ist zu weit geschnitten. Bauen Sie die mögliche Serviceleistung so in Ihr Verkaufsgespräch ein, dass die Kundin dem Kauf zustimmt. Üben Sie das Gespräch im Rollenspiel ein.

6 **Rollenspiel**: Sie betreuen den Kundenservice eines großen Verbrauchermarktes. Auf die folgenden Kundensituationen reagieren Sie angemessen und bieten eine Lösung, bei der Sie sowohl das Interesse des Kunden als auch das Ihres Unternehmens berücksichtigen. Diskutieren und beurteilen Sie in der Klasse die vorgestellten Lösungsmöglichkeiten.

Kundensituation	Hinweis
Ein Kunde möchte einen Artikel zurückgeben und das Geld zurückerhalten.	Non-Food-Artikel, Wiederverkauf ist möglich
Eine Kundin möchte einen Artikel umtauschen und durch einen anderen ersetzt haben.	Der gewünschte neue Artikel ist nicht mehr vorhanden (Aktionsware).
Einer Kundin ist die Glaskanne ihrer Kaffeemaschine zerbrochen.	Ein Ersatz ist sofort möglich.
Eine Kundin möchte zu ihrer Küchenmaschine Zusatzgeräte erwerben.	Die Artikel müssen beim Hersteller beschafft werden.
Ein Kunde reklamiert verschimmeltes Toastbrot.	Die Beschwerde ist berechtigt.
Eine Kundin akzeptiert nicht den Preis eines Artikels auf dem Kassenbon, da die Ware am Regal mit einem niedrigeren Preis ausgezeichnet sei.	1. Die Kundin hat Recht. 2. Die Kundin war im Irrtum.

7 Führen Sie einen Erkundungsgang in Einzelhandelsbetrieben mit unterschiedlicher Betriebsform durch.

a) Berichten Sie, welche Serviceleistungen dort den Einkauf erleichtern.

b) Stellen Sie einen Zusammenhang zwischen Betriebsform und Zahl und Art der angebotenen Serviceleistungen dar und berichten Sie vor der Klasse.

8 Welche Probleme sehen Sie für ein Einzelhandelsgeschäft, das einen Reparaturservice anbietet?

9 Das Warenhaus Merkur möchte seine Serviceangebote verbessern. Sie erhalten als Assistent/-in der Geschäftsleitung den Auftrag, einen Maßnahmenkatalog für entsprechende Serviceleistungen für folgende Abteilungen zu entwickeln:

› Damen- und Herrenbekleidung,
› Sportabteilung,
› Haushaltswaren,
› Uhren und Schmuck,
› Buchabteilung.

Ordnen Sie Ihre Vorschläge nach den Kennzeichen „warenbezogene Serviceleistungen“ und „warenunabhängige Serviceleistungen“ und leiten Sie aus den vorgeschlagenen Serviceleistungen Verkaufsargumente ab.

10 Preisargumentation

10.1 Ware, Preis und Wert

Ich will doch nicht den ganzen Laden kaufen!

SITUATION

In der Schreibwarenabteilung eines Warenhauses:

Kunde:	„Was kostet denn dieser Füller?"
Verkäuferin:	„389,00 €."
Kunde:	„389,00 € für einen Füller? Also ich glaube, das überlege ich mir noch einmal!"
Verkäuferin:	„Natürlich, wir haben dieses Modell immer im Angebot!"
Kunde:	„Vielen Dank, auf Wiedersehen!"

1. Beurteilen Sie die Preisnennung der Verkäuferin.
2. Wie kommt es, dass ein und derselbe Artikel für einen Kunden als teuer, für einen anderen Kunden als preiswert empfunden wird?
3. Formulieren Sie eine verkaufsaktive Preisnennung durch die Verkäuferin.

INFORMATION

Preis und Warenwert

Im **Preis** spiegelt sich der in **Geld** ausgedrückte **Wert** einer **Ware**. Oft scheint einem Kunden der Preis in keinem angemessenen Verhältnis zum Warenwert zu stehen. Dann ist die Preis-Leistungs-Waage zu Ungunsten der Ware geneigt. Das Ziel eines erfolgreichen Verkaufsberaters muss es sein, den Kunden im Gespräch davon zu überzeugen, dass die Ware ihren Preis „wert" ist.

Man spricht in diesem Zusammenhang von einem guten **„Preis-Leistungs-Verhältnis"**. Aufgabe des Verkäufers ist es, die Leistungen der Ware als so interessant und für den Kunden nützlich anzubieten, dass sich die Waage in Bewegung setzt. Das Ziel ist eine Gleichsetzung von Warenwert und Preis durch den Kunden.

■ Richtiger Zeitpunkt der Preisnennung

Beispiel A: K: „Wie viel kostet dieser Schlafanzug?"

V: „49 €."

K: „Oh, ist das teuer! Ich überlege es mir noch einmal. Auf Wiedersehen!"

V: „Auf Wiedersehen!"

Beispiel B: K: „Wie teuer ist dieser Schlafanzug?"

V: „Fassen Sie ihn doch bitte einmal an. Sie werden merken, wie weich und hautsympathisch er ist. Er kostet 49 €. Diesen Schlafanzug können Sie auch als Hausanzug tragen. Sie werden sich in diesem Schlafanzug wohl fühlen, da das Material sehr elastisch und bequem ist."

K: „Sie haben Recht! Der trägt sich bestimmt sehr gut, und er ist sehr kuschelig. Das gefällt mir!"

Im ersten Verkaufsgespräch wurde der Preis isoliert genannt. Der Kundin erschien der Preis für den Schlafanzug zu hoch. Die Verkäuferin im zweiten Verkaufsgespräch hat sich richtig verhalten. Sie hat den Preis des Schlafanzuges mit den Nutzungseigenschaften in Verbindung gebracht. Die Kundin konnte erkennen, welche Nutzungsvorteile ihr die Ware bietet. Der Preis schien ihr deshalb gerechtfertigt. Nennen Sie den Preis erst dann, wenn der Kunde mit dem Nutzen einer Ware vertraut ist.

Diese **Preisrückstellungstaktik** kann allerdings Kunden auch misstrauisch machen („Warum will er mir den Preis nicht nennen?"). Hier ist ein feines Gespür des Verkäufers für den richtigen Zeitpunkt gefragt. Wenn aus den Kundenäußerungen zu entnehmen ist, dass vor allem preisgünstige Ware von Interesse ist, sollten Sie den Preis zusammen mit der Warenvorlage nennen. In diesem Fall ist der **Preis** eines der **Hauptverkaufsargumente**.

Beispiel A: K: „Was haben Sie denn heute an Käse im Angebot?"

V: „Als Sonderangebot zu 99 Cent je 100 Gramm haben wir diese Woche einen sehr würzigen Emmentaler."

Kunden kaufen Waren, keine Preise! Wenn sie nicht ausreichend über die Vorzüge informiert wurden, lassen sie erkennen, dass ihnen der Preis unangemessen erscheint.

Diesen **Vorbehalt** sprechen sie oft nicht direkt aus, sondern umschreiben ihn z. B. durch folgende Formulierungen: „Ich muss das noch mit meinem Mann besprechen"; „Ich überlege mir es nochmals in Ruhe"; „Ich weiß nicht recht."

In solchen Fällen kann es sein, dass der Verkäufer bei der Preisnennung Fehler gemacht hat. Wie Sie dies vermeiden können, zeigen die folgenden Grundsätze und Methoden.

10.2 Führung des Preisgesprächs

Der Preis ist selbstverständlicher Bestandteil eines Verkaufsgesprächs. In der Phase der Preisnennung und Preisbegründung kommt es darauf an, dass es dem Verkäufer gelingt, seine eigene Überzeugung von der „Preiswürdigkeit" seines Angebotes auf den Kunden zu übertragen.

Art der Preisnennung

Die Art, wie der Preis während des Verkaufsgesprächs genannt wird, entscheidet maßgeblich darüber, ob der geforderte Preis beim Kunden durchgesetzt werden kann.

Positivformulierungen verwenden

Die Begriffe „teuer" und „billig" sollte man im Verkaufsgespräch vermeiden.

Statt „teuer":

› Für diese Matratze müssen Sie etwas mehr anlegen. Es ist eine robuste Federkern-Bandscheibenmatratze, die mit einer Rosshaar- und Schafwollabdeckung ummantelt ist. Sie schonen damit Ihren Rücken und tun etwas für Ihre Gesundheit.

› Dieser Wein kostet etwas mehr. Dafür wird Ihnen ein französisches Spitzenprodukt geboten, das aus besonders sorgfältig gelesenen Trauben gewonnen wurde.

› Diese Bohrmaschine ist ein Markengerät in Profiqualität. Sie besitzt ein abschaltbares Schlagwerk. Die dosierbare Steuer-Elektronik ermöglicht Ihnen punktgenaues Anbohren und Schrauben in Rechts- und Linkslauf. Wenn Sie mit dieser Maschine arbeiten, werden Sie es nicht bereuen, ein paar Euro mehr ausgegeben zu haben.

Statt „billig":

› Durch die Verwendung von Plastikmaterial sind die Gartenstühle deutlich preiswerter.

› Zum Einkochen können Sie ohne Weiteres Birnen der Handelsklasse II benutzen. Dabei sparen Sie Geld.

› Diese Werkzeugkästen sind besonders preisgünstig. Wir haben eine große Stückzahl eingekauft und geben den Preisvorteil an Sie weiter.

Preise mit Kundennutzen kombinieren

Bei der **„Sandwich- oder Hamburgermethode"** wird der Preis nicht „nackt" genannt, sondern „verpackt", indem dem Kunden zuerst Produktvorteile, dann der Preis und danach wieder Produktvorteile genannt werden.

Achten Sie dabei darauf, dass erst nach der Preisnennung die entscheidenden Verkaufsargumente formuliert werden. So rücken Sie den Preis gegenüber dem Produktnutzen in den Hintergrund.

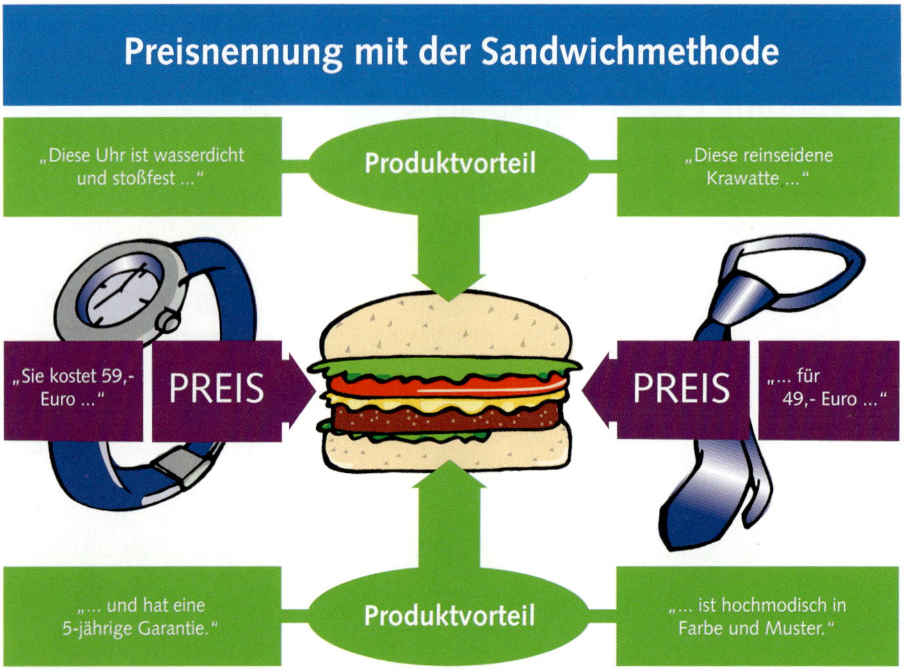

Preis-Einwände widerlegen

Häufig richten sich Einwände gegen den zu hohen Preis einer Ware. Sagen Sie Ihren Kunden, dass Waren mit einem niedrigeren Preis auch einen geringeren Nutzen und damit Nachteile mit sich bringen können *(geringere Haltbarkeit, mangelnde Sicherheit, weniger Komfort)*.

» **Beispiel:** „Sie haben Recht, der Preis von 295 € erscheint auf den ersten Blick recht hoch. Diese Handkreissäge mit Führungssystem ersetzt Ihnen aber mehrere Werkzeuge. Sie können z. B. extrem dünne Abschnitte bei Türen und Brettern ausrissfrei vornehmen. Sie können präzise Lichtausschnitte aus Türen, Platten und Verkleidungen sägen. Außerdem können Sie das Gerät als Winkel-, Gehrungs- und Schattenfugensäge verwenden. Als Handwerker müssen Sie sich auf Ihre Geräte verlassen können. Diese Handkreissäge ist für den Profi-Einsatz geeignet, sehr sorgfältig verarbeitet und wartungsfrei. Diese Vorteile bieten Ihnen einfachere Geräte nicht!"

Preis als Ausdruck des Lebensstils

Immer mehr Menschen sind bereit, für die Darstellung ihrer Person und ihres Lebensstils mehr Geld auszugeben. Aus der Preislage der Ware ziehen die Kunden einen Zusatznutzen, der sich auf Prestige und Geltung bezieht. Für solche Kunden kann der hohe Preis eines repräsentativen Artikels zum schlagenden Verkaufsargument werden.

Er signalisiert den Kunden:

„Ich kaufe etwas Besonderes, Wertvolles, Repräsentatives."

„Ich gönne mir etwas, was sich nicht jeder leisten kann."

Wenn Sie erkennen, dass bei Kunden als treibendes Kaufmotiv soziale Anerkennung und der Wunsch nach Aufwertung im Vordergrund stehen, dann können Sie bei der Preisnennung darauf Bezug nehmen.

© contrastwerkstatt – stock.adobe.com

»» **Beispiel:** „Dieser exklusive Ledermantel kostet 1.598 €. Er ist ein repräsentatives Einzelstück, das sich nicht jeder leisten kann."

Der Preis als Qualitätsmaßstab?

Weil die meisten Kunden (und manche Verkäufer) nur spärliche Warenkenntnisse haben, sind sie häufig geneigt, die Güte einer Ware an ihrem Preis zu messen.

Gerade qualitätsbewusste Käufer sind oft risikoscheu („Qualität hat ihren Preis"). Hier sind Sie mit Ihren Warenkenntnissen und Ihrer Beratung gefordert. Ihre Empfehlung ist dem Kunden besonders wichtig und hilfreich, da der Preis nur ein unzuverlässiger Maßstab für „Qualität" ist.

© Jan Engel – stock.adobe.com

Psychologische Preissenkungen

Mit der Methode der **psychologischen Preissenkung** wird versucht, den Preis geringer erscheinen zu lassen, als er es tatsächlich ist. Man sollte diese Methoden jedoch nur sehr überlegt einsetzen, da viele Kunden den „Trick" durchschauen und darauf u.U. verärgert reagieren.

Methode	Erläuterung	Beispiel
Zahlenverkleinerung	Große Zahlen werden kleiner dargestellt.	Statt: „Das Gerät kostet 2.500 €", sagt man: „Das Gerät kostet zwei-fünf."
Abspeckungsmethode	Soweit möglich, wird Zubehör gesondert berechnet.	„Das Basismodell kostet 198 €. Für 45 € zusätzlich erhalten Sie …".
Vergleichsmethode	Die Ware wird mit einer teureren verglichen oder mit anderen alltäglichen Ausgaben.	„Im Vergleich zur Kamera von Onsy, die 200 € mehr kostet, haben Sie bei diesem Modell eine nahezu identische Grundausstattung." „Wenn Sie das Gemüse aus ökologischem Anbau nehmen, zahlen Sie schon etwas mehr. Aber das ist im Schnitt nicht mehr als der Preis für 1 Liter Milch."

AKTION

1 Ermitteln Sie für bestimmte Warenarten Ihres Ausbildungssortiments, wo die Grenzen zwischen niedrigem, mittlerem und hohem Preisniveau liegen.

2 Beschreiben Sie je einen Artikel mit niedrigem und hohem Preis unter Vermeidung der Begriffe „billig“ und „teuer“.

© Syda Productions – stock.adobe.com

3 Warum hängt die preisliche Einschätzung einer Ware durch den Kunden sehr wesentlich vom Verkaufsgespräch ab? Halten Sie die wichtigen Gründe schriftlich fest.

4 Nennen Sie Beispiele und Gründe dafür, dass die Qualität einer Ware nicht in jedem Fall von ihrem Preis bestimmt wird.

5 Beurteilen Sie die folgenden Preisnennungen:

K: „In Ihrem Schaufenster habe ich eine tolle weiße Bluse mit Stickereien gesehen. Was kostet sie?“

V: „Diese Bluse ist wirklich sehr schick! Sie kostet aber 89 €.“

K: „Was kosten bei Ihnen einfache Gummistiefel in der Größe 44?“

V: „Die ganz billigen Stiefel kosten 12,90 €.“

Ermitteln Sie die Fehler und erarbeiten Sie in Partnerarbeit Alternativen. Führen Sie die Ergebnisse in Rollenspielen vor.

6 a) Welche Probleme ergeben sich im Verkaufsgespräch, wenn folgende Fragen gestellt werden?

- „Wie viel wollen Sie denn ausgeben?“
- „Haben Sie sich eine bestimmte Preislage vorgestellt?“

b) In welchen Fällen sind solche Fragen dennoch angebracht?

7 Finden Sie drei Beispiele für exklusive und besonders teure Artikel Ihres Ausbildungsbetriebes. Listen Sie drei Argumente auf, die den hohen Preis rechtfertigen.

8 Präsentieren Sie in der Rolle des Verkäufers in einem Kundengespräch die Methode der psychologischen Preissenkung anhand eines Beispiels aus Ihrem Ausbildungssortiment.

© contrastwerkstatt – stock.adobe.com

9 **Rollenspiel**

Kunde: Sie beginnen das Gespräch sofort mit der Frage nach dem Preis.

Verkäufer: Vor der Preisnennung bauen Sie den Produktwert auf.

Wählen Sie einen Artikel aus Ihrem Ausbildungssortiment.

10 Stellen Sie eine Liste mit 10 Artikeln Ihres Ausbildungssortiments auf, bei denen Sie die Preisnennung nach der Sandwichmethode vornehmen.

11 Ergänzungs- und Zusatzangebote

Bilderrahmen ja, Haken nein, so ein Pech!

SITUATION

Es ist 18:30 Uhr am Samstagabend. Torsten ist im Stress. Er hat seiner Freundin Nina zugesagt, zwei Poster zu rahmen und sie im Flur ihrer Wohnung aufzuhängen. Am Sonntagnachmittag kommt Nina von einem Seminar zurück.

Im UFO-Bildershop zeigt eine Verkäuferin Torsten tolle Rahmen: Größe stimmt, Farbe passt, Design top! Torsten kauft zwei Stück, fährt nach Hause und zieht sich noch die Bundesliga-Ergebnisse rein. Dann schnappt er seinen Werkzeugkoffer, schwingt sich in den Wagen und fährt los.

Im Flur von Ninas Wohnung packt Torsten die Rahmen aus. Doch wo sind die passenden Haken? Keine beigepackt und im Werkzeugkoffer hat er so etwas auch nicht. Läden sind schon dicht. So ein Mist!

Warum konnte Torsten in diese für ihn recht peinliche Situation kommen?

INFORMATION

Die Verkäuferin, welche die Bilderrahmen verkaufte, hat Torsten in Verlegenheit gebracht. Sie hat ihn nicht darauf hingewiesen, dass er Haken zum Aufhängen der Rahmen benötigt. Sie hätte ihm ein entsprechendes **Zusatzangebot** machen müssen. Dies blieb aus und nun kann er Ninas Wunsch nicht mehr erfüllen.

! **Hinweis:** Zwischen „Ergänzungsangebot“ und „Zusatzangebot“ kann nicht immer genau unterschieden werden. Im Allgemeinen versteht man unter **Ergänzungsangeboten** Artikel, die die Nutzung eines anderen Artikels erst ermöglichen und damit **funktionsnotwendig** sind, während es sich bei **Zusatzangeboten** meist um **werterhaltende** bzw. **wertsteigernde** Artikel, bezogen auf einen anderen gekauften Artikel, handelt.

11.1 Bedeutung von Ergänzungs- und Zusatzangeboten

Die Kunden erwarten von Ihnen Problemlösungen. Es gibt Waren, die erst durch bestimmte Ergänzungen funktionsfähig und sinnvoll verwendbar sind (Digitalkamera mit Speicherkarte). Es ist Ihre Aufgabe, die Kunden auf solche Zusatzartikel aufmerksam zu machen. Durch Ergänzungsangebote helfen Sie Ihren Kunden und steigern Ihren Umsatz.

11.2 Für Ergänzungs- und Zusatzangebote geeignete Artikel

Ergänzungen machen den Hauptkauf erst vollständig. Ohne das zusätzliche Angebot können Kunden mit dem Hauptartikel weniger oder nichts anfangen.

Lassen Sie Ihre Fantasie spielen. Es gibt nur wenige Waren, bei denen Ergänzungen nicht möglich sind. Das sind meistens Waren von geringem Wert, die aber selbst als Ergänzung geeignet sind. Für Ihre Kunden einsichtige Zusatzangebote können Sie aber nur anbieten, wenn Sie Warenkenntnisse besitzen und einen Überblick über Ihr Sortiment haben.

Beachten Sie: Da Zusatzangebote den Hauptkauf ergänzen, sollten sie natürlich auch weniger als der Hauptkauf kosten. Es wäre z. B. völlig verfehlt einer Kundin, die eine Bluse kaufen möchte, auch gleich ein passendes Kostüm dazu anzubieten.

Notwendige Ergänzungen vervollständigen den Hauptkauf	**Sinnvolle Ergänzungen erhöhen den Nutzen des Hauptkaufs**
Weltempfänger – Batterien	Mantel – Schal
Wolle – Stricknadel	Auto – Schonbezüge
Wandregal – Schrauben, Dübel	Rasenmäher – Grasfang
Kaffeemaschine – Filtertüten	Braten – Gewürze
Stövchen – Teelichter	Schuhe – Pflegemittel

funktionsnotwendig | **werterhaltend/wertsteigernd**

© Strichfiguren.de – stock.adobe.com

11.3 Richtiger Zeitpunkt für zusätzliche Angebote

Der richtige Zeitpunkt ergibt sich in der Regel aus der jeweiligen Verkaufssituation. Die Erfahrung und das Einfühlungsvermögen bestimmen, wann ein Ergänzungsangebot gemacht wird. Grundsätzlich sollten Zusatzangebote jedoch unterbreitet werden, nachdem sich die Kunden zum Hauptkauf entschlossen haben, jedoch bevor sie bezahlt haben.

11.4 Präsentation der Ergänzungs- und Zusatzangebote

Bei der Empfehlung von Ergänzungsangeboten ist das „Wie" oft entscheidender als das „Was".

Vermeiden Sie allgemeine Formulierungen:	Machen Sie stattdessen konkrete Vorschläge:
„Darf es sonst noch etwas sein?"	„Zu dieser Wolle benötigen Sie die passenden Stricknadeln. Darf ich sie Ihnen gleich einpacken?"
„Haben Sie sonst noch einen Wunsch?"	„Wenn Sie Ihren Rasen in einem Arbeitsgang mähen und vom Gras befreien wollen, dann hilft Ihnen der passende Grasfang. Während Sie den Rasen mähen, wird das geschnittene Gras gleich im Grasfang gesammelt und transportiert."
„Wir haben auch noch preiswerte Angebote!"	„Sie können den festlichen Charakter Ihres neuen Service noch besser betonen: Stellen Sie zwei Leuchter aus unserem Angebot dazu. So verschönern Sie Ihren gedeckten Tisch!"

Viele Hersteller kommen mit **Komplettangeboten** (Verbundangebote) auf den Markt. Sie wollen damit den Kunden eine alles umfassende **Problemlösung** verkaufen und außerdem verhindern, dass die Kunden etwas vergessen *(Computer einschließlich Monitor, Drucker und Softwarepaket)*. Häufig handelt es dabei um Angebote, die für Anfänger in dem entsprechenden Verwendungsbereich gedacht sind *(Malkoffer mit Künstlerfarben, Pinsel, Leinwand)*. Besonders im Spielwaren- und Hobbybereich spielen solche **Startpackungen** eine wichtige Rolle.

» **Beispiel:** Startpackung „Circus Monolino" von Märklin für Kinder ab fünf Jahre. Zu einem Preis von unter hundert Euro ist dies ein preisgünstiger Einstieg in die Welt der Modelleisenbahn; komplett mit Zug, Schienen, Transformator und Fahrgerät.

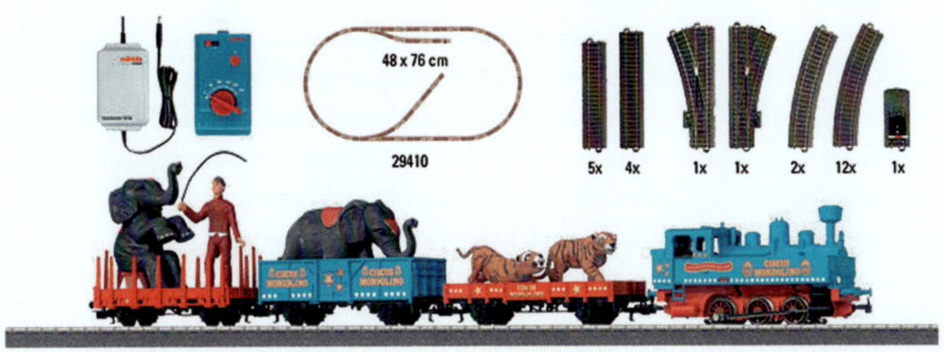

Dort wo es **keine** Komplettangebote von Herstellerseite gibt, sollte der **Einzelhändler** seine Chancen nutzen und selbst solche **Warensets** zusammenstellen. Dies führt einerseits zu mehr Umsatz, andererseits, wenn dazu noch ein attraktiver Gesamtpreis für das „Paket" geboten wird, fördern solche Angebote vor allem auch die Kundenbindung.

Beispiel: In einem Fotofachgeschäft bietet man den Kunden eine Gesamtlösung im Bereich digitale Fotografie als Set an.

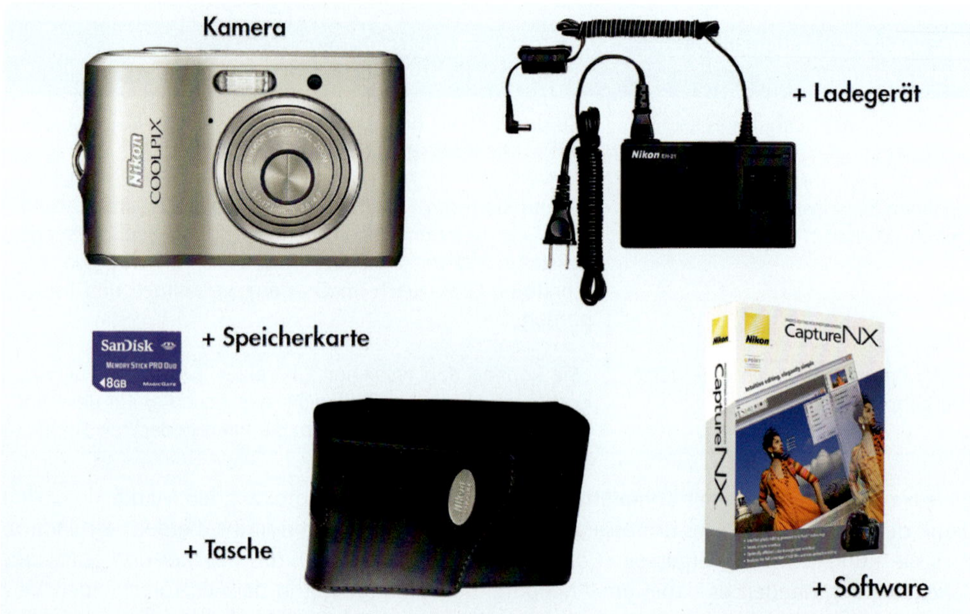

AKTION

1 Welche der vorgestellten Zusatzangebote sind notwendige, welche sinnvolle Ergänzungen des Hauptkaufs?

Hauptkauf:	**Ergänzungen:**
a) Schuhe	Pflegemittel, Socken, Einlegesohlen, Schuhspanner
b) PC-Drucker	Tonerkartusche, Papier, Reinigungsmittel, Kabel
c) Bohrmaschine	Sortiment Holz- und Steinbohrer, Kabeltrommel, Schraubbits
d) Besteck	Besteckkoffer, Spülmittel, Gabelbänkchen, Serviettenringe
e) Hemd	Krawatte, Ersatzknöpfe, Manschettenknöpfe
f) Gitarre	Ersatz-Saiten, Plektron, Hülle, Stimmgerät

2 Schreiben Sie zu jeder Ware drei Ergänzungen auf. Erklären Sie, wie Ihre Zusatzangebote den Nutzen erweitern.

a) Kamera
b) Kostüm (DOB)
c) Kostüm (Fasching)
d) Kaffeeservice
e) Langlaufski
f) Schwingschleifer
g) Kiste Sekt
h) Grillkoteletts

3 Listen Sie fünf Waren aus Ihrem Ausbildungssortiment auf, zu denen Sie mit Erfolg Ergänzungsangebote unterbreiten können. Notieren Sie hinter der Ware jeweils die Zusatzartikel.

4 Erarbeiten Sie ein Verkaufsgespräch mit Zusatzangebot. Zeigen Sie Ihrer Klasse im Rollenspiel, wie Sie Ergänzungen anbieten.

5 Verändern Sie das Käuferverhalten in Ihrem Rollenspiel:

a) Der Kunde steht Zusatzangeboten sehr aufgeschlossen gegenüber.

b) Der Kunde hat eine recht ablehnende Einstellung gegenüber Zusatzangeboten.

Wie verändert sich der Ablauf der Kundenberatung?

6 Zusatzangebote können während des Hauptkaufs oder nach dem Hauptkauf erfolgen.

a) Welcher Zeitpunkt ist bei folgenden Artikeln sinnvoll?

Schuhpflegemittel – Kamerastativ – Batterien für MP3-Player – Krawatte zu Hemd.

Begründen Sie Ihre Entscheidung.

b) Stellen Sie in einem Rollenspiel beide Möglichkeiten für Zusatzverkäufe dar.

7 Das Warenhaus Merkur präsentiert sein Warenangebot auf sechs Etagen:

Vierte Etage	Feinkostabteilung, Restaurant, Reisebüro, Kunden-Center.
Dritte Etage	Damenwäsche und Dessous, Stoffe, Kurzwaren, Gardinen, Bett- und Tischwäsche, Frottierwaren.
Zweite Etage	Damenbekleidung mit Designer-Shops, Junge Damenmode, Damenschuhe.
Erste Etage	Mode für den Mann mit Designer-Shops, Junge Mode für den Herrn, Herrenwäsche und Herrenschuhe.
Erdgeschoss	Parfümerie, Lederwaren, Strümpfe, Accessoires, Bücher.
Untergeschoss	Süßwaren, Schreib- und Papierwaren, Haushaltswaren.

Die Geschäftsleitung hat festgestellt, dass in allen Abteilungen zu wenige Zusatzverkäufe getätigt werden. Daher hat sie die Aktion „Singles sind out, Pärchen sind in!" ins Leben gerufen. Ziel ist es mindestens bei jedem dritten Verkauf einen Zusatz- bzw. Ergänzungsartikel mit zu verkaufen.

Außerdem soll geprüft werden, bei welchen Warengruppen es möglich ist von vornherein Kombinationsangebote den Kunden vorzuschlagen.

Bilden Sie für jede Etage eine Gruppe und machen Sie mindestens zwei Vorschläge, bei welchen der dort angebotenen Artikel ein Zusatzangebot gemacht werden könnte. Erarbeiten Sie zusätzlich einen Vorschlag für ein Kombinationsangebot auf Ihrer Etage.

Entwickeln Sie dazu schriftlich entsprechende Formulierungsvorschläge für die Verkäufer.

Schwerpunkt Betriebswirtschaft (SBW)

Lernfeld 3
Rechtsgrundlagen und Zahlungsarten beim Warenverkauf erarbeiten

Inhalte

1 Rechtliche Grundtatbestände

© Drobot Dean – stock.adobe.com

Der **Gesetzgeber** hat wegen der großen Bedeutung des Kaufvertrags für das Geschäfts- und Privatleben grundlegende **rechtliche Regelungen** erlassen, die allerdings von den Vertragsparteien durch individuelle Vereinbarungen abgeändert werden können.

Gerade wegen der wirtschaftlichen Tragweite der täglich anfallenden Geschäfte benötigen alle Mitarbeiterinnen und Mitarbeiter im Einzelhandel solide **Rechtskenntnisse** zum **Kaufvertrag**.

© Strichfiguren.de – stock.adobe.com

1.1 Rechtsfähigkeit natürlicher und juristischer Personen

Rechte und Pflichten – wer kann sie im Alltag übernehmen?

SITUATION

Millionärin vererbt Luxusboutique an ihre Hunde

Das gibt es nur in Amerika: Drei Cocker-Spaniels im Bundesstaat Kalifornien haben von ihrem verstorbenen Frauchen deren Luxusboutique in Beverly Hills geerbt.

Auch wenn sich die Cocker-Spaniels nach dem Testament von Maggie Smith kein bisschen wohlhabender fühlen, werden sie ihr „Hundeleben" dennoch zu genießen wissen. Ihr Frauchen hat nämlich dafür gesorgt, dass der von ihr bestimmte Geschäftsführer der Boutique, Ricardo Marini, ihnen täglich nur das Feinste zum Fressen gibt. „Besonders Ente und Lachs lieben sie", sagt Ricardo. Dazu gibt es jeden Freitag ein Wellnessprogramm im besten Hundesalon in L.A. Wenn die Hunde eines Tages ihrem Frauchen aus dem Leben folgen, wird der Vermögensverwalter Andrew Simpson das Erbe – es sind mehr als 2 Millionen Dollar – an eine kalifornische Tierschutzorganisation spenden. „Für Maggie waren die Hunde ihre Familie", sagt Simpson. „Mit ihren vier Ehemännern hatte sie stets Pech, nur die Hunde waren ihr treu!"

1. Prüfen Sie, ob eine Vererbung von Vermögen an Tiere nach deutschem Recht möglich ist. (§§ 1, 90a BGB)
2. Welche Alternativen bieten sich an?

   (Nutzen Sie zur Lösung die Gesetzeshinweise und eine Internetrecherche.)

INFORMATION

Die Summe aller geltenden Rechtsvorschriften *(Gesetze, Verordnungen)* für die Menschen eines bestimmten Gebietes *(Deutschland, Europäische Union)* bezeichnet man als **Rechtsordnung**. Sie regelt die rechtlichen Beziehungen untereinander *(Kauf einer Uhr, mieten einer Wohnung, Kündigung einer Arbeitsstelle)*. Um solche rechtlichen Beziehungen eingehen zu können, muss man rechtsfähig sein.

Rechtsfähigkeit bedeutet, dass man Träger von **Rechten** *(Erbrecht, Wahlrecht)* und **Pflichten** *(Schulpflicht)* ist. Träger sind natürliche und juristische Personen.

Rechtsfähigkeit bei *natürlichen Personen*

Natürliche Personen sind alle **Menschen**, unabhängig z. B. vom Alter, Geschlecht oder der geistigen Reife und Zurechnungsfähigkeit. Die **Rechtsfähigkeit** natürlicher Personen beginnt mit der **Geburt** und endet mit dem **Tod**.

Rechtsfähigkeit bei *juristischen Personen*

Bei **juristischen Personen** handelt es sich um **Organisationen**, die ihre Rechtsfähigkeit auf unterschiedliche Weise erhalten.

Juristische Personen des Privatrechts

Es handelt hierbei um **Unternehmen** *(Aktiengesellschaft, GmbH)* und **Vereine** *(Sportvereine, Gesangsvereine)*. Ihre **Rechtsfähigkeit** *(„Geburt")* erhalten sie durch **Eintragung** in ein öffentliches Register *(Handelsregister, Vereinsregister)*. Ihre Rechtsfähigkeit endet *(„Tod")* durch Löschung im jeweiligen Register.

Juristische Personen des öffentlichen Rechts

Die **Rechtsfähigkeit** dieser Organisationen entsteht durch staatliche Anerkennung. Wird diese wieder entzogen, erlischt auch die Rechtsfähigkeit. Zu juristischen Personen des öffentlichen Rechts zählen **Körperschaften** *(Bund, Länder, Gemeinden, Industrie- und Handelskammern)*, **Anstalten** *(Rundfunkanstalten, Sparkassen)* und **Stiftungen** *(Stiftung Warentest)*.

Damit **juristische Personen**, die ja nicht real existieren, **handlungsfähig** sind, brauchen sie **„Organe"**, um überhaupt am Rechtsverkehr teilnehmen zu können. Diese Organe, die aus **natürlichen Personen** bestehen, sind z. B. die Geschäftsführer einer GmbH oder der Vorstand eines Vereins.

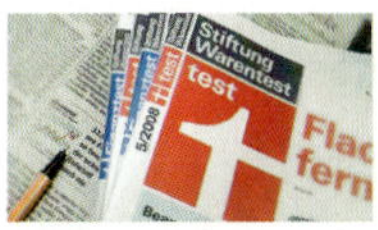

■ AKTION

1 Eine Einzelhandelsklasse organisiert für ein Schulfest einen Stand mit alkoholfreien Sommer-Drinks. Die benötigten Getränke kaufen die 18-jährigen Schüler Freddy und Timo bei einem Getränkehändler auf Rechnung. Wegen des schlechten Wetters bleiben die Einnahmen weit hinter den Erwartungen zurück.

a) Wer haftet für die Begleichung des Kaufpreises?

b) Wie wäre der Sachverhalt zu beurteilen, wenn der Schützenverein Neuburg e.V. die Getränke für ein Sommerfest gekauft hätte?

2 Die Tochter des mehrfachen Millionärs Edmund Schön zieht sich bei einem Autounfall schwere Gehirnverletzungen zu und leidet seitdem an einer dauerhaften Störung der Geistestätigkeit.

a) Kann die Tochter Erbin des Vermögens werden?

b) Wenn ja, wer trifft die Entscheidungen hinsichtlich der Verwaltung des Vermögens?

1.2 Geschäftsfähigkeit

Kein Schokoriegel für Klein-Niklas – wer kann Rechtsgeschäfte wirksam abschließen?

■ SITUATION

© Beck

Die siebenjährige Leonie wird von ihrer Mutter beauftragt, einige Lebensmittel im nahe gelegenen Supermarkt Manz zu kaufen. Damit sie auch nichts vergisst, notiert ihr ihre Mutter die einzelnen Positionen auf einem kleinen Einkaufszettel. Begleitet wird Leonie von ihrem jüngeren Bruder Niklas, der vor zwei Wochen fünf Jahre alt wurde. Beim Gang durch den Supermarkt können die beiden Kinder dem verlockenden Angebot der Süßwarenabteilung nicht widerstehen. Während Leonie auf Rechnung ihrer Mutter eine Schachtel auserlesene Nougat-Pralinen für 10,00 € in den Warenkorb legt, entscheidet sich Niklas für einen Schokoriegel, den er an der Kasse stolz von seinem eigenen Taschengeld bezahlt. Ganz wohl ist den Geschwistern bei dieser Aktion allerdings nicht. Schließlich hatte ihnen ihre Mutter verboten, vor dem Mittagessen noch Süßigkeiten zu verzehren.

1. Darf Niklas von seinem Taschengeld den Schokoriegel erwerben (§§ 104, 105 BGB)? Beantworten Sie insbesondere die Frage, ob der Verkäufer auf Verlangen der Mutter von Niklas den entrichteten Kaufpreis zurückerstatten muss, auch wenn Niklas den Schokoriegel bereits unterwegs gegessen hat.
2. Wie stellt sich die Rechtslage hinsichtlich der von Leonie erworbenen Pralinen dar (§§ 106–108 BGB)?
3. Wäre der vorstehende Sachverhalt anders zu beurteilen, wenn Leonie die Pralinen von ihrem Taschengeld gekauft hätte (§ 110 BGB)?

Bitte benutzen Sie die Gesetzeshinweise als Lösungshilfe.

INFORMATION

Die **Geschäftsfähigkeit** ist die Fähigkeit Rechtsgeschäfte (vgl. Kap. 2) voll wirksam abzuschließen. Im BGB (§§ 104, 106) werden drei Stufen der Geschäftsfähigkeit unterschieden. Dabei wird davon ausgegangen, dass mit zunehmendem Alter das Einsichts- und Urteilsvermögen der Menschen zunimmt und ihnen damit mehr Verantwortung übertragen werden kann.

Geschäftsfähigkeit

Verantwortung ↑	Stufen	Personenkreis	Rechtsfolgen
	volle (unbeschränkte) Geschäftsfähigkeit	› Personen ab vollendetem 18. Lebensjahr, › juristische Personen	Alle Rechtsgeschäfte sind voll wirksam und müssen erfüllt werden.
	beschränkte Geschäftsfähigkeit	Minderjährige ab vollendetem 7. Lebensjahr	Rechtsgeschäfte sind grundsätzlich nur mit Einwilligung des gesetzlichen Vertreters gültig.
	Geschäftsunfähigkeit	› Kinder unter 7 Jahren, › dauernd Geisteskranke	Rechtsgeschäfte sind nichtig (= ungültig).

Geschäftsunfähigkeit

Kinder **unter 7 Jahren** sowie dauernd **geisteskranke** Personen sind geschäftsunfähig. Eine von einem **Geschäftsunfähigen** abgegebene **Willenserklärung** ist **nichtig**, d.h. ungültig (§ 105 BGB). Das bedeutet, dass auch alle Rechtsgeschäfte *(Schenkung, Kaufvertrag)*, die sich daraus ergeben, ungültig sind (vgl. Kap. 3). Für Geschäftsunfähige **handeln** die **gesetzlichen Vertreter**. Dies sind meist die Eltern oder in besonderen Fällen vom Vormundschaftsgericht benannte Betreuer.

Beispiele:

- Die sechsjährige Luisa verschenkt ihren Puppenkinderwagen an ihre beste Freundin. Die Eltern können die Rückgabe verlangen.
- Robert (40) ist unheilbar geisteskrank. Im Elektrofachmarkt Multi-Vision kauft er einen Flachbildfernseher für 1.200,00 €. Im Verkaufsgespräch machte Robert einen klaren, verständigen und gesunden Eindruck. Dennoch ist das Rechtsgeschäft nichtig.

Besonderheiten im Einzelhandel

Ein mit einem geschäftsunfähigen Kind geschlossener Kaufvertrag ist dann wirksam, wenn das Kind als Bote gehandelt hat *(Einkaufszettel und abgezähltes Geld werden von der Mutter mitgegeben)*. In diesem Fall wird die Willenserklärung einer geschäftsfähigen Person überbracht und daher ist der Kaufvertrag gültig.

Volljährige Geschäftsunfähige können Geschäfte des täglichen Lebens *(Kauf einer Brezel)*, die mit geringwertigen Mitteln bewirkt werden können, rechtsgültig tätigen (§ 105a BGB).

Beschränkte Geschäftsfähigkeit

© MEV Agency UG

Beschränkt geschäftsfähig sind **Minderjährige**, die das **7. Lebensjahr** vollendet haben und noch nicht **18 Jahre** alt sind.

Wenn beschränkt Geschäftsfähige rechtliche Willenserklärungen abgeben *(Wareneinkauf)*, kann dies sehr unterschiedliche Auswirkungen auf die Gültigkeit haben.

Wer im Verkauf tätig ist, muss über die rechtliche Situation gut informiert sein, da es u. U. zu sehr unliebsamen Folgen für das Unternehmen kommen kann.

Grundsätzlich gilt: Rechtsverbindliche Willenserklärungen (Rechtsgeschäfte) können beschränkt Geschäftsfähige (§ 106 BGB) nur abgeben, wenn eine Zustimmung der gesetzlichen Vertreter vorliegt. Dabei sind zwei Fälle zu unterscheiden.

Situation	rechtliche Wirkung
Fall 1 (Kaufvertrag)	
Die 16-jährige Sandra möchte in einem Modegeschäft einen topaktuellen Wintermantel für 299,00 € kaufen. Ihre Eltern sind mit dem Kauf einverstanden.	Wenn der gesetzliche Vertreter vor Abschluss des Rechtsgeschäfts seine Zustimmung erteilt (Einwilligung), dann ist das Rechtsgeschäft sofort voll wirksam (§ 107 BGB).
Fall 2 (Kaufvertrag)	
Die 16-jährige Sandra kauft ohne Wissen ihrer Eltern in einem Modegeschäft einen topaktuellen Wintermantel für 299,00 €.	Das Rechtsgeschäft bleibt solange „schwebend unwirksam“, bis der gesetzliche Vertreter entweder nachträglich zustimmt (Genehmigung) oder ablehnt. In letzterem Fall kann der Kaufvertrag rückgängig gemacht werden (§ 108 BGB).

In den Fällen 3 bis 6 sind die Rechtsgeschäfte eines beschränkt Geschäftsfähigen ohne Zustimmung des gesetzlichen Vertreters sofort und voll wirksam.

Situation	rechtliche Wirkung
Fall 3 (Schenkung)	
Der 15-jährige Tom freut sich riesig, dass er von seinem Großvater eine komplette Ausrüstung zum Windsurfen zum Geburtstag geschenkt bekommt und will sie gleich am nahegelegenen Badesee ausprobieren. Die Eltern verbieten die Annahme, weil sie Surfen für viel zu gefährlich halten.	Wenn Rechtsgeschäfte einem Minderjährigen nur rechtliche Vorteile bringen, d.h. es ist damit keine persönliche Verpflichtung verbunden, dann ist das Rechtsgeschäft *(Annahme einer Schenkung)* ohne Einwilligung des gesetzlichen Vertreters gültig (§ 107 BGB).

Fall 4 (Taschengeld, Ausbildungsvergütung)	
Die 16-jährige Sandra darf mit Erlaubnis ihrer Eltern über ihre gesamte Ausbildungsvergütung verfügen. In einem Elektrofachmarkt kauft sie für 399,00 € einen kleinen Flachbildfernseher.	Rechtsgeschäfte, die ein Minderjähriger mit finanziellen Mitteln erfüllt, die ihm vom gesetzlichen Vertreter zu diesem Zweck oder zur freien Verfügung überlassen wurden *(Taschengeld, Ausbildungsvergütung, Arbeitsverdienst)* sind ohne Zustimmung wirksam. Diese Regelung gilt nicht für Ratengeschäfte, denn über zukünftige finanzielle Mittel kann nicht verfügt werden (§ 110 BGB).
Fall 5 (Arbeitsvertrag)	
Der 15-jährige Tom arbeitet als Lagerist in einem Möbelhaus, weil er erst nächstes Jahr einen Ausbildungsplatz als Sport- und Fitnesskaufmann erhält. Ihm gefällt diese Tätigkeit nicht und er kündigt nach drei Monaten, ohne seine Eltern um Erlaubnis zu fragen.	Rechtsgeschäfte, die ein vom gesetzlichen Vertreter erlaubtes Arbeitsverhältnis betreffen, sind nicht zustimmungspflichtig; allerdings gilt diese Bestimmung nicht für Ausbildungsverhältnisse (§ 113 BGB).
Fall 6 (selbstständiger Betrieb eines Erwerbsgeschäfts)	
Mit Einverständnis ihrer Eltern und der Genehmigung des Vormundschaftsgerichts betreibt die 16-jährige Sandra zusammen mit dem 15-jährigen Tom einen Internetshop, bei dem man gebrauchte Kleidung und Sportartikel bestellen kann. Wöchentlich bearbeiten die beiden zwischen 10 und 30 Aufträge.	Wenn einem Minderjährigen mit Zustimmung des gesetzlichen Vertreters und des Vormundschaftsgerichts der selbstständige Betrieb eines Erwerbsgeschäfts gestattet wurde, dann sind alle mit diesem Betrieb zusammenhängenden Rechtsgeschäfte wirksam (§ 112 BGB).

!

Hinweis: Als Verkäufer geht man bei Geschäften mit Geschäftsunfähigen und beschränkt Geschäftsfähigen immer ein Risiko ein. Möglicherweise verlangen die gesetzlichen Vertreter, dass z. B. Kaufverträge rückgängig gemacht werden. Dies ist dann besonders ärgerlich, wenn es sich um Waren handelt, die bereits benutzt wurden (Schuhe, Kleidung) und nun nur mit einem Nachlass oder gar nicht mehr verkauft werden können. In der Praxis gibt es allerdings selten größere Probleme mit dem Verkauf an Minderjährige. Ob, was und für wie viel Kinder und Jugendliche etwas kaufen dürfen oder auch nicht, wird normalerweise in den Familien diskutiert und entschieden und nicht anhand der Paragrafen des Bürgerlichen Gesetzbuches.

Volle Geschäftsfähigkeit (unbeschränkte Geschäftsfähigkeit)

Voll geschäftsfähig sind **Personen** ab **18 Jahren** (Volljährigkeit). Alle Rechtsgeschäfte können selbstständig voll wirksam abgeschlossen werden. Man trägt dafür aber auch die volle Verantwortung.

AKTION

1 Der sechsjährige Tim kauft von seinem Taschengeld beim Zeitschriftenhändler für 2,00 € ein Comic-Heft. Ist ein Kaufvertrag zustande gekommen?

2 Jan interessiert sich sehr für Musik und möchte selbst einmal Berufsmusiker werden. Sein Zimmer hat der Fünfzehnjährige mit seinen großen Vorbildern der Musikszene tapeziert.

a) Als die neueste CD seiner Lieblings-Band auf den Markt kommt, erwirbt er sie für 15,00 € von seinem Taschengeld. Wie ist die Rechtslage?

b) Schon immer hat sich Jan eine Gitarre gewünscht. Sein Vater hat allerdings schon klar zum Ausdruck gebracht, dass er den Beruf des Musikers als „brotlose Kunst" ansieht und seinem Sohn auf gar keinen Fall eine Gitarre schenken will. Jan spart deshalb von seinem monatlichen Taschengeld jeweils 40 € und kauft nach einem Jahr von seinen Ersparnissen in Höhe von 480 € eine Western-Gitarre. Kann Jan ohne Zustimmung seiner Eltern das Instrument erwerben?

c) Wie ist die Rechtslage, wenn die Gitarre 800 € kostet und Jan mit dem Händler vereinbart, die verbleibenden 320 € in 8 Raten zu je 40 € von seinem Taschengeld zu bezahlen?

d) Wie ist der Sachverhalt c) zu beurteilen, wenn Jan bereits alle Raten beglichen hat und die Eltern erst dann von dem Kauf erfahren?

e) Zu seinem 16. Geburtstag schenkt der Großvater Jan 1.000 €. Die Eltern von Jan äußern ihre Bedenken gegen die Schenkung eines so großzügig bemessenen Betrages, weil sie erwarten, dass ihr Sohn das Geld ohnehin leichtsinnig ausgibt. Können die gesetzlichen Vertreter die Schenkung verhindern?

f) Wie wäre die Situation in Aufgabe e) zu beurteilen, wenn der Großvater Jan anstelle des Geldes ein Mofa geschenkt hätte?

3 Vielen Inhabern von kleinen und mittleren Betrieben bereitet die Regelung der Unternehmensnachfolge erhebliche Schwierigkeiten, weil häufig kein geeignetes Familienmitglied bereit ist, das Unternehmen fortzuführen. Richard Hoffmann, der Eigentümer mehrerer Bekleidungsfachgeschäfte, überträgt deshalb bereits frühzeitig seiner siebzehnjährigen Enkeltochter Jasmin mit Zustimmung des Vormundschaftsgerichts die selbstständige Leitung einer Filiale. Welche der folgenden Rechtsgeschäfte kann Jasmin ohne Zustimmung des gesetzlichen Vertreters wirksam abschließen? Begründen Sie!

a) Kauf von Kleidungsstücken im Wert von 10.000 €,

b) Einstellung einer Verkäuferin,

c) Anmietung einer kleinen Wohnung in der Nähe des Arbeitsplatzes.

4 Sandy stammt vom Land und wohnt bis jetzt auf einem Bauernhof bei ihren Eltern in einer strukturschwachen Region. Nach Abschluss der Realschule nimmt die siebzehnjährige mit Zustimmung ihrer Eltern eine Stelle als Haushaltsgehilfin in Frankfurt an. Dort mietet sie eine kleine 1-Zi.-Wohnung und kauft sich Arbeitskleidung für 300 € sowie eine Monatsfahrkarte, um mit öffentlichen Verkehrsmitteln zu ihrer Arbeitsstätte zu gelangen. Bereits nach drei Monaten erwirbt sie einen Motorroller für 2.000 €, weil sie die langen Fahrzeiten mit dem Bus nicht mehr in Kauf nehmen will. Obwohl Sandy harte Arbeit gewohnt ist und ihre Eltern sie zunächst eindringlich bitten und später ihr sogar verbieten, das Beschäftigungsverhältnis aufzugeben, kündigt Sandy den Arbeitsvertrag. Wie beurteilen Sie die Gültigkeit der abgeschlossenen Rechtsgeschäfte?

5 Ercan ist 14 Jahre alt und will sich einen MP3-Player neuester Generation kaufen. Das Gerät kostet 198,00 €. Die Verkäuferin im Elektrofachmarkt fragt ihn, woher er das Geld habe. Wahrheitsgemäß antwortet Ercan, dass er nebenher arbeitet und 50,00 € von seiner Oma bekommen hat. Aber die Verkäuferin glaubt ihm nicht und schickt ihn weg. Beurteilen Sie das Verhalten der Verkäuferin.

2 Rechtsgeschäfte

Wie werden Rechtsgeschäfte abgeschlossen?

SITUATION

Ein Tag im Leben des Herrn Schmidt:

© MEV Agency UG

7:00 Heute Morgen verlässt Herr Schmidt seine Wohnung und geht zur nächsten U-Bahn-Haltestelle, um mit öffentlichen Verkehrsmitteln zur Arbeit zu fahren. Am Fahrkartenautomat wählt er sein Reiseziel und wirft den angezeigten Fahrpreis in Form von Münzen in den Automaten, der anschließend einen Fahrschein ausdruckt.

8:00 Kaum im Unternehmen angekommen, klingelt schon das Telefon. Am Apparat ist ein wichtiger Lieferant, der Herrn Schmidt einen äußerst günstigen Sonderposten Winterkleidung im Wert von 200.000 € anbietet. Herr Schmidt sagt in seiner Funktion als Einkaufsleiter sofort zu.

14:30 Am Nachmittag kommt eine Mitarbeiterin der Buchhaltung zu Herrn Schmidt, weil ihr eine Rechnung über 100 Paar Sportschuhe von einem langjährigen Lieferanten zugegangen ist, aber keine Bestellung vorliegt. Herr Schmidt überprüft den Sachverhalt und stellt fest, dass die Artikel bereits vor drei Wochen im Lager eingetroffen sind und die Falschlieferung aus Nachlässigkeit eines Mitarbeiters beim Wareneingang nicht reklamiert wurde.

18:00 Nach einem anstrengenden Arbeitstag kauft Herr Schmidt auf dem Rückweg noch ein paar Lebensmittel in einem Selbstbedienungsladen ein. Dort entnimmt er die Produkte aus dem Regal und legt sie an der Kasse auf das Band. Die Mitarbeiterin des Geschäftes tippt die Preise der Waren in die Kasse und rechnet mit Herrn Schmidt den Endbetrag ab. Außer einer höflichen Begrüßung und Verabschiedung findet kein Gespräch zwischen den Beteiligten statt.

21:00 Am Abend denkt Herr Schmidt wiederholt über ein attraktives Stellenangebot eines Konkurrenzunternehmens nach und entschließt sich, sein bisheriges Arbeitsverhältnis aufzulösen. Das von ihm verfasste Kündigungsschreiben sendet er jedoch am nächsten Tag nicht ab, weil ihm über Nacht noch einige Bedenken gekommen sind.

1. Prüfen Sie den Informationsteil zu diesem Kapitel und entscheiden Sie, ob bei den jeweiligen Sachverhalten ein Rechtsgeschäft zustande gekommen ist. Begründen Sie Ihre Meinung.
2. Beschreiben Sie aufgrund Ihrer beruflichen Tätigkeit bzw. privaten Erfahrungen den Abschluss von Verträgen, die unter Ihrer Mitwirkung zustande gekommen sind.

■ INFORMATION

2.1 Zustandekommen und Arten der Rechtsgeschäfte

Rechtsgeschäfte sind **Handlungen**, mit denen eine bestimmte **rechtliche Wirkung** erzielt werden soll.

›› **Beispiele:**

› Rechte werden begründet *(Abschluss eines Ausbildungsvertrages)*,
› Rechte werden übertragen *(Erteilung einer Vollmacht)*,
› Rechte werden aufgehoben *(Kündigung eines Arbeitsverhältnisses)*.

■ Zustandekommen von Rechtsgeschäften

Damit ein **Rechtsgeschäft** zustande kommt, müssen eine oder mehrere **Willenserklärungen** abgegeben werden. Dies kann auf verschiedene Arten erfolgen.

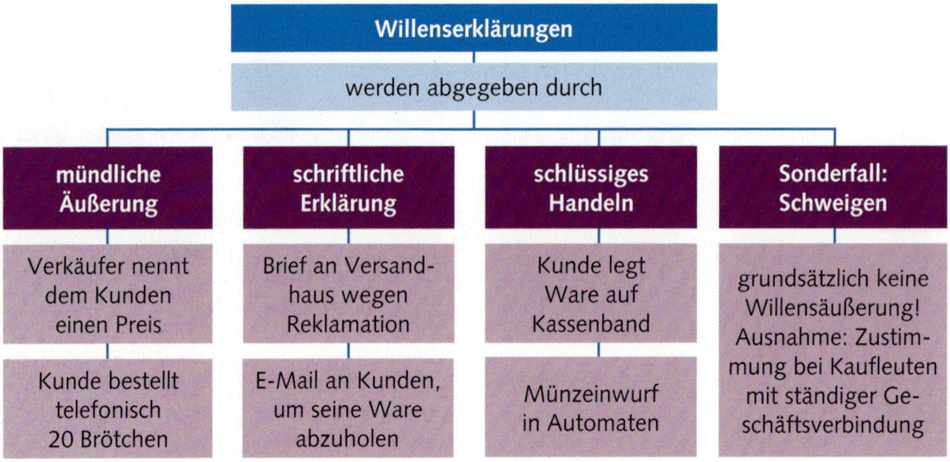

■ Arten von Rechtsgeschäften

Wenn nur **eine** Person eine Willenserklärung abgibt, spricht man von einem **einseitigen Rechtsgeschäft**. Solche Rechtsgeschäfte werden bereits mit der Abgabe der Willenserklärung wirksam. Ein Beispiel für ein **nicht empfangsbedürftiges Rechtsgeschäft** ist das Testament. Es ist bereits gültig, auch wenn die darin aufgeführten Erben noch nichts davon wissen. Im Gegensatz dazu werden **empfangsbedürftige Rechtsgeschäfte** erst wirksam, wenn die Willenserklärung den Empfänger erreicht hat. So wird z. B. die Kündigung eines Mitarbeiters erst wirksam, wenn sie ihm entweder persönlich übergeben wurde oder in seinem Briefkasten liegt.

Geben **mehrere** Personen eine Willenserklärung ab, spricht man von einem **mehrseitigen Rechtsgeschäft**. Alle **Verträge** zählen zu den mehrseitigen Rechtsgeschäften. Sie kommen durch **übereinstimmende** Willenserklärungen von mindestens zwei Personen zustande. Diese Willenserklärungen bezeichnet man als **Antrag** und **Annahme**.

Ergeben sich aus einem Vertrag nur für eine Person Verpflichtungen, spricht man von **einem einseitig verpflichtenden Vertrag** *(Schenkung);* übernehmen mehrere Personen Verpflichtungen, dann liegt ein **mehrseitig verpflichtender Vertrag** vor *(Kaufvertrag, Mietvertrag, Arbeitsvertrag).*

Beispiel: Zustandekommen eines Arbeitsvertrags

Personalchef:				Bewerber:
„Ihre Bewerbung hat uns überzeugt. Wir möchten Sie einstellen!"	→ Antrag	**Arbeitsvertrag**	← Annahme	„Ja, ich nehme gerne die Stelle als Verkäufer in Ihrer Filiale an!"

AKTION

Entscheiden Sie, ob in den folgenden Fällen ein Rechtsgeschäft zustande kommt. Begründen Sie Ihre Lösung und bestimmen Sie die Art des Rechtsgeschäfts.

1. Herbert Bergmann, Seniorchef einer kleinen Einzelhandelskette, schreibt handschriftlich ein Testament, in dem er seinen jüngsten Sohn, Stefan Bergmann, als Erben seines Unternehmens bestimmt. Das Schriftstück bewahrt er im Tresor des Unternehmens auf. Seinen Sohn informiert er noch nicht über den Inhalt des Testaments.

2. Nach dem Tod seines Vaters übernimmt Stefan Bergmann die Leitung des Unternehmens. Leider muss er den Leiter des Finanz- und Rechnungswesens entlassen, weil dieser die neue Geschäftspolitik nicht mittragen wollte.

3. Die offene Stelle möchte Stefan Bergmann mit einem Mitarbeiter eines Konkurrenzunternehmens besetzen. Ein entsprechendes Angebot mit einem Jahresgehalt von 60.000 € wurde dem Wunschkandidaten bereits schriftlich zugesandt. Dieser zeigte auch großes Interesse an der neuen Aufgabe. Seine Gehaltsvorstellung liegt aber bei 65.000 € jährlich.

4. Der junge und dynamische Firmenchef strebt an, die Marktposition des Einzelhandelsunternehmens auszubauen. In einem Vorgespräch kann er den Direktor seiner Hausbank von seiner Geschäftsstrategie überzeugen. Das Kreditinstitut stellt ihm daraufhin Finanzmittel in Höhe von 2.000.000 € zu einem Zinssatz von 6 % bereit.

2.2 Vertragsfreiheit und ihre Grenzen

Wo die Freiheit nicht grenzenlos ist! Welche Vorschriften sind bei der Gestaltung von Verträgen zu beachten?

SITUATION

Herr Pasulke bereist mit seinem Verkaufswagen Krämermärkte in ganz Deutschland. Sein Sortiment besteht hauptsächlich aus Glas- und Keramikwaren, die er aus Fernost importiert. Auf dem Neuburger Martinimarkt bietet er als Schnäppchen eine 28-teilige Trinkglasserie aus Bleikristall mit farbigen Gravuren zu 79,00 € an.

Ein Kunde, der nur sehr gebrochen deutsch spricht, zeigt Interesse für die Gläser. Herr Pasulke bedauert, er könne sie ihm nicht verkaufen, da er die Gläser für einen anderen Kunden zurückgelegt hätte.

Kurze Zeit später kommt eine sehr gut gekleidete Dame, die ebenfalls an den Gläsern großen Gefallen zeigt. Herr Pasulke verkauft sie an die Kundin und gewährt auf den Verkaufspreis 3 % Sofortrabatt.

Anschließend füllt er seinen Verkaufsstand mit neuen Gläsern auf und bietet sie nun zu 99,95 € an.

Beurteilen Sie das Verhalten von Herrn Pasulke.

INFORMATION

Die **Vertragsfreiheit**, die sich aus dem grundgesetzlich garantierten Recht auf freie Persönlichkeitsentfaltung ableitet, besteht aus der:

Abschlussfreiheit (mit wem?)	Jeder hat die freie Wahl, ob überhaupt und mit wem ein Vertrag abgeschlossen werden soll. Ausnahmen: In einigen Bereichen sind Unternehmen gesetzlich verpflichtet Verträge abzuschließen. So müssen z. B. Apotheken rezeptpflichtige Arzneimittel an jeden Kunden aushändigen; Recht auf ein Basiskonto zur Abwicklung des Zahlungsverkehrs eines Verbrauchers; Krankenkassen müssen jeden Beitrittswilligen aufnehmen.
Gestaltungsfreiheit (worüber?)	Die Vertragspartner können den Inhalt des Vertrages grundsätzlich nach eigenen Vorstellungen und Wünschen gestalten. Ausnahme: Gesetzliche Verbote sind zu beachten. Es ist z. B. nicht möglich in einem Arbeitsvertrag auf Urlaub zu verzichten oder einem Auszubildenden bei schlechten Schulleistungen keine Ausbildungsvergütung zu bezahlen.
Formfreiheit (wie?)	Die Form ist in den meisten Fällen frei wählbar. Ausnahme: Bei einigen Verträgen ist Schriftform vorgesehen, z. B. bei Ausbildungsverträgen und Arbeitsverträgen.

AKTION

Prüfen Sie, ob die folgenden Sachverhalte mit dem Grundsatz der Vertragsfreiheit vereinbar sind.

1 Pressemitteilung:

Eine Hamburger Privatbank sucht sich ihre Kunden offensichtlich sehr genau aus. Immer wieder kommt es zu Beschwerden von Schwarzafrikanern und anderen Dunkelhäutigen, denen man eine Kontoeröffnung versagte. Allerdings hatte der Generalkonsul eines westafrikanischen Staates keine Schwierigkeiten bei der Bank ein Konto zu eröffnen, wie er bei einem Empfang der Handelskammer betonte.

2 Eine Gruppe von Touristen kehrt in eine Berghütte ein. Beim Anblick der Speisekarte wundern sich die Wanderer, dass sich die an den Nebentischen sitzenden Waldarbeiter überhaupt die teuren Getränke und Speiseangebote leisten können. Später stellt sich heraus, dass der Wirt den einheimischen Arbeitern wesentlich weniger Geld in Rechnung gestellt hatte als den Urlaubern.

2.3 Formvorschriften für Rechtsgeschäfte

Vertrag leider ungültig! Warum schreibt der Gesetzgeber die Form bestimmter Rechtsgeschäfte vor?

SITUATION

Nach deutschem Recht sind grundsätzlich alle Rechtsgeschäfte formlos gültig. Selbst Käufe und Verkäufe im Gegenwert von mehreren Millionen Euro werden im Aktien- und Devisenhandel mündlich abgeschlossen. Es gilt das gesprochene Wort.

© Fotomek – Fotolia.com

Suchen Sie im Informationsteil und in Ihrer Gesetzessammlung Ausnahmen vom Grundsatz der Formfreiheit und erstellen Sie eine Übersicht nach folgendem Muster:

Beispiele für Rechtsgeschäfte mit Formzwang	Gesetzlich vorgeschriebene Form	Angabe der Rechtsquelle

INFORMATION

Grundsätzlich ist der Abschluss von Rechtsgeschäften an keine bestimmte Form gebunden. So sind mündlich abgeschlossene Kaufverträge in vollem Umfang gültig. Der Gesetzgeber hat allerdings auch Einschränkungen vorgenommen.

Für **bestimmte Rechtsgeschäfte** schreiben **Gesetze** eine bestimmte **Form** vor (§ 126 ff. BGB).

Form	Merkmale	Beispiele
Schriftform (§ 126 BGB)	Schriftlich abgefasstes Dokument mit eigenhändiger Unterschrift.	Berufsausbildungsvertrag, Arbeitsvertrag, eigenhändiges Testament.
elektronische Form (§ 126a BGB)	Ersatz für Schriftform, sofern kein gesetzliches Verbot vorliegt. Der Aussteller muss der Erklärung seinen Namen hinzufügen und das elektronische Dokument mit einer qualifizierten elektronischen Signatur (bestimmte Ziffernfolge) nach dem Signaturgesetz versehen.	Elektronische Steuererklärung
Textform (§ 126b BGB)	Schriftlich abgefasstes Dokument ohne eigenhändige Unterschrift. Das Dokument muss lesbar und auf einem dauerhaften Medium gespeichert sein. Es genügt z. B. der Hinweis, dass die Erklärung automatisch gefertigt wurde oder eine gebräuchliche Grußformel. Als Träger für diese Dokumente zählen neben Papier auch E-Mails und SMS-Mitteilungen.	Ausübung des Widerrufsrechts bei Verbraucherverträgen, Gehaltsabrechnungen, Nebenkostenabrechnungen, Bußgeldbescheide.

Form	Merkmale	Beispiele
Öffentliche Beglaubigung (§ 129 BGB)	Ein Notar bestätigt die Echtheit der Unterschriften der Vertragsparteien auf einem Schriftstück.	Schriftliche Anmeldung und Antrag zur Eintragung in das Handelsregister, in das Grundbuch oder Vereinsregister.
Notarielle Beurkundung (§ 128 BGB)	Der Vertragsinhalt wird von einem Notar formuliert, den Vertragspartnern vorgelesen, von ihnen genehmigt und von ihnen und dem Notar unterschrieben. Der Notar bestätigt sowohl die Echtheit der Unterschriften als auch den Inhalt des Schriftstücks.	Kauf eines Grundstücks, Ehevertrag, Antrag auf Annahme als Kind („Adoption").

AKTION

Begründen Sie, ob die folgenden Rechtsgeschäfte der gesetzlich vorgeschriebenen Form entsprechen und damit gültig sind:

1 Mehrere Lehrer und Vertreter von Ausbildungsunternehmen einer kaufmännischen Schule gründen durch einen schriftlichen Vertrag einen Förderverein.

2 Ein geistig voll zurechnungsfähiger Rentner kann wegen Lähmungserscheinungen in der Hand nur noch sehr mühsam selbst Schriftstücke abfassen. Er diktiert deshalb seinem Enkel den Inhalt seines Testaments. Dieser gibt die Angaben in den PC ein, druckt die letztwillige Verfügung aus und übergibt das Dokument seinem Großvater, der es eigenhändig unterschreibt.

3 Der Einkaufsleiter eines bundesweit arbeitenden Elektrofachgeschäftes bestellt telefonisch bei einem Computerhersteller 5.000 PCs im Wert von 4 Mio. €.

4 Zur Erweiterung der Parkflächen kauft ein Supermarkt ein benachbartes Grundstück. Mit dem Eigentümer, der wenige Wochen später verstirbt, wurde vorab ein schriftlicher Kaufvertrag geschlossen. Die Erben sind zerstritten und wollen das Grundstück nicht mehr verkaufen.

5 Die Neuburger Wohnbau-GmbH verschickt an über 500 Mieter die jährliche Heizkostenabrechnung mit einem pauschalen maschinellen Anschreibeverfahren ohne persönliche Anrede und Unterschrift.

6

Amtsgericht Neuburg
77777 Neuburg

Betr.: Anmeldung eines Vereins

Sehr geehrte Damen und Herren,

als Vorstandsmitglied des Vereins „Neuburger Musikanten e.V.", der in das Vereinsregister eingetragen werden soll, überreichen wir die Satzung und eine Abschrift des Gründungsprotokolls über die Bestellung der Vorstandsmitglieder und melden den Verein unter dem oben bezeichneten Namen zur Eintragung in das Vereinsregister an.

Für den Vorstand

Tobias Schuster

2.4 Nichtigkeit von Rechtsgeschäften

Null und nichtig! Welche Rechtsgeschäfte sind von vornherein ungültig?

SITUATION

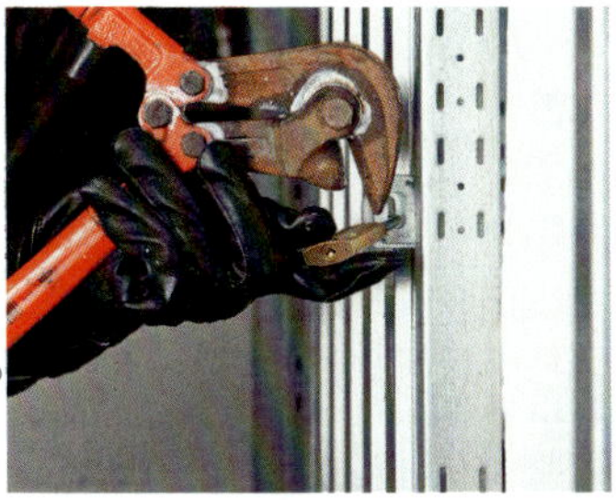

© M. Siegmund – Fotolia.com

Vor vierzehn Tagen wurden bei einem Einbruch auf dem Freigelände des ProDomo Baumarkts Waren und Transportgeräte im Wert von über 100.000 € gestohlen. Unter anderem nahmen die Diebe auch einen Elektrohubwagen mit. Heute Morgen erhielt Geschäftsführer Kolb von der Polizei die Mitteilung, dass die Diebe gefasst wurden und der Kopf der Bande, Ralf Richter, ein umfassendes Geständnis abgelegt hat. Demnach wurde der Hubwagen an die Sanitärgroßhandlung Sanitas in der Nachbarstadt verkauft. Sofort ruft Herr Kolb dort an. Es meldet sich eine Frau Wolf:

Wolf: „Sanitas GmbH, Wolf, guten Tag, was kann ich für Sie tun?"

Kolb: „Guten Tag, mein Name ist Kolb, ich möchte gerne mit Ihrem Geschäftsführer sprechen."

Wolf: „Worum geht es denn, Herr Kolb?"

Kolb: „Das sage ich dann schon Ihrem Chef! Bitte verbinden Sie mich. Es ist dringend!"

Wolf: „Gerne, ich verbinde mit Herrn Ulmer."

Ulmer: „Ulmer, guten Tag Herr Kolb. Wie kann ich Ihnen helfen?"

Kolb: „Ich bin der Geschäftsführer vom ProDomo Baumarkt in Neuburg. Ich glaube, dass Sie einen elektrischen Hubwagen im Einsatz haben, der eigentlich uns gehört."

Ulmer: „Wie kommen Sie denn auf so was, Herr Kollege?"

Kolb: „Ihnen wurde doch vor einer Woche so ein gebrauchter Hubwagen von einem Herrn Richter angeboten und Sie haben ihn auch gekauft."

Ulmer: „Das stimmt, aber wieso wissen Sie das?"

Kolb: „Weil eben dieser Herr Richter unter anderem diesen Hubwagen vor vierzehn Tagen bei uns gestohlen hat!"

Ulmer: „Jetzt erinnere ich mich, da stand was in der Zeitung."

Kolb: „Genau. Herr Richter und seine Kumpane wurden verhaftet und haben alles gestanden. Also wir holen dann morgen den Hubwagen bei Ihnen ab!"

Ulmer: „Moment, Herr Kolb, so geht es aber nicht!"

Kolb: „Doch, doch, bis morgen, auf Wiedersehen."

Herr Kolb rechnet mit Schwierigkeiten, wenn er morgen zur Sanitas GmbH fährt. Daher bittet er Sie die rechtliche Lage zu prüfen. Vor allem sollten Sie klären, ob ein gültiger Kaufvertrag zwischen Herrn Richter und der Sanitas GmbH zustande kam.

Teilen Sie Herrn Kolb das Ergebnis Ihrer Prüfung des Sachverhalts in einer Aktennotiz mit.

INFORMATION

Sind **Rechtsgeschäfte** mit den in der folgenden Tabelle aufgeführten Mängeln behaftet, so sind sie **nichtig**, d.h. von vornherein ungültig.

Nichtigkeitsgründe	Wesen des Rechtsgeschäfts	Beispiele	Gesetzliche Regelungen im BGB
Geschäftsunfähigkeit	Willenserklärungen von Personen vor Vollendung des 7. Lebensjahres.	Ein sechsjähriger Junge kauft eine Spielekonsole.	§ 104 Nr.1 § 105 Abs.1
	Willenserklärungen von Geisteskranken.	Ein Geisteskranker mietet einen PKW an.	§ 104 Nr. 2 § 105 Abs.1
	Willenserklärungen von Personen, die sich im Zustand der Bewusstlosigkeit oder vorübergehenden Störung der Geistestätigkeit befinden.	Eine unter starkem Medikamenteneinfluss stehende Frau schließt ein Zeitschriftenabonnement ab.	§ 105 Abs.2
Scheingeschäft	Einverständnis wird nur zum Schein abgegeben; die mit dem Rechtsgeschäft verbundenen Folgen sollen gar nicht eintreten.	Beim Notar lässt der Käufer eines Hauses anstatt des tatsächlichen Kaufpreises von 750.000 € nur 500.000 € eintragen, um die Grunderwerbsteuer zu mindern.	§ 117
Scherzerklärung	Mangelnde Ernstlichkeit.	Der Filialleiter eines Supermarktes „kündigt" einer unfreundlichen Bedienung, um einen verärgerten Kunden zu besänftigen.	§ 118
Formverstoß	Gesetzlich vorgeschriebene Vertragsform wird nicht eingehalten.	Nur mündlich abgeschlossener Ausbildungsvertrag.	§ 125
Gesetzliches Verbot	Verstoß gegen gesetzliche Verbote.	Preisabsprache mehrerer Hersteller; Handel mit Rauschgift.	§ 134
Sittenwidrigkeit	Verstoß gegen die „guten Sitten", d.h. gegen das Anstandsgefühl aller „billig und gerecht Denkenden".	Verkauf von Diebesgut; auf Bestechung abzielende Handlungen; Eheversprechen eines Verheirateten.	§ 138 Abs. 1
	Wucher Voraussetzungen: › Ausnutzen einer Zwangslage und/oder Unerfahrenheit › mangelndes Urteilsvermögen und/oder Willensschwäche einer Person › ausgesprochenes Missverhältnis zwischen Leistung und Gegenleistung.	Eine vor kurzem angekommene Aussiedlerfamilie nimmt bei einem Kreditvermittler ein Darlehen mit einem Jahreszinssatz von 40%. Werbung in einer Computerzeitung: „Schützen Sie sich vor gefährlichen Strahlen mit unseren Strahlenschutzbändern für nur 69,90 €." Es handelt sich um Pappstreifen, die mit Alufolie umwickelt sind.	§ 138 Abs.2

AKTION

1 Der vierzehnjährige Timo kauft sich für 10 € zwei Horrorfilme, die nur für Erwachsene freigegeben sind. Den Kaufpreis bezahlt er von seinem Taschengeld. Der Vater ist empört.

Begründen Sie, ob er das Geld vom Verkäufer zurückverlangen kann.

2 Begründen Sie, ob die folgenden Rechtsgeschäfte nichtig sind:

a) Ein offensichtlich unter Alkohol stehender Mann kauft eine Designerlederjacke für 2.500,00 €.

b) Der Vermieter eines Luxusappartements teilt seinem Mieter mit, dass er die Monatsmiete um 150 % erhöhen muss.

c) Ein Geschäftsmann hat für sein Büro Schreib- und Büroartikel für 125,00 € gekauft. Er bittet die Kassiererin um Ausstellung einer zusätzlichen Quittung über 250,00 €.

d) Ein siebzehnjähriges Mädchen kauft für eine Party zur Feier ihrer Volljährigkeit zwei Flaschen Wodka.

e) Ein neunzehnjähriger Auszubildender möchte nach einem Streit mit seinem Ausbildungsleiter das Ausbildungsverhältnis beenden und sendet an ihn die folgende SMS: „Kündige zum Monatsende!"

3 Bei einer Razzia der Polizei in einer Diskothek wird ein Drogendealer festgenommen, der an Besucher der Diskothek Ecstasy-Tabletten verkauft hatte. Bei der verhafteten Person entdeckten die Fahnder neben verschiedenen Drogen auch große Mengen Bargeld. Erörtern Sie, ob die Drogenkonsumenten den Kaufpreis für die Tabletten zurückverlangen können. Welche praktischen Probleme treten hierbei auf?

4 Sandra Vollmer, gelernte Erzieherin, will nach zehn Jahren Babypause wieder arbeiten. Da sie sich schon immer für gesunde Ernährung interessiert hat, eröffnet sie ein kleines Lebensmittelgeschäft mit Bio-Produkten. Bald muss sie feststellen, dass ohne ein Angebot an tiefgekühlten Produkten der Umsatz zum Fortbestand des Ladens nicht ausreicht. Daher nimmt sie gerne das Angebot eines im Internet gefundenen Lieferanten an, der ihr eine Kühleinrichtung im Wert von 50.000 € anbietet. Kurz nach der Lieferung stellt sich heraus, dass der Wert der Anlage höchstens ein Drittel des Kaufpreises beträgt.

Klären Sie diesen Sachverhalt und erläutern Sie, ob zwischen Frau Vollmer und dem Lieferanten ein rechtswirksamer Kaufvertrag zustande gekommen ist.

Prüfen Sie die Voraussetzungen des § 138, Abs. 2 BGB.

Beachten Sie dabei, dass die aktuelle Rechtsprechung davon ausgeht, dass ein auffälliges Missverhältnis zwischen Leistung und Gegenleistung besteht, wenn der Wert der Leistung (hier: Kaufpreis) den der Gegenleistung (hier: Lieferung der Kühlgeräte) um mindestens 100 % übersteigt.

2.5 Anfechtbarkeit von Rechtsgeschäften

Irren ist menschlich! Aber wie wirkt sich der Irrtum eines Vertragspartners auf die Gültigkeit abgeschlossener Rechtsgeschäfte aus?

SITUATION

Herr Jürgens bestellt per Fax beim Baumarkt ProDomo 5 Säcke Zement. Am nächsten Tag werden 50 Säcke angeliefert.
Herr Jürgens ist empört und ruft sofort im Baumarkt an. Dort teilt man ihm mit, er habe auf dem Fax aber 50 Säcke bestellt.
Wie sich im Laufe des Gesprächs herausstellt, hat sich Herr Jürgens beim Schreiben des Faxbriefes bei der bestellten Menge vertippt.

1. Muss Herr Jürgens die 50 Säcke abnehmen (§§ 119 I, 121, 142 I BGB)?
2. Wenn der Baumarkt 45 Säcke zurücknehmen muss, wer kommt für dafür anfallende Kosten auf (§ 122 BGB)?
3. Welche weiteren Anfechtungsgründe werden im BGB genannt (§§ 119, 123 BGB)?

INFORMATION

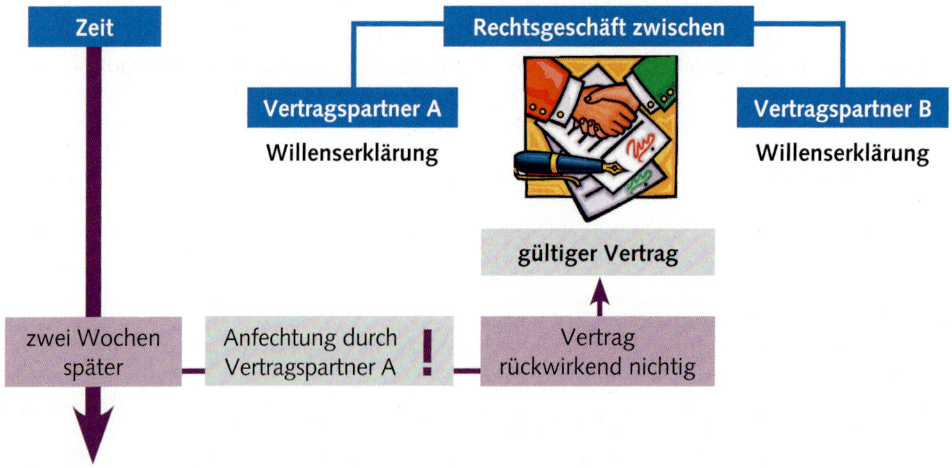

Anfechtbarkeit bedeutet: Ein gültig zustande gekommenes Rechtsgeschäft wird aus im Gesetz genannten Gründen durch Anfechtung **rückwirkend nichtig**, d. h. unwirksam (§ 142 BGB).

Solange es zu keiner Anfechtung kommt, bleibt das Rechtsgeschäft gültig.

Anfechtungsgründe

Das BGB nennt drei Gründe, um ein Rechtsgeschäft anfechten zu können: Irrtum, arglistige Täuschung und widerrechtliche Drohung.

Ein **Irrtum** liegt vor, wenn die **tatsächliche** Erklärung mit der eigentlich **beabsichtigten** Erklärung **nicht** übereinstimmt (§§ 119, 120 BGB). Man unterscheidet:

Erklärungsirrtum →
Was der Erklärende sagt, entspricht nicht dem, was er sagen wollte.

» **Beispiel:** Die Reparaturrechnung für eine Waschmaschine lautet über 19,90 €, obwohl es 199,00 € heißen müsste.

Übermittlungsirrtum →
Eine Erklärung wird von einer beauftragten Person oder Institution falsch übermittelt.

» **Beispiel:** Ein Möbelhaus informiert einen Kunden, dass sein Schlafzimmer in zwei Tagen geliefert wird. In Wirklichkeit handelt es sich um zwei Wochen.

Eigenschaftsirrtum →
Der Erklärende irrt sich über eine wesentliche Eigenschaft einer Person oder einer Sache.

» **Beispiel:**

- Ein Möbelhaus stellt einen Fahrer ein. Es stellt sich später heraus, dass er keinen Führerschein mehr besitzt.
- Ein Antiquitätenhändler verkauft einen Schrank aus der Barockzeit. Nach zwei Wochen stellt sich heraus, dass es sich nur um eine gekonnte Imitation handelt. Weder Verkäufer noch Käufer war dies beim Verkauf bekannt.

Inhaltsirrtum →
Der Erklärende irrt sich über den Sinn und die Bedeutung seiner Erklärung.

» **Beispiel:** Ein Kunde möchte bei einem Mobilfunkanbieter ein Pre-Paid-Handy kaufen, unterschreibt aber einen Zweijahresvertrag.

! **Hinweis:** Kein Anfechtungsgrund wegen Irrtums besteht beim sogenannten Motivirrtum.Wenn z. B. jemand Aktien kauft in der Annahme, dass der Kurs steigt und dies dann nicht der Fall ist, kann er den Kauf der Aktien bei seiner Bank nicht anfechten.

Bei einer **arglistigen Täuschung** werden von einem Vertragspartner bewusst Tatsachen verschwiegen oder falsche Tatsachen behauptet, die der andere Vertragspartner nicht als solche erkennt.

» **Beispiel:** Der Verkäufer eines gebrauchten PKW bietet einem Kunden dieses Auto als unfallfrei an. In Wirklichkeit handelt es sich um einen Unfallwagen. Außerdem unterlässt er es, den Käufer darüber zu informieren, dass die Bremsen am Auto nicht richtig funktionieren.

Eine **widerrechtliche Drohung** hat zum Ziel, dass durch Ausübung psychischen Drucks oder körperlichen Zwangs ein Vertragspartner zur Abgabe einer Willenserklärung gezwungen wird, die er sonst nicht abgegeben hätte.

» **Beispiel:** Ein Buchhalter droht seinem Chef das Finanzamt über Schwarzgeldeinzahlungen im Ausland zu informieren, falls er sein Gehalt nicht um 50 % erhöht.

Anfechtungsfrist

Eine **Anfechtung** ist nur innerhalb der gesetzlich vorgeschriebenen **Anfechtungsfrist** möglich. Bei Irrtum muss sie unverzüglich nach Entdeckung erfolgen (§ 121 BGB). Bei arglistiger Täuschung und widerrechtlicher Drohung muss sie innerhalb Jahresfrist nach Entdeckung bzw. Beendigung der Zwangslage erfolgen (§ 124 BGB). Eine Anfechtung ist nicht mehr möglich, wenn seit der Abgabe der Willenserklärung zehn Jahre vergangen sind.

AKTION

1 Der Inhaber eines bekannten Autohauses verkauft sein Unternehmen an einen Interessenten für 2 Mio. €. Kurze Zeit später stellt der neue Eigentümer fest, dass ihm der Verkäufer verschwiegen hatte, dass ihm bereits vor Vertragsabschluss vom Automobilhersteller im Zuge der Bereinigung des Vertriebsnetzes die Händlerlizenz entzogen wurde. Kann der Käufer sich von dem Vertrag lösen?

2 Frank Reichenberg pachtet langfristig in der Fußgängerzone einer Kleinstadt ein Fachgeschäft für Papier- und Schreibwaren. Als sich nach wenigen Monaten die erhofften Umsätze nicht einstellen, will er den Pachtvertrag mit der Begründung anfechten, dass er sich hinsichtlich der zu erwartenden Geschäftsentwicklung geirrt habe. Beurteilen Sie, ob Herr Reichenberg aus diesem Grund den Pachtvertrag anfechten kann.

3 Der Kunde Stefan Zwick schuldet dem Elektroeinzelhändler Gerhard Sieber noch 1.000 € aus dem Verkauf eines LCD-Plasmafernsehers. Nachdem mehrere Mahnschreiben erfolglos blieben, droht Sieber dem Schuldner mit gerichtlichen Schritten, um seine Forderung einzutreiben. Wie ist die Rechtslage?

4 Die Kinderwelt GmbH mietet auf der Neuburger Gewerbeausstellung 100 m² für einen Ausstellungsstand. Bereits im Vorfeld investiert das Spielwarengeschäft 2.000 € in die Werbung sowie 8.000 € für die Aufbauten. Durch die Teilnahme an der Messe erwartet die Kinderwelt einen zusätzlichen Gewinn in der Größenordnung von 10.000 €. Kurz vor Beginn der Veranstaltung unterrichtet der Organisator die Kinderwelt, dass er wegen Irrtums den Mietvertrag anfechtet und dem Spielwarengeschäft deshalb keine Standfläche auf der Messe zur Verfügung steht. Kann die Kinderwelt GmbH von dem Vermieter Schadenersatz verlangen und gegebenenfalls in welcher Höhe? Lesen Sie hierzu den § 122 BGB.

5 Frau Hambusch hat sich für die Stelle einer Kassiererin im Supermarkt Manz beworben. Herr Manz will sie einstellen und fragt sie nach etwaigen Vorstrafen. Obwohl Frau Hambusch mehrfach wegen Diebstahls vorbestraft ist, verneint sie die Frage. Nach dem Abschluss des Arbeitsvertrages erfährt Herr Manz von den Vorstrafen seiner neuen Kassiererin. – Kann der Arbeitsvertrag von Herrn Manz angefochten werden?

6 Begründen Sie, warum die folgenden Rechtsgeschäfte anfechtbar sind:

a) Einzelhändler Rall wird von einem Vertreter genötigt monatlich bei diesem Waren im Wert von mindestens 2.000,00 € zu bestellen. Tut er dies nicht, will der Handelsvertreter Frau Rall darüber informieren, dass ihr Mann ein Verhältnis mit seiner Verkäuferin Sandra hat.

b) Tobias bestellt bei einer Versandbuchhandlung den neuesten Thriller seines Lieblingsautors. Beim Ausfüllen des Bestellscheins verschreibt er sich bei der Artikelnummer und erhält eine Woche später keinen Thriller, sondern den Reiseführer „Wanderwege an der Weser".

c) Durch Unkenntnis einer Aushilfskraft wird eine echte Perlenkette, die ein Schmuckhändler für 8.000,00 € eingekauft hatte, durch die Aushilfskraft mit 49,00 € ausgezeichnet und zu diesem Preis an eine langjährige Stammkundin verkauft.

d) In der Zentrale der Omnia-Discount Märkte werden auf Grund eines Tippfehlers für Weihnachten statt 17.000 Plastikweihnachtsbäumen 71.000 bestellt.

2.6 Allgemeine Geschäftsbedingungen

Vorsicht Kleingedrucktes! Wie wird der Verbraucher vor unangemessenen Vertragsbestandteilen geschützt?

SITUATION

Herr Kunze ist stolzer Besitzer einer neuen Eigentumswohnung, die in sechs Wochen bezugsfertig ist. Rechtzeitig informiert er sich bei mehreren Einrichtungshäusern über die Anschaffung einer Einbauküche. Letztlich hat ihn die individuelle Beratung der Wohnwelt GmbH überzeugt und er entschließt sich, dort die Küche zu kaufen. Vor Abschluss des Kaufvertrags weist ihn der freundliche Verkäufer noch auf die Allgemeinen Geschäftsbedingungen (AGB) des Möbelhauses hin, die sich auf der Rückseite des Kaufvertrages befinden.

Herr Kunze überfliegt die dort abgedruckten Bestimmungen und erklärt durch seine Unterschrift sein Einverständnis mit diesen ergänzenden Vertragsbestandteilen. Der Verkäufer sichert dem Kunden im Gespräch zu, dass die Küche voraussichtlich in drei Wochen geliefert und installiert wird. Sechs Wochen später – zum Einzugstermin von Herrn Kunze – wurde trotz mehrerer Rückfragen die Küche immer noch nicht geliefert.

Als Herr Kunze der Neuburger Wohnwelt GmbH mit rechtlichen Schritten droht, verweist der zuständige Sachbearbeiter auf folgende Vorschrift in den AGB, die Herr Kunze schließlich schriftlich akzeptiert habe:

> „Eine Überschreitung des vereinbarten Liefertermins um bis zu drei Monate ist bei individuell geplanten und angefertigten Einrichtungsgegenständen wie Einbauküchen und Einbauschränken möglich und berechtigt den Käufer nicht zum Rücktritt vom Kaufvertrag oder sonstigen Schadenersatzansprüchen."

1. Prüfen Sie, ob die AGB der Wohnwelt GmbH Bestandteil des Kaufvertrags mit Herrn Kunze wurden.
2. Muss Herr Kunze die lange Lieferzeit der Einbauküche akzeptieren?
3. Welchen Zweck erfüllen die Bestimmungen zu den Allgemeinen Geschäftsbedingungen in den §§ 305–310 BGB?

■ INFORMATION

Täglich werden in Deutschland unzählige **Rechtsgeschäfte** abgeschlossen. Im Einzelhandel sind dies z. B. viele tausend **Kaufverträge**. Es ist aber nicht möglich für jeden dieser Verträge die Bedingungen zwischen Verkäufer und Käufer immer wieder neu auszuhandeln. Deshalb haben viele Kaufleute **Allgemeine Geschäftsbedingungen (AGB)** formuliert, die dann für **alle Verträge**, die sie abschließen, **gültig** sind. AGB helfen besonders bei komplizierten Verträgen *(Mobilfunkverträge, Versicherungsverträge)* im Falle von Rechtsstreitigkeiten für Klarheit zu sorgen.

Die **gesetzlichen Regelungen** zu den **AGB** sollen denjenigen Vertragspartner, der die AGB eines anderen Vertragspartners akzeptiert, vor Einschränkungen und Benachteiligungen **schützen**.

Allgemeine Geschäftsbedingungen

Vertragspartner A
Verkäufer →

← **Vertragspartner B**
Käufer

Einigung über wesentliche Vertragsbedingungen

Problem: Aus Zeit- und Kostengründen können nicht immer alle Vertragsbestandteile zwischen den Partnern ausgehandelt werden. Daher Formulierung von: **Allgemeinen Geschäftsbedingungen (AGB)**

Merkmale (§ 305 I BGB)	wirtschaftliche Bedeutung	Beispiele für Inhalt
› vorformulierte Vertragsbedingungen („Kleingedrucktes"), › gelten für eine Vielzahl gleichartiger Verträge, › werden vom Verwender (Verkäufer) formuliert.	› Ergänzung und Verdeutlichung von gesetzlichen Regelungen, › Vereinheitlichung von Verträgen, › Verbesserung der Rechtsposition des ausstellenden Vertragspartners.	› Zahlungsbedingungen, › Regelung der Versandkosten, › Regelung von Gewährleistung und Garantie.

■ Voraussetzungen für Allgemeine Geschäftsbedingungen als Vertragsbestandteil

Allgemeine Geschäftsbedingungen werden nur dann mit **Verbrauchern** ein gültiger Bestandteil eines Vertrags, wenn

auf sie ausdrücklich hingewiesen wird,	→	„Wir danken für Ihren Auftrag, den wir aufgrund unserer Allgemeinen Geschäftsbedingungen ausführen werden".
es möglich ist, in zumutbarer Weise Kenntnis davon zu nehmen,	→	Das sogenannte „Kleingedruckte" muss lesbar sein. In einem Geschäft werden sie gut sichtbar ausgehängt.
der Vertragspartner mit ihnen einverstanden ist.	→	Durch die Unterschrift auf einem Kaufvertrag werden sie akzeptiert.

! **Hinweis:** Selbstverständlich wird kein Unternehmen gezwungen Allgemeine Geschäftsbedingungen zu formulieren. Gerade in vielen kleinen Einzelhandelsgeschäften existieren sie nicht. Hier gelten dann die Bestimmungen des BGB, die im Falle von Unklarheiten und Rechtsstreitigkeiten völlig ausreichen.

Allgemeine Regelungen zum Schutz vor Benachteiligung

Bestimmungen in den AGB, die so ungewöhnlich sind, dass der Vertragspartner damit nicht rechnen konnte, sind ungültig (überraschende Klauseln, § 305c BGB).

» **Beispiel:** Eine Klausel, die vorsieht, dass ein Verbraucher mit dem Kauf eines CD-Players zugleich fünf Jahre lang monatlich drei CDs des Verkäufers abnehmen muss, wird nicht Vertragsbestandteil.

Persönliche Vereinbarungen zwischen den Vertragspartnern haben immer den Vorrang vor den AGB (Vorrang der Individualabrede, § 305b BGB).

» **Beispiel:** Den AGB der Wohnwelt GmbH ist zu entnehmen, dass alle Einrichtungsgegenstände an Kunden im Einzugsbereich von 30 km ohne Berechnung von Transportkosten ausgeliefert werden. Vereinbaren die Vertragsparteien im Kaufvertrag, dass die Wohnwelt GmbH dem Kunden die Möbel auch bis zu einer Entfernung von 300 km frei Haus liefert, so hat die persönliche Absprache Vorrang vor den Bestimmungen der AGB.

Bestimmungen in den AGB sind unwirksam, wenn der Vertragspartner entgegen dem Grundsatz von „Treu und Glauben" unangemessen benachteiligt wird (unangemessene Benachteiligung, § 307 BGB).

» **Beispiel:** Herr Müller kauft in dem Uhren- und Schmuckfachgeschäft Bessler eine preislich stark herabgesetzte Herrenarmbanduhr, die bereits nach vier Wochen nicht mehr funktioniert. Eine Reklamation von Herrn Müller wird von Herrn Bessler mit Hinweis auf die AGB zurückgewiesen, weil diese einen Ausschluss aller Gewährleistungsansprüche des Käufers auf preislich reduzierte Ware vorsehen.

! **Hinweis:**

- Was sind „Klauseln"? Klauseln sind Bestandteile in einem Vertrag.
- Was heißt eigentlich „unangemessen"? Dies bedeutet, dass eine Bestimmung wesentlich von einer gesetzlichen Regelung abweicht oder nicht klar und verständlich ist.
- Was bedeutet „Treu und Glauben"? Dies ist ein Rechtsgrundsatz im deutschen Recht und bezeichnet das Verhalten eines ehrlich und anständig handelnden Menschen.

Unwirksame Bestandteile der AGB gegenüber Verbrauchern

Neben den allgemeinen Schutzrechten sind bestimmte **Vertragsklauseln** gegenüber **Verbrauchern** entweder **verboten** und damit **nichtig** (Klauselverbote ohne Wertungsmöglichkeit, § 309 BGB), oder sie sind **zuerst** rechtsgültig und erst nach einer **Überprüfung** des entsprechenden Falles **rechtsunwirksam** (Klauselverbote mit Wertungsmöglichkeit, § 308 BGB). Unter **Wertungsmöglichkeit** versteht man, dass auf dem Klageweg die Ungültigkeit der Klausel festgestellt werden kann. Wird dies nicht getan, dann bleiben die entsprechenden Bestandteile der AGB rechtsgültig.

Beispiele für unwirksame Bestimmungen in den AGB **ohne** Wertungsmöglichkeit:

Auszüge aus den AGB eines Küchenstudios	Unwirksam, weil
„Wir behalten uns Preiserhöhungen bei allen Lieferungen vor."	› Preiserhöhungen innerhalb von vier Monaten nach Vertragsabschluss unzulässig sind (§ 309 Nr. 1 BGB). Erfolgt trotzdem eine Erhöhung während dieser Zeit, muss der Kunde diese nicht bezahlen.
„Mangelhafte Ware kann nur beim Hersteller reklamiert werden."	› der Ausschluss von Ansprüchen bei mangelhafter Ware unter Verweis auf einen Dritten (§ 309 Nr. 8b, BGB) erfolgt. Vertragspartner des Kunden ist aber das Küchenstudio und nicht der Hersteller.
„Gewährleistungsansprüche können nur 6 Monate nach dem Kauf geltend gemacht werden."	› eine unzulässige Verkürzung der gesetzlichen Gewährleistungsfrist vorliegt (§ 309 Nr. 8b, BGB).
„Mängel werden von uns nur beseitigt, wenn der Kaufpreis vollständig bezahlt wurde!"	› der Verkäufer die Beseitigung eines Mangels nicht von der vollständigen Bezahlung des Kaufpreises abhängig machen darf (§ 309 Nr. 8b, BGB).

Beispiele für unwirksame Bestimmungen in den AGB **mit** Wertungsmöglichkeit:

Auszüge aus den AGB eines Küchenstudios	Unwirksam, weil
„Muss die Ware von uns beschafft werden, erfolgt die Lieferung so bald als möglich."	› ein unverbindlicher Liefertermin genannt wurde; ebenso ist die Vereinbarung unangemessen langer Lieferfristen unzulässig (§ 308 Nr. 1, BGB).
„Der Kaufvertrag kommt nach vier Wochen zustande."	› sich der Verkäufer eine unangemessen lange Frist zur Annahme eines Angebots bzw. einer Bestellung vorbehält (§ 308 Nr. 1, BGB).
„Wir behalten es uns vor ohne Nennung eines Grundes vom Vertrag zurückzutreten."	› kein sachlicher Grund für den Rücktritt vom Vertrag vorliegt (§ 308 Nr. 3, BGB).
„Wir behalten uns Änderungen bei der Farbwahl der Arbeitsplatten vor."	› der Verkäufer ohne Zustimmung des Kunden unzumutbar vom Vertragsinhalt abweicht (§ 308 Nr. 4, BGB).

Allgemeine Geschäftsbedingungen bei Online-Shops

Die Zahl der Online-Shops nimmt auch im Einzelhandel ständig zu. Beim Abschluss von Kaufverträgen mit Verbrauchern (B2C-Geschäfte) ist zu beachten, dass es nicht genügt nur auf die **AGB** zu **verweisen**. Vielmehr ist es erforderlich, dass das elektronische Bestellformular mit einem extra **Link** zu den AGB des Shopanbieters versehen ist.

AKTION

Prüfen Sie anhand der Vorschriften des BGB, ob folgende Bestimmungen in den Allgemeinen Geschäftsbedingungen des Einrichtungshauses Wohnwelt GmbH wirksam sind:

1 Vertragsabschluss

Der Käufer ist an die Bestellung (Vertragsangebot) drei Monate gebunden.

Mit Ablauf dieser Frist kommt der Vertrag zustande, wenn der Verkäufer das Vertragsangebot nicht vorher schriftlich abgelehnt hat.

2 Preise

Die Preise sind Festpreise einschließlich Umsatzsteuer und verstehen sich ohne jeden Abzug.

Preiserhöhungen nach Vertragsabschluss für Einrichtungsgegenstände, die noch nicht angeliefert wurden, gehen zu Lasten des Käufers.

3 Änderungsvorbehalt

Serienmäßig hergestellte Möbel werden nach Muster oder Abbildung verkauft.

Es besteht kein Anspruch auf Lieferung der Ausstellungsstücke, es sei denn, dass bei Vertragsabschluss eine anderweitige Verfügung getroffen wurde.

Handelsübliche und zumutbare Farb- und Maserungsabweichungen bei Naturmaterialien (z. B. Holz, Stein, Leder) bleiben vorbehalten.

Ebenso bleiben Abweichungen bei Textilien (Möbel- und Dekorationsstoffen) vorbehalten hinsichtlich auch größerer Abweichungen in der Ausführung gegenüber Stoffmustern, insbesondere im Farbton.

Die angegebenen Maßdaten der zu liefernden Einrichtungsgegenstände sind annähernd. Für Abweichungen übernimmt der Verkäufer keine Garantie.

4 Lieferfrist

Falls der Verkäufer die vereinbarte Lieferfrist nicht einhalten kann, hat der Käufer eine angemessene Nachlieferfrist – beginnend vom Tage des Eingangs der schriftlichen Inverzugsetzung durch den Käufer oder im Fall kalendermäßig bestimmter Lieferfrist mit deren Ablauf – zu gewähren. Liefert der Verkäufer bis zum Ablauf der gesetzten Nachlieferfrist nicht, kann der Käufer vom Vertrag zurücktreten.

4.1 Die gesetzlichen Bestimmungen in Bezug auf Schadenersatz wegen Nichterfüllung bleiben unberührt.

5 Gewährleistung

5.1 Als Gewährleistung kann der Käufer grundsätzlich zunächst nur Nachbesserung verlangen.

5.2 Der Verkäufer kann, statt nachzubessern, eine Ersatzsache liefern.

5.3 Grundsätzlich kann der Käufer mögliche Gewährleistungsansprüche nur gegen den Hersteller der Einrichtungsgegenstände geltend machen.

5.4 Gewährleistungsansprüche verjähren vier Monate nach Übergabe.

3 Kaufvertrag beim Warenverkauf

3.1 Zustandekommen eines Kaufvertrags

Bestellen ohne Angebot — geht das denn?

SITUATION

© Beck

Im Supermarkt Manz steht die Kundin Corinna Lindberg an der Käsetheke.

Erste Verkaufssituation	Zweite Verkaufssituation
Frau Lindberg: „Guten Morgen Sandra, heute bitte 200 g Käseaufschnitt!" Verkäuferin Sandra: „Gerne, Frau Lindberg. Ich schneide wie immer besonders dünne Scheiben!"	Verkäuferin Sandra: „Guten Morgen Frau Lindberg! Heute haben wir jungen Gouda im Angebot. 100 g nur 79 Cent!" Frau Lindberg: „Da nehme ich 200 g. Bitte schneiden Sie dünne Scheiben!"

1. Klären Sie, wie in den beiden Verkaufssituationen der Kaufvertrag zustande gekommen ist.
2. Welche der beiden Verkaufssituationen ist in der Praxis der Regelfall? Erläutern Sie, warum dies so ist.

Abschluss des Kaufvertrags

Für den **Abschluss** von Kaufverträgen gelten die im Kapitel 2 genannten Grundsätze zu Rechtsgeschäften. Insbesondere muss eine **Einigung** zwischen dem **Verkäufer** und **Käufer** durch **zwei übereinstimmende Willenserklärungen** gegeben sein. Die zuerst abgegebene Willenserklärung wird als **Antrag** bezeichnet. Die zweite, zustimmende Willenserklärung, heißt **Annahme**. Mit Annahme eines Antrags ist ein Vertrag rechtswirksam abgeschlossen.

Wenn der **Antrag** zum Abschluss eines Kaufvertrages vom **Verkäufer** ausgeht, wird er in der kaufmännischen Praxis als **Angebot** und die **Annahme** durch den **Käufer** als **Bestellung** bezeichnet. Eine **Bestellung** liegt ebenfalls vor, wenn der Antrag vom Käufer ausgeht. Die **Annahme** durch den **Verkäufer** erfolgt in diesem Fall durch eine **Bestellungsannahme** (Auftragsbestätigung).

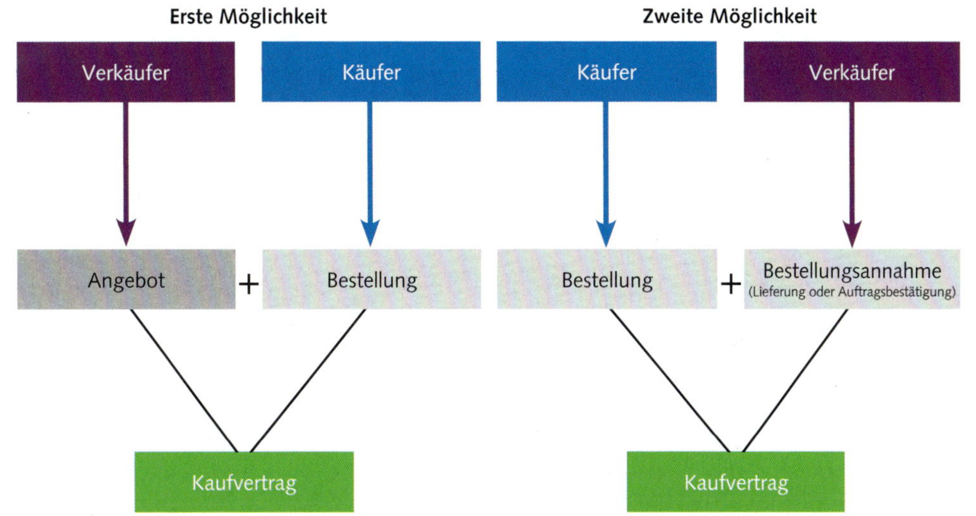

Bedeutung der Willenserklärungen beim Kaufvertrag

Anfrage	→	Sie dient dazu, einen Überblick über das Sortiment bzw. Lieferprogramm eines oder mehrerer Anbieter zu bekommen. Anfragen sind rechtlich immer unverbindlich.
Angebot	→	Rechtlich bindender Antrag eines Verkäufers an einen bestimmten Käufer, eine Ware zu bestimmten Bedingungen zu verkaufen. Der Verkäufer kann die Verbindlichkeit entweder teilweise *(„solange Vorrat reicht")* einschränken oder ganz *(„freibleibend")* ausschließen. Man nennt dies Freizeichnungsklauseln.
Bestellung	→	Bindende Verpflichtung eines Käufers, Ware zu festgelegten Bedingungen zu erwerben.
Bestellungsannahme	→	Bestätigung eines Verkäufers gegenüber einem Käufer, dass er dessen Bestellung erhalten hat.

Keine Angebote im rechtlichen Sinne, sondern sogenannte **Anpreisungen** sind:

- Anzeigen in Zeitungen,
- Kataloge und Preislisten,
- Plakate und Handzettel,
- Anpreisungen in elektronischen Medien (Internet)

} Aufforderung an die Allgemeinheit zur Abgabe eines Antrags (Bestellung).

Anmerkung: Die Warenpräsentation in Regalen, Truhen, Schütten usw., wie sie in Selbstbedienungsgeschäften die Regel ist, stellt rechtlich ebenfalls nur eine Aufforderung zur Abgabe eines Antrags dar. Folglich macht erst der Kunde, indem er z. B. seine Ware an einer Kasse auf das Band legt, einen Antrag.

Kaufverträge können auf viele Arten zustande kommen:

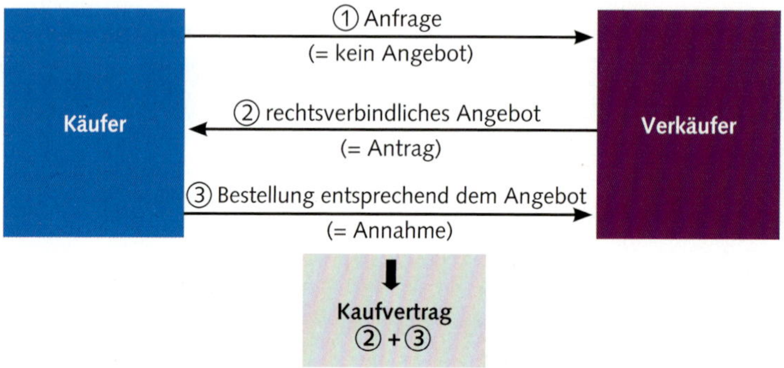

Abb. 1

Beispiel: Die Auszubildende Stefanie Müller benötigt einen PC mit Flachbildschirm, Drucker und Standardsoftware. Da sie dafür höchstens nur 1.000 € ausgeben möchte, nimmt sie über das Internet Kontakt mit der Multi-Vision GmbH (Anfrage) auf und bittet um ein konkretes und schriftliches Angebot. Das Unternehmen sendet Stefanie daraufhin unverzüglich ein Angebotsschreiben mit genauen Artikelbezeichnungen, Leistungs- und Preisangaben zu den einzelnen Geräten im Rahmen ihrer Preisvorstellungen (Antrag). Bestellt Stefanie Müller entsprechend den Angaben der Multi-Vision GmbH (Annahme), kommt ein Kaufvertrag zustande (Abb. 1).

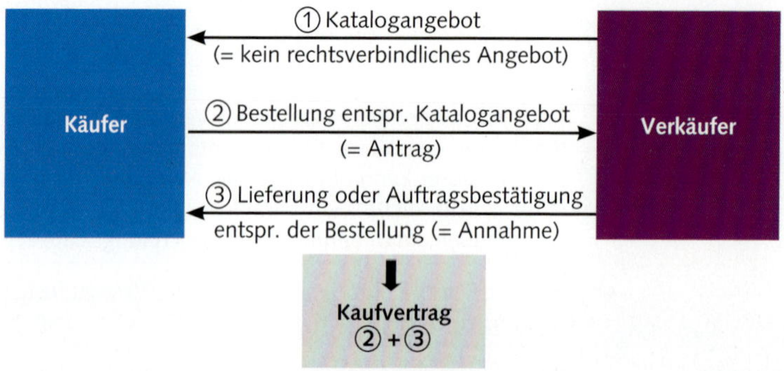

Abb. 2

Beispiel: Bestellt Stefanie Müller den PC auf der Grundlage eines Katalogs der Multi-Vision GmbH (Bestellung), so kommt erst durch die Auftragsbestätigung oder Lieferung der Multi-Vision GmbH (Annahme) ein Kaufvertrag zustande, weil die Katalogangaben sich an die Allgemeinheit richten (Abb. 2).

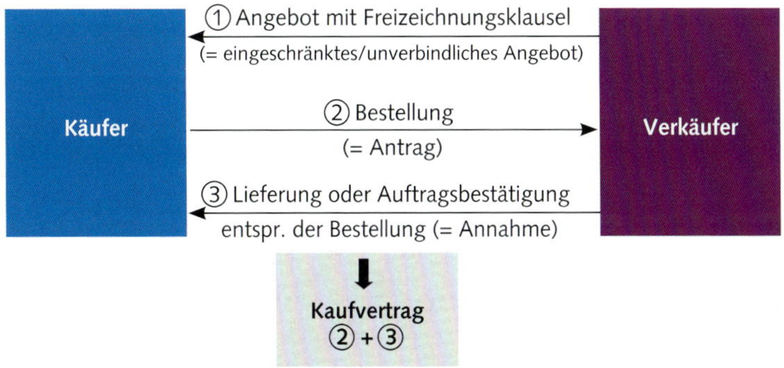

Abb. 3

Beispiel: Die Multi-Vision GmbH bietet Stefanie den PC einschließlich Monitor, Drucker, Software zu einem Setpreis von 990,00 € an, allerdings mit dem Zusatz „... bieten wir Ihnen unverbindlich an: ...". Dadurch schließt der Anbieter jegliche Bindung an sein Angebot aus. Bestellt Stefanie (Antrag) entsprechend den Angebotsbedingungen, so kommt erst durch die Lieferung oder eine Auftragsbestätigung der Multi-Vision GmbH (Annahme) der Kaufvertrag zustande (Abb. 3).

AKTION

1 Wie kommt in den folgenden Fällen der Kaufvertrag zustande?

a) Frau Lohmann lässt sich im Textil-Markt mehrere Blusen vorlegen. Nach langem Überlegen entscheidet sie sich für eine weiße Seidenbluse von Mondi mit den Worten: „So was habe ich schon lange gesucht, die nehme ich!"

b) Frank bestellt im Online-Shop der Firma Compex Farbpatronen sowie CD-Rohlinge zu einem Preis von 125,00 €. Er erhält die Ware schon einen Tag später mit DHL.

c) Das Versandhaus Pro-Arte inseriert im Magazin Frau und Haus: „Noch heute bestellen! Nur solange Vorrat reicht!"

2 Herr Polt, Sportwart des Neuburger Alpenvereins, bestellt für Mitglieder aus dem aktuellen Katalog der Alpin-Sports AG 20 Trekking-Rucksäcke, Artikel-Nr. 58679, zum Listenpreis von 48,50 €. In ihrem Antwortschreiben bedankt sich die Alpin-Sports AG für die Bestellung und drückt ihr Bedauern aus, dass es sich bei dem gewünschten Artikel um ein Auslaufmodell handle, das nicht mehr lieferbar sei. Gleichzeitig bietet der Rucksackhersteller Herrn Polt das verbesserte Nachfolgemodell zu einem geringfügig höheren Preis von 49,95 € an. Herr Polt bestellt daraufhin die angebotenen Rucksäcke, allerdings zum ursprünglich vorgesehenen Preis von 48,50 € je Stück. Beurteilen Sie die Rechtslage.

3.2 Verpflichtungs- und Erfüllungsgeschäft am Beispiel des Kaufvertrags

Wer Rechte hat, der hat auch Pflichten!

SITUATION

Carolin Hildenbrandt schließt mit dem Einrichtungshaus Wohnwelt GmbH folgenden Kaufvertrag:

<table>
<tr><th colspan="5">WOHNWELT GMBH NEUBURG</th></tr>
<tr><td colspan="2">Kaufvertrag und Auftragsbestätigung</td><td>Nr. 22456</td><td colspan="2">Auftragsdatum 25-05-20..</td></tr>
<tr><td colspan="2">Name Hildenbrandt, Carolin</td><td colspan="3"></td></tr>
<tr><td colspan="2">Straße Einsteinstraße 17</td><td colspan="3">Lieferanschrift wie Besteller</td></tr>
<tr><td>PLZ 77777</td><td>Ort Neuburg</td><td colspan="3">Lieferung nach Fertigstellung ca. Mitte Juli</td></tr>
<tr><td colspan="5">Tel. 07654 2345
Ich/Wir bestelle/n zu den umseitig genannten Verkaufs- und Lieferbedingungen:</td></tr>
<tr><td>Artikel-Nr.
07342</td><td>Menge
1</td><td>Modell
La Fleur</td><td>Gegenstand
Frisiertisch mit Spiegel Esche natur</td><td>Preis
799,– Euro</td></tr>
<tr><td colspan="2">Zahlung bar ☐</td><td colspan="3">bei Warenerhalt bar ☒ Scheck ☐</td></tr>
<tr><td colspan="2">Besteller Carolin Hildenbrandt</td><td colspan="2">Berater Hofmeister</td><td></td></tr>
<tr><td colspan="5">WOHNEN IN SEINER SCHÖNSTEN FORM</td></tr>
</table>

1. Welche Pflichten gehen die Vertragspartner durch den Abschluss des Kaufvertrags ein (Verpflichtungsgeschäft)?
2. Welche konkreten Handlungen nehmen das Möbelhaus als Verkäufer und Frau Hildenbrandt als Käuferin vor, um den Verpflichtungen aus dem Kaufvertrag nachzukommen (Erfüllungsgeschäft)?
3. Bei dem Kaufgegenstand handelt es sich um ein Ausstellungsstück, dessen Produktion vom Hersteller eingestellt wurde. Der Berater von Frau Hildenbrandt unterlässt es, seine Kollegen vom Verkauf des Möbelstücks zu informieren mit der Folge, dass ein anderer Mitarbeiter den gleichen Frisiertisch kurze Zeit später an einen anderen interessierten Kunden veräußert.
   a) Welcher Vertrag ist gültig?
   b) Welche Probleme ergeben sich in Bezug auf das Erfüllungsgeschäft?

INFORMATION

Rechte und Pflichten der Kaufvertragspartner

Durch den Abschluss eines Kaufvertrages verpflichten sich Käufer und Verkäufer, die eingegangenen Verpflichtungen ordnungsgemäß zu erfüllen. Ein Kaufvertrag besteht somit aus **zwei** Rechtsgeschäften: **Verpflichtungsgeschäft** und **Erfüllungsgeschäft**.

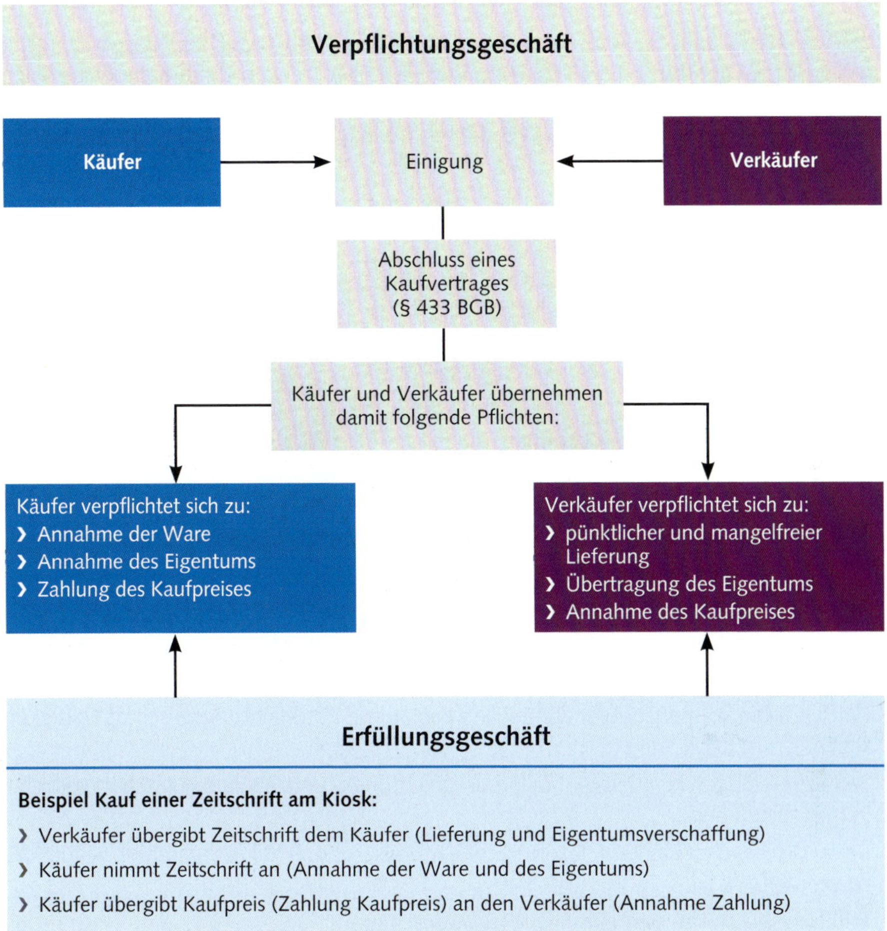

Verpflichtungs- und **Erfüllungsgeschäft** sind voneinander **unabhängige Rechtsgeschäfte**. In vielen Fällen folgen sie zeitlich unmittelbar aufeinander *(Warenkauf in Geschäft)*, aber es können auch erhebliche Zeiträume zwischen Verpflichtung und Erfüllung bestehen *(Kauf eines Sportwagens mit zwei Jahren Lieferzeit)*.

Widerrufsrecht bei Verbraucherverträgen

Im Rahmen des ambulanten Handels sind die Vorschriften des § 312 BGB bei sogenannten **Haustürgeschäften** zu beachten. Dabei handelt es sich um den Abschluss von Kaufverträgen am Arbeitsplatz, im Bereich der Privatwohnung sowie im Rahmen von Freizeitveranstaltungen (Kaffeefahrt), auf Märkten oder in öffentlichen Verkehrsmitteln. Da aufgrund des Überraschungsmoments und der kurzen Überlegungsfrist eine mögliche Benachteiligung des Kunden erwartet werden kann, hat der Gesetzgeber für diese Fälle ein Widerrufsrecht vorgesehen. Dieses Recht muss innerhalb von zwei Wochen in Textform der erworbenen Sache wahrgenommen werden (§ 355 BGB).

AKTION

1 Ilse Sander bestellt am 18. April beim Versandhaus Lutz GmbH ein Damenfahrrad. Nach einer Woche wird das Fahrrad bei Frau Sander angeliefert. Der Transportunternehmer lässt sich den Empfang des Fahrrads bestätigen und übergibt Frau Sander die Rechnung über den vereinbarten Kaufpreis in Höhe von 790,00 €, die von der Bestellerin fristgerecht am 29. April durch Überweisung beglichen wird.

Bestimmen und erläutern Sie auf der Grundlage des vorgegebenen Sachverhalts den Unterschied zwischen Verpflichtungs- und Erfüllungsgeschäft.

2 Bei Flugreisen kommt es gelegentlich vor, dass Flüge überbucht sind, d.h., die Fluggesellschaft hat vorab mehr Tickets für einen Flug verkauft, als Sitzplätze vorhanden sind. Damit möchte die Fluggesellschaft kurzfristige Rücktritte von Passagieren auffangen.

Welche rechtlichen Probleme können durch diese Geschäftspraktik auf die Fluggesellschaft zukommen?

© cheekylorns – Fotolia.com

3 Entscheiden Sie, welche der folgenden Aussagen zum Verpflichtungs- bzw. Erfüllungsgeschäft falsch sind:

a) Verpflichtungsgeschäfte müssen stets schriftlich abgeschlossen werden.

b) Beim Verpflichtungsgeschäft werden die Rechte und Pflichten der Vertragspartner vereinbart.

c) Kaufverträge können in Ausnahmefällen auch ohne Verpflichtungsgeschäft Gültigkeit besitzen.

d) Beim zweiseitigen Handelskauf fallen Verpflichtungs- und Erfüllungsgeschäft zeitlich nicht immer zusammen.

e) Beim Verbrauchsgüterkauf fallen Verpflichtungs- und Erfüllungsgeschäft zeitlich immer zusammen.

f) Erfüllungsgeschäfte sind einseitige Rechtsgeschäfte.

4 Eine Kundin kauft in der Boutique LaModa einen Hosenanzug zu 399,00 €. Sie bezahlt bar und nimmt ihn mit.

Erläutern Sie die drei Rechtsgeschäfte, die bei diesem Kauf stattgefunden haben.

© Minerva Studio – Fotolia.com

4 Besitz und Eigentum

Mein Haus, mein Auto, mein Boot! Gehört rechtlich eine Sache immer demjenigen, der sie gerade besitzt?

SITUATION

Alltag im Lebensmitteleinzelhandel: Armin Klein schiebt seinen Einkaufswagen durch den Supermarkt Manz KG und überlegt sich, welche Lebensmittel er noch einkaufen muss. Beim Gang durch die Regalreihen entdeckt er auch ein Sonderangebot eines bekannten Champagnerherstellers, von dem er zwei Flaschen für besondere Anlässe in seinen Wagen legt. An der Kasse legt er die Waren auf das Band. Die Kassiererin erfasst die Artikel und Herr Klein packt die bereits registrierten Produkte in seine Einkaufstasche. Schließlich nennt die Verkäuferin dem Kunden noch den zu zahlenden Gesamtbetrag, den Herr Klein bar entrichtet.

1. Entscheiden Sie in den folgenden Fällen, wer Eigentümer und wer Besitzer ist (§§ 854, 929 BGB):

   Fall 1: Die Waren befinden sich noch im Regal des Supermarktes Manz KG.

   Fall 2: Die gewünschten Artikel liegen im Einkaufswagen von Herrn Klein.

   Fall 3: Herr Klein bezahlt die Waren an der Kasse und packt sie in seine Einkaufstasche.
2. Der von Herrn Klein erworbene Champagner wurde seitens des Herstellers unter Eigentumsvorbehalt (§ 455 BGB) geliefert und von der Manz KG noch nicht bezahlt. Wurde Herr Klein dennoch Eigentümer des Champagners (§ 932 BGB)?
3. Wie wäre der Sachverhalt 2 zu beurteilen, wenn der Champagner von einer gestohlenen Lastwagenlieferung stammte (§ 935 BGB)?

INFORMATION

Rechtliche Unterschiede zwischen Besitz und Eigentum

Wer etwas kaufen oder verkaufen möchte, muss dazu auch berechtigt sein. Deshalb unterscheidet man im Kaufvertragsrecht zwischen **Besitz** und **Eigentum**. Nur der Eigentümer einer Sache kann über sie verfügen und sie z. B. verkaufen, vermieten, verschenken oder auch vernichten (In der Umgangssprache sagt man: „Er hat das Recht dazu!“).

Der **Eigentümer** hat somit die **rechtliche Herrschaft** über eine Sache (§ 903 BGB). Sie gehört ihm. In den meisten Fällen ist der Eigentümer einer Sache auch ihr Besitzer. **Besitzer** heißt, dass man die Sache „hat", d.h. man übt die **tatsächliche Herrschaft** darüber aus. Es ist auch möglich, dass der Eigentümer nicht Besitzer ist, weil er die Sache einer anderen Person überlassen hat. Er bleibt aber Eigentümer. Die andere Person ist dann als Nutzer der Sache Besitzer ohne Eigentümer zu sein.

» **Beispiel:** Jens Martinen aus Konstanz ist stolzer Eigentümer einer Segelyacht. Fast jedes Wochenende nutzt er zu einem Segeltörn auf dem Bodensee. Er ist sowohl Besitzer als auch Eigentümer des Schiffes. Vermietet er es nun für eine Woche an seinen Arbeitskollegen Peter Petersen, so bleibt Herr Martinen Eigentümer und Herr Petersen wird Besitzer, da er das Boot tatsächlich hat und nutzt.

Eigentumsübertragung an beweglichen Sachen

An **beweglichen** Sachen erfolgt die **Eigentumsübertragung** in zwei Schritten.

Erster Schritt: Verkäufer und Käufer sind sich beide einig, dass das Eigentum übergehen soll (zwei übereinstimmende Willenserklärungen).

Zweiter Schritt: Übergabe der Ware an den Käufer.

Der Erwerb des Eigentums ist unabhängig davon, ob die Ware zum Zeitpunkt der Übergabe bereits bezahlt ist oder nicht.

» **Beispiel:** Herbert Frey stößt bei seinem Einkaufsbummel durch die Innenstadt bei einem Antiquitätenhändler auf ein interessantes Möbelstück aus der Biedermeierzeit. Nach kurzen Verhandlungen einigt er sich preislich mit dem Händler Baumann und erwirbt das attraktive Mobiliar. Da Herr Frey mit öffentlichen Verkehrsmitteln angereist war, will er den Kaufgegenstand erst am nächsten Tag abholen. Antiquitätenhändler Baumann ist weiterhin Besitzer (weil das Möbelstück in seinem Geschäft steht), aber auch weiterhin Eigentümer, weil die Sache noch nicht übergeben wurde.

Mit dem Abschluss des Kaufvertrages hat sich Herr Baumann aber verpflichtet, seine Verpflichtungen zu erfüllen, d.h. den Kaufgegenstand an den Käufer zu übergeben. Wenn Herr Frey am nächsten Tag das bezahlte Möbelstück abholt, geht es in seinen Besitz und sein Eigentum über.

Für den Fall, dass sich die Ware bereits beim Kunden befindet, genügt zur Eigentumsübertragung die Einigung. Eine Übergabe ist ja nicht möglich (§ 929 BGB). Im Einzelhandel kommen solche Fälle immer wieder vor.

Beispiel: Eine Mutter nimmt in einem Kinderfachgeschäft mehrere Kleidungsstücke für ihre zweijährige Tochter zur Ansicht mit. Die passenden Artikel behält und bezahlt sie, den Rest bringt sie zurück.

Gutgläubiger Eigentumserwerb

Wenn der **Käufer** eines Gegenstandes den **Verkäufer** für den **rechtmäßigen** Eigentümer hält (er ist dann „im guten Glauben"), wird er auch dann **Eigentümer**, wenn dieser **Gegenstand** dem **Verkäufer** gar **nicht** gehört (§ 932 BGB). Diese auf den ersten Blick befremdliche Regelung erleichtert aber in der Praxis erheblich den Abschluss von Verträgen. Dank dieser Rechtsvorschrift im BGB muss man als Käufer nicht jedes Mal prüfen, ob der Verkäufer über die Sache, die man erwerben möchte, auch die rechtliche Verfügungsgewalt (Eigentum) hat.

Der **Käufer** ist allerdings dann **nicht** im guten Glauben, wenn ihm bekannt oder infolge grober Fahrlässigkeit unbekannt ist, dass die Sache dem Verkäufer nicht gehört. In diesem Fall wird kein Eigentum erworben.

Beispiel: Sandra hat ihre Ausbildung im Einzelhandel erfolgreich abgeschlossen und möchte ihre Schulbücher, die sie von der Schule geliehen hat, an Jana, ihre Kollegin im ersten Ausbildungsjahr, verkaufen. Jana wird nicht Eigentümerin, denn anhand des Schulstempels in den Büchern sieht sie, dass Sandra nicht die Eigentümerin ist.

Ein **gutgläubiger Eigentumserwerb** ist an **gestohlenen** Gegenständen **nicht** möglich. Wer über gestohlene Gegenstände verfügt, ist immer nur Besitzer und nie Eigentümer.

Eigentumsvorbehalt

Nicht nur im Einzelhandel ist es weit verbreitete Geschäftspraxis, Waren unter Einräumung eines Zahlungsziels zu liefern. Um sicherzustellen, dass der Kunde auch den Kaufpreis entrichtet, wird häufig ein Eigentumsvorbehalt wie unter Punkt 4 der folgenden Geschäftsbedingungen eines Einrichtungshauses vereinbart:

Beispiel: Auszug aus den Geschäftsbedingungen der Wohnwelt GmbH

...

1. Zahlbar ohne jeden Abzug.
2. Bei mangelhafter Lieferung hat der Käufer die Rechte nach dem BGB; Herabsetzung des Kaufpreises kann jedoch nicht verlangt werden.
3. Soweit Ware wegen Produktionseinstellung oder Produktionsänderung durch Deckungskauf nicht mehr beschaffbar ist, können wir innerhalb einer Frist von drei Wochen ab Datum Kaufbestätigung/Rechnung zurücktreten.
4. Die Ware bleibt bis zur vollständigen Bezahlung unser Eigentum.

...

Durch den Eigentumsvorbehalt (§ 449 BGB) wird der **Käufer** nur **Besitzer** der Sache und der **Verkäufer bleibt Eigentümer**, bis der Kaufpreis vollständig bezahlt wurde. Falls der Kunde nicht bezahlt, hat der Veräußerer jederzeit das Recht auf Herausgabe der Ware.

Erlöschen des Eigentumsvorbehalts	
Gründe	**Beispiele**
› Weiterveräußerung an einen gutgläubigen Dritten (§ 932 BGB)	Wenn der gesetzliche Vertreter vor Abschluss des Rechtsgeschäfts seine Zustimmung erteilt (Einwilligung), dann ist das Rechtsgeschäft sofort voll wirksam (§ 107 BGB).
› Verarbeitung (§ 950 BGB)	Die für einen Kindergarten von Bastel-Mayer gelieferten Rundhölzer sind bereits für Spiele in den Gruppen zersägt und bemalt worden.
› Verbrauch	Familie Ulrich hat das von der Brennstoff-GmbH gelieferte Heizöl bereits verfeuert.
› Zerstörung	Körbers neuer Fernseher (Ratenkauf) fällt beim Umräumen aus der Schrankwand.
› Feste Verbindung mit einer unbeweglichen Sache (§ 946 BGB)	Heimwerker Pantini hat die vom Hornberg-Baumarkt bezogenen Fliesen in seiner neuen Heimsauna verlegt.

AKTION

1 Simone Bruderek kauft auf dem Flohmarkt eine auffallend schöne Taschenuhr. Der Händler betont, dass er die Uhr aus einem Nachlass erworben habe. Später stellt sich heraus, dass die Uhr bei einem Einbruch gestohlen wurde.

Wie ist die Rechtslage?

2 Konstruieren Sie selbst einen Fall, mit dem Sie einem Laien den „gutgläubigen Eigentumserwerb“ erklären können.

3 Der Heimwerker Ferdinand Wagner benötigt für einen Anbau seines Hauses Baumaterial (Ziegelsteine, Zement, Sand) und Handwerkszeug (Kelle, Kübel, Eimer, Wasserwaage). Beides kauft er bei der All-Bau GmbH & Co. Das Werkzeug bezahlt Herr Wagner bar und nimmt es sofort mit, die Baustoffe werden auf Rechnung erworben und am nächsten Tag angeliefert. In den Allgemeinen Geschäftsbedingungen (AGB) der All-Bau GmbH & Co. ist vermerkt, dass der Baufachmarkt bis zur vollständigen Bezahlung Eigentümer der Ware bleibt.

© eccolo – Fotolia.com

a) Entscheiden und begründen Sie, wer nach dem Einkauf von Ferdinand Wagner Eigentümer bzw. Besitzer des Werkzeugs und der Baustoffe ist.

b) Ändern sich die Eigentums- oder Besitzverhältnisse, wenn die Baustoffe bei Herrn Wagner angeliefert und auf seinem Grundstück abgeladen werden?

c) Warum eignet sich der in den AGB vereinbarte Eigentumsvorbehalt nicht zur Absicherung von Kaufpreisforderungen beim Verkauf von Baumaterialien?

4 Beurteilen Sie, ob die folgenden Aussagen richtig oder falsch sind:

a) Eigentumsvorbehalt bedeutet, dass ein Käufer erst Besitzer der von ihm erworbenen Ware wird, wenn er sie vollständig bezahlt hat.

b) Einzelhändler Müller kauft bei seinem Lieferanten Schmidt Ware, die dieser unter Eigentumsvorbehalt liefert. Müller verkauft die noch nicht bezahlte Ware an seinen Kunden Maier. Da Einzelhändler Müller nicht bezahlt, fordert Lieferant Schmidt die Ware vom Kunden Maier zurück.

c) Wenn ein Käufer mehr als die Hälfte des Kaufpreises bezahlt hat, erlischt ein Eigentumsvorbehalt.

d) Ein Eigentumsvorbehalt erlischt durch die vollständige Zahlung des Kaufpreises.

5 Lesen Sie nochmals die Aufgabe zur Situation „Nichtigkeit von Rechtsgeschäften" auf Seite 165. Wie beurteilen Sie jetzt den Fall?

5 Servicebereich Kasse

5.1 Anforderungen beim Kassieren

Die Kasse — mehr als nur Geldverkehr!

SITUATION

Janina arbeitet seit kurzem an einer Supermarktkasse. Heute trifft sie sich an ihrem freien Tag mit ihrer besten Freundin Simone.

Simone: „Na Janina, du hast ja wirklich einen schlauen Job bekommen. Du sitzt bequem, ziehst Ware über einen Scanner, musst auch nichts rechnen, denn die Kasse gibt dir auch noch das Rückgeld an."

Janina: „Da täuschst du dich aber, ich bin abends ganz schön erledigt. Ich habe mir das auch einfacher vorgestellt!"

Welche der Anforderungen an eine Kassierkraft führen zu physischen und psychischen Belastungen? Zeichnen Sie dazu eine Mindmap.

INFORMATION

Um ein reibungsloses Kassieren zu gewährleisten, sind eine Reihe von **Anforderungen** vom Kassenpersonal zu erfüllen, wie sie in der umseitigen Abbildung dargestellt sind.

Für alle Betriebsformen des Handels gilt:

Der Kassenbereich ist ein „Aushängeschild" des Geschäfts. Nach dem Kassiervorgang verlässt der Kunde i. d. R. das Geschäft. Es hängt entscheidend vom Verhalten des Kassenpersonals ab, ob es beim Kunden zu einer **positiven Nachwirkung** kommt, denn man sollte immer daran denken: **Nach dem Kauf ist vor dem Kauf!**

Anforderungsprofil an eine Kassierkraft

© METRO Group, Düsseldorf

Möglichkeiten zur Kassierung des Kaufpreises

Beim **Kassieren** des Kaufpreises gibt es grundsätzlich **drei** Möglichkeiten:

Einzelkassierung	Das Kassieren ist eine Aufgabe des Verkaufspersonals. Es nimmt die Zahlung entgegen und schreibt den Kunden eine Quittung aus oder überreicht ihnen den von der Kasse ausgeworfenen Kassenbon. Diese Kassierform findet sich häufig noch in kleinen und mittleren Geschäften.
Sammelkassierung	Hier wickeln mehrere Abteilungen oder Bereiche ihre Einnahmen über eine Kasse ab. Man findet diese häufig in großen Fachgeschäften und in den einzelnen Abteilungen der Waren- und Kaufhäuser. Das Verkaufspersonal nimmt in diesen Fällen keine Zahlungen an, begleitet aber den Kunden wenn möglich zur Sammelkasse.
Zentralkassierung	In Betriebsformen mit Selbstbedienung wird – meist an mehreren Kassen – zentral kassiert. Der Kunde bringt die Ware selbst dorthin und bezahlt. Das Inkasso nehmen speziell für diesen Zweck eingesetzte Kassierkräfte vor.

Kassieren in Selbstbedienungssystemen der Großbetriebe

© METRO Group, Düsseldorf

In den **Großbetriebsformen** des Handels *(Fachmarkt, Verbrauchermarkt, Discounter)* kommen Groß-Kassenanlagen zum Einsatz, die ausschließlich dem Kassiervorgang dienen.

Für das **Kassierpersonal** bedeutet dies vor allem ein schnelles und zügiges Arbeiten, damit lange und für die Kunden ärgerliche Wartezeiten an den Kassen vermieden werden.

Kassieren in mittleren und kleineren Betrieben

Bei mittleren und kleineren Einzelhandelsgeschäften übernimmt die **Kasse** meist mehrere **Funktionen**. So ist sie nicht nur **Kassierplatz,** sondern oft auch der **Ort,** an dem die Waren **verpackt** werden. Die **Kasse** dient außerdem als **Informationspunkt** für Kundenfragen und ist in vielen Fällen auch der Anlaufpunkt für **Beschwerden und Reklamationen**.

© Beck

Arbeitsrisiken an der Kasse

Besonders in Selbstbedienungsläden ist das **Kassenpersonal** einer Reihe von körperlichen und seelischen **Belastungen** ausgesetzt. Die Arbeitsabläufe liegen fest und zeichnen sich durch ständige Wiederholung aus. Dazu wird das Arbeitstempo entscheidend durch die Länge der Warteschlange sowie das Verhalten der Kunden und Kundinnen vorgegeben.

© Robert Kneschke – stock.adobe.com

Körperliche Risiken

Mediziner haben festgestellt, dass Kassenpersonal besonders häufig über Schmerzen in den Armen, im Rücken oder in den Händen klagt. Immer gleiche Bewegungen können auf Dauer zu **Haltungsproblemen** und **Verschleißerkrankungen** führen.

Deshalb sind **ergonomisch** gestaltete **Kassenarbeitsplätze** von besonderer Bedeutung.

Arbeitsfläche und Stuhl müssenw aufeinander abgestimmt, die Stühle müssen körpergerecht gestaltet sein und ein ermüdungsfreies und entspanntes Sitzen ermöglichen; außerdem ist auf eine ausreichende Beinfreiheit zu achten. Mehrseitenscanner erleichtern die Arbeit, da man die Artikel nicht nach dem Strichcode ausrichten muss.

Seelische Risiken

Neben den körperlichen Belastungen kann das Kassenpersonal in erheblichem Maß **psychischen Belastungen** ausgesetzt sein. So herrscht in Stoßzeiten ein enormer **Zeitdruck**. Zeitverzögerungen können eintreten, wenn z. B. Kunden Probleme bei der Geldübergabe haben oder zu langsam einpacken. Dadurch wird eine zügige Abfertigung blockiert und die Kassierkräfte sind häufig den Aggressionen der Kunden ausgeliefert und müssen aber auch in solchen Situationen ruhig und freundlich bleiben.

AKTION

1 Zeigen Sie an zwei Merkmalen den Unterschied zwischen Einzel- und Zentralkassierung.

2 Welche zusätzlichen Funktionen übernehmen Kassen häufig in kleineren Betrieben und wie wirkt sich dies auf das Kassenpersonal aus?

Listen Sie die Funktionen auf.

3 Nennen Sie typische Risiken, denen Kassierkräfte insbesondere in Selbstbedienungsgeschäften ausgesetzt sind.

4 Entwerfen Sie für Ihr Unternehmen ein Infoblatt zum Thema: „So halten Sie sich an der Kasse gesund!" Die folgenden Begriffe helfen Ihnen bei der Formulierung:

Kassenstuhl – Warenbewegung – Körperhaltung – Arbeitspausen – Positives Denken.

Informieren Sie sich zusätzlich bei Institutionen, die Ihnen zur Lösung dieser Aufgabe entsprechende Auskünfte geben können. Nutzen Sie auch das Internet.

5 Nennen Sie fünf Stichworte, wie man in einem SB-Geschäft als Kassierkraft bei den Kunden einen nachhaltig positiven Eindruck erzeugt.

5.2 Kassensysteme

„Was kostet denn der Malkasten?"
Fehlende Preise – Ärger programmiert!

SITUATION

Bei Omnia-Discount am Gründonnerstag: Alle Kassen geöffnet und trotzdem Schlangen ohne Ende. Endlich ist Frau Müller mit ihrem völlig überladenen Einkaufswagen und zwei nervenden Kindern am Check-out bei Aynur angelangt. Frau Müller legt ihre Ostereinkäufe auf das Band, ist beinahe schon fertig, da fehlt beim Malkasten für den Kleinsten das Preisetikett.

Frau Müller: „Am Regal ist ein Schild, da steht 3,99 € drauf".

Aynur: „Das kann ich leider so nicht eingeben, da muss ich erst die Kollegin in der Schreibwarenabteilung anrufen, dass sie mir die Artikelnummer durchgibt."

Frau Müller: „Glauben Sie vielleicht, ich will euch betrügen?"

Nach drei Minuten hat Aynur endlich die Artikelnummer in Erfahrung bringen können und Frau Müller verlässt wütend und mit noch mehr nervenden Kindern den Markt.

1. Warum konnte Aynur nicht einfach den Preis für den Malkasten eintippen?
2. Wie können solche Situationen verhindert werden?
3. Beschreiben Sie, wie Sie in Ihrem Ausbildungsbetrieb Verkaufsdaten erfassen. Vergleichen Sie mit Ihren Mitschülerinnen und Mitschülern.

INFORMATION

Im Einzelhandel ist, trotz der immer weiter vordringenden Computerisierung durch **Warenwirtschaftssysteme**, noch eine Vielzahl von unterschiedlichen **Kassensystemen** im Einsatz.

Diese reichen bei kleinen Geschäften von der einfachen **Kassenschublade** mit Taschenrechner über mechanische, elektrische und elektronische **Registrierkassen** bis zu **Datenkassen**, die an ein Rechnersystem angeschlossen sind und eine Vielzahl von Analysen und Auswertungen für den Einzelhändler ermöglichen.

Warenwirtschaft – Warenwirtschaftssystem – Kassen

Unter Warenwirtschaft versteht der Einzelhändler alle Tätigkeiten, die mit der Beschaffung, der Lagerung und dem Verkauf der Waren verbunden sind. Zur Verwaltung der dabei anfallenden Geschäftsprozesse dienen sogenannte Warenwirtschaftssysteme (WWS), die computergesteuert alle Waren- und Datenbewegungen, die im Einzelhandelsbetrieb anfallen, steuern und überwachen. Der Einsatz von Datenkassen ist eine Voraussetzung, damit die für betriebliche Entscheidungen notwendigen Informationen aus dem Verkauf gewonnen werden können.

Datenkassen

Bei **elektronischen Datenkassen** werden die Artikeldaten optisch-elektronisch **(Scanning)** erfasst.

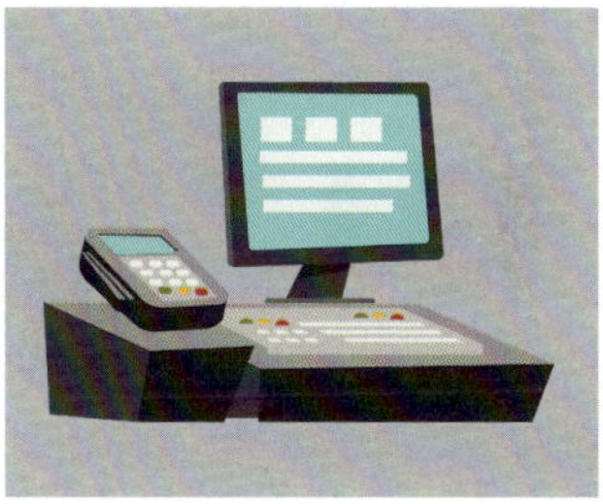

© Visual Generation – stock.adobe.com

Beim Lesen eines Strichcodes durch den Scanner wird lediglich die Nummer des Artikels erkannt.

Die für den Kassiervorgang wichtigen Daten des Artikels, wie Preis- und Artikelbezeichnung, werden anhand dieser Nummer aus dem Rechnersystem, das diese und weitere Daten des Artikels wie in einer Warenkartei verwaltet, gelesen und in die Kasse übertragen.

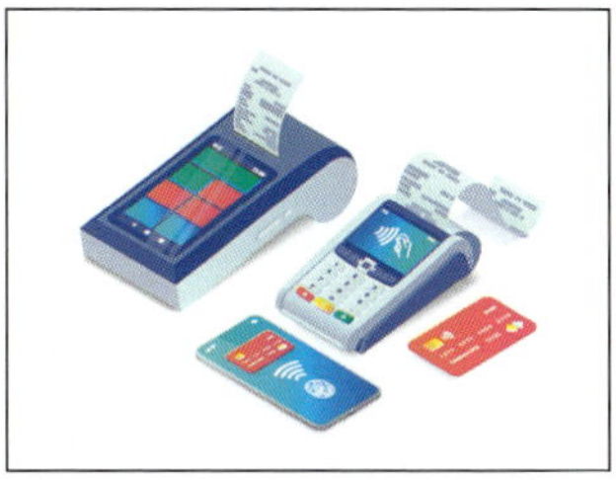

© Ketmut – stock.adobe.com

Dieses Verfahren wird als **„Price-Look-Up" (PLU)-Verfahren** bezeichnet. Preisänderungen können so schnell und problemlos vorgenommen werden.

Bei großen Filialunternehmen erhalten die Filialen z. B. Preisänderungen in das Rechnersystem direkt überspielt.

Lesevorgang beim Scannen

© Corona Borealis – stock.adobe.com

Im Einzelhandel sind unterschiedliche **Scannersysteme** im Einsatz. **Mobile Scanner** *(Lesepistole)* erleichtern die Dateneingabe z. B. bei schweren und sperrigen Waren *(Möbel-, Baumarkt)*.

Stationäre Scanner werden vornehmlich im Lebensmittelhandel eingesetzt. Die Ware wird von der Kassiererin dabei über ein Sichtfenster geführt. Im Kassendisplay erscheinen Artikelbezeichnung und Preis.

Der Scanner **liest** den **Balkencode**, indem er diesen mithilfe eines Laserstrahles auf helle und dunkle Flächen hin abtastet. Je nach Breite der dunklen Balken, die kein Licht reflektieren, und der hellen Flächen, die Licht reflektieren, wird die verschlüsselte Nummer, die die Balken darstellen, erkannt und in eine Ziffernfolge umgewandelt. Diese Ziffernfolge entspricht der Artikelnummer, unter der im zentralen Datenverarbeitungssystem des Unternehmens alle anderen Artikeldaten gespeichert und verwaltet werden.

Die Kassiererin erfährt durch Aufleuchten von Signallampen und/oder durch einen Signalton, ob der Artikel registriert wurde. Gelingt die Eingabe über den Scanner nicht *(defekter oder verschmutzter Balkencode)*, dann kann die Artikelnummer auch über die Tastatur von Hand eingegeben werden.

Elektronische Verkaufsdatenerfassung

mobiler Scanner

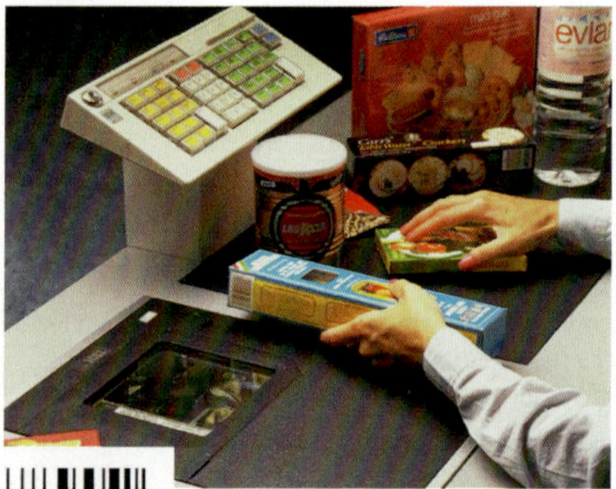

stationärer Scanner

4 012345 678901

Einsatzmöglichkeiten

Moderne Datenkassen verfügen über eine Vielzahl von Funktionen, die je nach Verkaufssituation benötigt werden.

- **Erfassung der gescannten Artikel** → Kasse identifiziert den Artikel über PLU-Verfahren
- **Preiseingabe bzw. Preisänderung** → Über die Tastatur können Preise manuell eingegeben werden *(Preisauszeichnung und eingescannter Preis stimmen nicht überein)*.
- **Rabatt** → Diese Funktion dient zur Preisreduzierung.
- **Reklamation** → Bei Warenrückgabe.
- **Bar/Karte** → Zur Beendigung des Verkaufsvorganges wird je nach Zahlungsart die entsprechende Funktion aufgerufen.

Registrierung und Kassenbon

Die folgende Abbildung zeigt die **Informationen**, die bei der **Registrierung** eines Artikels am **Kassenbildschirm** angezeigt werden. Nach Beendigung der Registrierung wird für den Kunden der **Kassenbon** ausgedruckt.

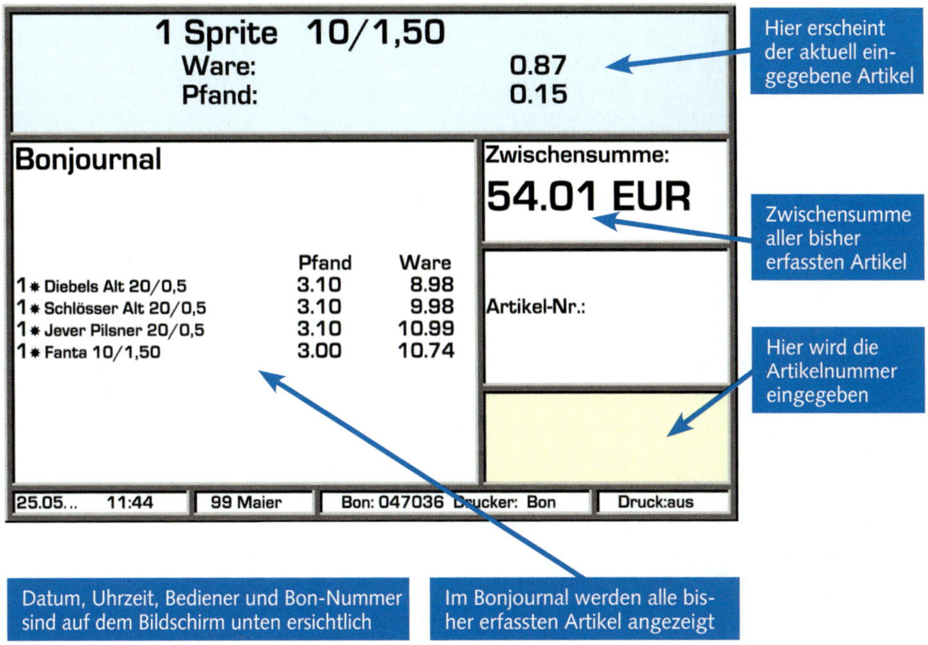

Peripheriegeräte

Moderne **Datenkassen** bieten die Möglichkeit, eine Reihe von **Zusatzgeräten** anzuschließen.

Datenwaagen

Beim Verkauf von gewichtsabhängigen und/oder offenen Waren *(Fleisch- und Wurstwaren, Obst und Gemüse)*, müssen vor dem Kassieren zuerst **Barcodes** erstellt werden. Dies erfolgt mit modernen **elektronischen Datenwaagen**. Alle notwendigen Artikelinformationen sind aus dem Datenspeicher der Waage abrufbar.

Selbstbedienungswaagen werden immer weniger installiert, da durch missbräuchliche Verwendung (Warenmanipulation) erhebliche finanzielle Verluste entstehen können. Daher wächst die Bedeutung der **Checkout-Waagen**, die im Kassentisch integriert sind und wie die **Thekenwaagen** ausschließlich vom Verkaufspersonal bedient werden.

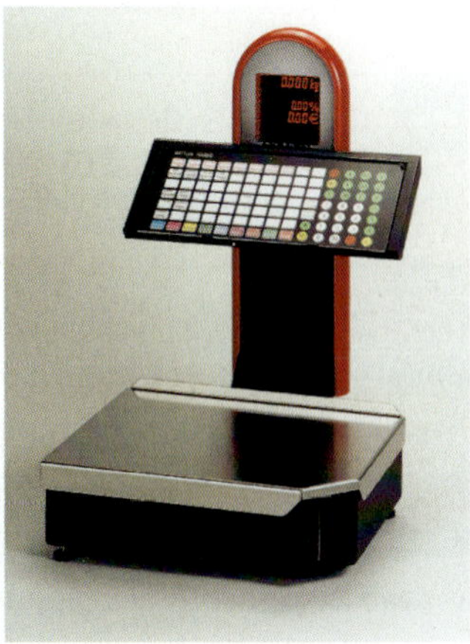

© METRO Group, Düsseldorf

Kartenlesegeräte

In vielen Einzelhandelsgeschäften ist die bargeldlose Zahlung *(Bankkarte, Kreditkarte, Kundenkarte)* möglich. Der Zahlungsvorgang erfolgt durch Einstecken der entsprechenden Karte in das **Kartenlesegerät**.

Der Rechnungsbetrag wird anschließend vom Konto des Kunden abgebucht.

Für den Verkauf außerhalb der Geschäftsräume *(Aktionsstand, Wochenmarkt)*, sind mobile Kartenlesegeräte auf dem Markt.

„Gut & Fein"
Haushaltswaren
Marktplatz 1 * 77777 Neuburg

09	Kochtopf	79,00
04	Besteck	29,90
#	Summe	108,90
19 % USt. auf 91,51		17,39

01.06. .. 18:07 16345 1
Es bediente Sie Frau Kessler
Vielen Dank für Ihren Einkauf!

** Kein Umtausch ohne Bon **

Bondrucker

Als **Beleg** für die erfolgte Zahlung erhält der Kunde einen **Kassenbon** ausgedruckt.

Die dort enthaltenen Informationen sind nicht nur für den Kunden von Bedeutung, sondern sie können auch Rückschlüsse auf das Kaufverhalten der Kunden ermöglichen.

Dafür ist allerdings Voraussetzung, dass jeder einzelne Bon elektronisch aufbewahrt wird.

■ Datenverbund

© j-mel – stock.adobe.com

In einem geschlossenen **Warenwirtschaftssystem** sind alle **Geräte** miteinander **vernetzt**. Alle Daten aus den Kassensystemen und den an sie angeschlossenen Peripheriegeräten werden an den Zentralrechner übermittelt. Er liefert die benötigten Informationen, damit z. B. die Geschäftsleitung schnelle und gut fundierte Entscheidungen treffen kann.

» **Beispiel:** System-Konfiguration eines Filial-Supermarktes

Der Filialrechner erhält von einer übergeordneten EDV-Anlage (Host) in der Unternehmenszentrale online die Stammdaten *(Artikeldaten, Preise)*.

Die übergeordnete EDV-Anlage holt ihrerseits vom Filialrechner die Umsatzzahlen zur Auswertung. Im Büro werden die Regaletiketten mit einem Laserdrucker erstellt. Für die Artikelerfassung von nicht über die Zentrale gelieferten Waren ist ein Strichcodeleser angeschlossen.

Ein Waagen- und Kassenverbund mit Scanning und Check-out-Waage ist für den Abverkauf mit dem Filialrechner verbunden.

© blende11.photo – stock.adobe.com

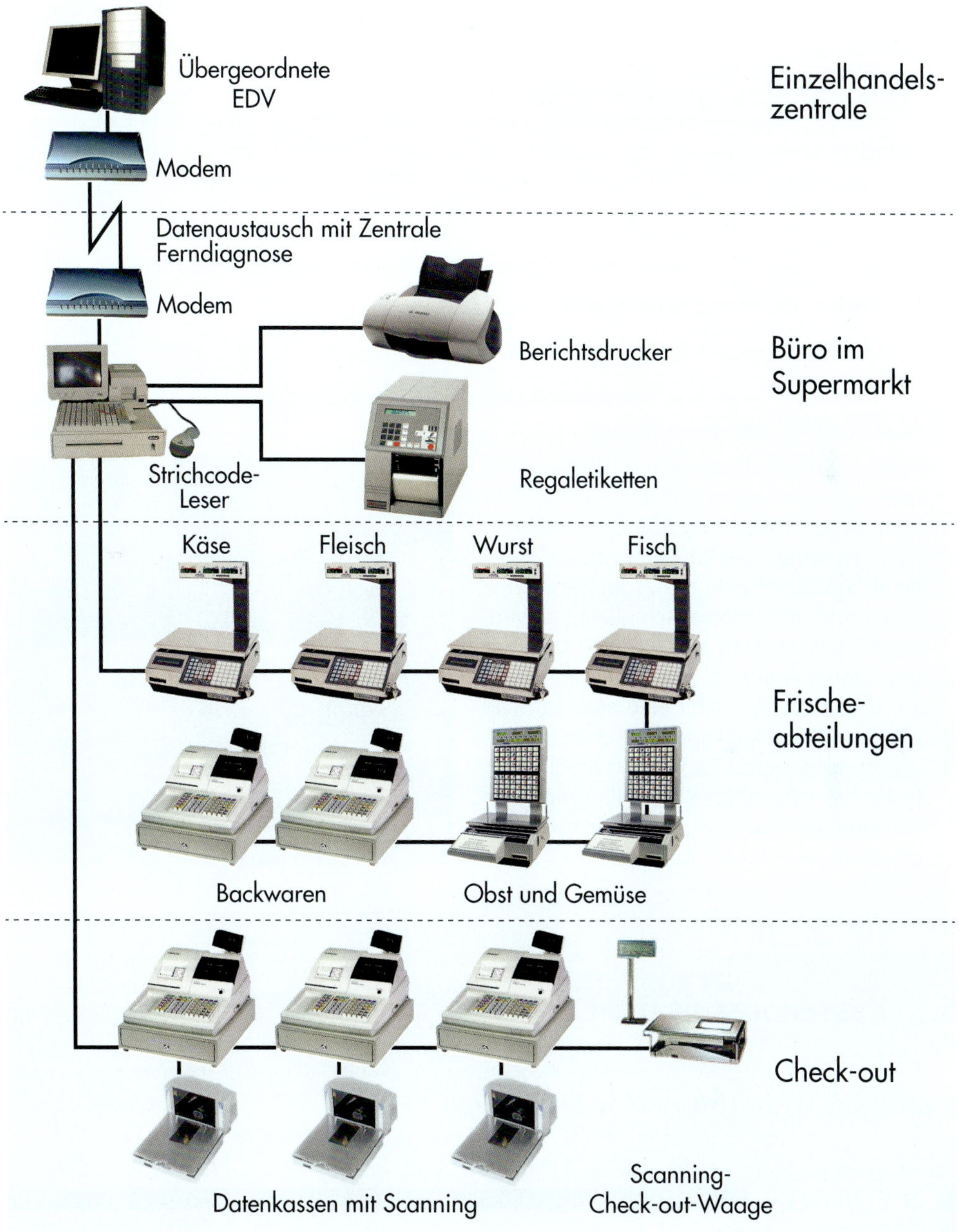

AKTION

1 Beschreiben Sie das in Ihrem Ausbildungsbetrieb installierte Kassensystem.

2 Führen Sie zum Thema „Kassensysteme im Einzelhandel" eine Internetrecherche durch. Sie suchen dabei nach einem Kassensystem für ein kleines Fachgeschäft. Entscheiden Sie sich für ein System und beschreiben Sie es anhand von sechs Leistungsmerkmalen.

3 Aus den Neuburger Nachrichten:

> ...Wegen eines 30-minütigen Stromausfalls in der Neuburger Innenstadt ging in vielen Geschäften nichts mehr. Weder konnten Wurst und Käse abgewogen werden noch irgend etwas an den Kassen bezahlt werden. Verärgerte Kunden meinten, so viel Elektronik müsse doch nicht sein. Warum, fragte eine besonders erboste Kundin in einem Supermarkt, werden denn die Preise der Waren nur als unverständliche Striche angegeben, die nur der Computer lesen kann?

a) Was wäre die Folge, wenn dem Wunsch der verärgerten Kunden entsprochen würde?

b) Welchen Fehler macht die Kundin?

4 Warum sind stationäre Scanner an der Kasse in einem Baumarkt ungeeignet?

5 Die Abbildung zeigt eine Selbstzahlerkasse (Self-Scanning). In den USA sind bereits über 50.000 solcher Kassen im Einsatz.

Auch in Deutschland werden sie in immer mehr Märkten eingeführt. Der Kunde zieht seine Artikel über einen 360-Grad-Scanner. Dadurch werden die Preise erfasst. Anschließend legt der Kunde die Produkte in eine Warentüte, die automatisch gewogen wird. Weicht das Gewicht der Tüte von dem der gescannten Waren ab, erhält ein Mitarbeiter am Informationsschalter eine automatische Meldung. Bezahlen kann der Kunde wie gewohnt bar oder mit Bank- oder Kreditkarte. Diskutieren Sie in der Klasse über mögliche Auswirkungen für das Kassen- und Verkaufspersonal sowie für die Kunden.

5.3 Kassenorganisation

Kasse stets verkaufsbereit! So bindet man Kunden!

SITUATION

Pünktlich um 8:00 Uhr öffnet Frau Brioni ihren Gemüseladen. Von Beginn an läuft heute leider vieles schief. Die ersten zwei Kunden bezahlen jeweils mit einem Hundert-Euroschein. Eine Kundin verlangt eine Quittung und ein alter Stammkunde hat seine Tragetasche vergessen. Alle Kunden erhalten zwar wie immer frische Ware, verlassen aber trotzdem ziemlich verärgert das Geschäft.

Nennen Sie mögliche Gründe für die Verärgerung der Kunden.

INFORMATION

Kassenvorbereitung vor Geschäftsbeginn

Damit eine rasche und zügige Abwicklung des Zahlungsvorganges sichergestellt ist, muss die **Kasse** vor Öffnung des Ladens **„verkaufsbereit"** sein.

Wechselgeld

Bevor sich der Mitarbeiter an der Kasse anmeldet, ist zu überprüfen, ob ausreichend Wechselgeld im Kassenschieber (Kassenschublade) vorhanden ist. In vielen Geschäften sind dies 200 €, die in einer vorgegebenen Stückelung in den Kassenschieber einsortiert werden.

» **Beispiel:** Einteilung eines Kassenschiebers

<table>
<tr><td colspan="2" rowspan="2">10,00 Scheine</td><td>2,00</td><td>1,00</td><td colspan="2" rowspan="2">5,00 Scheine</td></tr>
<tr><td colspan="2">Leergutbons</td></tr>
<tr><td>0,50</td><td>0,20</td><td>0,10</td><td>0,05</td><td>0,02</td><td>0,01</td></tr>
<tr><td colspan="3">50,00/100,00 Scheine</td><td colspan="3" rowspan="2">20,00 Scheine</td></tr>
<tr><td colspan="3">Stornos/EC-Belege</td></tr>
</table>

Kassenausstattung

Vor Arbeitsbeginn muss gewährleistet sein, dass am Kassenplatz ein reibungsloses, geordnetes und fehlerfreies Arbeiten möglich ist. Dabei ist z. B. zu klären:

- Sind die Listen für Stückpreise bei Obst und Gemüse oder für Sonderangebote auf dem aktuellen Stand?
- Liegt genügend Verpackungsmaterial *(Tragetaschen, Packpapier)* bereit?
- Stimmt das aktuelle Datum und sind Bonrolle und Kontrollstreifen richtig eingelegt?
- Ist der Bonaufdruck leserlich und sind genügend Kassenrollen vorhanden?
- Funktionieren Schreibgeräte und liegen Stempel und Stempelkissen bereit?
- Sind das Transportband und die Scannerfläche sauber?

Anforderungen an das Kassenpersonal

Das Kassenpersonal hat unmittelbaren Kontakt zu den Kunden. Daher wird das Bild vom Unternehmen bei den Kunden entscheidend dadurch geprägt, wie sie das Verhalten des Personals ihnen gegenüber empfinden.

Im Kassenbereich reagieren Kunden besonders sensibel, da sie sich hier von ihrem Geld trennen müssen.

Freundlichkeit

Freundliches Verhalten ist nicht allgemein definierbar. Grundsätzlich gilt: Man soll sich so verhalten und benehmen, wie man es selbst von anderen Mitmenschen erwartet!

© Jacob Lund – stock.adobe.com

Beispiel: Verhaltensleitlinien einer Supermarktkette für die Kassenmitarbeiter

Der Kunde ist die wichtigste Person in unserem Unternehmen. Er ist kein Störenfried im Markt, sondern Sinn und Zweck unserer Arbeit!

Begrüßen bzw. verabschieden Sie den Kunden mit einem Gruß, z. B. „Guten Tag" oder „Auf Wiedersehen". Halten Sie auch dabei mit dem Kunden einen kurzen Blickkontakt.

Seien Sie höflich, indem Sie „bitte" und „danke" sagen.

Lächeln Sie, aber nur wenn es nach Ihrem Wesen und Ihrer Meinung angebracht ist. Gekünsteltes Lächeln kann missverstanden werden.

Ungeschickte Redewendungen, wie z. B.: „Das geht mich nichts an!", sollten Sie unterlassen.

Beschuldigungen gegenüber dem Kunden sind zu unterlassen, auch wenn Sie das Gefühl haben, er sei im Unrecht. Lassen Sie sich nicht vom Kunden provozieren, bleiben Sie stets höflich und zuvorkommend. Lassen Sie sich auch grundsätzlich nie mit Kunden auf Diskussionen ein.

Seien Sie zuvorkommend und hilfsbereit. Wenn Kunden mit Ihnen reden wollen – und der Betrieb an der Kasse dies zulässt –, sollten Sie positiv reagieren.

Führen Sie im Beisein von Kunden keine Gespräche mit Kollegen.

Nehmen Sie Ihre Kunden ernst und geben Sie ihnen das Gefühl, sich um sie zu bemühen und während des Kassierens nur für sie da zu sein!

Sauberkeit

Der **Servicebereich Kasse** kann maßgeblich zu einem positiven Bild des Kunden vom Geschäft beitragen. Kassenmitarbeiter sollten daher stets auf ihre **persönliche Erscheinung** achten.

Dabei ist zu beachten:

- saubere und geschlossene Arbeitskleidung,
- Namensschild lesbar anbringen,
- saubere und gepflegte Hände,
- gepflegte Haare und dezentes Make-up.

© Jacob Lund – stock.adobe.com

Auch am **Kassenarbeitsplatz** ist Sauberkeit oberstes Gebot:

- Flecken und Feuchtigkeit auf dem Transportband beseitigen,
- sauberes und aufgeräumtes Kassenumfeld,
- keine Ware an der Kasse,
- liegen gebliebene Kassenbons zerreißen und entsorgen.

Kassenanweisungen beim Kassiervorgang

© Jacob Lund – stock.adobe.com

Jeder Einzelhändler stellt, bezogen auf die Eigenheiten seines jeweiligen Geschäftes sowie des vorhandenen Kassensystems *(manuelle oder gescannte Preiseingabe)*, **Kassieranweisungen** zusammen.

Die Einhaltung dieser Regeln und Vorschriften sichert die an der Kasse Tätigen doppelt ab:

Erstens werden Fehler vermieden und es wird dem Verhalten betrügerischer Kunden vorgebeugt. Zweitens werden die Personen an der Kasse selbst vor dem Verdacht des Betrugs oder der Unterschlagung geschützt.

Allgemeine Regeln

Damit es zu keinen Missverständnissen kommt, sind die folgenden **Regeln** für das Kassenpersonal von großer Bedeutung:

› Einkäufe für sich selbst, Familienangehörige oder Freunde dürfen nicht selbst kassiert werden.
› Privatgeld darf nicht mit an die Kasse genommen werden.
› Geldgeschenke *(Trinkgeld)* von Kunden sind grundsätzlich nicht zulässig.
› Kleine Restbeträge *(Kunde verzichtet auf Herausgabe von 1 oder 2 Cent)*, dürfen nicht registriert werden, sondern werden als Kassendifferenz in die Kassenschublade gelegt (Centkasse).
› Es ist darauf zu achten, dass alle zu registrierenden Artikel auf das Laufband bzw. den Kassentisch gelegt werden.
› Bei fehlender Preisauszeichnung nicht den Preis nach Angaben des Kunden registrieren, sondern durch Kollegen ermitteln lassen *(Preisauskunft über Lautsprecher)*.

Kassieranweisung

In vielen Unternehmen existieren **schriftliche Kassieranweisungen**, die für das Kassenpersonal verbindlich sind.

›› **Beispiel** für eine Kassieranweisung mit Bargeld in einem Textilfachmarkt:

Beachten Sie stets den Grundsatz:
Erst Zahlung abwickeln, dann Ware und Bon aushändigen!

› Bei codierten Artikeln: Erfassen Sie den Artikel mit dem Scanner; wenn dies nicht erfolgt, tippen Sie die Codenummer ein. Beachten Sie: Grundsätzlich sind alle Artikel sortenrein über den Strichcode zu erfassen.
› Bei nicht codierten Artikeln: Erfassen Sie den Artikel durch Eintippen des Verkaufspreises laut Auszeichnung und drücken Sie die entsprechende Warengruppen- oder Lagertaste.

- Sagen Sie dem Kunden den Kaufbetrag laut und deutlich an.
- Nehmen Sie die Zahlungsmittel des Kunden entgegen, legen Sie sie auf die Zahlplatte und sagen Sie den Geldwert an.
- Rückgeld vorzählen.
- Zahlungsmittel des Kunden erst in die Kassenschublade legen, wenn das Rückgeld angenommen worden ist.
- Kassenschublade schließen und Ware mit Kassenbon übergeben.
- Freundliche Verabschiedung des Kunden.

Sonderfälle an der Kasse

Außer den reinen Bezahlvorgängen ergeben sich an der Kasse weitere Situationen, die das Kassenpersonal sachkundig und überlegt lösen muss.

Verkauf an Kinder und Jugendliche

Besonders für Kassenmitarbeiter in SB-Geschäften des Lebensmitteleinzelhandels ist es sehr wichtig, die Bestimmungen des **Jugendschutzgesetzes** zu kennen. Es ist generell verboten, alkoholische Getränke sowie Lebensmittel, die Alkohol in nicht geringfügigen Mengen enthalten, an Jugendliche unter 18 Jahren zu verkaufen *(Schnaps, Weinbrand, alkoholhaltige Pralinen)*. Ab 16 Jahren ist der Verkauf von leicht alkoholischen Getränken *(Bier, Wein, Sekt)* gestattet. Tabakwaren dürfen nur an Volljährige verkauft werden.

Bei Zweifeln am angegebenen Alter sollte man sich den Personalausweis oder Führerschein zeigen lassen. Schriftliche Bestätigungen der Eltern, die den Kauf gestatten, dürfen nicht akzeptiert werden!

Gutscheine ausstellen

In fast allen Einzelhandelsgeschäften ist es möglich, einen Gutschein zu kaufen. Meist handelt es sich um einen **Geschenkgutschein**, den der Empfänger beim Einkauf im ausgebenden Geschäft in Zahlung geben kann.

Der **Verkauf** eines Gutscheins stellt für das Unternehmen einen **Umsatzerlös** dar. Beim Verkauf wird an der Kasse die Geldeinnahme als „Gutscheinverkauf" registriert.

Gutscheine einlösen

Wenn ein Kunde an der Kasse einen **Gutschein** einlösen möchte, ist darauf zu achten, dass er **entwertet** wird. Bei der Kassenabrechnung ist die Einlösung des Gutscheins zu berücksichtigen, da ja bereits bei seinem Ausstellen der Betrag als Einnahme verbucht wurde. Liegt der Kaufbetrag über dem Wert des Gutscheins, muss der Kunde die Differenz begleichen.

Warengutscheine

Neben Geschenkgutscheinen erhalten Kunden bei **Warenrückgaben**, sofern sie den Kaufpreis nicht erstattet bekommen, einen **Warengutschein**. Auf diesem Gutschein bekommt der Kunde den Gegenwert der Ware gutgeschrieben und kann ihn bei einem späteren Einkauf wie Bargeld an der Kasse beim Bezahlen verwenden.

Personalkauf

Zum **Personalkauf** zählt nicht nur der in vielen Fällen rabattbegünstigte Einkauf für **Mitarbeiter** und deren **Angehörige**, sondern auch der reguläre Einkauf im eigenen Betrieb. Damit kein falscher Verdacht entsteht, sind die von den Unternehmen aufgestellten **Richtlinien** unbedingt einzuhalten.

» **Beispiele:** Auszug aus den Regelungen für den Personalkauf eines großen Lebensmittelfilialisten:

- Die Ware und der Kassenbon müssen der Marktleitung zur Kontrolle vorgelegt und der Kassenbon unterschrieben werden. Zweite Unterschrift von Kassenkraft muss vorhanden sein.
- Der Personaleinkauf darf nicht vom einkaufenden Mitarbeiter kassiert oder abgewogen werden.
- Der Pausenverzehr muss sofort bezahlt werden. Bon und Ware muss von Kassenkraft und Marktleitung abgezeichnet werden.

Kassenöffnung ohne Warenverkauf

Ist es erforderlich, die Kasse ohne erfolgten Kaufvorgang zu öffnen, ist meist die Kassenaufsicht oder die Marktleitung zu verständigen. Es wird ein sogenannter **Nullbon** erstellt, den die Aufsichtsperson unterschreibt.

Stornos

Ist es erforderlich, Registriervorgänge rückgängig zu machen *(Doppelbuchung, Tippfehler, Kunde hat nicht genügend Geld)*, muss ebenfalls die Kassenaufsicht informiert werden, die den Stornierungsvorgang durchführt **(Stornoschlüssel)** und bestätigt.

Kunde hat zu wenig Geld

Kann ein Kunde nicht alle von ihm ausgesuchten Artikel bezahlen, werden so viele Artikel von der Marktleitung bzw. der Kassenaufsicht storniert, bis das Geld ausreicht. Hat der Kunde überhaupt kein Geld, sind alle Artikel zu stornieren.

Verlassen der Kasse

Ist es notwendig, die Kasse zu verlassen, meldet man dies der Kassenaufsicht.

Dabei ist zu beachten:

› ordnungsgemäße Abmeldung an der Kasse und Sichern der Kasse (Pausenfunktion),

› Kassenschlüssel mitnehmen und Geldschublade abschließen,

› Kassendurchgang und Zigarettenverkaufseinrichtung sichern.

AKTION

1 Es ist Freitag, 18:30 Uhr. Vor den drei Kassen im Supermarkt Manz haben sich lange Schlangen gebildet. Viele Kunden reagieren mürrisch und genervt.

a) Beschreiben Sie drei Verhaltensweisen, wie das Kassenpersonal diese für Kunden unerfreuliche Situation positiv gestalten kann.

b) Herr Manz gibt seiner Auszubildenden Leonie den Auftrag, drei Verbesserungsvorschläge auszuarbeiten, wie lange Wartezeiten an den Kassen zu verkürzen sind. Was könnte Leonie vorschlagen?

2 Simulieren Sie in einem Rollenspiel das Kassieren in einer kleinen Boutique. Benutzen Sie Ihren Taschenrechner als „Registrierkasse".

3 Wie verhalten Sie sich in folgenden Situationen?

a) Ein Kunde möchte einen Zweihundert-Euro-Schein, ohne etwas zu kaufen, wechseln.

b) Sie haben versehentlich einen Artikel zweimal gescannt.

c) Eine Kollegin tätigt bei Ihnen einen Personalkauf.

d) Einem zwölfjährigen Jungen, dessen Mutter Stammkundin ist und täglich zum Einkauf kommt, fehlen 50 Cent zum Kauf eines Feuerzeuges.

4 Beurteilen Sie das Verhalten des Kassenpersonals:

a) Eine Kassiererin erkundigt sich beim Kunden nach dem Preis der zu registrierenden Ware, da die Preisauszeichnung fehlt.

b) Einem Kassenmitarbeiter ist das Wechselgeld ausgegangen. Da es sein Kunde besonders eilig hat, wechselt er aus seiner eigenen Geldbörse.

c) Eine Kassiererin registriert für einen Pullover 10 € zu viel. Da die Kundin noch eine Hose gekauft hat, reduziert sie dort den Preis um 10 €.

5 Die Textil-Markt GmbH gewährt Mitarbeitern 20 % Personalrabatt für Eigenbedarf und für deren Familienangehörige 10 %. Abteilungsleiterin Fiebig kauft für sich 2 Jeans zu je 89,00 € sowie 5 T-Shirts zu je 7,00 €. Für ihren Mann kauft sie 1 Oberhemd zu 49,00 € und eine Krawatte zu 29,00 €. Für ihre Freundin kauft sie zum Geburtstag eine Seidenbluse zu 82,00 €. Mit welchem Betrag wird das Mitarbeiterkonto von Frau Fiebig belastet?

6 Entwerfen und gestalten Sie einen Geschenkgutschein für Ihren Ausbildungsbetrieb.

6 Zahlungsarten beim Warenverkauf

6.1 Barzahlung

Bargeld lacht! — Warum eigentlich?

SITUATION

Bernd Heller von Action & Fun konnte einem Kunden ein Surfbrett zu 1.800,00 € verkaufen. Einen so hohen Bargeldbetrag hat der Kunde, der Herrn Heller nicht bekannt ist, nicht dabei. Herr Heller bietet die Bezahlung mit einer Bankkarte an, der Kunde lehnt aber ab. Er möchte stattdessen den Betrag überweisen und bittet um Ausstellung einer Rechnung.

Wie soll sich Herr Heller Ihrer Ansicht nach verhalten?

INFORMATION

Barzahlung bedeutet die Übergabe von **Münzen** und/oder **Banknoten** vom Zahlungspflichtigen an den Zahlungsempfänger. Sie hat im Einzelhandel nach wie vor eine große Bedeutung, denn ca. die Hälfte aller Zahlungsvorgänge werden immer noch bar abgewickelt. In den nächsten Jahren wird die Bedeutung von Bargeld allerdings weiter zurückgehen. Bargeldlose Zahlungen werden eine immer größere Rolle spielen *(Kartenzahlungen, elektronische Bezahlverfahren).*

Zahlungsnachweis Kassenbon und Quittung

Jeder Kunde hat einen Rechtsanspruch auf einen Zahlungsnachweis (§ 368 BGB). Meistens erhält er als Beweis für die Bezahlung seiner Waren einen maschinell erstellten **Kassenbon** oder vereinzelt auch noch einen von Hand ausgefüllten **Kassenzettel**.

Spielwarentreff - Neuburg
Ihr Fachgeschäft für Spielwaren aller Art
Königstraße 14 77777 Neuburg Tel.: 15837

Anzahl	Artikelbezeichnung	Einzelpreis €	Gesamtpreis €
1	Bobby-Car rot	30,00	30,00
1	Ringwurfspiel	12,95	12,95

Im Kaufpreis sind 19 % MWSt. enthalten — Summe: 42,95

Dieser Kassenbeleg gilt als Kauf- und Garantienachweis.
Bei Irrtum oder Umtausch innerhalb 8 Tage bitte vorlegen.

Verkäufer/in: Mollner — Datum: 12.04. ..

Drokos Drogeriemärkte
Filiale Neuburg

Samana Waschlotion	3,98 €
Supra Tabs	4,99 €
Comfort Tissue	2,98 €
Air-Fresh Lemon	7,89 €
Servietten, weiß	8,85 €
SUMME:	28,69 €
USt. 19 % = 4,58	
BAR:	30,70 €
ZURÜCK:	2,01 €

03.05. .. 10:17 788887 -908

Vielen Dank für Ihren Einkauf!

Wünscht ein Kunde zusätzlich zum Kassenbon eine **Quittung**, benötigt er diese meist als Nachweis für das Finanzamt. Bis zu einem Betrag von 100,00 € reicht als Nachweis der Kassenbon aus. Erst bei Summen darüber wird ein separates Quittungsformular ausgefüllt oder ein spezieller Ausdruck angefertigt. An jeder Kasse sollte ein durchgestempelter Quittungsblock vorhanden sein.

»» **Beispiel:** Der Auszubildende Michael Maier kauft für eine Schaufensterdekoration Material in der Bastelstube Neuburg. Sein Chef benötigt dafür eine Quittung.

Quittung

EUR 247,50

Nr.

Inkl. 19 % MwSt./EUR 39,52

EUR in Worten zweihundertsiebenundvierzig Cent wie oben

von Fa. Kinderwelt Neuburg

für Deko-Material

dankend erhalten.

Ort/Datum Neuburg, 15.06. ..

Buchungsvermerke

Stempel/Unterschrift des Empfängers

Bastelstube Neuburg

Das **Quittungsformular** muss enthalten:

1. Betrag in Ziffern und Buchstaben
2. Name des Einzahlers
3. Die „für“-Zeile (Zahlungsgrund) muss die korrekte Artikelbezeichnung enthalten oder den Vermerk „Ware laut Kassenbon“.
4. Empfangsbestätigung
5. Ausstellungsort und -tag
6. Name und Anschrift des Zahlungsempfängers (Stempel) und Unterschrift.

■ Vor- und Nachteile der Barzahlung

Barzahlung bedeutet für den Einzelhändler, dass er sich im Normalfall **Mahnungen** wegen verspäteter Zahlung oder weil Konten kein Guthaben aufweisen, **ersparen** kann. Aber Barzahlung bringt auch erhebliche **Risiken** mit sich: Falschgeld, Diebstahl/Raub und Verluste beim Umgang, z. B. durch falsches Herausgeben. Außerdem erfordert Barzahlung einen hohen **Arbeitsaufwand:** Bargeld muss sortiert, gerollt, gezählt und zur Bank transportiert werden. Deshalb sind viele Einzelhändler bemüht, Bargeldumsätze zugunsten anderer Zahlungsarten zu reduzieren.

Falschgeldproblematik

Mit Geld ist stets sorgfältig umzugehen. **Falschgeld** wird nicht ersetzt! Deshalb sollte man sich bei der Entgegennahme von Geld immer davon überzeugen, ob es auch wirklich echt ist, und sich gerade entgegengenommenes Geld bewusst ansehen. Dabei kann folgendes **Prüfschema** hilfreich sein.

1. Sichtprüfung

Bei der Sichtprüfung, die schnell und unauffällig durchgeführt werden kann, sollte man die Scheine nach den folgenden drei Merkmalen betrachten:

Hologramm → In jeden Schein ist ein Hologramm (dreidimensional wirkende Abbildung) eingearbeitet. Bei Nennwerten bis 20 € handelt es sich um einen eingesetzten Folienstreifen, der die Wertzahl bzw. das €-Symbol zeigt. Bei größeren Nennwerten zeigen, je nach Betrachtungswinkel, die Hologramme die Wertzahl oder das Architekturmotiv des Scheins.

Perlglanz → Bei den Noten von 5 bis 20 € ist mittig auf der Rückseite ein Perlglanzstreifen aufgedruckt, der bei leichtem Kippen der Note das €-Symbol und die Wertzahl zeigt.

OVI-Effekt → Bei den 50- bis 500-€-Noten verändert sich die große Wertzahl auf der Rückseite rechts unten je nach Betrachtungswinkel im Farbton von violett nach braun (OVI = Optically Variable Ink).

2. Oberfläche der Noten fühlen

Ein prüfender Daumenstrich über die Notenoberfläche ist unbemerkt und schnell vorzunehmen. Das Prüfkriterium sind reliefartige Druckbereiche der Banknoten. Dazu zählt z. B. auf der Vorderseite der Schriftzug „© BCE ECB EZB EKT EKP 2017" sowie die große Wertzahl über dem Architekturmotiv.

3. Durchsichtsprüfung

Die dritte Möglichkeit, Banknoten auf ihre Echtheit zu überprüfen, besteht darin, die Noten gegen das Licht zu halten oder auf eine Glasplatte zu legen. Dabei sind drei weitere Sicherheitsmerkmale zu identifizieren.

Sicherheitsfaden → In der Mitte der Banknoten ist durchgängig ein metallbeschichteter Plastikfaden eingearbeitet.

Wasserzeichen → Im bildfreien Teil aller Euro-Banknoten ist bei Durchsicht ein Wasserzeichen vom Gebäude und eines von der Wertangabe zu sehen.

Durchsichtsregister → Neben der Europaflagge sind auf der Vorder- und Rückseite bei allen Euro-Banknoten Zeichenelemente angebracht, die sich erst in der Durchsicht zueinander ergänzen und die Zahl des Banknotenwertes ergeben.

4. Technische Hilfsmittel

Legt man die Banknote unter eine UV-Lampe, erkennt man die Echtheit der Note daran, dass sie unter dem ultravioletten Licht dunkel bleibt. Bestimmte Elemente, wie die Europasterne oder das Brückenmotiv, leuchten unter dem UV-Licht, weil sie mit einer fluoreszierenden Farbe gedruckt wurden. Auch mit einer Lupe kann die Echtheit überprüft werden. Bei genauem Hinsehen zeigt sich, dass einige grafische Elemente, wie z. B. Linien, in Wirklichkeit aus einer Aneinanderreihung von Buchstaben oder Zahlen in Mikroschrift bestehen.

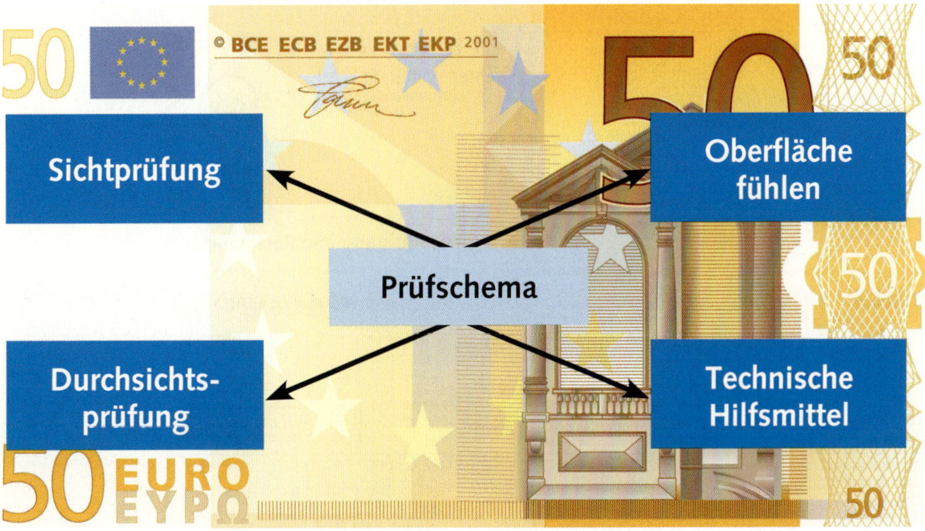

Verhalten an der Kasse

Um sicherzugehen, dass kein Falschgeld angenommen wird, sollte man sich nie auf ein einziges Sicherheitsmerkmal verlassen, sondern immer mehrere überprüfen. Hat man **Geld** als **falsch** erkannt, muss die **Polizei** informiert werden, auch wenn der Kunde sich entschuldigt und einen plausiblen Grund nennen kann, wie er in den Besitz der Banknote gekommen ist. Hat er ein reines Gewissen, passiert ihm nichts, und seine Auskünfte sind u. U. für die Polizei beim Verfolgen von Spuren wichtig.

Falsche Noten dürfen auf keinen Fall wieder an den Kunden zurückgegeben werden. Auch dann nicht, wenn einem der Kunde persönlich gut bekannt ist. Man kann sich durch solches Verhalten sogar strafbar machen.

■ AKTION

1 Besorgen Sie sich einen Quittungsvordruck und stellen Sie eine Quittung Ihres Unternehmens für eine dort erbrachte Leistung von 356,50 € aus.

2 Bringen Sie Kassenquittungen aus Ihren Ausbildungsbetrieben mit in den Unterricht und vergleichen Sie diese.

3 Welche Vor- bzw. Nachteile sehen Sie in der Bargeldzahlung für einen Einzelhändler?

4 Untersuchen Sie anhand von mindestens drei Merkmalen einen 20-Euro-Schein auf seine Echtheit. Beschreiben Sie die Sicherheitsmerkmale.

5 Warum ist es verboten, Falschgeld an Kunden zurückzugeben?

6.2 Bargeldlose Zahlung mit Überweisung und Lastschrift

Schnell, sicher und bequem! Zahlen ohne Bargeld!

■ SITUATION

Lichtblicke
Leuchten-Bilder-Spiegel
Westenfelder Str. 88
77666 Talheim

Laura Vogt
Silberburgstraße 12
77777 Neuburg

Auftragsbestätigung und Rechnung

Datum: 21.04.20..
Re. Nr. 3466 – 966543

Menge	Text	Betrag in EURO
1	Halogen-Tischleuchte, Stahl, Opalglas matt, G4/20W, inkl. Leuchtmittel	140,00
	+ USt. 19 %	26,60
	Bitte überweisen Sie innerhalb 14 Tagen **Summe:**	**166,60**

Bankverbindung: Sparkasse Talheim BIC TALHDEF6710 DE85 3006 0000 0075 1738
Lieferungsbedingungen frei Haus. Die Ware bleibt bis zur vollständigen Bezahlung Eigentum des Verkäufers.
UST.-Idnr. 7521113321 / St.Nr. 87765 45

Laura Vogt kauft sich im Leuchtenstudio „Lichtblicke" für ihren Schreibtisch eine neue Lampe. Da ihre Eltern mit dem Inhaber befreundet sind, ist ein Kauf auf Rechnung kein Problem.

Laura überweist den Rechnungsbetrag wenige Tage nach dem Kauf von ihrem Konto bei der Neuburger Bank.

Führen Sie die Überweisung auf der Grundlage der nebenstehenden Rechnung durch. Besorgen Sie sich dazu einen banküblichen Überweisungsvordruck oder per Online-Banking.

INFORMATION

Voraussetzung für die Durchführung des **bargeldlosen Zahlungsverkehrs** ist, dass sowohl Schuldner (Zahlungspflichtiger) als auch Gläubiger (Zahlungsempfänger) ein Konto bei einem Kreditinstitut *(Bank, Sparkasse)* haben. Es erfolgt eine Umbuchung von Geldbeträgen von einem Konto auf ein anderes.

In einigen Branchen des Einzelhandels ist es möglich, Ware auf Rechnung zu kaufen. Dies bedeutet, dass der Einzelhändler dem Kunden viel Vertrauen entgegenbringt, da er u. U. die Ware aushändigt, ohne den Kaufbetrag kassiert zu haben. Eine **Überweisung** ist die Weisung eines Kontoinhabers (Schuldner) an seine Bank, einen bestimmten Betrag vom eigenen Konto auf das Konto eines Gläubigers zu übertragen.

Zahlung durch SEPA (Single Euro Payments Area)

Mit SEPA werden einheitliche Verfahren und Standards in Europa eingeführt, mit denen **Überweisungen, Lastschriften** und **Kartenzahlungen** genau so effizient, kostengünstig und sicher abgewickelt werden können wie nationale Zahlungen.

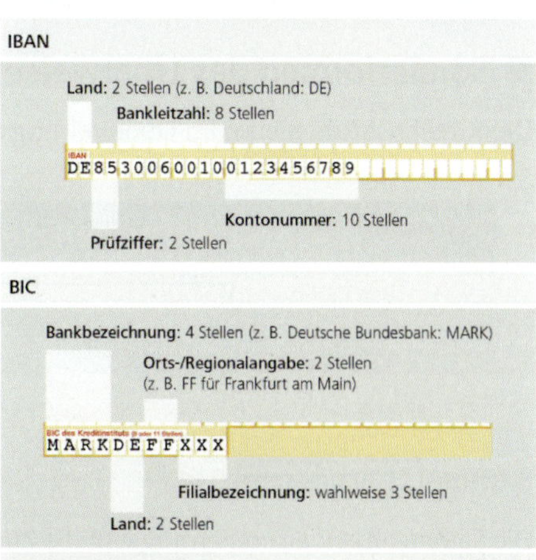

Deutsche Bundesbank, Januar 2013

Eine wichtige Neuerung für Bankkunden ist die maximal **34-stellige IBAN** (International Bank Account Number), welche die Angabe der Kontonummer ersetzt. Hierdurch kann jedes Konto in Europa eindeutig identifiziert werden. Die **deutsche IBAN** besteht aus **22 Stellen.** Bei grenzüberschreitenden SEPA-Zahlungen genügt die alleinige Angabe der IBAN.

BIC (auch als Swift-Code bezeichnet) ist eine **international gültige Bankleitzahl** mit **acht** oder **elf** Stellen. Die ersten vier Stellen bezeichnen die Bank. Darauf folgen die Länderkennung und eine zweistellige Orts-/Regionalangabe. Die letzten drei Stellen können frei bleiben oder für Filialbezeichnungen genutzt werden.

Ablauf der Zahlung durch Überweisung

Bargeldlose Zahlungen mithilfe von Überweisungen erfolgen durch Umbuchung eines Geldbetrages von einem Konto auf ein anderes durch Vermittlung eines Kreditinstitutes.

Der Zahler erteilt seinem kontoführenden Geldinstitut den Auftrag, zu Lasten seines Kontos einen bestimmten Geldbetrag dem Konto des Zahlungsempfängers gutzuschreiben.

Für die SEPA-Überweisung verwendet er dazu ein meist zweiteiliges Formular (Überweisungsauftrag) im Durchschreibeverfahren. Das Formular besteht aus

- dem eigentlichen Überweisungsauftrag (Buchungsbeleg für das Geldinstitut) und
- der Quittung (Durchschlag für den Zahler).

SEPA: die neue €uro-Überweisung

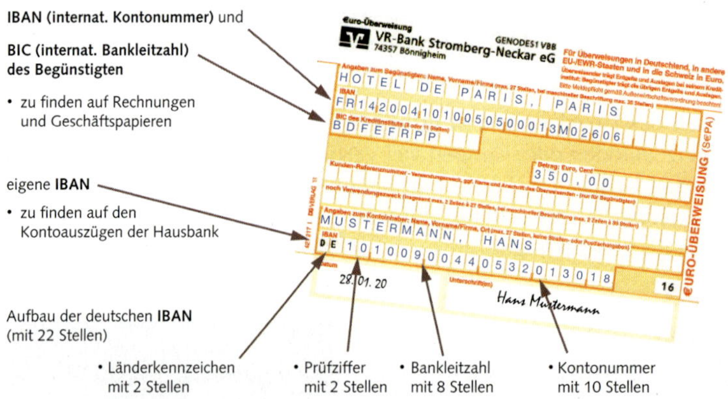

Quelle: Bundesverband der Deutschen Volksbanken und Raiffeisenbanken (BVR)

Die Banken stellen ihren Kunden einheitliche, elektronisch lesbare Vordrucke zur Verfügung. Üblicher ist es aber heute, mithilfe von **Terminals** oder **Online-Banking** Überweisungen aufzugeben.

Dem Zahlungsempfänger wird die Gutschrift auf seinem Kontoauszug angezeigt.

Sonderformen des Überweisungsverkehrs

Die Kreditinstitute bieten im Überweisungsverkehr Sonderformen an.

Sonderformen des Überweisungsverkehrs
- **Sammelüberweisung**
- **Dauerauftrag**

Sammelüberweisung

Die Sammelüberweisung ermöglicht die Zusammenfassung mehrerer Einzelüberweisungen eines Kontoinhabers an unterschiedliche Zahlungsempfänger. Mit einer **SEPA-Sammelüberweisung** kann mit einer einzigen Datei, die Überweisungen an unterschiedliche Banken im SEPA-Raum enthält, ein Konto pauschal belastet werden. So spart dieses Verfahren Arbeit und Zeit sowie Geld, da die Buchungsgebühr nur für einen Posten erhoben wird.

SEPA unterstützt die bisher bekannte **beleghafte Form** der Sammelüberweisung nicht mehr.

Dauerauftrag

Der **SEPA-Dauerauftrag** ist geeignet für Zahlungen, die **regelmäßig wiederkehren** und **in ihrer Höhe gleich sind** (z. B. Miete, Zins- und Tilgungszahlungen, Ratenzahlungen).

Der Zahlungspflichtige beauftragt sein Geldinstitut, regelmäßig zu einem bestimmten Termin einen feststehenden Betrag auf das Konto des Zahlungsempfängers zu überweisen. Der Dauerauftrag kann jederzeit vom Auftraggeber widerrufen werden.

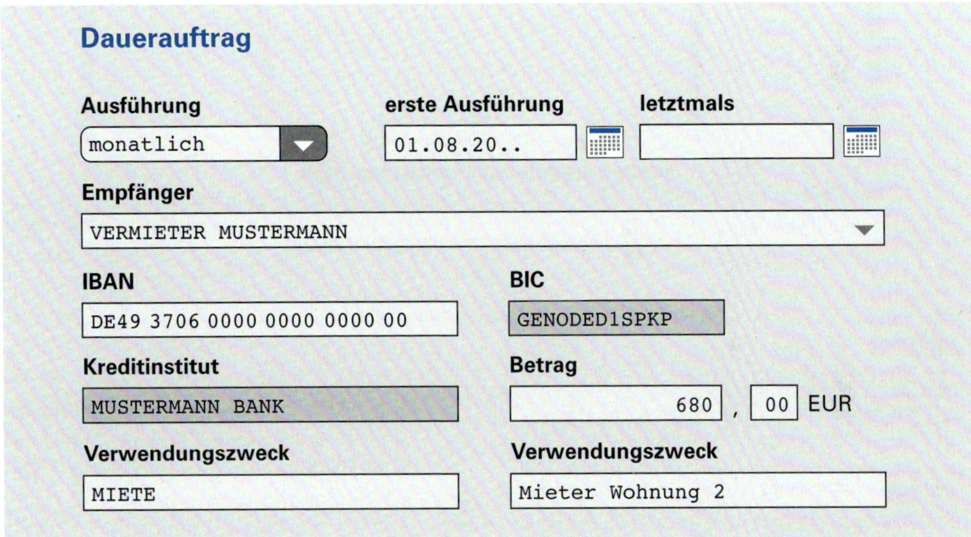
Dauerauftrag

Ausführung: monatlich
erste Ausführung: 01.08.20..
letztmals:
Empfänger: VERMIETER MUSTERMANN
IBAN: DE49 3706 0000 0000 0000 00
BIC: GENODED1SPKP
Kreditinstitut: MUSTERMANN BANK
Betrag: 680 , 00 EUR
Verwendungszweck: MIETE
Verwendungszweck: Mieter Wohnung 2

Lastschriftverfahren

Das Lastschriftverfahren bietet sich an, wenn Zahlungen mit **unterschiedlichen** Beträgen regelmäßig oder unregelmäßig geleistet werden müssen (z. B. Telefongebühren, Strom- und Wasserabrechnung).

Die SEPA-Verordnung hat auch zu Neuerungen im Lastschriftverkehr geführt. Dank einheitlicher Standards können mit SEPA-Lastschriften in allen Teilnehmerländern Forderungen in Euro auch grenzüberschreitend eingezogen werden.

Es können grundsätzlich zwei Formen des SEPA-Lastschriftverfahrens unterschieden werden:

Unterschied Basis- und Firmenlastschrift: Mandatsbestätigung durch den Zahlungspflichtigen

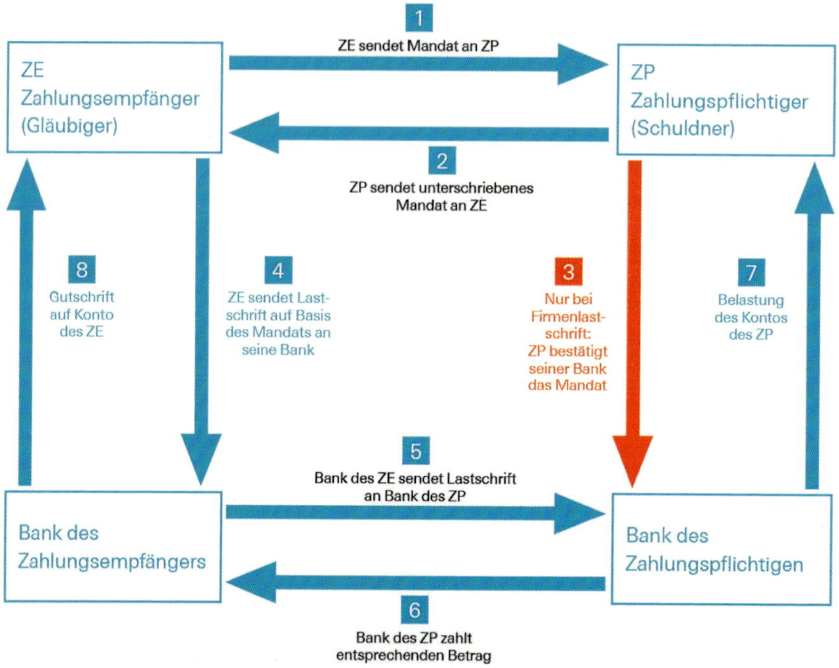

MUSTER GMBH, ROSENWEG 2, 00000 IRGENDWO

Gläubiger-Identifikationsnummer DE99ZZZ05678901234
Mandatsreferenz 987543CB2

SEPA-Lastschriftmandat

Ich ermächtige die Muster GmbH, Zahlungen von meinem Konto mittels Lastschrift einzuziehen. Zugleich weise ich mein Kreditinstitut an, die von der Muster GmbH auf mein Konto gezogenen Lastschriften einzulösen.

Hinweis: Ich kann innerhalb von acht Wochen, beginnend mit dem Belastungsdatum, die Erstattung des belasteten Betrages verlangen. Es gelten dabei die mit meinem Kreditinstitut vereinbarten Bedingungen.

____
Vorname und Name (Kontoinhaber)

____
Straße und Hausnummer

____
Postleitzahl und Ort

______________________ _ _ _ _ _ _ _ _ | _ _ _
Kreditinstitut (Name und BIC)

DE _ _ | _ _ _ _ | _ _ _ _ | _ _ _ _ | _ _ _ _ | _ _
IBAN

____
Datum, Ort und Unterschrift

Die **SEPA-Firmenlastschrift** (SEPA Business to Business Direct Debit) ist ausschließlich für den Verkehr mit Geschäftskunden vorgesehen.

Bei dem neuen europäischen Zahlungsinstrument wird zur Kennzeichnung des Kontos und des Zahlungsempfängers neben IBAN und BIC eine sogenannte **Gläubigeridentifikationsnummer** benötigt, die von der Deutschen Bundesbank an Lastschrifteinreicher vergeben wird.

Voraussetzung für den Einzug von Lastschriften mit einem **festen Fälligkeitsdatum** ist das **Lastschriftmandat**.

Darunter versteht man

- › die **Zustimmung des Zahlers** gegenüber dem Zahlungsempfänger zum Einzug fälliger Forderungen und
- › die **Weisung an die Bank/Zahlstelle** zur Belastung seines Kontos.

SEPA-Basislastschriften **mit** einem **gültigen Mandat** können bis zu **8 Wochen** nach Belastung ohne Angabe von Gründen zurückgegeben werden, **ohne gültiges Mandat** sogar bis zu **13 Monaten**. Der belastete Betrag wird dem Konto des Zahlers gebührenfrei wieder gutgeschrieben.

AKTION

1 Welches Risiko übernimmt ein Einzelhändler, wenn er die Bezahlung mit einer Lastschrift akzeptiert?

2 Warum ist der Dauerauftrag nur in wenigen Fällen für Bezahlvorgänge im Einzelhandel geeignet?

3 Die Wohnwelt GmbH bezieht Pflanzen für eine Sonderdekoration vom Gartenfachmarkt Grünland. Überprüfen und begleichen Sie die nebenstehende Rechnung sofort nach Erhalt durch Überweisung mit einem banküblichen Überweisungsformular.

Bankverbindung der Wohnwelt GmbH: Neuburger Bank, DE85 3100 6100 0012 0120 01.

GRÜNLAND
Samen - Pflanzen - Gartenbedarf
Aurenzstraße 10 , 88455 Koblach

Grünland GmbH, Aurenzstraße 10, 88455 Koblach

Wohnwelt GmbH
Am Parksee 1
77777 Neuburg

Koblach, 26. April 20..

Rechnung Nr. 2345789 / Auftrag 45667 / Kundennr.: 66 554332

Artikel	Menge	Preis/Stück	Gesamtpreis
Zierbananen	5	5,70 €	28,50 €
Topfchrysanthemen	6	1,25 €	75,00 €
Gartenbambus	10	8,50 €	85,00 €
Terracotta Pflanzkübel	10	3,75 €	37,50 €
Florakron Pflanzenerde	50	2,25 €	112,50 €
Zwischensumme:			**338,50 €**
- 10 % Rabatt			30,85 €
			307,65 €
+ Versandkosten			25,00 €
			332,65 €
+ 19 % USt			63,20 €
			395,85 €

Zahlungsbedingungen:
Zahlbar innerhalb 10 Tagen mit 2 % Skonto oder 30 Tage ohne Abzug

4 Welche bargeldlose Zahlungsweise sollte bei den folgenden Zahlungsvorgängen gewählt werden? Begründen Sie Ihre Entscheidung.

- Oliver schließt mit der DeltaFon einen Handyvertrag ab,
- Kirsten will von ihrer Ausbildungsvergütung monatlich 100 € auf ihrem Sparbuch anlegen,
- Ariane möchte monatlich das Geld, das sich am Monatsende noch auf ihrem Konto befindet, auf ihr Sparbuch übertragen,
- Leon kauft ein Wasserbett, das er in 24 Monatsraten zu jeweils 98 € abbezahlt,
- Arianes Mutter bestellte beim Online-Shop Zubando ein Kleid und Schuhe auf Rechnung.

5 Zur Begleichung von drei Rechnungen ausländischer Lieferanten mit €uro-Überweisungen benötigt die Buchhaltung Ihres Unternehmens u.a. die BIC-Nummer.

Sie erhalten den Auftrag für folgende Banken diese Nummer zu finden:

a) UBS AG, Zürich

b) Bank of China, Peking

c) Crédit Agricole, Paris.

6.3 Bargeldlose Zahlung mit kartengesteuerten Zahlungssystemen

„Die Freiheit nehm ich mir und zahle mit meinem guten Namen!"

SITUATION

In der Zentrale der Textil-Markt GmbH diskutiert die Geschäftsleitung darüber, ob neben Barzahlung und Zahlung mit Bankkarte künftig auch eine Bezahlung mit Kreditkarten angeboten werden soll.

Außerdem will man die Einführung einer hauseigenen Kundenkarte prüfen.

Sie erhalten als Assistent(in) der Geschäftsleitung den Auftrag, die Vor- und Nachteile dieser Bezahlformen für das Unternehmen kurz zusammenzufassen.

INFORMATION

Die Zahl der Käufer, die an den Kassen des Einzelhandels mit Bargeld zahlen, nimmt stetig ab. Gleichzeitig wächst die Zahl der Kunden, die mit **Zahlungskarten** („Plastikgeld") zahlen. Mehr als jeder vierte Euro gelangt über **Kartensysteme** in die Kassen des Einzelhandels.

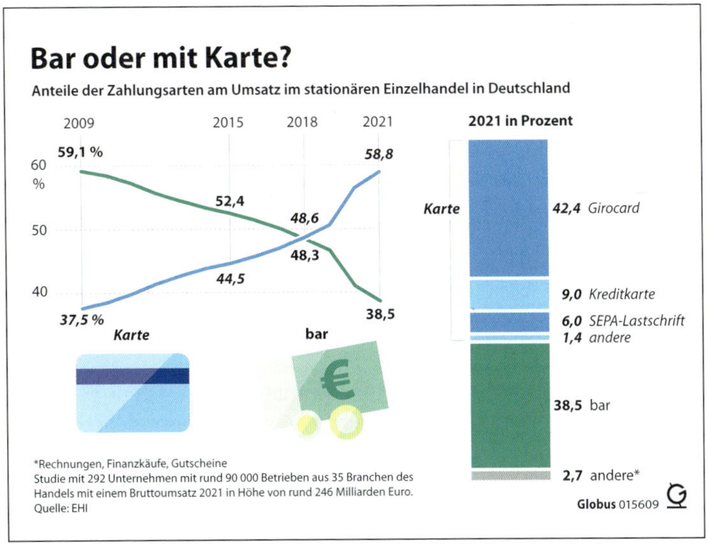

Neben den **Bankkarten** *(VR-Bankcard, Sparkassencard)* sind vor allem **Kredit-** und **Kundenkarten** von Bedeutung.

All diesen Karten ist **gemeinsam**, dass auf ihnen bestimmte Daten gespeichert sind *(Name des Karteninhabers, Kontonummer, Kartennummer, Verfügungsrahmen).*

Diese sind teilweise in Klarschrift auf der Karte lesbar und zusätzlich auf einem Chip und/oder Magnetstreifen codiert.

Weitere gemeinsame **Merkmale** von Zahlungskarten sind:

- sie bieten dem Händler erhöhte Sicherheit vor Falschgeld, Diebstahl und Überfall,
- sie senken seinen Bargeldbestand und reduzieren Kassenfehlbeträge,
- sie vereinfachen den Kassiervorgang und die Kassenabrechnung,
- sie benötigen eine entsprechende technische Ausstattung.

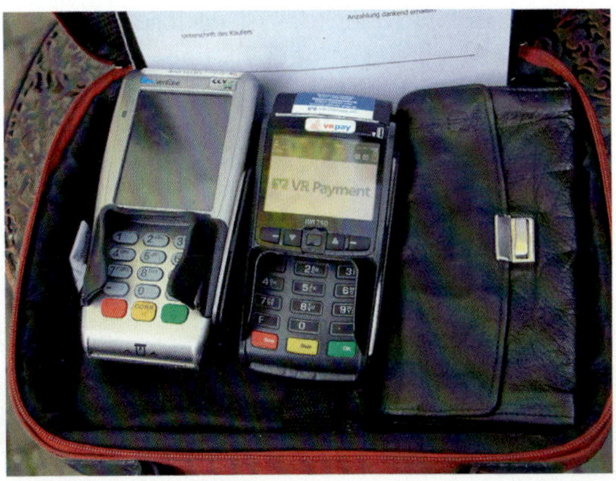

Zur Abwicklung und Verrechnung der bargeldlosen Zahlungen wird ein Netzbetreiber benötigt. Netzbetreiber sind z. B. Telecash und VR Payment. Diese Netzbetreiber arbeiten mit den Banken und Sparkassen zusammen und statten den Einzelhändler mit den zur Zahlungsabwicklung notwendigen Kartenterminals aus.

Bezahlung am POS mit einer Debitkarte

© Ralf – stock.adobe.com

Mit einer **Debitkarte** *(Bankkarte, Sparkassenkarte)*, die fast jeder Kontoinhaber besitzt, können Bankgeschäfte an Bankterminals getätigt werden *(Geldabhebungen, Zahlungsaufträge ausführen, Kontoauszug erstellen)*.

Im **Einzelhandel** dienen diese Karten zum **bargeldlosen Bezahlen** am **POS** (Point of Sale = Ort des Verkaufs und der Zahlung).

© playstuff –stock.adobe.com

Der englische Begriff „debit" bezeichnet einen Schuldposten. Bei diesen Karten werden die Umsätze zeitnah vom Konto des Käufers abgebucht, d.h. jeder Einkauf wird sofort dem Girokonto belastet.

Neben Namen, Konto- und Kartennummer können sich auf der Vor- und Rückseite sogenannte **Akzeptanzlogos** befinden, die über die Verwendungsmöglichkeiten der Karte informieren.

© Yakobchuk Olena – stock.adobe.com

Der große Vorteil dieser Debitkarten ist, dass nahezu **überall kontaktlos bezahlt** werden kann, auch im Ausland.

Viele Händler aber akzeptieren diese Debitkarte nicht, weil deren Service-Provider (das ist der Dienstleister des Händlers, über den dieser seine Zahlungen abwickelt) **hohe Gebühren** für damit getätigte Zahlungen verlangt. Das gelte gerade auch für den Online-Handel.

Im Einzelhandel ist das kontaktlose Bezahlen weitverbreitet.

© MizNHoarD – stock.adobe.com

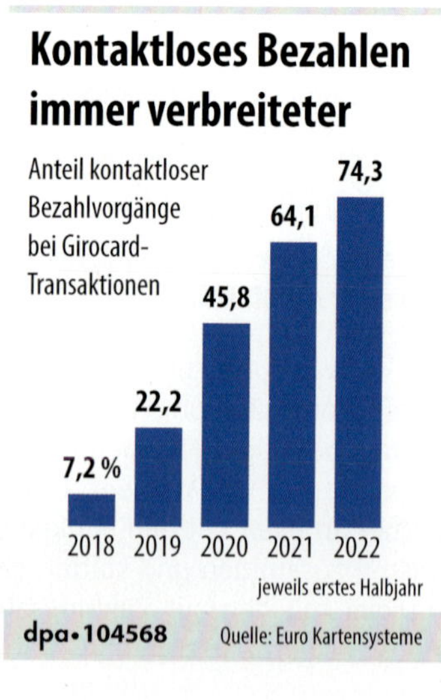

Electronic Cash (Online-Verfahren)

girocard®

Die Kunden bezahlen mit ihrer DebitKarte unter Eingabe ihrer **PIN** (persönliche Identifikationsnummer, umgangssprachlich „Geheimnummer"). Voraussetzung für dieses Verfahren ist der Anschluss an das Datennetz der Banken. Die Kosten pro Anfrage betragen 0,3 % vom Umsatz bzw. mindestens 0,08 €. Der durchschnittliche Zahlungsbetrag beträgt ca. 56 € (Quelle: Volksbanken, Raiffeisenbanken).

»» **Beispiel:** Ein Kunde kauft bei Uhren-Bessler eine Armbanduhr für 398 €. Da er nicht mehr genug Bargeld zur Verfügung hat, tätigt er den Kauf bargeldlos mit seiner Bankkarte, da Herr Bessler diese Zahlungsmöglichkeit anbietet.

Der **Zahlungsvorgang** bei den kartengesteuerten Zahlungssystemen läuft bei allen POS-Stellen des Handels gleich ab:

© (JLco) Julia Amaral – stock.adobe.com

- Eingabe des Zahlungsbetrags durch den Verkäufer in die Kasse.
- Käufer steckt Karte in den Kartenleser (= Terminal).
- Bestätigung des Zahlungsbetrags durch den Käufer.
- Eingabe der PIN (= Beweis als rechtmäßiger Karten- u. Konteninhaber).
- Überprüfung direkt, d.h. online, beim zuständigen Autorisierungssystem (Rechenzentrum) der kontoführenden Bank. Dabei wird geprüft, ob die PIN korrekt, die Karte nicht gesperrt ist und ob eine Kontendeckung vorhanden ist. Ist dies der Fall, erfolgt eine Autorisierung des Betrages durch die Bank, d.h. sie garantiert für die Einlösung.
- Bestätigung der Ordnungsmäßigkeit durch Vermerk auf dem Terminal „Zahlung erfolgt".
- Ausdruck der Quittung mit allen für den Kunden notwendigen Informationen.

Die **Abbuchung** erfolgt am gleichen Tag oder ein bis zwei Tage später vom Girokonto des Kunden. Nach dem Datenabgleich der beteiligten Banken erhält der **Händler** eine **Gutschrift** oft sogar am gleichen Tag auf seinem Konto.

Electronic Cash (Offline-Verfahren)

Der **Zahlvorgang** läuft ähnlich wie beim normalen Electronic Cash ab. Nur wird hier nicht der Magnetstreifen, sondern der **Chip** genutzt. Dieser wird mit einem vom jeweiligen Kreditinstitut festgelegten Geldbetrag als **Verfügungsrahmen** (Limit) geladen; meist sind dies 500 bis 1.000 € pro Woche. Bei einem Bezahlvorgang gibt der Kunde seine PIN ein. Das Händlerterminal prüft im Chip den noch zur Verfügung stehenden Rahmen und bucht dann den Kaufbetrag ab. Die **Prüfung** des Verfügungsrahmens erfolgt im Regelfall **offline**.

© Maryia – stock.adobe.com

Lastschriftverfahren

Beim **elektronischen Lastschriftverfahren** (SEPA-ELV) ist keine Eingabe einer PIN erforderlich. Die Kunden **unterzeichnen** lediglich den **Zahlungsbeleg**. Aufgrund der in der Karte gespeicherten Informationen wird ein Lastschriftbeleg erstellt, der wie eine normale Einzugsermächtigung über die Bank eingezogen wird. Bei diesem **Offline-Lastschrift-Verfahren** fallen nur geringe Kosten an und daher wird es von vielen Einzelhändlern bevorzugt.

Allerdings ist das SEPA-ELV-Verfahren erheblich risikoreicher als das PIN-Verfahren (keine Zahlungsgarantie!). Bei einer **Nichteinlösung** der Lastschrift wegen fehlender Deckung des Kontos, fallen für den Händler Gebühren für die Rücklastschrift an und es muss von ihm ein aufwendiges Mahn- und Klageverfahren eingeleitet werden.

ProDomo Neuburg
Vielen Dank für Ihren Einkauf
Terminalnummer 520 22175
Kartenzahlung
ec-Lastschrift
€ 199,95
Datum 12.10.2023 17:49 Uhr
Kto. 704 704 40 / 112 117
Karte 1 gültig bis 12/26

Hiermit ermächtige ich den o.g. Unternehmer, den ausgewiesenen Betrag zulasten meines angegebenen Kontos durch Lastschrift einzuziehen.

BEI NICHTEINLÖSUNG ODER WIDERSPRUCH IST MEIN KREDITINSTITUT BERECHTIGT, DEM O.G. UNTERNEHMER AUF ANFORDERUNG NAME UND ANSCHRIFT MITZUTEILEN:

UNTERSCHRIFT: *Gabi Klee*

KUNO ist ein freiwilliges System der Polizeibehörden und des Einzelhandels, mit dem Ziel, Betrugsfälle im kartengestützten Zahlungsverkehr zu reduzieren. Dies geschieht in Zusammenarbeit der Polizei aller Bundesländer mit Unternehmen des Einzelhandels und deren Netzbetreibern über einen zentralen Sperrdienst mit einer zentralen Sperrdatei.
Quelle: https://www.kuno-sperrdienst.de

Bezahlung mit Geldkartenfunktion

Eine Bankkarte mit Geldkartenfunktion, auch als **„elektronisches Portemonnaie“** bezeichnet, funktioniert ähnlich wie eine Telefonkarte, kann aber an speziellen Ladeterminals der Hausbank bis zu maximal 200 € immer wieder aufgeladen werden.

Die Zahlung mit einer Geldkarte geschieht durch Einführung in das Händlerterminal, wobei der fällige Betrag vom Chipguthaben abgebucht und auf das Händlerterminal gutgeschrieben wird. Mit dieser Karte sollen auch kleine Beträge bargeldlos auf rentable Weise bezahlt werden können.

Mit **„girogo“** soll das Bezahlen in Zukunft noch einfacher und schneller erfolgen. Die Zahlung erfolgt über den Chip auf der Bankkarte. Dabei wird die Karte einfach vor ein Bezahlterminal gehalten. Die Daten werden per Funk übertragen. PIN-Eingabe oder Unterschrift sind nicht mehr nötig. Allerdings ist dieses berührungslose Bezahlen auf höchstens 20,00 € je Zahlungsvorgang beschränkt.

GeldKarte

girogo

Bezahlung mit Kreditkarte

Kreditkarten sind ein **weltweit gültiges Zahlungsmittel**. Sie werden von Kreditorganisationen und Banken kostenlos oder gegen eine Jahresgebühr herausgegeben. Mit Kreditkarten können bei allen Vertragsunternehmen der Kartenorganisation (Akzeptanzstellen) bargeldlos Leistungen bezahlt werden *(Handel, Hotel und Restaurant, Tankstelle, Reisebüro, Flughafen, Autovermietung)*.

Die mit den Karten vorgenommenen **Zahlungen** werden dem Inhaber am **Monatsende** in einer Summe belastet oder es wird mit dem Kreditkartenunternehmen eine monatliche Rückzahlung der getätigten Umsätze in Raten vereinbart.

Für den **Einzelhändler** spielt es keine Rolle, wie die Vertragsgestaltung zwischen Kreditkartenorganisation und Karteninhaber erfolgt. Er erhält sein Geld über die Kreditkartenorganisation. Welche Karte Einzelhändler akzeptieren, ist für die Kunden am Eingang oder an der Kasse durch entsprechende **Akzeptanzaufkleber** zu erkennen.

Abb. Akzeptanzlogos für Kreditkarten

Vor- und Nachteile bei Bezahlung mit Kreditkarten			
+ für den Karteninhaber	–	+ für den Einzelhändler	–
› weltweit gültig › einfache und bequeme Zahlung › begrenzte Haftung bei Kartenverlust › Kreditrahmen	› Jahresgebühr › gilt nur bei Vertragsunternehmen › Neigung zu Spontankäufen	› Umsatzsteigerung › Zahlungssicherheit › Imagegewinn › Spontankäufe	› Kosten durch Servicegebühren und Einstiegsinvestition › Verwaltungsaufwand und keine sofortige Gutschrift

Zahlungsweg bei Bezahlung mit Kreditkarte

Beispiel: Das Ehepaar Henning besucht für mehrere Tage München. In der Sendlinger Straße kauft sich Frau Henning bei Juwelier Gruber eine Perlenkette zu 1.998 €. Da das Juweliergeschäft alle bekannten Kreditkarten akzeptiert, kann Frau Henning mit ihrer Visa-Karte bezahlen. Am Monatsende wird ihr der Betrag auf dem Konto der Neuburger Bank belastet.

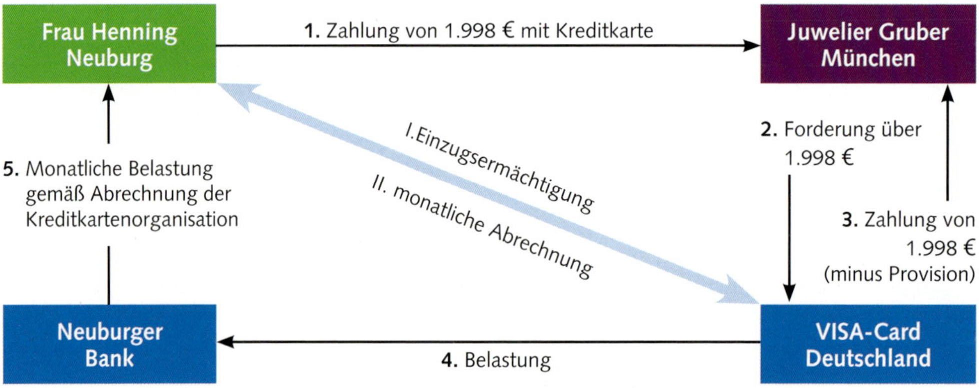

Bezahlung mit Kundenkarte

Im Gegensatz zu den Kreditkarten berechtigen **Kundenkarten** nur zu **bargeldlosen Zahlungen** im **ausgebenden Unternehmen**. Die kassentechnische Abwicklung erfolgt bei Benutzung einer Kundenkarte ähnlich wie bei den übrigen Zahlungskarten. Der Kunde unterschreibt einen Rechnungsbeleg, erhält eine Durchschrift und der Kaufbetrag wird monatlich von seinem Konto abgebucht.

Da Kundenkarten für das ausgebende Unternehmen in erster Linie ein Instrument zur langfristigen Kundenpflege und Kundenbindung sind, werden neben der Zahlungsfunktion oft eine Reihe zusätzlicher Serviceleistungen angeboten.

Beispiel: Inhaber der Breuninger Card erhalten monatlich eine Rechnung mit artikelgenauer Auflistung ihrer Käufe, die auf Wunsch auch online abrufbar ist. Der Kunde kann selbst entscheiden, wie er diese Rechnung bezahlen will (Lastschrifteinzug, Überweisung, Bareinzahlung an einer Kasse des Unternehmens).

Zum Geburtstag bekommt der Karteninhaber einen persönlichen Geburtstagsgutschein. Ausgewählte Artikel erhält man exklusiv mit Preisvorteilen. Karteninhaber können alle ausgesuchten Artikel als Auswahl bis zu zehn Tage nach Hause nehmen.

Neben den Kundenkarten mit Zahlungsfunktion existieren auch **Kundenkarten**, die als **Rabatt- und Bonuskarten** Verwendung finden. Sie dienen nicht nur der Kundenbindung, sondern sollen auch dazu betragen, die von vielen Kunden betriebene Preisfeilscherei zu unterbinden.

Sie profitieren sofort!

- **3% Bonus** in Form eines Bonusschecks für alle getätigten Einkäufe (auch auf reduzierte Ware)
- **7% Geburtstagsrabatt** zusätzlich auf alle Teile Ihres Geburtstagseinkaufs
- **Geld-zurück-Garantie**
- **Info-Service** über Top-Angebote und Top-Veranstaltungen.
- **Keine Zahlungsfunktion**

Beispiel: Die „Vorteilskarte“ eines mittelständischen Textilkaufhauses ohne Zahlungsfunktion:

Ab einem Kauf im Wert von 5 € werden 3 % des Kaufpreises als Bonus einem Kundenkonto gutgeschrieben. Alle drei Monate erhält der Kunde vom Modehaus per Post einen entsprechenden Warengutschein, den er beim nächsten Kauf an der Kasse einlöst.

Zahlungskarten im Überblick

Verfahren/ Eigenschaften	Electronic Cash online	Electronic Cash offline	Geldkarte (elektr. Geldbörse)	EC-Lastschrift (online)	ELV (EC-Lastschriftverfahren)	Kreditkarte
Karte	BankCard/ Sparkassen-Card	BankCard/ Sparkassen-Card	BankCard/ Sparkassen-Card	BankCard/ Sparkassen-Card	BankCard/ Sparkassen-Card	je nach Händlerentscheidung
Unterschrift	nein	nein	nein	ja	ja	ja
Geheimzahl (PIN)	ja	ja	nein	nein	nein	auf Wunsch
Online › **Sperrabfrage** › **Autorisierung am Konto**	 ja ja	 bei Bedarf bei Bedarf	 nein nein	 ja	 nein nein	 ja ja
Zahlungsgarantie	ja	ja	ja	nein	nein	ja
Kosten	0,3% vom Umsatz mind. 0,08 €	0,3% vom Umsatz mind. 0,08 €	0,3% vom Umsatz mind. 0,01 €	0,04 € für Sperrabfrage	keine	zwischen 2 und 5 % vom Umsatz
Risiko des Einzelhändlers	nein	nein	nein	mittel	hoch	nein

Kassieranweisungen für Bezahlung mithilfe elektronischer Systeme

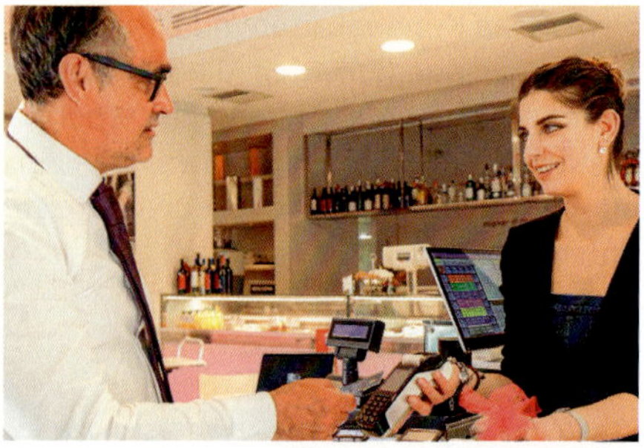

© alex.pin – stock.adobe.com

Beim Bezahlen mit Bank-, Kredit- oder Kundenkarten sind besondere Grundsätze zu beachten, die sich in den einzelnen Unternehmen nur unwesentlich unterscheiden. Nachdem der Kunde die Karte vorgelegt hat, muss Folgendes geprüft werden:

- Ist die Karte noch gültig?
- Ist die Karte unterschrieben?
- Stimmt der Vorname auf der Karte mit den sichtbaren Merkmalen überein? (Datenabgleich mithilfe eines Lichtbildausweises vornehmen.)

Bezahlen mit EC-Cash

© CandyBox Images – stock.adobe.com

Je nachdem, welches Verfahren Anwendung findet, muss der **EC-Cash-Beleg** auf der Rückseite vom Kunden unterschrieben werden (ohne PIN-Eingabe). Auf dem Beleg findet sich dann der Vermerk „Unterschrift umseitig". Die Unterschrift des Kunden auf dem ersten EC-Cash-Beleg ist vom Mitarbeiter an der Kasse mit der Unterschrift auf der Karte zu vergleichen.

Die Unterschrift kann auch auf einem entsprechenden Touchscreen erfolgen.

© tongpatong – stock.adobe.com

Mit PIN-Eingabe erhält der Beleg den Vermerk „Zahlung erfolgt" und es ist keine Unterschrift zu leisten. In beiden Fällen erhält der Kunde den zweiten Beleg zusammen mit dem Kassenbon und der Bankkarte ausgehändigt.

Bezahlen mit Kunden- und Kreditkarte

Bei beiden Kartensystemen leistet der Kunde eine Unterschrift ohne PIN-Eingabe (bei Kreditkarten soll allerdings demnächst die PIN-Eingabe verpflichtend werden). Durch die Unterschrift erteilt der Kunde eine einmalige SEPA-Lastschrift über den zu zahlenden Betrag.

Besondere Verhaltensweisen des Kassenpersonals

© nithid18 – stock.adobe.com

Es ist unbedingt darauf zu achten, dass dem Kunden vor seiner Unterschrift der zu zahlende Preis auf dem Unterschriftsbeleg gezeigt wird. Er kann somit die registrierte Summe mit der auf dem Zahlungsbeleg vergleichen. Äußert er keine Bedenken, hat er den zu zahlenden Preis akzeptiert. Die unterschriebenen Belege sind wie Bargeld zu behandeln und müssen in der Kassenschublade aufbewahrt werden.

Übersicht über die Zahlungsformen beim Onlinekauf

	Ablauf	Käufer		Verkäufer	
		Vorteile	Nachteile	Vorteile	Nachteile
Zahlung per Rechnung	Käufer bestellt und erhält die Ware. Der Käufer bezahlt die Rechnung.	kein Risiko, da Zahlung erst nach Erhalt der Ware	–	beliebt bei den Kunden – geringe Abbruchquote	hohes Risiko (Kunde zahlt nicht oder zu spät)
Zahlung per Lastschrift	Käufer bestellt und gibt Kontodaten an. Betrag wird abgebucht.	schnell und bequem	Angabe der Kontodaten	geringes Risiko	Konto nicht gedeckt oder falsche Daten
Zahlung per Kreditkarte	Käufer bestellt und gibt Kreditkartendaten an. Abbuchung vom Konto.	schnell und bequem	Angabe der Kreditkartendaten	geringes Risiko	Gebühren pro Buchung
Zahlung per Nachnahme	Käufer bestellt und bezahlt die Ware beim Paketboten.	kein Risiko	Nachnahmegebühr	geringes Risiko, signalisiert Sicherheit	Kunde nimmt Paket nicht an
Zahlung per Vorkasse	Käufer bestellt und überweist den Betrag. Verkäufer verschickt nach Zahlungseingang.	eventueller Preisnachlass	hohes Risiko, da Zahlung erfolgt, bevor die Ware kommt	kein Risiko, da Zahlung erfolgt, bevor die Ware versendet wird	beim Kunden sehr unbeliebt
Zahlung per PayPal	Paypal speichert E-Geld und ist ein Zwischenhändler. Bei PayPal registrieren und Konto freischalten. Überweisungen per Mail: vom Konto auf PayPal und von dort aus zum Verkäufer, der es in echtes Geld tauschen kann.	einfach und unkompliziert keine Bankdaten beim Onlineshop Verschlüsselung Käuferschutz	keine Zinsen keine Garantien (Angaben der Nutzer und Abschluss des Geschäfts)	beliebt bei den Kunden international	keine Garantien (Angaben der Nutzer und Abschluss des Geschäfts) Gebühren

AKTION

1 Erläutern Sie den Unterschied zwischen Geldkarte und Bankkarte.

2 Sie kaufen in einer Buchhandlung einen Roman für 29,90 € und bezahlen mit Ihrer Sparkassen-Card. Sie müssen keine Unterschrift leisten. Beschreiben Sie kurz den Ablauf des gesamten Zahlungsvorgangs.

3 Warum benutzen viele Einzelhändler das SEPA-ELV-Lastschriftverfahren? Nennen Sie drei Gründe.

4 Erstellen Sie eine Tabelle nach folgendem Muster:

Vor- und Nachteile von Electronic Cash		
	Vorteile	Nachteile
Kunde		
Einzelhändler		

Ordnen Sie die folgenden Aussagen dieser Tabelle zu:

- kundenfreundlich; bequeme Zahlung
- hohe Investitionskosten
- positives Image
- Gefahr, mehr als geplant einzukaufen
- keine zusätzlichen Kartengebühren
- Gebühren für Netzanschluss
- Zahlungsgarantie der Banken
- Probleme bei Ausfall der Elektronik
- schnelle Gutschrift des Gegenwertes
- bei Verlust Schadensrisiko

5 Warum lehnen manche Einzelhandelsgeschäfte die Bezahlung mit Kreditkarte ab?

6 In Ihrem Ausbildungsbetrieb hat man sich trotz einiger Bedenken dafür entscheiden künftig Kreditkarten als Zahlungsmöglichkeit zu akzeptieren. Sie erhalten den Auftrag sich über die Angebote für Händler zu informieren. Nutzen Sie dazu die Webseiten der vier großen Anbieter Mastercard, Visa, Diners Club und American Express. Entscheiden Sie sich für einen Anbieter und begründen Sie diese Wahl in einem kurzen Statement.

7 Welche Schlussfolgerungen können Sie aus der unten aufgeführten wöchentlichen Umsatzauswertung der Textilabteilung im Warenhaus Merkur in Neuburg ziehen?

Merkur Fil. NB Umsatzauswertung Woche 12		
Zahlungsart	**Umsatz**	**Kunden**
Barverkäufe	60.000,00 €	480
EC-Cash	33.000,00 €	220
Kreditkarte	18.000,00 €	80
Gesamtumsatz	111.000,00 €	780

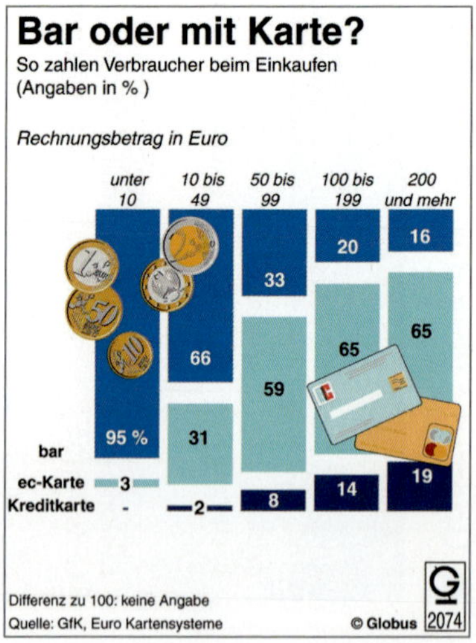

8 Beschreiben und interpretieren Sie das nebenstehende Schaubild.

9 Erläutern Sie verschiedene Zahlungsformen beim Onlinekauf.

Schwerpunkt Betriebswirtschaft (SBW)

Lernfeld 4
Waren präsentieren

Inhalte

1 Warenkennzeichnung
2 Ladenbau und Ladengestaltung
3 Vorbereitung der Ware für die Präsentation
4 Präsentationsmöglichkeiten
5 Visual Merchandising

© CORRADO RIVA – stock.adobe.com

© CORRADO RIVA – stock.adobe.com

© Zhu difeng – stock.adobe.com

1 Warenkennzeichnung

100% Polyester, E 621, XXL, ®, 500 GB, DIN A4 ...? Waren kennen mithilfe der Warenkennzeichnung!

SITUATION

Mithilfe eines Internetfragebogens und durch persönliche Befragung in Supermärkten hat der Verein für Konsumenteninformation (Österreich) eine Untersuchung durchgeführt, die darüber Auskunft geben soll, auf welche Informationen bei Lebensmitteln die Verbraucher besonderen Wert legen.

1. Beurteilen Sie das Ergebnis.
2. Informieren Sie Ihre Mitschüler über die Eigenschaften einer Ware Ihres Ausbildungssortiments mithilfe von mindestens fünf Warenkennzeichnungen.

INFORMATION

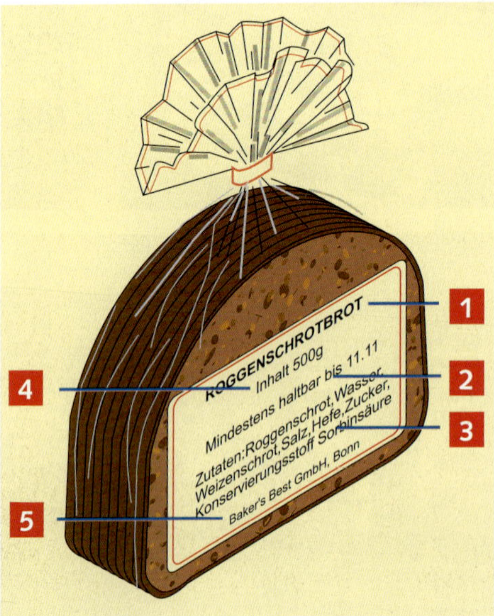

Die **Kennzeichnung** von **Waren** dient sowohl dem Verkäufer als Information bei der Beratung als auch dem Verbraucher beim Kauf von Waren in Selbstbedienung. Zum **Schutze** des Konsumenten (*Inhaltsstoffe*), für eine richtige **Lagerung** (*Haltbarkeit*) und **Verwendung** (*Warnhinweise*) verlangt der Gesetzgeber von Herstellern und Händlern die Waren des Sortiments wahrheitsgemäß zu kennzeichnen.

»

Beispiel: Kennzeichnung verpackter Lebensmittel nach der Lebensmittelkennzeichnungsverordnung

1. Verkehrsbezeichnung = Warenname
2. Mindesthaltbarkeitsdatum
3. Zutatenliste
4. Menge
5. Hersteller oder Vertreiber

1.1 Kennzeichnung zur Lagerhaltung und zur Sicherheit

Da Lebensmittel nur beschränkt haltbar sind, müssen Hersteller die Händler und Verbraucher darüber informieren, wie lange eine Ware bei sachgemäßer Lagerung ohne nennenswerten Qualitätsverlust mindestens haltbar ist. Dieser Zeitpunkt wird als **Mindesthaltbarkeitsdatum** (MHD) bezeichnet *(mindestens haltbar bis 03.2018)*.

Bei leicht verderblichen Lebensmitteln *(Hackfleisch, Frischgeflügel)* ist ein **Verbrauchsdatum** *(verbrauchen bis spätestens 06-10-18)* anzugeben.
Bei Waren, die **gefährliche Inhaltsstoffe** enthalten, warnen **Symbole** auf der Ware bzw. der Verpackung vor diesen Gefahren.

Beispiele:

Warnung vor giftigen Stoffen	**Warnung vor feuergefährlichen Stoffen**	**Warnung vor explosionsgefährlichen Stoffen**	**Warnung vor reizenden oder gesundheitsschädlichen Stoffen**

1.2 Preisauszeichnung und Etikettierung

Zur Angabe von Endpreisen ist nach der **Preisangabenverordnung** (PAngV) jeder verpflichtet, der Waren und/oder Dienstleistungen anbietet oder hierfür mit Preisen wirbt.

Preisauszeichnungspflicht

Die Preise müssen die Umsatzsteuer und eventuelle sonstige Preisbestandteile *(Pfandbetrag bei Mehrwegflaschen)* enthalten.

Vorgeschrieben ist die Angabe eines **Grundpreises**, d. h. Angabe des Verkaufspreises plus Preis je Maß- oder Gewichtseinheit *(1 Kilogramm, 1 Liter, 1 Meter)*. Die Grundpreisauszeichnung gilt für Food wie Non-Food-Artikel.

Ausnahmen gelten für lose Waren, bei denen die Angabe des Preises je Maßeinheit genügt *(1 kg, Bund, Stück)*, sowie bei Waren, deren Nenngewicht oder -menge weniger als 10 g/10 ml beträgt oder Waren, die verschiedenartige Erzeugnisse enthalten, die nicht miteinander vermischt sind.

Beispiele:

PRIMA Taschentücher 6 x 10 ST	Handschuhe „Arctic"
1,25 €	**29,95 €**
2,08 € je 100 Stück	100 % reine Wolle
Grundpreisangabe Non-Food	**keine Grundpreisangabe notwendig**

Die Preisauszeichnung muss bei allen Waren vorgenommen werden, die in Schaufenstern oder im Verkaufsraum sichtbar ausgestellt sind oder vom Kunden direkt entnommen werden können.

Das Preisschild kann direkt an der Ware, aber auch am Warenträger *(Regal, Ständer, Gondel)* angebracht sein.

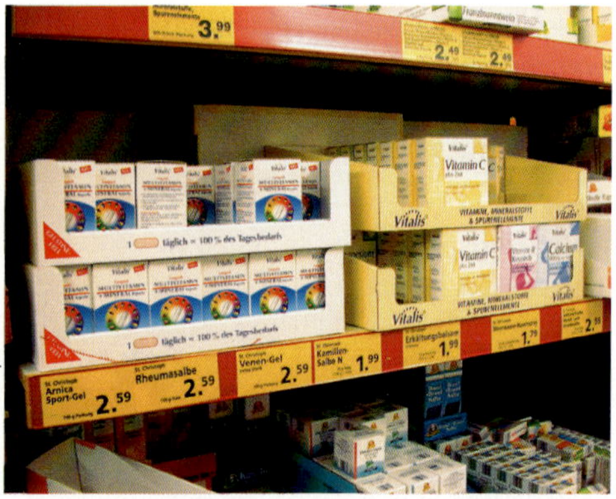

Abb. Möglichkeiten der Preisauszeichnung

Abb. elektronische Preisauszeichnung an Regalschiene

Mit **elektronischen Preisauszeichnungssystemen,** die drahtlos über Funk gesteuert werden, sind Preisänderungen problemlos möglich.

So können z. B. zur gleichen Zeit in allen Filialen eines Großunternehmens die Preise geändert werden.

Keine Auszeichnungspflicht besteht bei Sammlerstücken, Antiquitäten und Kunstgegenständen sowie Blumen, die direkt aus dem Treibhaus verkauft werden.

Waren, die nach Prospekten, Katalogen oder auf Bildschirmen (E-Commerce) angeboten werden, sind dadurch auszuzeichnen, dass die Preise unmittelbar bei den Abbildungen oder Warenbeschreibungen angegeben werden.

Preisauszeichnung

am Warenträger
- übersichtlich
- schnell auszuwechseln
- kostengünstig

an der Ware
- zeit- und kostenaufwendig
- Zusatzfunktionen möglich

Warencodierung durch Etiketten

In vielen Fällen werden Waren mit Etiketten versehen, weil dabei Zusatzfunktionen genutzt werden können.

Grundfunktion	Preisangabe	Vorgeschrieben durch Preisangaben-Verordnung	Für Kunden erkennbar
	Grundpreis Güteklasse		
Zusatzfunktionen	Informationen für Kunden		
	Werbung		
	Informationen für das Personal (verschlüsselt)		Für Kunden nicht erkennbar (bzw. nicht direkt erkennbar)
	Diebstahlschutz	Erfordert RFID-Technik (Smart-Tags)	
	Erfassung von Warenbewegungen (Warenwirtschaft)		
	Erfassung von Verkaufsdaten (Marketing)		

Die meisten Waren sind mit Codes versehen, die von entsprechenden Geräten gelesen werden können. Dies ermöglicht eine artikelgenaue Erfassung für das Warenwirtschaftssystem. Je nach Ware oder Branche werden dabei verschiedene Etiketten und die entsprechenden Scanner eingesetzt.

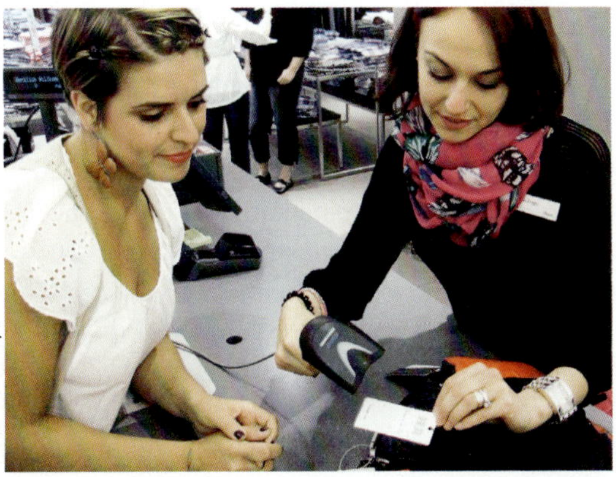

© METRO Group, Düsseldorf

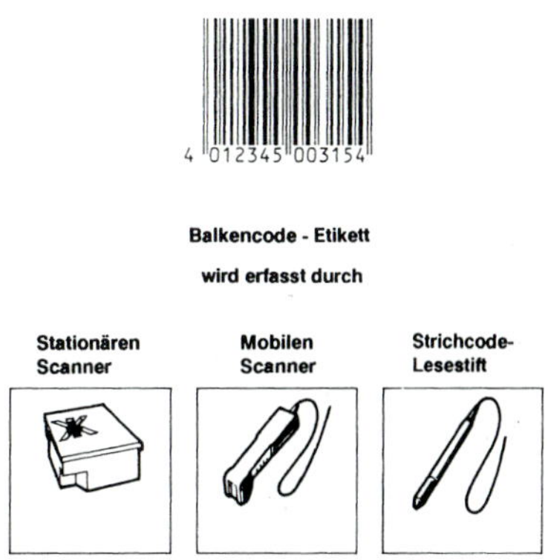

Abb. Maschinenlesbare Etiketten und deren Erfassungsgeräte

RFID-Technologie

Moderne Technik ermöglicht mittlerweile Etiketten, die ihre Informationen über mehrere Meter zu den Erfassungsgeräten übertragen. Diese **Smart-Tags** sind durch **R**adio**f**requenz-Technik zu **Id**entifikationszwecken (**RFID**) in der Lage, viele neue Funktionen zu erfüllen.

© frimufilms – stock.adobe.com

© vectorpouch – stock.adobe.com

© wladimir1804 – stock.adobe.com

Smart-Tags mit RFID-Technik dienen

- dem Preisaufruf (durch die entsprechenden Kassen),
- der Diebstahlsicherung (nicht deaktivierte Etiketten lösen Alarm an der elektronischen Schleuse aus),
- der Wareneingangs- und Warenausgangserfassung im Rahmen von Warenwirtschaftssystemen,
- der automatischen Benachrichtigung, wenn der Meldebestand unterschritten wird,
- der Warenerfassung bei der Inventur,
- dem Aufruf von Informationen zum Zwecke der Warenpräsentation und der Kundenansprache.

»› **Beispiel:** Wie die RFID-Technik die Warenpräsentation und die Kundenansprache unterstützen kann, soll an diesem Beispiel deutlich werden:

Frau Bergmann besucht das FUTURE-Kaufhaus. Sie sucht sich einen Pullover aus, der ihr gut gefällt. Dieser trägt ein Smart-Tag. Frau Bergmann begibt sich in eine Kabine zur Anprobe. Dort erkennt ein Lesegerät die Ware und sendet über Bildschirm und Lautsprecher Informationen:

„Liebe Kundin, mit diesem eleganten Pullover sind Sie jederzeit modisch und korrekt gekleidet. Durch sieben Farbvarianten finden Sie das Modell, welches am besten zu Ihrem Typ passt. Sie können diesen Pullover besonders gut mit unseren Street-Hosen kombinieren. Wenn Sie Lust zur Anprobe haben, finden Sie die Street-Hosen gleich neben der Rolltreppe.

Übrigens: Durch das Mischgewebe ist dieser Pullover relativ unempfindlich. Sie können ihn natürlich auch in der Maschine waschen.

Wir wünschen Ihnen viel Freude mit dem Pullover von FUTURE!"

Wenn Frau Bergmann bei der Zahlung ihre Kundenkarte vorlegt, können auch ihre Einkaufsgewohnheiten erfasst werden. Das FUTURE-Kaufhaus erfährt dann, welche Ware sie kauft, welche Größe sie trägt, wann sie ihre Einkäufe tätigt und wie sie bezahlt. Dabei würden Warendaten mit Kundendaten verknüpft. Diese Verknüpfung ist umstritten und ruft die Datenschützer auf den Plan.

© Jürgen Fälchle – stock.adobe.com

1.3 Warenkennzeichnung mithilfe von Marken

Marken sind Kennzeichen für Waren eines Unternehmens und dienen zur Unterscheidung von Waren anderer Unternehmen[1].

© Oberpaur, Ludwigsburg

Abb. Markenshop in Textilkaufhaus

Bei der **Warenpräsentation** spielt die **„Markierung"** einer Ware eine wichtige Rolle, denn eine große Kundengruppe bevorzugt den Kauf von **Markenartikeln**. Diese erkennt sie durch ihr bekannte Namen, Zeichen, Symbole oder Bilder. Im **Textileinzelhandel** wird dies z. B. durch das **Markenshop-Konzept** verwirklicht. Nicht die Waren- oder Artikelgruppe wird präsentiert *(Hosen, Jacken, Hemden, Pullis)*, sondern das gesamte Angebot eines bestimmten Markenherstellers.

Wer Artikel im **SB-Bereich** markenorientiert präsentiert, erhält häufig eine werbliche Unterstützung durch den Hersteller. Diese geschieht vor allem durch die Bereitstellung von **Display-Material**. Es reicht von einfachen Pappdisplays bis zu hochwertigen Warenträgern (vgl. Kap. 3.1).

Der Kunde erkennt sofort den beworbenen **Markenartikel**. Dadurch profitieren sowohl der Hersteller, der die Art und den Aufbau der Präsentation bestimmen kann, und der Händler, der zusätzliche Umsätze erzielt, z. B. durch eine attraktive Zweitplatzierung (vgl. Kap. 2.3).

© Beck

Abb. Markendisplay in einem Supermarkt

1 Markenzeichen werden im LF 8 als Teil von Marketingkonzeptionen ausführlich behandelt.

AKTION

1 Warum werden Waren mit dem Preis ausgezeichnet? Nennen Sie mehrere Gründe.

2 Welche Angaben schreibt die Preisangaben-Verordnung jeweils vor?
- sechs abgepackte Äpfel
- Strumpfhose
- Stuhl aus dem 18. Jahrhundert
- Laptop
- 0,75-l-Flasche Rotwein
- Stiefmütterchen ab Freiland

3 Errechnen Sie jeweils den Grundpreis:
- 150 g Keks: 1,89 € (Preis pro kg)
- 0,75 l Wein: 4,99 € (Preis pro l)
- 15 × 15 cm-Fliese 1,48 € (Preis pro m^2)

4 Für Bier, Milch, Limonade, Mineralwasser, Zucker, Schokolade oder Kakao gibt es aufgrund einer EU-Richtlinie nahezu keine vorgegebenen Füllmengen (Wein und Spirituosen sind ausgenommen). Wie argumentieren Sie einem Kunden gegenüber, der diese Regelung für ausgesprochen verbraucherfeindlich hält?

5 Warum ist es in vielen Fällen sinnvoll, Etiketten mit zusätzlichen Funktionen zu verbinden? Erläutern Sie dies an drei Beispielen.

6 Untersuchen Sie die Etiketten. Welche Informationen können die Kunden und das Personal entnehmen? Fertigen Sie eine Übersicht an.

7 Welche Arten von Etiketten werden in Ihrem Ausbildungsbetrieb eingesetzt?

8 Entwerfen Sie in der Lerngruppe ein Display für die Präsentation von Schreibgeräten *(Schulfüller, Kugel- und Faserschreiber)*.

Bauen Sie es anschließend aus Pappe oder anderen in Ihrer Schule zur Verfügung stehenden Materialien nach.

2 Ladenbau und Ladengestaltung

SITUATION

© Beck

© Beck

© METRO Group, Düsseldorf

1. Welche Absicht verfolgen die Ladenbauer mit der in den Abbildungen dargestellten Gestaltung der Verkaufsflächen?
2. Führen Sie einen Stadtgang durch und dokumentieren Sie die Außen- und Innengestaltung unterschiedlicher Betriebsformen.

INFORMATION

© muratteliioglu – stock.adobe.com

Bei der **Ladengestaltung** ist zu beachten, dass die Ladenarchitektur, die Wahl der Farben und Materialien so aufeinander abgestimmt sein müssen, dass sie zur Kundenzielgruppe des Geschäftes passen und auf das Sortiment abgestimmt sind. So wird sicher niemand in der Filiale eines großen Discounters aufwändige Warendarbietungen oder Sitzecken für Kunden mit Zeitschriften und Getränken erwarten.

Ein Kunde muss daher immer erkennen, wofür ein Unternehmen steht *(Luxus oder Discount)*, d. h. Sortiment und Ladeneinrichtung müssen stimmig sein.

Außerdem soll der Kunde durch Ladenbaumaßnahmen die Möglichkeit erhalten, sich auch ohne Beratung in den Verkaufsräumen zurechtzufinden, d. h. die gesuchte Ware schnell zu finden und problemlos aus den Warenträgern entnehmen zu können.

2.1 Gestaltung der Außenfront und der Verkaufsräume

Fassade

Die **Ladenfront** (Fassade) muss so gestaltet sein, dass Kunden schnell und sicher erkennen können, um welches Geschäft es sich handelt. Dies geschieht durch Schilder, Leuchtschriften oder Bemalung der Fassade. Es gibt auch Läden, die sich durch besondere Ideen abheben. Ein Fahrrad an der Fassade zeigt an: Hier gibt es Fahrräder und Zubehör.

Besonders leicht haben es die Filialbetriebe, weil ihre Logos fast jedem Menschen bekannt sind, wie die folgenden Abbildungen zeigen.

© Beck © Beck © Beck

Abb. Filialbetriebe von Handelsunternehmen

Die **Gestaltung** der **Fassade** soll außerdem den **„Charakter"** des Geschäfts verkörpern. Man kann auch sagen: Die Fassade ist das „Gesicht" des Unternehmens.

»› **Beispiel:** Ein weltweit bekanntes Uhren- und Schmuckunternehmen unterstreicht die Exklusivität seiner Waren durch die luxuriöse Gestaltung der Fassade mit Marmor und Gold.

© Beck

Eingangsbereich

Der **Eingangsbereich** soll die Kunden einladen, das Geschäft zu betreten. Ungünstig sind deshalb Stufen, schwere Türen oder enge Zugänge. Beim Bau der Läden wird darauf geachtet, dass ebenerdige Eingänge den Zugang erleichtern und für Behinderte möglich machen.

Viele Eingänge stehen fast das ganze Jahr über offen und laden Kunden ein. Wo das nicht möglich ist, können Türen mit einem Sensor ausgerüstet werden, der für die automatische Öffnung sorgt.

Bei einigen Läden kann man kaum erkennen, wo der Bereich des Geschäfts eigentlich beginnt: Das Pflaster des Bürgersteiges ist in den Laden hineingezogen, die Warenauslagen beginnen schon vor dem Eingang. Die Kunden müssen nicht bewusst ein Geschäft betreten, sondern sie werden in die Verkaufszone gelenkt.

Abb. Eingangsbereich eines Warenhauses

Ladeneinrichtung

Die **Ladeneinrichtung** (Fachbegriff: **Store Design**) wird durch **Innenarchitekten** und **Ladenbauunternehmen** geplant und gestaltet. Für Wände, Decken und Fußböden werden dem Sortiment angepasste Materialien und Farben ausgewählt.

Eine besondere Rolle spielt auch die **Ausleuchtung** der **Verkaufsräume**. Spezielle **Lichtdesigner** rücken die Waren „ins rechte Licht". So kann man z. B. durch Punktstrahler (Akzentbeleuchtung) auf bestimmte Artikel aufmerksam machen. Eine andere Möglichkeit ist, dass man durch einheitliche Grundbeleuchtung für das ganze Geschäft eine angenehme Kaufatmosphäre schafft.

Beispiel: Ladengestaltung in einem Uhren- und Schmuckgeschäft

Der fensterlose Verkaufsraum ist in einem hellen und warmen Grundton gehalten. Kräftige Farben der Wandelemente bilden markante Akzente und richten die Aufmerksamkeit der Kunden auf die ebenfalls farblich gestalteten Warenträger. Neben der hellen Grundausleuchtung, die an Tageslicht erinnert, werden durch Strahler die einzelnen Verkaufstheken besonders hervorgehoben. Die von innen beleuchteten Vitrinen heben die dort präsentierten Artikel besonders hervor. Die Farbe des Fußbodens wirkt beruhigend und lenkt die Kunden nicht ab.

Standort und Nachbarschaft

Der **Standort** und die **Nachbarschaft** des Geschäfts sind bei der Ladengestaltung ebenfalls zu beachten. So richtet sich z. B. die Größe der Verkaufsräume auch nach dem Standort. Aufgrund der hohen Mieten in **Citylagen**, fallen dort die Verkaufsflächen meist kleiner aus, als wenn man in einem **Wohngebiet** oder am **Stadtrand** sein Geschäft hat. Die Größe der Verkaufsfläche beeinflusst in erheblichem Maß die Ladengestaltung.

Bei einer hohen **Kundenfrequenz** ist es z. B. erforderlich, dass mehrere Kunden gleichzeitig beraten werden können. Daher sind in einem solchen Fall mehrere Verkaufstheken notwendig.

Auch die Größe des **Einzugsgebiets** wirkt sich auf die Ladenplanung und -gestaltung aus. Wenn die Kunden von weit her kommen, benötigen sie i. d. R. Parkmöglichkeiten. Da diese in den Innenstädten nur schwer zu finden sind, wird häufig ein Standort gewählt, der gut mit dem Pkw erreichbar ist.

Manche Läden passen gut zueinander und wirken gemeinsam besonders anziehend auf Kunden, z. B. Geschäfte für Textilien, Schuhe und Sportbekleidung in den Innenstädten oder Fachmärkte für Bau, Garten und Möbel am Stadtrand.

Abb. Beispiel für positive Nachbarschaft

Es gibt aber auch Fälle, bei denen **Nachbarschaft** störend wirkt. Ein exklusives Schmuckgeschäft passt sicher nicht zwischen einen Fischladen und einen Anbieter von Restposten.

AKTION

1 Erläutern und begründen Sie, woran man Filialbetriebe großer Handelsunternehmen sofort erkennt.

2 Wodurch unterscheiden sich Eingänge von Läden und Wohnungen? Nennen Sie Unterschiede und geben Sie den Grund an.

3 Beschreiben Sie ein Geschäft, dessen Eingang Sie für besonders gelungen halten, um Kunden zum Betreten zu bewegen.

4 Listen Sie Bestandteile des Ladenbausystems auf, die in Ihrem Ausbildungsbetrieb vorhanden sind.

5 Beschreiben Sie den Standort und die Nachbarschaft Ihres Ausbildungsbetriebs.

6 Beurteilen Sie die Häufigkeit und die Verteilung der Textil- und Schuhgeschäfte am Standort Milbecker Straße.

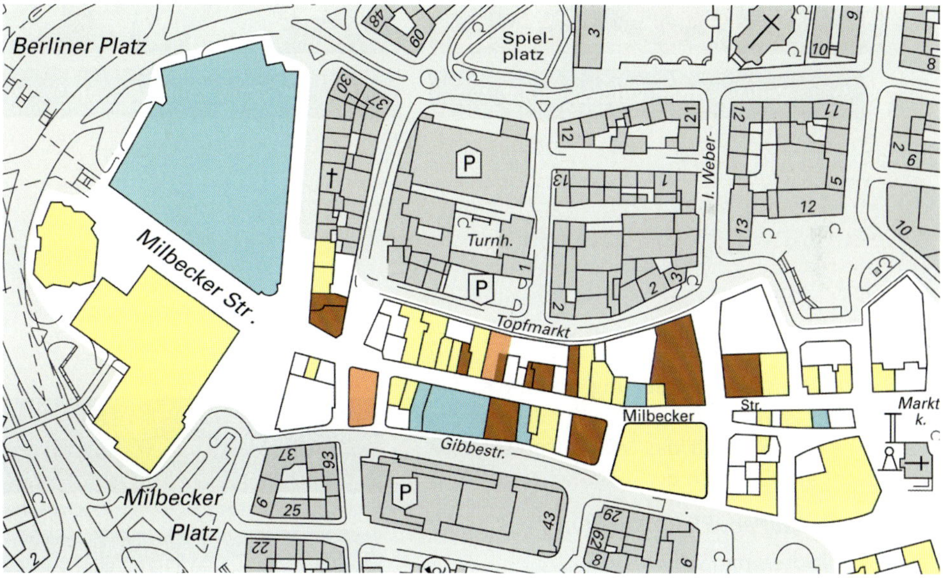

Zeichenerklärung:

- Bekleidungsfachgeschäfte, Boutiquen, Textilkaufhäuser
- Heimtextilien, Dekoration, Betten, Teppiche
- Schuhe, Lederwaren
- Anbieter von Textilien mit nichttextilem Schwerpunkt (z.B. Tchibo, Müller)
- Sonstige Ladengeschäfte

100 0 100 200 300 m

Abb. Ladengeschäfte im Straßenzug „Milbecker Straße"

2.2 Ladengrundrisse und Verkaufszonen

Wie der **Grundriss** eines Ladens gestaltet wird, hängt von dem Geschäft, dem Sortiment, der Verkaufsform und den Warenträgern ab.

Daraus ergibt sich auch die Einteilung in **Verkaufszonen** mit oder ohne Kontakt des Kunden zu den angebotenen Waren.

» **Beispiel:** Warenpräsentation mit und ohne Kundenkontakt zur Ware

Verkaufsform: Vollbedienung

Verkaufsform: Vorwahl

■ Verkaufszonen bei Bedienung

Bei der **Verkaufsform Bedienung** kommt es **vor** dem Kauf zu **keinem Kontakt** des Kunden mit der Ware. Bedienung durch das Verkaufspersonal ist angebracht aus Gründen der

- Sicherheit *(Waffen, Pflanzengifte)*,
- Diebstahlsicherung *(Schmuck)*,
- Hygiene *(offene Lebensmittel)*,
- Warenanforderungen *(Blumen)*.

In diesen Fällen gibt es eine Trennung in **Kundenzone** und **Personalzone**. Die Ware befindet sich zum größten Teil in einem Lagerbereich, der von den Kunden nicht eingesehen werden kann.

Nach diesem Prinzip sind z. B. Verkaufskioske und kleine Fachgeschäfte gestaltet.

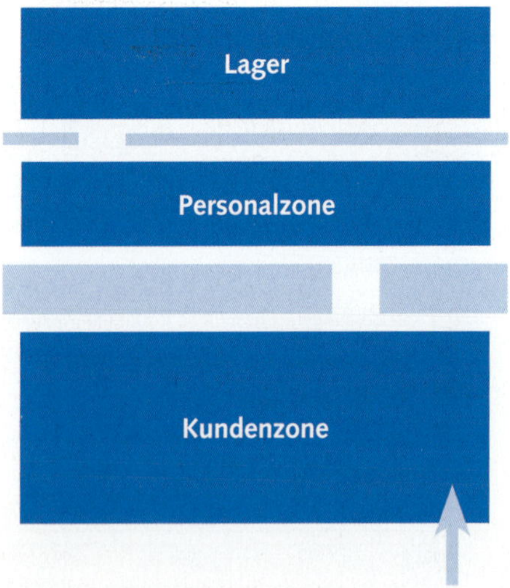

Abb. Zonen im Bedienungsgeschäft

Verkaufszonen bei Selbstbedienung und Vorwahl

Grundlage zur **Verkaufsraumgestaltung** sind **Kundenlaufstudien**. Sie geben Antwort auf die Fragen:

› Wie bewegen sich die Kunden auf der Verkaufsfläche?

› Welches sind ihre Hauptwege?

› Wo informieren sie sich nur und wo kaufen sie?

Kenntnisse über das **Lauf- und Suchverhalten** der Kunden helfen das **Ladenlayout** zu **optimieren** und haben letztlich zum Ziel mehr Warenkontakte zu erzielen und damit den Umsatz zu erhöhen.

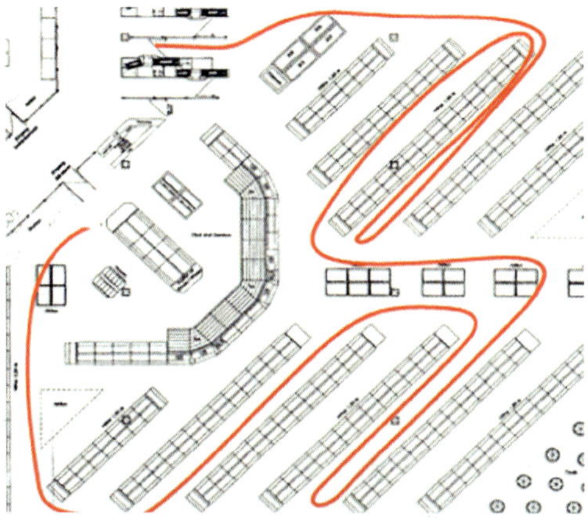

Abb. Auszug aus einer Kundenflussanalyse

Die Beobachter „verfolgen" die Kunden (die es natürlich nicht merken dürfen!) und dokumentieren deren Wege und Aktivitäten oder Kunden werden mit speziellen Kameras ausgestattet.

Die Auswertung dieser Daten führt z. B. zu Umplatzierungen oder einer verbesserten Verteilung des Kundenstroms, um „tote Ecken" zu vermeiden.

Verkaufsaktive Zonen zeichnen sich durch eine hohe Kundenfrequenz mit besonderer Aufmerksamkeit aus, während **verkaufspassive Zonen** von den Kunden selten aufgesucht werden. Die folgende Abbildung zeigt den Kundenlauf und die darauf abgestimmte Warenplatzierung in einem Supermarkt (Erläuterungen siehe nächste Seite).

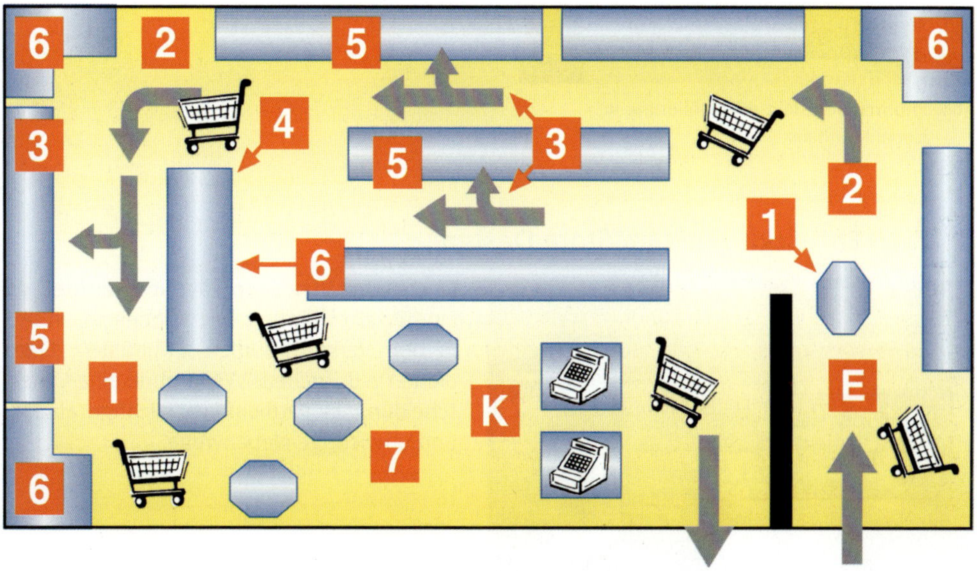

So haben Untersuchungen ergeben, dass Kunden die Eingangszone **(E)** und breite Gänge schnell durchlaufen und deshalb sollen Stopper **(1)** *(Schütten, Gondeln)* den Kunden „bremsen". Über 90 % der Kunden bewegen sich gegen den Uhrzeigersinn **(2)** und haben außerdem einen „Rechtsdrall"**(3)**, d.h. sie bevorzugen Waren auf der rechten Seite der Regale. Besondere Aufmerksamkeit schenken Kunden auch den Stirnseiten der Regale **(4)**.

Die sich daraus ergebenden verkaufsaktiven Zonen **(5)** sind besonders zur Platzierung von Waren mit hohem Deckungsbeitrag geeignet. Dagegen müssen verkaufsschwache Zonen **(6)** durch attraktive Angebote *(Sonderangebote, Aktionsware)* und „Mussartikel" *(Grundnahrungsmittel)* so aufgewertet werden, dass sie ebenfalls eine höhere Kundenfrequenz aufweisen. Die Kassenzone schließlich **(K)** wird langsam durchlaufen, hier werden vor allem Impulsartikel **(7)** angeboten.

© Oberpaur, Ludwigsburg

Abb. Informationstafel zur Orientierung in einem Kaufhaus

Große Kauf- und Warenhäuser bieten ihren Besuchern ein **Kundenleitsystem**, das durch Farbkombinationen, Piktogramme und Schrifttafeln die Orientierung erleichtert.

Bei **mehrgeschossigen** Einzelhandelsunternehmen gilt die Regel: Je weiter eine Verkaufsetage vom Erdgeschoss entfernt ist, desto geringer wird die Kundenfrequenz. Um auch diese Flächen möglichst optimal zu nutzen, sollten hier Artikel platziert werden, die von Kunden gezielt nachgefragt werden *(Unterwäsche im Untergeschoss, hochwertige Damenoberbekleidung für die Frau ab 40 in einem der oberen Geschosse)*.

■ Neue Entwicklungen im Store Design

© Karstadt, Essen

Ein zeitgemäßes Shop-Layout verzichtet auf eine Zwangsführung. Die Kunden sollen sich in den Verkaufsräumen wohlfühlen. Dazu dienen z. B. breitere Wege ohne eine Unterscheidung in vermeintlich wichtige Haupt- und unwichtige Nebenwege.

Die **Begegnung** mit der **Ware** soll **Kaufimpulse** auslösen. Die Kunden sollen bereits im Verkaufsraum die spätere **Nutzung** gedanklich vorwegnehmen können. Dazu wird die Ware in einem **Umfeld** präsentiert, das der späteren Verwendung ähnlich ist.

Das nebenstehende Bild eines Sportfachmarkts verdeutlicht, wie man durch die Gestaltung des Verkaufsraums echtes „Outdoor-Feeling" erzeugen kann.

Die **Erhöhung** der **Kundenzufriedenheit** ist auch bei der Ladengestaltung ein wichtiges Thema. So baut man vermehrt Rolltreppen doppelläufig ein. Damit entfallen die lästigen Umwege, um zu einer anderen Etage zu kommen.

Zur Erhöhung der „Aufenthaltsqualität" werden in die Verkaufsflächen Erholungs- und Verweilzonen *(Sitzgelegenheiten, Bistro)* integriert.

Wenn die Gestaltung des Grundrisses, des Innenraums und der Warenträger von den Ladenbauern aufeinander abgestimmt wird, um eine **einheitliche Gesamtwirkung** zu erzielen, spricht man von **Shop-Layout**. Es gibt immer mehr Läden, die sich durch ein ungewöhnliches und unverwechselbares Shop-Layout von anderen Mitbewerbern abheben.

Solche Gesamtlösungen unterstützen auch Bestrebungen eines Unternehmens nach einer **Corporate Identity** (vgl. LF 16, Kap. 1.1).

AKTION

1 Nennen Sie Warenarten oder Artikel aus Ihrem Ausbildungssortiment, die für die Platzierung in der Eingangszone, verkaufsstarken Zonen, verkaufsschwachen Zonen, hinteren Randzonen und der Kassenzone geeignet sind.

2 Warum finden sich in großen Betriebsformen *(Warenhäusern, Fachmärkten)* auch Bereiche, die in Personal- und Kundenzonen gegliedert sind? Nennen Sie Gründe.

3 Zeichnen Sie den Grundriss Ihres Ausbildungsbetriebes (in großen Betrieben Ihrer Ausbildungsabteilung) und markieren Sie die jeweiligen Zonen farbig.

4 Was muss ein gutes Kundenleitsystem in einem großen Kaufhaus leisten? Notieren Sie mindestens fünf Anforderungen.

5 Stellen Sie sich vor, Sie wären Kunde in einem der großen Discounter. Was finden Sie gut, was kritisieren Sie?

6 Untersuchen Sie den Grundriss des SB-Fachgeschäfts. Welche Prinzipien der Kundenführung und der Anordnung von Warenträgern sind dort verwirklicht?

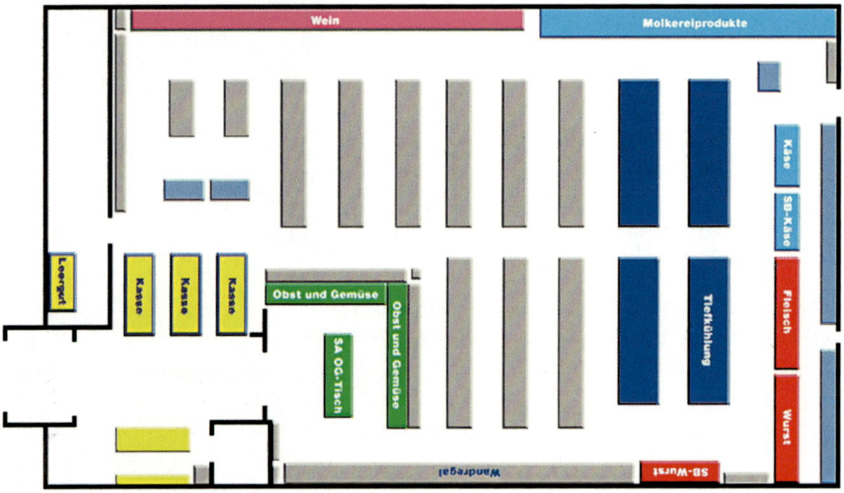

2.3 Warenträger und Platzierung

Wenn Waren eine bestimmte Form der Präsentation erfordern, spricht man von **Präsentationserfordernissen** der Waren. Meistens geht man von diesen Erfordernissen aus und präsentiert Waren auf entsprechenden **Warenträgern**, z. B.:

- Dosen und Flaschen in Regalen
- Anzüge und Kleider auf Bügeln in Kleiderständern
- Waschmitteltonnen auf Paletten
- Schmuckstücke in Vitrinen
- Schüttgut in Gondeln
- Wäsche auf Tischen
- Fleisch in Kühltresen
- Poster in Sichthüllen

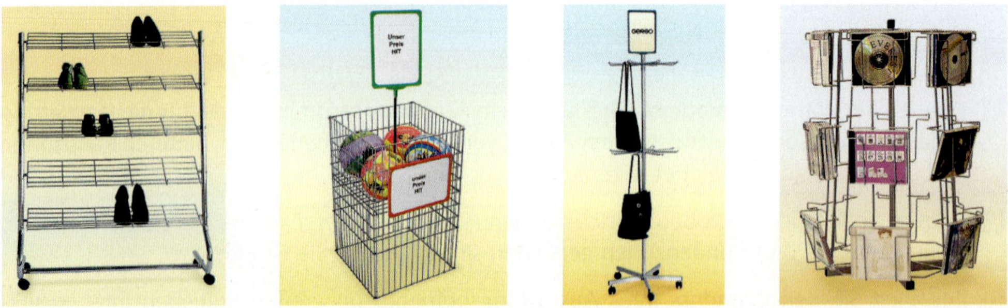

Abb. Verschiedene Warenträger

Regale – die klassischen Warenträger

Wandregale sind nur von der Vorderseite für den Kunden zugänglich. Daher eignen sie sich besonders für Artikel, die dem Kunden frontal präsentiert werden sollen. Sie können sehr flexibel gestaltet werden, sodass man Waren sowohl hängend als auch liegend präsentieren kann.

© Blatter Bauzentrum

Abb. Wandregal in einem Baumarkt

Mittelregale stehen frei im Verkaufsraum und sind von allen Seiten zugänglich. Im SB-Bereich dienen sie nicht nur der Warenpräsentation, sondern sie werden auch zur Steuerung des Kundenlaufs eingesetzt.

© Beck

Abb. Mittelregal mit Stirnseite

Bevorzugte Regalplätze

Untersuchungen belegen, dass Kunden beim Gang durch einen Verkaufsraum öfter nach rechts schauen. Die **Regalseiten rechts** am Kundenstrom sind deshalb besonders verkaufsattraktive Plätze.

Ebenso haben sich die **Stirnseiten** der Regale als besonders verkaufsaktiv erwiesen. Es lohnt sich also hier Waren zu platzieren, auf deren Absatz besonderer Wert gelegt wird.

Oft werden diese Flächen für besondere Aufbauten oder Platzierungen benutzt.

Geht ein Kunde den blauen Weg (Abbildung rechts) entlang, wird er im Regelfall die rot gekennzeichneten Regalplätze besonders wahrnehmen.

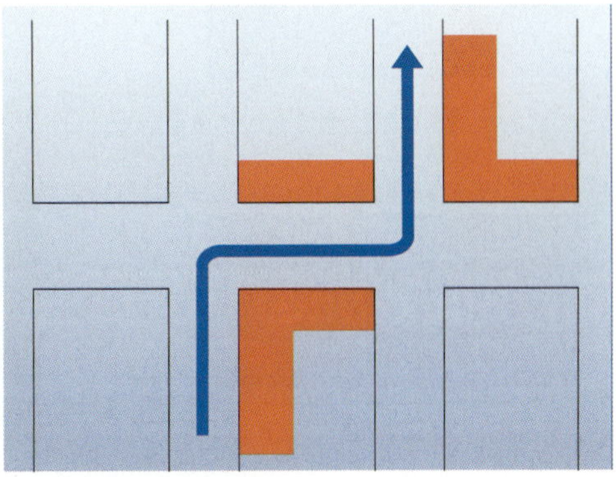

Abb. Bevorzugte Regalplätze

Höhenzonen im Regal

Steht ein Kunde vor dem Regal, bevorzugt er auch hier bestimmte Plätze. Am besten sieht und ergreift er Ware in einer Höhe von 80 bis 170 cm. Deshalb werden diese Ebenen als **Sicht- und Greifzone** bezeichnet. Darunter befindet sich die **Bückzone**, darüber die **Reckzone**. Bück- und Reckzone sind bei Kunden deutlich unbeliebter. Deshalb werden dort „Mussartikel“ platziert, die der Kunde geplant kauft oder die weniger Gewinn bringen. In der Bückzone z. B. destilliertes Wasser (hohes Gewicht) und in der Reckzone besonders preiswerte Papiertaschentücher (leichtes Gewicht).

In der Sicht- und Greifzone werden Artikel platziert, die mit einer höheren Gewinnspanne kalkuliert sind, und die Kunden möglichst zu spontanen oder zusätzlichen Käufen anregen.

Damit auch die wirklich besten Plätze erkennbar werden, erfolgen immer wieder in bestimmten Zeiträumen Umplatzierungen. Dabei werden computergestützte **Regaloptimierungsprogramme** eingesetzt, die Markenartikelhersteller für eine optimale Platzierung ihrer Artikel in Warenträgern entwickeln lassen.

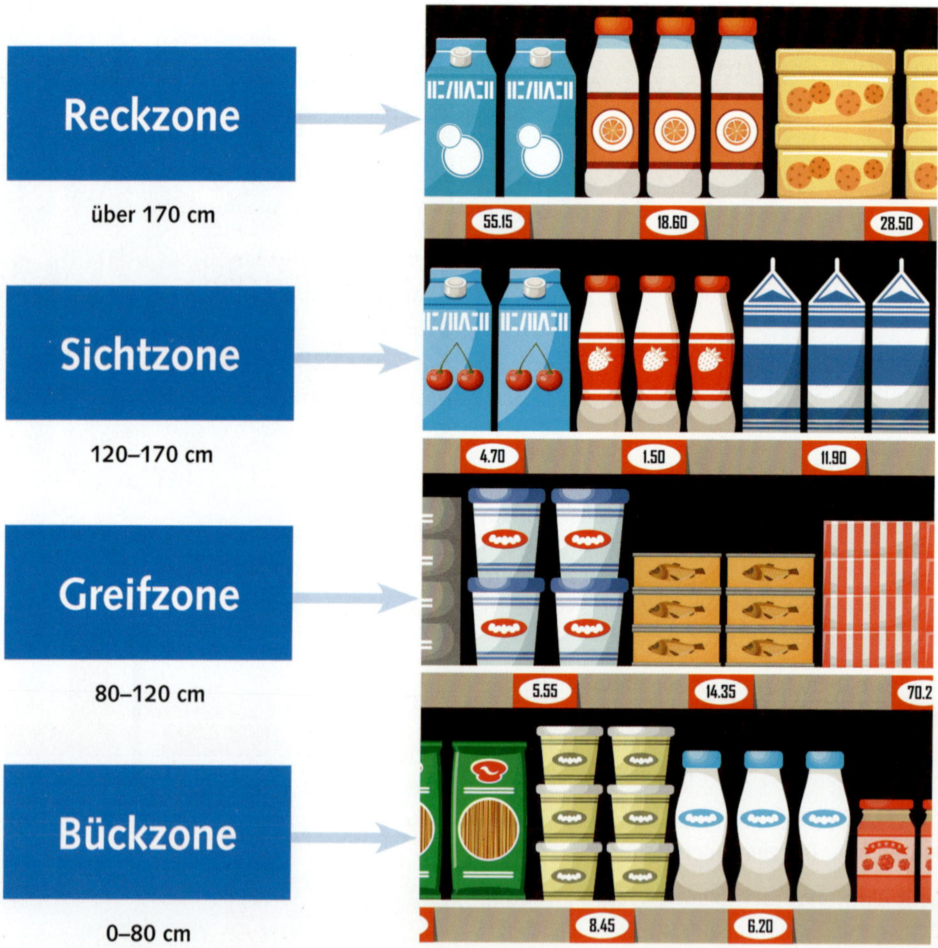

Abb. Höhenzonen im Regal

Struktur der Platzierung im Regal

Früher hat man häufig Regale einfach eingeräumt, ohne auf bevorzugte Plätze zu achten. Dabei kam oft eine **horizontale Platzierung** heraus. Das bedeutet, dass z. B. alle Fleischkonserven wie ein Band auf einer Regalebene stehen. Deshalb wird diese Form auch **Bandplatzierung** genannt.

Besser ist es, vertikale Blöcke zu bilden, sodass jede Warenart Anteil an guten und weniger guten Plätzen hat: **vertikale Platzierung** oder **Blockplatzierung**.

Bei der vertikalen Platzierung hat jede Warenart Anteil an den besten Plätzen, sodass die Artikel mit dem höchsten Ertrag angemessen platziert werden können. Außerdem wirkt die vertikale Platzierung übersichtlicher und abwechslungsreicher. Kunden werden dadurch wirkungsvoller angesprochen.

Wenn man Band- und Blockplatzierung kombiniert, erhält man die sogenannte **Kreuzblock-Platzierung**. Sie findet bevorzugt dann Anwendung, wenn man eine bestimmte Warengruppe *(Snack-Artikel, Kaffee)* platzieren möchte.

Vertikal platziert man z. B. nach Herstellern *(Jacobs, Melitta, Dallmayr, Idee-Kaffee)* und **horizontal** nach vergleichbaren Artikeln *(ganze Bohne, Pulver, Pads)*. Bei dieser Platzierung hat der Kunde einen besonders guten Überblick über das Angebot hinsichtlich Hersteller *(Marke)* und Auswahl.

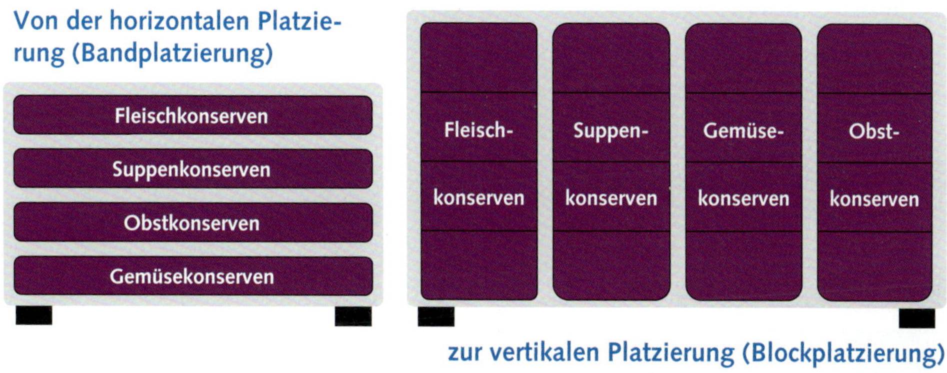

Abb. Von der horizontalen zur vertikalen Platzierung

Welche Art der Platzierung im Regal auch gewählt wird, wichtig ist es, den Kunden beim Einkaufen zu unterstützen (Kundenorientierung).

Dies erreicht man z. B. durch eine Vermeidung von Präsenzlücken, durch aufgeräumte und klar strukturierte Regale, eine gut lesbare Preisauszeichnung, kurze Regalwege um Suchzeiten zu verringern und eine Vorauswahl bei der entsprechenden Warengruppe *(Backzutaten, Büroartikel)*.

Das Einkaufverhalten am Regal kann wissenschaftlich untersucht werden. Mit Kameras, die Kunden vor den Regalen aufnehmen (aus Datenschutzgründen undeutlich), werden Frequenz, Laufrichtung, Verweildauer, Suchzeiten und Kaufrate ermittelt. Aus der Analyse der Daten ermittelt man das Suchverhalten der Kunden am Regal sowie welche Artikel aus dem Regal gekauft wurden. Als Folge dieser Untersuchungen wird dann die Regalbestückung dem Such- und Kaufverhalten der Kunden angepasst. Eine andere Möglichkeit ist die Regaloptimierung über die Auswertung von Kassendaten. Spezielle Computerprogramme entwickeln aufgrund der Abverkäufe eine optimale Regalbeschickung.

Anordnung von Waren

In den Geschäften des Einzelhandels werden Waren in großer Zahl angeboten. Aus Gründen der Übersicht ist das Angebot gegliedert nach Warenarten oder Produktgruppen.

In **Produktgruppen** werden gleichartige Waren verschiedener Marken, Hersteller, Qualitäts- und Preisstufen räumlich zusammen präsentiert, z. B.:

- Bohrmaschinen und Bohrhämmer (Baumarkt)
- Herren-Oberhemden (Textilhaus)
- Brettspiele (Spielwarenfachgeschäft)
- Socken (Warenhaus)
- Nudeln (Supermarkt)
- Bestecke (Fachgeschäft)
- Blasinstrumente (Musikabteilung)

Abb. Produktgruppen mit Hinweisschild

Die entsprechenden Regale können mit Hinweisschildern versehen werden. Dadurch entsteht Übersicht, die Kunden finden sich zurecht, sie haben eine Auswahl und können die verschiedenen Artikel vergleichen.

Eine Anordnung ausschließlich nach Produktgruppen ist zwar übersichtlich, aber langweilig und wenig anregend. Deshalb werden neben den Produktgruppen auch **Anlassgruppen** gebildet. Sie fassen ein Bedarfsbündel zusammen und werden zusammen präsentiert **(Verbundplatzierung)**.

» **Beispiele** für Verbundplatzierung:

- **„Packen Sie Ihren Koffer für den Sommerurlaub!"** Unter diesem Motto werden Badebekleidung, Sonnencremes, Sonnenbrillen, Badetücher und Reiseführer gemeinsam auf einer Sonderfläche eines Kaufhauses präsentiert.
- **„Genießen wie in Bella Italia!"**; hier wird alles angeboten, was zu einem typischen italienischen Pastagericht gehört (s. Abb.).

Abb. Verbundplatzierung

© Beck

Auch bei **Zweitplatzierungen** wird von der systematischen Anordnung abgewichen. Zwar befindet sich ein Teil der Ware an ihrem „richtigen" Platz, ein Teil ist jedoch an einem anderen Ort auffällig platziert, z. B. auf einem Stopper mitten im Gang oder auf einem Platz vor den Kassen.

Zweitplatzierungen bringen ein deutliches Umsatzplus, wenn es einen Anlass gibt, um auf den Artikel besonders hinzuweisen.

Anlässe für Zweitplatzierungen:

- In der Fernsehwerbung wurde auf einen Artikel besonders aufmerksam gemacht.
- Es herrschen extreme Wetterlagen *(Regenschirme, Sonnencremes, Durstlöscher, Türschloss-Enteiser).*
- Eine Grippewelle kündigt sich an *(Papiertaschentücher, Wärmflaschen, Vitamintabletten).*
- Feste und jahreszeitliche Anlässe stehen bevor *(Konfirmations- und Kommunionsgeschenke, Adventskerzen).*

Eine **zielgerichtete Präsentation** erfolgt durch richtige Auswahl der Warenträger und eine geeignete Anordnung.

Aus der **Anordnung** der **Waren** leiten die Kunden **Eigenschaften** ab. Deshalb kann man durch eine entsprechende Präsentation den Absatz zielgerecht beeinflussen. **Warenstapel** und **-pyramiden** bestehen aus einer großen Zahl von Artikeln und werden bei Sonderangeboten und Aktionen eingesetzt.

Bei den Kunden kann dadurch folgende Gedankenkette ausgelöst werden: „Große Menge → vom Handel günstig eingekauft → deshalb niedriger Angebotspreis!"

Abb. Sonderangebot Knabbergebäck

Eine einfache **Reihung** und **Schichtung** der Ware erfolgt bei Standardsortimenten im Regal. Diese übersichtliche Platzierung vermittelt den Eindruck von Ordnung, Übersicht und Zuverlässigkeit. Deshalb werden Markenartikel vorwiegend auf diese Weise angeboten.

» **Beispiel:** Farben- und Lackregal mit Markenware

Schüttgut in **Gondeln** und **Körben** wirkt wie achtlos hingestellt. Dem Kunden soll der Eindruck vermittelt werden: „Diese Ware ist so preiswert, dass sich noch nicht mal das Einsortieren lohnt!" Als Schüttgut oder in einem Wühltisch werden echte „Preisknüller" oder Kleinartikel angeboten.

» **Beispiel:** Kleinartikel zum Tapezieren, Streichen und Renovieren

Einzeln herausgestellte und besonders dekorierte **Ware** wirkt edel, stilvoll und exklusiv. Solche Platzierungen dienen als Blickfang und Orientierungspunkt. Dafür eignen sich besonders modische und hochwertige Teile des Sortiments.

» **Beispiel:** Damenwesten aus hochwertiger Woll-Seide-Mischung in aktuellen Modefarben

Eine besonders häufig im Textilhandel anzutreffende Platzierung ist die Warenpräsentation nach dem **Arena-Prinzip** (Arena = Veranstaltungsort). Dabei wird die Ware aufsteigend präsentiert, sodass der Kunde einen besonders guten Überblick über das Warenangebot hat.

Beispiel:

Nebenstehende Abbildung:

Auf dem Tisch als **erste Ebene** (1) werden Hemden, Pullis und dazu passende Accessoires dekoriert.

In einer **zweiten Ebene** (2) folgt die Präsentation der Jacken in unterschiedlichen Größen auf Ständern.

Auf der **dritten** und höchsten **Ebene** (3) (Rückwand) werden die Jacken frontal präsentiert. Die großflächigen Plakate dienen dazu den Blick auf die dort dekorierte Ware zu lenken.

In Waren- und Kaufhäusern werden manchmal kleinere Abteilungen eingerichtet, die wie ein Laden im Laden wirken **(Shop in the shop)**. Dort können Waren angeboten werden, die sich aus dem sonst angebotenen Sortiment etwas abheben, z. B. Modeschmuck in einem Textilkaufhaus.

Weil viele Kunden sich an bekannten Marken orientieren, werden häufig auch **Markenshops** eingerichtet, in denen nur die Waren eines Herstellers angeboten werden, z. B. Parfümerie und Körperpflege von Adidas oder Herrenbekleidung von s.Oliver.

Abb. Markenshop in einem Warenhaus

AKTION

1 Wählen Sie 10 Warenarten aus Ihrem Ausbildungssortiment und notieren Sie diese. Schreiben Sie jeweils dahinter, welche Form der Warenträger am besten zur Präsentation dieser Waren geeignet ist.

2 Nennen Sie mögliche Gründe, weshalb die meisten Kunden einen „Rechtsdrall" haben und weshalb die Kopf- oder Stirnseiten von Regalen bevorzugt wahrgenommen werden.

3 Überprüfen Sie anhand eines Regals in Ihrem Ausbildungsbetrieb, ob die Band- oder Blockplatzierung vorgenommen wurde.

4 Entwerfen Sie einen Vorschlag für eine Blockplatzierung von Süßwaren (Pralinen, Trüffel, Schokolade, Bonbons) in einem Regal mit vier Ebenen und vier Blöcken.

5 a) Nach welchen Gesichtspunkten wurde die Ware auf der Abbildung platziert?

b) Was fällt Ihnen hinsichtlich der Farbwirkung auf?

6 Wie finden Sie Waren in dem Markt, in dem Sie Ihren täglichen Bedarf einkaufen? Beurteilen Sie, ob die Produktgruppen leicht zu finden sind.

7 Warum ist es wichtig, dass die Kunden Vergleiche innerhalb der Produktgruppen vornehmen können? Nennen Sie mehrere Punkte.

8 Wählen Sie einen Anlass und stellen Sie eine interessante Verbundplatzierung zusammen. Zeichnen Sie den Entwurf als Skizze.

9 Stellen Sie fest, ob in Ihrem Ausbildungsbetrieb Zweitplatzierungen vorgenommen werden. Welche Artikel werden an zwei Orten platziert?

10 Wie werden folgende Waren zielgerichtet für die Präsentation angeordnet?

- Hochzeitskleid
- Großpackung Hundefutter
- Perlenkette
- Marken-Kaffee
- Konserve
- T-Shirt (sehr preiswert)
- Cashmere-Pullover
- Bohrer

Nennen Sie jeweils mehrere Stichworte.

11 Weshalb ist es sinnvoll, bekannte Marken in speziellen Shops zu präsentieren? Nennen Sie auch Probleme oder Nachteile dieser gesonderten Präsentation.

3 Vorbereitung der Ware für die Präsentation

SITUATION

Aus einem **Handbuch zur Qualitätssicherung** einer großen Supermarktkette:

Maßnahmen zur Warenpflege von Obst und Gemüse:

Obst und Gemüse unterliegt naturbedingt unterschiedlich schnellen Alterungsprozessen. Deshalb müssen die Regale und Theken mehrmals täglich kontrolliert werden. Dabei ist zu beachten:

- Mangelhafte Ware ist konsequent auszusortieren.
- Ware, die man selbst nicht mehr essen oder kaufen würde, muss aussortiert werden. Ansonsten wird die frische Ware von der alten Ware negativ beeinflusst.
- Mit Obst- und Gemüseartikeln ist grundsätzlich vorsichtig umzugehen, um Beschädigungen wie Druckstellen und Quetschungen zu vermeiden.
- Zwiebeln und Knoblauch sind immer trocken zu lagern.
- Kräutertöpfe (die Pflanzen wachsen noch) dürfen nie zu kühl gelagert werden.
- In der Obst- und Gemüseabteilung immer auf einen einwandfreien Geruch achten. Jede Abweichung weist auf einen Verderb hin *(faule Kartoffeln, Fruchtfliegen)*.

1. Welche Erfahrungen haben Sie selbst als Kunde beim Kauf von Obst und Gemüse hinsichtlich Warenpflege, Sauberkeit und Hygiene gemacht?
2. Berichten Sie vor der Klasse, welche Maßnahmen in Ihrem Ausbildungsbetrieb zur Warenpflege ergriffen werden.

© Gina Sanders – Fotolia.com

INFORMATION

Verstaubte Regale und Waren, verfaultes Obst oder aufgerissene Verpackungen, aus denen u.U. sogar Waren entnommen wurden, sowie Artikel mit abgelaufenem Mindesthaltbarkeitsdatum können dem Geschäft einen beträchtlichen **Imageschaden** zufügen.

Deshalb sind eine regelmäßige und gründliche **Waren- und Regalpflege** keine lästige Arbeit, sondern eine unbedingte Voraussetzung für ein kundenfreundliches Erscheinungsbild des Geschäfts.

© Astrid Gast – stock.adobe.com

3.1 Warenpflege

Wenn der Einzelhändler Ware geliefert bekommt, muss sie meistens nur noch ausgepackt werden. Die überwiegende Zahl der Waren ist verkaufsfertig vorbereitet.

Es gibt aber spezielle Pflegemaßnahmen, die von der jeweiligen Ware abhängen. Hierzu gehören Arbeiten, durch welche die Waren erst in einen verkaufsfertigen Zustand versetzt werden.

› Putzen von Silberschmuck und versilbertem Besteck, Spülen von Gläsern und Porzellan;
› Zusammensetzen zerlegt angelieferter Ware *(Aufstellen von Möbeln, Zusammenbau von Fahrrädern);*
› Aufstellen und Anschließen von Vorführgeräten *(die übrige Ware kann originalverpackt bleiben).*

Früher haben die Kaufleute noch viel häufiger Warenpflege betrieben, z. B. Kaffee geröstet, Textilien gebügelt, Speiseöl abgefüllt und spezielle Mischungen von Tee oder anderen Lebensmitteln hergestellt. Einige Spezialgeschäfte tun dies immer noch oder heute wieder. Sie zeigen damit ihren Kunden, dass sie den Umgang mit der Ware im Griff haben, traditionelle Techniken beherrschen und sich auf individuelle Kundenwünsche einstellen können.

© Contigo, Göttingen

Abb. Traditionelle Warenpflege im Einzelhandel

Der Schwerpunkt der Warenpflege liegt heute auf den Tätigkeiten optische Aufbereitung, Sauberhalten und Reinigung sowie Vermeidung von Warenschäden, die eng miteinander in Verbindung stehen.

Warenschäden entstehen durch	Beispiele
Druck, Stoß, Fall	Druckstellen an Obst, Zerdrücken von Verpackungen, Bruch von Kunststoff- und Glasteilen
Reibung	Abscheuern und Zerkratzen von Oberflächen und Verpackungen
Wärme/Kälte	Vertrocknen und Verderb von Lebensmitteln, Auftauen von Gefriergut/Frostschäden an Kartoffeln
Luftfeuchte (zu hoch/zu niedrig)	Rosten von Eisenteilen, Verklumpen von Zucker und Mehl, Stockigwerden von Textilien/Austrocknen von Käse, Welken von Blumen
Licht	Ausbleichen von Stoffen und Papier, Zerstörung von Wirkstoffen (Öl, Kaffee)
Staub	Verschmutzung von Ware und von Verpackungen
Schädlinge	Fraßschäden (Textilien, Lebensmittel, Holz, Pflanzen)
Schnitt (Messerklinge)	Zerschneiden von Verkaufsverpackungen und von Ware

Warenschäden werden verhindert durch sachgerechte

Warenpflege

› mechanische Beanspruchung (Schlag, Stoß, Fall, Druck, Erschütterung) →	**Schutz durch Verpackung, sorgfältige Lagerung, vorsichtigen Transport**
› Klimaschäden durch Temperatur und Feuchtigkeit (Wasser, Dampf) →	**Kontrolle und Einhaltung von Temperatur und Luftfeuchte, Schutz vor Feuchtigkeit**
› Strahlenschäden, insbesondere durch Licht →	**Einsatz von Schutzmaßnahmen, z. B. Jalousien gegen Sonnenlicht**
› Schädlingsbefall (Nager, Insekten, Mikroorganismen) →	**Sauberkeit, Kontrollen, Maßnahmen zur Schädlingsbekämpfung**
› Verschmutzung, insbesondere durch Staub →	**regelmäßige Reinigung, Abdeckung und ähnliche Schutzmaßnahmen**

Abb. Warenschäden und Warenpflege

Die **Sauberhaltung** und **Reinigung** von **Ware** ist von großer Bedeutung für den Erfolg des Einzelhändlers. Verschmutzte, verdreckte oder verstaubte Ware sieht unansehnlich und alt aus. Sie verliert an Wert und stößt Kunden ab.

Achten Sie deshalb auf **Sauberkeit** und **Hygiene** im Allgemeinen und im Besonderen bei

- offenen Lebensmitteln *(Hygienevorschriften, Appetitlichkeit)*,
- Artikeln, die länger im Geschäft oder in der Auslage stehen *(Gläser, Schmuck, Antiquitäten)*,
- lebenden Tieren und Pflanzen *(Präsentation gesunder Ware)*,
- Waren, die anprobiert werden und mit dem Kunden Körperkontakt bekommen *(Badekleidung, Kopfhörer, Sonnenbrillen)*.

© MEV Agency UG

AKTION

1 Ein Feinkost-Händler beabsichtigt, in seinen Verkaufsräumen Kaffee zu rösten und Tee zu mischen, sodass die Kunden zusehen können.

Beurteilen Sie diese Maßnahme (Vorteile/Nachteile).

© fotoknips – stock.adobe.com

2 Nennen Sie drei typische Warenschäden, die in Ihrem Ausbildungsbetrieb auftreten (können). Notieren Sie, was Sie dagegen unternehmen.

© NVS my world – stock.adobe.com

3 „Eine verkratzte Packung ist nicht schlimm, wenn die Ware in Ordnung ist!"

Was sagen Sie zu dieser Behauptung?

4 Warum gehört das Sauberhalten von Ware zu den Aufgaben des Verkaufspersonals?

Nennen Sie Gründe.

5 „Waren müssen optisch so aufbereitet werden, dass sie zu den Kunden sprechen!"

Erläutern Sie diese Aufforderung an drei Beispielen aus Ihrem Ausbildungssortiment.

© NVS my world – stock.adobe.com

4 Präsentationsmöglichkeiten

„Gut gezeigt ist halb verkauft!"

SITUATION

© Beck

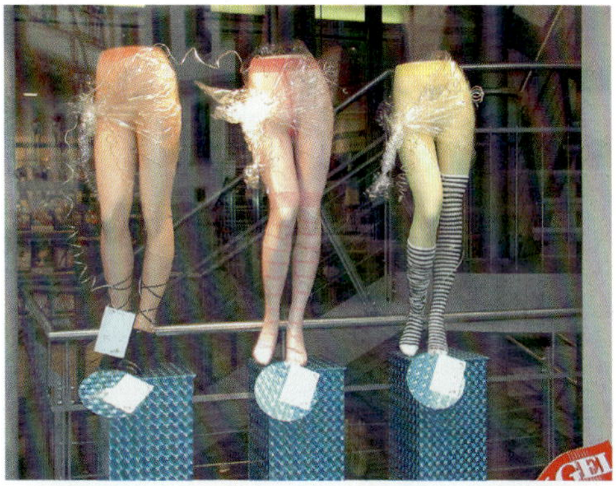

© Beck

© Beck

© Beck

Die Bilder zeigen unterschiedliche Möglichkeiten, Waren im Schaufenster oder im Verkaufsraum zu präsentieren.

1. Welche Funktion erfüllt die Art der Warenpräsentation in den vier Beispielen?
2. Welche Empfindungen werden bei Ihnen beim Betrachten dieser Präsentationen ausgelöst?

INFORMATION

Eine **gelungene** Warenpräsentation weckt die **Aufmerksamkeit** der **Kunden**, spricht besonders ihre Augen an und gibt vorentscheidende **Kaufimpulse**. Wenn sich die Kunden bereits durch die Ware positiv angesprochen fühlen, ist ein Verkaufsgespräch leichter zu führen.

Bei der Warenpräsentation wird heute ein erheblicher Aufwand betrieben. Aufwendige Präsentationen bezeichnet man mit Begriffen wie „Inszenierung von **Warenlandschaften**" oder „Vorstellung von **Warenwelten**".

Ein entsprechendes Konzept wird als „**Visual Merchandising**" bezeichnet.

4.1 Präsenter, Displays und Dekorationsmaterial

Präsenter

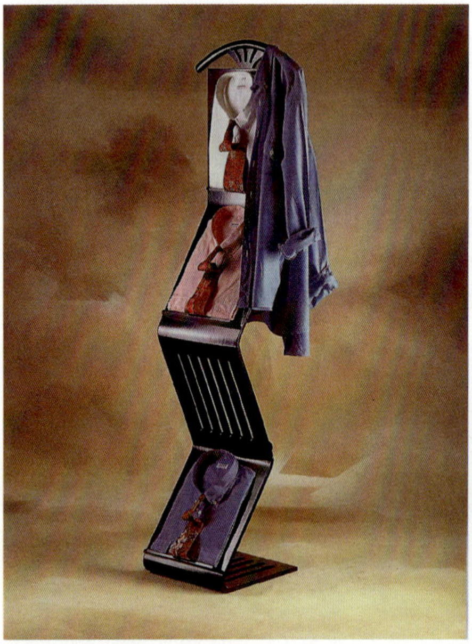

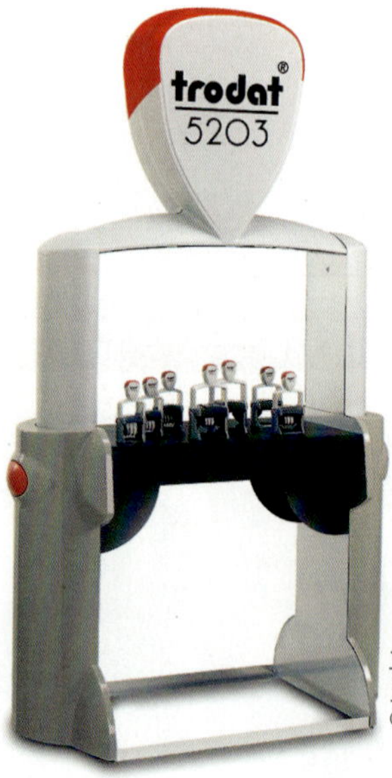

Abb. Präsenter (Beispiele)

Zur Unterstützung einer wirkungsvollen Warenpräsentation bieten viele Hersteller und Lieferanten Präsentationshilfen an. Zur Herausstellung einzelner Artikel gibt es **Warenpräsenter** mit ausgefallenen Ideen. Sie eignen sich besonders als Blickfang im Schaufenster, im Eingangsbereich oder an zentralen Plätzen im Verkaufslokal.

Die Zeitschrift „Stores and Shops" berichtet:

„Da gibt es zum Beispiel Mombo, den tanzenden Kleiderständer, präsentiert auf der letzten EuroShop. Er ist ein Gestell aus Stangen, Gelenken und einem Motor, der ihn zu kreisenden Schulter-Hüftbewegungen veranlasst – stufenlos verstellbar und bis zu 36-mal pro Minute.

Sein jüngst vorgestellter ‚Bruder' namens Market Man hat andere, aber nicht minder verblüffende Qualitäten: Dieser roboterähnliche High-Tech-Präsenter schwenkt nicht nur die Ware und spricht, sondern er gibt darüber hinaus Blinkzeichen und winkt mit einem Plakat."

Der Einsatz solcher Präsenter muss jedoch genau überlegt werden: Erstens entstehen hohe Anschaffungskosten, zweitens muss der Präsenter zur übrigen Einrichtung passen *(Umfeld/Ambiente)* und drittens muss die Kundschaft diesen Blickfang akzeptieren.

Figuren

In den Bereichen Bekleidung, Mode, Sport werden als Präsenter häufig Figuren eingesetzt, die in der Umgangssprache als „Schaufensterpuppen“ bezeichnet werden. An ihnen können Waren lebensnah präsentiert werden. Figuren gibt es in verschiedenen Formen und Ausführungen:

Ganzkörperfigur	lebensnah, weibliche und männliche Ausführung, verstellbare Gelenke
Ganzkörperfigur	stilisiert – abstrakt, nicht lebensecht, andere Farben, verzerrte Proportionen
Büste	Oberkörper, häufig ohne Kopf und Arme
Torso	Teilkörper, d.h. ohne Gliedmaßen und ohne Kopf

Abb. Figuren (Beispiele)

Displays

Viele Hersteller und Lieferanten von Markenartikeln bieten dem Einzelhandel Displays als Präsentationshilfen an. Die meisten Displays bestehen aus Karton- oder Kunststoffteilen, die farbig bedruckt sind. Ein Display weist auf Ware hin oder dient direkt zur Präsentation von Artikeln.

Displays haben mehrere **Vorteile**:

+ Sie sind genau auf diese Artikel zugeschnitten und können auch ohne großen Aufwand an Zeit und Material eingesetzt werden.
+ Sie knüpfen an die übrige Werbung für die Markenartikel an und vermitteln den Kunden einen „Aha-Effekt“: Gestern im Fernsehen gezeigt, und heute schon in unserem Geschäft!
+ Sie sind kostengünstig, weil sie unentgeltlich oder gegen einen geringen Betrag geliefert werden.

Allerdings stehen diesen Vorteilen auch **Nachteile** gegenüber:

- Sie werden jedem Einzelhändler angeboten und stehen in vielen Läden. Damit verlieren sie an Aufmerksamkeitswert.
- Sie sind nur auf den Artikel zugeschnitten und passen nicht immer zum Stil des Hauses bzw. zum Umfeld des Verkaufslokals.
- Je mehr Displays eingesetzt werden, umso geringer ist ihre Wirkung.

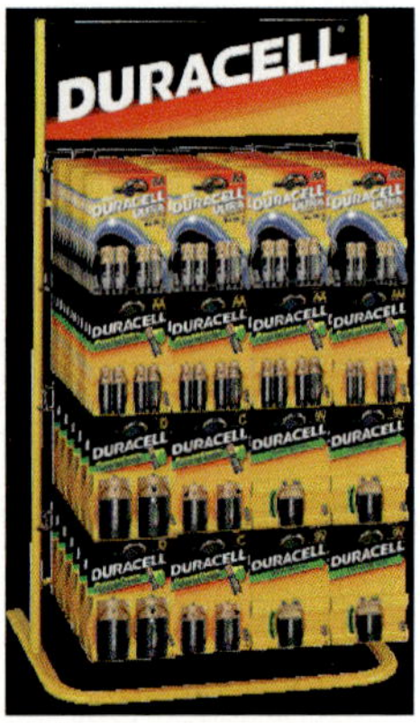

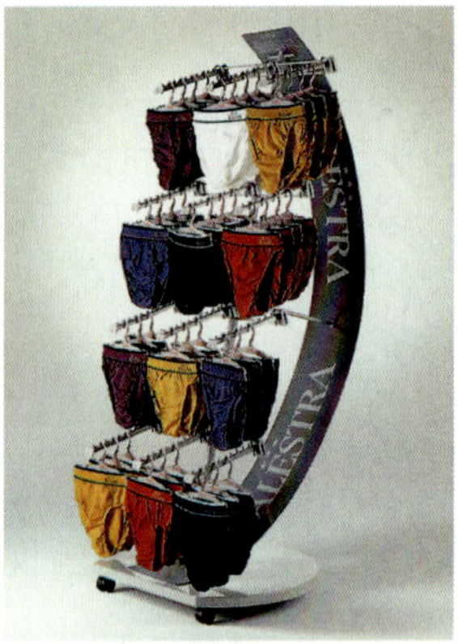

Abb. Displays (Beispiele)

Dekorationsmaterial

Bei den Dekorationsgegenständen sind der Fantasie keine Grenzen gesetzt. Es gibt Gegenstände, Attrappen, Poster und Schilder für alle möglichen Themen und Anlässe. Mit ihnen lassen sich auch die ausgefallensten Ideen umsetzen.

Abb. Dekorationsmaterial (Beispiele)

Präsenter, Displays und Dekorationsmaterial können die Warenpräsentation wirkungsvoll unterstützen. Sie ersetzen jedoch nicht kreative Einfälle und Ideen. Bei dem Einsatz dieser Präsentationshilfen muss deshalb geprüft werden:

- Passen sie zur geplanten Präsentation und zum Umfeld?
- Unterstützen sie die beabsichtigte Wirkung?
- Wie ist der erzielbare Nutzen im Verhältnis zu den entstehenden Kosten einzuschätzen?

AKTION

1 Notieren Sie unterschiedliche Präsenter, die in Ihrem Ausbildungsbetrieb eingesetzt werden.

2 Nennen Sie Displays für Markenartikel, die zurzeit aktuell sind. Welche halten Sie für gut, welche nicht? Nennen Sie Gründe.

3 Weshalb ist es manchmal schwierig, zwischen Warenträger, Präsenter und Display zu unterscheiden?

Erklären Sie dies an einem Beispiel.

4 Stellen Sie sich vor, Sie sollen Schuhe für

- Senioren (Gesundheits- und Wanderschuhe),
- Kids (im Alter von 10 bis 14 Jahren),
- Damen (hochwertige Designer-Schuhe) dekorieren.

Notieren Sie jeweils 10 Deko-Gegenstände, die Sie einsetzen können.

5 Was geschieht, wenn Sie Präsentationshilfen einsetzen, bei denen die drei Fragen (letzter Abschnitt) negativ beantwortet werden müssen? Schreiben Sie zu jeder Frage Stichworte auf.

4.2 Schaufenster und Schaukästen

In Schaufenstern und Schaukästen können Waren präsentiert werden. Die Präsentation soll den Betrachtern einen Anreiz geben, das Geschäft zu betreten.

Deshalb werden Schaufenster genutzt Ideen zu vermitteln, Neuigkeiten vorzustellen und Kaufanregungen zu vermitteln.

In den Einkaufsstraßen und Geschäftszentren der Städte kann kein Geschäft auf eine Warenpräsentation in Schaufenstern verzichten. Hier gilt das Motto „Sehen und Gesehen werden" nicht nur für die Kunden, sondern auch für die Ware.

© Beck

Wer Waren des täglichen Bedarfs anbietet, kann auf diese Form der Warenpräsentation verzichten. Die Kunden müssen ja nicht besonders motiviert werden, das Geschäft zu betreten. Auch die SB-Märkte am Stadtrand werden von den Kunden mit dem Pkw gezielt angefahren und benötigen keine Warenpräsentation in Schaufenstern.

Damit von Schaufenstern eine animierende Wirkung ausgeht, müssen sie

- Blickfänge bieten *(„Eye-Catcher" oder Aufhänger),*
- Ideen vermitteln *(Thema oder Vorschlag)* und
- regelmäßig neu gestaltet werden *(Wechsel, Aktualität).*

Gestaltungsgrundsätze von Schaufenstern

© MEV Agency UG

Da das **Schaufenster** die „**Visitenkarte**" des Einzelhändlers ist, kommt seiner Gestaltung eine besondere Bedeutung zu.

Ein Schaufenster erfüllt vor allem zwei **Aufgaben:**

Erstens soll es dem Betrachter Informationen über das Sortiment, über einzelne Artikel und deren Preise geben.

Zweitens soll das Schaufenster aber auch Emotionen wecken. Ein interessant gestaltetes Schaufenster soll Lust machen in das Geschäft zu kommen.

1. Die Aufmerksamkeitswirkung beachten!

Schaufenster müssen eine bestmögliche **Nah-** und **Fernwirkung** entfalten. Nach der sogenannten „**24-Feet-Regel**" sollten Schaufenster so gestaltet werden, dass Passanten sie aus 24 Feet Entfernung (etwa 7,30 Meter) inhaltlich leicht wahrnehmen können.

Bei der **Nahwirkung** konzentrieren sich die Betrachter auf den unteren Bereich des Schaufensters. Dies ist ein idealer Ort, um Waren zu platzieren.

Aus der **Ferne** nehmen Passanten hauptsächlich farbliche Akzente und die obere Hälfte des Schaufensters wahr. Dort platziert man daher größere Dekorationselemente wie Plakate, Bilder und Schriftzüge.

2. Nicht zu viel Ware zeigen!

© Beck

Es sollten nur so viele Waren im Schaufenster gezeigt werden, wie die Passanten in etwa 12 bis 15 Sekunden erfassen können. Daher ist es besser die Warenauslage häufiger zu wechseln.

Je exklusiver ein Artikel ist, desto weniger Artikel sollten in einem Schaufenster von ihm gezeigt werden *(Uhren, Schmuck)*. Umgekehrt kann ein Artikel als Massen- oder Ramschware wirken, wenn man ihn zu oft im Fenster auslegt.

3. Preisauszeichnung sicherstellen!

Die **Preisangabenverordnung** muss auf jeden Fall beachtet werden. Jeder Artikel, der im Schaufenster ausgelegt wird, muss ein gut sichtbares und leicht lesbares Preisschild tragen (Ausnahmen siehe PAngV).

4. Waren zu Gruppen anordnen und mit Blickfang Aufmerksamkeit erzielen!

Die Waren im Schaufenster sollten so geordnet werden, dass zusammengehörige Artikel einzelne **Gruppen** bilden und von anderen getrennt sind. Dies erleichtert die **Übersicht**.

An einer günstigen Stelle im Schaufenster sollte ein **Blickfang** (Ware oder Dekoration) platziert werden. Er lenkt in besonderem Maße die Aufmerksamkeit auf das Schaufenster.

» **Beispiele** für einen Blickfang (Eye-Catcher):

- Bildplakat → Landschaft, Themenbild, Informationsbild
- Textplakat → „Der nächste Winter kommt bestimmt!"
- Licht → Effektstrahler, Farbstrahler, Leuchtschrift
- Farbe → Blickfangfarben wie Rot, Orange und Gelb
- Bewegung → Drehscheibe, Wippe, Laufschrift, Video

Die folgende Abbildung zeigt einen **Dekorationsvorschlag** mit **Blickfang** in **symmetrischem** (linkes Bild) und **asymmetrischem** Aufbau (rechtes Bild).

Ein symmetrischer Aufbau ist leichter zu gestalten, wirkt jedoch leicht langweilig.

Der asymmetrische Aufbau mit dem Blickfang oben links entspricht dem natürlichen Blickverhalten der meisten Menschen, die ihre Augen von links nach rechts bewegen.

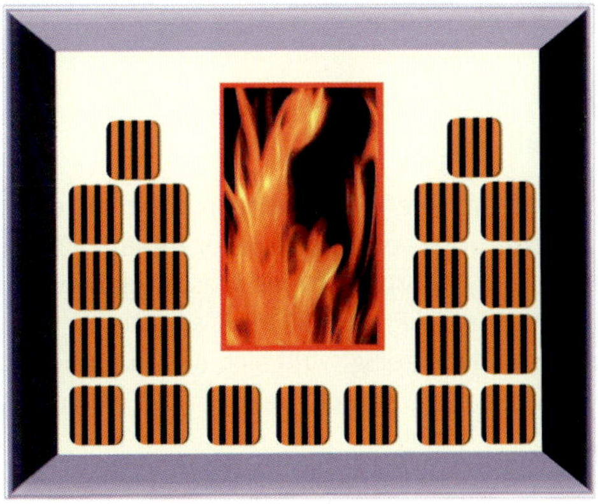

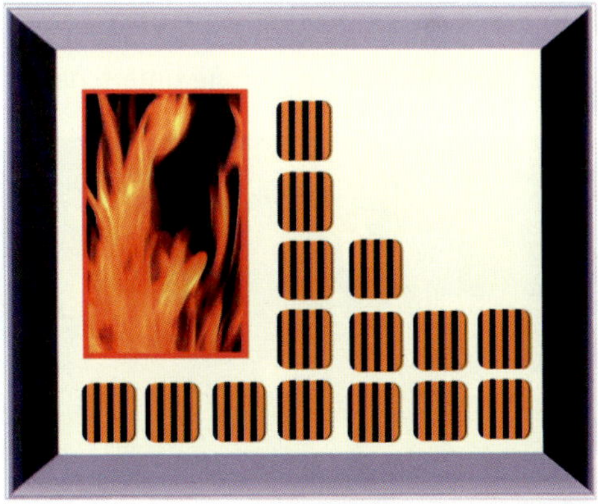

5. Licht gezielt einsetzen!

© Beck

Um **Spiegelwirkungen** zu vermeiden, muss der Innenraum des Schaufensters stets heller als das Licht vor der Schaufensterscheibe sein.

Da **Licht** für eine erhöhte Aufmerksamkeit sorgt, sollten **Schaufenster** gerade in den Abendstunden beleuchtet sein. Ihre Werbewirkung wird damit über die eigentliche Öffnungszeit verlängert.

Schaufensterarten

Bei einem Fenster mit Rückwand **(Kastenfenster)** kann diese mit in die Dekoration einbezogen werden.

Beim **Durchsichtfenster** haben die Passanten einen ungehinderten Blick in das Ladeninnere. Dadurch können der ganze oder Teile des Verkaufsraums in das Schaufenster einbezogen werden, was die so nach außen wirkende Präsentationsfläche erheblich vergrößert.

Eine dritte bauliche Möglichkeit sind separate **Schaukästen**, die oft vor dem Geschäft auf dem Gehweg platziert sind und als „Stopper" wirken, um so die Aufmerksamkeit auf das Geschäft zu lenken.

Kastenfenster

Durchsichtfenster

Schaukasten

Bei der **inhaltlichen Gestaltung** unterscheidet man:

Stapelfenster

Es stellt größere Warenmengen innerhalb einer Warengruppe vor. Stapelfenster eignen sich immer dann, wenn durch eine Massenplatzierung Auswahl oder Preiswürdigkeit signalisiert werden soll. Nachteilig wirkt sich aus, dass bei zu viel Ware die Übersicht verloren gehen kann.

» **Beispiel:** Große Auswahl an Lebkuchenprodukten

Markenfenster

Die ausgestellten Waren stammen allesamt von einem Hersteller. Im Vordergrund steht das Image der Marke und nicht der einzelne Artikel. Meist werden hier Waren aus einer höheren Preislage präsentiert.

» **Beispiel**: Parfüm eines bekannten Modedesigners

Übersichtsfenster (Sortimentsfenster)

Das Übersichtsfenster gibt einen Überblick über das Sortiment. Nicht die große Auswahl an bestimmen Artikeln soll gezeigt werden, sondern die Vielzahl der Waren- und Artikelgruppen. Da hier eindeutig die Ware selbst im Vordergrund steht, gibt es wenige Möglichkeiten das Fenster interessant und attraktiv zu gestalten.

» **Beispiel**: Fachgeschäft für Tabakwaren

© Beck

Fantasiefenster (Ideenfenster)

Die Waren und die Dekorationselemente sind meist aufeinander abgestimmt und werden so präsentiert, dass eine bestimmte Situation dargestellt oder eine Geschichte erzählt wird. Dadurch will man die Betrachter vor allem emotional ansprechen.

» **Beispiel**: Plüschtiere in einem Spielwarengeschäft werden wie in einem Zoo präsentiert.

© Beck

Anlassfenster (Themenfenster)

Die Dekoration und Warenpräsentation nimmt auf bestimmte Anlässe Bezug *(Weihnachten, Valentinstag, Sportereignisse, örtliche Veranstaltungen)*.

In einigen Fällen unterstützen Hersteller bzw. Insititutionen den Einzelhändler mit Dekorationsmaterial, z. B. bei Olympischen Spielen, einer Fußballweltmeisterschaft oder bei Stadtmarketingaktionen.

» **Beispiel**: Süßwarenpräsentation anlässlich einer Stadtmarketingaktion „Venezianische Messe". Die Plakate stellte das städtische Touristikamt zur Verfügung.

© Beck

■ AKTION

1 Werden in Ihrem Ausbildungsbetrieb Waren in Schaufenstern oder Schaukästen präsentiert? Nennen Sie mehrere Gründe für die Entscheidung.

2 Erinnern Sie sich an ein Schaufenster, das Sie besonders angesprochen hat. Was war der Aufhänger und wie lässt sich das Thema umschreiben?

3 Machen Sie einen Schaufensterbummel und ordnen Sie fünf Schaufenster nach baulicher Art und inhaltlicher Gestaltung ein.

4 „Im Schaufenster zeigen wir möglichst viel von dem, was wir im Sortiment haben!“ Nehmen Sie Stellung zu dieser Aussage.

5 Erklären Sie die Begriffe Sortiments- oder Übersichtsfenster, Fantasie- oder Ideenfenster, Themen- oder Anlassfenster an Beispielen aus Ihrem Ausbildungssortiment.

6 Erläutern Sie die Gestaltung des abgebildeten Schaufensters aus den 50er Jahren des vorigen Jahrhunderts. – Untersuchen Sie nach Blickfang, inhaltlicher und baulicher Gestaltung, Artikelauswahl und -menge, Platzierung der Waren.

4.3 Erlebnisangebote

Die Kunden können ihren Bedarf heute in vielen Läden decken. Um sich aus der Menge der Geschäfte herauszuheben, muss sich der Einzelhändler etwas Besonderes einfallen lassen, damit Einkaufen zum Erlebnis wird.

Deshalb versuchen immer mehr Einzelhandelsbetriebe, die Kunden anzusprechen durch ungewöhnliche Ideen, neue Faszinationspunkte, unterhaltsame Aktionen und Erlebnisangebote. Eine besondere Rolle spielt dabei die Art und Weise der Warenpräsentation.

Warenlandschaften

Die Ware tritt „in Aktion“ und wird auf diese Weise zum anregenden Blickfang. In den meisten Geschäften oder Abteilungen ist eine solche Warenlandschaft als Attraktion zu finden.

Eine Warenlandschaft kombiniert verschiedene Artikel und Dekorationsgegenstände, sie ist scheinbar ungeordnet, aber spannend und anziehend. Damit steht sie im Gegensatz zur Ordnung der anderen Ware, die dem Kunden Übersicht vermittelt und die Orientierung erleichtert.

© Zhu difeng – stock.adobe.com

Abb. Warenlandschaften in einem Jeansgeschäft

Beispiele für Warenlandschaften:

- Fachgeschäft für Haushaltswaren:
  Ein altmodischer Herd mit Töpfen und Küchenzubehör, dekoriert mit Gemüseattrappen und karierter Schürze, vermittelt Lust am Kochen.
- Camping- und Caravan-Shop:
  Ein geöffnetes Trekking-Zelt mit Schlafsack darin und Rucksack davor, daneben Kocher und andere Ausrüstungsgegenstände, und schon kommt Abenteuerlust auf.
- Fahrrad-Fachhandel:
  Ein Rennrad-Spitzenmodell hängt von der Decke, dekoriert mit Rennzubehör (Trinkflasche, Trikot, Helm) und Siegerkranz. Es vermittelt Rennsportatmosphäre.
- Obst- und Gemüseabteilung:
  Auf einem Karren oder Leiterwagen werden Exoten oder Gemüsesorten zu einer großen Pyramide zusammengestellt und mit aufgeschnittenen Früchten dekoriert. Schon stellt sich Appetit ein.

Erlebnis- und Aktionszonen

Die meisten Menschen wollen heute nicht nur Zuschauer sein, sondern aktiv sein und mitmachen. Diesem Wunsch nach Aktion kommt der Handel durch die Einrichtung von Erlebnis- und Aktionszonen entgegen.

Kundinnen und Kunden sollen durch besondere Attraktionen in Erlebnis- und Aktionszonen zu folgenden Verhaltensweisen bewegt werden:

- stehen bleiben und schauen,
- Interesse zeigen und näher treten,
- aktiv werden oder mitmachen,
- Freude haben und Unterhaltung genießen,
- etwas über das Sortiment oder die Ware erfahren,
- die Einkaufsstätte in positiver Erinnerung behalten.

Auf diese Weise sollen Erlebnis- und Aktionszonen zur Kundentreue oder -werbung und zur Umsatzstabilisierung oder -steigerung beitragen.

© ECE, Hamburg

Abb. Beispiele für Erlebnis- und Aktionszonen

Erlebnis- und Aktionszonen fordern die Aktivität oder Beteiligung der Kunden heraus, z. B. durch:

- Verlosungen oder Tombolas,
- Stelzenläufer mit Warenproben oder Werbegeschenken,
- faszinierende Motorräder oder Autos,
- Bungee-Springen, Kletterwand oder andere Extremsportarten,
- Kostüm-, Karaoke- oder Malwettbewerbe mit Preisen,
- Autogrammstunden mit Prominenten.

Selbst wenn die Kunden nicht sofort etwas kaufen, so wirkt doch das Erlebnis nach. Die Kunden erinnern sich gern an dieses Geschäft. Die meisten erzählen es sogar weiter und betreiben auf diese Weise eine positive Mundpropaganda.

AKTION

1 Nennen Sie Gründe, weshalb der Einzelhandel auch mit Unterhaltungsveranstaltungen in Konkurrenz steht.

2 Was verstehen Sie unter Faszinationspunkten? Erläutern Sie den Begriff an einem Beispiel.

© Zhu difeng – stock.adobe.com

3 Wie stehen „Produktgruppe" und „Warenlandschaft" zueinander? Lassen sich beide Maßnahmen verbinden?

Klären Sie dies anhand von Beispielen.

4 Welche Erlebnis- und Aktionszonen sind Ihnen von Ihren Einkäufen in Erinnerung geblieben? Listen Sie Eindrücke auf.

5 Wählen Sie einen Anlass:

a) Eröffnung einer neuen Filiale des Music-Store in der Innenstadt,

b) Sommerfest des Conzentra-SB-Marktes im Gewerbegebiet.

Entwerfen Sie einen Plan, wie den Kunden Erlebnis- und Aktionsangebote gemacht werden können, die mit dem Warenangebot in Verbindung stehen.

6 Forschen Sie im Internet nach: Geben Sie bei einer Suchmaschine (*z. B. Google*) die Begriffe

a) „Warenpräsentation" und „Aktionszonen",

b) „Warenpräsentation" und „Faszinationspunkte",

c) „Warenpräsentation" und „Erlebnisse" ein.

Wer hat die angezeigten Seiten eingestellt (Betreiber), was sind die wichtigsten Aussagen (Botschaft) und was soll damit erreicht werden (Ziel)?

5 Visual Merchandising

SITUATION

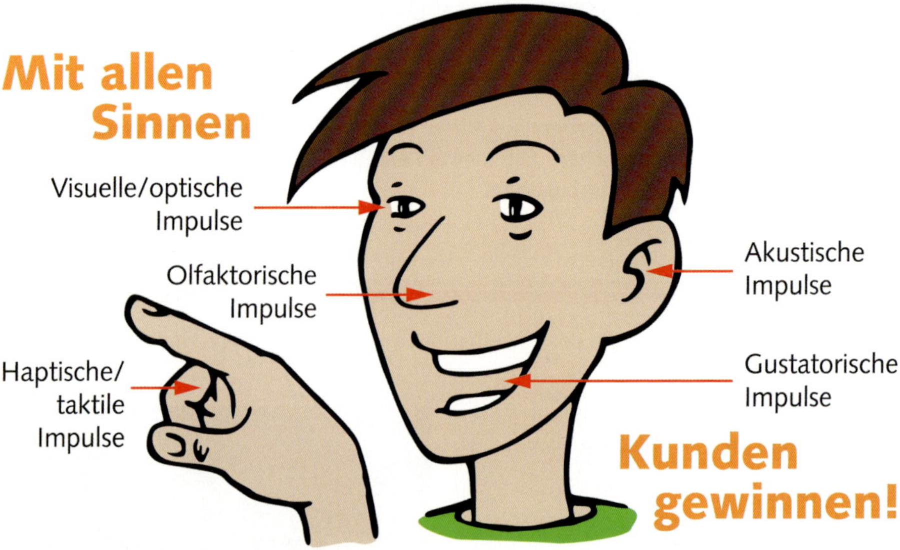

Wählen Sie aus Ihrem Ausbildungssortiment drei Waren aus, bei denen mindestens drei Sinne bei der Warenpräsentation angesprochen werden können.

INFORMATION

© crazymedia – stock.aobe.com

Visual Merchandising hat das Ziel, das Angebot in die Wahrnehmung der Kunden zu bringen als unwiderstehlich, appetitlich, verführerisch, mitreißend, attraktiv und aufregend. Es soll den Betrachter begeistern, ihn auf emotionaler Ebene erreichen, sein Verlangen nach der angebotenen Ware wecken und seine Kauflust anregen.

Eine überzeugende Warenpräsentation setzt Akzente, wirkt wie ein Magnet, zeigt Ideen und vermittelt Anregungen, gibt Entscheidungshilfen und Kaufanstöße. Visual Merchandising soll dem Kunden ein positives Gefühl vermitteln, ihn einladen zum Anfassen, Spüren, Riechen und Zugreifen.

Visual Merchandising bedeutet wörtlich „optische Verkaufsförderung", meint aber den Einbezug aller Sinne. Alle Sinne des Menschen können bei der Warenpräsentation durch entsprechende Impulse angesprochen werden.

Eine Kundin berichtet von ihrem Besuch im VM-Warenhaus:

- Die neue Freizeitkleidung sah richtig toll aus. Die T-Shirts gab es in ganz verrückten Farben.
- Die fetzige Musik hat eine gute Stimmung verbreitet. Die Durchsage hat mich auf ein Klasse Sonderangebot aufmerksam gemacht.
- Der Geruch von frischen Brötchen hat meinen Appetit geweckt. Ich brauchte erst mal einen Imbiss.
- Die Probierhäppchen in der Feinkostabteilung waren genau das Richtige. Sie haben köstlich geschmeckt.
- Das Sommerkleid fühlte sich wunderbar weich und geschmeidig an. Ich hätte es am liebsten gleich anbehalten.

Optische Impulse (Sehen)

Durch Schaufenster, Auslagen und Präsentationen im Geschäft können die Kunden die Ware sehen.

Dabei können Impulse sowohl von der Ware selbst, von ihrer Verpackung und von begleitenden Maßnahmen *(Dekoration, Durchsagen usw.)* ausgehen.

Optische Impulse werden durch den Einsatz von Farben und Bildelementen, durch Displays, Plakate und Dekorationsmaterial verstärkt.

Abb. Colour sells

Haptische Impulse (Fühlen)

© MEV Agency UG

Bei Vorwahl und Selbstbedienung kommen die Kunden mit der Ware in Kontakt, können sie anfassen, anprobieren und fühlen. Sie erhalten **haptische Impulse**: „Greifen bedeutet auch Begreifen!"

» **Beispiel:** Ausprobieren einer Duschbrause im Baumarkt. Man spürt, wie der Duschkopf in der Hand liegt und wie sich der Wasserstrahl anfühlt.

Auch bei der **Verkaufsraumgestaltung** werden haptische Impulse gegeben. Über die **Hautoberfläche** nimmt der Mensch Temperatur wahr und Luftfeuchtigkeit auf. Ein für die Kunden angenehmes **Raumklima** sichert „Wohlfühlqualität", denn wer möchte schon in Hitze, schwüler Luft oder gar von scheußlichen Gerüchen begleitet shoppen gehen?

Gustatorische Impulse (Schmecken)

© Beck

Probieraktionen in der Form von Verkostungen sind nur bei Lebens- und Genussmitteln möglich, anders können **gustatorische Impulse** nicht erfolgen. Aber sie sind sehr wirkungsvoll: „Die Liebe geht durch den Magen!"

Die Probierstände stehen in den Märkten meist an den Hauptwegen, sodass viele Kunden daran vorbeikommen.

Der Sinn der **Verkostung** ist natürlich, dass die Kunden die getesteten Produkte kennenlernen und dann später möglichst regelmäßig kaufen.

Akustische Impulse (Hören)

Nur von ganz wenigen Waren gehen unmittelbar akustische Impulse aus: Der Klang einer Musikanlage, die Tonqualität eines Handys oder ein leises Arbeitsgeräusch bei einem Staubsauger oder Föhn. Aber man kann über jede Ware sprechen und sie anpreisen. Dies geschieht in Einzelhandelsgeschäften durch verkaufsfördernde **Lautsprecherdurchsagen**. Viele Kunden, die eine für sie interessante Durchsage hören, weichen vom geplanten Weg durch den Markt ab und suchen die beworbene Ware auf.

» **Beispiel:** „Verehrte Kunden! Bitte beachten Sie: Unsere frischen Erdbeeren müssen noch vor Geschäftsschluss raus. Das ist Ihre Chance! Drei 500-g-Schalen erhalten Sie für nur zwei Euro!"

In vielen Läden wird auch **Hintergrundmusik** eingesetzt. Sie wird eher unbewusst wahrgenommen, kann jedoch offensichtlich das Kaufverhalten beeinflussen. So haben Untersuchungen ergeben, dass bei einer eher langsamen Musik die Aufenthaltsdauer der Kunden im Laden zunimmt. Schnelle Musik löst einen gegenteiligen Effekt aus.

Beispiel:

Aus der Internetseite des Ladenmusik-Anbieters „Audiochoice":

Warum Sie Ladenmusik brauchen ...

Gute Hintergrundmusik im Geschäft ist heute entscheidender denn je: Die Kunden sind zufriedener, die Angestellten motivierter! Unabhängige Studien belegen: Die richtige Musik während des Einkaufs fördert das Konsumverhalten der Kunden.

Was Audiochoice anders macht als andere ...

Audiochoice stellt spezielle, zielgruppengerechte Musikprogramme auf CD/DVD zusammen – ohne Werbung, ohne nervige Moderation. Wichtig für die Musikauswahl: seichte Musik mit einer möglichst hohen Akzeptanzrate ...

Ausschlaggebend für den Audiochoice-Ladenmusik-Einsatz ist jedoch die Beliebtheit eines Titels gemessen an den Verkaufszahlen und der Häufigkeit im Hörfunkeinsatz. Mit unseren Preisen sprechen wir auch insbesondere kleine und mittlere Betriebe an. Niemand, aber auch wirklich niemand, soll auf gute Musik verzichten müssen.

Wie Sie an unsere Tonträger kommen ...

Wenn Sie sich für Audiochoice-Ladenmusik entscheiden, müssen wir nur noch Ihre Zielgruppe kennenlernen: entweder 10–29, 20–49 oder 30–59. Natürlich stellen wir auch individuelle Musikmischungen zusammen – sprechen Sie uns dafür einfach an.

Kurze Zeit nach Ihrer Bestellung erhalten Sie ein Ladenmusik-Basispaket ...

Größere Filialunternehmen haben eigene **Ladenradio**-Programme mit einer Mischung aus Musik und Werbung erstellt. Dabei wird gezielt auf das Sortiment und die Sonderangebote hingewiesen. Besonders schnell kann man mit **Durchsagen** reagieren. Sonderangebote und Aktionsverkäufe können so wirkungsvoll bekannt gemacht werden.

Das „sprechende Regal" klingt noch wie Zukunftsmusik, ist aber schon im Einsatz. Dabei werden Einkaufswagen mit Empfänger und Lautsprecher ausgerüstet. Fährt ein Kunde an einer Aktionsware vorbei, empfängt er Hinweise, wie z. B.:

„Damit Ihr Sonnenbad zum Genuss wird, empfehlen wir unser ‚Fun-with-sun'-Programm! Gleich rechts von Ihnen finden Sie die wirkungsvolle Lotion mit drei verschiedenen Schutzfaktoren – passend zu Ihrer Haut. Und hinterher die kühlende und pflegende Après-Lotion. Greifen Sie zu, Ihre Haut wird es Ihnen danken!"

Olfaktorische Impulse (Riechen)

Über die Nase werden Duftstoffe aus der Luft aufgenommen. Sie regen die Riechzellen als olfaktorische Reize an. Diese wandeln den Duft in elektrische Signale und geben Impulse an einen Teil des Gehirns, der für die Steuerung von Gefühlen zuständig ist.

Düfte beeinflussen also direkt unsere Emotionen.

Auf diese Tatsache stützen sich die Anbieter von Systemen zur **Raumbeduftung**. Sie verkaufen Apparate und Duftstoffe, mit denen Läden gezielt beduftet werden können.

Marktforscher haben ermittelt, dass sich die Verweildauer von Kunden in bedufteten Verkaufsräumen um ca. 16 % und die Kaufbereitschaft um ca. 15 % erhöht. Dabei setzt man **Aromamischungen** ein, deren Düften ganz bestimmte Wirkungen zugeschrieben werden.

» **Beispiel:** Auszug aus dem Angebot von Düften eines Raumbedufters

Auszug aus unserem Duftsortiment

Scent A1*	Ein frisch abgerundeter Duftcoctail aus wertvollen ätherischen Ölen komponiert. Die verwendeten ätherischen Öle sind in der **Aromatherapie** für ihre **energiebringende und stimulierende Wirkung** bekannt. Inhaltsstoffe u.a.: Limettenöl, Mateöl, Ingweröl, Cardamonöl, Citronenöl, Mandarinenöl, Grapefruit, Basilikumöl	**189,-**
Scent A2*	Ein frischer „**Gesundheits-Cocktail**" aus der Aromatherapie vermittelt dem Körper ein ganzheitliches Gefühl des Wohlseins. Inhaltsstoffe u.a.: Karottensamenöl, Orangenöl, Basilikumöl, Citronenöl, Selleriesamenöl	**189,-**
Scent A3*	Diese Komposition ist eine aufwendige Zusammensetzung ätherischer Öle den **Körper und die Sinne zu beruhigen**. Lehnen Sie sich zurück und lassen Sie sich treiben... Inhaltsstoffe: Irisöl, Weihrauchöl, Sandelholzöl, rosenöl, Vetiveröl, Cedernholzöl	**199,-**

Hören, sehen, riechen! Warenpräsentation des 21. Jahrhunderts im real Future Store der METRO Group

Innovative Technologien unterstützen die ansprechende Präsentation der Waren in der Fischabteilung (Fischmarkt), darunter beispielsweise das Erlebnis Klang. Diese Lautsprecher sind über dem Thekenbereich angebracht und beschallen einen klar abgegrenzten Raum mit Meeresrauschen. Auf dem Boden vor dem Fischmarkt befindet sich ein sogenannter Interaktiver Boden. Dabei handelt es sich um eine Projektion, die auf Bewegung reagiert. Betritt der Kunde den Interaktiven Boden, verändert sich das projizierte Bild. Zum umfassenden Einkaufserlebnis trägt außerdem das Erlebnis Duft bei. An der Fischtheke weht ein Hauch von Kräutern der Provence mit Limone. Der Geruch wird mithilfe ätherischer Öle und naturähnlicher Stoffe erzeugt und über die Klimaanlage in den Verkaufsraum befördert. Eine angenehme und anregende Atmosphäre entsteht

Quelle: www.future-store.org

AKTION

1 Wie können optische Impulse bei der Warenpräsentation gesteigert werden? Erläutern Sie dies an einem Beispiel aus Ihrem Ausbildungssortiment.

2 Welche Bildmotive sind geeignet, um den Anforderungen an Bildelemente zu genügen, wenn sie eingesetzt werden sollen für die Präsentation von

- Autoreifen
- Bademoden
- Kaminöfen
- Kochtöpfen
- Gartengeräten
- Rotweinen

Nennen Sie jeweils ein Bildmotiv und das Ereignis oder Erlebnis, das damit geschaffen wird.

3 Was ist mit dem Spruch „Colour sells“ gemeint? Erklären Sie Ihre Interpretation mit Erfahrungen aus der Praxis.

4 Klären Sie für sich, ob die Abb. „Colour sells“ ein Bildmotiv zeigt, das als „inhaltliches Ereignis“ oder „visuelles Erlebnis“ gesehen werden kann. Vergleichen Sie Ihre Ergebnisse in der Lerngruppe.

5 Weshalb kommt das Wort „begreifen“ (= verstehen) von „greifen“? Deuten Sie den Zusammenhang für die Warenpräsentation und den Verkauf.

6 Gestalten Sie eine kleine Verkostung von Saft (oder z. B. Käse, Schokolade, Wurst, Keksen). Was bedeutet der Satz: „Das Auge isst mit!“?

7 Wie wird Ladenmusik aus der Sicht des Verkaufspersonals und der Kunden beurteilt? Sammeln Sie Meinungen und stellen Sie das Ergebnis vor.

8 „Wir müssen uns erst mal beschnüffeln.“ Sammeln Sie ähnliche Sprüche und Ausdrücke, in denen Gefühle in Zusammenhang mit dem Geruchssinn gebracht werden. Wie viele finden Sie?

9 Warenpräsentation und Visual Merchandising sind nur ein Teil der Maßnahmen eines Einzelhändlers, um erfolgreich am Markt bestehen zu können. Ebenso gehören Standort, Sortiment, Preislage, Werbung und Service dazu.

Erstellen Sie eine Tabelle, sodass für die jeweiligen Betriebsformen ein eindeutiger und stimmiger Gesamteindruck bei den Kunden entsteht.

	Exklusives Fachgeschäft	Discounter
Standort, Gebäude, Ladenausstattung	?	?
Sortiment	?	?
Preislage	?	?
Werbung	?	?
Bedienung und Service	?	?
Visual Merchandising	?	?
Warenpräsentation	?	?

Schwerpunkt Betriebswirtschaft (SBW)

Lernfeld 5
Werben und den Verkauf fördern

Inhalte

© M.Schuppich – stock.adobe.com

© Robert Przybysz – stock.adobe.com

© EdNug – stock.adobe.com

1 Werbung

SITUATION

Die Auszubildenden Stefanie und Doreen sind nach der Berufsschule auf dem Weg zum Bahnhof.

Doreen: „Schau mal hier: ‚Heute frische Blumen. Bund 3 €. 100 m links‘. Super, was?“

Stefanie: „Wenn du ein Junge wärst, würde ich sagen, kauf mir doch welche!“

Doreen: „Wenn ich ein Junge wäre, würde ich wegen dieser mickrigen Werbung keinen Schritt tun!“

Stefanie: „Wieso mickrig? Ein A4-Blatt beschriften, in eine Klarsichthülle stecken und an einen Baum am Straßenrand hängen. Schnell, gut und kostet nichts.“

Doreen: „Kostet nichts und bringt nichts! Wahrscheinlich sind die Blumen genauso schlapp wie dieser Wisch!“

1. Welche unterschiedlichen Standpunkte vertreten Doreen und Stefanie im Hinblick auf die Blumenwerbung?
2. Stellen Sie einen kleinen Regelkatalog zusammen über die grundsätzlichen Anforderungen an eine Werbemaßnahme.

© denis-pc – stock.adobe.com

INFORMATION

Damit **Werbemaßnahmen** erfolgreich sind, müssen sie sorgfältig geplant werden, denn nur so kann der **Kommunikationsprozess** zwischen **Werbendem** *(Einzelhändler, Hersteller)* und **Umworbenem** *(Konsumenten)* störungsfrei ablaufen.

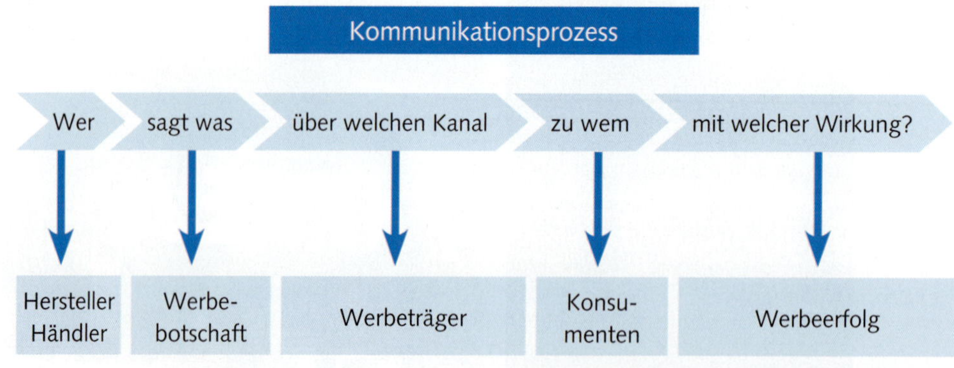

1.1 Werbegrundsätze

Bei der äußeren und inhaltlichen Gestaltung von Werbemaßnahmen sind Grundsätze zu berücksichtigen, die auch von der Werbewirtschaft anerkannt sind.

Grundsatz	Bedeutung	Beispiele für Verstoß
Wahrheit	Die Werbung soll keine übertriebenen Versprechungen und/oder falsche Behauptungen enthalten.	„Niemals Arterienverkalkung dank Oleg Orloffs Knoblauchpillen!"
Klarheit	Die Werbebotschaft muss schnell und sicher erkannt werden.	„Mit der Kombinationswirkformel R2D3 und UFG-System."
Originalität	Die eigene Werbung soll sich deutlich von fremder Werbung unterscheiden und keine Kopie bestehender Werbemaßnahmen darstellen.	„CLEAN wäscht so weiß, weißer geht's nicht."
Stetigkeit	Die Werbemaßnahmen sollten über einen längeren Zeitraum durchgeführt werden.	Ein Eiskremhersteller ändert jedes Jahr die Namen der Eissorten und das Firmenlogo.
Aktualität	Werbemaßnahmen sollten einen Bezug zu aktuellen Ereignissen aufweisen oder auf momentane Trends Bezug nehmen.	Ein Mobilfunkanbieter wirbt mit Schauspielern einer TV-Serie, die seit mehreren Jahren nicht mehr läuft.
Wirtschaftlichkeit	Den Werbekosten muss ein ausreichender Werbeerfolg, z. B. durch eine Umsatzsteigerung, gegenüberstehen.	Das Neuburger Schmuckfachgeschäft Bessler wirbt für sich in einem Fernsehspot im ZDF.
Wirksamkeit	Die Werbemaßnahme soll beim Umworbenen möglichst zu einer Kaufentscheidung führen. Die Wirkungsweise der Werbung wird oft mittels der **AIDA**-Regel veranschaulicht: **A**ttention: Aufmerksamkeit erregen, damit die Werbung bemerkt wird. **I**nterest: Interesse für die Werbebotschaft wecken, damit sie sich einprägt. **D**esire: Kaufverlangen auslösen. **A**ction: Aktion in Form eines Kaufs.	Das Neuburger Autohaus Schneider gestattet nur nach Vertragsabschluss eine Probefahrt mit dem neuen MBW 950. Verkostungen in der Obstabteilung eines Supermarktes werden mit der Begründung abgelehnt, es gäbe dann zu hohe Abschreibungen.

Diese **Grundsätze** klären im **positiven** Sinne, was in der Werbung wie gemacht werden soll. Darüber hinaus ist aber auch zu beachten, was in der Werbung **nicht** gemacht werden darf oder nicht gemacht werden soll. Für diese Fragen gibt es ethische bzw. moralische Grenzen der Werbung und das Wettbewerbsrecht.

» **Beispiel:** Werbung soll und darf nicht:

- gegen die allgemein anerkannten guten Sitten verstoßen,
- durch sexuell anstößige Darstellungen die Würde des Menschen verletzen,
- das Recht auf Schutz der Privatsphäre verletzen,
- einen direkten oder indirekten Kaufzwang auf die Verbraucher ausüben.

1.2 Werbearten

Je nachdem, auf welche Weise eine Werbemaßnahme durchgeführt wird und wer Werbesubjekte und Werbetreibende sind, unterscheidet man verschiedene Werbearten.

Werbesubjekte (Umworbene)

Bei der Werbung nach **Zahl** der **umworbenen Konsumenten** unterscheidet man:

Einzelwerbung	Bei der **Einzelwerbung** bzw. **Direktwerbung** spricht man einen oder mehrere genau festgelegte mögliche Kunden direkt mit einer auf sie abgestimmten individuell gestalteten Werbebotschaft an *(Prospekt, Werbebrief, persönliche Kundenansprache im Geschäft).* Je präziser die Zielgruppenbestimmung möglich ist *(Weintrinker, Naturkostliebhaber, Preiswertkäufer)*, desto erfolgversprechender sind die Werbemaßnahmen.
Massenwerbung	Bei der **Massenwerbung** wird ein sehr großer Personenkreis über die Massenmedien angesprochen. Die Werbung muss so gestaltet sein, dass sie möglichst viele Konsumenten anspricht. Da es sich aber hierbei um einen u.U. sehr verschiedenartigen Personenkreis handelt, kann dies hinsichtlich einer möglichst wirksamen Ansprache zu Problemen führen *(Radio-/Fernsehwerbung, Plakatwerbung, Werbung in und auf Verkehrsmitteln).*

Werbetreibende

Nach der **Zahl** der **Werbetreibenden,** die Werbemaßnahmen durchführen, sind die im Folgenden beschriebenen **Werbearten** zu unterscheiden:

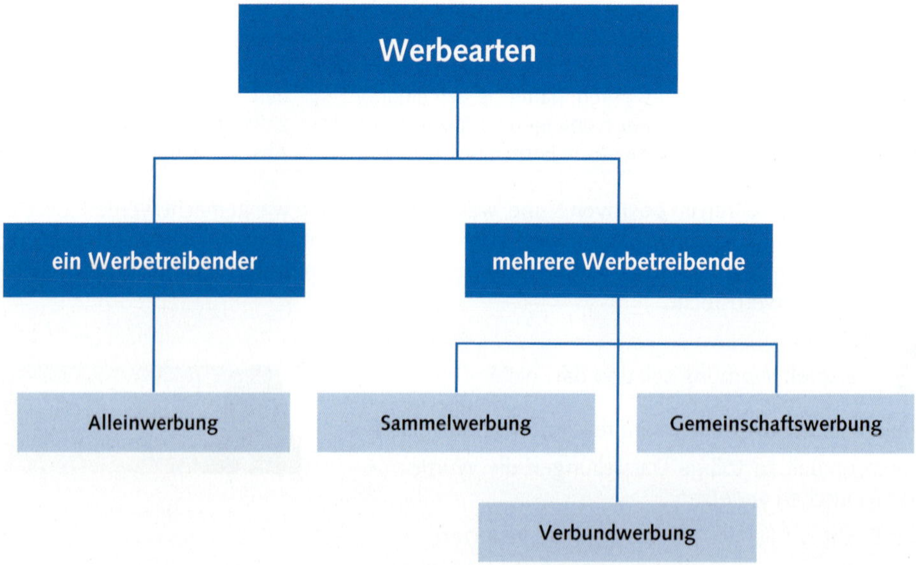

Alleinwerbung

Ein **einzelner** Anbieter wirbt für sein Leistungsangebot unter **Nennung** seines **Namens.**

Werbeziele können eine Verbesserung des Unternehmensimages, Präsentation des Sortiments oder einer Dienstleistung sowie die Einführung eines neuen Produktes sein.

Die Alleinwerbung bietet die größte **Freiheit** bei der **Gestaltung** der Werbemaßnahmen, da man auf andere Beteiligte keine Rücksicht nehmen muss. Allerdings sind auch die **Kosten** alleine zu tragen.

›› **Beispiel:** Ein Getränkehersteller wirbt für neue Sorten aus seinem Produktbereich alkoholfreie Erfrischungsgetränke.

Kollektivwerbung (Kooperative Formen der Werbung)

Sammel-, Gemeinschafts- und Verbundwerbung bezeichnet man auch als Kollektivwerbung, da Werbemaßnahmen von mehreren Unternehmen gemeinsam durchgeführt werden.

Sammelwerbung

Mitglieder einer Werbegemeinschaft mehrerer Einzelhändler, z. B. einer bestimmten Einkaufsstraße, Fußgängerzone, eines Stadtteils oder dergleichen, werben gemeinsam für die Einkaufsstraße allgemein *(Die Schlossstraße – Ihr Einkaufsparadies)* oder sie bringen ihre individuelle Anzeige ein in einen gemeinsamen Rahmen *(Zeitungsseite, Prospekt)*.

Oft werden auch gemeinsam Aktionstage durchgeführt. Diese lassen sich unter Umständen mit von den Gemeinden im Rahmen des Stadtmarketing veranstalteten Aktivitäten verbinden *(Martini-Markt, verkaufsoffener Sonntag am Kirchweihfest u. a.)*. Eine solche **Gemeinschaftsanzeige** ist gerade für kleinere Unternehmen kostengünstig, da sie nur einen Teil bezahlen müssen.

Abb. Sammelwerbung von Einzelhandelsunternehmen in einem Stadtviertel

Gemeinschaftswerbung

Auch bei dieser Werbeart werben mehrere Unternehmen gemeinsam. Allerdings werden diese Unternehmen nicht namentlich in der Werbemaßnahme aufgeführt.

Gemeinschaftswerbung ist in vielen Fällen eine Image- und Vertrauenswerbung für die werbende Branche.

Beispiele:

© Beck

Abb. Gemeinschaftwerbung

Die nebenstehende Anzeige wirbt für den Kauf von französischem Käse. Geschaltet wird diese Anzeige von der Sopexa, einer Förderungsgesellschaft für den Absatz französischer Lebensmittel. Auftraggeber sind französische Unternehmen und Verbände, die in der Anzeige aber nicht genannt werden.

Häufig wird Gemeinschaftswerbung unter ein Motto mit einem einprägsamen Slogan gestellt:

- „Kenner trinken Württemberger"
- „Badischer Wein, von der Sonne verwöhnt"
- „Deutschland hat Geschmack".

Gemeinschaftswerbung kann in **zwei** Ausprägungen vorkommen:

horizontal: Hier schließen sich Werbetreibende der gleichen Wirtschaftsstufe zusammen *(Werbegemeinschaft Württemberger Weingärtnergenossenschaften zur Vermarktung von Weinen aus dem Anbaugebiet Württemberg).*

KENNER TRINKEN WÜRTTEMBERGER

vertikal: Hier erfolgt eine Kooperation von Unternehmen aus unterschiedlichen Wirtschaftsstufen *(Gütezeichen „Wollsiegel", das sowohl von Herstellern als auch Handelsunternehmen werblich genutzt wird).*

REINE SCHURWOLLE

Verbundwerbung

Man spricht von **Verbundwerbung**, wenn sich Unternehmen aus **verschiedenen** Branchen für eine **gemeinsame** Werbeaktion zusammenschließen.

Das Gemeinsame sind nicht gleiche Produkte oder Dienstleistungen, sondern ein anderer Zusammenhang.

Beispiel: Ein Waschmittelhersteller wirbt für eines seiner Produkte und zeigt in einem Werbespot dabei die Namen von Herstellern von Waschmaschinen, die dieses Produkt empfehlen *(„Calgon, von führenden Waschmaschinenherstellern empfohlen!").*

Eine **Sonderform** der Verbundwerbung liegt vor, wenn ein Unternehmen Leistungen eines anderen branchenfremden Unternehmens befristet anbietet und damit für beide ein nachhaltiger Werbeerfolg angestrebt wird.

» **Beispiel:** Der einmalige Verkauf von Fahrkarten der Deutschen Bahn bei einem großen Lebensmitteldiscounter zu einem äußerst günstigen Preis.

<table>
<tr><th colspan="6">Übersicht zu Werbearten im Einzelhandel</th></tr>
<tr><td colspan="2">Werbearten →
↓</td><td colspan="4">nach Zahl der werbenden Unternehmen</td></tr>
<tr><td rowspan="2">nach Zahl der umworbenen Konsumenten</td><td>Einzelwerbung: Jedes einzelne Mitglied der ausgewählten Zielgruppe wird namentlich angesprochen.</td><td rowspan="2">Alleinwerbung: Ein einzelner Einzelhändler wirbt mit dem eigenen Namen für sein Sortiment oder das Unternehmen.</td><td rowspan="2">Sammelwerbung: Gemeinsame Werbung mehrerer Einzelhandelsbetriebe aus unterschiedlichen Branchen mit Angabe der Firma.</td><td rowspan="2">Gemeinschaftswerbung: Gemeinsame Werbung mehrerer Handelsunternehmen, Produzenten oder Organisationen ohne namentliche Nennung der beteiligten Unternehmen.</td><td rowspan="2">Verbundwerbung: Gemeinsame Werbung von Anbietern komplementärer Waren, z. B. Schaufensterwerbung zugleich für Bademoden des Sportladens und Reiseführer des Buchladens nebenan.</td></tr>
<tr><td>Massenwerbung: Die gesamte Zielgruppe wird über Massenmedien angesprochen.</td></tr>
</table>

AKTION

1 Um welche Werbeart handelt es sich jeweils?

a) Ein Buchverlag schickt einen Brief an Berufsschullehrer und wirbt für das Buch: „Wie unterrichte ich Einzelhandelsklassen und bleibe trotzdem gesund und munter?".

b) Zeitungsanzeige: „Wir Franzosen verstehen nicht nur etwas von l'amour, sondern auch von Käse! Käse aus Frankreich, o, lá lá!"

c) Anzeige in einer Frauenzeitschrift: „Bayern wünscht guten Appetit. Milch und Käse aus Bayern!" Danach werden Abbildungen von Milchprodukten folgender Molkereien gezeigt: Bauer-Joghurt, H-Milch von Weihenstephan, Fruchtquark von Exquisa.

2 Stellen Sie fest, welche Werbearten in Ihrem Betrieb in den letzten sechs Monaten eingesetzt wurden. Suchen Sie ein für die jeweilige Werbeart typisches zeitliches Muster für den Einsatz der Werbeart.

3 Versuchen Sie herauszufinden, ob es Werbegemeinschaften am Standort Ihres Unternehmens gibt, und untersuchen Sie die Beweggründe, die zur Bildung dieser Werbegemeinschaften geführt haben. Erstellen Sie über Ihre Arbeitsergebnisse eine kleine Präsentation.

4 Sammeln Sie Beispiele für Maßnahmen der Verbundwerbung.

5 Untersuchen Sie die auf den vorangegangenen Seiten abgebildeten Werbemaßnahmen darauf, ob und in welcher Weise die Elemente der AIDA-Regel eingehalten werden.

6 Seien Sie AIDA-Schiedsrichter! Suchen Sie von dreien Ihrer Ausbildungsbetriebe eine jeweils vergleichbare Werbemaßnahme *(Wochenwerbung)* heraus und prüfen Sie, wer die AIDA-Regel am besten eingehalten hat. Verwenden Sie dabei eine Tabelle entsprechend dem nachstehenden Muster und verteilen Sie Punkte:

	Betrieb 1	Betrieb 2	Betrieb 3
A (1 bis 5 Punkte)			
I (1 bis 5 Punkte)			
D (1 bis 5 Punkte)			
A (1 bis 5 Punkte)			
Punktesumme			

MUSTER

7 Gegen welche Werbegrundsätze wird in den folgenden Aussagen verstoßen?

a) „Wer mit Putzi-Fluxi seine Zähne putzt, dem garantieren wir: niemals Karies und Parodontose!"

b) „Auch bei der Fußball-WM in Brasilien spielten die meisten Mannschaften in unseren Schuhen!"

8 Sammeln Sie von jedem Schüler einen Zettel mit zwei seiner Meinung nach originellsten aktuellen Werbemaßnahmen ein und erstellen Sie eine Hitliste der Werbemaßnahmen. Diskutieren Sie das Ergebnis.

9 Zeichnen Sie fünf Werbespots im Fernsehen auf. Welchen Werbearten sind die Spots zuzuordnen?

10 Um welche Werbeart handelt es sich bei folgenden Abbildungen?

2 Durchführung von Werbemaßnahmen

2.1 Werbeziele und Werbeobjekte

SITUATION

Die Auszubildenden Stefanie und Doreen verbringen ihre Mittagspause im Marktcafé. Doreen beobachtet durch das Fenster einen Prospektausträger.

Doreen: „Immer diese Prospekte, manchmal quillt der Briefkasten fast über davon!"

Stefanie: „Schon, aber mein Chef steht drauf. Der meint, Werbung muss sein. Am besten täglich, sozusagen frisch auf den Tisch, sonst wird sie wertlos wie altes Gemüse."

Doreen: „Ja, ich weiß schon, eure Gemüseabteilung. Aber bei Fernsehfilmen, da nervt die Werbung wirklich, immer wenn's spannend wird. Das muss doch nicht sein! Man könnte glauben, die Werbefritzen wollten mit ihren Werbespots um den Oskar konkurrieren."

Stefanie: „Weiß man's?"

1. Sammeln Sie Beispiele für Werbemaßnahmen (zum Beispiel, was Sie im häuslichen Briefkasten finden, aus Funk und Fernsehen, der Zeitung usw.) und ordnen Sie diese Werbemaßnahmen den Kategorien „Werbung für bestimmte Artikel", „Werbung für ein Sortiment" und „Werbung für ein Unternehmen" zu. Versuchen Sie festzustellen, welche Art von Werbenden in der jeweiligen Kategorie am häufigsten auftreten!
2. Formulieren Sie mögliche Ziele, die der jeweilige Werbende mit seiner Werbemaßnahme (vgl. Aufgabe 1) verfolgt haben könnte!

Situationsanalyse

Vor der Entscheidung über Werbeziel und Werbeobjekt wird der **Ist-Zustand** des Unternehmens **formuliert**. Dabei geht es um die Beantwortung folgender **Fragen**:

- Entsprechen die Umsätze den Planvorgaben?
- Ist die Sortimentsgestaltung auf die Kundenwünsche abgestimmt?
- Stimmt das Preis-Leistungsverhältnis?
- Wie groß sind Kundenzufriedenheit und Kundenbindung?
- Wie ist die Mitbewerbersituation?

Der festgestellte Ist-Zustand gibt die Richtung und das Ziel für die geplanten Werbemaßnahmen an.

Werbeziele

Der Einzelhändler legt mit dem **Werbeziel** fest, **was** er mit seinen Werbemaßnahmen **erreichen** möchte. Dabei muss er darauf achten, dass die Werbeziele möglichst konkret beschrieben werden; nur so ist später eine wirksame Überprüfung möglich, ob die Ziele erreicht wurden.

Ziel	Bezeichnung	Beispiele
Bekanntmachung neuer Produkte oder neuer Verkaufsstellen.	**Einführungswerbung**	Herbstmodenschau von La Moda, Sonderpreise zur Eröffnung einer neuen All-Bau-Filiale.
Erhalten der Marktposition und Belebung des Absatzes.	**Erinnerungswerbung**	Wöchentliche Anzeige der Wohnwelt im örtlichen Nachrichtenblatt.
Absatzsteigerung durch Gewinnung neuer Kunden oder engere Bindung der Stammkunden.	**Expansionswerbung**	Der Textilmarkt lässt einen Prospekt in den Neuburger Nachrichten beilegen; persönlicher Werbebrief an Stammkunden.
Absatzsteigerung aus bestimmten, zeitlich begrenzten Anlässen.	**Aktionswerbung**	Firmeninhaber Oliver Bessler wirbt für den Jubiläumsverkauf für 50 Jahre Optik Bessler.
Aufbau bzw. Änderung des Erscheinungsbildes in der Öffentlichkeit.	**Imagewerbung**	Textilhaus Braun tritt als Sponsor des örtlichen Fußballvereins auf (Trikotwerbung).

Ob das Ziel einer Werbemaßnahme erreicht wird, hängt davon ab, ob das dem Kunden in der Werbemaßnahme gegebene Versprechen auch eingelöst wird, sodass der Kunde Vertrauen zum Werbenden aufbaut.

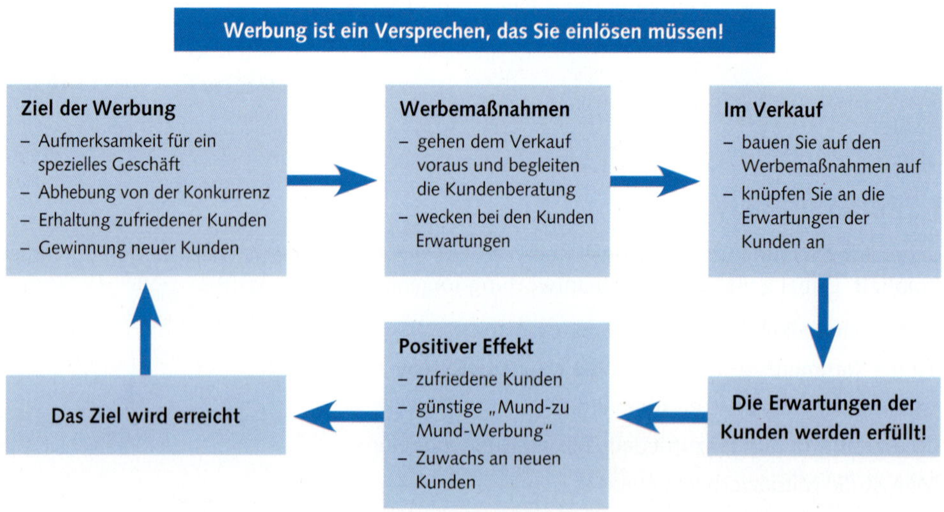

Werbeobjekte

Mit der Festlegung des Werbeobjektes entscheidet der Werbetreibende, was er in den Vordergrund seiner Werbemaßnahmen stellen möchte.

So kann er für einen einzelnen Artikel, sein gesamtes Sortiment oder für sein Unternehmen werben.

Werbung – wofür?

Artikel	Sortiment	Firma
Händler und besonders die Hersteller werben für einen einzelnen Artikel.	Ein Handelsunternehmen stellt in der Werbung sein umfangreiches Sortiment in den Vordergrund.	Ein Handelsunternehmen wirbt z. B. für seine Leistungsfähigkeit, Größe und Preiswürdigkeit.
Beispiel: „Jetzt günstig: das neue CLEAN mit dem Graukiller!“	**Beispiel:** „Von 1,99 € bis 99,00 €! Weine aus 5 Kontinenten, natürlich nur bei Manz!“	**Beispiel:** „Wohnwelt Neuburg, die größte Wohnschau der Region“.

Besonders die Hersteller von Markenartikeln haben ein großes Interesse daran, dass ihre Produkte vom Handel in dessen Sortiment aufgenommen werden.

Sie versuchen, dies durch die sogenannte **Sprungwerbung**, eine Form der **Produktwerbung**, zu fördern: Mit der Werbung in den Massenmedien wendet sich der Hersteller direkt an den Verbraucher und macht ihn gewissermaßen zu seinem Verbündeten. Der Verbraucher soll daraufhin beim Einzelhändler den betreffenden Artikel verlangen. So wird der Handel veranlasst, diesen Artikel in sein Sortiment aufzunehmen.

» **Beispiel:** Ein bekannter Markenhersteller zeigt die Verpackung seiner Tütensuppe in einer Zeitschrift.

© Panama – stock.adobe.com

Zielgruppen

Eine **Zielgruppe** ist ein Personen- oder Kundenkreis, an den sich eine Werbemaßnahme richtet (Adressaten der Werbung).

Je genauer eine Zielgruppe bestimmt und abgegrenzt wird, desto besser kann man eine Werbemaßnahme auf die anzusprechenden Adressaten der Werbung abstimmen. Es wird sozusagen eine maßgeschneiderte Werbung möglich.

Dazu wird der ins Auge gefasste Personenkreis nach gemeinsamen Bedürfnissen und Kaufabsichten zusammengestellt.

» **Beispiel:** Anzeige eines Haus- und Gartencenters für die Zielgruppe „Gartenbesitzer".

Zielgruppenbildung nach		
geografischen Merkmalen	**demografischen Merkmalen**	**sonstigen Merkmalen**
› Bundesland › Landkreis, Gemeinde › Stadt-/Ortsteil	› Alter, Geschlecht › Einkommen, Kaufkraft › Schulabschluss, Beruf	› Privatperson, Unternehmen › Stammkunden, Laufkunden › Lebensstil, Modeorientierung …

AKTION

1 Nennen Sie je ein Beispiel für Einführungs-, Erinnerungs-, Expansions-, Aktions- und Imagewerbung, nach Möglichkeit aus Ihrem Ausbildungsbetrieb.

2 Wählen Sie eine Werbemaßnahme Ihres Ausbildungsbetriebes aus, die Sie für gelungen halten. Stellen Sie die Maßnahme in der Klasse vor, erläutern Sie die Maßnahme mit den Fachbegriffen aus diesem Kapitel, und geben Sie an, warum Sie diese Maßnahme für gelungen halten.

3 Welche Werbeziele sollen mit folgenden Anzeigen erreicht werden?

Abb. Anzeigenwerbung

4 Analysieren Sie die folgenden Anzeigen nach Werbeziel und Zielgruppe.

Abb. Anzeigenwerbung

5 Beschreiben Sie die Zielgruppe von Werbemaßnahmen folgender Unternehmen:

a) Eisenwarenhandel (Baubeschläge, Schrauben, Werkzeuge),

b) Fachgeschäft „Madame" für modische Damenoberbekleidung,

c) Spezialladen für Camper und Tramper,

d) Feinkostgeschäft mit großer Weinabteilung.

2.2 Werbeträger und Werbemittel

SITUATION

Ein Supermarkt in Stadtlage nahe dem Marktplatz plant für den November eine „Martini-Markt-Aktion" mit Sonderangeboten und verschiedenen Attraktionen. Die Geschäftsleitung strebt für die Aktionswoche eine Umsatzsteigerung um 30 % an.

1. Legen Sie eine oder mehrere Zielgruppen fest, die im Rahmen der Werbung für die Martini-Markt-Aktion angesprochen werden sollen.
2. Entscheiden Sie, welche Werbeträger und Werbemittel anlässlich der Werbung für die Martini-Markt-Aktion eingesetzt werden sollen.

INFORMATION

Wenn Sie für Ihr Unternehmen eine Werbemaßnahme durchführen wollen, müssen Sie, nachdem Werbeziel, Werbeobjekt und Werbeart geklärt sind, entscheiden, welchen oder welche **Werbeträger** Sie benutzen wollen. Werbeträger sind Medien, welche die Werbebotschaft dem Umworbenen überbringen sollen. Außerdem ist zu klären, in welcher Form die Werbeträger eingesetzt werden sollen, d. h., welche **Werbemittel** Sie verwenden wollen.

Werbeträger

Werbeträger (Medium) für:	geeignete Werbeelemente					Werbemittel (Form)
	Schrift	Bild	Farbe	Licht	Handlung	
Außenwerbung *(Hauswände, Schaufenster, Fahrzeuge, Litfaßsäule, Außenvitrinen)*	X	X	X	X		Plakat, Leuchtreklame, Dekoration, Gebäude- und Fahrzeugbeschriftungen, Bandenwerbung
Printmedien *(Tageszeitung, Anzeigenblätter, Zeitschriften, Kataloge)*	X	X	X			Anzeige, Interview, Postwurfsendung, Handzettel
Audiovisuelle Medien *(Film, Funk, Fernsehen, Internetpräsentationen)*	X	X	X	X	X	Werbespot, Product-Placement, eigene Internetseite, Anzeige auf fremder Internet-Seite (Banner)
Direktwerbung über den Postweg	X	X				persönlicher Werbebrief (Mailing)

Product-Placement, wie eine Lizenz zum Verkaufen!

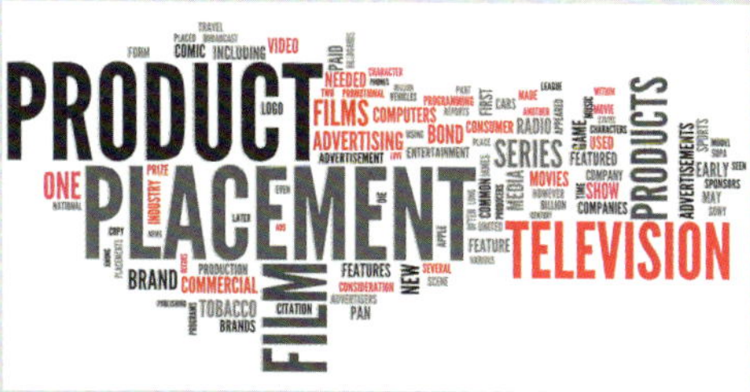

© mindscanner – stock.adobe.com

Product-Placement ist eine besondere Form der Tarnwerbung, d.h. diese Werbung wird vom Verbraucher nicht unmittelbar erkannt. Produkte werden in publikumsträchtigen Medien *(Spielfilme, Fernsehserien)* gegen Bezahlung platziert. Berühmte Beispiele sind Produkte in James-Bond-Filmen *(Auto, Handy, Uhr)* oder Einrichtungsgegenstände eines großen Möbelkonzerns in Fernsehserien. Die Werbewirkung ist jedoch unter Fachleuten umstritten. Zu viel und zu eindeutige Werbung dieser Art kann von Zuschauern schnell als Belästigung empfunden werden und wird somit zum Bumerang. Außerdem hat der Einzelhandel nur sehr selten die Chance, auf diese Weise zu werben.

Reichweite der Werbeträger

Eine wichtige Rolle bei der Auswahl des Werbeträgers spielt seine Reichweite. Sie gibt an, inwieweit (gemessen in Personen, genannt Kontakte) der Werbeträger eine Zielgruppe erreicht (daher Reichweite).

» **Beispiel:** In einer Kleinstadt und deren Umland (insgesamt 50.000 Einwohner) wird ein Anzeigenblatt in einer Auflage von 30.000 Stück verbreitet. 80 % der Einwohner lesen das Anzeigenblatt, davon interessieren sich 40 % für den Automobilmarkt.

Für ein Autohaus ergeben sich in diesem Fall folgende Reichweiten:

› Quantitative Reichweite	Welcher Teil der Gesamtbevölkerung kann erreicht werden?	80 % von 50.000 Einwohnern ≙ 40.000 Kontakte
› Räumliche Reichweite	Decken sich Absatzgebiet und Verbreitungsgebiet des Werbeträgers?	sämtliche Gemeinden, in denen das Anzeigenblatt verteilt wird
› Qualitative Reichweite	In welchem Maß wird die Zielgruppe erreicht?	40 % von 40.000 Einwohnern ≙ 16.000 Kontakte

Werbemittel im Einzelhandel

Werbemittel sind die **Gestaltungsformen** von Werbebotschaften, die der Werbende den Umworbenen (Zielgruppe) mitteilen will. Man kann auch sagen: Werbemittel sind „verkörperte Werbebotschaften", die bei den Verbrauchern eine werbende Wirkung auslösen sollen.

Der Einzelhandel versucht, seine Kunden sowohl außerhalb der Geschäftsräume *(Anzeigen, Schaufenster)* als auch innerhalb *(POS-Werbung)* zu erreichen. Dies geschieht z.B. durch eine kundenfreundliche Verkaufsraumgestaltung, eine attraktive Warenpräsentation und nicht zuletzt durch kompetentes Verkaufspersonal.

Abb. Werbemittel Anzeige

Anzeige

Anzeigen sind ein klassisches und sehr weit verbreitetes Werbemittel für den Einzelhandel. Durch die Veröffentlichung in Lokalzeitungen und Anzeigenblättern erreicht man eine große Zahl potenzieller Kunden.

Regelmäßiges Inserieren „verankert" das Unternehmen im Gedächtnis des Verbrauchers.

Wird eine Anzeige in Medien geschaltet, die auf bestimmte Personengruppen bezogen sind, dann kann der Werbeerfolg besonders groß sein *(Werbung für ein Sportgeschäft im Info-Blatt eines Handballvereins).*

Abb. Werbemittel Flyer

Handzettel, Prospekte und Beilagen

Diese Werbemittel werden kostenlos an Haushaltungen verteilt und haben neben der Anzeige eine besonders große Bedeutung als Werbemittel.

Für den Lebensmittelhandel sind die wöchentlichen Beilagen, die über die aktuellen Angebote informieren, zum wichtigsten Werbemittel geworden.

Ein Problem ist die zuverlässige Zustellung an alle Haushaltungen im Verbreitungsgebiet. Da viele Haushalte diese Art der Werbung ablehnen („Bitte keine Werbung"), werden Prospekte und Beilagen gerne Zeitungen und Anzeigenblättern beigelegt, um so auf Umwegen den Verbraucher zu erreichen.

Werbespot in Funk und Fernsehen

Die Fernsehwerbung ist verhältnismäßig teuer. Allenfalls große, deutschlandweit aktive Filialketten setzen diese Werbemittel ein. Mit der wachsenden Bedeutung privater Sender *(Hit-Radio Antenne 1, Radio Ton, Big FM)* hat sich dies jedoch grundlegend geändert. Ihr Sendegebiet ist in der Regel lokal oder regional begrenzt und deckt sich damit eher mit dem angestrebten Streugebiet der Werbemaßnahme eines Einzelhändlers.

Werbebrief (Direct Mailing)

Mit Werbebriefen kann sich der Werbetreibende direkt, d. h. ohne Massenkommunikationsmittel benutzen zu müssen, an seine Zielgruppe wenden **(Direktwerbung)**.

Der Einzelhandel benutzt Werbebriefe in erster Linie dazu, Stammkunden, deren Adressen in einer Kundendatei gespeichert sind, über interessante Angebote zu informieren.

Hesser-Moden e. K.
Am Marktplatz 15
77777 Neuburg

Frau
Ulrike Schütz
Grabenstr. 12
76666 Altbach

17.09...

Sehr geehrte Frau Schütz,

Sie als langjährige Kundin möchte ich besonders einladen, sich die aktuelle Herbstkollektion in unserer neuen Abteilung „Country-Club" zeigen zu lassen. Feste und doch leichte Materialien in den Farben herbstlicher Blätter setzen Akzente in der vor uns liegenden grauen Jahreszeit.
Meine Mitarbeiterinnen und ich, wir freuen uns auf Ihren Besuch.

Mit freundlichen Grüßen
Ihre

Sabrina Hesser

PS: Bringen Sie diesen Brief bitte mit, Sie können 14 Tage „Indian Summer" im Osten der USA gewinnen!

Abb. Werbemittel Brief

>> **Beispiel:** Sabrina Hesser verwaltet ihre Kundendatei mit dem PC. Sie lässt sich eine Liste ausdrucken, die alle Kundinnen zeigt, die in den letzten sechs Monaten nicht bei ihr gekauft haben. Diese erhalten einen sehr persönlich gehaltenen Werbebrief.

Kundenkarte

Ein Werbemittel besonderer Art (und nicht nur Zahlungsmittel) ist die **Kundenkarte**. Einerseits verbleibt sie beim Kunden und erinnert ihn laufend an das entsprechende Unternehmen *(Reicht mein Umsatz schon für die nächste Rabattstufe?)*. Andererseits dient sie der Erfassung der Kundendaten und Kundenumsätze und ist somit Quelle für die Anschrift, aber auch für ein kundentypisches Umsatzprofil *(Welche Warengruppen aus unserem Sortiment bevorzugt der Kunde?)*.

Abb. Werbemittel Kundenkarte

>> **Beispiel:** Ein „Komm-doch-häufiger-Mailing" für treue Kunden, das „Verlorener-Sohn-Mailing" für passive Kunden oder das „Schotten-Mailing" für Schnäppchenjäger.

© Beck

Abb. Werbemittel Plakat

Während **Plakate** in der Innenwerbung eher einen informativen Charakter haben *(Preisangabe, Hinweis auf Sonderangebote)*, sollen sie bei der Außenwerbung vor allem die Aufmerksamkeit auf das Produkt oder das Unternehmen lenken.

Da der Kontakt oft nur wenige Sekunden beträgt, muss die Werbebotschaft schnell erkannt werden. Deshalb verzichtet man meist auf längere Texte und stellt Bildmotive in den Vordergrund, die den Betrachter vor allem emotional ansprechen sollen. Textelemente beschränken sich meist auf eine notwendige Ergänzung zum Bild. Der Bezug zum werbenden Unternehmen muss deutlich werden *(Name, Logo)*.

Die Abbildung zeigt ein Text-Bildplakat mit der Botschaft „modischer Mantel zu günstigem Preis".

© Beck

© Beck

Abb. Fassaden- und Schaufensterwerbung

Außenfassade und Schaufenster

Durch farbliche Gestaltung, nächtliche Beleuchtung oder mit dekorativen Elementen als Blickfang *(Transparente, Figuren)* kann die **Außenfassade** eines Einzelhandelsunternehmens eine Fernwirkung auf Kunden ausüben und sie so veranlassen, sich das Angebot dieses Unternehmens näher zu betrachten.

Auch **Schaufenster** und Schaukästen haben die Funktion, Passanten auf das Sortiment aufmerksam zu machen.

Besonders effektvoll sind Schaufensterdekorationen, die neben einem originellen Blickfang eine einzige Dekorationsidee zum Thema machen und darauf die gesamte Gestaltung abstimmen.

Werbeinformationen im Internet

© Lidl, Neckarsulm

Die Form der Internetwerbung ist unterschiedlich (siehe LF 8). Es kann ein Werbebrief sein, der über das Internet versandt oder zum Download auf der Website des Werbenden im Rahmen von Social Media angeboten wird.

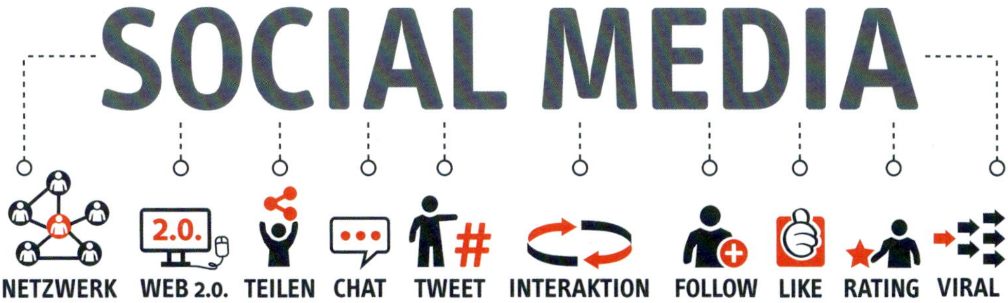

© Trueffelpix – stock.adobe.com

AKTION

1 In Neuburg soll in wenigen Wochen ein Jeans-Laden eröffnet werden. Neben Markenjeans werden auch sportliche Hemden und Jacken angeboten. Entwerfen Sie eine halbseitige Anzeige für die Neuburger Nachrichten. Finden Sie einen attraktiven Firmennamen, der Rückschlüsse auf das Sortiment zulässt. Informieren Sie über den Eröffnungstermin und Sonderangebote anlässlich der Eröffnung.

© ipopba – stock.adobe.com

2 Beurteilen Sie den Text des folgenden Werbebriefs, den ein Schuhgeschäft an Stammkunden geschickt hat:

> … Sehr verehrte gnädige Frau,
>
> der Winter steht vor der Tür und da muss man sich natürlich Gedanken über das passende Schuhwerk machen. Wir bieten auch dieses Jahr wieder eine große Auswahl, die zeigt, wie kompetent unser Haus in Sachen Auswahl ist. Dazu erhält man bei uns eine Beratung, die keine Wünsche offenlässt. Ein Besuch in unseren neu gestalteten Verkaufsräumen wird wieder ein unvergessliches Erlebnis sein. In Ruhe auswählen, dazu ein Tässchen Kaffee, das wir als kleines Dankeschön kredenzen, was kann es Schöneres geben!
>
> Wir erwarten Sie ab nächstem Montag!
> Mit freundlicher Empfehlung
> Schuhhaus Brauner …

3 a) Entwerfen Sie einen Werbebrief für ein Mailing eines Feinkosthändlers anlässlich einer Friesischen Woche.

b) Formulieren Sie ein „Schotten-Mailing“ des Warenhauses Merkur.

4 Die Lebensmittelabteilung eines Warenhauses plant für die zweite Septemberhälfte eine französische Woche. Die Geschäftsleitung erwartet: „Im Rahmen einer französischen Woche soll der Umsatz der Wein- und Feinkostabteilung in diesem Zeitraum um 30 % gesteigert werden. Für die folgenden sechs Wochen soll eine Umsatzsteigerung von 10% erhalten bleiben.“

a) Legen Sie fest, welche Werbemittel und Werbeträger anlässlich der französischen Woche eingesetzt werden sollen.

b) Informieren Sie sich über die zu erwartenden Kosten Ihrer geplanten Werbemaßnahme.

c) Präsentieren Sie Ihre Arbeitsergebnisse und vergleichen Sie sie mit den Lösungen Ihrer Mitschüler.

5 Erstellen Sie eine nach Häufigkeit geordnete Liste der Werbeträger, die für die Werbung in Ihrem Ausbildungsbetrieb genutzt werden. Unterscheiden Sie gegebenenfalls innerhalb der Werbeträger nach Werbemitteln.

6 Recherchieren Sie im Internet nach Werbeinformationen großer Einzelhandelsunternehmen. Untersuchen Sie das Internetangebot unter den Gesichtspunkten Darstellung, Bedienungsfreundlichkeit, Informationsgehalt und Aktualität.

Wählen Sie aus Ihrer Sicht einen besonders gelungenen und einen misslungenen Internetauftritt aus, und präsentieren Sie Ihre Wahl vor der Klasse.

7 Untersuchen Sie die folgenden Abbildungen unter den Gesichtspunkten „Werbeträger“ und „Werbemittel“.

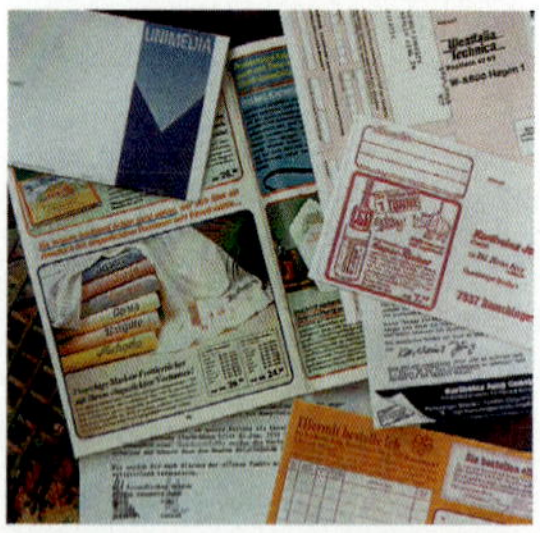

2.3 Gestaltung einer Werbebotschaft

SITUATION

Zu Beginn des Kapitels 2.2 haben Sie sich für eine Reihe von Werbemitteln für die Martini-Markt-Aktion entschieden. Diese Werbemittel können von entsprechenden Dienstleistern hergestellt, andere aber eventuell auch selbst produziert werden.

1. Untersuchen Sie, welches Dienstleistungsunternehmen die von Ihnen ausgewählten Werbemittel für Sie erstellen könnte. Versuchen Sie auch ungefähre Kosten zu ermitteln.
2. Prüfen Sie, ob Sie einige Werbemittel selbst herstellen können, und fertigen Sie eigene Entwürfe an.

INFORMATION

Der Einzelhandel setzt vor allem **Werbemittel** ein, die auf **Schrift** und **Farbe** zurückgreifen. Beide Gestaltungsmittel müssen aufeinander abgestimmt werden und zum Werbeobjekt passen. Auch bei der Produkt- und Packungsgestaltung wird durch die Hersteller darauf geachtet.

Dies ist besonders bei SB-fähiger Ware von großer Bedeutung, da diese sich gewissermaßen selbst verkaufen muss.

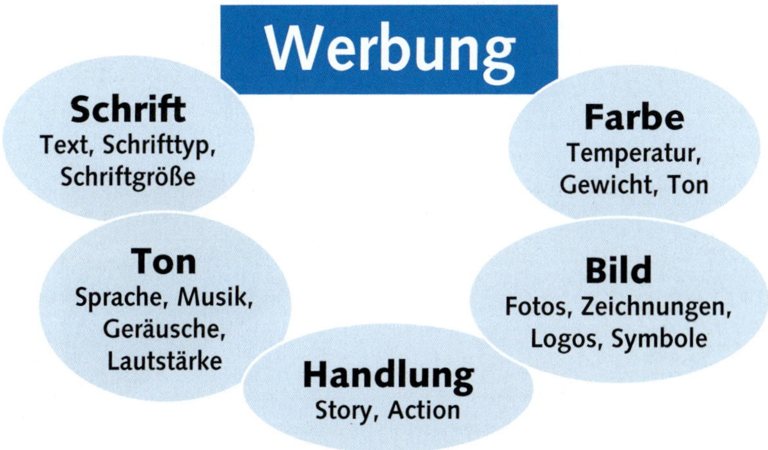

Abb. Gestaltungselemente der Werbung

Schrift und Zeichen als Gestaltungsmittel

Die **Schrift** als **Trägerin** einer **Werbebotschaft** sollte zu deren **Inhalt** passen, denn so wird die Wirkung unterstützt und verstärkt. Darauf ist bei der Wahl der **Schriftform** zu achten.

Beispiele:

- **NEUERÖFFNUNG! BAU & SPAR – Der Baumarkt-Discounter**
- *Exklusiv nur bei uns: Mode von Volce und Tarama*
- *Crazy-World, der Trendstore für Fashion für Dich!*
- `Computer-Corner jetzt im City-Center`

Um wichtige **Textteile** bzw. **Wörter hervorzuheben** gibt es mehrere Möglichkeiten, z. B. unterschiedliche Schriftgrößen, *kursiv*, unterstrichen, **fett**, GROSS-BUCHSTABEN, KAPITÄLCHEN, farbige Hinterlegung, g e s p e r r t, **Umriss** und verschiedene Farben.

Leichtverständliche und einprägsame **Zeichen** und **Symbole** sagen oft mehr als Worte.

Beispiele:

Hinweis **Information** **Preisreduzierung** **Aufmerksamkeit**

Farbe als Gestaltungsmittel

Die **Spektralfarben** liefert das Prisma. Sie werden in Grund- und Mischfarben unterschieden. Zu den Grundfarben gehören Blau, Rot und Gelb, zu den Mischfarben Grün (aus Blau und Gelb), Orange (aus Gelb und Rot) und Violett (aus Blau und Rot). Aus den Grundfarben können aber auch alle anderen Farben durch Mischen hergestellt werden.

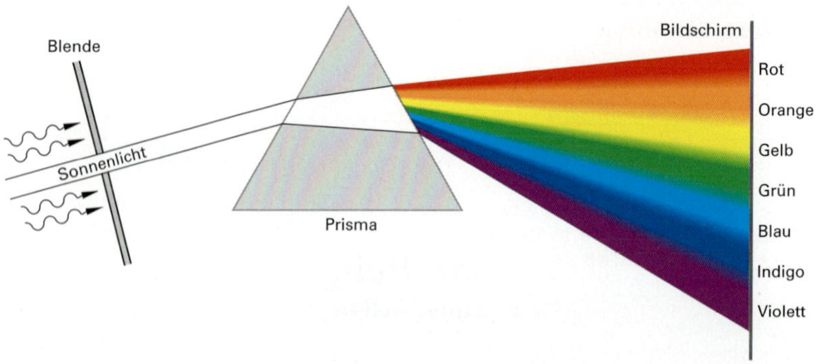

Abb. Spektralfarben

Für den Einsatz in der Werbung sollte man die unterschiedliche Wirkung von Farben beachten.

Temperatur: Farben mit hohem Rotanteil wirken warm, Farben mit hohem Blauanteil hingegen werden als kalt empfunden. Weiß senkt die Farbtemperatur, Schwarz hingegen hebt sie an.

Gewicht: Der Helligkeitsgrad einer Farbe bestimmt die Empfindung des Gewichtes beim Betrachter. Gelb als helle Farbe ist leicht, Violett und Schwarz wirken schwer.

Ton: Grelle Farben werden als laut oder schrill empfunden, gedeckte Farben klingen leise und ruhig.

»

Beispiel: Dem Verbraucherbedürfnis nach leichten und fruchtigen Drinks in der warmen Jahreszeit entspricht der Fruchtwein „Cool up" nicht nur durch seinen Geschmack, sondern auch die Farbgebung des Getränkes unterstreicht die Werbebotschaft des Herstellers: „Holen Sie sich mit ‚Cool up' Sommer, Sonne, Samba auf Ihre Party und genießen Sie mit Ihren Freunden diesen fruchtig-frechen Fun-Drink." Der blaue Schriftzug auf der Flasche symbolisiert „Kälte" und die intensive Farbgebung des Getränks in typisch knalligen Sommerfarben soll den exotisch-fruchtigen Geschmack schon beim Betrachten der Flasche ahnen lassen.

Text als Gestaltungsmittel

Durch entsprechende Formulierungen können Wirkung und Erinnerungseffekt gesteigert werden, wie die folgenden Beispiele zeigen:

Bildhafte Ausdrücke	„Heusinger-Moden – Ihre Einkaufswelt" „Cool-Mix ist wie Schatten in der Wüste"
Wort- und Sprachspiele	„Viel Auswahl. Viel Service. Feel Good" „be-8-lich", „schuhverlässig"
Gegensätze	„kleine Preise – große Leistung" „eiskalt getrunken – heiß geliebt"
Superlative	„Maxipack", „Blitzdiät", „extradünn", „superelastisch"
Fachsprache	„probiotisch", „QV-10-Formel", „Multiple Technologie"
Wortschöpfungen	„unkaputtbar", „röstfrisch", „pflegeleicht" „hautsympathisch", „Gesundheitskasse"
Kaufappelle	„jetzt kaufen – später zahlen", „Greifen Sie zu"
Reime	„Bitte ein Bit", „Kenner kau(f)en Katjes" „Haribo macht Kinder froh und Erwachsne ebenso"

Bilder als Gestaltungsmittel

Untersuchungen zeigen, dass weniger als zehn Prozent der angebotenen Werbeinformationen ihre Empfänger erreichen. Aus der Hirnforschung ist seit langem bekannt, dass der Mensch **Bildinformationen** schneller aufnimmt und verarbeitet, als Textinformationen. Bildliche Informationen lassen sich auch mit weniger Anstrengung des Gehirns verarbeiten, als dies bei Textinformationen der Fall ist. Daher werden über Bilder nur wenige, aber wichtige Informationen der Werbebotschaft übermittelt. Dabei werden sehr oft die Gefühle der Konsumenten angesprochen.

Beispiel: Anzeige

In dieser Anzeige wirbt die Coca-Cola GmbH für ein neues Produktkonzept der Marke „Fanta". Unter dem Motto: „Entdecke die Geschmäcker der Welt!" nimmt die Limonadenmarke die Konsumenten mit auf eine exotische Geschmacksreise rund um die Welt. In einer Pressemitteilung der Coca-Cola GmbH heißt es u.a.: „Mit Fanta World haben wir uns von typischen Emotionen ferner Länder dieser Welt inspirieren lassen. Jede Geschmacksvariante ist wie eine Reise zu einem exotischen Ferienziel. Wer die neue Fanta World Südafrika Blutorange genießt, taucht imaginär in das faszinierende Land am Kap ein."

Quelle: Coca-Cola GmbH, Berlin

Werbekonstanten als Gestaltungsmittel

Ein über viele Jahrzehnte anhaltender Erfolg eines Produkts liegt oft auch darin begründet, dass die Gestaltung des Produktes bewusst nicht oder nur sehr gering modifiziert wird. Man spricht in diesem Zusammenhang von **Werbekonstanten,** d. h., das Produkt zeichnet sich in seiner Gestaltung durch einen hohen Wiedererkennungsgrad über einen langen Zeitraum aus. Name, Form und Farbgebung leisten so einen wichtigen Beitrag zur Gestaltung der Werbebotschaft.

» **Beispiele** für erfolgreiche Werbekonstanten aus dem Konsumgüterbereich:

© Mäurer u. Wirtz GmbH & Co. KG

© UHU GmbH & Co. KG

© GlaxoSmithKline GmbH & Co. KG

Professionelle Helfer bei der Werbung

Bei der Gestaltung der Werbemaßnahmen muss darauf geachtet werden, dass die eingesetzten Elemente zueinander passen, um die gewünschte Wirkung zu erzielen: Die Werbung muss „stimmen", die Ware „ins richtige Licht" gerückt werden. Werbespots und farbig bebilderte Anzeigen werden deshalb von Profis gestaltet, die über entsprechende Kenntnisse und Erfahrungen verfügen.

© DOC RABE Media – stock.adobe.com

AKTION

1 Sammeln Sie Handzettel und Prospekte und werten Sie diese unter den Gesichtspunkten Gestaltung und Informationsgehalt aus.

2 Erstellen Sie in Gruppen Foto-Kollagen zum Thema „Gelungene Außenwerbung" anhand von Beispielen aus Ihrem Schulort oder Wohnort.

© blende11.photo – stock.adobe.com

3 Wie könnte der Internet-Auftritt eines Einzelhändlers aussehen? Bilden Sie Gruppen und entwickeln Sie einen konkreten Vorschlag.

4 Sammeln Sie Anzeigen von Einzelhändlern in Printmedien am Standort Ihres Ausbildungsbetriebes und überprüfen Sie diese Werbemaßnahmen hinsichtlich der Einhaltung der in Kap. 2.3 dargestellten Gestaltungsregeln. Diskutieren Sie Ihre Beobachtungen.

5 Entwerfen Sie zu den folgenden Plakatmotiven einen passenden Werbetext:

6 In der folgenden Tabelle sind die einzelnen Felder farbig hinterlegt. Lesen Sie zeilenweise die Farben laut vor und stoppen Sie die Zeit.

Lesen Sie nun laut die Farben vor, in die die Wörter der folgenden Tabelle eingefärbt sind und stoppen Sie wieder die Zeit. Was fällt Ihnen auf und was bedeutet dies für die Gestaltung von Werbemaßnahmen?

gelb	grün	grün	blau	rot
grün	gelb	rot	blau	gelb
blau	blau	grün	gelb	rot
rot	blau	gelb	grün	gelb
gelb	rot	grün	rot	blau

3 Werbeplanung und Werbeerfolgskontrolle

SITUATION

In Ihrem Ausbildungsunternehmen – einem Lebensmittelsupermarkt – beschließt man, die Abteilung Brot- und Backwaren um Fast-Food-Angebote („heiße und kalte Theke") zu ergänzen, weil der Außer-Haus-Verzehr ständig an Bedeutung gewinnt.

Sie unterstützen die Marktleitung bei der Entwicklung der entsprechenden Werbekonzeption. Dazu erstellen Sie einen Werbeplan und zeigen Möglichkeiten der Werbeerfolgskontrolle auf.

3.1 Die 6 W der Werbeplanung

Wenn Werbemaßnahmen die gesteckten Ziele erreichen, dann haben sich die zum Teil erheblichen Kosten bezahlt gemacht. Eine sorgfältige und ausführliche Planung der Werbemaßnahmen ist dazu Voraussetzung. Vereinfacht lässt sich die Planung einer Werbemaßnahme wie folgt zusammenfassen:

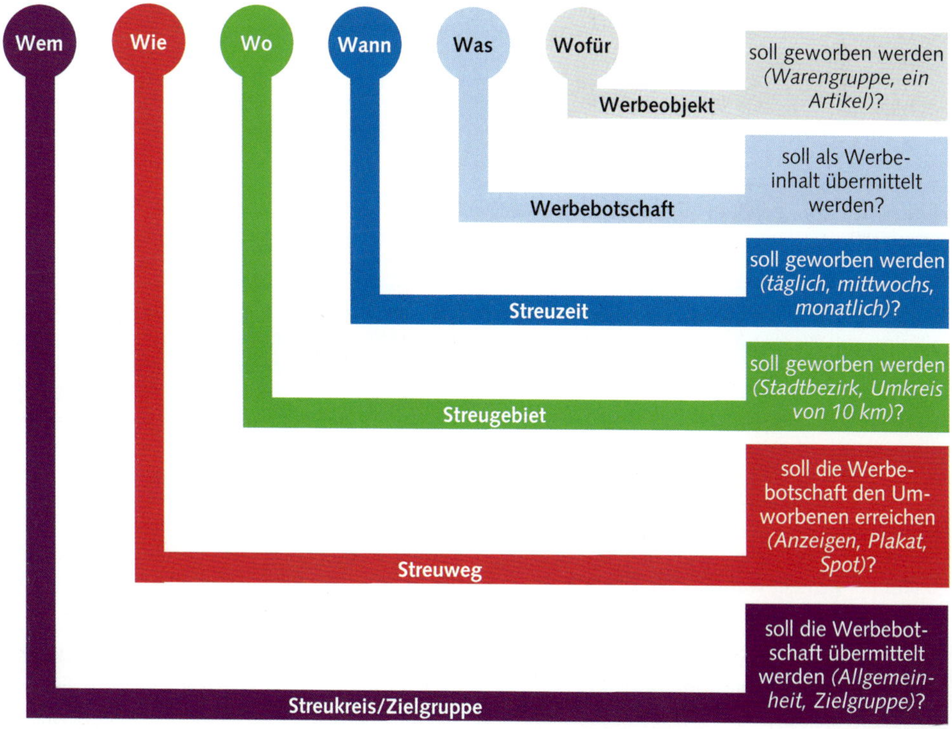

Mediaplanung

Damit die **Werbemaßnahmen** ihr **Ziel** erreichen, müssen sie genau geplant und durchdacht sein. Werbefachleute bezeichnen diesen Prozess als **Mediaplanung**.

Die **Grundbegriffe** der **Mediaplanung** sollen an folgenden Beispielen verdeutlicht werden:

Mediaplanung	Beispiel
Zuerst wird das Ziel für die Werbemaßnahme festgelegt und das **Werbeobjekt** muss benannt werden.	In Neuburg wird das Textilgeschäft „Crazy-World" eröffnet. „Crazy-World" soll als Einkaufsmöglichkeit für aktuelle Mode bekannt gemacht werden.
Dann muss die Zielgruppe, auf die die Werbebemühungen gerichtet sind, ermittelt werden **(Werbesubjekt).**	Als Zielgruppe wird festgelegt: Junge Leute zwischen 14 und 25 Jahren, die für extrem modische Bekleidung zu begeistern sind.
Die **Werbebotschaft** wird so formuliert, dass sie bei der Zielgruppe auf Interesse und Sympathie stößt.	Wer bei „Crazy-World" einkauft, der trägt topaktuelle und hippe Mode zu bezahlbaren Preisen.
Als nächstes muss das **Streugebiet** für die Werbung eingegrenzt werden.	Die Werbung soll besonders in Neuburg und in Ortschaften im Umkreis von 10 km verbreitet werden.
Nun wird ein genauer Zeitplan aufgestellt **(Streuzeit)**.	Die Eröffnungswerbung soll 14 Tage lang betrieben werden. Beginn: Drei Tage vor der Eröffnung.
Der nächste Schritt ist die Auswahl von Werbemitteln und Werbeträgern, die die Zielgruppe erreichen **(Streuweg)**.	Die Geschäftsführer entschließen sich für folgende Werbemittel: › Anzeigen in der Neuburger Zeitung, › Flyer, die vor Schulen, der Fachhochschule sowie in der Fußgängerzone verteilt werden sollen, › Verlosungsaktion im Geschäft.
Die entstehenden Werbekosten müssen ermittelt werden und dem möglichen Werbeerfolg gegenüber gestellt werden **(Werbeetat)**.	Die geplanten Werbemaßnahmen werden insgesamt 3.750,00 € kosten. Bei diesen Kosten gilt die Aktion als erfolgreich, wenn täglich ca. 400 Kunden die „Crazy-World" betreten.
Nach Abschluss der Aktion wird eine **Werbeerfolgskontrolle** durchgeführt.	Die Zählung der Kunden in der ersten Woche nach Eröffnung ergibt einen täglichen Schnitt von 431 Kunden. Die Aktion wird als erfolgreich bewertet.

Werbeplan und Werbeetat

Ist festgelegt, welche Werbemittel über welche Werbeträger eingesetzt werden sollen, muss die zeitliche Verteilung des Werbemitteleinsatzes festgelegt werden. Dazu wird ein **Werbeplan** erstellt. Dieser Plan muss sich auch im vorgegebenen finanziellen Rahmen, dem **Werbeetat** oder Werbebudget, bewegen. Soll das Budget möglichst wirtschaftlich eingesetzt werden, kann der sogenannte **Tausenderpreis** insbesondere bei Printmedien wertvolle Hinweise geben.

$$\text{Tausenderpreis} = \frac{\text{Preis je Einschaltung} \times 1.000}{\text{Auflage}}$$

Hierbei bedeutet Einschaltung die geschaltete, sprich in Auftrag gegebene Anzeige und Auflage die Auflage des Druckerzeugnisses. Wenn also in einem Anzeigenblatt mit 20.000 Exemplaren Auflage eine halbseitige Anzeige 1.500 € kostet, so ergibt sich ein Tausenderpreis von 75 €. Dies bedeutet, wie teuer es ist, 1.000 Personen mittels eines Werbeträgers anzusprechen. Konkurrenzangebote können so verglichen und das kostengünstigste Angebot ermittelt werden.

Beispiel: Schematische Darstellung (vereinfacht) eines Werbeplanes für das zweite Halbjahr für das Warenhaus Merkur:

Woche	26	27	28	29	30	31	32	33	34	35	36	37	38	39	40	41	42	43	44	45	46	47	48	49	50	51	52	53
Neuburger Nachrichten, Ausgabe Mittwoch	X	X	X	X	X	X	X	X	X	X	X	X	X	X	X	X	X	X	X	X	X	X	X	X	X	X	X	X
Anzeigenblatt Neuburg	X	X	X	X	X	X	X	X	X	X	X	X	X	X	X	X	X	X	X	X	X	X	X	X	X	X	X	X
Handzettel											X	X													X	X		X
Aktionsstand												X														X		
NDR2												X														X		
Radio Neuburg	X				X				X		X	X	X				X				X				X	X		

Zur Bestimmung der **Höhe** des **Werbeetats** sind mehrere Verfahren möglich:

- Vergleich mit den Werbekosten der Vorjahre,
- bestimmter Prozentsatz vom geplanten Umsatz,
- Orientierung an den Werbeaufwendungen der Mitbewerber.

Werbung in Milliardenhöhe!

Am meisten gaben 2017 die Handelsorganisationen für die Werbung aus. Insgesamt fast 2 Milliarden € steckten die Handelsketten, Warenhäuser und Discounter in Anzeigen, Fernsehspots und andere Werbemaßnahmen. Die Ausgaben für Pkw-Werbung betrugen 1,4 Milliarden €, gefolgt von der Werbung für Zeitungen mit 900 Millionen €. Für Haarpflege wurden über 400 Millionen € und für Bier und alkoholfreie Getränke jeweils über 300 Millionen € ausgegeben. Insgesamt betrugen die Werbeaufwendungen in den klassischen Medien über 20 Milliarden €.

3.2 Werbeerfolgskontrolle

Werbung kostet. Also muss man kontrollieren, welches Ergebnis eine Werbemaßnahme gebracht hat (Werbeerfolgskontrolle). Dies kann zu Schwierigkeiten führen:

» **Beispiel:** Ein Kaufhaus führt in der Adventszeit eine groß angelegte Werbeaktion durch, um das Weihnachtsgeschäft anzukurbeln. Im Rahmen der Werbeerfolgskontrolle wird festgestellt, dass der Umsatz sich nur unwesentlich erhöht hat. Die Werbemaßnahme scheint fehlgeschlagen zu sein. Andererseits hat in der Nachbarschaft ein Konkurrent rechtzeitig zum Weihnachtsgeschäft nach einem Umbau wieder eröffnet und das Wirtschaftsministerium beobachtet eine allgemeine Konsumschwäche. Wäre das Weihnachtsgeschäft ohne Werbeaktion noch schlechter gewesen? Die Analyse des Umsatzes wird hier sicher keine endgültige Klärung bringen.

Maßnahmen der Werbeerfolgskontrolle		
	interne Maßnahmen	
Analyse der Gewinnwirkung →	Ist die Gewinnwirkung positiv?	Formel für Gewinnwirkung: $\frac{\text{Zusatzumsatz} - \text{Zusatzkosten}}{\text{Kosten der Werbemaßnahme}}$
Umsatzanalyse →	Ist der Umsatz im Anschluss an die Werbemaßnahme gestiegen?	Wichtige Informationen geben dabei Zahlen aus dem Warenwirtschaftssystem.
Kassenbonanalyse →	Wurden die beworbenen Artikel zahlreicher verkauft?	
Kundenfrequenzvergleich →	Ergibt die Kundenzählung eine höhere Kundenzahl?	
	externe Maßnahmen	
Marktforschungsmaßnahmen →	Kundenbefragung	Verursacht zusätzliche Kosten, liefert aber zuverlässigere Ergebnisse.

■ AKTION

1 Welche der unten aufgeführten Begriffe passt zu:

- › Werbeobjekt › Werbeetat › Werbebotschaft
- › Streuweg › Streuzeit › Streugebiet

– Neues Parfum von Lara Bogatti, – 5 % vom Umsatz, – gutes Preis-Leistungs-Verhältnis, – zweimal die Woche, – Stadtteil, – Kunden ab 50, – Rundfunkspot, – Jubiläumsverkauf, – Kompetenz, – Erstklässler, – Warenzustellung nach Hause, – Landkreis, – 2.000 €.

2 Erfragen Sie in Ihrem Ausbildungsbetrieb, welche Maßnahmen der Werbeerfolgskontrolle in welcher Häufigkeit durchgeführt werden. Versuchen Sie die Gründe für die jeweiligen Vorgehensweisen herauszubekommen.

3 Ihr Ausbildungsbetrieb führt verschiedene Werbemaßnahmen durch. Ordnen Sie die folgenden Werbemaßnahmen in absteigender Reihenfolge unter dem Gesichtspunkt „Größe des Streukreises“.

› Bandenwerbung im städtischen Fußballstadion,

› Infopost der Deutsche Post World Net,

› Individueller Werbebrief an Kunden aus der Kundendatei,

› Fernsehspot im ZDF,

› Werbefläche auf öffentlichen Verkehrsmitteln,

› Anzeige in örtlicher Tageszeitung,

› Anzeige im Mitteilungsblatt des örtlichen Sportvereins,

› Werbespot in den städtischen Kinos,

› Rundfunkspot in Lokalsender.

4 Untersuchen Sie das abgebildete Schaubild anhand folgender Fragestellungen:

a) Was fällt Ihnen bei der Wahl des Streuwegs auf?

b) Wo gibt es gegenüber dem Vorjahr auffallende Abweichungen, und worin sehen Sie die Gründe dafür?

c) Erläutern Sie, welche der aufgeführten Werbeträger für Ihren Ausbildungsbetrieb von großer Bedeutung sind und welche nicht infrage kommen.

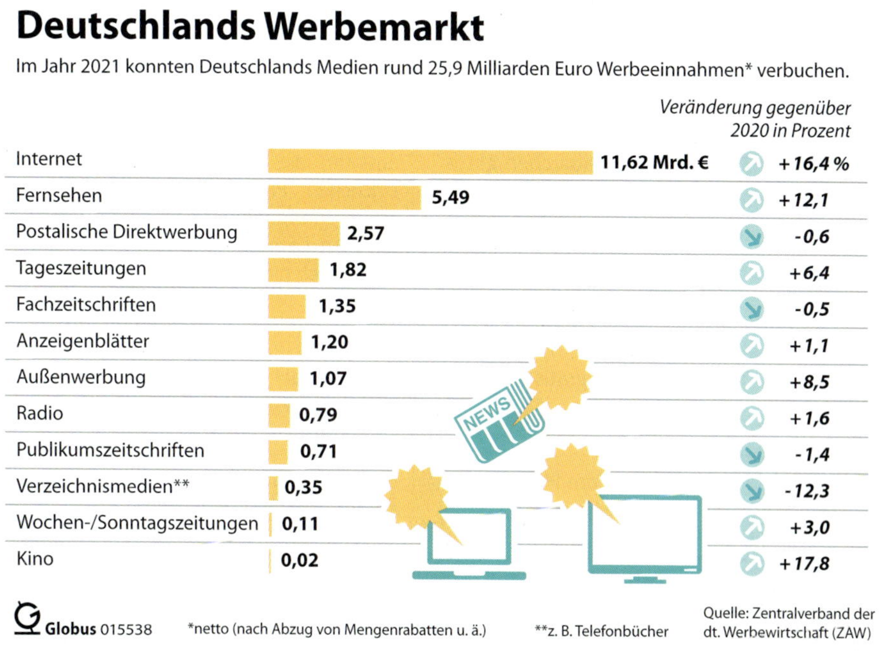

4 Grenzen der Werbung

4.1 Wettbewerbsrecht

SITUATION

Franca Conti, Sandra May und Ralf Richter arbeiten mit in der Übungsfirma „SfS = Schüler für Schüler“ der Kaufmännischen Schule Neuburg. SfS bietet vorwiegend Süßwaren und gängige Schreibwaren für Schüler an. Die Lagerbestände sind höher als geplant, da sich gegen Schuljahresende diverse Prüfungen und besonders bei schönem Wetter die nahe gelegene Eisdiele absatzbremsend bemerkbar machen.

© Alena Ozerova – stock.adobe.com

Damit die Lagerbestände, vor allem auch der verderblichen Süßwaren, möglichst vor Beginn der Sommerferien abgebaut werden, soll eine Verkaufsoffensive gestartet werden. Franca, Sandra und Ralf haben sich in einer Brainwriting-Sitzung Gedanken gemacht, welche Maßnahmen zur Erreichung dieses Zieles ergriffen werden könnten. Hier ihre vorläufigen Ergebnisse:

Brainwriting-Protokoll **Aufgabe: Verkaufsoffensive SfS**			**Datum: ....**
Alle Schokoriegel 20 Cents billiger!	Jeder fünfzigste Kunde bekommt einen Schokoriegel geschenkt	Wir streichen unsere alten Preise durch und schreiben rot die neuen Preise daneben	Aktion 5 Teile bringen 5 % Rabatt
Sommerschlussverkauf	allen Blondinen ein Gummibärchen gratis	damit es noch besser aussieht, die durchgestrichenen Preise erst 10 % rauf, dann erscheinen die reduzierten Preise noch niedriger	5 % Skonto für alle
Geschäftsaufgabe wegen Schuljahresende, bis 60 % Nachlass	Jeden Freitag bekommt jeder Kunde ein Lehrerposter gratis	Wir schreiben die Preise der Büro Reinbach GmbH an und stellen unsere niedrigeren Preise dagegen	Nimm drei, zahl' zwei, spar Geld dabei!
1 Jahr SfS, feiert mit, alles mit 20 % Nachlass	zu jedem Heft ein kostenloser Bleistift	Plakat: Wir sind billiger als der Rest der Welt!	Wir senken alle Preise um 50 %
Wie vorstehend, jedoch nur so lange Vorrat reicht	Ab 10 Euro Einkaufswert eine Eintrittskarte zum Schulfest gratis	Wir sind die Größten (Übungsfirmenbetreiber)	Unsere Preise fallen wie die Hüllen dieser (nackten) Dame!

1. Überprüfen Sie in kleinen Arbeitsgruppen die vorgeschlagenen Maßnahmen auf wettbewerbsrechtliche Zulässigkeit und begründen Sie Ihre Entscheidung.
2. Schnüren Sie ein Maßnahmenpaket für die SfS aus maximal drei der genannten Vorschläge und stellen Sie es samt Begründung der Klasse vor.

INFORMATION

Konkurrenz belebt das Geschäft, und ein Wettbewerb um Kunden ist das Merkmal einer Marktwirtschaft. Aber beim Kampf um die Kunden wird öfter die Schwelle zum „unlauteren Wettbewerb" überschritten. Um unfairen Wettbewerb zu vermeiden, greift der Staat durch rechtliche Regelungen ein.

Neben dem Ladenschlussgesetz und der Preisangabenverordnung ist von besonderer Bedeutung das **Gesetz gegen den unlauteren Wettbewerb (UWG)**.

Ehrliche Kundeninformation oder Verbrauchertäuschung?

„Bio? Na, klar! Alle Rohstoffe für unsere Backwaren stammen aus ökologischem Anbau!"

„Probleme mit Fältchen? Mit Produkten von „Beauty" sind die in drei Wochen weg. Das garantiere ich Ihnen!"

Gesetz gegen den unlauteren Wettbewerb

„Dieses Gesetz dient dem Schutz der Mitbewerber, der Verbraucherinnen und Verbraucher sowie der sonstigen Marktteilnehmer vor unlauteren geschäftlichen Handlungen. Es schützt zugleich das Interesse der Allgemeinheit an einem unverfälschten Wettbewerb" (§ 1 UWG).

Gesetz gegen den unlauteren Wettbewerb

Schutz der Mitarbeiter	Schutz der Kunden	Schutz des Interesses der Allgemeinheit
Der Einzelhändler soll faire Mittel gegenüber seinen Konkurrenten einsetzen.	Die Kunden sollen nicht übervorteilt werden und die Marktübersicht behalten.	Es soll ein unverfälschter Wettbewerb gewährleistet werden.

Der **wichtigste** Paragraf **(Generalklausel)** des UWG lautet:

„Unlautere geschäftliche Handlungen sind unzulässig, wenn sie geeignet sind, die Interessen von Mitbewerbern, Verbrauchern oder sonstigen Marktteilnehmern spürbar zu beeinträchtigen." (§ 3 UWG)

Das bedeutet für den Einzelhändler: Er darf keine Maßnahmen ergreifen, die den Wettbewerb zum Nachteil seiner Konkurrenten und seiner Kunden deutlich einschränken.

Bei **Verstößen** gegen das **UWG** kann das Gericht Unterlassung, Beseitigung, Auskunft und Schadenersatz festsetzen. Geld und Freiheitsstrafen können ausgesprochen werden, wenn

› vorsätzlich irreführende Werbung betrieben wird,
› ein „Schneeballsystem" in Gang gesetzt wird,
› der Verrat von Geschäfts- und Betriebsgeheimnissen erfolgt.

Unlautere geschäftliche Handlungen

Nach § 4 UWG handelt unlauter, wer ...	Beispiel (nach UWG unzulässig)
geschäftliche Handlungen vornimmt, die geeignet sind, die Entscheidungsfreiheit der Verbraucher oder sonstiger Marktteilnehmer durch Ausübung von Druck, in menschenverachtender Weise oder durch sonstigen unangemessenen unsachlichen Einfluss zu beeinträchtigen.	Der K-Supermarkt verteilt Handzettel: „Wer bei uns kauft, unterstützt Arbeitsplätze in Neuburg. Gefährden Sie nicht den Arbeitsplatz von Ihren Freunden und Verwandten!"
geschäftliche Handlungen vornimmt, die geeignet sind, geistige oder körperliche Gebrechen, das Alter, die geschäftliche Unerfahrenheit, die Leichtgläubigkeit, die Angst oder die Zwangslage von Verbrauchern auszunutzen.	Schreibwarenhändler Max bedrängt Mario, der neu in die Klasse 5 kommt, mit dem Argument zum Kauf, nur er führe die Hefte, die der strenge Klassenlehrer Sinter verlange.
den Werbecharakter von geschäftlichen Handlungen verschleiert.	Baumarkt DXZ führt eine „Bauherrenberatung" durch. Es geht aber eigentlich nur darum, die Adressen und die Bedürfnisse der Bauherren für Werbezwecke zu erforschen.
bei Verkaufsförderungsmaßnahmen wie Preisnachlässen, Zugaben u. Ä. die Bedingungen für ihre Inanspruchnahme nicht klar und eindeutig angibt.	Das Modehaus Knausert wirbt „Bei jedem Kauf ein kostenloses T-Shirt!" Im Geschäft stellt sich heraus, dass es das T-Shirt erst bei einem Einkaufswert von über 50 € gibt.
bei Preisausschreiben oder Gewinnspielen mit Werbecharakter die Teilnahmebedingungen nicht klar und eindeutig angibt.	Der ABC-Versandhandel wirbt: „Nur eine Bestellung aus unserem Hauptkatalog – und schon nehmen Sie automatisch an unserem Gewinnspiel (wertvolle Sachpreise!) teil!"
die Kennzeichen, Waren, Dienstleistungen, Tätigkeiten oder persönlichen oder geschäftlichen Verhältnisse eines Mitbewerbers herabsetzt oder verunglimpft.	„Schuh-Weber hat schlechte Ware (Jumbo-Schuhe) und ein mieses Management! Kommen Sie lieber gleich zu uns! Ihr Schuhhaus Cay."

über Waren oder das Unternehmen eines Mitbewerbers Tatsachen behauptet, die geeignet sind, den Betrieb des Unternehmens oder den Kredit zu schädigen, sofern sie nicht nachweislich wahr sind.	„Haben Sie es auch schon gehört? Garten-Krause soll schon fast zahlungsunfähig sein! Kaufen Sie Ihren Rasenmäher bei uns, dann ist der Service auch in Zukunft gesichert! Wega-Fachmarkt."
Waren oder Dienstleistungen anbietet, die eine Nachahmung der Waren oder Dienstleistungen eines Mitbewerbers sind, wenn er z. B. eine Täuschung über die Herkunft herbeiführt oder die für die Nachahmung erforderlichen Kenntnisse oder Unterlagen unredlich erlangt hat.	„Wir bieten dieselben Schweizer Trekking-Rucksäcke wie Sport-Kösel an – aber 50 % preiswerter!" In Wirklichkeit handelt es sich um Importware aus Indonesien.
Mitbewerber gezielt behindert.	Der Geschäftsführer des W-Marktes spricht mit dem Anzeigenverkäufer des Tag-Blattes: „Wenn Sie Anzeigen von X und Y aufnehmen, dann sind Sie uns als Großkunden los!"
einer gesetzlichen Vorschrift zuwiderhandelt, die auch dazu bestimmt ist, im Interesse der Marktteilnehmer das Marktverhalten zu regeln.	Händler R. besprayt die Schaufenster eines Konkurrenten mit bösen Sprüchen. Dies ist nicht nur ein Verstoß gegen das UWG, sondern auch eine Straftat (Sachbeschädigung).

© Kitty – stock.adobe.com

© matthias21 – stock.adobe.com

Irreführende, vergleichende und belästigende geschäftliche Handlungen

Irreführende Werbemaßnahmen (§ 5 UWG) sind eine unlautere geschäftliche Handlung.

Die Werbung darf keine nachweislich falschen Aussagen treffen, darf wahre Sachverhalte nicht missverständlich darstellen und darf wesentliche Sachverhalte nicht verschweigen. Sie darf auch nicht mit „**Mondpreisen**" arbeiten. Als Mondpreis ist ein Preis zu verstehen, der überhöht angesetzt wurde, um dann mit einem hohen Preisnachlass werben zu können.

Vergleichende Werbung (§ 6 UWG) ist erlaubt, aber sie muss „lauter" sein.

Eine vergleichende Werbung ist unlauter:

- wenn sie sich auf Waren oder Dienstleistungen bezieht, die nicht dem gleichen Bedarf oder derselben Zweckbestimmung dienen,
- wenn sie nicht objektiv auf wesentliche, nachprüfbare und typische Eigenschaften oder den Preis bezogen ist,
- wenn die Mitbewerber, ihr Sortiment oder ihre Waren herabgesetzt oder verunglimpft werden,
- wenn Kennzeichen nicht eindeutig verwendet werden oder geschützte Zeichen nachgeahmt werden.

Optiker Bessler wirbt mit einer Anzeige in den Neuburger Nachrichten:		Optiker Bach lässt Handzettel drucken und in der Innenstadt verteilen:	
Brillengestell Modena X bei		Optiker-Vergleich in Neuburg!!!	
› Optiker Watermann	169,00 €	Optiker Bessler:	mieser Service
› Fallmann-Brillen	139,00 €	Optiker Watermann:	hohe Preise
› West-Optik GmbH	138,50 €	Fallmann-Brillen:	schlechte Lage
› Optiker Bessler	99,90 €	West-Optik:	keine Parkplätze
Bessler-Optik: Alle Gestelle unter	100 €!	… deshalb gleich zu Brillen-Bach!!!	
Zulässig!		**Unzulässig!**	

Abb. Beispiel vergleichender Werbung

Auch Werbung mit Testergebnissen ist vergleichende Werbung. Sie ist zulässig, wenn es sich um den Test einer neutralen Institution handelt. Aber es gibt Einschränkungen: Wer die Note „Sehr gut" hat, darf stets in dieser Weise werben, mit „Gut" nur, wenn dieses Urteil ein überdurchschnittliches Ergebnis ist. Außerdem darf mit Testergebnissen nicht mehr geworben werden, wenn die Ware oder ihre Zusammensetzung verändert wurde.

Belästigende Werbung (§ 7 UWG) ist eine unzulässige geschäftliche Handlung. Sie liegt dann vor, wenn Marktteilnehmer in unzumutbarer Weise belästigt werden.

Dies geschieht bei einer Werbung,

- die zugestellt wird, obwohl erkennbar ist, dass der Empfänger die Werbung nicht wünscht

  (Der Verteiler des Regio-Marktes wirft Prospekte in einen Hausbriefkasten mit dem Aufkleber „Bitte keine Werbung!").

- die sich mit Telefonanrufen, Fax-Sendungen, E-Mails und SMS an private Haushalte wendet *(Möbel-Krause ruft die Eltern der neuen ABC-Schützen an, um ihnen verstellbare Schülerschreibtische günstig anzubieten).*

Aber Achtung: Häufig wird bei Bestellungen, Preisausschreiben und Prospektanforderungen etwas unterschrieben, das manchmal nur klein gedruckt ist: „Ich bin damit einverstanden, dass ich von der XYZ-GmbH telefonisch/per E-Mail über aktuelle Angebote informiert werde." Werbung, die im Rahmen dieses ausdrücklichen Einverständnisses erfolgt, gilt nicht als belästigend.

» **Beispiel:** Ein Versandunternehmen sendet regelmäßig seinen Newsletter per E-Mail zu. Die Absicht ist, dass der Empfänger aufgrund der Informationen die Website des Unternehmens aufruft, um sich die aktuellen Angebote anzeigen zu lassen.

Ebenso besteht eine Regelung für Anbieter, denen Kunden ihre elektronische Adresse *(E-Mail, Handy-Nummer)* in Zusammenhang mit einem Kauf mitgeteilt haben. Sie dürfen diesen Kunden elektronisch Werbesendungen zuleiten, sofern der Kunde nicht ausdrücklich widersprochen hat.

Preise, Rabatte, Coupons und Zugaben

Die Werbung mit Preisbezeichnungen muss ebenfalls lauter erfolgen. Dabei hilft der Preis-Kompass!

Discountpreis, Gelegenheitspreis, Preisbrecher	Nur zulässig, wenn die Preise deutlich unter den regulären Preisen *(z. B. der Mitbewerber am Markt)* liegen.
Dauertiefpreis	Nur zulässig, wenn der Preis im Verhältnis zum Marktpreis günstig ist und mindestens vier Wochen gilt.
Tiefstpreis	Nur zulässig, wenn es sich tatsächlich um den niedrigsten Preis auf dem entsprechenden Markt handelt.
Sensationspreis, Spottpreis	Nur zulässig, wenn der Preis außergewöhnlich niedrig ist, z. B. bei Abgabe zu Selbstkostenpreis.
Reduzierter Preis, Herabgesetzter Preis	Nur zulässig, wenn der Ausgangspreis kein „Mondpreis“ ist.
Einführungspreis, Probierpreis	Nur zulässig, wenn die Ware tatsächlich neu oder neu im Sortiment ist.

Da viele Kunden Preise aufmerksam vergleichen, gilt auch hier, unabhängig vom UWG: Ehrlich währt am längsten!

© VRD – stock. adobe.com

Erlaubt sind außerdem:

Mengenrabatt, Treuerabatt, Barzahlungsrabatt	Rabatte können vom Einzelhändler gewährt werden. Häufig werden Rabatte direkt vom Verkaufspreis abgezogen. Für die nachträgliche Erstattung des Rabatts gab es früher Rabattmarken, heute gibt es Kundenkarten, auf denen der Rabatt gutgeschrieben wird.
Ware im Pack, Bundling	Ware darf bei Abnahme von zwei oder mehr Einheiten günstiger angeboten werden *(Nimm drei – zahl zwei!)*.
Kombiangebote	Ein Paket von Waren wird zu einem Preis angeboten, der unter der Summe der Einzelpreise liegt *(z. B. Ski, Bindung, Stöcke)*.
Gutscheine, Coupons	Werden in Zeitungen zum Ausschneiden oder in „Coupon-Heften“ veröffentlicht und können im Geschäft eingelöst werden *(Bei Einkauf im Juli 10 % Nachlass!)*.
Zugaben, Werbegeschenke	Sind erlaubt als Ware *(Etui zur Brille)* oder als Dienstleistung *(kostenlose Zustellung von Möbeln)*. Handelt es sich um sachfremde Zugaben, so darf der Wert der Zugabe nicht erheblich sein *(„Eine Kinofreikarte zu jeder neuen Brille!“)*.

Sonderangebote und Sonderveranstaltungen

Das UWG lässt dem Einzelhändler große Freiheiten, wenn er sich an der Generalklausel (§ 3 UWG) orientiert.

Sonderangebote sind unbeschränkt zulässig und dürfen z. B. zeitlich beschränkt werden *(Sonderangebot für Frühaufsteher: Mo–Do bis 11:00 Uhr 10 % Rabatt auf Frischware!).*

Eine Beschränkung der Abgabemenge ist erlaubt *(Nur eine Kiste Orangen pro Kunde!).* Damit kann der Einzelhändler verhindern, dass sich andere Händler mit günstig kalkulierter Ware bei ihm eindecken.

Superlativwerbung ist erlaubt, wenn man diese Position eindeutig und über einen längeren Zeitraum nachweisen kann *(Größter Anbieter von Küchen in Mannheim!).*

Nach wie vor **unzulässig** sind **Lockvogelangebote**, bei denen Kunden mit günstigen Angeboten gelockt werden, zu denen nur ein sehr beschränktes Angebot vorgehalten wird *(„Marken-Jeans zum Superpreis 9,99 €". Es wird in jeder Größe nur ein Stück zu diesem Preis angeboten.).*

Abb. Ankündigungen erlaubter Aktionen

Sonderveranstaltungen können jederzeit durchgeführt werden. Es gibt keine Regelungen über Schlussverkäufe oder Ausverkäufe. Jeder Einzelhändler kann seine Phantasie einsetzen, um originelle Aktionen durchzuführen, z. B.:

Jahresschlussverkauf, Weihnachts-Sonderverkauf, Sommer-Rabattaktion, T-Shirt-Ausverkauf, Geburtstagsgeschenkaktion, Jubiläumsverkauf 40 mit 40 % und Hochzeitswochen.

Bei Räumungsverkäufen und Insolvenzverkäufen muss der entsprechende Anlass vorliegen; wird ein Lagerverkauf oder Fabrikverkauf angekündigt, müssen die entsprechenden Voraussetzungen gegeben sein.

Mehr Schutz vor unzulässiger Werbung durch das UWG

Zu den zentralen Elementen gehört die Aufnahme einer sogenannten Schwarzen Liste. Bei ihr handelt es sich um einen Gesetzesanhang von 30 irreführenden und aggressiven geschäftlichen Praktiken, die auf jeden Fall als unlautere geschäftliche Handlung verboten sind. Verbraucher können damit dem Gesetzestext unmittelbar entnehmen, welches Verhalten ihnen gegenüber in jedem Fall verboten ist. Dazu einige Beispiele, die für den Einzelhandel von Bedeutung sind:

1. Verboten ist die Verwendung von Gütezeichen, Qualitätskennzeichen oder Ähnlichem ohne die erforderliche Genehmigung.

» **Beispiel:** Ein Unternehmen kennzeichnet ohne Genehmigung Waren mit einem BIO-Zeichen, oder er verwendet ein falsches BIO-Zeichen.

2. Verboten sind unwahre Angaben, der Unternehmer werde demnächst sein Geschäft aufgeben oder seine Geschäftsräume verlegen.

» **Beispiel:** Ein Teppichhändler darf nicht mit einem Räumungsverkauf wegen Geschäftsaufgabe werben, wenn er sein Teppichgeschäft nach dieser Aktion fortführt.

3. Verboten sind Angaben zu besonders günstigen Preisen, wenn der Einzelhändler von vornherein weiß, dass er sie für einen angemessenen Zeitraum und in ausreichender Menge nicht garantieren kann (Lockvogelangebote).

» **Beispiel:** „Paradies für Schnäppchenjäger! Markenjeans zu 19,88 €!"

4. Verboten ist die unwahre Angabe oder das Erwecken des unzutreffenden Eindrucks, gesetzlich bestehende Rechte stellten eine Besonderheit des Angebots dar.

» **Beispiel:** „Premium Garantie, nur für unsere Kunden! Wir geben Ihnen volle zwei Jahre Gewährleistung bei unseren Neuwaren!"

Dies ist irreführend, da es gesetzlich ohnehin so vorgesehen ist.

5. Verboten sind unwahre Angaben über Art und Ausmaß einer Gefahr für die persönliche Sicherheit des Verbrauchers oder seiner Familie für den Fall, dass er die angebotene Ware nicht erwirbt oder die angebotene Dienstleistung nicht in Anspruch nimmt.

» **Beispiel:** „Ohne diese Einbruchsicherung gehen Sie für sich und Ihre Familie ein hohes Risiko ein! Wollen Sie das Leben Ihrer Lieben gefährden?"

Hier schürt der Verkäufer Ängste und übt Druck auf seine Kunden aus.

6. Verboten ist die Behauptung, dass der Arbeitsplatz oder der Lebensunterhalt des Unternehmers gefährdet sei, wenn der Verbraucher die Ware oder Dienstleistung nicht abnehme.

» **Beispiel** „Wenn ich diesen Auftrag von Ihnen nicht erhalte, verliere ich meinen Arbeitsplatz!"

Ebenfalls neu: Künftig gilt das UWG ausdrücklich auch für das Verhalten der Unternehmen während und nach Vertragsschluss. Bisher bezogen sich die Regelungen des UWG nur auf geschäftliche Handlungen vor einem Vertragsabschluss.

» **Beispiel:** Ein Kunde kündigt mehrfach schriftlich und fristgemäß bei einem Zeitschriftenverlag ein Zeitschriftenabonnement. Das Verlagsunternehmen beantwortet diese Schreiben systematisch nicht, um so den Verbraucher davon abzubringen, seine vertraglichen Rechte auszuüben.

Außerdem dürfen Unternehmen Verbrauchern solche Informationen nicht vorenthalten, die sie für ihre wirtschaftliche Entscheidung benötigen.

» **Beispiel:** Ein Gartencenter verkauft nichtheimische Pflanzen und Sträucher für den Garten, ohne darauf hinzuweisen, dass diese nicht in den Garten gepflanzt werden dürfen.

AKTION

1 Warum wird durch ein Gesetz geregelt, was „unlauterer" Wettbewerb ist? Nennen Sie mehrere Gründe.

2 Wer soll durch das UWG geschützt werden? Bereiten Sie einen Kurzvortrag mit Beispielen anhand der Übersicht auf Seite 311/312 vor und beziehen Sie die „Generalklausel" ein. Halten Sie den Vortrag vor der Klasse.

3 Beurteilen Sie, ob die folgenden Maßnahmen „lauter" sind oder als „unlautere geschäftliche Handlungen" gelten:

© Arcady – stock.adobe.com

a) Bäckermeister Kunze backt die bekannten Spezial-Honigbrezeln von Bäckermeister Willig nach und bietet sie als „Original Spezial-Honigbrezeln" an.

b) Bäckermeister Fröhlich schreibt auf sein Schaufenster: „Die besten Honig-Brezeln, die ich je gebacken habe!"

c) Drogerieinhaber Labert ist mit einem Angestellten der Droga-Kette bekannt. Er verspricht ihm 300 €, wenn dieser ihm die Pläne für alle neuen Droga-Filialen besorgt.

© Sanja – stock.adobe.com

d) Die Droga-Kette bringt eine neue Creme-Serie als Hausmarke „Mivea" heraus. Die Packungen sind weiß, versehen mit dunkelblauer Schrift.

© fotohansel – stock.adobe.com

e) Das Textilhaus Reubing besteht 33 Jahre. Es wird eine Geburtstagsaktion veranstaltet: „Eine Woche lang 33 % Geburtstagsrabatt auf alle Waren!"

f) Herr Reubing lässt für neue Zierdeckchen Werbe-Schilder schreiben „Für Sie von Hand gearbeitet – aus Brüsseler Spitze!" Tatsächlich handelt es sich um Importware aus Bangladesh.

g) Das Porzellanhaus Wölber veranstaltet einen Sonderverkauf „Spielen Sie Elefant im Porzellan-Laden – schlagen Sie zu mit absoluten Niedrigpreisen!" Die Preise sind um 25 % herabgesetzt.

h) Herr Wölber plant als nächste Aktion: Bei Kauf eines Service ab 100 € gibt es einen Sonnenschirm mit der Aufschrift „Porzellanhaus Wölber" kostenlos dazu.

i) Die kleine Modeboutique Blue Lady veranstaltet einen Lagerverkauf: „Wir räumen unser Lager – Sie profitieren!"

© fotohansel – stock.adobe.com

4 Verändern Sie die unzulässigen Maßnahmen aus Aufgabe 3 so, dass sie nicht gegen das UWG verstoßen.

5 Betrachten Sie die Anzeige des Juweliers Kalt.

Verstößt er gegen Bestimmungen des UWG? Begründen Sie Ihre Einschätzung.

Abb. Total-Ausverkauf

6 Sammeln Sie Ankündigungen von Sonderveranstaltungen verschiedener Einzelhändler.

a) Welche sind relativ originell, welche relativ einfallslos? Versuchen Sie, aus der Sicht der Zielgruppe zu urteilen.

b) Welche sind auf jeden Fall zulässig, bei welchen benötigt man Zusatzinformationen, um beurteilen zu können, ob sie „lauter" sind?

Tauschen Sie die Ergebnisse aus.

© Eigens – stock.adobe.com

4.2 Ethische Grenzen der Werbung

SITUATION

© shockfactor.de – stock.adobe.com

„Hol dir das neue Super-Handy von ... für nur einen Euro." – „Bei uns gibt es die tollsten Klingeltöne für Dein Handy! Einfach herunterladen!" – „Das Super-Urlaubsfoto, einfach per Handy an Deine Freunde verschicken!"

So oder so ähnlich werden Jugendliche vielfach umworben. Andererseits finden sich immer wieder Berichte über bereits als Jugendliche hoch verschuldete Menschen. Oft sind hohe Telefonrechnungen für die Handynutzung die Ursache der finanziellen Probleme.

1. Sammeln Sie weitere Beispiele für Werbung, der Sie kritisch gegenüberstehen (sollten).
2. Was spricht für und was gegen solche Werbekampagnen?
3. Beurteilen Sie solche Werbekampagnen.

INFORMATION

Werbung beinhaltet neben der **Information** meistens auch **Manipulation**, um die Kaufentscheidung der Verbaucher zu beeinflussen. Viele Konsumenten wissen um den Einfluss der Werbung und stehen ihr daher kritisch gegenüber.

© olly – stock.adobe.com

Da nicht alle Verbraucher, insbesondere Kinder und Jugendliche, die Tricks der Werbung durchschauen, stellt sich das Problem, die Inhalte der Werbung zu kontrollieren. Es wird auf zweierlei Weise gelöst: durch die gesetzlichen Vorschriften des Wettbewerbsrechts (vgl. vorigen Abschnitt) und durch eine freiwillige Selbstkontrolle.

Weil es um Umsatz, Marktanteile und Gewinn geht, wird Werbung manchmal so eingesetzt, dass die Grenzen der Fairness und des guten Geschmacks überschritten werden. Um dem Missbrauch der Werbung vorzubeugen, sind von der Werbewirtschaft Richtlinien aufgestellt worden, denen sich die Werbebranche freiwillig unterwirft. Der „**Deutsche Werberat**" sieht z. B. Beschränkungen in folgenden Bereichen vor:

- Werbung mit und vor Kindern,
- Werbung für alkoholische Getränke,
- Werbung mit unfallriskanten Bildmotiven,
- Darstellungen, die Frauen herabwürdigen.

© MQ-Illustrations – stock.adobe.com

Jeder kann sich mit Beschwerden an den Deutschen Werberat wenden. Er entscheidet dann über diese Beschwerden.

Folgen:
- Unterlassungsanspruch
- Schadenersatz
- strafrechtliche Verfolgung

Beispiel: „Wirbelwind im Plastiksack"

Da hatte zum Beispiel ein Hersteller von Kindertextilien in einer Zeitschriftenanzeige mit der Abbildung von drei mit Badehosen bekleideten Kindern geworben. Eines der Kleinen versuchte, sich am Boden hockend eine durchsichtige Plastikhülle überzustülpen. In dem Slogan hieß es: „Stecken Sie mal einen Wirbelwind in einen Plastiksack!"

Diese Darstellung hielt der Werberat für geeignet, Kinder zu veranlassen, sich Plastikhüllen über den Kopf zu stülpen und sie damit der Erstickungsgefahr auszusetzen. Die Werbung wurde eingestellt.

Selbst wenn die Werbeinhalte im Sinne des Gesetzes oder der freiwilligen Selbstkontrolle der Werbung korrekt sind, sind für den Verbraucher noch nicht alle Probleme rund um die Werbung gelöst. Kein Werbender wird zum Beispiel auf die Nachteile seines Produktes in Vergleich zu Konkurrenzprodukten hinweisen. Auch werden nicht immer alle Versprechen aus der Werbung ohne weiteres eingehalten. Zwar kann der Verbraucher unter Umständen rechtlich gegen solche schwarzen Schafe vorgehen, aber der Rechtsweg ist lang, mitunter teuer, und gegen die Rechtsabteilung eines großen Unternehmens hat ein Verbraucher oft einen schweren Stand. Besser ist es, wenn man als Verbraucher gar nicht auf die schwarzen Schafe hereinfällt, sondern von anderer Seite entsprechend informiert wird. Dabei helfen das Bundesministerium für Verbraucherschutz, Ernährung und Landwirtschaft und verschiedene Verbraucherschutzorganisationen (vgl. Kapitel 5 Werbung und Verbraucherschutz).

© jakatoons – stock.adobe.com

AKTION

1 Diskutieren Sie folgende Behauptungen zur Werbung und nehmen Sie persönlich Stellung.

a) Werbung für Alkohol und Tabak müsste komplett verboten werden, weil dadurch die Suchtgefahr gefördert wird.

b) Werbung darf sich nicht an Kinder wenden, weil diese zu leicht manipuliert und verführt werden können.

c) Werbung soll auch provozieren. Es gilt das Motto: „Egal, was man über uns sagt und denkt, Hauptsache, man spricht über unsere Produkte!"

© Rumkugel – stock.adobe.com

d) Werbung ist die Kunst, auf den Kopf zu zielen und die Brieftasche zu treffen!

e) Mach keine Werbung, von der du nicht möchtest, dass sie deine eigene Familie sieht!

2 Recherchieren Sie im Internet zum Thema „Deutscher Werberat".

Suchen Sie in Gruppen nach aktuellen Einzelfällen, bei denen der Werberat aktiv wurde. Jede Gruppe berichtet über einen Fall ihrer Wahl.

3 Suchen Sie in unterschiedlichen Medien nach Werbung, bei der in besonderem Maß Gefühle wie Sorge, Angst, Schuld oder Versagen angesprochen werden. Stellen Sie fest, ob es bei den entsprechenden Werbemaßnahmen Gemeinsamkeiten hinsichtlich der angesprochenen Zielgruppe gibt.

Präsentieren Sie die von Ihnen gefundenen Beispiele in geeigneter Form.

4 Das Frauenbild in der Werbung:

© Beck

a) Beurteilen Sie das dargestellte Frauenbild in der Karikatur und auf dem Plakat.

b) Suchen Sie Beispiele für eine abwertende Darstellung der Frau in aktuellen Werbeanzeigen. Versuchen Sie auch, positive Darstellungen zu finden!

c) Fertigen Sie eine Collage (Klebebild) zum Thema „Frau in der Werbung" an und diskutieren Sie Ihre Arbeiten in der Klasse.

d) Untersuchen Sie, wie Männer in der Werbung präsentiert werden. Stellen Sie Darstellungen des Mannes denen der Frau vergleichend gegenüber.

© Blackday – stock.adobe.com

5 Werbung und Verbraucherschutz

SITUATION

Die Frage nach der „richtigen“ Ware

1. Warum wirkt diese Hausfrau so ratlos?
2. Wie kann sie ihr Problem lösen?

INFORMATION

Der Trend zum Einkauf umweltverträglicher Produkte ist vor dem Hintergrund des steigenden Umweltbewusstseins in der Bevölkerung deutlich erkennbar.

Der Konsument, der umweltbewusst einkaufen will, ist aber häufig durch die Vielfalt der Waren, die auf dem Markt angeboten werden, überfordert.

Außerdem führen Medienberichte zu Umwelt- und Lebensmittelskandalen zu einem Vertrauensverlust den Herstellern gegenüber und verunsichern die Verbraucher zusätzlich.

© Stefan_Weis – stock.adobe.com

© Trueffelpix-stock.adobe.com

Verbraucherinformationen

Die Verbraucher informieren sich durch verschiedene Quellen, z. B. über die Werbung oder unabhängige Beratungsstellen, aber auch Sie sind als kompetente Fachkraft gefordert.

Die wichtigsten Informationsquellen können der folgenden Abbildung entnommen werden.

Kataloge und Prospekte von Herstellern und Versandhäusern

Anzeigen in Zeitungen und Zeitschriften

Testergebnisse in Zeitungen und Zeitschriften

Testberichte in Funk und Fernsehen

Werbesendungen in Funk und Fernsehen

Beratung in Verbraucherzentralen

Hinweise durch Bekannte und Verwandte

Beratung in Geschäften

Besichtigung von Waren in Geschäften

Recherchen im Internet

Abb. Das Informationsfeld des Verbrauchers

Verbraucherpolitische Maßnahmen

Zusätzlich zu der unübersichtlichen Situation gibt es immer wieder Versuche der Hersteller, den Wettbewerb untereinander einzuschränken und die Marktübersicht für den Kunden weiter zu erschweren. Da der Staat den Wettbewerb sichern und den Verbraucher schützen muss, greift er durch verbraucherpolitische Maßnahmen ein.

Dies geschieht durch:

› Förderung eines wirksamen Wettbewerbs *(z. B. durch das Gesetz gegen den unlauteren Wettbewerb)*,

› Information und Beratung des Verbrauchers *(z. B. durch Publikationen und persönliche Beratung)*,

› Schutz des Verbrauchers vor unlauteren Verkaufspraktiken und unzulässiger Einschränkung der Rechte *(z. B. durch Widerrufsrecht für Abzahlungsgeschäfte, Reform des Rechts bei Allgemeinen Geschäftsbedingungen)*,

› Schutz des Verbrauchers vor Gefährdung der Gesundheit und Sicherheit *(Reform des Lebensmittelrechts)*,

› rechtliche und öffentliche Vertretung der Verbraucherinteressen.

Die entsprechende Beratung und Aufklärung über alle diese Fragen werden insbesondere durch die „Arbeitsgemeinschaft der Verbraucher" mit ihren Verbraucherzentralen und durch die „Stiftung Warentest" wahrgenommen.

Organisationen für die Verbraucher

Da die praktische Erfahrung der meisten Verbraucher nicht ausreicht, um die Qualität des riesigen Warenangebots richtig einzuschätzen, hat die Bundesregierung die **„Stiftung Warentest"** als Stiftung des privaten Rechts ins Leben gerufen. Über 40.000 Produkte wurden bisher von dieser Instanz getestet. In ihrer Zeitschrift „test" gibt sie die Informationen an den Verbraucher weiter. Diese Tests tragen dazu bei, dass Hersteller und Anbieter, wenn Mängel erkannt wurden, ihre Erzeugnisse entsprechend ändern und dadurch die Qualität der Waren – zum Nutzen aller Verbraucher – verbessern. Hersteller und Handel verwenden die positiven Testergebnisse als wichtiges Werbeargument.

Stiftung Warentest
test.de

Die Stiftung Warentest wird ebenso mit öffentlichen Mitteln unterstützt wie die Verbraucherzentrale Bundesverband e.V. (VZBV) mit ihren **Verbraucherzentralen**. Zu den Aufgaben der Verbraucherzentrale gehören neben der Verbraucherinformation die Unterrichtung und Aufklärung der Verbraucher über marktgerechtes Verhalten. Dazu gehört auch die Umweltberatung. Sie hat inzwischen einen Anteil von mehr als 10 % aller Beratungsgespräche erreicht. Zusätzlich werden von den Verbraucherverbänden Aktionen durchgeführt, die auf mögliche Umweltbelastungen hinweisen. Gegen eine kleine Gebühr wird man persönlich und individuell beraten. Außerdem sind Broschüren, Veröffentlichungen und Literaturhinweise zu erhalten, die helfen können, sich umwelt- und verbraucherbewusst zu verhalten und die Kunden entsprechend zu beraten.

verbraucherzentrale
Bundesverband

Kunden als informierte Gesprächspartner

© Tatjana Balzer – stock.adobe.com

Viele Kunden informieren sich vor allem vor einem geplanten Kauf genau. Sie erwarten, dass auch das Verkaufspersonal über die Waren seines Sortiments informiert ist. Verkäufer sind deshalb ständig gefordert, unabhängige Untersuchungen, Produktvergleiche und Testergebnisse aufzunehmen und diese in ihr Verkaufsgespräch einzubauen. Die Kunden werden einen dann als kompetenten Berater akzeptieren und die Verkaufsempfehlung annehmen.

Für viele Waren liegen keine Testergebnisse vor. In diesen Fällen ist es hilfreich, wenn der Verkaufsberater die **„Fragen an eine Ware"** beantworten kann.

© fotomek – stock.adobe.com

Fragen an eine Ware

1. Thema: Sicherheit der Waren

- Entsprechen die Waren den national und international gegebenen Sicherheitsnormen und -standards *(bei Kinderspielzeug, Haushalts- und Elektrogeräten, Werkzeugen und Maschinen, Autos, Fahrrädern)*?
- Sind die Verpackungen sicher im Hinblick auf Transport *(bei Flüssigkeiten oder zerbrechlichen Produkten)* und Aufbewahrung *(bei leicht verderblichen Waren)*?
- Schützen die Verpackungen vor unbefugtem Gebrauch der Waren *(bei Arzneimitteln, chemischen Haushaltsreinigern)*?
- Ist ein reibungsloser Gebrauch der Waren durch Sicherstellung von Ersatzteilen, Service- und Reparaturleistungen gegeben *(bei Haushaltsgroßgeräten, Autos, Maschinen, EDV-Hardware)*?
- Besteht Programmsicherheit beim Nachkauf von Teilen *(bei Ess- und Trinkservice, technischen Bausteinen im EDV-Bereich und in der Unterhaltungselektronik)*?
- Ist die Zusammensetzung der Materialien der Waren sicher im Hinblick auf Leben und Gesundheit *(bei Nahrungs- und Genussmitteln, aber auch bei Kleidung, Haus- und Wohnprodukten)*?

2. Thema: Ökologische Auswirkung und Umweltverträglichkeit der Waren

- Welche Wirkungen auf die Umwelt und das ökologische Gleichgewicht gehen von der Produktion *(Klimaveränderungen durch Abholzung tropischer Regenwälder oder Emissionen bei der Herstellung chemischer Grunderzeugnisse)*, dem Transport und dem Ge- bzw. Verbrauch der Waren aus *(Leerflaschentransport, internationaler Tourismus, Pkw)*?
- Sind die einzelnen Bestandteile der Waren nach dem Gebrauch umweltverträglich abbaubar bzw. recyclingfähig *(bei Kunststoffbeschichtungen, Autos, Kühlschränken)*?
- Wie ist der Rohstoffverbrauch bzw. der Energieverbrauch zu beurteilen *(bei Produkten aus Edelmetallen oder fossilen Rohstoffen)*?

3. Thema: Sozialverträglichkeit der Warenproduktion

- Wird auf Kinderarbeit verzichtet?
- Werden Mindeststandards des Arbeitsrechts eingehalten *(bei Arbeitszeiten und Unfallschutz)*?

4. Thema: Wahrheit und Vollständigkeit der Information über die Waren

- Ist die Beschreibung der Wareneigenschaften verständlich, vollständig und wahr *(Gebrauchsanweisungen, Rezepturen)*?
- Stimmen die Preis- und Leistungsangaben, oder werden mittels versteckter Preisbestandteile die Verbraucher getäuscht *(unklare Teilzahlungskonditionen, unübliche Gewichts- und Größenangaben)*?
- Halten die Produktversprechungen der Werbung und der Verkaufsgespräche den Vergleich mit den Tatsachen aus: bei suggestiver Werbung; Versprechungen von in der Zukunft liegenden Leistungen *(Versicherungen, Pauschalreisen)*?

AKTION

1 Sammeln Sie Testergebnisse zu Waren Ihres Ausbildungssortiments. Besuchen Sie zu diesem Zweck eine Verbraucherzentrale. Kopieren Sie die Unterlagen für Ihren Warenkunde-Ordner.

2 Lassen Sie sich bei einem Besuch in der Verbraucherzentrale über die Aufgaben und Angebote informieren. Halten Sie Ihre Eindrücke schriftlich fest, und berichten Sie Ihrer Klasse/Gruppe in einem Vortrag.

3 Erstellen Sie in Gruppen (je nach Ausbildungssortiment) eine Liste mit umwelt- und gesundheitsschädlichen Waren, und erarbeiten Sie sinnvolle Alternativangebote.

4 Wählen Sie eine Ware aus Ihrem Ausbildungssortiment. Beantworten Sie möglichst alle „Fragen an eine Ware“ für diesen Fall.

5 Führen Sie Ihrer Klasse/Gruppe zwei Verkaufsgespräche vor. Wählen Sie dabei erklärungsbedürftige Waren aus, von denen unabhängige Testergebnisse vorliegen.

Beraten Sie

a) einen nicht informierten Kunden,

b) einen gut informierten Kunden.

Argumentieren Sie mithilfe der Testergebnisse.

6 Testen Sie selbst!

Sie führen in der Klasse selbst einen Test mit Waren oder Dienstleistungen durch. Wichtige Informationen und Anregungen erhalten Sie auf der Website http://www.test.de/jugendtestet.

Sie bestimmen selbst, was Sie testen möchten und entwickeln auch Ihr eigenes Testverfahren. Zu Produkttests gehört alles, was man anfassen und im Supermarkt oder Kaufhaus kaufen kann (Energy-Drinks, Lippenstifte, Fußbälle, Geschirrspülmittel, Papiertaschentücher). Wenn Sie Dienstleistungen untersuchen und bewerten wollen, stehen vor allem Service und Beratung im Mittelpunkt des Tests (Pizzalieferservice, Beratung in Elektrofachmärkten).

Sie können mit Ihrem Test auch an einem Wettbewerb der Stiftung Warentest teilnehmen und wertvolle Preise gewinnen. Leider darf man aber nicht älter als 19 Jahre sein! Mehr Infos gibt es dazu unter der oben genannten Website.

Das haben Schüler(innen) z. B. schon getestet:

Bewegungsmelder (Produkt)

Tankstellen (Service)

6 Verkaufsförderung

SITUATION

Im Getränkeabholmarkt Oase sind wie jedes Jahr im Januar und Februar die Umsätze stark rückläufig. Inhaber Lang versuchte in den letzten Jahren zwar durch vermehrte Werbung in der Lokalpresse und dem Verteilen von Flyern etwas dagegen zu tun, jedoch mit wenig Erfolg.

1. Welche anderen Möglichkeiten bieten sich Herrn Lang, damit sich seine wirtschaftliche Lage während seiner „Durststrecke" im Winter verbessert?
2. Wählen Sie zwei Möglichkeiten aus und überzeugen Sie Ihre Klasse von der Wirksamkeit Ihrer Maßnahmen.

INFORMATION

Verkaufsförderung (Salespromotion)

Verkaufsfördernde Maßnahmen dienen dazu, den **Absatz** am **Ort** des **Verkaufs,** der auch als POS (= Point of Sale) bezeichnet wird, zu **unterstützen.**

Die **Verkaufsförderungsmaßnahmen** sollen:

- Aufmerksamkeit wecken und Informationen liefern,
- die Kunden an die Ware heranführen,
- ein Entgegenkommen, Anreize oder andere Beiträge bieten, die Kunden schätzen,
- eine besondere Aufforderung enthalten, die Kaufentscheidung jetzt und hier zu treffen.

Durch verkaufsfördernde Maßnahmen will der Einzelhändler stärkere und schnellere **Kaufimpulse** auslösen, um bestimmte Warenangebote besser zu verkaufen.

Beispiele:

- Käufer sollen zum Kauf größerer Mengen veranlasst werden,
- aus bisherigen Nichtverwendern will man Verwender machen,
- Kunden sollen zum Markenwechsel angeregt werden.

Ziel dieser Werbemaßnahmen sind, neben den **Verbrauchern,** vor allem der **Händler** und seine **Mitarbeiter.** Durch **Information** über die betreffenden Produkte und häufig auch durch eine **finanzielle** Unterstützung *(Werbekostenzuschüsse, großzügige Rabatte und Boni)* soll der Absatz gefördert werden.

Außerdem bieten die Hersteller häufig **Aktionen** im Geschäft an, die für den Händler zusätzlich für Frequenz sorgen.

Verkaufsfördernde Maßnahmen	
für Kunden (Verbraucherpromotion)	**für Inhaber und Mitarbeiter (Händler- und Mitarbeiterpromotion)**
› Einsatz von Verkaufspropagandisten *(Verkostung, Warenproben, Warenvorführung)*, › Gewinnspiele und Preisausschreiben, › Organisation und Durchführung einer Aktion *(Modenschau, Westerntage)*, › Veranstaltung mit Prominenten *(Autogrammstunde eines Fußballstars)*, › Einführungs- und Sonderangebote *(3-für-2-Aktion)*, › Verpackung mit Zweitnutzen *(attraktive Keksdose)*, › Abgabe von Werbegeschenken *(Luftballons, Mützen, Gummibärchen)*.	› Verkaufsaktive Präsentation durch spezielles Display-Material, › Zweitplatzierungen, › Schaufenstergestaltung, › Schulung des Personals durch Produktdemonstration und Argumentationshilfen für das Verkaufspersonal, › Verkaufshilfen *(Musterbücher, PC-Präsentation)*, › Verkaufswettbewerbe *(Paris-Reise für besten Umsatz)*, › Auszeichnungen *(Verkäufer des Monats)*, › Werbedurchsagen über den Ladenfunk.

»› **Beispiel** für eine Verkaufsförderungsaktion durch einen Hersteller (Stuttgarter Hofbräu):

Als Kaufanreize gelten während der Aktionstage nicht nur günstigere Preise, sondern es werden außerdem Kombiangebote (eine Kiste Bier plus eine Kiste Mineralwasser) den Kunden offeriert. Als Zugaben gibt es u. a. Gläser und Minitrucks. Als „Highlight" winkt ein Mini, den man über die Teilnahme an einem Preisausschreiben gewinnen kann.

© Beck

© Beck

AKTION

1 Beschreiben Sie vier verkaufsfördernde Maßnahmen, die Ihrem Ausbildungsbetrieb bei der Einführung eines neuen Produkts zur Verfügung stehen.

2 Herr Henning vom Spielwarenfachgeschäft Kinderwelt erzielt im Dezember nahezu ein Drittel seines Jahresumsatzes. Die Spielwarenabteilung des Warenhauses Merkur ist sein stärkster Mitbewerber. Schlagen Sie drei für seine Branche geeignete Verkaufsförderungsmaßnahmen vor.

© keepsmiling4u – stock.adobe.com

7 Verkauf unter Beachtung ökonomischer und ökologischer Verpackungsgesichtspunkte

Ganz „ohne" geht es nicht! Wie viel Verpackung braucht die Ware?

SITUATION

© METRO Group, Düsseldorf

© METRO Group, Düsseldorf

1. Beschreiben Sie in einem Kurzreferat, wie in Ihrem Unternehmen Transportverpackungen entsorgt werden.
2. Informieren Sie sich über Maßnahmen Ihres Unternehmens zur Vermeidung von Abfällen und präsentieren Sie das Umweltkonzept Ihres Ausbildungsbetriebes als Wandzeitung.
3. Welche Funktionen übernimmt die Warenverpackung auf den beiden Abbildungen?

INFORMATION

Verpackung erfüllt in den dargestellten Situationen unterschiedliche Aufgaben. Im linken Bild erleichtert sie den SB-Kauf, schützt die Ware und informiert die Kunden. Die Pappen und Paletten auf dem rechten Bild erleichtern den Transport und die Lagerung der Ware.

Eine Übersicht über die vielfältigen Funktionen der Verpackung liefert folgende Tabelle:

Schutzfunktion	Verpackung schützt die Ware vor Druck, Stoß oder Sturz, vor Licht, Feuchtigkeit oder Sauerstoff sowie vor Ungeziefer, Pilzen und Bakterien.
Transport- und Lagerfunktion	Verpackung verbessert die Transport- und Lagerfähigkeit durch stapelbare Verpackungen oder Versand von Großgebinden.
Informationsfunktion	Verpackung ist Träger wichtiger Hinweise über Leistung, Verwendung, Bezeichnung, Menge, evtl. Güte, Herkunft und Haltbarkeit der Ware.

Gebrauchsfunktion	Verpackung erleichtert dem Kunden die Handhabung der Ware, z. B. die portionsweise Entnahme, und schützt vor Schäden durch falschen Gebrauch, z. B. durch kindersichere Verschlüsse (Convenience-Vorteile).
Absatzfunktion	Verpackung erleichtert dem Handel eine verkaufsaktive Präsentation, z. B. bei Selbstbedienung, erspart aufwendiges Um- und Abpacken, dient dem Diebstahlschutz (Blister) und verhindert den Verkauf unwirtschaftlicher Kleinmengen. Als **Geschenkverpackung** soll die Verpackung ein Geschenk aufwerten und als etwas Besonderes erscheinen lassen.
Werbefunktion	Eine werbewirksame Gestaltung der Verpackung fördert den Absatz, vor allem bei SB-fähiger Ware. Zudem sind z. B. Tragetaschen ein geeigneter Werbeträger, mit dem die Kunden Werbung für das Einzelhandelsunternehmen verbreiten.

Wie viel Verpackung braucht die Ware?

Vor allem aber belastet die Verwendung von Verpackungsmaterial die Umwelt durch Rohstoff- und Energieverbrauch und durch die „Beseitigung" in Deponien, Kompostierungs- oder Müllverbrennungsanlagen. Über die Hälfte des Hausmülls besteht aus Verpackungsmaterialien.

Ein völliger Verzicht auf Verpackungen ist bei der gegenwärtigen Wirtschaftsweise nicht möglich. Es muss vielmehr um eine Verringerung des Verpackungsaufwandes gehen. Zu bevorzugen sind daher Verpackungen, die

- nicht zu aufwendig sind *(Verzicht auf Portionspackungen für Lebensmittel)*,
- mehrfach verwendbar sind (*Leihverpackungen, Mehrwegflaschen, Nachfüllflaschen für Deo-Pumpzerstäuber*),
- einen Zweitnutzen haben *(Lebkuchen in Blechdosen)*,
- aus zurückgewonnenen Rohstoffen bestehen und nach Gebrauch stofflich gut verwertet werden können *(Glasflaschen)*,
- eine sparsame Dosierung des Inhalts erlauben.

Beachten Sie deshalb die folgenden Grundsätze zur Verpackung!

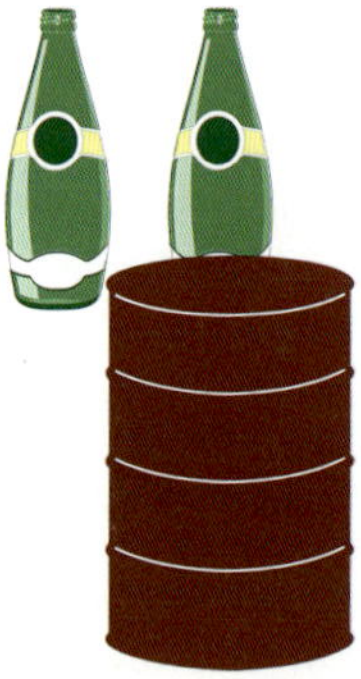

Verpackung:

1. vermeiden, wenn nicht vermeidbar:

2. verringern, zur Mehrfachnutzung:

3. vereinheitlichen, wenn Mehrfachnutzung nicht möglich:

4. verwerten, nur im äußersten Fall:

5. „entsorgen".

Abb. Grundsätze für den Umgang mit Verpackungen

Verpackungsmaterialien sind zu schade und oft zu gefährlich, um sie einfach wegzuwerfen. Deshalb gehört die Zukunft Verpackungen, die mehrfach verwendet werden können und deren stoffliche Verwertung (Recycling) garantiert ist.

Rechtliche Vorschriften zur Verpackung

Mit dem **Kreislaufwirtschaftsgesetz/Abfallgesetz** und dem **Verpackungsgesetz** soll die Grundlage für ein nachhaltiges Wirtschaften zur Schonung natürlicher Ressourcen geschaffen werden. Hersteller, Handel und Verbraucher sollen sich bereits bei ihren Entscheidungen über Produktion, Sortiment und Konsum mit der Frage der Entsorgung von möglicherweise anfallenden Abfällen beschäftigen.

Kreislaufwirtschafts- und Abfallgesetz (KrW/AbfG)

Das Gesetz regelt den Umgang mit Abfällen. Hauptziel ist es, natürliche Ressourcen zu schonen und die Beseitigung von Abfällen auf eine umweltverträgliche Art zu gewährleisten. Das Gesetz gibt der Vermeidung von Abfällen den Vorrang vor Verwertung oder Beseitigung. Von besonderer Bedeutung ist der Grundsatz der **Produktverantwortung**, den jeder, der Erzeugnisse herstellt oder vertreibt, zu beachten hat. Produktverantwortung für Verpackungen bedeutet:

- Material sollte mehrfach verwendbar sein
- Rückgabe und Pfandkennzeichnung
- Einsatz von sekundären Rohstoffen (Recyclingpapier)
- Rücknahme von Abfällen

Verpackungsgesetz (VerpackG)

Aufgrund dieses Gesetzes wird ein Teil der Abfallentsorgung vom Verbraucher auf den Hersteller und Händler übertragen. Verpackungen müssen von Herstellern und Vertreibern zurückgenommen werden. Allerdings können sich Hersteller und Vertreiber von der Rücknahmepflicht von

Verkaufsverpackungen befreien, wenn sichergestellt wird, dass eine regelmäßige Abholung gebrauchter Verkaufsverpackungen beim Endverbraucher erfolgt. Dazu haben Hersteller und Vertreiber das **„Duale System Deutschland GmbH“ („Grüner Punkt“)** gegründet. Für alle mit dem Grünen Punkt gekennzeichneten Waren wird eine Abnahme- und Verwertungsgarantie zugesichert.

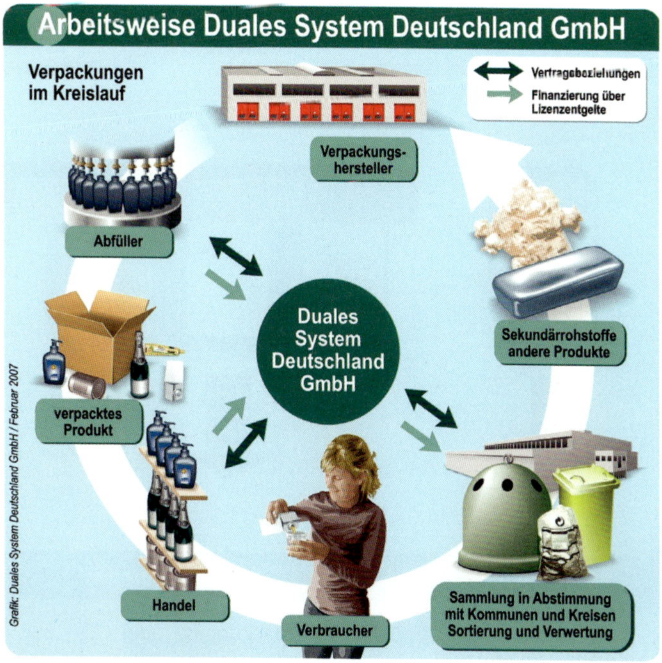

Abb. Verpackungskreislauf

Beim DSD handelt es sich um ein privates Rücknahmesystem für Verpackungen:

- Verpackungen werden im Auftrag des DSD wieder eingesammelt;
- dazu werden gesonderte Tonnen oder Säcke für Altpapier, Altglas, Kunststoffverpackungen, Verbundverpackungen und Weißblech-/Aluminium-Verpackungen vor den Haustüren und an zentralen Stellen aufgestellt;
- die eingesammelten Verpackungen werden sortiert und verwertet;
- die Kosten für das Duale System werden auf alle Produkte umgelegt und somit von den Konsumenten bezahlt;
- Einwegverpackungen, für die eine Abgabe bezahlt wurde, die die Kosten für das Sammeln, Transportieren und Sortieren dieser Abfälle decken soll, werden mit einem grünen Punkt gekennzeichnet. Dieser Grüne Punkt besagt also nicht, dass es sich um eine die Umwelt weniger belastende Verpackung handelt, sondern lediglich, dass sich der betreffende Hersteller oder Vertreiber an der „Duales System Deutschland GmbH“ beteiligt hat.

Kritiker des „Dualen Systems“ befürchten, dass den umweltfreundlicheren Mehrwegverpackungen durch den Grünen Punkt das Wasser abgegraben wird und am Ende gar keine Reduzierung des Mülls stattfindet. Sie erwarten, dass die Kunden den „Grünen Punkt“ als Empfehlung für besondere Umweltfreundlichkeit (miss-)verstehen und recyclingfähige Einwegverpackungen (mit „Grünem Punkt“) den ökologisch oft vorteilhafteren Mehrwegbehältnissen (ohne „Grünen Punkt“) vorziehen werden.

Verpackungsarten und mögliche Rücknahmepflicht

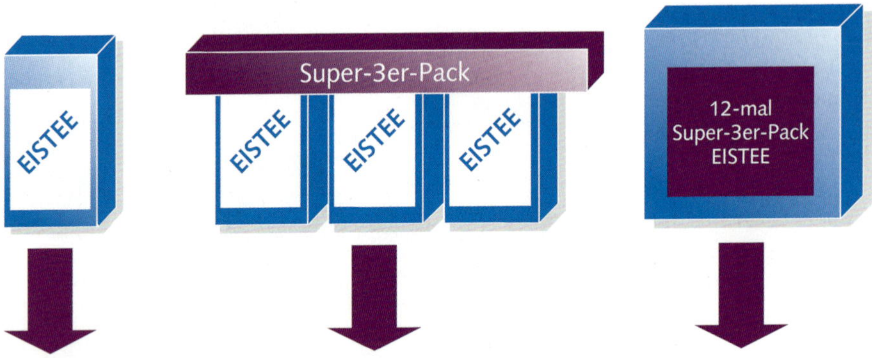

Verkaufsverpackungen	Umverpackungen	Transportverpackungen
Verpackungen, die als eine Verkaufseinheit angeboten werden und beim Endverbraucher anfallen. Verkaufsverpackungen im Sinne der Verordnung sind auch Verpackungen des Handels, der Gastronomie und anderer Dienstleister, die die Übergabe von Waren an den Endverbraucher ermöglichen oder unterstützen (Serviceverpackungen).	Verpackungen, die als zusätzliche Verpackungen zu Verkaufsverpackungen verwendet werden, und nicht aus Gründen der Hygiene, der Haltbarkeit oder des Schutzes der Ware vor Beschädigung oder Verschmutzung für die Abgabe an den Endverbraucher erforderlich sind *(z. B. Display-Packungen).*	Verpackungen, die den Transport von Waren erleichtern, die Waren auf dem Transport vor Schäden bewahren oder die aus Gründen der Sicherheit des Transports verwendet werden und beim Vertreiber anfallen.
Rücknahmepflicht	**Rücknahmepflicht**	**Rücknahmepflicht**
Ja, sie entfällt aber bei Teilnahme an einem System, das eine regelmäßige Abholung gebrauchter Verkaufsverpackungen beim privaten Endverbraucher gewährleistet (s. Duales System).	Ja, Vertreiber, die Waren in Umverpackungen anbieten, sind verpflichtet, bei der Abgabe der Waren an Endverbraucher die Umverpackungen zu entfernen oder dem Endverbraucher in der Verkaufsstelle Gelegenheit zum Entfernen und zur unentgeltlichen Rückgabe der Umverpackung zu geben.	Ja, Hersteller und Vertreiber sind verpflichtet, Transportverpackungen zurückzunehmen. Die zurückgenommenen Transportverpackungen sind einer erneuten Verwendung oder einer stofflichen Verwertung zuzuführen, soweit dies technisch möglich und wirtschaftlich zumutbar ist.

Umgang mit Transportverpackungen

Zu den Transportverpackungen zählen Fässer, Kanister, Kisten, Säcke einschließlich Paletten, Kartonagen, geschäumte Schalen, Schrumpffolien und ähnliche Umhüllungen.

Bei der Wahl von Transportverpackungen sollten folgende ökologische Gesichtspunkte beachtet werden:

© animaflora – stock.adobe.com

- Verzicht auf unnötige Einzelverpackungen,
- Einsatz standardisierter genormter Mehrwegverpackungen,
- Verwendung von recyclingfähigen Packstoffen,
- Vermeidung von Verbundstoffen,
- Hängeversand bei Textilien und Schuhen,
- keine Beeinträchtigung des Recyclings durch Klebebänder, Etiketten und Druckfarben,
- auf einzeln verpackte Teile möglichst verzichten, dafür mehrere Teile in Polybeutel verpacken.

Nach dem Verpackungsgesetz müssten die Hersteller die Transportverpackungen zurücknehmen. Da dies technisch kaum durchführbar ist, haben sich Unternehmen gegründet, die im Auftrag der Hersteller das beim Transport anfallende Verpackungsmaterial beim Händler übernehmen und entweder der Verwertung oder Entsorgung zuführen.

Umgang mit Umverpackungen und Verkaufsverpackungen

Umverpackungen werden von vielen Konsumenten als überflüssig betrachtet, da sie in erster Linie nur zu einer attraktiven Warenpräsentation dienen. Darauf hat die Industrie reagiert und verzichtet in vielen Fällen auf die Umverpackung *(Zahnpastatuben, Margarinebecher und Fischkonserven ohne Umkarton)*. Die Grenze zwischen Umverpackung und Verkaufsverpackung ist allerdings fließend.

Überall, wo Waren in Selbstbedienung angeboten werden, spielt die Verkaufsverpackung eine entscheidende Rolle. Da sich bei der Selbstbedienung die Ware selbst verkaufen muss, übernimmt die Verpackung besondere Funktionen.

© Viperagp – stock.adobe.com

Umgang mit Einweg-Getränkeverpackungen (sogenanntes Dosenpfand)

Auf alle Einweg-Getränkeverpackungen wird ein Pfand erhoben.

Ausgenommen sind alle ökologisch vorteilhaften Getränkeverpackungen sowie die Getränkebereiche Fruchtsaft, Milch und Wein. Die Pfandpflicht beschränkt sich auf Getränkeverpackungen zwischen 0,1 und 3 Liter. Der Pfandbetrag ist einheitlich auf 25 Cent festgelegt.

Die Rücknahmepflicht richtet sich nach dem jeweiligen Material der Verpackung.

■ Praktische Umsetzung

Die **Recyclingquote** aller Verpackungen lag bisher weit über dem gesetzlich geforderten Wert. Die immer noch weit verbreiteten Plastiktüten werden kostenpflichtig und immer mehr durch die gute alte Einkaufstasche bzw. Jute-/Baumwolltaschen ersetzt.

■ AKTION

1 Untersuchen Sie Ihr Sortiment im Hinblick auf notwendige und überflüssige Verkaufs- und Umverpackungen.

2 Die Textil-Markt GmbH möchte in ihre Transport- und Verpackungsvorschriften, die Bestandteil der Einkaufsbedingungen gegenüber Lieferanten sind, ökologische Aspekte mit aufnehmen. Sie haben die Aufgabe, Verpackungsbestimmungen zu formulieren, die diesem Wunsch entsprechen.

3 Informieren Sie sich über die Entsorgung von Verpackungsabfällen in Ihrem Ausbildungsunternehmen und berichten Sie darüber.

4 Was können Sie als Verbraucher tun, um Verpackungsmüll zu reduzieren? Erstellen Sie eine Handreichung und ein Plakat für Ihren Klassenraum.

5 Die Verpackung einer Ware kann die vorteilhafte und sichere Nutzung der Ware erleichtern. Geben Sie für Waren Ihres Ausbildungssortiments an, in welcher Weise sich durch Verpackung und Darbietung die folgenden Convenience-Vorteile ergeben:

- Dosiererleichterungen, Portionierhilfen
- Entnahmeerleichterungen
- Öffnungshilfen
- Öffnungserschwernisse
- Wiederverschließhilfen
- Zubereitungshilfen
- haushaltsgerechte Konfektionierung
- haushaltsgerechte Sortierung

6 Bilden Sie vier Arbeitsgruppen zu folgenden Verpackungen:

a) Wellpappe-Schachteln

b) Getränkedosen

c) Einweg-Glasflaschen

d) Plastik-Becher.

Stellen Sie für die einzelnen Verpackungen dar, was „Beseitigung“, „Entsorgung“ und „Recycling“ heißen kann und wo sich Probleme ergeben.

7 Fordern Sie Informations- und Werbematerial bei der Duales System Deutschland GmbH und bei Verbraucherorganisationen an.

Diskutieren Sie auf dieser Grundlage: „Wie umweltfreundlich ist der Grüne Punkt?“

8 Dieses Logo der DPG kennen Sie sicher schon von vielen Einweg-Getränkeverpackungen.

a) Informieren Sie sich über die Aufgaben der DPG (Deutsche Pfandsystem GmbH). Im Internet finden Sie unter der Adresse „http://www.dpg-pfandsystem.de“ die benötigten Angaben.

b) Erstellen Sie für Ihre Schulunterlagen ein einseitiges Info-Blatt zu diesem Rücknahmesystem für bepfandete Einweg-Getränkeverpackungen.

8 Warenzustellung beim Kunden

SITUATION

Beschreiben Sie Lösungsmöglichkeiten unter dem Gesichtspunkt der Kundenzufriedenheit.

INFORMATION

Einzelhandelsgeschäfte bieten z.T. als Serviceleistung eine kostenlose Warenzustellung an. Grundsätzlich findet allerdings die Warenübergabe zwischen Einzelhändler und Kunde im Geschäft statt („Warenschulden sind Holschulden"). Daher können die Zustellkosten den Kunden in Rechnung gestellt werden.

Firmeneigene oder firmenfremde Zustellung

Die Ware kann durch Boten oder mit eigenen Fahrzeugen zugestellt werden. Neben dieser firmeneigenen Variante gibt es die Möglichkeit, andere Unternehmen mit der Zustellung zu beauftragen. Dies können die Deutsche Post AG/DHL, KEP-Dienste, die Bahn oder Spediteure sein, die i. d. R. über einen eigenen Fuhrpark verfügen.

Bei der Entscheidung für eine Versendungsart sind vor allem folgende Kriterien wesentlich:

- Kosten
- Schnelligkeit
- Haftung
- Verfügbarkeit
- Abholsystem oder wiederholtes Anliefern
- Sicherheit
- Pünktlichkeit
- Zahlungsmöglichkeiten des Kunden
- Umweltverträglichkeit

Möglichkeiten firmenfremder Zustellung

Deutsche Post AG/DHL

Die Leistungen der Deutschen Post AG/DHL umfassen Briefsendungen (dazu gehören auch Bücher- und Warensendungen), Päckchen, Pakete sowie den Express-Versand.

Versendungsart	Beschreibung
Brief	› bis 1000 g › Warensendung nur bis 500 g (eignet sich vor allem für Proben und Muster) Besonderheiten: Nachnahme, Einschreiben mit und ohne Rückschein, Infopost (z. B. Kataloge), Werbeantworten, Mailingfactory.
Päckchen und Pakete (DHL)	› Päckchen bis 2000 g › Pakete bis 20 kg Besonderheiten für Pakete: Abholung kann über Internet vereinbart werden, es kann eine Transportversicherung abgeschlossen werden, Nachnahme ist möglich.
Express	› für Briefe und Pakete › Liefertermin und Übergabe-Modalitäten können festgelegt werden.

Wird ein Empfänger nicht angetroffen, so muss dieser sich seine Sendung bei der zuständigen Filiale der Deutschen Post AG abholen.

Für den Versand der Ware zum Kunden per Brief oder Paket ist besonders die Möglichkeit der Nachnahme hervorzuheben. Der Rechnungsbetrag wird bei Übergabe der Sendung vom Kunden beglichen und durch die Post dem Einzelhändler als Zahlungsempfänger auf seinem Bankkonto gutgeschrieben.

KEP-Dienste (Kurier-, Express- und Paketdienste)

Diese Transportunternehmen befördern in erster Linie Kleingut. In der Regel wird eine Zustellung innerhalb 24 Stunden in Deutschland garantiert. Wird der Empfänger nicht angetroffen, wird ein zweites und drittes Mal die Zustellung versucht.

Man unterscheidet:

1. **Kurierdienste:** Wertsendungen und sehr eilige Sendungen von geringem Gewicht *(DHL, ic:kurierdienst der Deutschen Bahn AG)*.
2. **Expressdienste:** Schneller Gütertransport in einem eigenen Netz *(Euro-Express, FED-Ex, Trans-O-Flex)*.
3. **Paketdienste:** Transport von Paketen je nach Anbieter bis 70 kg in eigenem Netz *(DPD, UPS, GLS)*.

In den letzten Jahren hat die Bedeutung der privaten KEP-Dienste stark zugenommen. Das liegt vor allem daran, dass sie sich durch Schnelligkeit, Pünktlichkeit, wiederholtes Zustellen bei Nichtantreffen und eine verbesserte Möglichkeit der Sendungsverfolgung auszeichnen.

Spedition

Spediteure bieten den Vorteil, dass sie sich in vielen Fällen auf die zu befördernden Waren spezialisiert haben und so eine sichere und zuverlässige Warenzustellung garantieren *(Transport von Hängeware im Textileinzelhandel).*

Spediteure bieten als Logistikdienstleister auch einen kompletten Service an. Sie organisieren den kompletten Transport vom Hersteller bis zum Einzelhändler sowie die Einlagerung der Ware.

■ AKTION

1 Erstellen Sie eine Übersicht über die Versendearten, die in Ihrem Ausbildungsbetrieb genutzt werden! Vergleichen Sie in Ihrer Klasse, welche drei Versendungsarten am häufigsten vorkommen.

2 Vergleichen Sie die firmeneigene und die firmenfremde Zustellung hinsichtlich ihrer Vor- und Nachteile. Diskutieren Sie Ihre Ergebnisse.

3 Beschaffen Sie sich Informationen über die folgenden Angebote der Deutschen Post AG: Werbeantwort, Infobrief und Mailingfactory.

Erklären Sie die drei Begriffe in jeweils drei Sätzen.

4 Stellen Sie den Ablauf einer Sendung mit Nachnahme grafisch dar. Welchen Vorteil hat diese Sendungsform für Einzelhändler und Kunden?

5 Vergleichen Sie die Paketdienste der Deutschen Post AG/DHL mit denen anderer Anbieter hinsichtlich ihrer Kosten, der Haftung und der Schnelligkeit. Das notwendige Informationsmaterial dafür können Sie sich zuschicken lassen oder im Internet recherchieren.

6 Die folgenden Waren sollen Ihren Kunden zugestellt werden. Welche Versendungsform wählen Sie? Begründen Sie Ihre Wahl.

a) Der Katalog für die Sommerware, 350 g schwer,

b) eine Jeans, die vom Kunden noch nicht bezahlt wurde,

c) das Sofa, das beim Kunden nicht mehr ins Auto passte,

d) die CD, die der Kunde unbedingt morgen schon hören möchte,

e) der Lebensmitteleinkauf, insgesamt 23 kg schwer,

f) der Surfanzug, den ein Kunde aus München in Hamburg bestellt hat,

g) das neue Kostüm, das für eine Kundin geändert wurde, die den ganzen Tag arbeitet.

Schwerpunkt Steuerung und Kontrolle (SSuK)

Lernfeld 11
Geschäftsprozesse erfassen und kontrollieren

Inhalte

© djama – Fotolia.com

© DOC RABE Media – Fotolia.com

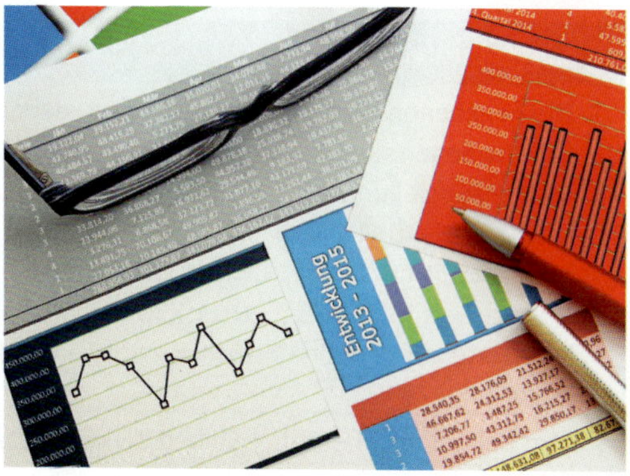

© Stauke – Fotolia.com

1 Dreisatz

1-2-3, Dreisatz ist keine Hexerei

Angebot der Woche im Getränkemarkt „Oase":
- Schloss-Pils, 20 x 0,5-Liter-Flaschen, Kasten ohne Pfand 10,00 €.
- Schloss-Pils, Sixpack zu 3,35 €.

Kostet 1 Flasche Schloss-Pils bei beiden Angeboten gleich viel?

Bei der Dreisatzrechnung wird aus mindestens drei bekannten Größen eine vierte unbekannte Größe errechnet. Dies erfolgt in drei Rechenschritten, daher der Name dieser Rechenart. Nahezu alle Rechenverfahren, die in der kaufmännischen Praxis Anwendung finden, bauen auf der Dreisatzrechnung auf.

1.1 Dreisatz mit geradem Verhältnis

SITUATION

Frau Reber kauft im Supermarkt Manz 1.750 g Hähnchenbrustfilet.

Wie viel € muss sie an der Kasse bezahlen, wenn 1 kg Hähnchenbrustfilet 7,95 € kostet?

INFORMATION

Bei einem Dreisatz mit geradem Verhältnis verändern (vermehren bzw. vermindern) sich die Größen im gleichen Maß (*je höher das Gewicht, desto höher der Preis*).

Lösung:

1 Bedingungssatz:	mehr ↓	1.000 g Hähnchenbrustfilet kosten 7,95 €	mehr ↓
2 Fragesatz:		1.750 g Hähnchenbrustfilet kosten x €	
3 Bruchsatz:		$x = \frac{7{,}95\,€ \cdot 1.750\,g}{1.000\,g} = \underline{\underline{13{,}91\,€}}$	

Lösungsschritte

1. Die gegebenen Größen so aufschreiben, dass die gesuchte Größe (€) rechts steht.
2. Gleiche Benennungen stehen untereinander (Maße).
3. Bei der Aufstellung des Bruchsatzes ist zu beachten:
   1. Satz: Preis für 1.000 g ≙ 7,95 € → diesen Wert immer auf den Bruchstrich.
   2. Satz: Preis für 1 g ≙ 1.000 mal weniger → unter den Bruchstrich.
   3. Satz: Preis für 1.750 g ≙ 1.750 mal mehr → auf den Bruchstrich.
4. Die Werte auf dem Bruchstrich multiplizieren, dann durch den Wert im Nenner dividieren. Wenn möglich kürzen.

! Wird beim Berechnen für 1 Einheit dividiert, dann liegt ein gerades Verhältnis vor.

AKTION

1 Verdeutlichen Sie den Merksatz „Ein Dreisatz mit geradem Verhältnis kann beschrieben werden durch: je mehr – desto mehr, bzw. je weniger – desto weniger" anhand selbstgewählter Beispiele.

2 Laura erzielte in ihrer Abteilung im Monat Mai einen Umsatz von 48.600,00 €. Dafür erhielt sie 250,00 € Provision. Im Juni verringerte sich wegen Krankheit ihr Umsatz um 4.600,00 €. Wie viel Provision wird sie dieses Mal erhalten?

3 Die Neuburger Omnia-Märkte werden dreimal in der Woche vom 180 km entfernten Warenverteilzentrum mit Waren beliefert. Bisher benötigte der LKW für diese Strecke 3 Stunden. Wie lange braucht der LKW jetzt, wenn er wegen einer Umleitung zusätzlich 40 km fahren muss?

4 In der Werbeagentur Media-Arts arbeiten 16 Mitarbeiterinnen und Mitarbeiter. Wegen eines Großauftrages des wichtigsten Kunden müssten alle 2 Stunden länger pro Tag arbeiten, als die tariflich vereinbarten 8 Stunden. Wie viele Arbeitskräfte müssen zusätzlich eingestellt werden, um Überstunden zu vermeiden?

5 Das Neuburger Feinkostgeschäft La Deliziosa röstet seinen Kaffee noch selbst. Aus 60 kg Santos-Premium können 52 kg Röstkaffee gewonnen werden. Wie viel kg Röstkaffee ergeben 780 kg Rohkaffee?

6 Das Warenhaus Merkur vergrößerte seine Verkaufsfläche in der Uhren- und Schmuckabteilung von 232 m² auf 302 m². Im letzten Jahr erzielte die Abteilung einen Umsatz von 408.900,00 €. Um wie viel € muss der Umsatz steigen, wenn pro m² die gleiche Flächenproduktivität erzielt werden soll?

7 Für die Italienische Woche bezog die Lebensmittelabteilung des Warenhauses Merkur 1.400 l Chianti und bezahlte dafür 2.240,00 €. Können die dringend benötigten 280 l nachbestellt werden, wenn noch 500,00 € für zusätzliche Einkäufe zur Verfügung stehen?

8 Der Börsenkurs der Merkur AG Aktie beträgt zz. 39,00 €. Der Vorstand informierte auf einer Pressekonferenz, dass der Umsatz von ca. 2,6 Milliarden € im Vorjahr in diesem Jahr um voraussichtlich 300 Millionen € niedriger ausfallen wird. Analysten befürchten nun einen Kursverlust im Verhältnis zum Umsatz. Auf welchen Wert sinkt demnach der Kurs der Merkur Aktien?

9 Die Talkshow „Nur die Wahrheit zählt" hat im Durchschnitt 1,6 Millionen Zuschauer. Aufgrund dieser Zahlen verkauft der Sender TELE 7 eine Werbeminute für 24.000,00 €. Durch einen Moderatorenwechsel will man nun 1 Million Zuschauer mehr gewinnen. Welchen Minutenpreis wird der Sender nun für Werbetreibende verlangen?

10 Der Getränkegroßhandel Oase verkauft in der Woche (6 Tage) im Durchschnitt 1.680 Kästen Mineralwasser der Marke „Fontanis" an seine Kunden. Wegen eines Leitungsschadens kann die Fontanis GmbH vorerst nicht mehr liefern. Wie viele Tage reicht der Lagervorrat von 980 Kästen?

11 Das Reiseunternehmen Easy-Tours bietet an:

› 2 Wochen Mallorca, alles inklusiv, 679,00 €,

› 8 Tage Mallorca, Flug, Hotel und Vollpension nur 398,00 €!

Welches Angebot ist für den Kunden günstiger kalkuliert?

12 Bei Torsten Sander, Auszubildender bei All-Bau, möchte ein Kunde Farbe zum Streichen seiner neuen Wohnung kaufen. Mit einem Eimer Innenfarbe kann man ca. 66 m² streichen. Wie viele Eimer Farbe soll Torsten anhand des ihm vorgelegten Wohnungsgrundrisses verkaufen, wenn die Raumhöhe 2,50 m beträgt und für Fenster und Türen 10 m² abzuziehen sind?.

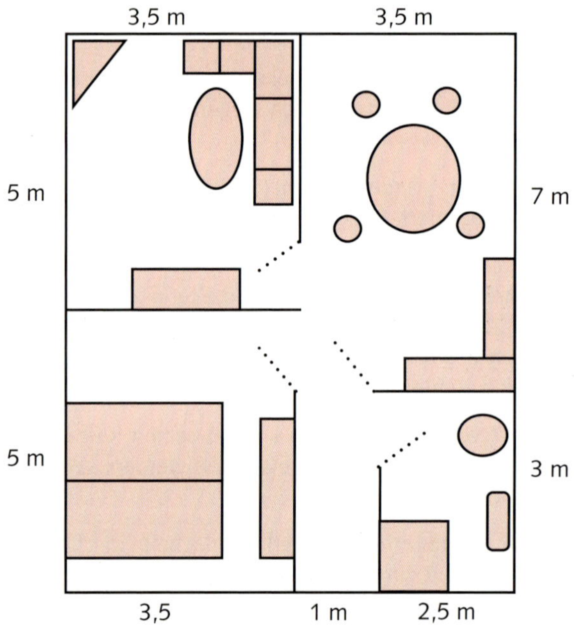

13 Die Weinhandlung Oppenheimer bietet in einer Sonderaktion chilenischen Chardonnay zu 3,95 € je 0,7-l-Flasche an. Das Schlosshotel kauft 4 Kisten zu je 12 Flaschen. Eine Woche später werden 3 weitere Kisten zum Aktionspreis bestellt. Welchen Preis muss das Hotel für diese 3 Kisten bezahlen?

14 Der Herrenausstatter Mann-o-Mann wirbt bisher mit einem 30-Sekunden-Spot bei Radio-Neuburg und zahlt dafür 600,00 €. Welche Kosten entstehen ihm, wenn er künftig dreimal zu je 12 Sekunden wirbt?

1.2 Dreisatz mit ungeradem Verhältnis

■ SITUATION

Für die Vorbereitungen der letztjährigen Aktion „Heiße Preise – Sommerreise" haben 3 Mitarbeiterinnen des Textil-Markts 42 Stunden benötigt. Der Geschäftsleitung war dies zu lange und sie will nun kurz vor der diesjährigen Aktion 7 Mitarbeiter dafür abstellen.

Wie lange werden sie für diese Arbeiten benötigen?

■ INFORMATION

Bei einem Dreisatz mit ungeradem Verhältnis verändern (vermehren bzw. vermindern) sich die Größen in umgekehrter Weise (*je mehr Mitarbeiter, desto weniger Zeit wird benötigt*).

Lösung:

mehr ↓

1 Bedingungssatz: 3 Mitarbeiterinnen benötigen 42 Stunden

2 Fragesatz: 7 Mitarbeiterinnen benötigen x Stunden

3 Bruchsatz: $x = \frac{42 \cdot 3}{7} = 18$ Stunden

weniger ↓

Lösungsschritte

1. Die gegebenen Größen so aufschreiben, dass die gesuchte Größe (Stunden) rechts steht.
2. Gleiche Benennungen stehen untereinander.
3. Bei der Aufstellung des Bruchsatzes ist zu beachten:
1. Satz: Zeit für 3 Mitarbeiter ≙ 42 Stunden → diesen Wert immer auf den Bruchstrich.
2. Satz: Zeit für 1 Mitarbeiter ≙ 3 mal mehr → auf den Bruchstrich.
3. Satz: Satz: Zeit für 7 Mitarbeiter ≙ 7 mal weniger → unter den Bruchstrich.
4. Die Werte auf dem Bruchstrich multiplizieren, dann durch den Wert im Nenner dividieren. Wenn möglich kürzen.

! Wird beim Berechnen für 1 Einheit multipliziert, dann liegt ein ungerades Verhältnis vor.

AKTION

1 Verdeutlichen Sie den Merksatz „Ein Dreisatz mit ungeradem Verhältnis kann beschrieben werden durch: „je mehr – desto weniger bzw. je weniger – desto mehr" anhand selbstgewählter Beispiele.

2 Das Warenhaus Merkur plant für die Umgestaltung der Neuburger Filiale 20 Tage und will dabei 10 Verkaufskräfte einsetzen. Wegen Krankheit und eines Fehlers bei der Personalplanung stehen aber für dieses Projekt nur 5 Mitarbeiter zur Verfügung. Nach wie viel Tagen kann jetzt die Umbaumaßnahme abgeschlossen werden?

3 Optiker Bessler möchte seine Schaufenster mit neuem Stoff ausspannen. Bisher benötigte er 12,50 m bei einer Stoffbreite von 90 cm. Nun will er sich für ein günstigeres Angebot entscheiden, allerdings beträgt die Stoffbreite in diesem Fall 1,40 m. Wie viel Meter Stoff werden jetzt benötigt?

4 Der Neuburger Handels- und Gewerbeverein plant einen kleinen Einkaufsführer für alle Haushalte. Bisher wollen sich 32 Einzelhändler daran beteiligen. Sie müssten anteilige Kosten in Höhe von 724,80 € übernehmen. Auf welchen Betrag würden die Kosten sinken, wenn sich alle 128 Mitglieder daran beteiligten?

5 Verena Busse erhielt zur Hochzeit von ihren Kollegen 6 wertvolle Weingläser zum Stückpreis von 22,00 €. Sie möchte aber lieber mehr Gläser und tauscht sie bei Haushaltwaren Offermann gegen eine Importware zum Stückpreis von 5,50 € um. Wie viele dieser Gläser erhält sie?

6 Bei einem täglichen Verbrauch von ca. 900 Blatt Kopierpapier reicht in der Neuburger Berufsschule der Papiervorrat noch 60 Tage. Wie lange reicht derselbe Vorrat, wenn der Tagesbedarf um 150 Blatt gesenkt wird?

7 Franca (1. Ausbildungsjahr) möchte nach der Ausbildung ein eigenes Auto. Da sie bereits 3.000,00 € angespart hat, will sie 30 Monate lang je 50,00 € sparen. Wie viele Monate früher könnte sich Franca das Auto kaufen, wenn sie monatlich 75,00 € zurücklegen könnte?

8 Jede der 6 Talkshows von TELE 7 hat durchschnittlich 840.000 Zuschauer. Es ist geplant, 2 weitere Talkshows zu senden. Wie viele Zuschauer hat dann jede Sendung im Durchschnitt, wenn die Gesamtzahl der Seher gleich bleibt?

9 Die durchschnittliche Klassenstärke in den 42 Klassen der Neuburger Berufsschule beträgt 24 Schüler. Wegen Lehrermangels muss im neuen Schuljahr die Klassenzahl um 6 reduziert werden. Berechnen Sie die neue Klassenstärke!

10 Das Erdgeschoss im Multi-Vision Fachmarkt erhielt gestern einen neuen Bodenbelag, der von 10 Fachkräften in 8 Stunden verlegt wurde. Für den ersten Stock stehen heute nur 4 Fachkräfte zur Verfügung. Wie lange benötigen sie, wenn sie gleich schnell arbeiten?

11 Der Heizölvorrat soll für 210 Tage reichen, wenn täglich 75 Liter verbraucht werden. Wegen einer Kältewelle steigt der durchschnittliche Verbrauch um 15 Liter. Für wie viel Tage reicht nun der Heizölvorrat?

12 Zur Regalpflege sind bei den Neuburger Omnia Discountmärkten 4 Mitarbeiter ständig beschäftigt.

Sie arbeiten 37,5 Stunden in der Woche und verursachen pro Mitarbeiter Personalkosten (einschl. Zusatzkosten) von 2.080,00 € im Monat.

a) Künftig soll die Regalpflege von einer Fremdfirma übernommen werden. Wie viele Mitarbeiter dieses Unternehmens müssen eingesetzt werden, wenn – gleiche Leistung je Stunde vorausgesetzt – deren Wochenarbeitszeit 25 Stunden beträgt?

b) Ermitteln Sie die Kostenersparnis für die Omnia Geschäftsleitung, wenn die Fremdfirma für ihre Mitarbeiter einen Stundenlohn von 12,00 € in Rechnung stellt.

13 Aynur arbeitet an der Frischfleischtheke. Nach Ladenschluss um 20.00 Uhr benötigt sie zusammen mit ihren 4 Kollegen und Kolleginnen im Durchschnitt 36 Minuten zum Auf- und Abräumen der Waren sowie zum Säubern der Theken. Heute müssen 2 Kolleginnen direkt nach Ladenschluss nach Hause. Wann wird Aynur heute voraussichtlich den Laden verlassen können?

14 Damit bei Ladenöffnung um 8.00 Uhr alles zum Verkauf vorbereitet ist, beginnen die 7 Mitarbeiter der Frischeabteilungen im Supermarkt Manz um 7.00 Uhr. Herr Manz möchte am Ostersamstag bereits um 7.30 Uhr öffnen und stellt zwei weitere Mitarbeiter zu Vorbereitungsarbeiten ab. Sind die Abteilungen rechtzeitig verkaufsbereit, wenn sie mit ihrer Arbeit 15 Minuten früher als sonst beginnen?

15 Der alte Lieferwagen von Feinkost Deliziosa verbrauchte auf 100 km durchschnittlich 7,5 Liter Diesel. Eine Tankfüllung reichte für 850 km.

Der neue Lieferwagen verbraucht durchschnittlich einen Liter weniger auf 100 km. Für wie viel km reicht nun eine Tankfüllung?

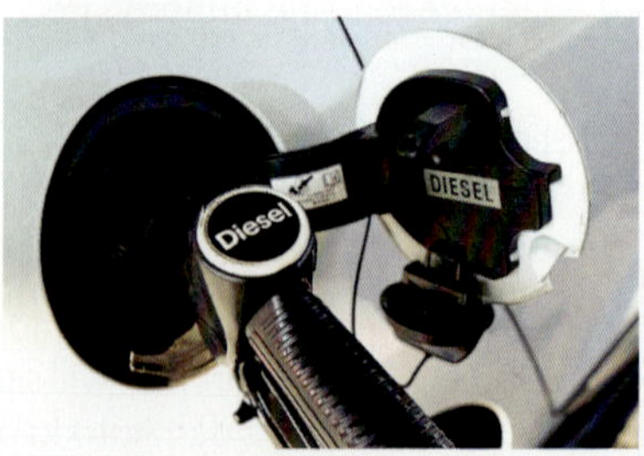

2 Durchschnittsrechnen

Durchschnittswerte erleichtern Entscheidungen

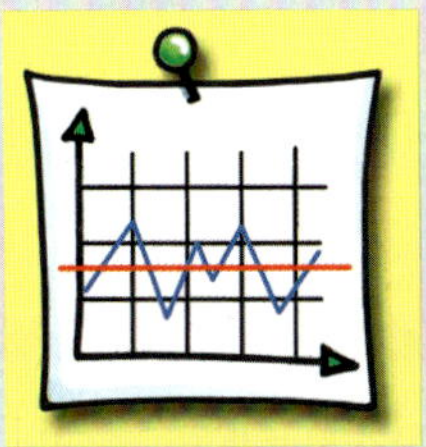

Letztes Jahr kamen in das Textilfachgeschäft Hesser-Moden an den vier Samstagen vor Weihnachten durchschnittlich 65 Kunden. Mithilfe von verstärkten Werbemaßnahmen wollte Frau Hesser dieses Jahr die durchschnittliche Kundenzahl um 15 steigern. Es liegen ihr folgende Zahlen vor:

1. Samstag: 60 Kunden, 2. Samstag: 90 Kunden,
3. Samstag: 120 Kunden, 4. Samstag: 90 Kunden.

– Hat Frau Hesser ihr Ziel erreicht?

Bei der Durchschnittsrechnung wird aus mehreren Werten ein Mittelwert (= Durchschnittswert) berechnet. Im Einzelhandel sind Durchschnittswerte von großer Bedeutung, da sie durch Vergleich mit anderen Durchschnittswerten wichtige betriebswirtschaftliche Rückschlüsse zulassen.

2.1 Einfacher Durchschnitt

SITUATION

In der Neuburger Filiale der Textil-Markt GmbH werden täglich die durchschnittlichen Umsätze des Verkaufspersonals festgehalten. Wer von den Verkaufsmitarbeitern immer wieder deutlich unter dem Durchschnittsumsatz liegt, wird von der Geschäftsführung zu einem Gespräch gebeten. In der Abteilung „Young-Fashion“ wurden heute folgende Umsätze erzielt:

Verkäuferin	Umsatz/€
Katja Huppert	1.250,00
Miriam Falcone	1.480,00
Eva Karamanlis	875,00
Maria Jovic	1.050,00
Laura Vogt	845,00

© strichfiguren.de – stock.adobe.com

Wie hoch ist der durchschnittliche Umsatz je Verkäuferin?

INFORMATION

Lösung:

Verkäuferin	Umsatz/€
Katja Huppert	1.250,00
Miriam Falcone	1.480,00
Eva Karamanlis	875,00
Maria Jovic	1.050,00
Laura Vogt	845,00

1 (Summe der Umsätze)

2 5.500,00 : 5 3 = 1.100,00 € 4

Der Durchschnittsumsatz einer Verkäuferin beträgt 1.100,00 €.

Lösungsschritte

1. Aufstellen der Einzelwerte.
2. Einzelwerte addieren.
3. Anzahl der Einzelwerte ermitteln.
4. Summe der Einzelwerte durch Anzahl der Einzelwerte dividieren.

$$\text{Einfacher Durchschnitt} = \frac{\text{Summe der Einzelwerte}}{\text{Anzahl der Einzelwerte}}$$

AKTION

1 Die Fachzeitschrift „Handelspraxis" veröffentlicht in ihrer aktuellen Ausgabe folgende Zahlen zum Thema „Lagerumschlag in ausgewählten Branchen":

Blumenfachgeschäfte	18,0
Lebensmitteleinzelhandel	15,2
Tabakwareneinzelhandel	9,2
Reformhäuser	8,2
Bürofachhandel	6,0
Möbeleinzelhandel	3,0
Spielwareneinzelhandel	2,5
Textileinzelhandel	2,3
Sportartikeleinzelhandel	2,0
Musikfachgeschäfte	1,9
Schuheinzelhandel	1,7
Juweliere	1,0

Ermitteln Sie den durchschnittlichen Lagerumschlag auf Grundlage dieser Branchenzahlen (auf 2 Stellen nach dem Komma runden).

2 Das Warenwirtschaftssystem der Textil-Markt GmbH zeigt folgende Monatsendbestände in der Warengruppe Jeans. Berechnen Sie den durchschnittlichen Lagerbestand für die Frühjahr/Sommer-Saison (Jan.– Jun.), die Herbst/Winter-Saison (Jul.–Dez.) sowie für das gesamte Jahr. Welche Schlussfolgerungen können aus dem Ergebnis gezogen werden?

TEXTIL-MARKT GmbH			Warengruppe Jeans					Jahresanfangsbestand: 30.000,00 €				
Monatsendbestand in Tsd. EUR	Jan	Feb	Mär	Apr	Mai	Jun	Jul	Aug	Sep	Okt	Nov	Dez
	35	40	36	32	24	25	30	33	26	22	24	33

3 Der Controller der Möbelhauskette Allnatura möchte die Entwicklung in den drei größten der insgesamt 15 Filialen vergleichen.

a) Er ermittelt dazu folgende Zahlen:

- Umsatz gesamt je Filiale in den Berichtsjahren
- Durchschnittsumsatz je Filiale in den Berichtsjahren
- Gesamtumsatz der drei Filialen je Jahr
- Durchschnittsumsatz der drei Filialen je Jahr
- Gesamtumsatz der drei Filialen in den Berichtsjahren
- Durchschnittsumsatz der drei Filialen in den Berichtsjahren
- Durchschnittliche Kundenzahl bezogen auf alle Filialen in den Berichtsjahren
- Durchschnittliche Kundenzahl bezogen auf jede Filiale in den Berichtsjahren

b) Welche Rückschlüsse kann der Controller aufgrund der Zahlen ziehen?

c) Besteht zwischen der Zahl der Reklamationen und der Umsatzentwicklung ein Zusammenhang?

Ausdruck aus dem Warenwirtschaftssystem der ALLNATURA:

ALLNATURA				
		Filiale Stuttgart	**Filiale Hamburg**	**Filiale München**
Umsatz	2021	12.450.000 €	24.200.000 €	18.200.000 €
Umsatz	2022	10.260.000 €	24.800.000 €	14.600.000 €
Umsatz	2023	9.330.000 €	24.400.000 €	16.800.000 €
Kundenzahl	2021	22.800	44.200	36.400
Kundenzahl	2022	19.500	48.000	30.200
Kundenzahl	2023	16.800	52.400	38.600
Reklamationen	2021	650	1.080	820
Reklamationen	2022	820	860	1.240
Reklamationen	2023	960	640	760

4 Seit mehreren Jahren besucht das Ehepaar Pasulke mit einem Verkaufsstand für Textilien den Martini-Markt in Neuburg. In den vergangenen Jahren mussten folgende Standgebühren bezahlt werden. Gleichzeitig wurden diese Umsätze erzielt:

Jahr	Standgebühr €	Umsätze €
2017	225,00	12.560,00
2018	260,00	14.350,00
2019	290,00	12.200,00
2020	345,00	10.760,00
2021	370,00	16.560,00
2022	385,00	18.780,00
2023	400,00	20.560,00

a) Wie hoch sind die durchschnittlichen Standgebühren?

b) Wie hoch ist der jährliche Durchschnittsumsatz?

c) Wie hoch ist der Durchschnittsumsatz je m² Präsentationsfläche, wenn bis zum Jahr 2018 sechs m² und ab 2019 zwölf m² zur Verfügung stehen?
Beurteilen Sie die Vergrößerung der Verkaufsfläche.

5 Aus den Fahrtenbüchern der 16 LKW der Wohnwelt GmbH sind folgende Zahlen zu entnehmen:

Woche 28	Mo	Di	Mi	Do	Fr
Fahrleistung/km	5.315	3.560	4.165	4.720	6.920
Verbrauch/Liter	805	545	688	696	975

a) Wie viele km fährt jeder LKW durchschnittlich pro Woche und Tag?

b) Wie hoch ist der durchschnittliche Treibstoffverbrauch pro Tag?

c) Wie hoch ist der Treibstoffverbrauch je 100 km?

6 Die Computerabteilung des Multi-Vision Fachmarkts erzielte im 1. Halbjahr folgende Umsätze (in Tsd. EUR):

Januar: 210, Februar: 300, März: 240, April: 320, Mai: 260, Juni: 350.

a) Ermitteln Sie den Durchschnittsumsatz.

b) Zeigen Sie den Umsatzverlauf mithilfe eines Liniendiagramms. Welche Schlussfolgerungen können Sie daraus ziehen?

7 Bestimmen Sie in Ihrer Klasse die Durchschnittsgröße, das Durchschnittsgewicht und das Durchschnittsalter der Mitschülerinnen und Mitschüler. Differenzieren Sie auch nach Geschlechtern. Ermitteln Sie zu den jeweiligen Durchschnittswerten auch die Spannweite (s. Aufgabe 6).

Präsentieren Sie die Ergebnisse mithilfe geeigneter Schaubilder.

8 Ermitteln Sie anhand der folgenden statistischen Angaben die durchschnittliche Wochenarbeitszeit eines Berufstätigen in West- und Ostdeutschland. Interpretieren Sie das Ergebnis.

Durchschnittliche geleistete Arbeitsstunden je Woche

	Westdeutschland	Ostdeutschland
Selbstständige	49,8	49,0
Beamte	38,3	40,2
Angestellte	35,1	37,5
Arbeiter	34,4	37,7

9 Die Geschäftsleitung des All-Bau Baumarkts möchte 1/3 des Durchschnittspreises der Fertigmenüs übernehmen, die den Mitarbeitern von der Firma Menü-Express angeboten werden. Menü-Express bietet an: Standard-Menü zu 3,10 €, Tages-Menü zu 4,15 €, Vegetarisches Menü zu 5,50 €, Exquisit-Menü zu 6,85 €. Wie hoch ist der Essenzuschuss der All-Bau pro Mahlzeit?

2.2 Gewogener Durchschnitt

SITUATION

Im Supermarkt Manz wird wie jedes Jahr zu Weihnachten eine eigens von Herrn Manz zusammengestellte Gebäckmischung zum Verkauf angeboten.
Herr Manz verwendet dazu 20 kg Lebkuchen zu 3,75 € je kg, 5 kg Zimtsterne zu 12,00 € je kg, 40 kg Spritzgebäck zu 3,00 € je kg und 15 kg Spekulatius zu 7,00 € je kg.

© Racamani – stock.adobe.com

Was kostet 1 kg dieser Mischung?

INFORMATION

Lösung:

Sorte	Menge [1]	Preis je Einheit (kg) [1]	Gesamtpreis
Lebkuchen	20 kg	3,75 €	75,00 € [2]
Zimtsterne	5 kg	12,00 €	60,00 € [2]
Spritzgebäck	40 kg	3,00 €	120,00 € [2]
Spekulatius	15 kg	7,00 €	105,00 € [2]
Gesamte Menge → [3]	80 kg	Gesamtwert der Mischung → [3]	360,00 €

80 kg kosten 360,00 €
1 kg x €

$$x = \frac{360 \cdot 1}{80} = \underline{\underline{4{,}50\ €}}$$ [4]

Lösungsschritte

1. Die jeweiligen Sorten mit Mengen und Preis in eine Tabelle eintragen.
2. Gesamtpreis jeder Sorte ermitteln (Menge Einzelsorte · Preis je Einheit).
3. Gesamtmenge und Gesamtwert der Mischung berechnen.
4. Mischungspreis der gesuchten Einheit mit Dreisatz berechnen.

$$\text{Gewogener Durchschnitt} = \frac{\text{Gesamtwert}}{\text{Gesamtmenge}}$$

AKTION

1 Zur Herstellung ihrer beliebten Bonbonmischung „Formula One" mischt die „Süße Ecke" im Warenhaus Merkur folgende Sorten:
20 kg Eisbonbons zu 9,00 €/kg, 15 kg Zitronenbonbons zu 4,50 €/kg, 10 kg Schokobonbons zu 10,05 €/kg, 5 kg Pfefferminzbonbons zu 3,00 € je 500 g sowie 10 kg Fruchtgummis zu 4,50 € je 2,5-kg-Packung. Was kostet eine Packung zu 250 g?

2 Bei der Inventur im All-Bau Baumarkt sind auch die Bestände an Blumen- und Gartenerde aufzunehmen und zu bewerten. Zum 31.12. lagert der Baumarkt 140 Beutel (1 Beutel = 20 kg). Steuerrechtlich ist eine Bewertung zum Durchschnittspreis erlaubt.
Die Erde wurde im Lauf des Jahres zu folgenden Preisen eingekauft:

15. Januar: 500 kg, Preis je kg	0,15 €
20. März: 800 kg, Preis je kg	0,25 €
02. Juli: 1.200 kg, Preis je kg	0,35 €
20. September: 800 kg, Preis je kg	0,20 €
10. Dezember: 600 kg, Preis je kg	0,15 €

a) Ermitteln Sie den durchschnittlichen Einkaufspreis je kg mithilfe des einfachen und des gewogenen Durchschnitts.
b) Wie ist der unterschiedliche Preis zu erklären?
c) Mit welchem Einkaufswert wird die am 31.12. festgestellte Menge Blumen- und Gartenerde für die Bilanz bewertet?

3 Herr Sanwald verkauft als selbstständiger Handelsvertreter Uhren für die Firma Titanium. Er erhielt aufgrund seiner Abschlüsse in den Monaten Januar bis einschließlich Mai pro Monat 2.100,00 € als Provision, im Juni bis einschließlich August 2.160,00 € und in den übrigen Monaten des Jahres 2.250,00 € pro Monat. Welches gewogene durchschnittliche Monatseinkommen hat Herr Sanwald erhalten?

4 Die Neckartal-Winzergenossenschaft gewährt je nach Abnahmemenge unterschiedlich hohe Preisnachlässe an ihre Kunden. Danach richtet sich auch der Gewinn, der beim Verkauf einer Flasche Wein erzielt wird. Im Juni erzielte die Genossenschaft folgende Absatzzahlen bei Trollinger-Qualitätswein:

Datum	Menge/Flaschen	Gewinn/Flasche	Kunden
02.06.	140	1,25 €	Feinkost Albrecht
06.06.	680	0,75 €	Merkur-Warenhaus AG
14.06.	50	1,85 €	Gourmet-Gastro GmbH
25.06.	875	0,55 €	Omnia-Discount
30.06.	10	2,65 €	Hotel Alte Post

Errechnen Sie den durchschnittlichen Gewinn, den die Winzergenossenschaft beim Verkauf einer Flasche Rotwein erzielt.

5 Eine Erhebung zur Feststellung der häufigsten Preislagen in den 128 Filialen der Textil-Markt GmbH ergab folgendes Ergebnis:

Preislage	Häufigkeit	Preislage	Häufigkeit
3,95 €	30	99,90 €	165
9,95 €	90	199,00 €	215
19,95 €	125	299,00 €	165
39,90 €	280	399,00 €	95
69,90 €	175	–	–

Berechnen Sie die Durchschnittspreislage.

6 Die Berolina-Versicherungs-AG beschäftigt in der Neuburger Bezirksdirektion insgesamt 30 Mitarbeiterinnen und Mitarbeiter. Von diesen beziehen:

13 Angestellte ein Monatsgehalt von je	1.800,00 €
10 Außendienstmitarbeiter ein Monatsgehalt von je	2.225,00 €
5 Angestellte ein Monatsgehalt von je	3.450,00 €
2 Angestellte ein Monatsgehalt von je	4.800,00 €

Berechnen Sie das durchschnittliche Monatsgehalt eines Angestellten nach dem einfachen und dem gewogenen Durchschnitt.

7 Der bayrische Textilhersteller Bavaria verkaufte letztes Jahr von seinem Damen-Dirndl Modell Rosi folgende Stückzahlen:

- 225 Stück mit 15,00 € Gewinn je Kleid an den Facheinzelhandel
- 185 Stück mit 10,00 € Gewinn je Kleid an den Versandhandel
- 52 Stück mit 8,50 € Gewinn je Kleid an den Großhandel
- 45 Stück mit 25,00 € Gewinn je Kleid über das eigene Internet-Angebot
- 36 Stück ohne Gewinn je Kleid im Fabrikverkauf vor dem Sommerschlussverkauf
- 70 Stück mit 8,50 € Verlust je Stück während des Sommerschlussverkaufs.

Welchen durchschnittlichen Gewinn erzielte die Firma Bavaria bei diesem Modell?

8 Die Neuburgtäler Weinkellerei plant Herstellung und Vertrieb eines Glühweins in 1-Liter-Flaschen. Dazu verwendet sie 24.000 l Tafelwein, der zu 158,00 € je hl bezogen wurde. Zur Farbverbesserung werden 4.000 l italienischer Rotwein zu 1,06 € je l zugesetzt sowie zum Süßen 1/15 der Gesamtmischung Glucosesirup zu 60,00 € je hl. Der Preis der zum Aromatisieren notwendigen Kräuter und Essenzen beträgt 750,00 €. Was kostet die Herstellung von 1 Liter Glühwein, wenn an Personal- und sonstigen Kosten noch insgesamt 5.000,00 € zu berücksichtigen sind?

9 Der All-Bau Baumarkt hat die Produkte eines Werkzeug-Lieferanten ausgelistet. Die noch vorhandenen Restbestände sollen in einer Schütte vor der Kassenzone zu einem Einheitspreis angeboten werden.

Legen Sie für die nachstehenden Produkte einen kundenfreundlichen Durchschnittspreis fest.

Werkzeug	Menge	jetziger Preis/Stück
Schraubenzieher	50	1,49 €
Bohrerset	25	2,99 €
Hammer	15	2,29 €
Kneifzange	8	1,75 €

3 Prozentrechnen

SITUATION

Die Merkur Warenhaus AG bildet bundesweit 1.500 Auszubildende aus. Davon haben 150 dieses Jahr in der Berufsschule einen Preis oder eine Belobigung erhalten.

150 Auszubildende der Textil-Markt GmbH schnitten ebenso erfolgreich ab. Dieses Unternehmen bildet in Deutschland ca. 600 junge Menschen aus. Interpretieren Sie diese Angaben.

Damit ein sinnvoller Vergleich von absoluten Zahlen möglich ist, bezieht man die zu vergleichenden Zahlenangaben auf eine gemeinsame Grundzahl. Als Basis dient i. d. R. die Zahl 100. Somit ist die Prozentrechnung eine Vergleichsrechnung, bei der unterschiedliche Zahlen ins Verhältnis zur Zahl 100 gesetzt werden.

Der Name „Prozent" leitet sich aus dem Lateinischen von dem Wort „pro centum" ab und bedeutet „vom Hundert" oder „Hundertstel". Das mathematische Zeichen für Prozent ist %. Dieses Symbol stellt in Verbindung mit einem Zahlenwert die Anzahl der hundertsten Teile von einem gegebenen Wert dar.

Ob im Alltag oder in der kaufmännischen Praxis, viele Problemstellungen werden mithilfe der Prozentrechnung gelöst. Im Einzelhandel gehören u.a. dazu: Berechnung von Preisabzügen, Kalkulation der Verkaufspreise, Ermittlung von Versicherungsbeiträgen, Ermittlung von Vergleichszahlen zur Beurteilung der wirtschaftlichen Situation des Unternehmens.

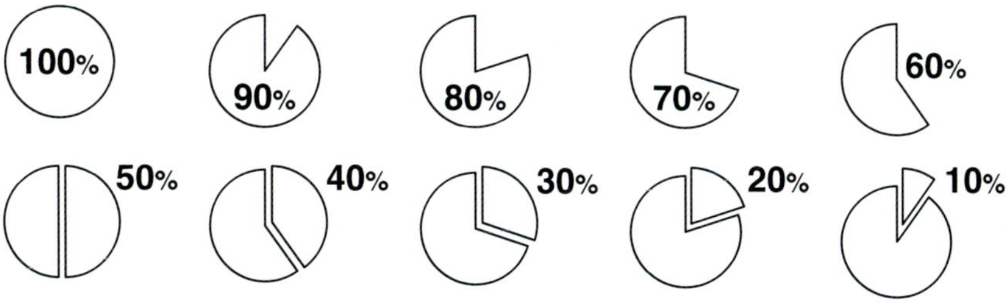

3.1 Einführung in die Prozentrechnung

INFORMATION

Neben der Vergleichsgröße 100 kommen in der Prozentrechnung 3 weitere Größen vor:

20 %	von 800,00 €	sind 160,00€
↑ **Prozentsatz** Diese Zahl gibt das Verhältnis zur Vergleichszahl 100 an *(20 Hundertstel).* Zeichen: **p**	↑ **Grundwert** Dies ist der Vergleichswert mit 100; daher ist er immer 100 %. Zeichen: **G**	↑ **Prozentwert** Diese Zahl wird aus dem Grundwert mithilfe des Prozentsatzes berechnet. Zeichen: **W**

Um die gesuchte Größe berechnen zu können, müssen von den 3 Größen 2 bekannt sein. Die Lösung der Aufgaben erfolgt mithilfe des Dreisatzes oder den daraus abgeleiteten Prozentformeln.

3.2 Berechnung des Prozentwertes

SITUATION

Frank möchte sich von Hatusonics die neueste digitale Spiegelreflexkamera kaufen. Der örtliche Händler bietet sie für 680,00 € an. Im Internet findet Frank ein um 15 % günstigeres Angebot.

Wie viel Geld kann Frank sparen?

INFORMATION

Lösung:

gegeben: **G** = 680,00 € und **p** = 15 %; gesucht: **W**

1 Bedingungssatz: 100 % ≙ 680,00 €

2 Fragesatz: 15 % ≙ x €

3 Bruchsatz: $x = \frac{680{,}00 \cdot 15}{100} = \underline{\underline{102{,}00\,€}}$

4 Formel für Prozentwert $= \frac{\text{Grundwert} \cdot \text{Prozentsatz}}{100}$ kurz: $\mathbf{W = \frac{G \cdot p}{100}}$

Lösungsschritte

1. Die gegebenen Größen so aufschreiben, dass die gesuchte Größe (€) rechts steht.
2. Gleiche Benennungen stehen untereinander!
3. Bruchsatz aufstellen und ausrechnen.
4. Aus dem Bruchsatz die entsprechende Prozentformel ableiten.

! **Hinweis:** Wenn Sie bei Ihrem Taschenrechner mit der Prozenttaste arbeiten, dann bedeutet dies nichts anders als „Prozentsatz geteilt durch 100"!

AKTION

1 Der Warenhauskonzern Merkur schließt wegen erheblicher Umsatzrückgänge 18 % seiner insgesamt 150 Filialen. In wie vielen Filialen können die Kunden künftig einkaufen?

2 Der Süßwarenhersteller Ferario feiert 100-jähriges Bestehen. Deshalb wird zum Jubiläum die 125-g-Packung Bussies zum gleichen Preis, aber mit 20% mehr Inhalt für 6 Wochen angeboten. Wie viel g wiegt jetzt eine Packung?

3 Rechenaufgabe aus dem Einstellungstest der Merkur Warenhaus AG: „Bei einem Sprung aus 4.000 m Höhe öffnet sich ein Fallschirm nach 68 % der Wegstrecke.

a) Wie viele Meter legte der Springer im freien Fall zurück?

b) In welcher Höhe öffnet sich sein Fallschirm?

4 Die Wohnwelt GmbH zahlt zum tariflich vereinbarten Grundgehalt Provision für den erzielten Umsatz. Verkaufsleiter Wichmann nimmt die Berechnung für folgende Mitarbeiter vor:

Name	Grundgehalt/€	Umsatz/€	Provisionssatz/%	Provision/€
Hoffmeister	3.080,00	85.000,00	2,00	?
Binder	2.875,00	68.980,00	1,85	?
Angellini	1.800,00	72.550,00	1,50	?
Obermann	3.845,00	125.880,00	2,25	?
Scherer	1.470,00	65.900,00	1,85	?

a) Berechnen Sie die Höhe der Provision mithilfe der Prozenttaste Ihres Taschenrechners für jeden Mitarbeiter sowie die von der Wohnwelt insgesamt zu zahlende Provision.

b) Lösen Sie diese Aufgabe mit einem Tabellenkalkulationsprogramm und weisen Sie in einer zusätzlichen Spalte das steuerpflichtige Bruttoentgelt der Mitarbeiter (Grundgehalt plus Provision) aus.

5 Zwischen dem Arbeitgeberverband und der Gewerkschaft ver.di wurde für das nächste Jahr im neuen Tarifvertrag eine Gehaltserhöhung von 3,4 % vereinbart.

Ermitteln Sie die neuen Gehälter der Mitarbeiter aus der Aufgabe 4 mithilfe Ihres Taschenrechners in einem Rechengang. Wie viel € muss die Wohnwelt nun mehr bezahlen?

6 Das Neuburger Sportfachgeschäft Action & Fun GmbH ließ sich drei Angebote für Tourenräder unterbreiten:

	Fa. Herakles	Radial AG	Far-East Import
Einkaufspreis/St.	475,00 €	412,00 €	389,00 €
Rabatt	15 %	7,5 %	–
Skonto	3 %	1 %	2 %
Frachtkosten/St.	25,00 €	5 % vom Eink.-Preis	–
Einstandspreis	?	?	?

Um wie viel € ist das niedrigste Angebot gegenüber dem höchsten günstiger?

7 Um die Aufmerksamkeit des Verkaufspersonals bei Ladendiebstählen zu erhöhen, hat die Geschäftsleitung des Merkur Warenhauses folgende Regelung beschlossen:

Von jedem sichergestellten Diebesgut erhält der Verkäufer 5 % vom Verkaufswert. Für den Wert, der über 1.000 € liegt, werden zusätzlich 2 % Bonus gewährt.

Folgende Waren wurden heute vom Verkaufspersonal sichergestellt:

gestohlene Gegenstände	Verkaufswert
Goldkette	2.800,00 €
Digitale Fotokamera	1.500,00 €
Parfüm	85,00 €
Geldbeutel	129,00 €
Armbanduhr	1.488,00 €

Welcher Betrag wird jeweils für die sichergestellten Waren vergütet?

8 Der skandinavische Möbelkonzern KILA erzielt in Deutschland einen Jahresumsatz von 2.680.000.000 €. Davon entfallen 60 % auf das Möbelsortiment und 35 % auf das sogenannte Satellitensortiment (*Haushaltswaren, Textilien, Leuchten, Bilder, Teppiche*). Die hauseigenen Gastronomiebetriebe sind mit 5 % am Gesamtumsatz beteiligt.

a) Errechnen Sie den Umsatz der einzelnen Unternehmensbereiche in €.

b) Wie viel € Umsatz werden im Möbelsortiment von den einzelnen Produktgruppen erzielt, wenn sich folgende Umsatz-Verteilung ergibt:

Wohnmöbel 30 %, Schlafzimmer 22 %, junges Wohnen 20 %, Küchen 18 % und Büromöbel 10 %?

c) Stellen Sie die Umsatzverteilung grafisch dar.

9 Frau Hesser kauft beim Großhandelsunternehmen Handelshof AG für eine Modenschau 20 Flaschen Sekt, die Flasche zu 4,95 € sowie 10 Blumensträuße, den Strauß zu 7,85 €. Die Artikel sind ohne Mehrwertsteuer ausgezeichnet. Wie viel Mehrwertsteuer sind jeweils zu zahlen?

10 Die Multi-Vision AG bietet ein Flachbild-TV-Gerät mit eingebautem DVD-Player zu 2.198,00 € an. Herr Gerber will bar bezahlen und besteht auf 5 % Rabatt, die er auch erhält. Frau Körber interessiert sich für das gleiche Gerät. Sie nimmt die Teilzahlungsmöglichkeiten der Multi-Vision in Anspruch. Wie viel teurer kommt sie das Fernsehgerät gegenüber Herrn Gerber, wenn sie eine Anzahlung von 398,00 € leistet und 6 Monatsraten zu je 330,00 € fällig werden?

11 Die Batterien von Jasmins tragbarem CD-Player haben eine durchschnittliche Lebensdauer von 8 Stunden. Ihr Freund Alex besorgt ihr neue Batterien, die eine um 25% verbesserte Leistung aufweisen. Wie viele Stunden kann Jasmin jetzt länger Musik hören?

3.3 Berechnung des Prozentsatzes

SITUATION

Frau Frohwein hat heute eine Einbauküche für 13.000,00 € verkauft. Dafür wird ihr eine Provision von 390,00 € gutgeschrieben.

© Doc RABE Media – stock.adobe.com

Wie viel Prozent Provision wurden von der Wohnwelt GmbH gewährt?

INFORMATION

Lösung:

gegeben: **G** = 13.000,00 € und **W** = 390,00 €; gesucht: **p**

1 Bedingungssatz: 13.000,00 € % ≙ 100 %

2 Fragesatz: 390,00 € ≙ x %

3 Bruchsatz: $x = \frac{100 \cdot 390{,}00}{13.000{,}00} = \underline{\underline{3\ \%}}$

4 Formel für Prozentsatz $= \frac{100 \cdot \text{Prozentwert}}{\text{Grundwert}}$ kurz: $p = \frac{100 \cdot W}{G}$

Lösungsschritte

1. Die gegebenen Größen so aufschreiben, dass die gesuchte Größe (%) rechts steht.
2. Gleiche Benennungen stehen untereinander.
3. Bruchsatz aufstellen und ausrechnen.
4. Aus dem Bruchsatz die entsprechende Prozentformel ableiten.

AKTION

1 Um wie viel Prozent reduziert die Schreibwarenhandlung Reinbach einen Füller der Firma Cormoran, dessen Verkaufspreis bisher 145,00 € betrug und der nun zu 116,00 € angeboten wird?

2 Von den 188 Beschäftigten im Warenhaus Merkur sind am 1. August 36 in Urlaub. Wie viel Prozent der Mitarbeiter fehlen?

3 Viele Kunden kommen in Özlem Aktans Lebensmittelgeschäft wegen des stets frischen Obst- und Gemüseangebots. Deshalb ärgert sich Frau Aktan besonders, dass bei der letzten Lieferung von 120 bestellten Melonen jede sechste angefault oder beschädigt ist. Wie viel Prozent der gelieferten Melonen kann Frau Aktan nicht mehr verkaufen?

4 Die W1KE bekommt ihre Klassenarbeit zum Thema Prozentrechnen zurück. Die 28 Schülerinnen und Schüler haben folgende Noten erhalten:

Note	1	2	3	4	5	6
Schülerzahl	3	6	10	4	5	0

a) Wie viel Prozent der Schüler haben eine bessere Leistung als 4 erzielt?

b) Wie viel Prozent der Schüler haben die Note 5 erhalten?

c) Erstellen Sie eine solche Übersicht mit Noten aus Ihrer eigenen Klasse, und werten Sie die Angaben nach drei Gesichtspunkten aus.

5 Die Buchhandlung Libri bestellte vom neuen Bestseller des Erfolgsautors Roman Rolando 375 Exemplare und erhält anstelle eines Mengenrabatts 30 Exemplare zusätzlich ohne Berechnung (Draufgabe).

a) Welchem Rabattsatz entspricht diese Draufgabe?

b) Wie hoch ist der Rabattsatz, wenn 375 Exemplare geliefert werden, aber nur 345 berechnet werden (Dreingabe)?

6 Bernd Heller, Inhaber des Sportfachgeschäfts Action & Fun, möchte wissen, wie sich seine im Geschäft investierten 250.000,00 € verzinst haben. Im letzten Jahr erzielte er einen Gewinn von 18.750,00 €. Außerdem interessiert ihn, wie viel Prozent Gewinn er von 100 € Umsatz (Verkaufserlöse) erwirtschaftet. Seine Verkaufserlöse betrugen im letzten Jahr 1.250.000,00 €.

7 Im Auftrag des Neuburger Handels- und Gewerbevereins erstellte das Marktforschungsinstitut Media-Data eine Studie über die Einzelhandelsstruktur in Neuburg. Hier einige Ergebnisse:

Branche	Zahl der Betriebe	Jahresumsatz/€	Zahl der Beschäftigten	Verkaufsfläche/m²
Lebensmittel	28	18.755.900,00	175	5.245
Textil	15	12.560.000,00	162	2.980
Schuhe	5	4.375.000,00	34	415
Sport	3	3.225.900,00	18	390
Möbel	4	45.800.500,00	325	28.500
Unterhaltungselektronik	5	7.830.450,00	45	2.550
Uhren/Schmuck	6	5.245.600,00	22	335
Optiker	4	4.860.000,00	18	318
Drogerien	12	9.145.800,00	78	1.680

a) Rechnen Sie die absoluten Zahlenangaben in Prozentsätze um. Interpretieren Sie die Ergebnisse.

b) Errechnen Sie den Umsatz je m² Verkaufsfläche und je Beschäftigten.

c) Stellen Sie zwei von Ihnen ausgewählte Angaben grafisch dar.

8 In der Mercator Berufsschule wird zu Beginn des neuen Schuljahres der Schulsprecher bzw. die Schulsprecherin gewählt. Es kandidieren:

Franca Conti, W1KE, Katharina von Granzow WG 12/3; Georgios Panakis, BFW-2/1 und Marius Dorn, W2KE. Von den abgegebenen 836 Stimmen waren 749 gültig.

a) Wie viel Prozent der Stimmen waren ungültig?

b) Die Auszählung brachte folgendes Ergebnis: Franca 256 Stimmen, Marius 226 Stimmen, Georgios 169 Stimmen und Katharina 98 Stimmen. Rechnen Sie die Stimmen in Prozente um.

c) Stellen Sie das Ergebnis in einem Kreisdiagramm dar.

9 Herr Jordan möchte sein Badezimmer neu fliesen. Die zu fliesende Fläche beträgt 12,8 m². Im All-Bau Baumarkt wählt er Fliesen mit einer Kantenlänge von 20 cm. Der Verkäufer empfiehlt ihm ein Paket Fliesen (20 Stück) als Verschnitt mit einzukalkulieren. Berechnen Sie den Verschnitt in Prozent.

10 In der Neuburger Zeitung veröffentlicht die Stadtverwaltung das Ergebnis einer Geschwindigkeitsmessung in der Innenstadt.

Straße	Zahl	über 10 km/h	über 20 km/h	über 30 km/h
Willy-Brandt-Ring (70 km/h)	180	32	14	8
Königsallee (50 km/h)	140	28	8	2
Berliner Platz (30 km/h)	80	18	7	1

Vergleichen Sie die Ergebnisse der drei Messstellen. In welcher Straße wird am häufigsten die zulässige Geschwindigkeit überschritten?

11 Dieses Jahr haben 84 Schülerinnen und Schüler an der Mercator Berufsschule in Neuburg die Prüfungen zum Kaufmann/Kauffrau im Einzelhandel bestanden. 12 Schülerinnen und Schüler wollen weiter zur Schule gehen und die Fachhochschulreife erwerben, 32 bleiben in ihren bisherigen Ausbildungsbetrieben und der Rest wechselt in andere Unternehmen. Bestimmen Sie die jeweiligen Prozentsätze.

12 Die Bevölkerung von Neuburg beträgt ca. 68.000 Personen. Davon sind 42.160 erwerbstätig.

a) Wie viel Prozent sind nicht erwerbstätig?

b) 17.560 Personen arbeiten außerhalb Neuburgs. Wie hoch ist der Prozentsatz der Pendler?

c) Neuburg bietet 28.400 Arbeitsplätze. Wie viel Prozent beträgt der Anteil der „Einpendler"?

d) Wie hoch ist die Arbeitslosigkeit in der Stadt, wenn 2.124 Neuburger Männer und Frauen ohne Arbeit sind?

13 Die folgende Statistik zeigt, wofür die privaten Hauhalte ihr Geld ausgeben:

	Verwendungszweck (Auswahl)	monatliche Ausgaben/€
1	Nahrungsmittel, Getränke, Tabakwaren	283,00
2	Bekleidung und Schuhe	111,00
3	Wohnen, Energie	9,00
4	Innenausstattung, Haushaltsgeräte	142,00
5	Gesundheitspflege	74,00
6	Verkehr	278,00
7	Nachrichtenübermittlung	51,00
8	Freizeit, Unterhaltung	240,00
9	Bildung	11,00
10	Sonstiges	180,00

a) Ordnen Sie die Ausgaben in absteigender Reihenfolge.

b) Berechnen Sie die Prozentanteile.

c) Erstellen Sie eine passende Grafik.

14 Markus Braun muss die ihm vorliegenden Zahlen der besseren Vergleichbarkeit wegen in Prozentangaben umrechnen. Da er diese Zahlen künftig monatlich der Geschäftsleitung vorlegen muss, will er eine Tabelle mit dem Tabellenkalkulationsprogramm erstellen.

Rheinbach GmbH		Gesamt-Umsatzvergleich für Monat: September					
Warengruppe		Umsatz aktuell in €	Anteil in %	Umsatz Vorjahr €	Anteil	Veränderung	
						in €	in %
22	Papierwaren	19.850,00	?	17.885,00	?	?	?
34	Ordnungsmittel	14.450,00	?	16.125,00	?	?	?
48	Schreibgeräte	22.555,00	?	22.000,00	?	?	?
55	Bürobedarf	24.780,00	?	21.795,00	?	?	?
61	Schulbedarf	35.745,00	?	31.450,00	?	?	?
88	Zeitschriften	15.965,00	?	17.650,00	?	?	?

3.4 Berechnung des Grundwertes

SITUATION

Das Versandhaus „PUR-NATUR" verschickte im vergangenen Jahr 23,2 % seiner Pakete an Kunden im europäischen Ausland. Dies entspricht 161.936 Paketen.

© fotomek – stock.adobe.com

Wie viele Pakete haben im letzten Jahr das Versandunternehmen verlassen?

INFORMATION

Lösung:

gegeben: **p** = 23,2 % und **W** = 161.936 Pakete; gesucht: **G**

1 Bedingungssatz: 23,2 % ≙ 161.936 Pakete

2 Fragesatz: 100 % ≙ x Pakete

3 Bruchsatz: $x = \frac{161.936 \cdot 100}{23,2} = \underline{\underline{698.000 \text{ Pakete}}}$

4 Formel für Grundwert $= \frac{\text{Prozentwert} \cdot 100}{\text{Prozentsatz}}$ kurz: $G = \frac{W \cdot 100}{p}$

Lösungsschritte

1. Die gegebenen Größen so aufschreiben, dass die gesuchte Größe (Pakete) rechts steht.
2. Gleiche Benennungen stehen untereinander.
3. Bruchsatz aufstellen und ausrechnen.
4. Aus dem Bruchsatz die entsprechende Prozentformel ableiten.

AKTION

1 Frau Manzini erhält für einen Verbesserungsvorschlag eine Prämie von 50,00 €. Das entspricht 5 % ihres Gehaltes. Wie viel verdient sie?

2 Bei der Premiere von Mozarts Zauberflöte im Neuburger Stadttheater erwarben 588 Besucher ihre Karte im Vorverkauf. Die restlichen 30 % der Plätze wurden an der Abendkasse frei verkauft.

a) Wie viele Zuschauer verfolgten die Premiere?

b) Wie viele Karten konnten an der Abendkasse gekauft werden?

3 Der Euro-Oil Konzern möchte ca. 22 % seines Tankstellennetzes in Europa schließen. Dies bedeutet das Aus für 352 Tankstellen. Wie viele Tankstellen umfasst das Netz gegenwärtig?

4 Die Aktionäre der Warenhaus Merkur AG erhalten für das abgelaufene Geschäftsjahr eine Dividende von 8 % ≙ 24.800.000 €. Wie hoch ist das Grundkapital des Unternehmens?

5 In den alten Bundesländern betrug die Arbeitslosenquote im Monat März 8 % (≙ 2.760.000 Personen) und in den neuen Bundesländern 19 % (≙ 1.510.000 Personen). Wie viele Arbeitnehmer gab es im März in der Bundesrepublik, die einen Arbeitsplatz hatten?

6 Graf Friedrich von Hohenglems muss zur Erhaltung seines Schlosses einen Teil seiner wertvollen Porzellan- und Münzsammlung verkaufen. Das Auktionshaus Kurtenbach erhielt dafür eine Provision von 7.920,00 €. Das entspricht dem üblichen Provisionssatz von 3 %. Wie hoch war der Verkaufserlös der Auktion?

7 Bei der Verteilung des Jahresgewinns der Umbach OHG erhalten der Gesellschafter Martin Umbach 8.200,00 €, sein Bruder Holger Umbach 6.400,00 € und ihr Partner Göran Kirtay 5.600,00 €. Wie hoch ist die jeweilige Kapitaleinlage der Gesellschafter, wenn jeder zuerst 4 % seines Kapitals als Verzinsung erhielt und jeder vom verbleibenden Restgewinn 1.200,00 € bekam?

8 Um Kosten zu sparen beziehen die Neuburger Obst- und Gemüsehändler gemeinsam während der Spargelsaison ihren Spargel von einem Produzenten. Die tägliche Lieferung wird nach einem einvernehmlich ausgehandelten Schlüssel verteilt.

Frau Aktan erhält 8 %, Frische-Pur 20 %, Gärtner Bramm 12 % und die Fischhalle 18 %. Den Rest von 105 kg übernimmt der Gartenbaubetrieb Rombach. Wie viel kg erhalten die Gemüsehändler und wie viel wurde insgesamt geliefert?

9 Herrn Orloff sind die Unterhaltskosten für seinen Rambolini Sportwagen zu hoch und er bietet ihn für 10.010,00 € im Internet an. Dies sind 22 % dessen, was er vor 5 Jahren für den Wagen bezahlte. Wie hoch war der Neupreis?

3.5 Prozentrechnung vom vermehrten Grundwert (auf Hundert)

SITUATION

Die Neuburger Bürger-Bräu Brauerei kann nach der Modernisierung ihrer Abfüllanlage die Abfüllleistung um 23,5 % auf jetzt täglich 266.760 Flaschen steigern.

Wie viel Flaschen Bier wurden bisher täglich abgefüllt?

INFORMATION

100 % | 23,5 %

Bisherige Abfüllleistung → Grundwert → 100 % | **Produktionssteigerung um 23,5 %**

vermehrter Grundwert (G_+) = 123,5 % = 266.760 Flaschen

Lösung:

gegeben: vermehrter Grundwert (G_+); Prozentsatz (p), gesucht: G

1 Bedingungssatz: 123,5 % ≙ 266.760 Flaschen

2 Fragesatz: 100 % ≙ x Flaschen

3 Bruchsatz: $x = \frac{266.760 \cdot 100}{123{,}5} = \underline{\underline{216.000 \text{ Flaschen}}}$

4 Formel für reinen Grundwert: $= \frac{\text{vermehrter Grundwert} \cdot 100}{100 + \text{Prozentsatz}}$ kurz: $G = \frac{G_+ \cdot 100}{100 + p}$

Lösungsschritte

1. Die gegebenen Größen so aufschreiben, dass der vermehrte Grundwert (Flaschen) rechts steht!
2. Gleiche Benennungen stehen untereinander.
3. Bruchsatz aufstellen und ausrechnen.
4. Aus dem Bruchsatz die entsprechende Prozentformel ableiten.

! Der gegebene Grundwert liegt **über** 100 %, daher → Prozentrechnung **auf** Hundert.

AKTION

1 Wegen höherer Rohstoffpreise steigt der Preis für 1 kg Kaffee um 15 % auf jetzt 4,69 €.

a) Was kostete bisher 1 kg Kaffee?

b) Wie viel Cent beträgt die Preiserhöhung?

2 Die Wohnwelt GmbH bietet eine Ledergarnitur zu folgenden Zahlungsvereinbarungen an:

Anzahlung: 222,00 €.
Rest in 10 gleichen Monatsraten zu 255,00 €.
Im Teilzahlungspreis ist ein Zuschlag von 12 % auf den Barpreis enthalten.

a) Wie lautet der Auszeichnungspreis der Ledergarnitur?

b) Wie viel € hätte der Kunde gespart, wenn er bei Barzahlung 3 % Skonto erhalten hätte?

3 Herr Manz kauft für seinen Supermarkt einen neuen Transporter zu 24.128,00 € einschließlich 19 % Umsatzsteuer. Berechnen Sie den Umsatzsteueranteil und den Nettopreis des Lieferwagens.

4 Herr Henning, Inhaber eines Spielwarenfachgeschäfts, hatte vor drei Jahren zur Vergrößerung seiner Verkaufsfläche Räume angemietet. Im Mietvertrag wurde eine jährliche der Marktsituation entsprechende Mieterhöhung vereinbart. Gegenwärtig beträgt die monatliche Miete 1.497,60 €. Das sind $6\frac{2}{3}$ % mehr als im Jahr zuvor. Im zweiten Jahr seit der Anmietung der Räume betrug die Mietsteigerung gegenüber dem ersten Jahr 8 %. Welchen Betrag zahlte Herr Henning im ersten Jahr?

5 Der Import holländischer Hähnchen ist bei Omnia-Discount in diesem Monat um 5 % auf 26.355 Stück gestiegen. Wie viele Hähnchen wurden mehr importiert?

6 Die Stadtverwaltung Neuburg lädt jedes Jahr ihre neu Zugezogenen zu einem Empfang in die Stadthalle ein. Dieses Jahr hat sich die Bevölkerung um 2,8 % auf 68.876 erhöht. Mit wie viel Gästen ist zu rechnen, wenn aus der Erfahrung ca. 70 % der neuen Einwohner der Einladung folgen?

7 Laura Vogt erhält nun im dritten Ausbildungsjahr eine Ausbildungsvergütung von 640,00 €, nachdem eine Erhöhung um 2,8 % vorgenommen wurde. Ihre Freundin Jennifer ist im letzten Ausbildungsjahr als Damenschneiderin. Sie erhielt eine Erhöhung ihrer Ausbildungsvergütung um 5,4 % auf 306,00 €.

a) Wie hoch waren die Ausbildungsvergütungen vor der Erhöhung?

b) Wie viel Prozent verdient Laura jetzt mehr gegenüber ihrer Freundin?

8 Die Neuburger Verkehrsbetriebe haben ihre Tarife erhöht:

Kurzstrecke:	Erhöhung um 5 % auf jetzt 2,25 €.
10er-Karte:	Erhöhung um 7,5 % auf 20,00 €.
3-Tages-Netzkarte:	Erhöhung um 12,5 % auf 25 €.

Was kosteten die Karten vor der Erhöhung?

9 Durch die erhebliche Erhöhung der Preise für Benzin- und Dieselkraftstoffe stiegen die Kosten der Warenzustellung an Kunden für das Versandhaus Born gegenüber dem Vorjahr um 22 % auf 2.233.942,00 €.

a) Wie viel € betrugen die Kosten letztes Jahr?

b) Um wie viel € stiegen sie?

3.6 Prozentrechnung vom verminderten Grundwert (im Hundert)

SITUATION

Die Omnia-Discount-Gruppe musste wegen starker Ertragseinbußen eine Vielzahl von Filialen schließen und Mitarbeiter entlassen. Gegenüber dem Vorjahr verringerte sich daher die Zahl der Mitarbeiter um 6 % auf 33.840.

Wie viel Mitarbeiter wurden vor den Filialschließungen beschäftigt?

INFORMATION

100 % = Zahl der Mitarbeiter vor Entlassungen → Grundwert

verminderter Grundwert (G_-) = 94 % = 33.840 Mitarbeiter	6 % Entlass.
94 %	6 %

Lösung:

gegeben: verminderter Grundwert (G_-); Prozentsatz (p), gesucht: G

1 Bedingungssatz: 94 % ≙ 33.840 Mitarbeiter

2 Fragesatz: 100 % ≙ x Mitarbeiter

3 Bruchsatz: $x = \frac{33.840 \cdot 100}{94} = \underline{\underline{36.000 \text{ Mitarbeiter}}}$

4 Formel für reinen Grundwert $= \frac{\text{verminderter Grundwert} \cdot 100}{100 - \text{Prozentsatz}}$ kurz: $G = \frac{G_- \cdot 100}{100 - p}$

Lösungsschritte

1. Die gegebenen Größen so aufschreiben, dass der verminderte Grundwert (Mitarbeiter) rechts steht.
2. Gleiche Benennungen stehen untereinander.
3. Bruchsatz aufstellen und ausrechnen.
4. Aus dem Bruchsatz die entsprechende Prozentformel ableiten.

! Der gegebene Grundwert liegt **unter** 100 %, daher → Prozentrechnung **im** Hundert.

AKTION

1 Das Neuburger City-Center wurde im letzten Jahr umgebaut und erweitert. Daher fand in vielen Geschäften ein 14-tägiger Räumungsverkauf statt. Es reduzierten:

- City-Moden um 10 %, Umsatz während des Räumungsverkaufs 68.000,00 €,
- Schuh-Oase um 15 %, Umsatz während des Räumungsverkaufs 25.000,00 €,
- Spielparadies um 20 %, Umsatz während des Räumungsverkaufs 32.000,00 €,
- Drokos-Parfümerie um 5 %, Umsatz während des Räumungsverkaufs 88.000,00 €.

a) Wie viel Prozent beträgt die durchschnittliche Preissenkung der Geschäfte?

b) Wie viel € beträgt die Preissenkung bei den einzelnen Firmen gegenüber den regulären Preisen (nur ganze € berücksichtigen)?

2 Ein wertvoller Kaschmirmantel wird in der Boutique La Moda mit einem Preisnachlass von 12,5 % für 1.298,00 € verkauft. Wie lautete der ursprüngliche Verkaufspreis?

3 Aufgrund eines zu milden Winters verläuft der Verkauf von Skistiefeln bei Action & Fun GmbH sehr schleppend. Deshalb wurde der Preis um 20 % reduziert. Da auch im Februar kein Schnee in den Bergen fiel, erfolgte eine zweite Reduzierung um 30 %. Das Paar Skistiefel wird jetzt zu 147,00 € angeboten.

a) Wie viel € betrug der ursprünglich kalkulierte Verkaufspreis?

b) Um wie viel Prozent wurden die Stiefel insgesamt günstiger?

4 Özlem Aktan reklamiert bei ihrem Gemüsegroßhändler eine zum Teil verdorbene Lieferung Tomaten. Großhändler Santini gewährt daher einen Nachlass von 25 %. Özlem Aktan überweist unter Abzug von 2 % Skonto die Rechnung in Höhe von 234,22 €. Über welchen Betrag wurde die Rechnung vom Großhändler ursprünglich ausgestellt?

5 Seit der Einführung von Kopierkarten sind die Kopierkosten in der Neuburger Berufsschule um 22 % auf monatlich 585,00 € gesunken. Wie hoch waren die Kopierkosten vor der Einführung der Kopierkarten?

6 Herr Bessler hat für sein Uhren- und Juweliergeschäft eine Alarmanlage installieren lassen. Sie wurde bisher zu 60 % vom Anschaffungswert abgeschrieben. In der Bilanz wird die Anlage nun mit 8.000,00 € bewertet.

a) Was kostete die Anlage ursprünglich?

b) Zu wie viel Prozent kann eine neue Anlage aus den Abschreibungsbeträgen finanziert werden, wenn dafür jetzt 28.500,00 € aufzuwenden sind?

7 Seit kurzem ist Neuburg an das ICE-Netz der Deutschen Bahn angeschlossen. Dadurch verkürzt sich die Fahrzeit nach Berlin um 18 % und dauert jetzt noch 164 Minuten. Um wie viele Minuten ist der Reisende nun früher in Berlin?

8 Die Textil-Markt GmbH hat für die Frühjahr-Sommersaison 100 Leinenblusen geordert. Der Abverkauf verlief wegen der schlechten Witterung bisher sehr schleppend und beträgt Ende April erst 25 %. Daher wurden die Preise um 20 % reduziert. Im Juni beträgt der Bestand noch 20 Stück, der mit einem weiteren Nachlass von 10 % zu 54,00 € verkauft werden soll.

a) Zu welchem Verkaufspreis war eine Bluse ursprünglich kalkuliert worden?

b) Welcher Umsatz wurde mit den bisher verkauften Blusen erzielt?

c) Wie hoch wird der gesamte Umsatzverlust sein, wenn alle Blusen verkauft werden?

9 Welche Rechnungs- und Skontibeträge liegen folgenden Überweisungsbeträgen für Lieferantenrechnungen zugrunde? Rechnen Sie ohne Taschenrechner.

	Skonto	Überweisungsbetrag
a)	3 %	775,03 €
b)	2 %	318,50 €
c)	4 %	1.630,08 €
d)	1,5 %	96,53 €

3.7 Aufgaben aus der gesamten Prozentrechnung

1 Auszug aus dem Angebot der Eur-O-Mod Düsseldorf an Hesser Moden in Neuburg:

„... Bügel-BH, 80 % Polyamid, 20 % Elasthan, Preis pro Stück 14,95 €. Bei Abnahme von mehr als 25 Stück gewähren wir einen Mengenrabatt von 15 %. Ab Auftragswert über 1.000,00 € gehen die Verpackungs- und Transportkosten zu unseren Lasten, sonst berechnen wir 1,75 % vom Warenwert. Bei Vorauskasse durch Beilage eines Verrechnungsschecks gewähren wir 4 % Skonto ...".

Es werden 30 Büstenhalter bestellt und ein Scheck über 381,23 € beigelegt. Überprüfen Sie den Scheckbetrag.

2 Andrea fährt mit öffentlichen Verkehrsmitteln zu ihrer Ausbildungsstelle. Die Monatskarte kostet 35,00 €. Würde sie eine Jahreskarte kaufen, müsste sie dafür 395,00 € bezahlen. Wie viel Prozent könnte sie damit sparen?

3 Der Umsatz der Kinder-Welt war im Juni um $6\frac{2}{3}$ % höher als im Mai, im Juli aber um 5 % niedriger als im Juni. Berechnen Sie die Umsätze von Mai und Juni, wenn der Juli-Umsatz 46.075,00 € betrug.

4 Beim Braten verliert frisches Qualitäts-Fleisch ca. 12,5 % seines ursprünglichen Gewichtes. Wie viel kg Fleisch muss der Küchenchef des Kreuzfahrtschiffes „Blue Sea" einkaufen, um 500 Steaks mit einem Gewicht von 150 g nach dem Braten servieren zu können?

5 Die folgende Tabelle gibt einen Überblick über den Getränkeverbrauch je Einwohner in Deutschland (in Liter):

Getränk	2013	2023
a) alkoholhaltige Getränke		
insgesamt	172,7	154,4
Bier	142,0	125,5
Wein	18,4	19,0
Spirituosen	7,3	5,8
b) alkoholfreie Getränke		
insgesamt	213,1	252,4
Wasser	86,0	106,0
Erfrischungsgetränke	88,8	105,9
Fruchtsäfte	38,3	40,5
c) sonstige alkoholfreie Getränke		
insgesamt	292,3	243,3
Bohnenkaffee	180,2	158,7
Schwarzer Tee	25,2	28,0
Milch	79,4	81,7

Interpretieren Sie die Veränderungen zwischen 2013 und 2023 insgesamt sowie auf die einzelnen Getränke bezogen mithilfe von Prozentzahlen.

6 Die Neuburger Mercator-Schule führt auch dieses Jahr wieder ihren Wintersporttag durch. Es nehmen 1.350 Schülerinnen und Schüler teil. Zum Schlittenfahren haben sich 1/5 der Schüler gemeldet. Die neue Eishalle wird von 175 Schülerinnen und Schülern aufgesucht. Die meisten, nämlich 30 %, wollen an einer Rundwanderung durch die verschneiten Wälder der Umgebung teilnehmen. Zum ersten Mal wird auch eine Skiausfahrt in ein ca. 150 km entferntes Skigebiet angeboten. Da diese Ausfahrt mit 12,00 € für den Bus und 16,00 € für den Tagesskipass vielen zu teuer ist, nutzen nur 14 % der Schüler dieses Wintervergnügen.

a) Wie viele Schüler nehmen an der Skiausfahrt teil?

b) Welchem Prozentanteil der teilnehmenden Schüler entsprechen die 175 Besucher der Eishalle?

c) Um wie viel Prozent ist die Skiausfahrt teurer als der Besuch der Eishalle, wenn die Busse für die Eishalle 997,50 € kosten und jeder Schüler einen Eintrittspreis von 2,30 € zu entrichten hat?

d) Welchen Betrag stellt der Förderverein der Schule zur Verfügung, wenn er durch einen Zuschuss die Kosten für die Skifahrer um 20 % senken will?

7 In Neuburg stieg die Zahl der erfassten Ladendiebstähle gegenüber dem Vorjahr um 12 % auf 672 Fälle.

a) Wie viele Ladendiebstähle wurden im Vorjahr erfasst?

b) Die Dunkelziffer beträgt bei Ladendiebstahl ca. 90 %. Wie viele Ladendiebstähle hat es demnach dieses Jahr in Neuburger Geschäften tatsächlich gegeben?

8 Der Haushaltsplan der Stadt Neuburg weist für die Schulsporthallen in diesem Jahr folgende Ausgaben auf:

Ausgabeposition	Betrag/€	Prozent
Unterhalt der Gebäude	?	5,8
Personalausgaben	660.000,00	?
Gerätekauf und -wartung	50.000,00	?
Abschreibung	?	15
Finanzierungskosten	?	28
Sonstige Ausgaben	70.000,00	?

a) Berechnen Sie die fehlenden Werte in der Tabelle.

b) Durch Veranstaltungen und Miete der Vereine wurden im laufenden Jahr 180.000,00 € eingenommen. Wie groß ist der monatliche Zuschuss der Stadt für die Sporthallen und wie viel Prozent der Ausgaben werden durch die Einnahmen gedeckt?

c) Mit welchen Einnahmen hatte die Stadtverwaltung in der Finanzplanung gerechnet, wenn die tatsächlichen Einnahmen um 12,5 % unter den erwarteten Einnahmen liegen?

4 Zinsrechnen

SITUATION

Schon lange ärgert sich Laura, dass sie auf ihrem Sparkonto nur so wenig Zinsen erhält. Deshalb will sie 2.000,00 € für eine längere Zeit zinsgünstig anlegen. Die Neuburger Bank bietet ihr bei einer Anlagedauer von 4 Jahren einen Festzins von 4,0 % p.a. (p.a. → „pro anno“ = pro Jahr) an.

Über welche Summe kann Laura nach den 4 Jahren verfügen?

© beermedia – stock.adobe.com

Wenn man jemandem für einen bestimmten Zeitraum Geld zur Verfügung stellt, muss nach Ablauf dieser Zeit nicht nur das Geld zurückgezahlt werden, sondern dem Geldgeber ist für die Überlassung eine Nutzungsgebühr zu entrichten. Dieser für das überlassene Geld zu zahlende Preis wird als Zins bezeichnet. Wer anderen Geld überlässt, erhält dafür eine Zinsgutschrift (Habenzinsen), wer von anderen Geld erhält, wird mit Zinsen belastet (Sollzinsen).

4.1 Einführung in die Zinsrechnung

INFORMATION

Die Zinsrechnung ist eine Rechenart, die auf der Prozentrechnung basiert und um die Rechengröße „Zeit“ erweitert ist.

Rechengrößen bei der Zinsrechnung			
Kapital (K)	**Zinssatz (p)**[1]	**Zinsen (Z)**	**Zeit (t)**[2]
Der dem Geldleiher (Schuldner) vom Geldgeber (Gläubiger) überlassene Geldbetrag. Beachte: Je größer dieser Geldbetrag, desto mehr Zinsen müssen bezahlt werden bzw. erhält man.	Er gibt an, wie viel Prozent in 1 Jahr für 100,00 € ge- oder bezahlt werden müssen. Beachte: Je höher der Zinssatz, desto größer die Belastung bzw. die Gutschrift.	Die zu zahlende Nutzungsgebühr für die Kapitalüberlassung in €.	Zeitraum für die Überlassung des Kapitals in Jahren, Monaten oder Tagen. Beachte: Je länger das Kapital zur Verfügung gestellt wird, desto höher die Zinszahlungen bzw. Zinsgutschriften.
↓ **Grundwert**	↓ **Prozentsatz**	↓ **Prozentwert**	
Entsprechende Größen in der Prozentrechnung			

1 Der Zinssatz wird auch als Zinsfuß bezeichnet. Auf Lateinisch heißt der Fuß „pes“, daher das „p“.

2 vom Lateinischen Wort „tempus“ = Zeit, daher das „t“.

4.2 Berechnen der Zinsen mithilfe der allgemeinen Zinsformel (Jahres-, Monats-, Tageszinsen)

SITUATION

Herr Henning möchte sein Spielwarengeschäft erweitern und benötigt dazu noch 60.000,00 €. Seine Hausbank bietet ihm ein Darlehen in dieser Höhe zu einem Zinssatz von 8 % bei einer Laufzeit von 4 Jahren an.

Wie viel Zinsen hat Herr Henning für diesen Kredit an die Bank zu zahlen?

INFORMATION

Berechnung der Jahreszinsen

Die zur Berechnung der Zinsen verwendete Formel lässt sich aus der Lösung der Aufgabe mithilfe des zusammengesetzten Dreisatzes ableiten.

Lösung:

Gegeben:	Kapital (K)	→	60.000,00 €
	Zinssatz (p)	→	8 %
	Zeit (t)	→	4 Jahre
Gesucht:	Zinsen (Z)	→	x €

1 Bedingungssatz: Für 100,00 € sind in 1 Jahr 8,00 € Zinsen zu zahlen.
2 Fragesatz: Für 60.000,00 € sind in 4 Jahren x € Zinsen zu zahlen.
3 Bruchsatz: $x = \frac{8{,}00 \cdot 60.000{,}00 \cdot 4}{100 \cdot 1} = \underline{\underline{19.200{,}00\ €}}$

Lösungsschritte	Durch Umstellung erhält man die allgemeine Zinsformel:
1. Bedingungssatz und Fragesatz aufstellen. 2. Den zusammengesetzten Dreisatz in einzelne Dreisätze mit geradem Verhältnis aufteilen (je mehr Euro/Jahre, desto mehr Zinsen).	**Jahreszinsen =** $\frac{\textbf{Kapital} \cdot \textbf{Zinssatz} \cdot \textbf{Zeit (Jahre)}}{\textbf{100} \cdot \textbf{1}}$ kurz: $Z = \frac{K \cdot p \cdot t}{100}$

Berechnung der *Monats- und Tageszinsen*

In der Praxis fallen Zinszahlungen bzw. Zinsaufwendungen sehr oft für Zeiträume unter einem Jahr an (*Sollzinsen beim Kontokorrentkredit, Zinsbelastung beim Lieferantenkredit*).

Daher sind bei kurzfristigen und taggenauen Berechnungen zwei weitere Zinsformeln von großer Bedeutung:

Monatszinsen $= \frac{\text{Kapital} \cdot \text{Zinssatz} \cdot \text{Monate}}{100 \cdot 12}$ kurz: $Z = \frac{K \cdot p \cdot t}{100 \cdot 12}$

Tageszinsen $= \frac{\text{Kapital} \cdot \text{Zinssatz} \cdot \text{Tage}}{100 \cdot 360}$ kurz: $Z = \frac{K \cdot p \cdot t}{100 \cdot 360}$

Beachte: Bei der kaufmännischen Zinsrechnung hat 1 Jahr 360 Tage.

AKTION

1 Für die folgenden Kapitalien sind die Jahreszinsen mit der allgemeinen Zinsformel zu berechnen:

	Kapital	Zinssatz	Zeit
a)	6.500,00 €	9 %	4 Jahre
b)	4.110,00 €	4 %	$2\frac{1}{2}$ Jahre
c)	125.450,00 €	12 %	$3\frac{1}{3}$ Jahre

	Kapital	Zinssatz	Zeit
d)	48,50 €	2 %	1,25 Jahre
e)	8.640,00 €	14,5 %	2,5 Jahre
f)	27.213,00 €	$5\frac{1}{4}$ %	$6\frac{2}{3}$ Jahre

2 Bei der Neuburger Bank haben mehrere Unternehmen Geld aufgenommen. Über welchen Betrag lauten die Rückzahlungen einschließlich der Zinsen?

	Darlehenssumme	Laufzeit	Zinssatz
a)	12.500,00 €	3 Jahre	8,5 %
b)	21.450,00 €	$4\frac{1}{2}$ Jahre	14,0 %
c)	650.000,00 €	8 Jahre	9,0 %

3 Die Pro-Forma GmbH schuldet ihrem Hauptlieferanten, der Medi-Soft AG, 240.000,00 €. Eine Rückzahlung ist aufgrund der finanziellen Situation nicht möglich, daher berechnet die Medi-Soft AG Verzugszinsen in Höhe von 9,5 %.

a) Wie viel € betragen die Verzugszinsen nach 2 Jahren?

b) Nach 2 Jahren kommt es zu einer Teilzahlung von 160.000,00 €. Wie viel Verzugszinsen sind nach 4 Jahren insgesamt aufgelaufen?

4 Die Textil-Markt GmbH benötigt zur Sanierung ihrer Tiefgarage ein Darlehen in Höhe von 60.000,00 €. Die Sparkasse Neuburg bietet bei einer Laufzeit von 4 Jahren einen Zinssatz von 7,5 %. Welcher Betrag steht der Textil-Markt GmbH tatsächlich zur Verfügung, wenn die Sparkasse die gesamten Zinsen im Voraus von der Darlehenssumme abzieht?

5 Bei der Wohnwelt GmbH wird jeden Monat eine Liste ausgedruckt, die über Kunden, die im Zahlungsrückstand sind, Auskunft gibt. Wie viel Verzugszinsen fallen bei den jeweiligen Kunden an, wenn ein Zinssatz von 10,5 % zugrunde gelegt wird?

Kunde	im Rückstand seit	Betrag
Otto, Gerd	2 Monaten	4.450,00 €
Paschulke, Florian	9 Monaten	1.875,00 €
Herter, Doris	14 Monaten	488,00 €
Erikkson, Jens	7 Monaten	2.757,00 €

6 Die Textura-Soft KG bietet ihren Kunden ein neues Kassensystem zu folgenden Bedingungen an:

Kassenterminal einschließlich Scanner: 6.240,00 €,

Anzahlung: 20 %, Restzahlung nach 6 Monaten einschließlich 6,5 % Zinsen.
Welchen Betrag muss ein Kunde nach diesen Bedingungen als Restzahlung (einschließlich Zinsen) leisten?

7 Herrn Bessler bietet sich wegen der Geschäftsauflösung eines Mitbewerbers die Möglichkeit Diamant-Schmuck kurzfristig zu erwerben. Deshalb benötigt er einen Kredit in Höhe von 57.600,00 € für einen Zeitraum von 9 Monaten. Es liegen ihm folgende Angebote Neuburger Kreditinstitute vor:

Neuburger Bank:	7,75 % Zinsen p.a.
Sparkasse Neuburg:	6,0 % Zinsen p.a., Bearbeitungsgebühr 1,25 % aus der Kreditsumme.
Landesbank:	Auszahlung: Kreditsumme, Rückzahlung nach 9 Monaten 61.800,00 €.

Für welches Angebot sollte sich Herr Bessler entscheiden?

8 Die durchschnittliche Kapitalbindung bei Elektrogroßgeräten beträgt bei der Multi-Vision AG 2.196.000,00 €. Wie viel Lagerzinsen fallen bei dieser Warengruppe für 3 Monate an, wenn der Lagerhaltungskostensatz 14 % beträgt?

9 Die Kundenkonten der Mitglieder des Einkaufsverbandes Euro-Sport werden bei einem Guthaben mit 1,5 % verzinst und bei Verbindlichkeiten mit 8,5 % belastet. Berechnen Sie die jeweils fälligen Zinsen bei folgenden Kunden:

Unternehmen	Guthaben	Zeit/Tage	Verbindlichkeit	Zeit/Tage
Sporthaus Zimmer	4.780,00 €	25	15.345,00 €	18
Action & Fun	2.880,00 €	8	6.990,00 €	35
Surf-Shop Ries	436,00 €	45	854,00 €	125

10 Herr Manz hat durch den Verkauf eines Aktienpakets 50.000,00 € auf seinem Konto gutgeschrieben bekommen. Er legt es als Festgeld für 100 Tage zu 4,25 % bei seiner Bank an. Nach 30 Tagen verlangt das Finanzamt eine Steuernachzahlung von 15.000,00 €. Herr Manz kann die benötigte Summe von seiner Festgeldanlage abziehen, muss sich aber nun mit einer Verzinsung des noch angelegten Kapitals von nur noch 3 % abfinden.

Wie viel Zinsen erhält er nach 100 Tagen gutgeschrieben (ohne Zinseszinsrechnung)?

11 Laura möchte sich einen neuen Computer mit Drucker und Scanner kaufen. Im Internet findet sie ein Komplettangebot der EuroCom zu 2.200,00 €. Da ihr Barzahlung nicht möglich ist, vergleicht sie zwei Angebote:

1. EuroCom bietet: 11 Monatsraten zu 190,00 € sowie eine Schlussrate zu 260,00 €.
2. Kleinkredit der Sparkasse Neuburg mit einer Laufzeit von 18 Monaten. Es werden monatlich 0,4 % Zinsen für den gesamten Kreditbetrag sowie 2,00 % einmalige Bearbeitungsgebühr berechnet.
   a) Wie groß ist die Ersparnis bei der Entscheidung für das günstigere Angebot?
   b) Wie viel Prozent liegt jedes der Angebote über dem Barpreis?

4.3 Tageszinsen mit Zinstageberechnung

SITUATION

Herr Henning kommt unverschuldet in Zahlungsschwierigkeiten und benötigt einen Überbrückungskredit. Seine Hausbank stellt ihm daher kurzfristig am 26. März diesen Jahres 25.000,00 € zu 9,5 % zur Verfügung, die am 31. Dezember diesen Jahres zurückgezahlt werden sollen.

© Tomasz Warszewski – stock.adobe.com

Für wie viele Tage muss Herr Henning Zinsen bezahlen, und über welchen Betrag lautet die Rückzahlungssumme einschließlich Zinsen?

INFORMATION

Lösung:

a) **Zinstageberechnung:**

März:	→ 26. bis 30.	=	4 Tage
April bis Dezember:	→ 9 · 30 Tage	=	270 Tage
Es sind Zinsen zu zahlen für			274 Tage

b) **Berechnung der Zinsen mit der Tageszinsformel:**

$$z = \frac{k \cdot p \cdot t}{100 \cdot 360} \rightarrow z = \frac{25.000{,}00\,€ \cdot 9{,}5 \cdot 274}{100 \cdot 360} = \underline{\underline{1.807{,}64\,€}}$$

Am 31. 12. sind 26.807,64 € zurückzuzahlen.

Beachte: In Deutschland finden drei Methoden zur Berechnung der Zinstage Anwendung.

	Methode		
	deutsche Methode (kaufm. Zinsrechnung)	**französische Methode (Eurozinsmethode)**	**englische Methode**
Jahr	360 Tage	360 Tage	365 (366) Tage
Monat	Jeder Monat hat 30 Zinstage	taggenaue Ermittlung	taggenaue Ermittlung
Anwendung	› bei ein- und zweiseitigen Handelsgeschäften › Spar- und Sichteinlagen sowie Darlehen bei Banken	› bei kurzfristigen Geldanlagen (Tagegelder)	› im bürgerlichen Rechtsverkehr › Behörden *(Finanzamt)* › langfristige Anlagen am Kapitalmarkt *(Anleihen)*

In der kaufmännischen Praxis werden die Zinstage nach der **deutschen Zinsberechungsmethode** berechnet. Dabei ist zu beachten:

› Ist der Fälligkeitstag der 28. bzw. bei Schaltjahr der 29. Februar, dann wird mit 28 (29) Tagen gerechnet. Geht die Verzinsung über den Februar hinaus, wird er mit 30 Tagen gezählt.
› Bei der Berechnung der Zinstage wird der 1. Tag nicht, der letzte aber mitgezählt.

Beispiel:

Laufzeit eines Darlehens vom 6. Januar bis zum 2. August.

Januar:	→ 6. bis 30.	=	24 Tage
Februar bis Juli:	→ 6 · 30 Tage	=	180 Tage
August:	→ 1. und 2.	=	2 Tage
Laufzeit:	→	=	206 Tage

AKTION

1 Berechnen Sie die Zinstage nach der deutschen Methode (= kaufmännische Zinsrechnung):

a) 05.03. – 20.11. b) 27.05. – 03.08. c) 01.12. – 31.05. d) 13.04. – 27.07.
e) 09.11. – 12.12. n.J. f) 28.02. – 31.10. g) 04.02. – 15.01. n.J. h) 01.03. – 08.05.

2 Die Merkur AG legt 2.500.000,00 € bei der Interconti-Bank vom 18. Juli bis zum Jahresende an und erhält dafür 5,25 % Zins. Wie hoch ist das Bankguthaben zum Bilanzstichtag am 31. Dezember?

3 Die Wohnwelt GmbH lieferte am 15. März ein Ledersofa an Herrn Rummel. Es wurde Zahlung mit Überweisung vereinbart. Die Rechnung ging Herrn Rummel am 16. März zu. Die Zahlungsbedingung lautet: Zahlbar sofort ohne Abzüge. Am 27. April hat Herr Rummel immer noch nicht bezahlt und er erhält eine Mahnung über den Rechnungsbetrag von 1.600,00 € zuzüglich Verzugszinsen. Wie viel € betragen die in Rechnung gestellten Verzugszinsen bei einem Zinssatz von 8 %?

4 Der Einkaufsverband Euro-Sport gewährt seinem Mitglied Action & Fun 2,5 % Skonto für eine Bestellung von 4.575,00 €. Damit Geschäftsführer Heller Skonto ausnutzen kann, überzieht er sein Geschäftskonto für 22 Tage und muss dafür 12,5 % Zinsen bezahlen. Wie viel € betragen die angefallenen Sollzinsen?

5 Malermeister Jonda bleibt trotz mehrfacher Mahnungen des Neuburger Finanzamtes eine Steuernachzahlung von 5.600,00 € schuldig. Wie viel € Verzugszinsen kann das Finanzamt für die Zeit vom 3. April bis zum 8. Juli (taggenaue Ermittlung) bei einem Zinssatz von 8,5 % verlangen?

6 Die Diskothek Blue Angel befindet sich mit folgenden Beträgen bei ihrem Getränkegroßhandel Oase im Zahlungsverzug: seit 21. März mit 1.400,00 €, seit 15. Mai mit 850,00 € und seit 8. Juni mit 2.250,00 €. Die Geschäftsbedingungen des Großhandels sehen Verzugszinsen von 8 % vor. An Gebühren für die erfolgte Mahnung werden pauschal 15,00 € in Rechnung gestellt. Welchen Betrag muss die Diskothek einschließlich Verzugszinsen und Mahngebühren am 1. Juli bezahlen?

7 Ronny Rieger, Gesellschafter der Manz KG, hat während des Geschäftsjahres folgende Privatentnahmen vom Geschäftskonto vorgenommen:

Am 1. Februar 660,00 € und am 4. Oktober 1.550,00 €. Um wie viel € wird der Gewinnanteil des Gesellschafters Rieger zum Geschäftsjahresende am 31. Dezember gekürzt, wenn Privatentnahmen mit 7,5 % laut Gesellschaftervertrag zu verzinsen sind?

5 Kassenabrechnung

SITUATION

Herr Gerhard kauft im Uhren- und Schmuckfachgeschäft Bessler für seine Frau zu deren Geburtstag eine Uhr zu 398,00 € und bezahlt sie bar. Einen Tag später bringt Herr Gerhard die Uhr wieder zurück, weil sie seiner Frau nicht gefällt und erhält als langjähriger Stammkunde den Kaufbetrag von Herrn Bessler bar ausbezahlt.

Wie wirkt sich dieser Geschäftsvorgang auf den Kassen- und Warenbestand des Schmuckgeschäftes aus?

INFORMATION

Als **Nachweis** einer Zahlung an der Kasse erhält jeder Kunde einen **Zahlungsbeleg** *(Bon, Kassenzettel, Quittung)*. Auch der Einzelhändler lässt sich die Zu- und Abgänge in der Kasse belegen (Kassenbericht).

Zugänge und Abgänge verändern das Vermögen

Wertefluss im Unternehmen

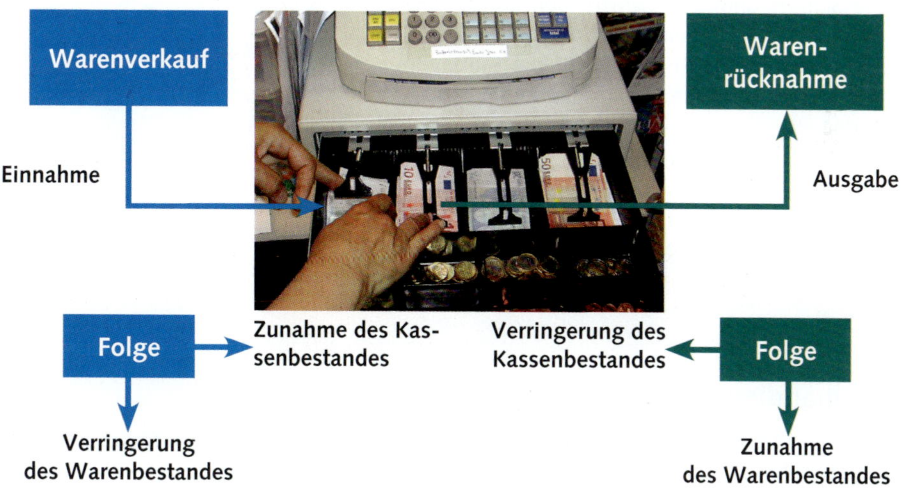

Jede **Registrierung** an der Kasse führt zu einer **Veränderung** der Geldbestände des Unternehmens und damit des Vermögens eines Einzelhändlers. Es sind aber auch andere Bereiche in seinem Unternehmen betroffen, wie z. B. der Warenbestand.

Lösung zur Eingangssituation:
Der Verkauf der Uhr erhöhte einerseits den Kassenbestand, aber andererseits verringerte sich der Bestand an Uhren sowohl mengen- als auch wertmäßig.

Durch die Warenrückgabe verringerte sich der Kassenbestand um 398,00 € und der Warenbestand nahm mengen- und wertmäßig wieder zu. Solche Vorgänge bezeichnet man als **Geschäftsvorfälle**, die zu Veränderungen der Werteströme (*Geld-, Warenstrom*) im Unternehmen führen.

5.1 Bedeutung von Belegen

■ SITUATION

Der Auszubildende Tim Frank erhält von seinem Chef 20,00 € zum Kauf von Blumen für einen Geschäftsfreund zu dessen Geburtstag. Er erhält nach der Zahlung einen Kassenbon.

Welche Bedeutung hat dieser Beleg für Tim und für seinen Chef?

■ INFORMATION

■ Kunden und Belege

© nmann77 – stock.adobe.com

Jeder **Geschäftsvorfall** ist aufgrund gesetzlicher Vorschriften zu **dokumentieren** (Buchführung). Dazu dienen **Belege**, die z. T. auch an der Kasse ausgestellt werden.
Für den Kunden ist der Beleg der Nachweis einer geleisteten Zahlung.

Beispiele:

© matho – stock.adobe.com

- Eine Lehrerin kauft in einem Bastelgeschäft Material für ihre Schüler und lässt sich für den Betrag eine Quittung ausstellen. Beim nächsten Elternabend weist sie anhand dieser Quittung ihre Auslagen nach und kassiert von den Eltern den entsprechenden Anteil.
- Ein Kunde kauft bei einem Discounter ein Fernsehgerät für 199,00 €. Der Kassenbeleg dient hier auch als Nachweis, dass das Gerät in diesem Geschäft gekauft wurde. Bei eventuellen Reklamationen innerhalb der Gewährleistungsfrist ist dies von großer Bedeutung.

■ Einzelhändler und Belege

Für den Einzelhändler sind die **Belege** das **Bindeglied** zwischen den einzelnen **Geschäftsvorfällen** und der **Buchführung**.

Hinweis: Buchführung – Wozu?

Aufgabe der Buchführung ist es, alle Geschäftsvorfälle, die in einem Unternehmen anfallen, lückenlos, geordnet und nachprüfbar zu erfassen. Die Buchführung hält fest, was in einem bestimmten Zeitraum an Geld „reinkommt" oder „rausgeht". Geschäftsvorfälle, die mit Geldzahlungen zusammenhängen, erfolgen an der Kasse oder ergeben sich durch Gutschriften oder Belastungen auf Bankkonten.
Mithilfe der Buchführung werden alle diese Vorgänge aufgezeichnet. Würde der Einzelhändler darauf verzichten, hätte er bald die Übersicht über seine Vermögenslage verloren und könnte so nicht feststellen, ob er sein Vermögen vermehrt (Gewinn) oder vermindert (Verlust) hat.

Belege müssen aufgrund **gesetzlicher Vorschriften** erstellt werden, um Handelsgeschäfte (*Warenverkauf an Kunden, Wareneinkauf beim Lieferanten*) und innerbetriebliche Vorgänge (*private Geldentnahme*) zu dokumentieren.

Belegarten im Kassenbereich	
Einnahmebelege	**Ausgabebelege**
› Kassenkontrollstreifen › Kopien manuell erstellter Kassenzettel › Kopien von Quittungen › Kassenberichte › Lieferscheine (Verkauf auf Rechnung) › Kopien von Kartenzahlungen › Privateinlage	› Bareinzahlung bei der Bank › Gutschriften für Warenrückgabe › Privatentnahme

5.2 Belegarten

SITUATION

Doreen ist Auszubildende im Pro Media Fachmarkt und führt gerade mit einer Kundin eine heftige Diskussion. Diese möchte ein elektronisches Diktiergerät zurückgeben, hat aber keinen Kassenzettel, sondern nur eine Einkaufstüte des Pro Media Marktes dabei. Die Kundin meint, das würde doch als Beweis für den Kauf ausreichen.

Beurteilen Sie diese Situation. Wie verhalten Sie sich im Betrieb in solchen Fällen?

INFORMATION

Kassenbon und Kassenzettel

PRO MEDIA
TV-HIFI-Elektro
Berliner Landstr. 146
77777 Neuburg

3030142
Mediom-Notebook 400 1.499,00 €

Total 1.499,00 €

PRO MEDIA

Inkl. 19,00 % USt. 239,34 €
Netto-Warenwert 1.259,66 €

Vielen Dank für Ihren Einkauf!

22357 MO33 123 5425 20.02.20.. 16:57

Ein **Kassenbon** ist der Nachweis für den Kunden, dass er die Ware bezahlt hat.
Die Summe aller Kassenbons ergibt den Umsatzerlös (Tageslosung) und wird auf dem Kassenbericht ausgewiesen.

Zusätzlich gibt es bei vielen Kassen als zusätzlichen Beleg den Kassenkontrollstreifen.

Wünscht ein Kunde einen detaillierten Beleg, so wird eine Quittung mit den gewünschten Angaben erstellt und dem Kassenbon angeheftet.

Beispiel: Im Fachgeschäft WollStoff kauft Schneidermeisterin Stefanie Manz Stoff und Zubehör für ihr Atelier. Sie bittet um Ausstellung eines Kassenzettels als Beleg für das Finanzamt.

Der **Kassenzettel** ist eine Sonderform der Quittung und wird in zweifacher Ausfertigung erstellt. Das Original (schwarz) erhält der Kunde, die Kopie (rot) verbleibt als Beleg im Geschäft.

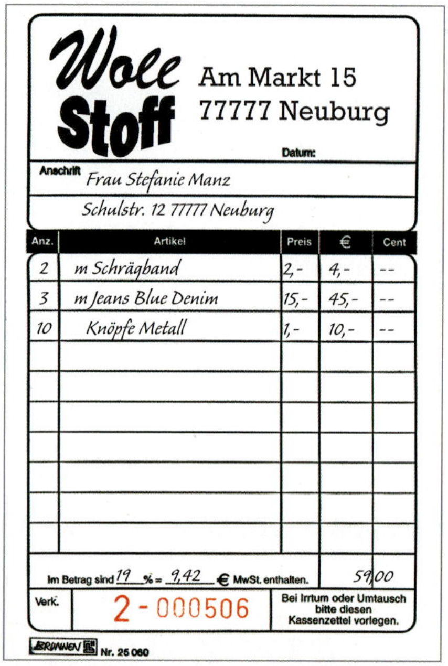

Wolle Stoff Am Markt 15 77777 Neuburg

Datum:

Anschrift Frau Stefanie Manz
Schulstr. 12 77777 Neuburg

Anz.	Artikel	Preis	€	Cent
2	m Schrägband	2,-	4,-	--
3	m Jeans Blue Denim	15,-	45,-	--
10	Knöpfe Metall	1,-	10,-	--

Im Betrag sind 19 % = 9,42 € MwSt. enthalten. 59,00

Verk. 2 - 000506 Bei Irrtum oder Umtausch bitte diesen Kassenzettel vorlegen.

BRUNNEN Nr. 25 060

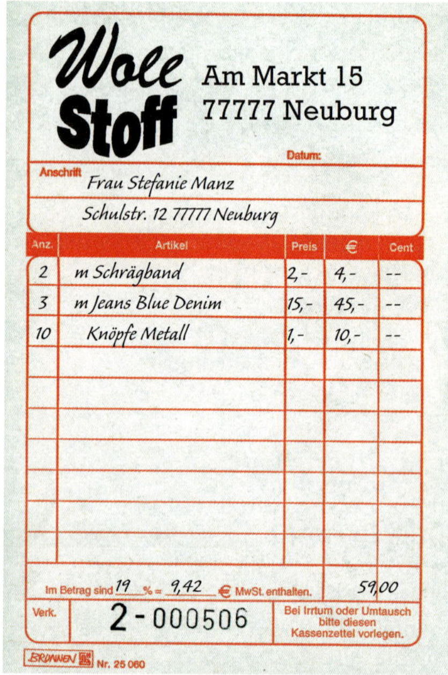

Wolle Stoff Am Markt 15 77777 Neuburg

Datum:

Anschrift Frau Stefanie Manz
Schulstr. 12 77777 Neuburg

Anz.	Artikel	Preis	€	Cent
2	m Schrägband	2,-	4,-	--
3	m Jeans Blue Denim	15,-	45,-	--
10	Knöpfe Metall	1,-	10,-	--

Im Betrag sind 19 % = 9,42 € MwSt. enthalten. 59,00

Verk. 2 - 000506 Bei Irrtum oder Umtausch bitte diesen Kassenzettel vorlegen.

BRUNNEN Nr. 25 060

■ Lieferschein und Rechnung

Wenn Kunden es wünschen, erhalten Sie einen **Lieferschein** bzw. eine **Rechnung**.
Dabei ist es unerheblich, ob die Ware sofort bezahlt wurde oder ein Rechnungskauf vorliegt.

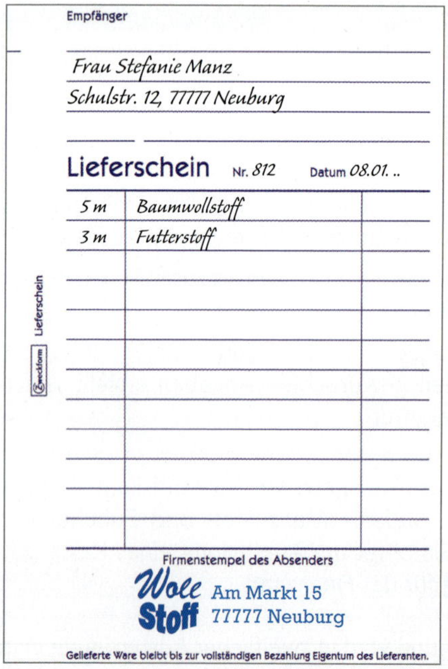

Empfänger

Frau Stefanie Manz
Schulstr. 12, 77777 Neuburg

Lieferschein Nr. 812 Datum 08.01. ..

5 m	Baumwollstoff
3 m	Futterstoff

Firmenstempel des Absenders

Wolle Stoff Am Markt 15 77777 Neuburg

Gelieferte Ware bleibt bis zur vollständigen Bezahlung Eigentum des Lieferanten.

Zweckform Lieferschein

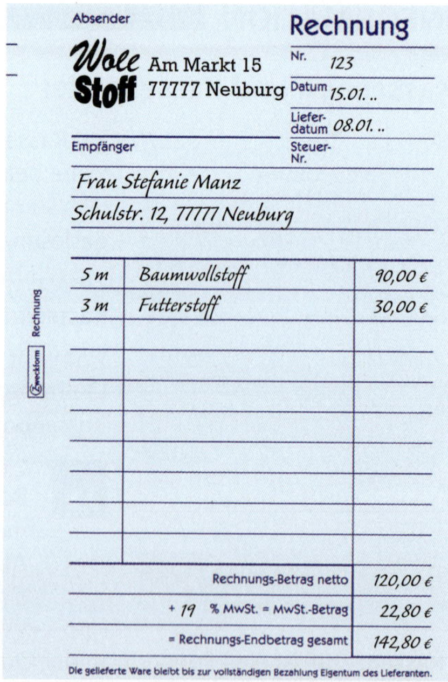

Absender

Wolle Stoff Am Markt 15 77777 Neuburg

Rechnung
Nr. 123
Datum 15.01. ..
Liefer-datum 08.01. ..
Steuer-Nr.

Empfänger

Frau Stefanie Manz
Schulstr. 12, 77777 Neuburg

5 m	Baumwollstoff	90,00 €
3 m	Futterstoff	30,00 €

Rechnungs-Betrag netto	120,00 €
+ 19 % MwSt. = MwSt.-Betrag	22,80 €
= Rechnungs-Endbetrag gesamt	142,80 €

Die gelieferte Ware bleibt bis zur vollständigen Bezahlung Eigentum des Lieferanten.

Zweckform Rechnung

Kassensysteme verfügen über die Möglichkeit, solche Belege auf einem angeschlossenen Drucker zu erstellen. Bei Verwendung eines computergestützten Warenwirtschaftssystems sind die Daten wichtiger Kunden im Programm bereits hinterlegt.
Dazu zählen nicht nur Name und Adresse, sondern auch z. B. Sonderkonditionen *(Rabatte, Skonti)*, die an diese Kunden beim Kauf gewährt werden.

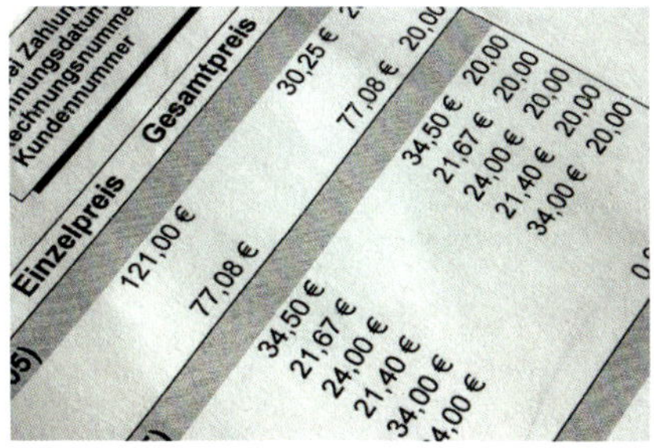

© vulkanismus – stock.adobe.com

Beispiel: Der Vorsitzende des Neuburger Tennisclubs, Herr Dr. Schmitt-Ballerstedt, kauft im Fachmarkt ProDomo für das Sommerfest des Vereins Waren im Wert von 713,28 € und bezahlt diese an der Kasse mit seiner Bankkarte. Für den Schatzmeister des Vereins benötigt er über den Kauf eine Rechnung.

ProDomo

Der freundliche Fachmarkt für Heim & Garten
Boschstraße 15, 77777 Neuburg
Fon: 07889 37295 / Fax: 07889 37290
e-mail: info@prodomo.de / www.prodomo.de

ProDomo GmbH • Boschstr. 15 • 77777 Neuburg

Tennisclub Neuburg
Herrn Dr. Schmitt-Ballerstedt
Panoramastraße 104
77777 Neuburg

RECHNUNG

Rechnungs-Nr.	Rechnungs-Datum
2678993	15.05.20..
Kunden-Nr. 45478892	Zahlung bis 15.06.20..

Menge	Artikel-Nr.	Artikelbezeichnung	Einzelpreis	Gesamtpreis
1	302210	Partyzelt 3 x 3 m	62,45	62,45
2	302212	Marktschirm 2,5 m	45,45	90,90
10	302218	Festzeltgarnitur Tisch mit Bank	36,20	362,00
1	81212	Terrassenstrahler f. Flüssiggas	212,49	212,49
19,00 % USt. enthalten (116,21 €)		Summe Artikel		727,84
		abzgl. 2 % Skonto bei Sofortzahlung		14,56
		zu zahlender Betrag in EUR		**713,28**

AKTION

1 Erläutern Sie die Bedeutung von Belegen für
a) den Einzelhändler und
b) für seine Kunden.

2 Geben Sie je zwei Beispiele für Belege, die im Kassenbereich anfallen. Unterscheiden Sie nach Einnahme- und Ausgabebelegen.

3 Die Büro-Express GmbH verkauft einen Schreibtisch auf Rechnung. Erstellen Sie mithilfe Ihres in der Schule verwendeten Textprogramms eine Rechnung (Muster siehe vorstehende Seite). Folgende Angaben sind zu beachten:

Lieferant	Büro-Express GmbH, Willy-Brandt-Straße 45, 77666 Frankenbach
Käufer	Herr Walter Rauscher, Lessingweg 4, 77777 Neuburg
Artikel	Schreibtisch „Carino-Office“ Buche-Dekor, höhenverstellbar, Bruttoverkaufspreis 318,00 €.
Zahlung	Innerhalb 30 Tagen netto Kasse auf das Konto 776 442 der Sparkasse Frankenbach, BLZ 777 55 35

5.3 Umsatzsteuer beim Warenverkauf

SITUATION

PRO MEDIA
TV-HIFI-Elektro
Berliner Landstr. 146
77777 Neuburg

3030142
Mediom-Notebook 400 1.499,00 €

Total 1.499,00 €

PRO MEDIA

Inkl. 19,00 % USt. 239,34 €
Netto-Warenwert 1.259,66 €

Vielen Dank für Ihren Einkauf!

22357 MO33 123 5425 20.02.20.. 16:57

Herr Schmitt freut sich über den Kauf eines Notebooks für seinen Handelsbetrieb. Obwohl er an der Kasse von PRO MEDIA 1.499,00 € bezahlt hat, kostet ihn das Gerät tatsächlich nur 1.292,24 €. Hätte er den Rechner privat gekauft, wäre der ganze Betrag „auf seine Kosten“ gegangen. Für seinen Handelsbetrieb bekommt er aber die Umsatzsteuer in Höhe von 239,34 € vom Finanzamt zurückerstattet.

Im Hinblick auf die Umsatzsteuer ist es ein Unterschied, ob Herr Schmitt das Notebook als Privatperson kauft oder geschäftlich für seinen Einzelhandel.

INFORMATION

Das Ziel jedes Einzelhändlers ist es, durch den Warenverkauf möglichst hohe Umsätze zu erzielen. Damit sollen nicht nur alle anfallenden Kosten gedeckt werden, sondern der Händler möchte auch etwas verdienen (Gewinn erzielen). Auch der Staat „verdient“ beim Warenverkauf mit, denn er erhebt auf jeden Verkauf eine Steuer, die Umsatzsteuer.

Bedeutung der Umsatzsteuer

Die im Geschäft angebotene Ware hat oftmals schon mehrere Produktions- bzw. Unternehmensstufen durchlaufen, bis sie ins Verkaufsregal des Einzelhandelsgeschäftes gelangt ist.

Der **Mehrwert**, den ein Produkt auf den einzelnen Unternehmensstufen erfährt, wird deutlich durch den von Stufe zu Stufe steigenden Preis. Aus dieser **Wertschöpfung** möchte auch der Staat seinen Nutzen ziehen. Dies erreicht er durch Erhebung der Umsatzsteuer (Mehrwertsteuer), die auf alle Umsätze fällig wird, die ein Unternehmen im Inland tätigt.

Beispiel: Wertschöpfungskette Grüner Tee

Wirtschaftsstufe	Unternehmen	Bearbeitung	Wertschöpfung
Urerzeuger	Teeplantage	Tee wird angebaut und geerntet.	
Weiterverarbeiter	Deutsches Tee-Kontor AG	Tee wird weiter verarbeitet.	
Großhändler	Handels AG	Tee wird in kleineren Einheiten verpackt und vertrieben.	
Einzelhändler	Naturkost-Treff	Tee wird an den Endverbraucher verkauft.	

Beim Verkauf von Waren muss der Einzelhändler dem Käufer (Endverbraucher) die Umsatzsteuer in Rechnung stellen.

Steuerhöhe und Steuersatz

Grundlage der **Steuerhöhe** bei der **Umsatzsteuer** ist neben dem **Preis** die **Art** der verkauften Ware und damit der anzuwendende Steuersatz.

Die Höhe der fälligen Steuer hängt vom jeweils aktuell geltenden **Steuersatz** ab, der seit dem 1.1.2007 für jeden steuerpflichtigen Umsatz **19%** beträgt.

Für bestimmte Umsätze gibt es einen **ermäßigten Steuersatz** von aktuell **7%,** beispielsweise für Nahrungsmittel (Genussmittel 19 %), Pflanzen, Bücher, Zeitschriften sowie für lebende Tiere.

Steuerträger

Die Umsatzsteuer **muss** allein der **Endverbraucher** tragen, d.h. nur er wird damit belastet. Der einzelne Unternehmer oder Händler führt nur die Umsatzsteuer für den von ihm geschaffenen Mehrwert in der Wertschöpfungskette an das Finanzamt ab.

Naturkost-Treff
Heilbronner Straße 16
77777 Neuburg

Datum:
25/05/20..
Teeprodukte
China Sencha
100g Pack € 5,20
Gesamt € 5,20
7 % USt. € 0,34

Viele Dank für Ihren
Einkauf

Bed 1 #01
Zeit: 09:15 NO.001690

Beispiel: Kassenbon

Die Rechnung des Naturkost-Treffs an einen privaten Kunden weist eine Umsatzsteuer in Höhe von 0,34 € auf und muss vom Naturkost-Treff an das Finanzamt abgeführt werden.

!

Hinweis: Beim Verkauf an Endverbraucher ist der Ausweis der Umsatzsteuer nicht vorgeschrieben, es genügt die Angabe des Verkaufspreises einschließlich Umsatzsteuer. Verkauft der Einzelhändler an Gewerbetreibende, dann muss er den Umsatzsteuerbetrag gesondert auf der Rechnung ausweisen (Ausnahme: Kleinbetragsrechnungen bis 250,00 €).

AKTION

1 Beschreiben Sie die Wertschöpfungskette von 1 Liter pasteurisierter und homogenisierter Tütenmilch.

2 Frau Müller kaufte im Supermarkt Manz zwei Packungen Nudeln, ein Alpenveilchen, eine Flasche Cognac, eine Fernsehzeitschrift und zehn Eier. Welcher Umsatzsteuersatz gilt für die einzelnen Artikel?

3 Sie haben bei der Internetbuchhandlung Libroweb Bücher zu einem Gesamtpreis von 88,00 € bestellt. Auf der Rechnung wird ein Umsatzsteuerbetrag von 5,67 € ausgewiesen. Überprüfen Sie auf die Richtigkeit.

5.4 Kassenkontrolle und Kassenabrechnung

SITUATION

Soeben hat Laura Vogt eine Kundin zu Ende bedient, die bei ihr im Textil-Markt eine Feinstrumpfhose für 7,75 € gekauft hat. An der Abteilungskasse kassiert sie und gibt 2,25 € Wechselgeld heraus. Sie schließt die Kassenschublade und wartet, bis die Kundin sich verabschiedet hat. Die schaut aber in ihre Geldbörse und sagt in einem aufgebrachten Ton:

© demarga – stock.adobe.com

Kundin: „Wieso 2,25 €, ich bekomme 92,25 €, denn ich habe Ihnen doch einen Hunderter gegeben!"

Laura: „Tut mir leid, da müssen Sie sich getäuscht haben, ich habe einen Zehn-Euro-Schein in die Kasse gelegt. Da bin ich mir absolut sicher."

1. Hat Laura einen Fehler beim Kassieren gemacht?
2. Wie kann diese Situation für alle Beteiligten zufriedenstellend geklärt werden?

INFORMATION

Kassenkontrollen sind bei Nutzung eines Warenwirtschaftssystems jederzeit möglich. Die Geschäftsleitung kann zu jeder Tageszeit den aktuellen Bargeldbestand kontrollieren und steuern. So kann es z. B. bei sehr hohen Umsätzen angebracht sein, mehrmals am Tag Bargeld bei der Bank einzuzahlen oder von Geldtransportunternehmen abholen zu lassen. Außerdem ist eine Leistungskontrolle des Kassenpersonals möglich (*Kassierzeit je Kunde, Anzahl der Stornos*).

Bei Wechsel des Kassenpersonals und beim Tagesabschluss wird automatisch ein **Kassenbericht** erstellt. Eine ordnungsmäßige Kassenführung erfordert, dass Kasseneingänge und -ausgänge derart aufgezeichnet werden, dass es jederzeit möglich ist, den Sollbestand mit dem Ist-Bestand der Geschäftskasse auf die Richtigkeit nachzuprüfen („Kassensturzfähigkeit" der Aufzeichnungen).

Kassensturz

Beim **Kassensturz** handelt es sich um eine **nicht angekündigte** Kassenkontrolle. Sie findet zur **Überprüfung** des Kassenpersonals statt. Damit sollen eventuelle Kassendifferenzen wegen falschen Kassierens oder Diebstahl bzw. Unterschlagung aufgeklärt werden. Auch bei **Reklamationen** von Kunden (*angeblich falsches Wechselgeld*) findet ein Kassensturz zur Aufklärung möglicher Differenzen statt.

Tageskassenbericht

Bevor der **Kassenbericht** erstellt wird, zählt der Kassenmitarbeiter den vorgeschriebenen Betrag an Wechselgeld in die Kassenschublade. Das Wechselgeld ist der Anfangsbestand für den nächsten Arbeitstag. Das noch vorhandene restliche Geld ist die Bareinnahme, die auch als **Tageslosung** bezeichnet wird.

Der Einzelhändler kann dabei seine Umsätze einzeln dokumentieren (*Kopien der Kassenzettel, Kontrollstreifen*) oder durch den Abgleich von Kassenanfangs- und Kassenendbestand, unter Hinzurechnung der aus der Kasse geleisteten Zahlungen, rechnerisch ermitteln. In diesem Fall ist die Erstellung eines täglichen Kassenberichts notwendig. Dabei ist darauf zu achten, dass die Belege über die im Laufe eines Geschäftstages erfolgten sonstigen Einnahmen und Ausgaben ordnungsgemäß gesammelt werden (*Erstellung eines Eigenbelegs über eine Privatentnahme aus der Kasse*).

Die folgende Übersicht zeigt die beiden möglichen Verfahren zur Ermittlung der **Tageslosung**.

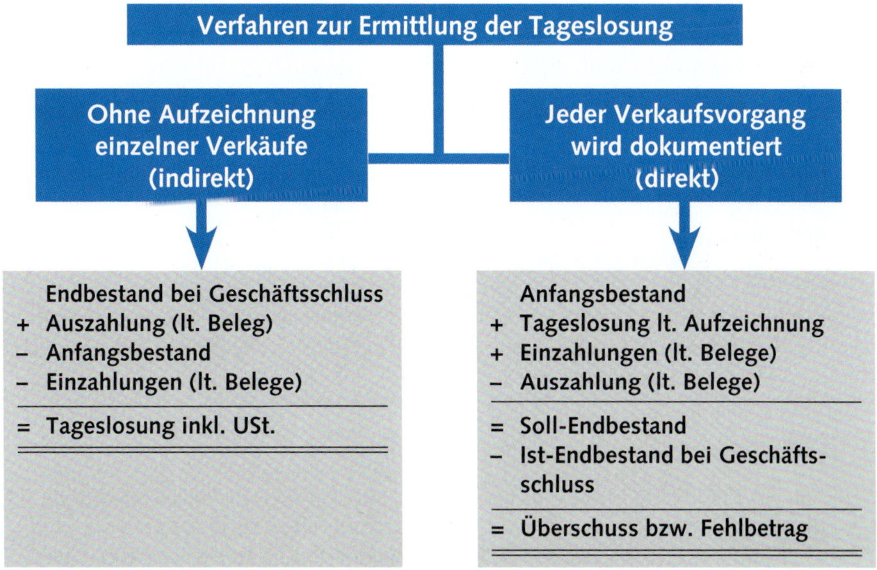

Bei **computergestützten Datenkassen** wird die **Tageslosung** automatisch ermittelt.

Der Soll-Ist-Abgleich erfolgt durch Vergleich der im Warenwirtschaftssystem angezeigten Umsätze und des vom Mitarbeiter an der Kasse ermittelten Geldbetrages, der in das System zum Abgleich eingegeben wird.

Beispiel: Ausdruck eines Kassentagesberichts einer Supermarktfiliale

Pos	Kasse 1	Kasse 2	Kasse 3	Kasse 4	Pos	Summe	Summe
10 Zählwerkumsatz	7.904,05 €	5.250,73 €	3.710,88 €	4.864,88 €	10	21.730,54 €	
11 – Leergut	80,30 €		115,36 €		11	195,66 €	
12 – Storno / Gutschr.	60,60 €	5,90 €		69,88 €	12	136,38 €	
13 SOLL - UMSATZ	7.763,15 €	5.244,83 €	3.595,52 €	4.795,00 €	13		21.398,50 €
Bareinnahme in EUR	7.563,88 €	4.968,15 €	3.040,11 €	4.426,30 €			19.998,44 €
EC-Cash	200,80 €	276,14 €	456,28 €	368,71 €			1.301,93 €
14 VK Rechnung					14		
15 VK Geschenk-Gutschein					15		
16 Sonstige Ausgaben			99,75 €		16		99,75 €
17 IST-UMSATZ	7.764,68 €	5.244,29 €	3.596,14 €	4.795,01 €	17	21.400,12 €	
18 Kassendiff. +	1,53 €	– €	0,62 €	0,01 €	18		2,16 €
19 Kassendiff. –	– €	0,54 €	– €	– €	19		0,54 €
20 Kundenzahl	188	109	102	235	20		634
			Einzahlung				19.998,44 €
			EC-Cash				1.301,93 €
			Centkasse				3,95 €
			Abstimmungssumme				21.400,12 €

AKTION

1 Im Warenhaus Merkur wird in den Abteilungen Damen- und Herrenbekleidung, Young-Fashion sowie Kinderbekleidung bei allen Verkäufen auch erfasst, wer den Verkauf durchgeführt hat. Welche Erkenntnisse kann die Geschäftsleitung dadurch gewinnen?

2 Der Kassenbericht der Kasse 4 der Neuburger Omnia-Filiale enthält folgende Werte:

Gesamtumsatz		6.346,17 €	
Zahl der Kunden		398	
Zahl der Artikel		2289	
		Zeit in Std.	
Registrierzeit	59 %	05:19	→ Erfassen von Preisen
Kassierzeit	34 %	03:02	→ reine Kassierzeit
Totzeit	8 %	00:42	→ keine Kassiervorgänge
Anwesenheit der Kassiererin	90 %	09:03	
Kasse geschlossen	10 %	00:45	
Betriebszeit	100 %	09:00	

Berechnen Sie folgende Werte:

a) Durchschnittsumsatz je Stunde

b) Durchschnittspreis je Artikel

c) Durchschnittsumsatz je Kunde

d) Zahl der je Minute registrierten Artikel

3 An einem Sonderverkaufsstand während der Italienischen Woche im Warenhaus Merkur wurden heute 294 Packungen Espressokaffee zu je 9,98 € das kg verkauft. Morgens befanden sich 150,00 € Wechselgeld in der Kasse. Bei der Abrechnung wird ein Kassenbestand von 2.748,00 € festgestellt.
Wie hoch hätte die Tageseinnahme sein müssen und wie viel Prozent vom Umsatz beträgt die Kassendifferenz?

5.5 Kasse und Warenwirtschaftssystem

SITUATION

Frau May, Inhaberin eines kleinen Spezialgeschäfts für Naturkostwaren, ärgert sich schon lange darüber, dass sie zwar am Ende eines Tages ihren Umsatz kennt, aber keine Informationen darüber hat, was gut oder schlecht „läuft". Auch kann sie nur grob abschätzen, ob Sonderangebote und Aktionen sich positiv auf ihren Umsatz auswirken. In der Fachzeitschrift „Handelsmarketing" weckt ein Artikel über computergestützte Warenwirtschaftssysteme für Kleinbetriebe ihr Interesse.

INFORMATION

Bei jedem Verkaufsvorgang an einer Datenkasse werden Daten erfasst, die für den Einzelhändler wichtige Basisinformationen liefern. Sie helfen ihm dabei, seine unternehmerischen Entscheidungen zu planen, durchzuführen und auf Wirksamkeit hin zu überprüfen.

Grundlagen der computergestützten Warenwirtschaft

Begriff und Aufgaben der Warenwirtschaft

Unter **Warenwirtschaft** versteht der Einzelhändler alle die Tätigkeiten, die mit der Beschaffung, der Lagerung und dem Verkauf der Handelswaren verbunden sind.

Jeder Artikel des Sortiments soll in der richtigen Menge, der richtigen Kombination, am richtigen Ort und zum richtigen Zeitpunkt für die Kunden verfügbar sein **(Warenfluss).**

Ein solches **Warenwirtschaftssystem (WWS)** stellt die warenbezogenen Geschäftsprozesse eines Handelsunternehmens durch Daten dar **(Informationsfluss).**

Beispiel:

- Sache → Sportschuhe, Größe 44, Marke Vicki, Modell Road-Runner
- Vorgang → Verkauf von einem Paar zu 99,00 €
- Person → Verkäufer Tim Frank

Durch einen solchen alltäglichen Verkaufsvorgang werden mit Unterstützung eines Warenwirtschaftssystems wichtige Informationen gewonnen.

Beispiel:

- In Größe 44 sind von diesem Modell nur noch zwei Paar vorhanden, daher ist eine Nachbestellung erforderlich.
- Durch den Verkauf erhöht Tim seinen Umsatz um 99,00 € und überschreitet die Umsatzvorgabe der Woche bereits am Donnerstag.

Formen eines Warenwirtschaftssystems

Je nach dem Grad der Datenverknüpfung in den einzelnen Unternehmensbereichen werden verschiedene Formen eines Warenwirtschaftssystems unterschieden:

Offenes Warenwirtschaftssystem	Die Daten werden in den einzelnen Abteilungen unabhängig voneinander mit DV-Unterstützung oder manuell erfasst. Es besteht keine Kommunikation zwischen den Abteilungen.
Geschlossenes Warenwirtschaftssystem	Alle Warenvorgänge werden von der Bestellung beim Lieferanten, über den Wareneingang, die Lagerung und den Verkauf an die Kunden erfasst. Die Daten werden zentral verwaltet, aktualisiert und stehen allen Abteilungen des Unternehmens zur Verfügung.
Integriertes Warenwirtschaftssystem	Verbindung mit Informationssystemen außerhalb des Unternehmens, z. B. mit Lieferanten, Logistikdienstleistern, Verrechnungsstellen von Einkaufsverbänden und Banken.

Daten- und Informationsfluss in einem geschlossenen Warenwirtschaftssystem

Ein **Warenwirtschaftssystem** ist aus Systembausteinen (Module) aufgebaut. Jedes dieser Module bildet einen Unternehmensbereich bzw. eine Tätigkeit als Teil eines EDV-Systems ab.

In diesem System fließen **Daten- und Informationsströme,** auf die jederzeit zugegriffen werden kann, um die für eine optimale Steuerung des Betriebsgeschehens notwendigen Entscheidungen treffen zu können.

Abb. Kreislaufmodell eines Warenwirtschaftssystems

Datenarten

In einem Warenwirtschaftssystem setzen sich die gewünschten Informationen aus verschiedenen **Datenarten** zusammen:

Stammdaten bilden die Grundlage eines geschlossenen bzw. integrierten Warenwirtschaftssystems.

Sie sind als Stammdatensatz im DV-System hinterlegt und stehen bei allen Geschäftsvorgängen zur Verfügung.

Abb. Datenarten in einem Warenwirtschaftssystem

Wichtige Stammdaten		
Betriebsstamm	→	Daten zum Betrieb *(Anschrift, Abteilungen, Warengruppen)*
Artikelstamm	→	Daten zu den angebotenen Artikeln *(Artikelnummer, -bezeichnung, Lieferant, Einkaufs- und Verkaufspreis)*
Lieferantenstamm	→	Daten für die Beschaffung *(Name, Anschrift, Ansprechpartner, Konditionen)*
Kundenstamm	→	Daten zu Stammkunden *(Kundennummer, Name, Anschrift, Preislage, Umsätze)*
Mitarbeiterstamm	→	Daten zum Personal *(Name, Anschrift, Alter, Familienstand, Gehalt, Provision, Qualifikation)*

Die **Bestandsdaten** geben eine mengen- und wertmäßige Auskunft über die Artikel des Warensortiments. Durch Geschäftsvorfälle (Wareneingang, Verkauf, Rücksendungen an Lieferanten) unterliegen sie laufend Änderungen.

Stamm- und Bestandsdaten werden durch **Bewegungsdaten** verändert. Sie werden auch als Änderungsdaten bezeichnet.

Zur Steuerung und Kontrolle des Unternehmens sind besonders die Daten von Bedeutung, die aufgrund von Wareneingängen und Abverkäufen entstehen. Diese Daten ergeben sich auf zwei verschiedene Arten:

- **Daten entstehen durch Erfassung** → Eingabe von Wareneingängen, Erfassen der Warenverkäufe am POS mit Scannertechnik.
- **Daten ergeben sich durch Auswertung** → Keine Erfassung erforderlich, sondern das System stellt sie aufgrund der vom Benutzer formulierten Fragestellung zur Verfügung *(Gesamtumsatz zwischen 9:00 und 12:00 Uhr)*.

Beispiel: Die Bildschirmmaske „Artikel-Auskunft“ des Warenwirtschaftssystems der Textil-Markt GmbH zeigt alle drei Datenarten:

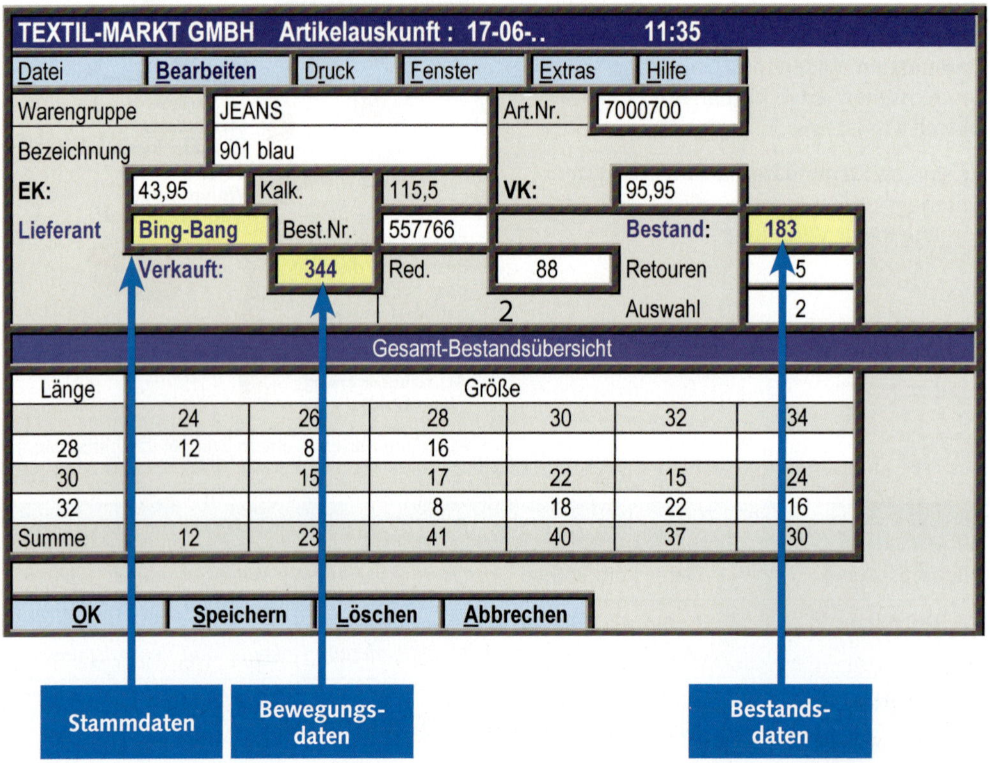

AKTION

1 Erklären Sie den wesentlichen Unterschied zwischen offenen und geschlossenen Warenwirtschaftssystemen.

2 Durch welche Daten werden Waren Ihres Ausbildungsbetriebes identifiziert?

3 Schildern Sie betriebliche Situationen, bei denen es zu Änderungen von Stammdaten kommt.

4 Welche wichtigen Entscheidungen wird der Einzelhändler trotz EDV-Unterstützung auch künftig ohne den Computer treffen müssen?

5 Frau van Laak möchte Stammkunden ihrer Boutique La Moda noch besser betreuen und plant, mithilfe ihres Warenwirtschaftssystems eine Kundendatenbank aufzubauen.

a) Welche kundenspezifischen Informationen müssen als Kundenstammdaten angelegt werden?

b) Was muss dabei stets beachtet werden?

Verkaufsdatenerfassung

Beim Verkauf einer Ware werden nicht nur die Daten zu diesem Artikel, sondern auch Daten zum Kunden und zum Verkäufer erfasst und gespeichert.

Verkaufsdaten liefern Informationen über:

Artikel

- Artikelnummer
- Artikelbezeichnung
- Lieferant
- Menge
- Verkaufspreis
- Preislage
- Alter

Kunden

anonym:
- gekaufte Artikel
- Datum und Uhrzeit

persönlich:
- Name und Anschrift
- Anzahl der Käufe
- Umsätze

Personal

- Personalnummer
- Umsätze
- Kassierzeit
- Stornozahl
- Kundenzahl

Die Daten, mit denen die Waren an der Kasse identifiziert werden können, müssen in einer maschinenlesbaren Form vorliegen.

Codierungs- und Nummerierungssysteme

Damit das Warenwirtschaftssystem die notwendigen Daten im Hauptspeicher finden kann, wird der Artikel über eine Nummer identifiziert. Diese Nummern werden entweder von den Herstellern der Waren vergeben (**GTIN-Nummern**, früher EAN-Nummern) oder dies geschieht betriebsintern (**Identnummern**). Die **Codierung** erfolgt in den meisten Fällen durch einen **Balkencode** (engl. = Barcode), bei dem die Artikeldaten durch senkrechte Striche („Zebrastreifen") codiert werden.

! **Hinweis:** Der Begriff „EAN" wird nach und nach verschwinden und durch die neue Bezeichnung „GTIN" ersetzt. Die „Global Trade Item Number" wird von GS1-Germany (Köln) vergeben. Über 130.000 Unternehmen nutzen in Deutschland die Dienste von GS1.

Nummerierung durch Hersteller mit GTIN (Global Trade Item Number)

Über eine weltweit einmalige 8- bzw. 13-stellige **GTIN-Nummer** können eine Vielzahl von Informationen abgerufen werden, die im Rahmen warenwirtschaftlicher Auswertungen beim Wareneingang, im Lager oder an der Kasse von größter Bedeutung sind. Neben dem seit vielen Jahren eingeführten Strichcode soll künftig ein besonders kleiner linearer Strichcode (**GS1 Data-Bar**) auch Zusatzinformationen wie Gewicht oder Mindesthaltbarkeitsdatum auf kleinstem Raum verschlüsseln können.

Aufbau einer GTIN-Nummer

4012345123456

Internationale Artikelnummer (GTIN-13)		
Basisnummer	individuelle Artikelnummer	Prüfziffer
40 12345	12345	6

Bedeutung der 13 Nummern

1) 1.– 2. Stelle	Länderkennzeichen	→	40- 44 Deutschland, 00-13 USA, Kanada, 49 Japan
2) 3.– 7. Stelle	Herstellernummer	→	Cormoran GmbH Leipzig
3) 8.– 12. Stelle	individuelle Artikelnummer des Herstellers	→	Schulfüller „Basic"
4) Prüfziffer	Kontrollzahl, die die Richtigkeit der GTIN-Nummer garantiert		

Die **Basisnummer** wird auch als **GLN** (Globale Lokationsnummer) bezeichnet. Sie ist Voraussetzung für die Teilnahme an der internationalen Artikelnummerierung.

›› **Beispiel:** Die Abbildung zeigt vereinfacht, wie beim Einkauf einer Flasche Sekt dieser Artikel über die GTIN-Nummer identifiziert wird. Anhand der gescannten Nummer wird in einer PLU-Datei der zugehörige Preis ermittelt. Erwünschte Zusatzinformationen (Text-Beschreibung der Ware) können ebenfalls mit der GTIN-Nummer abgefragt werden.

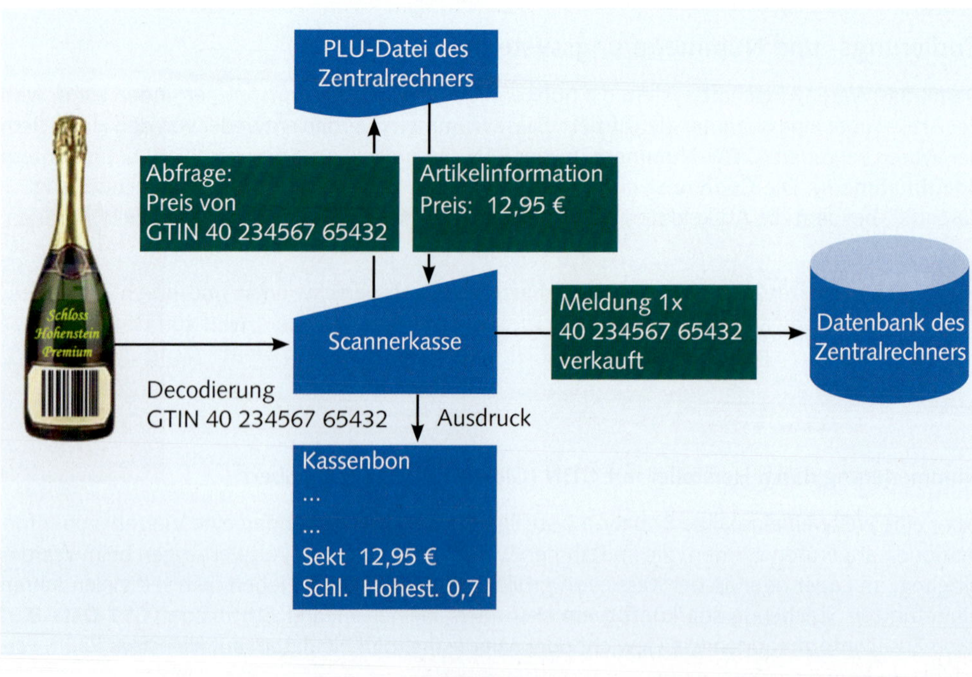

Betriebseigene Identnummernsysteme

Diese Nummern werden vom System fortlaufend vergeben. Eine **Identnummer** identifiziert eindeutig den ihr zugeordneten Artikel. Diese Nummern sind gewissermaßen der „Schlüssel", der die Informationen über diesen Artikel erschließt.

Auch bei internen Artikelnummern ist es möglich, sich am System der Internationalen Artikelnummerierung zu orientieren. Dafür sind die Vorziffern 20 bis 29 reserviert. Danach folgt eine interne 10-stellige Nummer **(Instore-Auszeichnung).**

Neben der Balkencodierung ist eine Codierung in **OCR-Schrift** (**O**ptical **C**haracter **R**ecognition) möglich. Diese Codierung in Klarschrift hat den Vorteil, sowohl von Maschinen, als auch von Menschen gelesen werden zu können. Auch eine Kombination aus Strich- und OCR-Code ist in der Praxis anzutreffen.

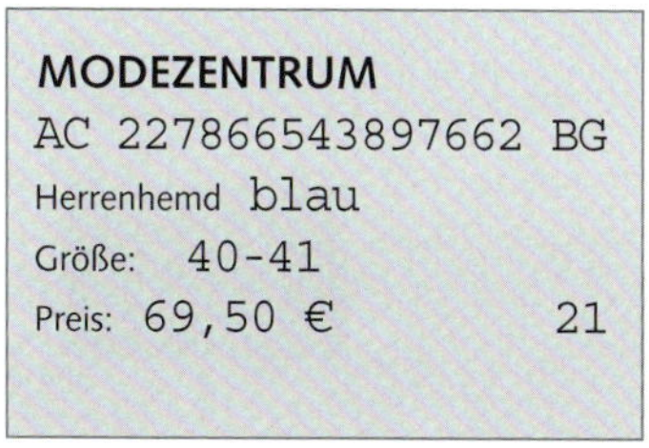

AKTION

Länderquiz: In Ihrem Warensortiment sind Artikel aus der ganzen Welt. Nur, wer kennt schon die Bedeutung aller Ländervorziffern auf dem GTIN-Code?

Finden Sie heraus, aus welchem Land die Waren kommen.

Ziffer	Hinweis auf das Land
69	Absatzmarkt der Zukunft und mit noch günstigen Lohnkosten
76	Käse und Uhren sind Markenprodukte dieses Landes
73	Heimat des Elchs und eines unmöglichen Möbelhauses
90	Sachertorte und Jagertee, zwei Länder-Spezialitäten, die es in sich haben
50	Rollende Steine und Pilzköpfe haben Popgeschichte geschrieben
49	Land der aufgehenden Sonne und elektronischer Wunderdinge
01	Dort sind viele Geschäfte rund um die Uhr geöffnet
60	Wenn bei uns tiefster Winter herrscht, kommt von dort frisches Obst
80	Deutsche Fußballer verdienen dort im Süden gern ihr Geld

Verkaufsdatenauswertung

Die **Auswertung** der in einem Warenwirtschaftssystem gespeicherten **Daten** stellt für den Einzelhändler eines der wichtigsten **Hilfsmittel** zur Beurteilung seiner wirtschaftlichen Lage dar. Der Einzelhändler kann daraus Schlussfolgerungen, z. B. für die Sortimentsgestaltung oder die Platzierung und Präsentation seiner Waren, ziehen.

» **Beispiel:** Durch Bon-Analysen erhält man wichtige Erkenntnisse über das Kundenverhalten (Schnäppchenjäger bei Aktionen, Verbundkäufe, Einfluss von Ladenfunk-Werbung). So fand man beim amerikanischen Lebensmittelriesen Wal-Mart heraus, dass Bierdosen am besten neben Babywindeln zu platzieren sind. Offenbar werden abends bevorzugt junge Väter zum Einkaufen geschickt, die für den trockenen Nachwuchs und die feuchte Kehle gleichermaßen vorsorgen.

Die folgende Abbildung zeigt im Überblick, welche Auswertungen durch ein computergestütztes Warenwirtschaftssystem möglich sind.

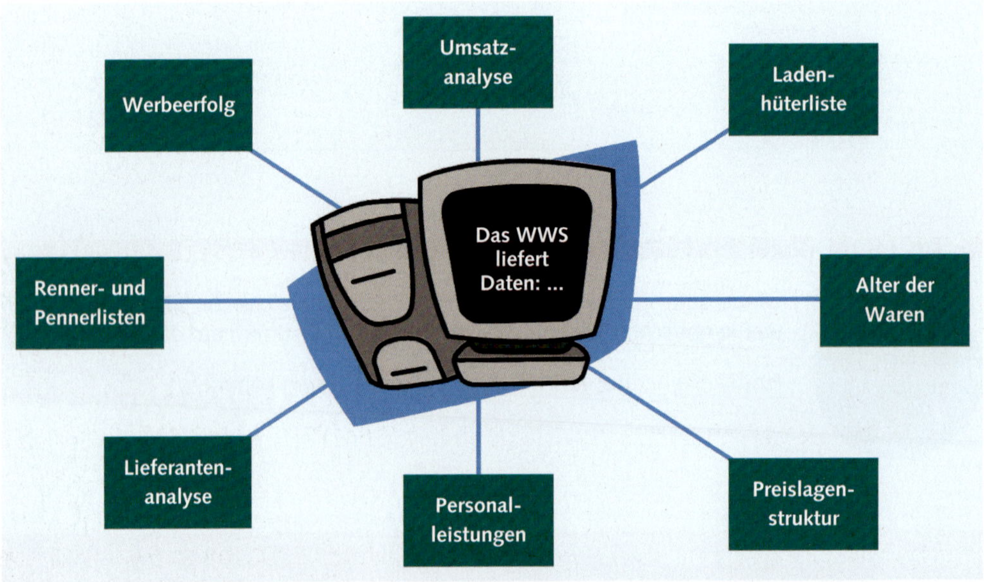

AKTION

1 Wie können Informationen aus Verkaufsdatenanalysen einen Einzelhändler bei der Planung des Wareneinkaufs und zur Beurteilung von Personalleistungen unterstützen? Zeigen Sie dies an drei Beispielen.

2 Sammeln Sie in Ihren Ausbildungsbetrieben von Kunden liegengelassene Kassenbons. Versuchen Sie selbst in Gruppenarbeit eine Bonanalyse vorzunehmen.

3 Verdeutlichen Sie an einem Beispiel, wie ein Einzelhändler durch die Auswertung von Verkaufsdaten die Warenplatzierung verbessern kann.

6 Buchführung als Teil des Rechnungswesens

SITUATION

Einzelhändler Frank Schmitt kauft für sein Unternehmen ein neues Notebook. Der Rechnungsbetrag lautet über 1.499,00 € und ist auf dem abgebildeten Kassenbon belegt. Ihnen wird das Original begegnen, aber häufig werden Sie einfach nur den Betrag oder einen Teil davon in Listen und Auswertungen sehen.

Versuchen Sie in Ihrem Ausbildungsbetrieb den Weg eines konkreten Beleges nachzuvollziehen. Beschreiben Sie diesen. Nennen Sie Listen und Auswertungen, in denen die Daten dieses Beleges erfasst sind.

6.1 Aufgaben und Bereiche des Rechnungswesens

SITUATION

Das neue Notebook von Frank Schmitt kostet 1.499,00 €.

Bei der Kalkulation des Verkaufspreises hat die Geschäftsleitung der PRO MEDIA folgende Berechnung vorgenommen:

	Einkaufspreis	600,00 €
+	Kosten für Verwaltung	+ 109,00 €
+	Kosten für Lager und Verkauf	+ 250,00 €
+	Gewinnzuschlag	+ 300,66 €
=	Verkaufspreis (ohne USt.)	1.259,66 €

Überlegen Sie, aus welchen Quellen diese Daten im Unternehmen der PRO MEDIA stammen.

■ INFORMATION

© Soleg – stock.adobe.com

Die Daten, die zur Preiskalkulation des Notebooks benötigt werden, stammen aus **dem betrieblichen Rechnungswesen**.

Dieses hat die **Aufgabe** umfassende Informationen über alle wichtigen und zahlenmäßig erfassbaren Vorgänge der Unternehmung aufzuzeichnen und der Unternehmensleitung und den verantwortlichen Mitarbeitern zur Verfügung zu stellen.

Aufbau und Ablauf des betrieblichen Leistungsprozesses werden dadurch transparent dargestellt und die Daten können zur „**Überwachung**" genutzt werden.

Das Rechnungswesen stellt darüber hinaus die **Grundlage** für die **Planung** und **Steuerung** der Geschäftsprozesse durch die Unternehmensleitung dar.

■ Bereiche des Rechnungswesens

© strichfiguren.de – stock.adobe.com

Zum **Rechnungswesen** eines Einzelhandelsunternehmens, wie zu jedem anderen Unternehmen, gehören die Bereiche:

- Finanzbuchhaltung
- Statistik
- Kosten- und Leistungsrechnung
- Planungsrechnung

Finanzbuchhaltung

Zentraler Bestandteil des Rechnungswesens ist die **Finanzbuchhaltung**. Sie erfasst jeden Geschäftsvorfall im Unternehmen innerhalb eines bestimmten Zeitraums, üblicherweise über ein Geschäftsjahr.

Aufgaben der Finanzbuchhaltung	
Dokumentationsfunktion:	**Informationsfunktion:**
Sie bildet das betriebliche Geschehen in Zahlengrößen mithilfe der im Unternehmen anfallenden Belege *(z. B. Rechnungen, Kassenzettel, Kontoauszüge)* ab.	Sie informiert Entscheidungsträger innerhalb und außerhalb der Unternehmung. Dadurch wird sie zur Grundlage von Unternehmensentscheidungen.

Kosten- und Leistungsrechnung

Die **Kosten- und Leistungsrechnung** ist **Grundlage** der

- Kalkulation (Ermittlung des Verkaufspreises)
- Kostenkontrolle
- Erfassung der erbrachten Leistungen (Umsatzerlöse)
- Nachkalkulation zur Ergebnisermittlung (Preisabschriften)

Statistik

Statistische Auswertungen geben **Auskunft** über **betriebliche Entwicklungen** und dienen der **Verdeutlichung** von **Ergebnissen**. Die ausgewerteten Daten werden in Tabellen oder Grafiken dargestellt.

Planungsrechnung

Aus den Teilbereichen des Rechnungswesens werden Daten zu Plänen verarbeitet.

Beispiele für betriebliche Pläne:	
Umsatzplan	Informationen zu geplanten Warenumsätzen
Beschaffungsplan	Informationen zum Wareneinkauf
Finanzplan	Aufstellung des Finanzbedarfs, Zu- und Abgang von Finanzmitteln

Controlling

Die Informationen aus den einzelnen Bereichen des betrieblichen Rechnungswesens stellen die Grundlage für das **Controlling-System** der Unternehmung dar.

Der Begriff Controlling ist abgeleitet vom englischen Verb „to control" und kann übersetzt werden mit: lenken, steuern, planen, überwachen, kontrollieren.

> **!** **Hinweis:** Controlling unterstützt die Unternehmensleitung bei der Vorbereitung von Entscheidungen, dem Steuern von Geschäftsprozessen und der Kontrolle des Unternehmensgeschehens.

Zusammenhang zwischen den einzelnen Bestandteilen des Rechnungswesens:

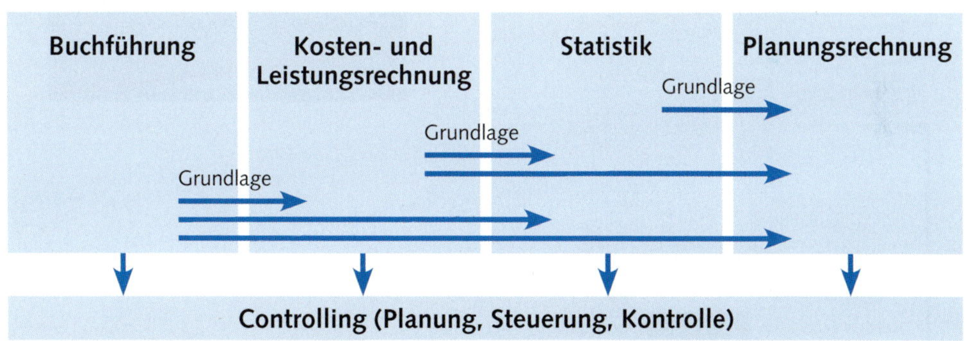

Bedeutung des Rechnungswesens für ein Unternehmen

Mithilfe des Rechnungswesens möchte ein Unternehmen

- den **Nachweis** über das **Vermögen** und die **Verbindlichkeiten** der Unternehmung führen,
- die **Ermittlung** des **Erfolges** einer Periode im Unternehmen vornehmen,
- die **Wirtschaftlichkeit** der betrieblichen Prozesse im Unternehmen überprüfen,
- wichtige **Informationen** für die Preisgestaltung und deren Überwachung gewinnen,
- die Grundlage für **Planung** und **Kontrolle** der unternehmerischen Entscheidungen legen.

© MEV Agency UG

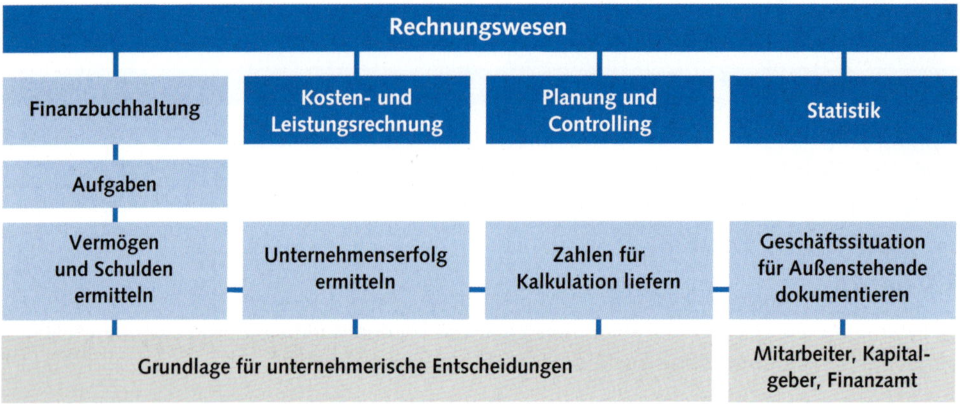

6.2 Der Weg vom Beleg über das Journal zum Hauptbuch

Der **Beleg** des Notebooks

weitere Belege wie z.B.

- Eingangsrechnungen (ER)
- Ausgangsrechnungen (AR)
- andere Kassenbelege (KB)
- Kontoauszüge
- und sonstige Belege

werden erfasst im **Grundbuch** (Journal)

Journal	Monat/Jahr: 02/20..					Seite 2
Datum	Beleg Nr.	Bezeichnung des Vorgangs	Kontierung		Betrag	
19.02. ..	ER 06	Gebäudedienst XXL				248,00 €
20.02. ..	KB 22	McPaper – Bürobedarf				90,50 €
20.02. ..	KB 23	Pro Media – Notebook				1.499,00 €

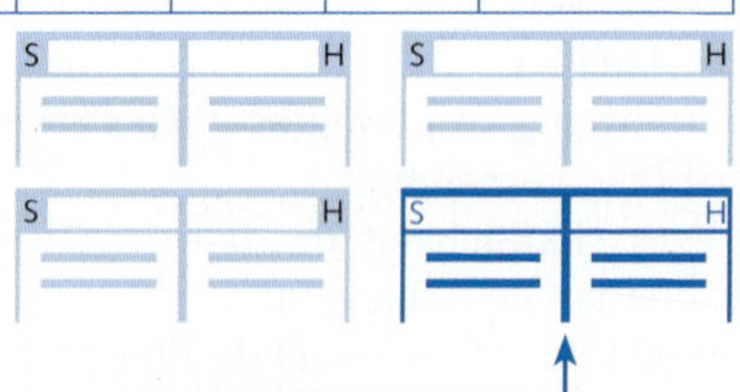

und dann weitergegeben (bzw. ein zweites Mal erfasst) an das **Hauptbuch**, z. B. im Konto „Büromaschinen".

6.3 Barvorgänge erfassen

Kassenbuch

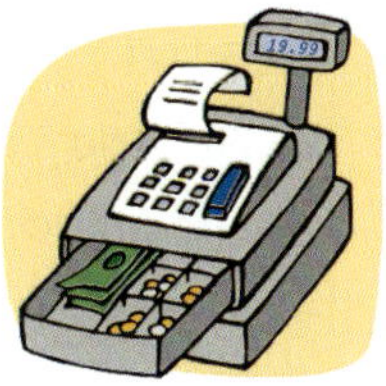

In einem **Kassenbuch** werden alle Barvorgänge in einer zeitlichen Abfolge erfasst. Damit kann ein rechnerischer Kassenbestand (Soll-Bestand) ermittelt werden. Dieser Kassenbestand muss dann noch mit dem tatsächlichen Kassenbestand (Ist-Bestand) abgeglichen werden.

Einzelhändler Frank Schmitt erfasst am 20.02.20.. seine Barvorgänge im **Kassenbuch**:

	A	B	C	D
1	**Kassenbuch**			
2				
3	**Datum**	**Vorgang**	**Einnahme/ Bestand**	**Ausgabe**
4	20.02.	*Kassenbestand*	2.230,00 €	
5	20.02.	*Barzahlung Notebook*		1.499,00 €
6	20.02.	*Eingang vom Bankkonto*	2.500,00 €	
7	20.02.	*Barzahlung lt. Tankbeleg*		81,00 €
8	20.02.	*Kundenanzahlung*	250,00 €	
9		**Kassenschlussbestand 20.02.**	**3.400,00 €**	

Kassenkonto

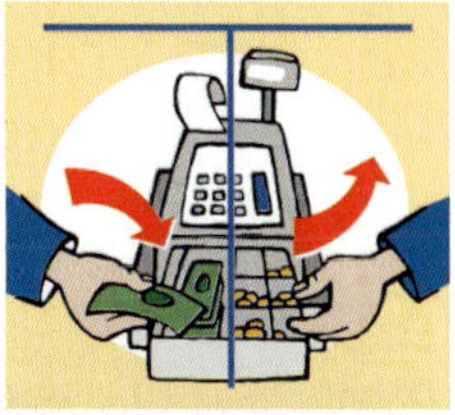

Auf dem **Kassenkonto** werden alle Barvorgänge (Einnahmen – Ausgaben) erfasst. Das Kassenkonto besteht aus zwei Spalten und hat somit die Form eines „T“ (T-Konto). In die linke Spalte werden alle Einzahlungen (= Einnahmen) und der Anfangsbestand (AB), und in die rechte Spalte alle Auszahlungen (= Ausgaben) sowie der Schlussbestand (SB) oder auch Saldo genannt, geschrieben. Einzelhändler Frank Schmitt erfasst am 20.02.20.. seine Barvorgänge im **Kassenkonto**:

Einnahmen	**Kassenkonto**		**Ausgaben**
AB	2.230,00 €	Barzahlung Notebook	1.499,00 €
Eingang vom Bankkonto	2.500,00 €	Barzahlung lt. Tankbeleg	81,00 €
Kundenanzahlung	250,00 €	**Saldo (SB)**	3.400,00 €
	4.980,00 €		4.980,00 €

AKTION

1 Wie wird in Ihrem Ausbildungsbetrieb die Finanzbuchhaltung durchgeführt?

2 Nennen Sie die vier Bereiche des Rechnungswesens.

3 Welche Aufgaben hat die Finanzbuchhaltung?

4 Erstellen Sie für folgende Vorgänge das Kassenbuch und das Kassenkonto: Anfangsbestand 3.400,00 €; Barzahlung von Briefmarken 50,00 €; Eingang vom Bankkonto 350,00 €; Barzahlung Büromaterial 300,00 €; Barverkauf 550,00 €.

5 Der Einzelhändler Frank Schmitt muss am Abend des heutigen Geschäftstages seinen Kassenbestand erfassen. Der Kassenanfangsbestand war am heutigen Geschäftsbeginn 3.650,00 €. Auch müssen noch die angefallenen Belege des heutigen Tages erfasst werden.

a) Ermitteln Sie den Kassenendbestand lt. der Bargeldzählliste vom 24.02.20..; 20:05 Uhr.

b) Klären Sie die jeweilige Belegart und beschreiben Sie den zugrunde liegenden Geschäftsvorfall.

c) Erstellen Sie das Kassenbuch vom 24.02.20...

d) Bilden Sie auch das Kassenkonto.

e) Welche Ursachen können zu Differenzen zwischen dem Kassenist- und Buchbestand führen?

f) Wie können diese Differenzen vermieden werden?

Bargeldzählliste					vom: 24.02.20..; 20:05 Uhr
	Geldsorte EUR	Anzahl	Gesamtwert		Summe EUR, Cent
			EUR	Cent	
Scheine	200,00	1			
	100,00	1			
	50,00	2			
	20,00	5			
	10,00	4			
	5,00	7			
Münzen	2,00	8			
	1,00	3			
	0,50	4			
	0,20	8			
	0,10	2			
	0,05	2			
	0,02	3			
	0,01	6			
				gezählter Bargeldbestand insgesamt	?????
Datum, 24.02.20..; Unterschrift:					

1

BESCHEINIGUNG

über den Bezug von

Postwertzeichen

im Gesamtbetrag von

55,00 €

inklusive 19 % USt.

12031000 24.02.20..

Minerol AG **2**

Neuburg

Quittung für

Herrn/Frau/Firma **Frank Schmitt**

Liter	Produkt	€	Cent
	Super bleifrei		
	Super Plus bleifrei		
75	Diesel	102	50
	zu zahlender Betrag inkl. 19 % USt.	121	98

Betrag dankend erhalten. **Neuburg, 24.02.20..**

Im Gesamtbetrag sind 19 % USt. enthalten.

Amtsgericht Neuburg HRB 508917
Vorstand: Dr. Katerina Murillo Soberanis
Aufsichtsratsvorsitzende: Elke Wendehost

Netto €	1.500	Cent	00
€ + 19 % USt.	285	Cent	00
Gesamt €	1.785	Cent	00

Quittung 3

Gesamtbetrag € in Worten
– eintausendsiebenhundertfünfundachtzig – Cent wie oben

(Im Gesamtbetrag sind 19 % Umsatzsteuer enthalten)
von **Melanie Weber**

für **gebrauchten Pkw VW Caddy**

richtig erhalten zu haben, bestätigt

Ort **Neuburg** Datum **24.02.20..**

Buchungsvermerke | Stempel/Unterschrift des Empfängers *Frank Schmitt*

Einzahlung auf eigenes Konto — Sparbank AG Neuburg 4

Anbei erhalten Sie zur Gutschrift auf

Konto Nummer	
124855	**€ 4.700,00**

Euro in Worten
viertausendsiebenhundert

Name des Kontoinhabers
Frank Schmitt

Datum, Unterschrift
24.02.20.. *Frank Schmitt*

Mehrzweckfeld × | Konto-Nr. × | Betrag × | Bankleitzahl × | Text ×

Bitte dieses Feld nicht beschriften und nicht bestempeln

Netto €	33	Cent	61
€ + 19 % USt.	6	Cent	39
Gesamt €	40	Cent	00

Quittung 5

Gesamtbetrag € in Worten
– vierzig – Cent wie oben

(im Gesamtbetrag sind 19 % Umsatzsteuer enthalten)
von **Nadine Riedel**

für **gebrauchtes Verkaufsregal**

richtig erhalten zu haben, bestätigt

Ort **Neuburg** Datum **24.02.20..**

Buchungsvermerke | Stempel/Unterschrift des Empfängers *Frank Schmitt*

7 Bilanz – Übersicht über Vermögen und Schulden

SITUATION

Markus Schuller führt in Neuburg ein kleines Sportartikelgeschäft. Zu seinem Unternehmen gehört das Haus, in dem sich sein Laden und seine Büroräume befinden, ein kleiner Lieferwagen, die Ladeneinrichtung, eine Registrierkasse, ein Computer sowie der Warenbestand. Herr Schuller hat einen Barbetrag in seiner Kasse, er besitzt sein Geschäftsgirokonto und hat bei der Bank eine Darlehensschuld. Darüber hinaus hat er die letzte Warenlieferung noch nicht bezahlt (Verbindlichkeiten). Ein Kunde hat drei Artikel zur Ansicht mit nach Hause genommen.

© MEV Agency UG

Das Wirtschaftsjahr für das Sportartikelgeschäft ist zu Ende. Herr Schuller muss eine Inventur durchführen.

1. Wie kann Herr Schuller die einzelnen Positionen erfassen?
2. Wie sieht das Inventar des Sportartikelgeschäftes zum Stichtag aus?

INFORMATION

7.1 Inventur

Nach gesetzlichen Bestimmungen (§ 240 HGB und §§ 140, 141 AO) ist der Kaufmann verpflichtet, Vermögen und Schulden des Unternehmens zu bestimmten Zeitpunkten festzustellen.

Eine **Bestandsaufnahme** von **Vermögen** und **Schulden** muss durchgeführt werden:

- bei der Gründung oder Übernahme eines Unternehmens,
- am Schluss eines Geschäftsjahres,
- bei Auflösung oder Verkauf des Unternehmens.

© vegefox – stock.adobe.com

Hinweis: Die Tätigkeit der Bestandsaufnahme von Vermögen und Schulden nennt man Inventur.

Alle Vermögensteile und Schulden der Unternehmung müssen nach ihrer **Art** (Bezeichnung), ihrer **Menge** (Stückzahl, Gewicht, Länge usw.) und ihrem **Wert** (in € zum Stichtag) erfasst werden. Diese Bestandsaufnahme muss mindestens einmal pro Geschäftsjahr erfolgen.

Alle **körperlichen Gegenstände** in der Unternehmung, dazu gehören auch alle Waren eines Einzelhändlers, müssen durch Zählen, Messen oder Wiegen erfasst werden. Ist eine exakte Erfassung nicht möglich, darf mitunter auch geschätzt werden. Man spricht in diesem Zusammenhang auch von der **körperlichen Inventur** (oder körperlichen Bestandsaufnahme).

Alle übrigen (nichtkörperlichen) Gegenstände, z. B. Forderungen, Bankguthaben oder Schulden, werden anhand vorhandener Unterlagen, wie Belege oder buchhalterischen Aufzeichnungen, ermittelt. Dieser Vorgang wird als **Buchinventur** (oder buchmäßige Bestandsaufnahme) bezeichnet.

Wichtige Inventurpositionen		
Bezeichnung	**Beispiel**	**Erfassung**
unbewegliches Anlagevermögen	Immobilie	Buchinventur
bewegliches Anlagevermögen	Betriebs- und Geschäftsausstattung (Ladeneinrichtung) Fuhrpark (Lieferwagen) Büromaschinen (Registrierkasse, Computer)	körperliche Bestandsaufnahme mit Einzelnachweis und Einzelbewertung
Vorratsvermögen	Handelswaren (Turnschuhe, Badeanzüge, Tennisschläger u.v.m.)	körperliche Bestandsaufnahme mit Einzelnachweis und Einzelbewertung
Forderungen aus Lieferungen und Leistungen	unbezahlte Ware von Kunden	Buchinventur (Saldenlisten/Konten der Schuldner)
Bankguthaben	Bestand Girokonto	Buchinventur (Kontoauszüge)
Kassenbestand	Geld in Registrierkasse	körperliche Bestandsaufnahme mit Kassenprotokoll
Verbindlichkeiten gegenüber Kreditinstituten	Darlehen	Buchinventur (Kontoauszüge)
Verbindlichkeiten aus Lieferungen und Leistungen	unbezahlte Warenlieferung	Buchinventur (Saldenlisten/Konten der Gläubiger)

> **!** **Hinweis:** Unter **Forderungen** aus Lieferungen und Leistungen versteht man **Zahlungsansprüche gegenüber Kunden** aus noch nicht bezahlten Ausgangsrechnungen, d. h. der Kunde hat die Ware, aber sie wurde von ihm noch nicht bezahlt.
>
> Unter **Verbindlichkeiten** aus Lieferungen und Leistungen versteht man **Schulden gegenüber einem Lieferanten**, d. h. der Lieferant hat die Waren bereits geliefert, aber sie ist noch nicht bezahlt.

Inventurverfahren

Je nachdem, wann die Inventur durchgeführt wird, kann man verschiedene Verfahren der Inventur unterscheiden.

Stichtagsinventur § 240 Abs. 1 HGB/ Abschn. 30 Abs. 1 EStR	Die körperliche Bestandsaufnahme muss für den Bilanzstichtag, also den Schluss des Geschäftsjahres, erbracht werden. Sie muss aber nicht unmittelbar am Bilanzstichtag erfolgen, sondern kann zeitnah, innerhalb von zehn Tagen vorher oder danach durchgeführt werden. Die Bestandsveränderungen zwischen dem Zeitpunkt der Bestandsaufnahme und dem Bilanzstichtag müssen allerdings berücksichtigt werden. Nachteilig bei der Stichtagsinventur ist der hohe Arbeitsaufwand, der innerhalb eines kurzen Zeitraums erbracht werden muss.
Permanente Inventur § 241 Abs. 2 HGB	Die permanente Inventur ist erlaubt, wenn durch ein anderes Verfahren gesichert ist, dass der Bestand der Vermögensgegenstände nach Art, Menge und Wert auch ohne körperliche Bestandsaufnahme zum Bilanzstichtag festgestellt werden kann. Dies kann, insbesondere unterstützt durch EDV, mithilfe von Lagerbüchern, Lagerkarteien oder Warenwirtschaftssystemen erfolgen. Bei der körperlichen Aufnahme werden die Soll- und Istbestände abgeglichen und wenn nötig korrigiert. Am Geschäftsjahresende werden die bis dahin fortgeschriebenen Bestände (Buchbestände) ohne zusätzliche Abschlussarbeiten in die Inventur übernommen. Voraussetzung dieses Verfahrens ist jedoch, dass mindestens einmal pro Geschäftsjahr, zu einem beliebigen Zeitpunkt, eine körperliche Bestandsaufnahme durchgeführt wird und so die Bestände überprüft werden. Bei besonders wertvollen Gütern darf keine permanente Inventur durchgeführt werden (Abschn. 30 EStR).
Zeitlich verlegte Inventur § 241 Abs. 3 HGB	Drei Monate vor oder zwei Monate nach dem Bilanzstichtag kann eine zeitlich verlegte Inventur durchgeführt werden. Der sich ergebende Gesamtwert des Bestandes wird dann wertmäßig (jedoch nicht mehr mengenmäßig) auf den Bilanzstichtag fort- bzw. zurückgeschrieben.
Stichprobeninventur § 241 Abs. 1 HGB	Bei der Stichprobeninventur darf der Bestand der Vermögensgegenstände nach Art, Menge und Wert auch mithilfe anerkannter mathematisch-statistischer Methoden aufgrund von Stichproben ermittelt werden. Die Stichproben müssen jedoch im Rahmen einer körperlichen Bestandsaufnahme erfasst werden.

Bei der permanenten Inventur handelt es sich, ebenso wie bei der zeitlich verlegten Inventur und der Stichprobeninventur, um sogenannte **Inventurvereinfachungsverfahren.**

Durchführung einer Inventur

Für jedes Unternehmen, insbesondere aber für den Einzelhandel, ist eine Inventur ein großer zusätzlicher Arbeitsaufwand. Um einen reibungslosen Ablauf zu erreichen und sicherzustellen, dass alle Bestände korrekt erfasst werden, ist eine sorgfältige Planung notwendig. Dafür gibt es in vielen Betrieben **Inventurrichtlinien**.

© fx – stock.adobe.com

Sie legen fest:

- **Wer** führt die Inventur an den verschiedenen Orten im Unternehmen durch?
- **Wo** sind im Unternehmen die Bestände zu erfassen *(Verkaufsräume, Lager, Verwaltungsräume)?*
- **Wann** ist die Bestandsaufnahme jeweils durchzuführen?

Damit die Ergebnisse der Inventur den Grundsätzen ordnungsmäßiger Buchführung entsprechen, sollten die entsprechenden Aufzeichnungen folgende Angaben enthalten:

- genaue Mengen (Zahl, Maße, Gewichte),
- fachgerechte Bezeichnungen der Gegenstände nach Art, Größe und Qualität,
- übersichtliche Gruppierung der Wirtschaftsgüter nach Standorten,
- den Wert je Einheit und den Gesamtwert,
- das Datum der Bestandsaufnahme und die Unterschrift der die Inventur durchführenden Person.

Das Ergebnis der Inventur wird in einem Inventar festgehalten.

7.2 Inventar

Das **Inventar** ist das Ergebnis der Inventur. Es ist ein **Verzeichnis**, in dem der Kaufmann alle Grundstücke, seine Forderungen und Schulden, den Betrag seines baren Geldes sowie alle sonstigen Vermögensgegenstände genau nach Art, Menge und Wert zu einem bestimmten Zeitpunkt aufführt (§ 240 HGB).

Ein **Inventar** hat folgende **Dreiteilung:**

- **A. Vermögen**
- **B. Schulden**
- **C. Reinvermögen (= Eigenkapital)**

Die einzelnen Inventarpositionen sind weiter untergliedert.

A. Vermögen

Das Vermögen wird entsprechend seiner Liquidität (Flüssigkeit) geordnet aufgeführt, d. h. abhängig davon, wie schnell sich ein Vermögensgegenstand in Geld umsetzen lässt.

Während man langfristig genutzte Vermögensteile (Grundstücke, Gebäude) im Inventar zuerst aufführt **(Anlagevermögen)**, werden „flüssige" Vermögensgegenstände (Bankguthaben, Kassenbestände) zuletzt aufgelistet **(Umlaufvermögen)**.

Im Gegensatz zum Anlagevermögen verändert sich das Umlaufvermögen durch die betriebliche Tätigkeit ständig.

B. Schulden

Schulden werden entsprechend ihren Laufzeiten sortiert. An erster Stelle stehen langfristige Schulden wie **Hypotheken** oder **Darlehen**, danach werden kurzfristige Schulden wie beispielsweise **Verbindlichkeiten** bei Lieferanten und Banken mit einer Laufzeit bis zu einem Jahr aufgeführt.

C. Reinvermögen

Durch den Vergleich des Wertes der betrieblichen Vermögensteile mit der Summe der betrieblichen Schulden kann der Kaufmann sein Reinvermögen (Eigenkapital) ermitteln.

  Summe der Vermögensteile
– Summe der Schulden
= Reinvermögen (Eigenkapital)

Das Inventar muss laut § 257 HGB zehn Jahre aufbewahrt werden.

Gliederungsschema für ein Inventar:

A. Vermögen

I. Anlagevermögen
- Grundstücke,
- Gebäude,
- Fahrzeuge,
- Betriebs- und Geschäftsausstattung,
- ...

II. Umlaufvermögen
- Warenbestände,
- Forderungen,
- Postbank- und Bankguthaben,
- Bargeld.

B. Schulden

I. Langfristige Schulden
- Hypotheken,
- Darlehensschulden.

II. Kurzfristige Schulden
- Schulden aus Lieferungen und Leistungen,
- Bankschulden.

C. Ermittlung des Reinvermögens (Eigenkapitals)

Summe des Vermögens (A.)
– Summe der Schulden (B.)
= Reinvermögen (Eigenkapital)

Beispiel für ein Inventar:

Inventar des Sportgeschäftes
Markus Schuller e. K., Neuburg zum 31.12...

Bezeichnung			€	€
A.		**Vermögen**		
	I.	**Anlagevermögen**		
		Sachanlagen		
		Betriebs-/Geschäftsausst.	8.500,00	
		Kassensystem	1.100,00	
		PKW	12.480,00	
		Büromaschinen (PC)	1.499,00	
		Büromöbel	499,00	
				24.078,00
	II.	**Umlaufvermögen**		
		Warenbestände		
		Badebekleidung (Anlage 1)	780,00	
		Tennisbekleidung (Anlage 2)	1.260,00	
		Turnschuhe (Anlage 3)	15.570,00	
		....	15.800,00	
		....	13.700,00	
				47.110,00
		Forderungen		
		Forderungen aLL[1]		220,00
		Bankguthaben, Kasse ...		
		Sparkasse	14.795,00	
		Kasse	1.589,00	
				16.384,00
		Summe Vermögen		**87.792,00**
B.		**Schulden**		
	I.	**langfristige Schulden**		
		langfristige Bankverbindlichkeiten		75.000,00
	II.	**kurzfristige Schulden**		
		Verbindlichkeiten aLL		8.050,00
		Summe Schulden		**83.050,00**
C.		**Ermittlung des Reinvermögens**		
		Summe Vermögen		87.792,00
		Summe Schulden		83.050,00
		Reinvermögen (Eigenkapital)		**4.742,00**

1 die Abkürzung **aLL** bedeutet „aus Lieferungen und Leistungen“.

AKTION

1 Nennen Sie die Vorteile der permanenten Inventur gegenüber der Stichtagsinventur.

2 Nennen Sie die Positionen eines Inventars, die zwingend durch eine Buchinventur erfasst werden müssen.

3 Beschreiben Sie den Zusammenhang zwischen Inventur und Inventar.

4 Die Durchführung einer Inventur ist häufig eine organisatorische Belastung für das Einzelhandelsgeschäft. Nennen Sie Möglichkeiten, die zur Entlastung beitragen.

5 Bei der Textil-Markt GmbH endet das Geschäftsjahr zum 31. März.

a) Nennen Sie mögliche Inventurtage bei einer Stichtagsinventur.

b) Nennen Sie mögliche Inventurtage für eine verlegte Inventur.

6 Erstellen Sie das Inventar eines Lebensmittel-Einzelhandelsunternehmens zum 31.12. aus folgenden Einzelaufzeichnungen:

› 1 PKW VW Golf	12.000,00 €	› Ladeneinrichtung (lt. Anhang)	25.000,00 €
› Grundstück mit Ladengeschäft	450.000,00 €	› Büroausstattung (lt. Anhang)	5.700,00 €
› Forderungen	550,00 €	› 2 Registrierkassen	2.000,00 €
› 2 PC	2.800,00 €	› Warenbestände	109.500,00 €
› Software (2 Lizenzen MS-Office, 1 Lizenz Warenwirtschafts-system	5.500,00 €	› Verbindlichkeiten bei Lieferant Garant GmbH	2.800,00 €
› Kassenbestand Kasse 1	2.560,00 €	› Darlehen bei Sparkasse	350.000,00 €
› Darlehen bei Postbank	50.000,00 €	› Bankguthaben Girokonto Sparkasse	30.490,00 €
› Verbindlichkeiten bei Lieferanten Maxit AG	5.670,00 €	› Kassenbestand Kasse 2	530,00 €

7 Wie hoch ist das Eigenkapital in Aufgabe 6?

8 Das Einzelhandelsgeschäft Sport-Inn GmbH wird zur Durchführung der Inventur vom 03.01. bis zum 05.01. geschlossen. Nennen Sie Vor- und Nachteile dieser Maßnahme.

9 Markus Schuller entscheidet sich wegen des starken Weihnachtsgeschäftes für eine zeitlich verlegte Inventur. Am 14.10. beträgt sein Bestand an Fußballschuhen 42 Paar zu einem Einkaufspreis von 95,00 € je Paar. Bis zum Bilanzstichtag müssen folgende Bestandsveränderungen berücksichtigt werden: 18.10. Verkauf von 3 Paar zu 145,00 €. Am 28.10. und am 11.11. verkaufte er jeweils 5 Paar zum gleichen Preis. Am 10.12. erfolgte ein Wareneingang von 15 Paar zu je 95,00 €. Wie hoch ist der Bestand mengen- und wertmäßig am Jahresende?

7.3 Aufbau der Bilanz

SITUATION

Markus Schuller ist ein eingetragener Kaufmann und muss daher zum Geschäftsjahresende einen Jahresabschluss erstellen. Diesen benötigt er unter anderem zur Vorlage bei der zuständigen Finanzbehörde. Als Bestandteil des Jahresabschlusses muss Herr Schuller für sein Sportartikelgeschäft eine Bilanz erstellen. Diese kann er auf der Basis der durchgeführten Inventur und dem Inventar erstellen.

© wrangler – stock.adobe.com

Wie unterscheidet sich eine Bilanz von einem Inventar?

INFORMATION

Laut Handels- und Steuerrecht müssen Kaufleute und Gewerbetreibende bei Beginn ihres Handelsgewerbes und dann einmal jährlich (am Schluss eines jeden Geschäftsjahres), einen **Jahresabschluss** erstellen. Ein Bestandteil des Jahresabschlusses ist die **Bilanz**, die aus dem **Inventar** heraus gebildet wird.

© andyller – stock.adobe.com

Bilanz – Kurzform des Inventars

Die **Bilanz** kann als **Kurzform** des **Inventars** angesehen werden. Während im Inventar einzelne Posten mengen- oder wertmäßig genau aufgeführt sind, verzichtet man in der Bilanz auf diese ausführliche Darstellungsform. So wird beispielsweise im Inventar jeder Gegenstand einer Ladeneinrichtung mengen- und wertmäßig aufgeführt. In der Bilanz erscheint aber dann nur noch der Wert der gesamten Betriebs- und Geschäftsausstattung.

Inventar → **Bilanz**

Inventar
- ausführlich, aber unübersichtlich
- Angaben der Arten, Mengen, Einzelpreise und Gesamtwerte
- Vermögen, Schulden und Reinvermögen untereinander

Das Inventar ist die Basis zur Aufstellung der Bilanz.

Bilanz
- kurz, aber übersichtlich
- nur Angabe der Gesamtwerte gleichartiger Vermögensteile oder Schulden
- Vermögen und Kapital in Kontenform nebeneinander

Die Bilanz unterscheidet sich darüber hinaus vom Inventar in der Art der Darstellung. Die Bilanz wird in Form eines **„Kontos"** dargestellt. Ein Bilanzkonto hat zwei Seiten, die sich gegenüberstehen.

Die beiden Seiten der Bilanz weisen immer die gleiche Summe aus, d. h. unter dem Strich steht auf der linken Seite derselbe Betrag wie rechts.

Inventar
A. Vermögen
B. Schulden
C. Eigenkapital

Bilanz	
Vermögen	Eigenkapital
	Schulden

(A. Vermögen → Vermögen; B. Schulden → Schulden; C. Eigenkapital → Eigenkapital)

Die Bilanz einer Unternehmung zeigt in einfacher und übersichtlicher Form auf, woher das Kapital im Einzelnen kommt und wie es angelegt ist. Die linke Seite, genannt **Aktivseite (A)**, gibt Auskunft über die Verwendung des Kapitals **(Mittelverwendung, Investition)**, während die rechte Seite, die **Passivseite (P)**, die Informationen über die Herkunft der finanziellen Mittel **(Mittelherkunft, Finanzierung)** beinhaltet.

A — Bilanz	P
Diese Seite der Bilanz heißt Aktivseite (Aktiva). An dieser Stelle wird das Vermögen (Anlage- und Umlaufvermögen) der Unternehmung, d. h. die Mittelverwendung (Investition) des Unternehmens aufgeführt.	Diese Seite der Bilanz heißt Passivseite (Passiva). An dieser Stelle werden das Eigenkapital und die Verbindlichkeiten (Fremdkapital), d. h. die Kapitalherkunft (Finanzierung) des Unternehmens aufgeführt.
Vermögensformen: Wie ist das Kapital angelegt?	Kapitalquellen: Woher stammt das Kapital?
Mittelverwendung = Investition	Mittelherkunft = Finanzierung

!

Hinweis: Die Summe des Vermögens (Anlage- und Umlaufvermögen) ist immer gleich der Summe des Kapitals (Eigenkapital + Fremdkapital).

Beim **Kapitalaufbau** der Unternehmung unterscheidet man zwischen **Eigen**- und **Fremdkapital**. Während das **Eigenkapital** die **eigenen Mittel** der Unternehmung bezeichnet, spricht man von **Fremdkapital**, wenn das Kapital **von außen** in das Unternehmen eingebracht wird *(Bankkredit)*.

Gesetzliche Grundlagen der Bilanz

In § 266 HGB ist die Gliederung der Bilanz für Kapitalgesellschaften vorgeschrieben. Die Verwendung dieser Gliederung hat sich aber auch bei anderen Rechtsformen bewährt.

Ergänzend gelten für Form und Inhalt der Bilanz als Bestandteil des Jahresabschlusses folgende Vorschriften nach HGB §§ 243–245:

Die Bilanz
ist nach den Grundsätzen ordnungsmäßiger Buchführung zu erstellen.
muss klar und übersichtlich sein.
muss innerhalb einer angemessenen Zeit aufgestellt werden.
muss in deutscher Sprache und wertmäßig in Euro erstellt werden.
Der Jahresabschluss ist vom Kaufmann unter Angabe des Datums zu unterzeichnen.

» **Beispiel** für eine Bilanz:

A — Bilanz des Sportfachgeschäftes Markus Schuller e. K., Neuburg zum 31.12. .. — P

A		P	
Vermögen		**Eigenkapital**	4.742,00 €
I. Anlagevermögen			
Sachanlagen	24.078,00 €	**Verbindlichkeiten**	
		I. langfristige Schulden	75.000,00 €
II. Umlaufvermögen		II. kurzfristige Schulden	8.050,00 €
Warenbestände	47.110,00 €		
Forderungen	220,00 €		
Bankguthaben, Kasse	16.384,00 €		
	87.792,00 €		87.792,00 €

Neuburg, 31.12.20.. *Markus Schuller*

Zusammenhang zwischen Inventar und Bilanz

Aus der Bilanz erkennt man folgende Zusammenhänge (Bilanzgleichungen):

Aktivseite = Passivseite
Bilanzsumme = Anlagevermögen + Umlaufvermögen
Bilanzsumme = Eigenkapital + Fremdkapital
Anlagevermögen + Umlaufvermögen = Eigenkapital + Fremdkapital

Vom Inventar zur Bilanz

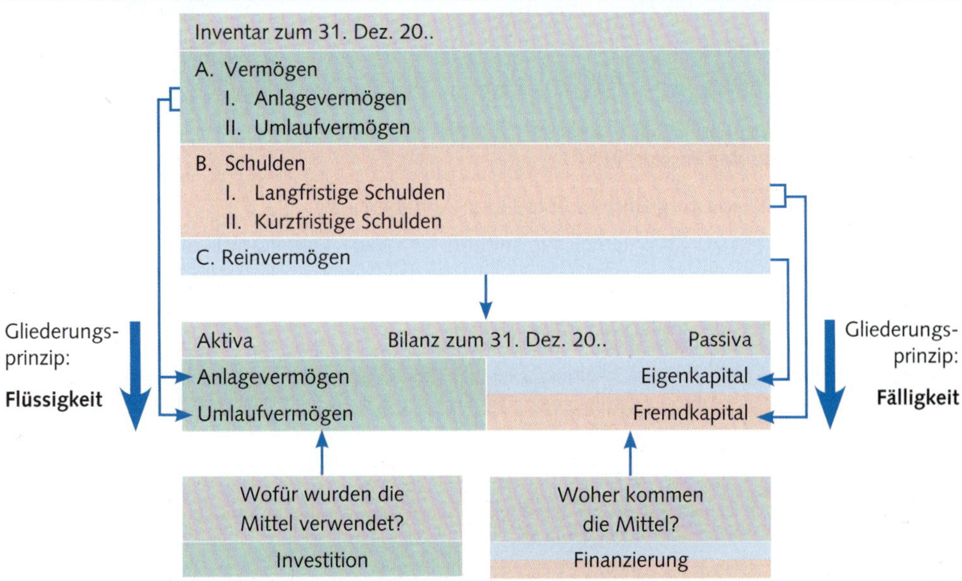

AKTION

© Jeanette Eketl – stock.adobe.com

1 Für wen ist die Bilanzgliederung gesetzlich vorgeschrieben?

2 In der Bilanz eines Einzelhandelsunternehmens stehen folgende Daten:

Anlagevermögen	30.000,00 €
Umlaufvermögen	20.000,00 €
Schulden	25.000,00 €

a) Ermitteln Sie das Eigenkapital des Einzelhandelsunternehmens.

b) Wie viel Prozent der Bilanzsumme beträgt das Anlagevermögen?

c) Wie viel Prozent der Bilanzsumme beträgt das Umlaufvermögen?

d) Wie viel Prozent der Bilanzsumme beträgt das Fremdkapital?

e) Wie viel Prozent der Bilanzsumme beträgt das Eigenkapital?

3 Stellen Sie zum Inventar aus Aufgabe 6 von Seite 398 die entsprechende Bilanz auf.

4 Weshalb verlangen Banken meist vor einer Kreditvergabe an ein Unternehmen die Vorlage einer Bilanz?

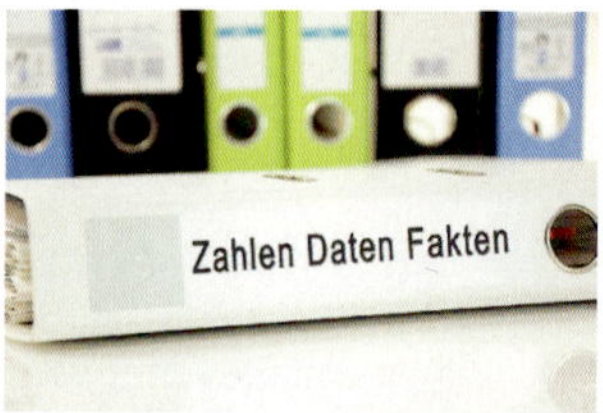

© Marco2811 – stock.adobe.com

5 Erläutern Sie, nach welchem Prinzip die Aktiv- bzw. Passivseite einer Bilanz gegliedert wird.

6 Ordnen Sie folgende Begriffe einander zu und erläutern Sie die Zusammenhänge:

a) Aktivseite,

b) Passivseite,

c) Mittelherkunft,

d) Mittelverwendung.

© andyller – stock.adobe.com

7 Formulieren Sie den Unterschied zwischen

a) Inventur und Inventar;

b) Inventar und Bilanz.

8 Erklären Sie, warum in einer Bilanz die Summe der Aktiva gleich der Summe der Passiva ist.

9 Erstellen Sie eine Bilanz aufgrund der folgenden Angaben in €:

a) Anlagevermögen 70 Mio., Umlaufvermögen 120 Mio., Eigenkapital 60 Mio.

b) Fremdkapital 180 Mio., Anlagevermögen 140 Mio., Eigenkapital 50 Mio.

10 Ermitteln Sie jeweils die fehlende Größe:

Anlagevermögen	Umlaufvermögen	Eigenkapital	Fremdkapital
30.000,00 €	40.000,00 €	? c)	50.000,00 €
50.000,00 €	? b)	80.000,00 €	40.000,00 €
? a)	90.000,00 €	70.000,00 €	40.000,00 €
20.000,00 €	30.000,00 €	30.000,00 €	? d)

11 Die Termath KG in Neuburg ist ein Einzelhandelsunternehmen, das Kunstdrucke, Grußpostkarten und Bilderrahmen vertreibt. Sie ermittelt zu den Bilanzstichtagen zweier aufeinander folgender Jahre nachstehende Vermögenswerte und Schulden:

	Jahr 01 (Beträge in €)	Jahr 02 (Beträge in €)
Forderungen an Klee KG	2.000,00	2.100,00
Darlehensschuld Sparkasse Neuburg	20.000,00	30.000,00
Geschäftshaus Hauptstr. 7	200.500,00	200.000,00
Kassenbestand	1.400,00	4.500,00
Büroeinrichtung	10.000,00	9.000,00
Verbindlichkeiten Mayer OHG	23.000,00	17.000,00
Geschäftsausstattung	19.300,00	13.000,00
Guthaben Volksbank Neuburg	1.900,00	4.300,00
Vorräte Bilderrahmen	16.400,00	22.700,00
Forderungen an Sachsenheimer e.K.	1.800,00	2.000,00
Lagerschuppen Hauptstr. 7	3.000,00	2.000,00
Darlehensschuld Deutsche Bank Neuburg	100.000,00	80.000,00
Lagergebäude Ruhweg 18	44.000,00	40.000,00
Vorräte Kunstdrucke	25.000,00	15.600,00
Verbindlichkeiten Druck GmbH	33.000,00	25.000,00
Sonstige Verbindlichkeiten	28.300,00	20.900,00
Darlehensschuld Volksbank Neuburg	50.000,00	40.000,00
Fahrzeuge	100.000,00	75.000,00
Bankguthaben	4.300,00	3.400,00
Vorräte Glückwunschkarten	20.400,00	28.600,00

a) Erstellen Sie die Inventare für die beiden Jahre.

b) Erstellen Sie die Bilanzen für die beiden Jahre.

c) Untersuchen Sie in Kleingruppen die Unterschiede zwischen den beiden Bilanzen und diskutieren Sie mögliche Gründe und Auswirkungen dieser Unterschiede.

Wertveränderungen in der Bilanz

Jeder Geschäftsvorfall im Laufe eines Geschäftsjahres hat letztendlich Auswirkungen auf mindestens zwei Posten in der Bilanz.

Folgende **Änderungsmöglichkeiten** der Bilanz gibt es:

Aktivtausch

Von einem **Aktivtausch** spricht man, wenn durch einen Geschäftsvorfall **ein** Posten der Bilanz **erhöht** wird, während ein **zweiter** Posten **gleichzeitig** verringert wird. Solch ein Geschäftsvorfall betrifft dementsprechend nur die **linke Bilanzseite** und führt zu einem Ausgleich.

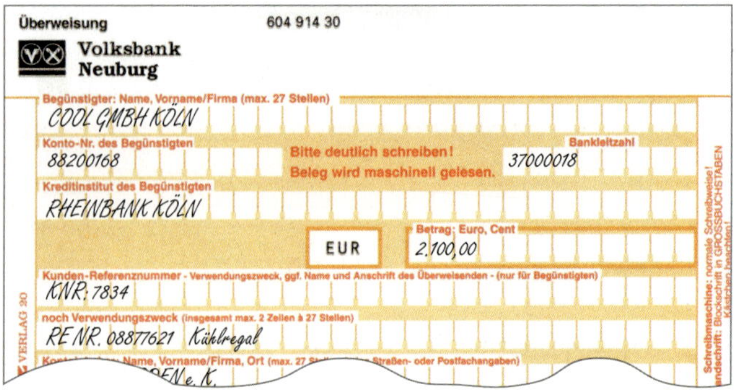

Beispiel: Kauf eines Kühlregals und Begleichung der Rechnung über 2.100,00 € durch Banküberweisung.

Aktiva	Bilanz		Passiva
Geschäftsausstattung ↑	+ 2.100 €		
Bank ↓	– 2.100 €		

Passivtausch

Erhöht ein Geschäftsvorfall einen Passivposten der Bilanz, während er gleichzeitig einen zweiten Passivposten **verringert**, dann spricht man von einem **Passivtausch**.

Es wird nur die **rechte Seite** der Bilanz angesprochen und die Buchungen gleichen sich aus.

Beispiel: Umwandlung einer kurzfristigen Bankverbindlichkeit über 4.000,00 € in eine Darlehensschuld.

Aktiva	Bilanz		Passiva
		Darlehen ↑	+ 4.000 €
		kurzfristige Bankverbindl. ↓	– 4.000 €

Aktiv-Passiv-Mehrung

Wird durch einen Geschäftsvorfall **ein Aktivposten** der Bilanz erhöht, während gleichzeitig auch **ein Passivposten** erhöht wird, so spricht man von einer **Aktiv-Passiv-Mehrung**. **Beide Seiten** der Bilanz werden angesprochen und die Bilanzsummen beider Seiten um den gleichen Betrag erhöht. Die Bilanzgleichung bleibt damit erhalten.

Beispiel: Kauf eines Schreibtisches für 2.500,00 € auf Ziel.

Aktiva	Bilanz		Passiva
Büroausstattung ↑	+ 2.500 €	Verbindlichkeiten ↑	+ 2.500 €

Aktiv-Passiv-Minderung

Bei einer **Aktiv-Passiv-Minderung** liegt ein Geschäftsvorfall vor, der einen Aktiv- und einen Passivposten anspricht und **beide Posten verringert**. Es werden **beide Seiten** der Bilanz angesprochen und die Bilanzsummen werden um den gleichen Betrag verringert. Die Bilanzgleichung bleibt damit erhalten.

›› **Beispiel:** Begleichung einer Lieferantenrechnung über 7.800,00 € durch Banküberweisung.

Aktiva	Bilanz		Passiva
Bank ↓	– 7.800 €	Verbindlichkeiten ↓	– 7.800 €

Einzelne Posten der Bilanz ändern sich durch jeden Geschäftsvorfall, damit muss aber nicht zwingend die Bilanzgleichung verändert werden.

! **Hinweis:** Grundsätzlich kann sich eine Bilanz nicht laufend verändern, da sie nur zum Bilanzstichtag erstellt wird.

AKTION

1 Im Sportfachgeschäft Action & Fun GmbH haben sich heute die folgenden Geschäftsvorfälle ereignet:

a) Eine Lieferantenrechnung wird durch Überweisung bezahlt.

b) Ein Kunde kauft Waren und bezahlt bar.

c) Wir kaufen eine neue Kasse und bezahlen in vier Wochen.

d) Wir kaufen Waren. Der Betrag wird per Lastschrift abgebucht.

e) Eine Verbindlichkeit aLL wird durch Banküberweisung bezahlt.

f) Ein neuer Lieferwagen wird auf Rechnung geliefert.

g) Ein Kunde kauft Waren auf Rechnung.

h) Eine Lieferantenrechnung wird in eine Darlehensschuld umgewandelt.

Orientieren Sie sich bei der Lösung an folgendem Lösungsschema:

Geschäftsvorfall	Betroffene Bilanzposten	Zunahme/Abnahme	Bezeichnung der Bilanzänderung
Nr.			

2 Welche Bilanzposten ändern sich bei folgenden Geschäftsvorfällen; wie verändern sie sich und um welchen Grundfall handelt es sich dabei?

a) Wir kaufen Waren gegen Barzahlung.

b) Wir zahlen die Tageseinnahmen auf unser Bankkonto ein.

c) Wir bezahlen eine Lieferantenrechnung durch Banküberweisung.

d) Zur Tilgung eines Darlehens überweisen wir den Betrag an den Gläubiger.

e) Der Geschäftsinhaber legt seinen Lottogewinn in die Kasse.
f) Wir kaufen Waren mit einem Zahlungsziel von 4 Wochen.
g) Barverkauf eines alten Lagerregals.
h) Überweisung eines Kunden.
i) Kauf eines Lieferwagens auf Ziel.
j) Kauf von Waren gegen Bankscheck.
k) Rücksendung von Waren an einen Lieferanten.
l) Barabhebung vom Bankkonto.
m) Die Bank gewährt uns ein Darlehen.
n) Überweisung an einen Lieferanten.
o) Barzahlung eines Kunden für eine Ausgangsrechnung.

3 Überprüfen Sie folgende Angaben auf ihre Richtigkeit:

a) Bareinzahlung auf das Bankkonto	= Aktivtausch
b) Wir begleichen eine Rechnung bar	= Passivtausch
c) Wareneinkauf auf Ziel	= Aktiv-Passiv-Mehrung
d) Darlehensgeber wird Gesellschafter	= Passivtausch
e) Barabhebung vom Bankkonto	= Aktiv-Passiv-Minderung
f) Kunde sendet mangelhafte Ware zurück	= Aktivtausch
g) Überweisung für erhaltene Ware	= Aktivtausch

4 Begründen Sie, wie sich die Bilanzsumme verändert bei

a) Umschuldung von kurzfristigen Schulden in ein langfristiges Darlehen.
b) Begleichung einer Lieferantenrechnung durch Banküberweisung.
c) Wareneinkauf auf Ziel.
d) Bareinzahlung auf das Bankkonto.

© magele – picture.stock.adobe.com

7.4 Auflösung der Bilanz in Konten

SITUATION

© MEV Agency UG

Der Neuburger Einzelhändler Frank Schmitt e. K. besitzt neben seinem Notebook, welches er im letzten Geschäftsjahr gekauft hat, noch einen zweiten Rechner, einen Scanner und einen Drucker. Diese Gegenstände der EDV-Ausstattung sind mit ihren aktuellen Werten in der Bilanz erfasst.

Im Laufe des Folgegeschäftsjahres wird ein weiteres Notebook und ein Laserdrucker gekauft. Der Bestand der EDV-Ausstattung hat sich also im Laufe des Geschäftsjahres verändert.

Die Buchhaltung muss diese Veränderungen einzelner Bestände des Unternehmens (beispielsweise der Büro- und Geschäftsausstattung, der EDV-Ausstattung aber auch der aktuellen Bank- oder Kassenbestände) erfassen und den jeweils aktuellen Wert solcher Positionen darstellen. Diese Geschäftsvorfälle werden in der Buchhaltung aufgezeichnet, also gebucht.

INFORMATION

Von der Bilanz zum Konto

Durch die Inventur werden Vermögen und Schulden eines Unternehmens zu einem bestimmten Zeitpunkt, beispielsweise zum Abschluss des Geschäftsjahres, ermittelt. Die Ergebnisse der Inventur gehen dann in das Inventar und die Bilanz ein. Das Geschäftsjahr ist abgeschlossen.

Jetzt beginnt buchhalterisch ein neues Geschäftsjahr. Alle Geschäftsvorfälle eines Handelsbetriebes, die sich in Geld ausdrücken lassen, müssen aufgezeichnet werden.

» **Beispiele:** Kauf eines neuen PCs, Verkauf einer alten Ladentheke, Tilgung eines Darlehens, Inanspruchnahme eines Lieferantenkredits.

Dadurch verändern sich viele der Bestände, die in der Bilanz aufgeführt sind. **Aufgabe** der Buchführung ist es, diese **Veränderungen zu erfassen**.

Man spricht von **Zugängen** (Mehrungen), wenn **Bestände sich erhöhen**, und von **Abgängen** (Minderungen), wenn **Bestände reduziert** werden.

Nun könnte man diese Zu- und Abgänge direkt innerhalb der Bilanz aufnehmen. Bei mehreren hundert Vorgängen im Jahr (und so viele Vorgänge sind es auch bei kleineren und mittleren Unternehmen) wird diese Vorgehensweise jedoch schnell unübersichtlich. Deshalb bedient man sich einer übersichtlicheren Methode:

Zu Beginn eines Geschäftsjahres wird die Bilanz eines Unternehmens in **Konten** aufgelöst. Ein **Konto** steht für jeweils einen **Bilanzposten** und stellt gewissermaßen „eine Bilanz im Kleinen" dar.

Konto

Unter einem **Konto** versteht man die Zusammenstellung gleichartiger Geschäftsvorfälle in zeitlicher Reihenfolge. Die folgende Abbildung zeigt, wie solche Geschäftsvorfälle bei EDV-gestützten Buchhaltungsprogrammen dargestellt werden können.

» **Beispiel:** Buchungserfassungsliste in einer integrierten Unternehmenssoftware.

STANDARD Standard Buch.-Blattname - Fibu Buch.-Blatt

Buch.-Blattname. . . . . STANDARD

Buchun...	Belegnr.	Belegart	Kontoart	Kontonr.	Gegenkontoart	Gegenkontonr.	Betrag	Beschreibung
07.05...	1704	Zahlun	Kreditor	46558...	Sachkonto		15.345,00	Überweisung 1788
07.05...	1705	Zahlung	Kreditor	44756...	Sachkonto		3.766,90	Überweisung 1225
07.05...	1706	Zahlung	Sachkonto		Sachkonto		4.566,96	Abbuchung 089

Zur besseren Veranschaulichung wird auf sogenannten **T-Konten** gebucht (Darstellung ähnelt dem Buchstaben **T**). Die linke Seite heißt **Soll**, die rechte Seite nennt man **Haben**.

Darstellung eines T-Kontos

Soll	Bezeichnung des Kontos	Haben
(linke Seite)		(rechte Seite)

Bestände, die in der Bilanz auf der linken Seite **(Aktiva)** stehen, werden in **Aktivkonten** aufgelöst.

Bestände, die in der Bilanz auf der rechten Seite **(Passiva)** stehen, werden in **Passivkonten** aufgelöst.

Aus der Bilanz zu Beginn eines Geschäftsjahres (= Eröffnungsbilanz) werden die Bestände (Anfangsbestand = AB) übernommen.

Die **Anfangsbestände** werden entsprechend den einzelnen Bilanzpositionen auf der gleichen Seite wie in der Bilanz gebucht.

Bei **Aktivkonten** steht der Anfangsbestand also auf der **linken Kontenseite (Soll)**.

Bei **Passivkonten** wird der Anfangsbestand auf der **rechten Kontenseite (Haben)** erfasst.

SITUATION

Am Ende des Geschäftsjahres ergibt sich bei Frau Hessers Modegeschäft Hesser-Moden e. K. folgende Vermögenssituation:

Geschäftsgebäude	110.000,00 €
Geschäftsausstattung	10.000,00 €
EDV-Ausstattung	3.500,00 €
Warenbestand	25.000,00 €
Forderungen aLL[1]	1.000,00 €
Bankguthaben	7.000,00 €
Kassenbestand	1.500,00 €

© Beck

Um die Modernisierung des Geschäftsgebäudes und der Inneneinrichtung zu finanzieren, wurde ein Darlehen aufgenommen mit einer Laufzeit von 10 Jahren und einer aktuellen Höhe von 100.000,00 €. Darüber hinaus hat das Unternehmen noch kurzfristige Verbindlichkeiten über 11.000,00 €. Diese Bestände sind in der Bilanz erfasst.

Wie kann Sabrina Hesser buchhaltungstechnisch das neue Geschäftsjahr eröffnen?

1 „aLL" ist die Abkürzung für „aus Lieferungen und Leistungen"

INFORMATION

Beispiel mit Lösung: Zu Beginn des neuen Geschäftsjahres werden die **Bestände der Bilanz** in **Bestandskonten** aufgelöst:

Aktiva	Bilanz Hesser-Moden e. K. 31.12.20..		Passiva
Vermögen		**Eigenkapital**	47.000,00 €
I. Anlagevermögen			
Gebäude	110.000,00 €	**Verbindlichkeiten**	
Geschäftsausstattung	10.000,00 €	I. langfristige Schulden	100.000,00 €
EDV-Ausstattung	3.500,00 €	Darlehen, 10 Jahre	
		II. kurzfristige Schulden	11.000,00 €
II. Umlaufvermögen		Verbindlichkeiten aLL	
Waren	25.000,00 €		
Forderungen aLL	1.000,00 €		
Bank	7.000,00 €		
Kasse	1.500,00 €		
	158.000,00 €		158.000,00 €

Auflösung der Bilanz in Konten

Aktivkonten

S	Gebäude	H
AB	110.000,00 €	

S	Geschäftsausstattung	H
AB	10.000,00 €	

S	EDV-Ausst.	H
AB	3.500,00 €	

S	Waren	H
AB	25.000,00 €	

S	Forderungen aLL	H
AB	1.000,00 €	

S	Bank	H
AB	7.000,00 €	

S	Kasse	H
AB	1.500,00 €	

Passivkonten

S	Eigenkapital	H
	AB	47.000,00 €

S	Darlehen	H
	AB	100.000,00 €

S	Verbindlichkeiten aLL	H
	AB	11.000,00 €

! **Hinweis:** Forderungen aus Lieferungen und Leistungen entstehen immer dann, wenn Warenverkäufe auf Ziel erfolgen (Ausgangsrechnungen an Kunden).

Verbindlichkeiten aus Lieferungen und Leistungen ergeben sich aus Wareneinkäufen auf Ziel (Eingangsrechnungen der Lieferanten). Ist die Zahlung erfolgt, wird auf das jeweilige Zahlungskonto (Kasse, Bank) umgebucht.

AKTION

1 Stellen Sie aus der folgenden Liste die Bilanz des Unternehmens Möbel Maier auf.

Lösen Sie die Anfangsbestände in die entsprechenden Bestandskonten auf. Verwenden Sie dabei T-Konten.

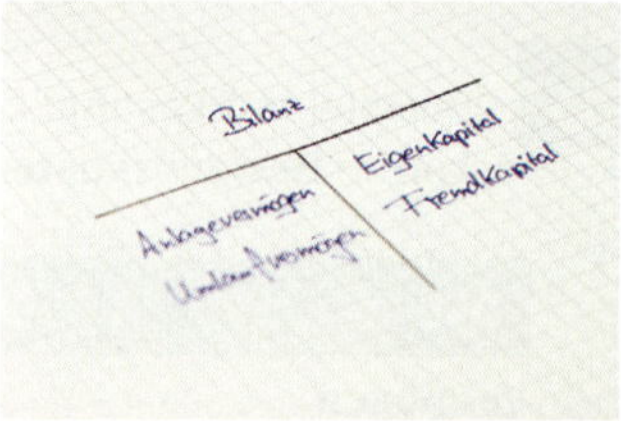

Anfangsbestände	Beträge in €
Geschäftsausstattung	20.000,00
Büroausstattung	12.000,00
PKW	5.000,00
Warenbestand	35.000,00
Girokonto Neuburger Bank	7.544,15
Postbank	2.544,25
Kasse	250,00
Eigenkapital	?
Darlehen	25.000,00
Verbindlichkeiten aLL	6.500,00

2 Die Bestandskonten des Obst- und Gemüseladens Fruchtecke in Neuburg zum 1. Januar sind abgebildet. Erstellen Sie die ursprüngliche Bilanz, aus der die Konten abgeleitet wurden, und ermitteln Sie das Eigenkapital.

S	Geschäftsausstattung	H
AB	5.549,00 €	

S	EDV-Ausstatt.	H
AB	2.766,00 €	

S	Forderungen aLL	H
AB	896,00 €	

S	Bank	H
AB	3.689,00 €	

S	Kasse	H
AB	1.234,00 €	

S	Darlehen	H
	AB	5.000,00 €

S	Verbindlichkeiten	H
	AB	1.678,00 €

S	Eigenkapital	H
	AB	? €

8 Buchungen im laufenden Geschäftsjahr

Buchen auf Konten

SITUATION

Die Geschäftsausstattung von Hesser-Moden e. K. weist in der Bilanz zum Jahresabschluss des letzten Geschäftsjahres einen Wert von 10.000,00 € auf. Im Laufe des aktuellen Geschäftsjahres wird eine neue Schaufensterpuppe für 1.300,00 € und einen Monat später eine Ausstellungsvitrine für 1.100,00 € gekauft. Die Schaufensterpuppe wird durch Banküberweisung bezahlt. Der Kaufpreis der Vitrine wird erst einen Monat nach Lieferung fällig. Es entstehen kurzfristige Verbindlichkeiten.

© Beck

Wie wirken sich diese Geschäftsvorfälle auf die Bestandskonten von Hesser-Moden e. K. aus?

INFORMATION

Bei **jedem** Geschäftsvorfall **ändern** sich die Bestände auf den angesprochenen Konten. **Zugänge** (Mehrungen) **erhöhen** den Bestand und **Abgänge** (Minderungen) **senken** den Bestand[1].

Zu unterscheiden ist, ob durch einen Geschäftsvorfall Aktiv- und/oder Passivkonten angesprochen werden, und ob die Buchungen dementsprechend das Vermögen (Aktiva) und/oder die Finanzierung (Passiva) eines Betriebes betreffen.

8.1 Buchungen auf Aktivkonten

Aktivkonten werden aus der **linken** Bilanzseite (Aktiva) abgeleitet.
Zu den Beständen der linken Bilanzseite (Aktiva) gehören z. B. Immobilien, Geschäfts- und Büroausstattung, Forderungen des Unternehmens, das Bankguthaben und der Kassenbestand.

Bei Aktivkonten gilt:	
Alle **Zugänge** (Erhöhung der Bestände) werden im **Soll** gebucht. Das **Vermögen** wird dardurch **erhöht.**	Alle **Abgänge** (Minderung der Bestände) werden im **Haben** gebucht. Das **Vermögen** wird dadurch **verringert.**
↓	↓

Soll	**Aktivkonto**	Haben
Anfangsbestand		**Abgänge**
Zugänge		

1 Bei Warenbuchungen wird aus Vereinfachungsgründen vor Einführung der Warenbuchungen auf Ergebniskonten unterstellt, dass Waren zum Einstandspreis verkauft werden.

Jeder Geschäftsvorfall spricht immer mindestens **zwei** Konten an (Prinzip der **doppelten** Buchführung = Doppik).

Grundsätzlich gilt: Die Summe aller Beträge im Soll ist gleich der Summe aller Beträge im Haben.

Lösung zur Buchung „Kauf einer Schaufensterpuppe":

Die Schaufensterpuppe wird per Banküberweisung bezahlt. Dadurch erhöht sich einerseits der Bestand auf dem Konto Geschäftsausstattung und anderseits vermindert sich der Bestand auf dem Konto Bank. **Beide Konten sind Aktivkonten**.

Soll		**Geschäftsausstattung**	Haben
Anfangsbestand	10.000,00 €		
Bank	**1.300,00 €**		

Soll		**Bank**	Haben
Anfangsbestand	7.000,00 €	**Geschäftsausstattung**	**1.300,00 €**

! **Hinweis:** Vor dem Betrag wird oft entweder das Gegenkonto oder die Nummer des zugrunde liegenden Geschäftsvorfalls angegeben.

8.2 Buchungen auf Passivkonten

Passivkonten werden aus der **rechten** Bilanzseite (Passiva) abgeleitet.
Zu den Beständen der rechten Bilanzseite (Passiva) gehören z. B. die kurzfristigen Verbindlichkeiten aus Lieferungen und Leistungen oder Darlehen von Banken.

Bei Passivkonten gilt:	
Alle **Abgänge** (Minderung der Bestände) werden im **Soll** gebucht.	Alle **Zugänge** (Erhöhung der Bestände) werden im **Haben** gebucht.

Soll	**Passivkonto**	Haben
Abgänge	Anfangsbestand	
	Zugänge	

Lösung zur Buchung „Kauf einer Ausstellungsvitrine":

Die Vitrine von Hesser-Moden e. K. wird auf Ziel gekauft. Der Kaufpreis wird also erst einen Monat nach Lieferung fällig und es entstehen so lange kurzfristige Verbindlichkeiten.

Dadurch erhöht sich einerseits der Bestand auf dem Konto Geschäftsausstattung und gleichzeitig erhöht sich der Bestand auf dem Konto Verbindlichkeiten aLL. Bei **diesem Geschäftsvorfall** wird sowohl ein **Aktivkonto** (Geschäftsausstattung), als auch ein **Passivkonto** (Verbindlichkeiten aLL.) berührt.

1. Buchung auf Aktivkonto

Soll	Geschäftsausstattung		Haben
Anfangsbestand	10.000,00 €		
Bank	**1.300,00 €**		
Verbindlichkeiten aLL	**1.100,00 €**		

2. Buchung auf Passivkonto

Soll	Verbindlichkeiten aLL		Haben
		Anfangsbestand	10.000,00 €
		Geschäftsausstattung	**1.100,00 €**

AKTION

1 Auf welcher Kontenseite wird der Anfangsbestand bei Aktivkonten erfasst? Auf welcher Kontenseite wird der Anfangsbestand bei Passivkonten erfasst?

2 Stellen Sie die wichtigsten Regeln beim Buchen auf Aktiv- und Passivkonten dar.

3 Warum gilt bei Passivkonten die Regel „Zugänge erhöhen das Vermögen, Abgänge verringern das Vermögen“ nicht?

4 Nach einem Monat wird die Ausstellungsvitrine aus dem Einführungsbeispiel bar bezahlt. Buchen Sie diesen Geschäftsvorfall auf entsprechenden T-Konten.

5 Beschreiben Sie das Prinzip der doppelten Buchführung (Doppik).

6 Auf dem Bankkonto der Wohnwelt GmbH fanden bei einem Anfangsguthaben von 15.300,00 € im Januar folgende Umsätze statt:

Datum	Geschäftsvorfall	Betrag in €
05.01.	Überweisung an einen Lieferanten	6.840,00
09.01.	eigene Bareinzahlung	1.500,00
13.01.	Scheckbelastung	9.260,00
24.01.	Überweisung eines Kunden	5.830,00
28.01.	Scheckeinreichung	2.500,00
30.01.	Barabhebung	2.230,00

Führen Sie das Bankkonto und schließen Sie es ab.

7 Bei der Action & Fun GmbH sind die folgenden Geschäftsvorfälle zu buchen.

a) Welche der unten aufgeführten Konten sind bei diesen Geschäftsvorfällen anzusprechen?

b) Handelt es sich dabei um Aktiv- oder Passivkonten und auf welcher Seite (Soll oder Haben) werden die Konten jeweils angesprochen?

Nr.	Geschäftsvorfall	Nr.	Geschäftsvorfall
1.	Barkauf eines Bürostuhls	3.	Kauf einer Registrierkasse auf Ziel
2.	Begleichung einer Lieferantenrechnung per Banküberweisung	4.	Rückzahlung eines Darlehens durch Überweisung

Nr.	Geschäftsvorfall	Nr.	Geschäftsvorfall
5.	Kauf eines PKW auf Ziel	10.	Barabhebung vom Bankkonto zwecks Kasseneinlage
6.	Kauf von Waren auf Ziel	11.	Kauf von Waren gegen Banküberweisung
7.	Kauf eines Büroteppichs und Begleichung der Rechnung per Bankeinzug	12.	Bezahlung einer Rechnung von einem Kunden auf das Bankkonto
8.	Kauf eines Kopiergerätes auf Ziel	13.	Verkauf eines Lieferwagens gegen bar
9.	Umwandlung einer kurzfristigen Verbindlichkeit in ein Darlehen mit 5 Jahren Laufzeit	14.	Bezahlung einer Lieferantenrechnung gegen Bankeinzug

Kleines Konten-ABC:

Anleihen	Abschreibungen	Bank	Büromöbel
Büromaterial	Büromaschinen	Darlehen	Forderungen aLL
Fuhrpark	Gehälter	Geschäftsausstattung	Kasse
Kassensysteme	Kurzfristige Verbindlichkeiten	Langfristige Verbindlichkeiten	Löhne
Verbindlichkeiten aLL	Waren	Wertpapiere	Zinserträge
Betriebsgebäude	Ladenausstattung	Lagerausstattung	Grundstücke

8.3 Einfacher Buchungssatz

SITUATION

© MEV Agency UG

Sabrina Hesser kauft bei ihrem Büroausstatter einen neuen Kopierer für 1.250,00 €. Den Rechnungsbetrag begleicht sie durch Banküberweisung bei der Neuburger Bank. Dieser Geschäftsvorfall führt dazu, dass sich der Büromaschinenbestand bei Hesser-Moden e.K. um 1.250,00 € erhöht und das Bankkonto bei der Neuburger Bank um diesen Betrag abnimmt.

Wie kann dieser Geschäftsvorfall buchungstechnisch vereinfacht dargestellt werden?

Bestandteile des Buchungssatzes

Die Grundlage der Buchführung bilden **Belege**. Aus dem Beleg geht im Allgemeinen hervor, wie der Geschäftsvorfall aussieht.

Aus seinem Inhalt wird dann ein **Buchungssatz** gebildet. Dazu werden die Belege fortlaufend nummeriert und mit einem Buchungsvermerk gekennzeichnet.

© MQ-Illustrations – stock.adobe.com

Sie stellen somit die **Verbindung** zwischen **Geschäftsvorfall** und der **Buchung** dar.

»» **Beispiel:** Beleg über 50 Kopien, ausgestellt vom Neuburger Copyshop.

Eingang: 19.02.14
Nr.: 134

kopie & mehr
Ihr Copyshop in Neuburg
Talstraße 4 - 77777 Neuburg
Fon: 07779 - 77554
e-mail:kopie-mehr@qvx.de

QUITTUNG :

☐ Farbkopien Schnelldrucke ☐
☒ s/w Kopien Folien ☐

Sonstiges: ____________

EURO: 7,50 einschl. 19 % USt.

Datum: 19.02...
Unterschrift des Empfängers: Mosbauer

Inhaber: Frank Mosbauer - Talstr. 4 - Neuburg

Der **Buchungssatz** ist eine kurze, einheitliche Form, mit der angegeben wird, wie und auf welchem Konto ein Geschäftsvorfall gebucht wird. Dabei handelt es sich um eine sprachlich verkürzte Darstellung eines Buchungsvorganges aufgrund eines Geschäftsvorfalles. Zuerst wird stets die Sollbuchung genannt und diese durch das Wort „**an**" mit der **Habenbuchung** verbunden.

Buchungssatz:

Soll	an	Haben

Bei einem **einfachen Buchungssatz** wird jeweils nur **ein** Konto im **Soll** und **ein** Konto im **Haben** angesprochen.

! **Hinweis:** Beim Buchen gilt folgender Grundsatz: Keine Buchung ohne Gegenbuchung!

Die Buchungssätze, die sich aus einzelnen Geschäftsvorfällen ergeben, werden in zeitlicher Reihenfolge im **Grundbuch** erfasst (vgl. dazu S. 427).

Auf den Konten werden die Geschäftsvorfälle dann sachlich geordnet. Die Gesamtheit der Konten bilden das **Hauptbuch.**

»» **Beispiel mit Lösung: „Buchung des Kaufs eines Kopiergerätes"**

Bucht Frau Hesser den Einkauf des Kopiergeräts für 1.250,00 €, dann ergibt sich folgender Tatbestand: Das Konto Büromaschinen nimmt im Soll um 1.250,00 € zu, während das Konto Bank im Haben um 1.250,00 € abnimmt.

Buchungssatz:

Soll		an		Haben
Büromaschinen	1.250,00 €	an	Bank	1.250,00 €

Buchung auf T-Konten (Hauptbuch):

S	Büromaschinen	H
1.250,00 €		

S	Bank	H
		1.250,00 €

Für die **Darstellung** eines Buchungssatzes gibt es keine einheitlichen Regeln. Der Geschäftsvorfall „**Warenverkauf bar zu 25,00 €**" lässt sich z. B. wie folgt darstellen:

1. Kasse	25,00 €	an	Waren	25,00 €
2. Kasse an Waren				25,00 €
3. Kasse an Waren	25,00 € 25,00 €			

! **Hinweis:** Bitte beachten Sie stets diese Regeln beim Erstellen der Buchungssätze:

Vor jedem Buchungsvorgang ist zu klären:
1. Welche Konten werden berührt?
2. Handelt es sich um Aktiv- oder Passivkonten?
3. Erfolgt eine Bestandsmehrung oder eine Bestandsminderung?
4. Auf welche Seite des Kontos wird gebucht (Soll oder Haben)?

Kontierung mit dem Buchungsstempel

Die zur jeweiligen Buchung gehörenden Belege werden mithilfe des Buchungssatzes vorkontiert, das heißt, es wird auf den Belegen vermerkt, wie zu buchen ist.
Zur Vereinfachung kann man einen **Buchungsstempel (Kontierungsstempel)** benutzen.

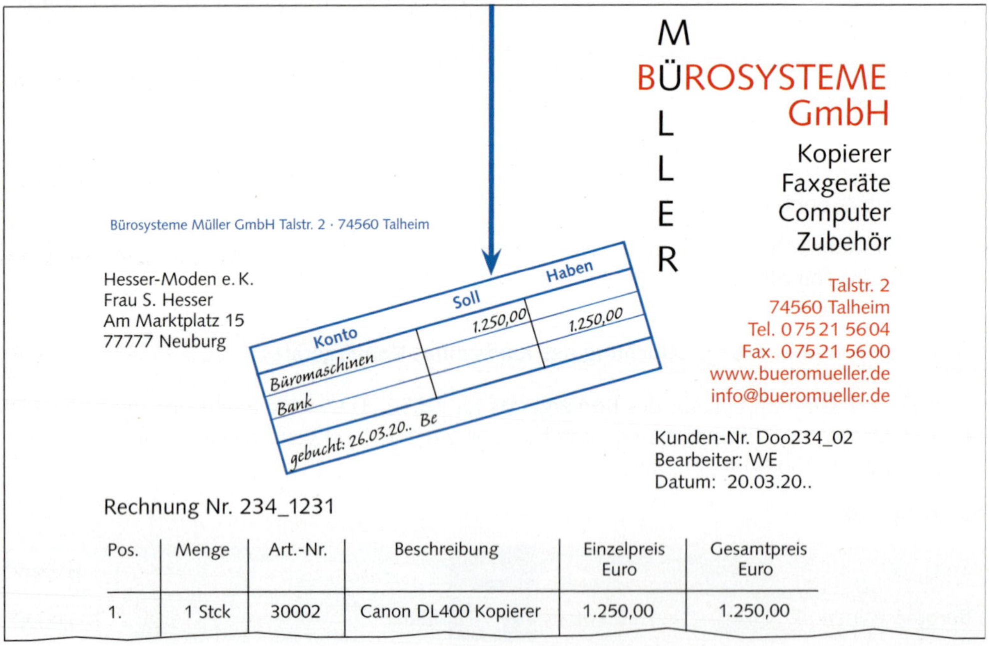

MÜLLER BÜROSYSTEME GmbH
Kopierer
Faxgeräte
Computer
Zubehör

Talstr. 2
74560 Talheim
Tel. 07521 5604
Fax. 07521 5600
www.bueromueller.de
info@bueromueller.de

Bürosysteme Müller GmbH Talstr. 2 · 74560 Talheim

Hesser-Moden e. K.
Frau S. Hesser
Am Marktplatz 15
77777 Neuburg

Konto	Soll	Haben
Büromaschinen	1.250,00	
Bank		1.250,00

gebucht: 26.03.20.. Be

Kunden-Nr. Doo234_02
Bearbeiter: WE
Datum: 20.03.20..

Rechnung Nr. 234_1231

Pos.	Menge	Art.-Nr.	Beschreibung	Einzelpreis Euro	Gesamtpreis Euro
1.	1 Stck	30002	Canon DL400 Kopierer	1.250,00	1.250,00

AKTION

1 Bilden Sie Buchungssätze zu folgenden Geschäftsvorfällen:

Nr.	Geschäftsvorfall	Betrag in €
1.	Barzahlung an einen Lieferanten	1.500,00
2.	Barabhebung bei der Bank	350,00
3.	Verkauf einer gebrauchten Ladentheke gegen Überweisung	2.345,00
4.	Kauf von Waren auf Ziel	3.600,00
5.	Darlehen wird auf Bankkonto gutgeschrieben	10.000,00
6.	Kunde begleicht Rechnung durch Überweisung	1.266,00
7.	Kauf eines PCs für die Buchhaltung auf Rechnung	2.999,00
8.	Warenverkauf gegen Ziel	566,00
9.	Bareinzahlung auf das Bankkonto	1.250,00
10.	Kunde bringt Ware zurück und erhält Kaufpreis erstattet	359,00
11.	Kauf einer Computerkasse auf Ziel	1.799,00

2 Buchen Sie die folgenden Geschäftsvorfälle auf T-Konten:

Nr.	Geschäftsvorfall	Betrag in €
1.	Kauf von Waren gegen Scheckzahlung	3.560,00
2.	Kauf von drei Schaufensterpuppen auf Ziel	2.700,00
3.	Kunde zahlt Rechnung mit Überweisung	679,00
4.	Begleichung einer Lieferantenrechnung mit Überweisung	2.345,00
5.	Barabhebung vom Bankkonto	500,00
6.	Kauf eines Ladenlokals gegen Kreditaufnahme bei Bank	260.000,00

3 Nennen Sie zu den folgenden Buchungssätzen die entsprechenden Geschäftsvorfälle:

Nr.	Geschäftsvorfall	Nr.	Geschäftsvorfall
1.	Bank an Kasse	6.	Kasse an Waren
2.	Kasse an Bank	7.	Geschäftsausstattung an Bank
3.	Waren an Kasse	8.	Kasse an Forderungen
4.	Darlehensschulden an Bank	9.	Verbindlichkeiten an Bank
5.	Fuhrpark an Bank	10.	Kasse an Darlehensschulden

8.4 Zusammengesetzter Buchungssatz

SITUATION

© Norman Chan – Fotolia.com

Nach vier Monaten Lieferzeit erhält Sabrina Hesser endlich ihren neuen Geschäftswagen. Wie mit dem Autohaus vereinbart, leistet sie eine Barzahlung von 8.500,00 € und überweist den Rest von 20.000,00 € mit einer Banküberweisung.

Wie kann dieser Geschäftsvorfall buchungstechnisch vereinfacht dargestellt werden?

INFORMATION

Mitunter sind Geschäftsvorfälle umfassender und betreffen mehr als zwei Konten. Beim Geschäftsvorfall des Autokaufs von Frau Hesser werden **mehr** als **zwei** Konten, nämlich die Konten Fuhrpark, Kasse und Bank zur Buchung benötigt. Es entsteht **ein zusammengesetzter Buchungssatz.**

Summe der Sollbuchung(en)	=	Summe der Habenbuchung(en)

Beispiel mit Lösung: Buchung des Geschäftswagens

Buchungssatz:

Soll		**an**		**Haben**
Fuhrpark	28.500,00 €	an	Kasse	8.500,00 €
			Bank	20.000,00 €

Buchung auf T-Konten:

S	Fuhrpark	H
28.500,00 €		

S	Kasse	H
		8.500,00 €

S	Bank	H
		20.000,00 €

! **Hinweis:** Werden bei einem Geschäftsvorfall **mehr als zwei Konten** angesprochen, spricht man von einem **zusammengesetzten Buchungssatz.**

AKTION

1 Bilden Sie zusammengesetzte Buchungssätze nach folgenden Geschäftsvorfällen:

Nr.	Geschäftsvorfälle	Betrag in €	
a)	Zahlung einer Kundin durch Banküberweisung bar	 1.345,00 245,00	 1.590,00
b)	Bezahlung einer Lieferantenrechnung gegen bar durch Banküberweisung	 2.500,00 3.600,00	 6.100,00
c)	Erwerb eines Lagerhauses gegen Bankscheck gegen Bankdarlehen	 25.000,00 250.000,00	 275.000,00
d)	Tilgung einer Darlehensschuld bar durch Banküberweisung	 2.800,00 12.200,00	 15.000,00
e)	Kauf von Waren gegen bar gegen Bankscheck auf Ziel	 500,00 2.500,00 5.000,00	 8.000,00
f)	Kauf eines Regals gegen Überweisung auf Ziel	 1.500,00 2.500,00	 4.000,00
g)	Verkauf eines gebrauchten Kopiergerätes gegen bar gegen Banküberweisung	 600,00 1.200,00	 1.800,00
h)	Zahlung einer offenen Kundenrechnung bar auf das Bankkonto	 450,00 540,00	 990,00

2 Nennen Sie zu den folgenden Buchungssätzen die entsprechenden Geschäftsvorfälle:

a)	Kasse und Forderungen an Waren	d)	Darlehensschulden an Bank und Kasse
b)	Waren an Kasse und Verbindlichkeiten	e)	Kasse und Bank an Geschäftsausstattung
c)	Bebaute Grundstücke an Bank	f)	Fuhrpark an Bank und Verbindlichkeiten

3 Geben Sie zu folgenden Geschäftsvorfällen die Buchungssätze an:

a) Wir heben 3.000,00 € vom Bankkonto ab.

b) Die Bank gewährt uns ein Darlehen in Höhe von 30.000,00 €.

c) Ein Kunde überweist 21.500,00 € und zahlt 210,00 € bar.

d) Wir kaufen einen Lieferwagen und zahlen 1.500,00 € bar und überweisen 25.700,00 €.

e) Kauf eines neuen EDV-Systems gegen einen Scheck in Höhe von 5.900,00 € und Barzahlung von 1.500,00 €.

f) Wir tilgen ein Darlehen durch Überweisung von 20.000,00 € und Barzahlung von 2.000,00 €.

g) Zieleinkauf von Waren im Wert von 6.900,00 €.
h) Wir bringen die Tageseinnahmen zur Bank: 11.230,00 €.
i) Verkauf eines alten Büroschrankes gegen einen Scheck von 400,00 € und Barzahlung von 75,00 €.
j) Der Geschäftsinhaber entnimmt der Kasse 500,00 €.
k) Zieleinkauf von Waren im Wert von 4.500,00 €.
l) Der Geschäftsinhaber legt seinen Lottogewinn von 750,00 € in die Kasse.

4 Welche Geschäftsvorfälle liegen folgenden Buchungssätzen zugrunde?

a) Waren 3.500,00 € an Verbindlichkeiten 3.000,00 € und Kasse 500,00 €
b) Bank 400,00 € an Forderungen 400,00 €
c) Kasse 5.000,00 € an Bank 5.000,00 €
d) Verbindlichkeiten 4.700,00 € an Bank 4.000,00 € und Kasse 700,00 €
e) Darlehen 30.000,00 € an Bank 30.000,00 €
f) Geschäftsausstattung 6.100,00 € an Bank 6.000,00 € und Kasse 100,00 €
g) Darlehen Huber 35.000,00 € an Eigenkapital Huber 35.000,00 €
h) Verbindlichkeiten 200,00 € an Waren 200,00 €
i) Forderungen 2.000,00 € und Kasse 200,00 € an Fuhrpark 2.200,00 €
j) Bank 26.000,00 € an Darlehen 26.000,00 €
k) Bank 1.900,00 € an Kasse 1.900,00 €

8.5 Buchungen anhand von Belegen

■ SITUATION

Endlich Ladenschluss! Müde, aber mit den Umsätzen zufrieden, schließt Sabrina Hesser um 20:00 Uhr ihr Textilgeschäft. Während sie den Kassenbericht erstellt, denkt sie daran, was noch an Arbeit auf sie zukommt, wenn sie alle Geschäftsvorgänge des heutigen Tages bucht:

- über 50 Kunden haben heute bei ihr eingekauft,
- sie brachte zweimal Bargeld zur Bank,
- eine Kundin gab einen Pullover zurück und erhielt dafür den Kaufpreis zurück,
- Sabrina Hesser bezahlte mehrere Lieferantenrechnungen mit Überweisung,
- auf der Bank ließ sie sich einen Kontoauszug ausdrucken und stellt fest, dass der Einkaufsverband die Monatsrechnung abgebucht hat,
- ihre Verkaufshilfe Mirjam erhielt den Wochenlohn auf eigenen Wunsch bar ausbezahlt,
- zwei neue Umkleidekabinen wurden heute vom Ladenbauer geliefert.

■ INFORMATION

Wenn Geschäftsvorfälle in der Buchhaltung erfasst werden, dann erfolgt dies auf der Grundlage der dazu gehörenden Belege. Um den Anforderungen der **ordnungsmäßigen Buchführung** gerecht zu werden, muss sich unter anderem jeder **Geschäftsvorfall** von seiner Entstehung bis zur

Abwicklung **nachvollziehen** lassen. Dies erfolgt mithilfe der **Belege**. Der Beleg ist dementsprechend die Verbindung zwischen Geschäftsvorfall und Buchführung.

> **!** **Hinweis: Keine Buchung ohne Beleg!**

Kontierung nach Belegen

» **Beispiel mit Lösung:** Sabrina Hesser von Hesser-Moden e. K. in Neuburg nimmt die Tagesabrechnung vor und erstellt den folgenden Kassenbericht:

KASSENBERICHT NR. *152* — Beleg 1			DATUM: *17.03. ..*	
Kassenbestand bei Geschäftsschluss			Währung: EUR	325,80
	%	VSt.	Nettobetrag	Bruttobetrag
Ausgaben im Laufe des Tages				
1. Wareneinkäufe und Warennebenkosten				
Ackermann KG, ER 14 — Beleg 2	*19*	*26,82*	*141,18*	*168,00*
2. Geschäftsausgaben				
Büro-Express, ER 15 — Beleg 3	*19*	*51,09*	*268,91*	*320,00*
3. Privatentnahmen — Beleg 4		–		*100,00*
4. Sonstige Ausgaben				
Einzahlung auf Konto Neuburger Bank				*3.500,00*
Beleg 5				
abzüglich Kassenendbestand des Vortages				*195,20*
= Kasseneingang				*4.218,60*
abzüglich sonstige Einnahmen				
= Bareinnahmen (Tageslosung)				*4.218,60*
Kundenzahl: *72*			Unterschrift *S. Hesser*	

Bevor Frau Hesser die Geschäftsvorfälle bucht, nimmt sie die **Vorkontierung** auf diesen Belegen vor und vermerkt mithilfe des Kontierungsstempels die späteren Soll- und Habenbuchungen.

! **Hinweis:** Die Umsatzsteuer bleibt aus Vereinfachungsgründen bei den folgenden Buchungen (Bruttobuchungen) jetzt noch unberücksichtigt.

Beleg 1: Kassenbericht

Werden Geschäftsvorfälle erfasst, welche die Kasse bzw. den Warenverkauf betreffen, dann wird nur die Tageslosung nach dem Kassenbericht gebucht. Bei anderen Bargeschäften erfolgt die Kontierung auf besonderen Belegen.

Buchungssatz:
Die Buchung der Tageslosung lautet:

Soll		an		Haben
Kasse	4.218,60 €	an	Waren	4.218,60 €

Beleg 2: Eingangsrechnung der Ackermann KG

Frau Hesser erhält von Herrn Kübler, Vertreter der Ackermann KG, eine Seidenbluse, die bei der letzten Lieferung vergessen wurde. Die Rechnung begleicht Frau Hesser bar.

Ackermann KG

Textil-
ACKERMANN
- Großhandel

Ackermann KG
Messeplatz 15, 30161 Hannover

Hesser-Moden e. K.
Am Marktplatz 15
77777 Neuburg

Konto	Soll	Haben
Waren	168,00	
Kasse		168,00

Gebucht: 19.03. .. Be

Rechnung

Datum: 25.02. ..
Kd.Nr. 17 189
Re.Nr. 3466-1990
Bitte bei Zahlung angeben

Position	Menge	Text	Betrag in €
1	1	Damenbluse Gr. 42, Modell Laura	
		Rechnungsbetrag (netto) zzgl. Umsatzsteuer 19 %	141,18 26,82
Summe		Bitte überweisen Sie innerhalb 14 Tagen:	168,00

Beleg 3: Eingangsrechnung der Büro-Express GmbH

Frau Hesser erhält einen neuen Schreibtischsessel geliefert und bezahlt ihn sofort bar.

Büro-Express GmbH
Büroeinrichtungen · Bürobedarf
Willy-Brandt-Straße 45
57666 Frankenbach

Hesser-Moden e. K.
Am Marktplatz 15
77777 Neuburg

Konto	Soll	Haben
Gesch.-ausstatt.	*320,00*	
Kasse		*320,00*
Gebucht: 19.03. .. Be		

Auftragsbestätigung und Rechnung

Datum: 25.02.20..
Re.Nr. 3466-20..

Menge	Text	Betrag in €
1	Bürodrehstuhl „Comfort-Extra" mit Lederbezug	268,91
	USt. 19 %	51,09
Summe	Bitte überweisen Sie innerhalb 10 Tagen:	320,00

Beleg 4: Privatentnahme

Frau Hesser entnimmt der Kasse 100,00 €, die sie für den Lebensmitteleinkauf im benachbarten Supermarkt benötigt. Für diesen Vorgang erstellt sie einen Eigenbeleg.

Hesser Moden e. K.
Am Marktplatz 15
77777 Neuburg

EIGENBELEG Nr. 456

von: *Ladenkasse*
für: *private Zwecke*
100,00 Euro

Konto	Soll	Haben
Privat	*100,00*	
Kasse		*100,00*
Gebucht: 19.03. .. Be		

Ort: *Neuburg*
Datum: *17.03. ..*
Unterschrift: *Hesser*

Beleg 5: Bareinzahlung auf das Geschäftskonto

Werden Buchungen vorgenommen, die das Bankkonto betreffen, sind z. B. die Durchschriften von Überweisungen nur Hilfsbelege. Kontiert wird auf dem Kontoauszug, der den betreffenden Geschäftsfall ausweist. Am 17. März leistet Frau Hesser eine Bareinzahlung in Höhe von 3.500,00 € bei ihrer Hausbank. Auf dem **Kontoauszug** vom 21. März ist diese Bareinzahlung vermerkt und wird daher auch erst dort gebucht.

NB

NEUBURGER BANK
BIC SOLADES1NEU

Auszug für Ihr Girokonto
Nr. 17 Blatt 1 vom 21.03.20..

Datum	Erläuterungen/Verwendungszweck	Wert		Abgänge –	Zugänge +
	alter Kontostand vom 16.03. ..	€			6.233,12 +
16.03. ..	Rechnung Wagner 23458667			427,88 –	
16.03. ..	KFZ-Steuer NB-SH-456/9987655402			188,67 –	
17.03. ..	Einzahlung Laden				3.500,00 +
	neuer Kontostand vom 21.03. ..	€			9.116,57 +

Hesser-Moden e. K.
Am Marktplatz 15
77777 Neuburg

Konto	Soll	Haben
Bank	3.500,00	
Kasse		3.500,00
Gebucht: 22.03. .. Be		

Jetzt Aktien kaufen!
Fragen Sie uns!

Anforderungen an Belege

Damit Belege einen Geschäftsvorfall vollständig abbilden, müssen sie bestimmte Anforderungen erfüllen. Ein **Beleg muss**

- inhaltlich und rechnerisch richtig sein,
- einen eindeutigen Belegtext aufweisen, um den Geschäftsvorfall ausreichend zu beschreiben,
- mit dem Ausstellungs- und/oder Eingangsdatum versehen sein,
- fortlaufend nummeriert werden.

Darüber hinaus müssen Belege vollständig und geordnet aufbewahrt werden.

Belegarten

Belege können grundsätzlich unterschieden werden in **externe Belege** (Fremdbelege) und **interne Belege** (Eigenbelege).

Externe Belege (Fremdbelege)

Externe Belege oder Fremdbelege kommen von **außen** in das Unternehmen. Sie entstehen also durch Geschäftsabläufe eines Unternehmens mit Lieferanten, Banken, Versicherungen oder dem Finanzamt.

» **Beispiele:** Eingangsrechnungen für Waren und Dienstleistungen, Quittungen, Gutschriften, Bankauszüge, Postbelege, Steuerbescheid, Frachtbriefe.

Interne Belege (Eigenbelege)

Interne Belege oder Eigenbelege sind Belege, die **im** Unternehmen erstellt werden.

» **Beispiele:** Durchschriften von Ausgangsrechnungen, Lohn- und Gehaltslisten, Belege über Privatentnahmen (Eigenverbrauch), Belege über Stornobuchungen, Durchschrift von Geschäftskorrespondenz.

Belegbearbeitung und -ablage

Eine sorgfältige Belegbearbeitung und -ablage ist Voraussetzung für eine ordnungsmäßige Buchführung. Die einzelnen **Bearbeitungsschritte** sind:

1. Vorbereitung der Belege	Überprüfen der Belege auf ihre **sachliche** und **rechnerische Richtigkeit.** Dann Sortieren der Belege nach der Belegart.
2. Buchen der Belege	Kontieren und buchen der Belege.
3. Ablage der Belege	Die Belegablage eines Unternehmens muss so organisiert sein, dass ein schneller Zugriff zu jeder Zeit möglich ist. Das bedeutet, dass die Ablage nach einheitlichen, nachvollziehbaren Kriterien erfolgt. Wird die Ablage im Rahmen der gesetzlichen Möglichkeiten papierlos organisiert, muss auch hier ein schneller Zugriff, also eine Reproduktion beziehungsweise ein Ausdruck der Unterlagen kurzfristig möglich sein.

Mindestanforderungen an die Buchführung

Unabhängig davon, wie ein Kaufmann seine Bücher führt, muss die Buchführung bestimmten Mindestanforderungen genügen.

Zu diesen **Mindestanforderungen** an jede Buchführung zählen:

- Alle **Geschäftsvorfälle** müssen fortlaufend erfasst und aufgezeichnet werden *(Kassenbuch über tägliche Einnahmen und Ausgaben, Erfassung der Wareneingänge).*
- Alle **Forderungen** und **Verbindlichkeiten** (unbare Geschäfte) müssen in einem sogenannten Kontokorrentbuch aufgezeichnet werden.
- Es müssen jährliche **Geschäftsabschlüsse** der Buchführung mit einer Bestandsaufnahme durchgeführt werden (Inventur, Inventar, Bilanz).

Grundsätze ordnungsmäßiger Buchführung (GoB)

Die Anforderungen an die Buchführung, an die sich der Kaufmann halten muss, sind in den **Grundsätzen der ordnungsmäßigen Buchführung** festgelegt. Diese sind nicht zusammenhängend in einem Gesetz festgelegt, sondern ergeben sich im Wesentlichen aus dem Handels- und Steuerrecht (§§ 239–245 HGB und §§ 145–147 AO), aber auch aus der Rechtsprechung.

Entsprechend dem allgemeinen Geschäftsgebrauch wurden folgende **Grundsätze ordnungsmäßiger** Buchführung festgeschrieben und werden von allen am Geschäftsleben Beteiligten anerkannt:

Grundsatz der formellen Richtigkeit	› Keine Buchung ohne Beleg *(Rechnung, Quittung, ...)*. › Die buchführungspflichtigen Vorgänge müssen vollständig, richtig und sachlich geordnet gebucht werden. Keine Veränderungen von Buchungen und Belegen. › Verboten sind Radieren, Überschreiben, Löschen oder Überspielen von Datenträgern.
Grundsatz der Zeitfolge	Die Buchungen müssen fortlaufend und zeitnah erfolgen *(Kasseneinnahmen und -ausgaben sind täglich aufzuzeichnen)*.
Grundsatz der Klarheit und Nachprüfbarkeit	Die Buchungen müssen klar und übersichtlich sein. Ein Sachverständiger Dritter muss sich innerhalb einer angemessenen Zeit einen Überblick verschaffen können.
Grundsatz der Vollständigkeit	Alle Belege müssen lückenlos erfasst werden.
Grundsatz der materiellen Richtigkeit	Die Geschäftsvorfälle müssen ihrem tatsächlichen Inhalt entsprechend gebucht werden.
Grundsatz der periodengerechten Abgrenzung	Alle Buchungen müssen in dem Zeitraum vorgenommen werden, in den sie wirtschaftlich gehören. Die Verschiebung der Erfassung von Einnahmen und Ausgaben ist nicht erlaubt.

Bestandteil der Buchführungspflicht sind auch die handelsrechtlichen und steuerrechtlichen **Aufbewahrungspflichten** (§ 257 HGB, § 147 AO).

Übersicht zu den wichtigsten Aufbewahrungsfristen				
Unterlagen	**Aufbewahrungsfrist**		**Aufbewahrungsform**	
	6 Jahre	**10 Jahre**	**Original**	**Original oder Datenträger**
Eröffnungsbilanz		■	■	
Jahresabschluss		■	■	
Inventar		■		■
Handelsbücher		■		■
Buchungsbelege		■		■
Briefverkehr	■			■

■ Grundsätze ordnungsmäßiger DV-gestützter Buchführungssysteme (GoBS)

Die **moderne Buchführung** ist gekennzeichnet durch eine **papierlose** Erfassung und Speicherung der Daten mithilfe moderner **Datenverarbeitungstechniken**. Da aufgrund des Einsatzes der elektronischen Datenverarbeitung eine Vielzahl von bewussten oder versehentlichen Datenmanipulationen vorkommen können, sind die **Grundsätze ordnungsmäßiger DV-gestützter Buchführungssysteme** erarbeitet worden.

Ein Kaufmann, der seine Bücher auf Datenträgern führt, muss sicherstellen können, dass

- die gespeicherten Daten während der Dauer ihrer Aufbewahrungsfrist jederzeit verfügbar sind,
- unverzüglich lesbar gemacht werden können und
- maschinell ausgewertet werden können.

Folgen bei Verstößen

Ein **Verstoß** gegen die Grundsätze ordnungsmäßiger Buchführung und ordnungsmäßiger Speicherbuchführung kann schwerwiegende Folgen haben.

© Stauke – Fotolia.com

Werden Daten beziehungsweise Belege vernichtet, verheimlicht oder manipuliert, so können folgende **Maßnahmen** ergriffen werden:

- die Besteuerungsgrundlage wird vom Finanzamt geschätzt,
- steuerliche Vergünstigungen können entzogen werden,
- Strafverfahren mit Geld- und Freiheitsstrafen.

Bücher der Buchhaltung

Der Begriff **Buchführung** kommt daher, dass **ursprünglich** alle **Geschäftsvorfälle** eines Unternehmens in **fest** gebundenen **Büchern** aufgezeichnet wurden.

Mit dem Einsatz **moderner EDV** werden die Daten durch manuelle Eingabe am Computer oder mithilfe von Scannern erfasst, gespeichert und in Form von Listen und Tabellen am Bildschirm oder als Ausdrucke ausgegeben.

Trotzdem bleibt die Grundstruktur der Buchführung unverändert und man spricht auch heute nach wie vor von „Büchern".

Geschäftsvorfälle werden bei der doppelten Buchführung in **Büchern** mit verschiedenen Inhalten und Funktionen erfasst:

- Inventar- und Bilanzbuch,
- Grundbuch (Journal),
- Hauptbuch (Konten),
- Neben- und Hilfsbücher.

Inventar- und Bilanzbuch

Die Aufstellung aller Vermögensgegenstände und Schulden des Unternehmens, also die jährlichen Inventare und Bilanzen, werden im **Inventar- und Bilanzbuch** festgehalten.

Grundbuch (Journal)

Alle Geschäftsvorfälle werden in zeitlicher Reihenfolge (chronologisch) anhand der Belege im **Grundbuch** aufgezeichnet. Die Erfassung der Belege muss zeitnah erfolgen. Dabei sind folgende Angaben zu erfassen: Datum, Belegnummer, Bezeichnung des Vorgangs, Betrag und Hinweis auf den Beleg.

Eine geordnete und übersichtliche Belegablage kann den Anforderungen des Grundbuches ebenfalls gerecht werden. Seine besondere **Bedeutung** erlangt das **Grundbuch** dadurch, dass durch die genaue Dokumentation der Geschäftsvorfälle zu jeder Zeit eine Buchung bis zum Beleg zurückverfolgt werden kann.

Hauptbuch

Im Hauptbuch erfolgt die Aufzeichnung der Geschäftsvorfälle unter **sachlichen** Gesichtspunkten. Zu diesem Zweck werden im Hauptbuch **Sachkonten** geführt. Diese sachliche Gliederung ermöglicht einen schnellen Überblick über einzelne betriebliche Positionen.

So sind z. B. die Ausgaben für die Miete eines Ladens im Laufe eines Geschäftsjahres auf einen Blick zu erkennen.

Grundlage für das Hauptbuch sind die Eintragungen in das Grundbuch.

AKTION

1 Bilden Sie zu den in der Situation geschilderten Geschäftsvorfällen in Frau Hessers Modegeschäft die entsprechenden Buchungssätze.

2 Bei welchen der folgenden Schriftstücke handelt es sich um Belege, die zu einer Buchung führen?

a) Frau Hesser erhält eine Warensendung mit Lieferschein und Rechnung.

b) Auf dem Geschäftskonto geht eine Gutschrift des Einkaufsverbandes ein.

c) Frau Hesser bezahlt eine Lieferantenrechnung mit einem Verrechnungsscheck.

d) Bei der Stadtsparkasse Neuburg stellt Frau Hesser einen Kreditantrag.

e) Eine Kundin bestellt online ein Kleid, das sie gestern anprobierte.

f) Eine Kundin gibt eine Hose zurück, die ihrem Mann nicht passt.

3 Tim, Auszubildender bei Action & Fun GmbH, hat die Rechnungen der neu angeschafften EDV-Anlage verlegt. Sein Chef ist ziemlich sauer und sagt zu ihm: „Sieh zu, dass du das Problem bis zum Ende des Monats im Griff hast, sonst gibt es Ärger!"

Warum ist der Verlust der Originalbelege ein Problem?

Was kann Tim tun, um das Problem tatsächlich aus der Welt zu schaffen?

4 Kontieren Sie bitte folgende Belege für das Modehaus Hesser-Moden e. K.:

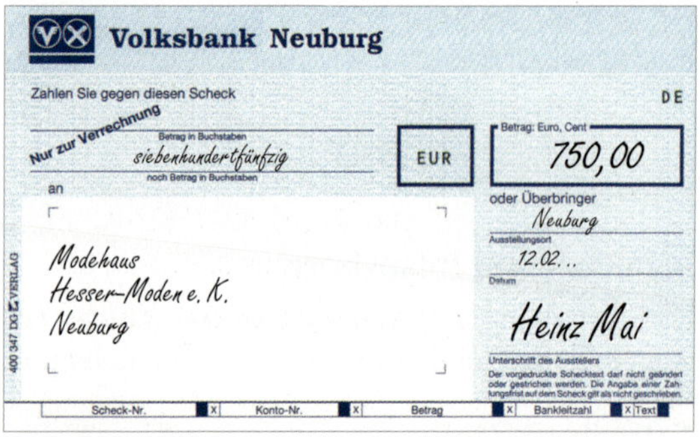

Volksbank Neuburg

Zahlen Sie gegen diesen Scheck — DE

Nur zur Verrechnung

Betrag in Buchstaben: siebenhundertfünfzig

noch Betrag in Buchstaben

EUR — Betrag: Euro, Cent: 750,00

an: Modehaus Hesser-Moden e. K. Neuburg

oder Überbringer

Neuburg — Ausstellungsort

12.02. .. — Datum

Heinz Mai — Unterschrift des Ausstellers

Der vorgedruckte Schecktext darf nicht geändert oder gestrichen werden. Die Angabe einer Zahlungsfrist auf dem Scheck gilt als nicht geschrieben.

400 347 DG VERLAG

Scheck-Nr. | X | Konto-Nr. | X | Betrag | X | Bankleitzahl | X | Text

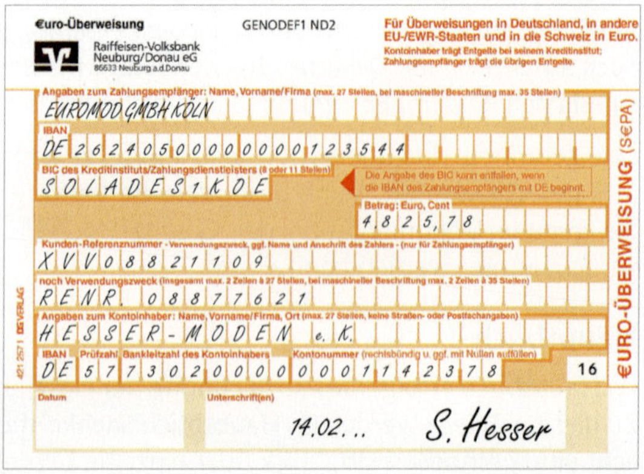

€uro-Überweisung — GENODEF1 ND2

Raiffeisen-Volksbank Neuburg/Donau eG, 86633 Neuburg a.d.Donau

Für Überweisungen in Deutschland, in andere EU-/EWR-Staaten und in die Schweiz in Euro.
Kontoinhaber trägt Entgelte bei seinem Kreditinstitut; Zahlungsempfänger trägt die übrigen Entgelte.

Angaben zum Zahlungsempfänger: Name, Vorname/Firma (max. 27 Stellen, bei maschineller Beschriftung max. 35 Stellen): EUROMOD GMBH KÖLN

IBAN: DE 26 2405 0000 0000 1235 44

BIC des Kreditinstituts/Zahlungsdienstleisters (8 oder 11 Stellen): SOLADES1KOE

Die Angabe des BIC kann entfallen, wenn die IBAN des Zahlungsempfängers mit DE beginnt.

Betrag: Euro, Cent: 4.825,78

Kunden-Referenznummer - Verwendungszweck, ggf. Name und Anschrift des Zahlers - (nur für Zahlungsempfänger): XVV0882 1109

noch Verwendungszweck (insgesamt max. 2 Zeilen à 27 Stellen, bei maschineller Beschriftung max. 2 Zeilen à 35 Stellen): RENR. 08877621

Angaben zum Kontoinhaber: Name, Vorname/Firma, Ort (max. 27 Stellen, keine Straßen- oder Postfachangaben): HESSER-MODEN e. K.

IBAN — Prüfzahl — Bankleitzahl des Kontoinhabers — Kontonummer (rechtsbündig u. ggf. mit Nullen auffüllen): DE 57 73020000 0001142378 — 16

Datum — Unterschrift(en): 14.02. .. S. Hesser

€URO-ÜBERWEISUNG (SEPA)

421 257 I DG VERLAG

Frau Hesser erhält einen neuen Schreibtisch geliefert und bezahlt ihn sofort bar.

Büro-Express GmbH
Büroeinrichtungen · Bürobedarf
Willy-Brandt-Straße 45
57666 Frankenbach

Hesser-Moden e. K.
Am Marktplatz 15
77777 Neuburg

Auftragsbestätigung und Rechnung

Datum: 15.02.20..
Re.Nr. 3467–20..

Menge	Text	Betrag in €
1	Schreibtisch „Comfort-Extra" USt. 19 %	600,00 114,00
Summe	Bitte überweisen Sie innerhalb 30 Tagen:	714,00

5 Erläutern Sie, warum die Grundsätze ordnungsmäßiger Buchführung nicht jedes Detail für die Form und den Inhalt festlegen, sondern dem Kaufmann einen Gestaltungsspielraum lassen.

6 Erläutern Sie den Grundsatz der Klarheit und Nachvollziehbarkeit. Beschreiben Sie seine Bedeutung aus der Sicht des zuständigen Finanzbeamten.

7 Erkundigen Sie sich, wie die Unterlagen der Buchführung in Ihrem Ausbildungsbetrieb archiviert werden.

8 Warum müssen Kaufleute ihre geführten Bücher während der Aufbewahrungsfrist jederzeit unverzüglich lesbar machen können?

9 Worin besteht der Unterschied zwischen Grundbuch (Journal) und Hauptbuch und welchen Nutzen hat der Kaufmann dadurch?

Journal	Monat/Jahr: 02/20..					Seite 2
Datum	Beleg Nr.	Bezeichnung des Vorgangs	Kontierung		Betrag	
19.02. ..	ER 06	Gebäudedienst XXL				248,00 €
20.02. ..	KB 22	McPaper – Bürobedarf				90,50 €
20.02. ..	KB 23	Pro Media – Notebook				1.499,00 €

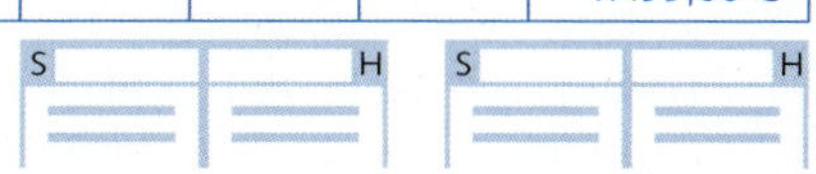

8.6 Eröffnung und Abschluss der Bestandskonten

SITUATION

Frau Hesser möchte in diesem Geschäftsjahr ihre Buchführung weitgehend selbst machen. Sie eröffnet die benötigten Konten und übernimmt die Werte des abgelaufenen Geschäftsjahres aus der letztjährigen Bilanz.

INFORMATION

Die Werte der **Aktivseite** der Bilanz kommen als Anfangsbestände (AB) auf die **Sollseite** der Aktivkonten, die Werte der **Passivseite** der Bilanz als Anfangsbestände auf die **Habenseite** der Passivkonten.

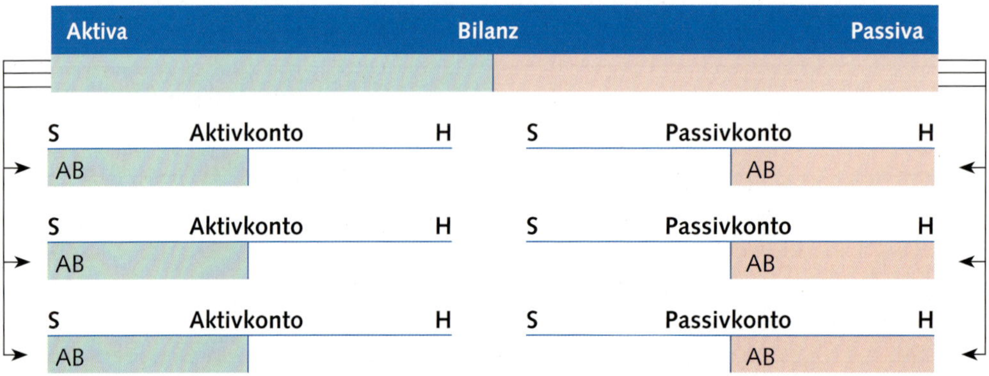

Nach Abschluss aller Geschäftsvorgänge eines Geschäftsjahres, das heißt, wenn alle Geschäftsvorfälle gebucht sind, werden die **Konten abgeschlossen**. Beim Abschluss der Konten nutzt man ein Hilfskonto, das **Schlussbilanzkonto**.

Um ein **Bestandskonto abzuschließen**, muss man zuerst die Summe der wertmäßig größeren Kontoseite ermitteln **1**. Dann wird die **Differenz** zwischen der wertmäßig größeren und der kleineren Seite berechnet (**Saldo**) **2**. Dieser errechnete **Saldo** bildet den **Schlussbestand des Bestandskontos (= SB)**. Er wird dann im **Schlussbilanzkonto** **3** gegengebucht.

S	Bestandskonto		H
	1.200,00 €	AB	1.000,00 €
		2 Saldo (SB)	200,00 €
1	1.200,00 €		1.200,00 €

S	**Schlussbilanzkonto**		H
Gegenbuchung			Gegenbuchung AB
3 SB	200,00 €		Aktivkonto

> **!** **Hinweis:** Das **Schlussbilanzkonto** wird in der betrieblichen Praxis **nicht verwendet**, da die jeweiligen Konten (Buchwerte) nach Abgleich mit den **Ist-Werten** (Inventurwerte) auf die **Schlussbilanz übertragen (nicht gebucht!)** werden. Für das bessere Verständnis der Systematik der Buchführung mag es anfänglich sinnvoll erscheinen, Abschlussbuchungen vorzunehmen.

Geschäftsgang mit Bestandskonten

Beispiel mit Lösung: Es liegt die **Bilanz der Hesser-Moden e. K.** aus dem letzten Jahr vor.

Aktiva	Bilanz Hesser-Moden e. K. zum 31.12...		Passiva
Vermögen		**Eigenkapital**	47.000,00 €
I. Anlagevermögen			
Gebäude	110.000,00 €	**Verbindlichkeiten**	
Geschäftsausstattung	10.000,00 €	**I. langfristige Schulden**	
EDV-Ausstattung	3.500,00 €	Darlehen, 10 Jahre	100.000,00 €
		II. kurzfristige Schulden	
II. Umlaufvermögen		Verbindlichkeiten aLL	11.000,00 €
Waren	25.000,00 €		
Forderungen aLL	1.000,00 €		
Bank	7.000,00 €		
Kasse	1.500,00 €		
	158.000,00 €		158.000,00 €

Buchen mit Buchungssätzen

1. Vornahme der laufenden Buchungen (Geschäftsvorfälle)

1. Frau Hesser kauft einen Büroschrank für 600,00 € und bezahlt bar.
2. Eine Lieferantenrechnung über 1.500,00 € ist fällig. Sabrina Hesser bezahlt per Banküberweisung.
3. Der neue Drucker für 750,00 € wird geliefert, Zahlungsziel 14 Tage.

Buchungssätze:

Soll				Haben
1. Geschäftsausstattung	600,00 €	an	Kasse	600,00 €
2. Verbindlichkeiten aLL	1.500,00 €	an	Bank	1.500,00 €
3. EDV-Ausstattung	750,00 €	an	Verbindlichkeiten aLL	750,00 €

2. Vornahme der Abschlussbuchungen

Soll				Haben
SBK	110.000,00 €	an	Gebäude	110.000,00 €
SBK	10.600,00 €	an	Geschäftsausstattung	10.600,00 €
SBK	4.250,00 €	an	EDV-Ausstattung	4.250,00 €
SBK	25.000,00 €	an	Waren	25.000,00 €
SBK	1.000,00 €	an	Forderungen aLL	1.000,00 €
SBK	5.500,00 €	an	Bank	5.500,00 €
SBK	900,00 €	an	Kasse	900,00 €
Eigenkapital	22.000,00 €	an	SBK	22.000,00 €
Darlehen	100.000,00 €	an	SBK	100.000,00 €
Verbindlichkeiten aLL	10.250,00 €	an	SBK	10.250,00 €

Buchung auf T-Konten

Die Buchungen auf T-Konten vollziehen sich in den folgenden Schritten:

1.	Die Eröffnungsbilanz wird in Konten aufgelöst. Anschließend sind die Anfangsbestände der Aktiv- und Passivkonten einzutragen.
2.	Die Geschäftsvorfälle werden verbucht.
3.	Die Schlussbestände werden ermittelt.
4.	Die Konten werden abgeschlossen.
5.	Buchung der Schlussbestände auf das Schlussbilanzkonto.
6.	Aus dem Schlussbilanzkonto wird nach Abgleich mit den Ist-Werten die Schlussbilanz erstellt.

S	Gebäude		H
AB	110.000,00 €	SBK	110.000,00 €

S	Geschäftsausstattung		H
AB	10.000,00 €	SBK	10.600,00 €
1	600,00 €		
	10.600,00 €		10.600,00 €

S	EDV-Ausst.		H
AB	3.500,00 €	SBK	4.250,00 €
3	750,00 €		
	4.250,00 €		4.250,00 €

S	Waren		H
AB	25.000,00 €	SBK	25.000,00 €

S	Forderungen aLL		H
AB	1.000,00 €	SBK	1.000,00 €

S	Bank		H
AB	7.000,00 €	2	1.500,00 €
		SBK	5.500,00 €
	7.000,00 €		7.000,00 €

S	Kasse		H
AB	1.500,00 €	1	600,00 €
		SBK	900,00 €
	1.500,00 €		1.500,00 €

S	Eigenkapital		H
SBK	47.000,00 €	AB	47.000,00 €

S	Darlehen		H
SBK	100.000,00 €	AB	100.000,00 €

S	Verbindlichkeiten aLL		H
2	1.500,00 €	AB	11.000,00 €
SBK	10.250,00 €	3	750,00 €
	11.750,00 €		11.750,00 €

Soll	Schlussbilanzkonto (SBK) zum 31.12...		Haben
Gebäude	110.000,00 €	Eigenkapital	47.000,00 €
Geschäftsausstattung	10.600,00 €	Darlehen, 10 Jahre	100.000,00 €
EDV-Ausstattung	4.250,00 €	Verbindlichkeiten aLL	10.250,00 €
Waren	25.000,00 €		
Forderungen aLL	1.000,00 €		
Bank	5.500,00 €		
Kasse	900,00 €		
	157.250,00 €		157.250,00 €

Aus dem **Schlussbilanzkonto** wird anschließend die **Schlussbilanz** des **abgelaufenen Geschäftsjahres** erstellt. Dazu müssen noch die **Sollbestände der Bestandskonten mit den Istbeständen der Abschlussinventur abgeglichen** und bei Bedarf berichtigt werden.

Im Beispiel ist dieser Abgleich nicht notwendig und daher sind Schlussbilanzkonto und Schlussbilanz wertmäßig identisch.

Aktiva	Bilanz Hesser-Moden e. K. zum 31.12...		Passiva
Vermögen		**Eigenkapital**	47.000,00 €
I. Anlagevermögen			
Gebäude	110.000,00 €	**Verbindlichkeiten**	
Geschäftsausstattung	10.600,00 €	**I. langfristige Schulden**	
EDV-Ausstattung	4.250,00 €	Darlehen, 10 Jahre	100.000,00 €
		II. kurzfristige Schulden	
II. Umlaufvermögen		Verbindlichkeiten aLL	10.250,00 €
Waren	25.000,00 €		
Forderungen aLL	1.000,00 €		
Bank	5.500,00 €		
Kasse	900,00 €		
	157.250,00 €		157.250,00 €

Für die Eröffnungs- und Schlussbilanz gilt:

Wert der linken Seite (Aktiva) = Wert der rechten Seite (Passiva)

AKTION

1 Beschreiben Sie den Aufbau einer Bilanz.

2 Wohin werden die Werte der Bilanz übertragen?

3 Beschreiben Sie, wie ein Konto abgeschlossen wird.

4 In welchen Schritten erfolgen Buchungen auf den T-Konten?

5 Unter welchen Voraussetzungen sind Schlussbilanzkonto und Schlussbilanz wertmäßig identisch?

6 Ordnen Sie die folgenden Belege der Aktiv- bzw. Passivseite der Bilanz zu und erklären Sie den Geschäftsvorfall:

1

M
BÜROSYSTEME
L GmbH
L
E
R

Kopierer
Faxgeräte
Computer
Zubehör

Talstr. 2
74560 Talheim
Tel. 07521 5604
Fax. 07521 5600
www.bueromueller.de
info@bueromueller.de

Bürosysteme Müller GmbH Talstr. 2 · 74560 Talheim

Hesser-Moden e. K.
Frau S. Hesser
Am Marktplatz 15
77777 Neuburg

Kunden-Nr. Doo234_02
Bearbeiter: WE
Datum: 20.06.20..

Rechnung Nr. 234_4546

Pos.	Menge	Art.-Nr.	Beschreibung	Einzelpreis Euro	Gesamtpreis Euro
1.	1 Stck	30002	Xeron Kopierer	1.250,00	1.250,00

NB

NEUBURGER BANK
BIC SOLADES1NEU **2**

Auszug für Ihr Girokonto
Nr. 27 Blatt 1 vom 21.06.20..

Datum	Erläuterungen/Verwendungszweck	Wert	Abgänge –	Zugänge +
	alter Kontostand vom 16.06. ..	€		6.233,12 +
16.06. ..	Rechnung Steiner 234		427,88 –	
16.06. ..	Lastschrift FA Neuburg KFZ-Steuer NB-SH-456		188,67 –	
17.06. ..	Einzahlung Ladenkasse			3.500,00 +
	neuer Kontostand vom 21.06. ..	€		9.116,57 +

3

PRO MEDIA
TV-HIFI-Elektro
Berliner Landstr. 146
77777 Neuburg

3030142	
Mediom-Notebook 400	1.499,00 €
Total	1.499,00 €

PRO MEDIA

Inkl. 19,00 % USt.	239,34 €
Netto-Warenwert	1.259,66 €

Vielen Dank für Ihren Einkauf!

4 DE

Kreissparkasse Reutlingen

Zahlen Sie gegen diesen Scheck EUR Betrag: Euro, Cent 410,00

vierhundertzehn
Betrag in Buchstaben

noch Betrag in Buchstaben

an *Hesser - Moden e.K.*
oder Überbringer

Reutlingen
Ausstellungsort

21.06.20..
Datum

Weber
Unterschrift des Ausstellers

Der vorgedruckte Schecktext darf nicht geändert oder gestrichen werden. Die Angabe einer Zahlungsfrist auf dem Scheck gilt als nicht geschrieben.

Scheck-Nr. | Konto-Nr. | Betrag | Bankleitzahl | Text

0000162836152⑆ 12345678⑈ 64050000⑆ 01⑈

Bitte dieses Feld nicht beschriften und nicht bestempeln

7 Das Einzelhandelsunternehmen GUTKAUF hat zum 31.12. des vergangenen Jahres folgende vorläufige Schlussbilanz aufgestellt:

Aktiva		Bilanz	Passiva
Grundstücke u. Bauten	51.000,00 €	Eigenkapital	?
Ladenausstattung	11.000,00 €	Darlehen	50.000,00 €
Softwarelizenzen	6.587,00 €	kurzfr. Verbindl.	12.000,00 €
Kassensysteme	4.989,00 €	Verbindl. aLL	4.000,00 €
Lagerausstattung	1.560,00 €		
Fuhrpark	26.890,00 €		
Warenbestand	19.901,00 €		
Forderungen aLL	1.100,00 €		
Volksbank	17.567,00 €		
Sparkasse	42.510,00 €		
Kasse	1.378,00 €		

a) Ermitteln Sie das Eigenkapital.

b) Welche Bestandskonten müssen zur Eröffnung des neuen Geschäftsjahres angelegt werden? Legen Sie die T-Konten an.

c) Nennen Sie die Buchungssätze der Eröffnungsbuchungen und führen Sie diese auf den T-Konten durch.

d) Buchen Sie folgende Geschäftsvorfälle und stellen Sie die Schlussbilanz für dieses Jahr auf. Die Buchbestände entsprechen den Inventurbeständen.

Nr.	Geschäftsvorfall	Betrag in €
1.	Kauf von Waren auf Ziel	8.500,00
2.	Eine Lieferantenrechnung wird bar bezahlt	3.450,00
3.	Kauf einer neuen Ladenkasse auf Rechnung	2.760,00
4.	Monatliche Tilgungsrate für Darlehen (Volksbank)	1.200,00
5.	Verbuchung der Tageslosung	12.650,00
6.	Warenverkauf bar und auf Ziel	345,00 560,00
7.	Kauf eines Lagerregalsystems gegen Banküberweisung (Volksbank)	3.389,00
8.	Bareinzahlung auf Konto der Sparkasse	500,00
9.	Kauf von Waren gegen Scheckzahlung (Volksbank) und auf Ziel	2.500,00 2.200,00
10.	Kauf eines Grundstückes gegen Banküberweisung (Sparkasse)	35.780,00

8 Nehmen Sie die notwendigen Buchungen beim nachfolgenden Geschäftsgang ohne Schlussbilanzkonto vor:

Anfangsbestände	Betrag/€	Anfangsbestände	Betrag/€
Geschäftsausstattung	50.000,00	Eigenkapital	?
Fuhrpark	24.000,00	Darlehensschulden	40.000,00
Waren	45.000,00	Verbindl. aLL	4.500,00
Forderungen aLL	2.560,00		
Bank	5.700,00		
Kasse	1.800,00		

Nr.	Geschäftsvorfall	Betrag in €
1.	Verkauf einer gebrauchten Ladentheke gegen bar	2.500,00
2.	Wareneinkauf gegen Verrechnungsscheck	12.000,00
3.	Kunde begleicht Rechnung mit Verrechnungsscheck	2.345,00
4.	Kauf eines Geschäftswagens gegen Banküberweisung	27.500,00
5.	Barabhebung von der Bank	1.500,00
6.	Kauf einer Kühltheke auf Ziel	7.560,00
7.	Verkauf von Waren auf Ziel	670,00

9 Es liegen Ihnen folgende Anfangsbestände vor:

Anfangsbestände	Betrag/€	Anfangsbestände	Betrag/€
Geschäftsausstattung	24.000,00	Eigenkapital	?
EDV-Ausstattung	800,00	Verbindl. aLL	8.200,00
Waren	18.400,00		
Forderungen aLL	4.000,00		
Bank	12.800,00		
Kasse	1.200,00		

Nr.	Geschäftsvorfall	Betrag in €
1.	Banküberweisung an Lieferanten	3.200,00
2.	Wareneinkauf auf Ziel	4.000,00
3.	Kauf eines neuen PC mit Drucker gegen EC-cash	2.100,00
4.	Kunde zahlt Rechnung bar (1/3) und überweist (2/3)	900,00
5.	Warenverkauf bar	480,00
6.	Warenverkauf auf Ziel	320,00

Führen Sie den Geschäftsgang bis zur Aufstellung der Schlussbilanz (Buchbestände = Inventurbestände) durch.

10 Stellen Sie die Eröffnungsbilanz auf, eröffnen Sie die Konten, nennen Sie die Buchungssätze, buchen Sie die Geschäftsvorfälle, schließen Sie die Konten ab und erstellen Sie die Schlussbilanz (Buchbestände = Inventurbestände).

Bestände	Betrag in €
Waren	110.900,00
Grundstücke und Gebäude	230.000,00
Geschäftsausstattung	80.000,00
Verbindlichkeiten	74.700,00
Kasse	9.800,00
Eigenkapital	250.000,00
Bank	12.600,00
Forderungen	81.400,00
Darlehen	200.000,00
Schlussbestand an Waren	118.900,00

Nr.	Geschäftsvorfall	Betrag in €
1.	Überweisung für Darlehenstilgung	5.000,00
2.	Barverkauf eines alten PC	500,00
3.	Wareneinkauf bar	2.200,00
4.	Kauf eines Fotokopiergerätes bar	3.100,00
5.	Barzahlung eines Kunden	1.900,00
6.	Überweisung an einen Lieferanten	9.100,00
7.	Einzahlung auf Bankkonto	4.000,00
8.	Eingangsrechnung für Waren	5.800,00

11 Übernehmen Sie die Konten auf Ihr Blatt:

Waren

Soll		Haben	
AB	16.000,00 €		
Verbindlichkeiten	39.000,00 €		

Forderungen

Soll		Haben	
AB	33.000,00 €	Bank	17.000,00 €

Bank

Soll		Haben	
AB	19.500,00 €	Verbindlichkeiten	44.000,00 €
Forderungen	17.000,00 €		

Verbindlichkeiten

Soll		Haben	
Bank	44.000,00 €	AB	64.000,00 €
		Waren	39.000,00 €

a) Erstellen Sie die Eröffnungsbilanz, die den Konten zugrunde liegt.

b) Ermitteln Sie die Schlussbestände der einzelnen Konten.

c) Erstellen Sie die Schlussbilanz, wobei die Buchbestände den Inventurbeständen entsprechen.

d) Wie lautet der Geschäftsvorfall für den gebuchten Betrag von 44.000,00 €?

e) Begründen Sie, weshalb sich das Eigenkapital nicht verändert hat, obwohl die Bilanzsumme gestiegen ist.

12 Formulieren Sie jeweils einen Merksatz zu den Grundlagen der Buchführung. Verwenden Sie dazu die folgenden Begriffe der Teilaufgaben:

a) Schlussbilanz, Eröffnungsbilanz,

b) Belege, Geschäftsvorfall, Buchungssatz,

c) Passivseite, Anfangsbestände, Habenseite, Aktivseite, Sollseite, Aktivkonten, Passivkonten,

d) Bestandskonto abschließen, Saldo, Geschäftsvorfälle, Differenz.

13 Erstellen Sie „Tabu-Karten" mit Begriffen aus dem ganzen Lernfeld 11. Der erste Begriff auf der Karte ist zu beschreiben, ohne die anderen „Tabu-Wörter" zu gebrauchen.

›› Beispiele:

Kasse
Bargeld
Bon
Verkauf

Bilanz
Aktiv
Passiv
Wertveränderungen

14 Erstellen Sie Karten aus dem ganzen Lernfeld 11 für ein „DINGS-Ratespiel". Es müssen immer fünf Hinweise angegeben werden, um den auf der Karte untenstehenden Begriff zu umschreiben. Ein Spieler liest nach und nach die fünf Hinweissätze auf der Karte vor, die anderen raten so lange, bis sie den untenstehenden Begriff gefunden haben.

›› Beispiele:

Das DINGS ...
ist manchmal groß und manchmal klein.
gehört in jedes Geschäft.
ist immer besetzt.
ist am Ende.
kann Geld aufbewahren.
Kasse

Das DINGS ...
ist kurz.
ist übersichtlich.
hat zwei gleiche Seiten.
wird einmal jährlich erstellt.
stellt das Vermögen und Kapital nebeneinander.
Bilanz

Schwerpunkt Gesamtwirtschaft (Kompetenzbereich WiSo I)

In Ausbildung und Beruf orientieren

Inhalte

© Robert Kneschke – Fotolia.com

© DOC RABE Media – Fotolia.com

© contrastwerkstatt – Fotolia.com

1 Berufsausbildung im Einzelhandel

1.1 Duales Ausbildungssystem

Ausbildung in Betrieb und Schule

SITUATION

Es ist Montag, der 1. September. Erster Berufsschultag für die neuen Auszubildenden im Einzelhandel an der Mercatorschule in Neuburg. Zum ersten Mal sehen sich die Schülerinnen und Schüler der Klasse KE-1.

Oliver Schmid, er lernt Kaufmann im Einzelhandel in einem Supermarkt, findet es überhaupt nicht gut, dass er schon wieder zur Schule muss, ist er doch froh, endlich die „Penne" hinter sich zu haben.

Ganz anderer Meinung ist da Sandra May, die ihre Ausbildung in einem Fachgeschäft für Uhren und Schmuck begonnen hat. Sie findet es prima, dass die Ausbildung nicht nur im Betrieb stattfindet.

Schlagen Sie bitte – falls nötig – zur Lösung der folgenden Aufgaben im Berufsbildungsgesetz (BBiG) nach!

1. Führen Sie Gründe an, die Sandras Meinung zur Berufsausbildung unterstützen. Sehen Sie Probleme, die bei dieser Ausbildungsform auftreten können?
2. Frederic von Falkenstein ist Inhaber des exklusiven Modegeschäfts Lady's Palace in der Landeshauptstadt. Bisher werden die Kundinnen von ihm und einer Vollzeitkraft beraten. Herr von Falkenstein möchte gerne fünf Auszubildende einstellen. Wie beurteilen Sie seine Absicht?
3. Bei der Neuburger IHK liegen von mehreren Ausbildungsbetrieben Anträge vor, um folgende Personen als Ausbilder anzuerkennen:
   a) Karsten Dorfmann, seit vier Monaten im Lager eines Verbrauchermarktes als Hilfskraft beschäftigt, soll die Auszubildenden des ersten Lehrjahres ausbilden.
   b) Monika Lepper, 24 Jahre alt, hat vor kurzem die Prüfung nach der Ausbildereignungsverordnung bei der IHK abgelegt und ist stellvertretende Marktleiterin eines Drogeriemarktes mit 2 Auszubildenden.
   c) Arnold Schwarz ist Kunstschmiedemeister und führt einen Betrieb mit 8 Mitarbeitern. Für sein Ladengeschäft möchte er eine Verkäuferin ausbilden. Er bildet seit vielen Jahren erfolgreich Schmiedelehrlinge aus.
   d) Bernhard Müller ist wegen sittlicher Verfehlungen mehrfach vorbestraft. Für seine Buchhandlung möchte er eine Auszubildende zur Buchhändlerin einstellen.

INFORMATION

Partner im Dualen System

Kaufmännische Berufsausbildung im Dualen System

Lernort: Ausbildungsbetrieb

Er ist zuständig für die Vermittlung

- breit angelegter beruflicher Grundbildung,
- berufsspezifischer Kenntnisse und Fähigkeiten,
- erster Erfahrungen im Ausbildungsberuf.

Auszubildende(r)

© MEV Agency UG

Lernort: Berufsschule

Sie ist zuständig für die Vermittlung

- allgemein bildender Kenntnisse,
- berufsspezifischer Kenntnisse und Fähigkeiten,
- theoretischer Grundlagen im Ausbildungsberufsfeld.

Beratung und Zusammenarbeit

Beratung

Beratung und Zusammenarbeit

Industrie- und Handelskammer

- Sie führt das Verzeichnis aller Ausbildungsverhältnisse,
- überwacht die betriebliche Ausbildung,
- berät Auszubildende und Ausbildungsbetriebe,
- organisiert und führt die Prüfungen durch,
- stellt das Abschlusszeugnis aus.

Heute ist die Ausbildung im **Dualen System** durch das **Berufsbildungsgesetz (BBiG)** geregelt. Partner im Dualen System sind der **Auszubildende**, der **Ausbildende**, der mit der Ausbildung einen Ausbilder beauftragen kann und die **Berufsschule**. Der Ausbildende ist der Betrieb, der eine Lehrstelle ausweist.

Ausbilden darf nur, wer persönlich und fachlich dazu geeignet ist. Ob die entsprechende Eignung vorliegt, prüft die zuständige **Industrie-** und **Handelskammer**, bei Berufen im Handwerk die Handwerkskammer und bei anderen Dienstleistungsberufen die jeweils berufsspezifische Kammer (*Ärztekammer, Rechtsanwaltskammer*).

Für die Eignung als **Ausbilder** ist sowohl eine fachliche als auch eine persönliche Eignung notwendig.

Ausbildungsberuf und Ausbildungsordnung

Im **Einzelhandel** wird gegenwärtig in zwei Berufen ausgebildet:

- zweijährige Ausbildung zu **Verkäufer/Verkäuferin** im Einzelhandel
- dreijährige Ausbildung zu **Kaufmann/frau** im Einzelhandel

Die Inhalte von Lehrplänen der Schule und der Ausbildungsrahmenplan sind maßgebend für die Inhalte der Prüfungen.

Die Abschlussprüfung besteht aus zwei Teilen, einer schulischen Prüfung und der Prüfung durch die Industrie- und Handelskammer. In Baden-Württemberg gibt es eine gemeinsame Prüfung von Kammer und Schule.

© DOC RABE Media – stock.adobe.com

Den rechtlichen Rahmen für die Ausbildung bildet das **Berufsbildungsgesetz (BBiG).** Das sehr umfangreiche Gesetz soll gewährleisten, dass Jugendliche, die einen Beruf erlernen, eine einheitliche und qualifizierte Ausbildung erhalten.

Ausbildungsstruktur im Einzelhandel

In den ersten beiden Ausbildungsjahren sind die Inhalte für Verkäufer/in und Kaufmann/-frau im Einzelhandel gleich. Da im Einzelhandel sehr unterschiedliche und sich ständig wandelnde Betriebsformen existieren, erfolgt die Ausbildung nach dem „Bausteinprinzip". Neben Pflichtqualifikationen, die alle Auszubildenden erwerben müssen, können sie im Wahlbereich jene auswählen, die der Struktur ihres Ausbildungsbetriebes *(Größe, Branche, Bedienungsform, Sortiment)* möglichst passgenau entsprechen.

Die Übersicht zeigt die möglichen **Kombinationen,** wie sie in der Ausbildungsordnung festgelegt sind.

<table>
<tr><th colspan="4">Pflicht- und Wahlqualifikationen in der Ausbildung im Einzelhandel</th></tr>
<tr><th colspan="4">Kaufmann/Kauffrau im Einzelhandel</th></tr>
<tr><th colspan="2">Verkäufer/Verkäuferin</th><th></th><th></th></tr>
<tr><td>Pflicht
21 Monate</td><td>Wahl (1 aus 4)
3 Monate</td><td>Pflicht
3 Monate</td><td>Wahl (Auswahl: 1 aus 1–3, insgesamt 3) = 9 Monate</td></tr>
<tr><td>Der Ausbildungsbetrieb</td><td rowspan="2">Warenannahme
Warenlagerung</td><td rowspan="8">Einzelhandelsprozesse</td><td>Beschaffungsorientierte Warenwirtschaft</td></tr>
<tr><td>Information und Kommunikation</td><td>Warenwirtschaftliche Analyse</td></tr>
<tr><td>Warensortiment</td><td rowspan="2">Beratung und Verkauf</td><td>Beratung, Ware und Verkauf</td></tr>
<tr><td>Grundlagen von Beratung und Verkauf</td><td>Kaufmännische Steuerung und Kontrolle</td></tr>
<tr><td>Servicebereich Kasse</td><td rowspan="2">Kasse</td><td>Marketing</td></tr>
<tr><td>Marketinggrundlagen</td><td>IT-Anwendungen</td></tr>
<tr><td>Warenwirtschaft</td><td rowspan="2">Marketingmaßnahmen</td><td>Personal</td></tr>
<tr><td>Grundlagen des Rechnungswesens</td><td>Grundlagen beruflicher Selbstständigkeit</td></tr>
<tr><td colspan="2">24 Monate</td><td colspan="2">12 Monate</td></tr>
<tr><td colspan="4">36 Monate</td></tr>
</table>

Aufgrund der vielfältigen Kombinationsmöglichkeiten sind z. B. folgende **Ausbildungskonzepte,** je nach Betriebsform, für eine **dreijährige Ausbildung** denkbar:

Beratungsintensives Fachgeschäft	SB-orientiertes Filialunternehmen
› Pflichtqualifikationseinheiten plus	› Pflichtqualifikationseinheiten plus
› Grundlagen von Beratung und Verkauf plus	› Warenannahme und -lagerung plus
› Einzelhandelsprozesse plus	› Einzelhandelsprozesse plus
› Beschaffungsorientierte Warenwirtschaft plus	› Beschaffungsorientierte Warenwirtschaft plus
› Marketing plus	› Warenwirtschaftliche Analyse plus
› Beratung, Ware, Verkauf	› Personal

Zwischenprüfung für Verkäufer/Verkäuferin

Zu Beginn des zweiten Ausbildungsjahres findet die Zwischenprüfung für die Ausbildungen zu Verkäufer/Verkäuferin statt. Dazu stehen 90 Minuten zur Verfügung, in denen praxisnahe Aufgaben bzw. Fälle in den folgenden Prüfungsgebieten zu bearbeiten sind:

- Verkauf und Marketing,
- Kassieren und Rechnen,
- Wirtschafts- und Sozialkunde.

Die Prüfung erfolgt vorwiegend mit gebundenen Aufgaben (Mehrfachwahl-, Mehrfachantwort-, Zuordnungs- und Reihenfolgeaufgaben), bei denen die Antwortmöglichkeiten vorgegeben sind. Dazu kommen einige Rechenaufgaben.

Abschlussprüfung für Verkäufer/Verkäuferin

Am Ende der **zweijährigen** Ausbildung erfolgt die Abschlussprüfung. Sie besteht aus einem **schriftlichen** und **mündlichen** Teil. In Baden-Württemberg erfolgt die schriftliche Prüfung an den Berufsschulen. Es handelt sich um eine zentral gestellte gemeinsame Prüfung der Industrie- und Handelskammern sowie des Kultusministeriums. Die Prüfungsleistung bildet die Grundlage für das Abschlusszeugnis der Berufsschule und gleichzeitig auch für den schriftlichen Teil der IHK-Prüfung.

Verkäufer/Verkäuferin IHK-Prüfungsstruktur und Gewichtung	
Schriftliche Prüfungsbereiche zählen 50 % 1. Verkauf und Werbemaßnahmen (25 %) 2. Warenwirtschaft und Kalkulation (15 %) 3. Wirtschafts- und Sozialkunde (10 %)	**Mündlicher Prüfungsbereich zählt 50 %** › Fallbezogenes Fachgespräch von ca. 20 Minuten Dauer. › Grundlage ist die festgelegte Wahlqualifikation unter Berücksichtigung des Warenbereiches, in dem ausgebildet wurde.
100 %	

Wenn sich Ausbilder und Auszubildende einig sind, ist ein Anschlussvertrag in die dreijährige Ausbildung möglich und die Auszubildenden legen dann die Kaufleuteprüfung ab.

Gestreckte Abschlussprüfung für Kaufmann/Kauffrau im Einzelhandel

Die **Abschlussprüfung** besteht aus **zwei** Teilen, die zeitlich auseinanderfallen („gestreckt").

Teil 1 der Abschlussprüfung findet am Ende des zweiten Ausbildungsjahres statt und ersetzt die bisherige Zwischenprüfung. Dieser Prüfungsteil ist mit der schriftlichen Verkäuferprüfung identisch. Die Ergebnisse dieser Prüfung bilden den Teil 1 der Abschlussprüfung, sie werden aber anders als bei den Verkäufern gewichtet.

Der **Teil 2** (Geschäftsprozesse im Einzelhandel) findet am Ende des dritten Ausbildungsjahres statt.

Kaufmann/Kauffrau im Einzelhandel IHK-Prüfungsstruktur und Gewichtung	
Schriftliche Prüfungsbereiche zählen 60 % Teil 1: Ergebnisse der Verkäuferprüfung (35 %) Teil 2: Geschäftsprozesse im Einzelhandel (25 %)	**Mündlicher Prüfungsbereich zählt 40 %** › Fallbezogenes Fachgespräch von ca. 20 Minuten Dauer. Grundlage ist eine der drei festgelegten Wahlqualifikationen unter Berücksichtigung des Warenbereiches, in dem ausgebildet wurde.
100 %	

Die **IHK-Prüfung** ist **bestanden**, wenn u.a. folgende **Voraussetzungen** erfüllt sind:

- Gesamtergebnis von Teil 1 und Teil 2 mindestens ausreichend (50 Punkte),
- fallbezogenes Fachgespräch mindestens ausreichend,
- in Teil 2 darf es kein Ungenügend geben.

Falls Kaufleute im Einzelhandel die Prüfung nicht bestehen, erhalten sie nicht, wie man meinen könnte, zumindest den Verkäuferabschluss. Sie haben zwar den schriftlichen Teil der Verkäuferprüfung abgelegt, aber es fehlt ihnen das Fachbezogene Fallgespräch für den Verkäuferabschluss.

Die drei Prüfungsbereiche im Teil 1 (nach dem 2. Ausbildungsjahr) sind keine Sperrfächer; das heißt man kann theoretisch hier Fünfer oder sogar Sechser schreiben und trotzdem die Abschlussprüfung bestehen, wenn man im Teil 2 (nach dem 3. Ausbildungsjahr) so gut ist, dass man insgesamt die Hälfte der möglichen Punkte erzielt hat.

AKTION

1 Besorgen Sie sich in Ihrem Ausbildungsbetrieb die Ausbildungsordnung. In welchen Bereichen sollen Sie Kenntnisse und Fertigkeiten erwerben?

2 Zu Beginn Ihrer Ausbildung erhalten Sie in Ihrem Unternehmen einen betrieblichen Ausbildungsplan. Was fällt Ihnen auf, wenn Sie ihn mit dem Lehrplan der Schule vergleichen?

3 Nach erfolgreicher Abschlussprüfung zum Verkäufer bzw. zur Verkäuferin ist es möglich, durch einen neuen Ausbildungsvertrag in einem weiteren Jahr den Beruf des Kaufmanns bzw. der Kauffrau im Einzelhandel zu erlernen. Was veranlasst Ihrer Meinung nach Ausbildungsbetriebe, zuerst nur zweijährige Ausbildungsverträge abzuschließen?

4 Ein Unternehmen wählt für die Ausbildung neben den Pflichtbausteinen den Wahlbaustein „Kasse".

a) In welchem Beruf wird ausgebildet?

b) Um welche Betriebsform handelt es sich bei diesem Ausbildungsbetrieb?

5 Beschreiben Sie drei Probleme, die zwischen den Lernorten Betrieb und Schule auftreten können.

6 Beurteilen Sie die folgende Meinungsäußerung eines Einzelhändlers:

„Meine Azubis sind viel zu oft in der Berufsschule! Ein Tag in der Woche würde reichen. Wozu brauchen die denn Deutsch, Gemeinschaftskunde und auch noch Religion?"

7 In der mündlichen Prüfung haben die Auszubildenden Kenntnisse aus dem Warenbereich nachzuweisen, in dem sie ausgebildet wurden. Welchen Vorteil sehen Sie darin, dass es dem Ausbildungsbetrieb vorbehalten bleibt, den zu prüfenden Warenbereich mit dem Auszubildenden zusammen im Ausbildungsvertrag festzulegen?

8 Welche Vorteile sehen Sie durch die Einführung der Gestreckten Abschlussprüfung für:

a) Auszubildende, die nach erfolgter Verkäuferprüfung ein drittes Ausbildungsjahr absolvieren,

b) Auszubildende, die einen dreijährigen Ausbildungsvertrag abgeschlossen haben?

1.2 Ausbildungsvertrag

Kaffee verkaufen ja, Kaffee kochen nein? – Regelungen im Ausbildungsvertrag

SITUATION

Zwei Monate nach Ausbildungsbeginn haben sich einige der Schülerinnen und Schüler aus der W1KE der Neuburger Mercator-Schule miteinander angefreundet und treffen sich regelmäßig nach der Berufsschule im benachbarten Bistro „Ambiente". Wie fast immer geht es in den Gesprächen auch um die Ausbildungssituation.

© Beck

Oliver erzählt, dass er, seit er in der Buchhaltung tätig sei, immer morgens Kaffee kochen müsse.

Laura: „Das kenne ich, ich bin fürs Vesper holen zuständig!"

Caroline: „Das lasst ihr euch gefallen? Bei uns im Warenhaus Merkur wäre so etwas undenkbar!"

Aynur: „Also das ist noch gar nichts, letzte Woche waren in der Metzgerei drei von vier Mitarbeiterinnen krank und ich musste aushelfen und durfte deshalb nicht in die Schule."

Leonie: „Leute, seht das doch mal nicht alles so eng! Man muss doch auch unsere Chefs verstehen, die müssen sehen, dass der Laden läuft."

Laura: „Schon richtig, nur wenn ich darum bitte, endlich mal wieder eine betriebliche Unterweisung zu bekommen, dann werde ich vertröstet."

Andrea: „Bei uns klappt das prima, fürs erste Lehrjahr haben wir extra einen Kollegen, der jede Woche mit uns eine Schulung durchführt."

Laura: „Na und du Jürgen? Hast du keine Probleme?"

Jürgen: „Ich bin ja erst seit wenigen Tagen im Möbelverkauf, da ich bisher im Lager und bei der Warenannahme war. Ich habe ganz schön was auf den Deckel gekriegt, weil ich mit Jeans und T-Shirt gekommen bin. Der Abteilungsleiter besteht auf Jackett, Hemd und Stoffhose. Also ich sehe das nicht ein. Das ist ein Eingriff in meine Persönlichkeitsrechte!"

Leonie: „Und warum sagst du nichts, Franca?"

Franca: „Oh Leute, ich hab echt Bammel, beim Entfernen vom Preisschild habe ich ein ziemlich großes Loch in eine Seidenbluse für 600 € geschnitten. Die Chefin hat getobt und will mir den Einkaufspreis der Bluse vom nächsten Gehalt abziehen!"

Caroline: „Ach übrigens Franca, ihr führt doch auch Pullis von Gino Oliveri. Wie kalkuliert ihr denn die?"

Franca: „Ich glaube mit 200 %, bin mir aber nicht sicher, ich frag mal. Ach was ich dich noch fragen wollte, deine Freundin Loretta hat doch gerade die Verkäuferprüfung abgeschlossen. Wollte sie nicht bei euch in der Kosmetikabteilung bleiben?"

Caroline: „Ja schon, aber nach zwei Wochen in der Kosmetikabteilung wurde ihr vom Personalchef mitgeteilt, dass sie nicht weiter beschäftigt werden könne. Sie jobbt jetzt mal da und dort."

Beurteilen Sie die im Gespräch der Auszubildenden aufgetretenen Probleme und klären Sie mithilfe des Informationsteils, ob das jeweilige Verhalten von den Ausbildern bzw. den Auszubildenden korrekt ist.

INFORMATION

© stockfotos-MG – stock.adobe.com

Der **Ausbildungsvertrag** wird zwischen dem **Auszubildenden** (bei Minderjährigen zusätzlich der **gesetzliche Vertreter**) und dem **Ausbildenden** abgeschlossen. Spätestens mit Beginn der Ausbildung müssen die wesentlichen Inhalte des Vertrages schriftlich niedergelegt werden. Dies geschieht meist durch Ausfüllen eines Vertragsformulars, das von den Industrie- und Handelskammern zur Verfügung gestellt wird. Der ausbildende Betrieb muss den von allen Beteiligten unterschriebenen Vertrag zur Prüfung und Eintragung in das Verzeichnis der Berufsausbildungsverhältnisse an die zuständige Industrie- und Handelskammer weiterleiten. Ohne Eintrag ist keine Abschlussprüfung möglich!

Mindestangaben nach § 11 BBiG

Inhalte	Beispiel
› Art, sachliche und zeitliche Gliederung sowie Ziel der Ausbildung	Ausbildung zur Kauffrau im Einzelhandel in drei Jahren
› Beginn und Dauer der Ausbildung	1. September 2018 bis 31. August 2021
› Ausbildungsmaßnahme außerhalb der Ausbildungsstätte	Zwei Monate Ausbildung im Rechnungswesen in der Zentrale
› Dauer der regelmäßigen täglichen Ausbildungszeit	8 Stunden
› Dauer der Probezeit	vier Monate
› Zahlung und Höhe der Ausbildungsvergütung	monatlich ..... € brutto im 1. Ausbildungsjahr
› Urlaubsdauer	Je nach Alter zwischen 25 und 30 Werktagen
› Kündigungsvoraussetzungen	Aufgabe der Ausbildung
› Hinweise auf andere Verträge und/oder Vereinbarungen, die ebenfalls auf das Ausbildungsverhältnis anzuwenden sind.	Tarifverträge, Betriebsvereinbarungen, Dienstvereinbarungen

Rechte und Pflichten für die Vertragspartner aus dem Ausbildungsverhältnis (§ 13–19 BBiG)

Pflichten des Ausbildenden	Pflichten des Auszubildenden
› **Ausbildungspflicht:** Sie besagt, dass alle Fähigkeiten, Fertigkeiten und Kenntnisse vermittelt werden müssen, um das Ausbildungsziel in der vorgesehenen Zeit erreichen zu können.	› **Lernpflicht:** Erlernen und Erwerb der Fähigkeiten, Fertigkeiten und Kenntnisse, die für das Erreichen des Ausbildungszieles erforderlich sind.
› **Freistellung für den Berufsschulunterricht:** Berufsschulzeit ist bezahlte Arbeitszeit; der Auszubildende ist zum Besuch der Berufsschule anzuhalten und für den Besuch freizustellen.	› **Besuch der Berufsschule:** Die Schulzeit ist bezahlte Arbeitszeit. Schule schwänzen ist ein wichtiger Grund, der u. U. eine fristlose Kündigung rechtfertigt.
› **Sorgepflicht:** Der Auszubildende ist nur zu Tätigkeiten heranzuziehen, die dem Ausbildungszweck dienen und keine gesundheitlichen und/oder sittlichen Gefahren beinhalten. Die Arbeiten müssen den körperlichen Kräften des Auszubildenden angemessen sein.	› **Schweigepflicht:** Der Auszubildende ist verpflichtet, über Betriebs- und Geschäftsgeheimnisse Stillschweigen zu bewahren. › **Haftung:** Für vorsätzlich verursachte Schäden haftet der Auszubildende oder sein gesetzlicher Vertreter.
› **Bereitstellung von Arbeitsmitteln:** Die für die betriebliche Ausbildung erforderlichen Mittel müssen dem Auszubildenden kostenlos zur Verfügung gestellt werden.	› **Einhaltung der Betriebsordnung:** Der Auszubildende muss sich an die in seinem Betrieb geltende Ordnung halten.
› **Vergütungspflicht:** Der Auszubildende erhält eine angemessene Ausbildungsvergütung. Im Einzelhandel ist die Höhe der Vergütung tarifvertraglich geregelt.	› **Pflicht zum Befolgen von Weisungen:** Weisungen, die im Rahmen der Ausbildung von Weisungsberechtigten *(Ausbilder, Abteilungsleiter)* erteilt werden, sind zu befolgen.
› **Anmelden zu Prüfungen:** Der Auszubildende muss rechtzeitig zur Zwischen- und Abschlussprüfung angemeldet und dafür freigestellt werden.	› **Berichtsheftpflicht:** Der Auszubildende hat ein Berichtsheft zu führen. Das Berichtsheft gibt Auskunft über den Ablauf der Ausbildung und ist bei der Abschlussprüfung vorzulegen. Ein mustergültiges Berichtsheft gibt Auskunft über die Arbeitshaltung des Auszubildenden und über die Qualität des Betriebes in seiner Funktion als Ausbildender. Die einzelnen Wochenberichte sind vom Ausbilder zu unterschreiben.
› **Zeugnispflicht:** Bei Beendigung des Ausbildungsverhältnisses muss der Ausbildende dem Auszubildenden ein Zeugnis ausstellen. Auf Wunsch des Auszubildenden auch über seine Führung und Leistung = qualifiziertes Zeugnis	
= Rechte des Auszubildenden	**= Rechte des Ausbildenden**

Beendigung des Ausbildungsverhältnisses (§ 22, 23 BBiG)

Da viele junge Leute noch nicht genau wissen, ob sie für den angestrebten Beruf geeignet sind, gibt es eine **Probezeit**, während der ohne Angaben von Gründen das Ausbildungsverhältnis gekündigt werden kann. Kündigen kann der Auszubildende oder der Betrieb. Die **Probezeit** beträgt **mindestens einen** Monat, höchstens **vier Monate**. Sie ist im Ausbildungsvertrag zu regeln und für beide Vertragspartner von gleicher Dauer. Nach Ablauf der Probezeit besteht bis zum Ende der vereinbarten Ausbildungszeit Kündigungsschutz.

Eine **vorzeitige Beendigung** ist aber in folgenden Fällen möglich:

› gegenseitiges Einvernehmen (keine Kündigungsfrist)	*Auszubildender bleibt im Ausbildungsberuf, zieht aber z. B. an einen anderen Ort*
› Aufgabe der Berufsausbildung oder Ausbildung in anderem Beruf (vierwöchige Kündigungsfrist)	*Auszubildendem gefällt die Ausbildung nicht und er besucht eine weiterführende Schule*
› bei Vorliegen eines wichtigen Grundes (fristlos)	*Tätlichkeit, Nötigung, Diebstahl, häufiges Fehlen im Berufsschulunterricht*

In den beiden letzten Fällen muss die **Kündigung** unter Angabe des Kündigungsgrundes schriftlich erfolgen.

Wird das Berufsausbildungsverhältnis **nach** Ablauf der Probezeit vorzeitig gelöst, so kann der Ausbildende oder der Auszubildende **Schadenersatz** verlangen, wenn der andere den Grund für die Auflösung zu vertreten hat. Das gilt nicht bei Kündigung wegen Aufgabe oder Wechsels der Berufsausbildung.

Die Ausbildung endet mit Ablauf der im Vertrag festgelegten Ausbildungszeit (*31. Juli 2021)* oder – sofern früher – mit Bestehen der Abschlussprüfung vor der Industrie- und Handelskammer (*5. Juli 2021*).

Sollte der Auszubildende die Prüfung nicht bestehen, verlängert sich die Ausbildung bis zum nächstmöglichen Prüfungstermin (höchstens um ein Jahr). Der Auszubildende hat ein Recht auf diese Verlängerung.

AKTION

1 Bei der Manz KG wurden für den Warentransport Hubwagen beschafft. Welchen Pflichten des Ausbildenden könnte man diese Maßnahme zuordnen?

2 Welche Höhe der Ausbildungsvergütung ist in Ihrem Ausbildungsvertrag festgelegt? Erhalten Sie diese auch tatsächlich in voller Höhe ausgezahlt?

3 Wie kann verhindert werden, dass ein Auszubildender durch die Ausbildung bleibende Schäden durch körperliche Überforderung davonträgt?

4 Geben Sie einige Beispiele an, weshalb Ihr Ausbildungsbetrieb ein besonderes Interesse an der Wahrung der Verschwiegenheit hat.

5 Warum können Betriebe nicht als „Hilfskraft zum Auffüllen der Regale" ausbilden?

6 Im Warenhaus Merkur werden zurzeit 10 Auszubildende zum Kaufmann bzw. zur Kauffrau im Einzelhandel ausgebildet. Bei fünf Auszubildenden beträgt die Ausbildungsdauer 3 Jahre, bei dreien 2 ½ Jahre und zwei Auszubildende werden nach zwei Jahren mit ihrer Ausbildung fertig sein. Erklären Sie die unterschiedlichen Ausbildungszeiten!

7 Notieren Sie mithilfe einer anonymen Kartenabfrage alle Ihre Tätigkeiten des letzten Monats und ordnen Sie diese danach, ob es sich um Tätigkeiten im Sinne des § 14 (2) BBiG handelt.

8 Eine Auszubildende in einem Einzelhandelsbetrieb ist seit 2 Jahren fast ausschließlich mit Lagerarbeiten beschäftigt. Sie ist besorgt, dass sie wegen dieser einseitigen Beschäftigung das Ausbildungsziel nicht erreichen kann. In einem Rollenspiel sollen Sie ein Gespräch mit dem

Ausbilder führen. Gesprächspartner sind der/die Auszubildende, der Ausbilder und der Ausbildungsberater der Industrie- und Handelskammer. Halten Sie in einem Gesprächsprotokoll die Ergebnisse fest.

9 Carolin Fröhlichs Schwester Hanna wollte auch Kauffrau im Einzelhandel werden, fand aber keine Lehrstelle und macht seit 5 Monaten eine Ausbildung zur Zahnarzthelferin. Überraschend ergibt sich die Möglichkeit, bei der Merkur AG eine Ausbildungsstelle in der neuen Abteilung „Young Lady" zu erhalten. Was muss Hanna bei der Kündigung ihres jetzigen Ausbildungsverhältnisses beachten?

10 Werten Sie das Schaubild aus. Was fällt Ihnen dabei besonders auf?

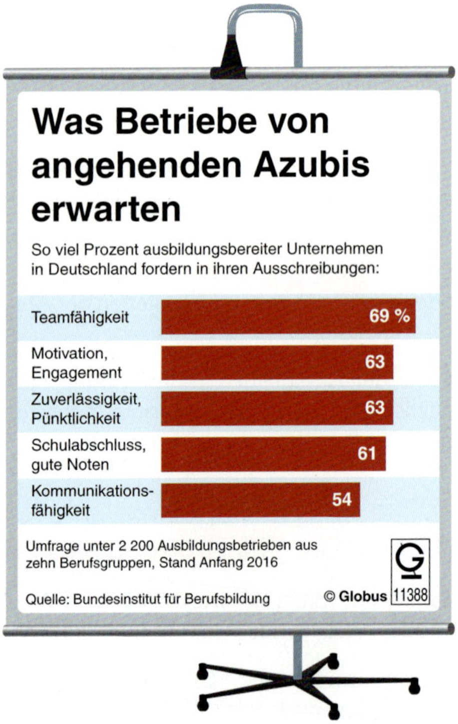

1.3 Jugendarbeitsschutz

Welche Vorschriften gelten für Jugendliche im Berufsleben?

SITUATION

„Willkommen im Club", sagt Caroline zu Markus, als sie sich heute in der Berufsschule treffen. „Du wirst ja heute volljährig, das muss nach der Schule gefeiert werden." „Gerne", antwortet Markus, „ich lade die ganze Klasse nach der Schule ins Eiscafé ein." „Das wird nichts werden, mein Lieber", warnt Oliver. „Du bist jetzt 18 und damit kann dein Betrieb darauf bestehen, dass du heute nach der 7. Stunde noch zum Arbeiten kommst." „Das stimmt nicht", meint Markus, „nach 5 Zeitstunden muss man nicht mehr in den Betrieb."

Klären Sie mithilfe des Jugendarbeitsschutzgesetzes (JArbSchG), ob Oliver oder Markus Recht hat.

INFORMATION

! **Hinweis:** Das deutsche **Jugendarbeitsschutzgesetz** (JArbSchG) wird im internationalen Vergleich als besonders vorbildlich angesehen. Das JArbSchG schützt junge Menschen unter 18 Jahren, gleich, ob sie als Auszubildende oder als Angestellte bzw. Arbeiter beschäftigt werden. Das Gesetz unterscheidet zwischen Kindern und Jugendlichen. Wer noch keine 15 Jahre alt ist, gilt vor dem Gesetz als Kind. Wer zwischen 15 und 18 Jahren alt ist, ist Jugendlicher. Für Jugendliche, die noch Vollzeit schulpflichtig sind, gelten die gleichen Bestimmungen wie für Kinder.

Kinderarbeit – grundsätzlich verboten

© Beck

Die Beschäftigung von Kindern und Vollzeit schulpflichtigen Jugendlichen ist in Deutschland verboten. Das Gesetz lässt nur geringfügige Ausnahmen zu (*schulisches Betriebspraktikum, leichte Tätigkeiten wie Zeitungen austragen*). Das **Mindestalter** für die Zulassung zur regulären Beschäftigung im Betrieb nach der Schulentlassung ist grundsätzlich **15 Jahre**.

Arbeitszeit – begrenzt, aber mit vielen Ausnahmen

Für Jugendliche markiert die **40-Stunden-Woche** die Obergrenze bei der Wochenarbeitszeit. Für Jugendliche gilt grundsätzlich die **Fünftagewoche**, das heißt, der Samstag ist generell arbeitsfrei. Allerdings gibt es viele Wirtschaftszweige, in denen samstags gearbeitet wird. Es sollen für Jugendliche im Einzelhandel jedoch mindestens 2 Samstage im Monat beschäftigungsfrei sein. In einem Tarifvertrag oder aufgrund eines Tarifvertrages in einer Betriebsvereinbarung kann zugelassen werden, dass Jugendliche an 26 Samstagen im Jahr oder an jedem Samstag beschäftigt werden dürfen, wenn dafür ein anderer Werktag als Freizeit gewährt wird (§ 21 a Jugendarbeitsschutzgesetz). Und selbstverständlich dürfen Jugendliche im Allgemeinen auch nicht an Sonn- und Feiertagen arbeiten. Auch hier gibt es jedoch Ausnahmen.
Am **Tag** dürfen Jugendliche grundsätzlich nur in der Zeit von 6:00 Uhr bis 20:00 Uhr beschäftigt werden. Von der Regelung 6:00 Uhr bis 20:00 Uhr sind nur Ausnahmen vorgesehen, wenn die besonderen Bedingungen einzelner Berufe dies erfordern. Zwischen Feierabend und Arbeitsbeginn am nächsten Tag müssen 12 freie Stunden liegen.

Pausen – Erholung von der Arbeit

Um sich während des Arbeitstages erholen zu können, haben die Jugendlichen ein Recht auf Pausen. Bei einer Arbeitszeit von 4,5 bis 6 Stunden müssen 30 Minuten Pause gewährt werden. Diese kann in zwei fünfzehnminütige Blöcke aufgeteilt werden. Bei einer Arbeitszeit von mehr als 6 Stunden sind 60 Minuten Pause zu gewähren. Diese kann in maximal vier Blöcke zu je 15 Minuten aufgeteilt werden. Aufgrund von tarifvertraglichen Regelungen kann vom Gesetzesrahmen abgewichen werden. Die tägliche **Arbeitszeit** plus der **Pausen** nennt man **Schichtzeit**. Bei einem Acht-Stunden-Tag mit einstündiger Ruhepause beträgt somit die Schichtzeit 9 Stunden.

Das Jugendarbeitsschutzgesetz bestimmt, dass die **tägliche Schichtzeit** für Jugendliche maximal **10 Stunden** betragen darf.

Urlaub – je jünger, desto länger

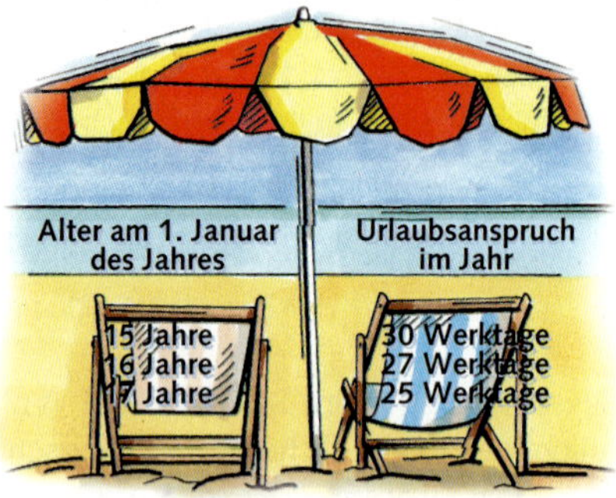

Maßgebend für den **Urlaubsanspruch** ist das **Alter** des Jugendlichen am 1. Januar des jeweiligen Jahres. In betrieblichen und tarifvertraglichen Regelungen können mehr Urlaubstage gewährt werden, als dies im Gesetz vorgesehen ist. Der Urlaub kann nicht gegen Bezahlung abgegolten werden, er ist unbedingt zu nehmen. Während des Urlaubs darf der Jugendliche in keinem anderen Arbeitsverhältnis beschäftigt werden (§ 19 JArbSchG). Als Werktage gelten alle Kalendertage, die nicht Sonn- oder Feiertage sind. So gilt auch der Samstag als Werktag, auch wenn der Samstag kein Arbeitstag für den Jugendlichen ist. Wenn das Arbeits- oder Ausbildungsverhältnis 6 Monate besteht, wird erstmalig der volle Urlaubsanspruch erworben. Wer innerhalb eines Jahres aus dem Arbeits- oder Ausbildungsverhältnis ausscheidet, hat Anspruch auf ein Zwölftel des Jahresurlaubes für jeden vollen Monat des Arbeits- oder Ausbildungsverhältnisses.

Für **Berufsschüler** soll der Urlaub in die Schulferien gelegt werden. Der Urlaub sollte zusammenhängend gewährt werden.

Eine Übertragung des Urlaubsanspruches in das nächste Kalenderjahr ist nur für die ersten drei Monate dieses Jahres möglich. Danach muss der Alturlaub abgegolten sein. Erkrankt der Jugendliche während des Urlaubs, so werden die durch ein ärztliches Attest nachgewiesenen Tage der Arbeitsunfähigkeit auf den Jahresurlaub nicht angerechnet.

Besuch der Berufsschule – vom Betrieb freigestellt

Jugendliche sind für den **Besuch** des Unterrichts der **Berufsschule**, für Prüfungen und außerbetriebliche Ausbildungsmaßnahmen **freizustellen**. Für den **Teilzeitunterricht** ist geregelt, dass der Jugendliche vor einem vor 9:00 Uhr beginnenden Unterricht nicht beschäftigt werden darf. An Berufsschultagen wird die Zeit vom Beginn der ersten Unterrichtsstunde bis zum Ende der letzten Unterrichtsstunde einschließlich der Pausen auf die betriebliche Arbeitszeit angerechnet. Ein Berufsschultag mit mehr als 5 Unterrichtsstunden von mindestens 45 Minuten wird mit 8 Stunden auf die Arbeitszeit angerechnet.

Fällt in der Berufsschulwoche der Unterricht die ganze Woche oder einen ganzen Tag aus, so kann der Jugendliche in der ausgefallenen Zeit beschäftigt werden.

Die bisherigen Regelungen im BBiG und im Jugendarbeitsschutzgesetz (JArbSchG) führten zu einer unterschiedlichen Behandlung jugendlicher und erwachsener Auszubildender hinsichtlich der Freistellung für und der Anrechnung von Berufsschul- und Prüfungszeiten. Seit dem 01. 01. 2020 werden **erwachsene Auszubildende** diesbezüglich nun **mit jugendlichen Auszubildenden gleichgestellt** (§ 15 BBiG):

- Einmal in der Woche die **Freistellung für einen ganzen Berufsschultag**, wenn dieser **mehr als fünf Unterrichtsstunden von mindestens je 45 Minuten beinhaltet**; an diesem Tag erfolgt dann keine Rückkehr mehr in den Betrieb. Bei der Anrechnung dieses Berufsschultages auf die Ausbildungszeit wird die durchschnittliche tägliche Ausbildungszeit berücksichtigt.
- Bei einem weiteren Berufsschultag in der gleichen Woche erfolgt eine **Freistellung für den Berufsschulunterricht unter Anrechnung der Berufsschulunterrichtszeit** einschließlich der Pausen auf die Arbeitszeit. Hier kann eine Rückkehr in den Betrieb erforderlich werden.
- Eine **Freistellung** erfolgt auch in Berufsschulwochen mit einem planmäßigen Blockunterricht von **mindestens 25 Stunden an mindestens 5 Tagen**. Angerechnet wird hier die durchschnittliche wöchentliche Ausbildungszeit.
- Es besteht ein Anspruch auf **Freistellung für den der schriftlichen Abschlussprüfung unmittelbar vorangehenden Arbeitstag**. Auch hier wird die durchschnittliche tägliche Arbeitszeit angerechnet.

Arbeit verboten – in besonderen Fällen

Um Jugendliche vor **Gefahren** zu schützen, sind im JArbSchG Beschränkungen und Beschäftigungsverbote erlassen worden. Jugendliche dürfen laut § 22 des Jugendarbeitsschutzgesetzes nicht beschäftigt werden:

1. Mit Arbeiten, die ihre Leistungsfähigkeit übersteigen oder bei denen sie sittlichen Gefahren ausgesetzt sind.
2. Mit Arbeiten, die mit Unfallgefahren verbunden sind, von denen anzunehmen ist, dass Jugendliche sie wegen mangelnden Sicherheitsbewusstseins oder mangelnder Erfahrung nicht erkennen oder nicht abwenden können.
3. Mit Arbeiten, bei denen ihre Gesundheit durch außergewöhnliche Hitze oder Kälte oder starke Nässe gefährdet wird.
4. Mit Arbeiten, bei denen sie schädlichen Einwirkungen von Lärm, Erschütterungen, Strahlen oder von giftigen, ätzenden oder reizenden Stoffen ausgesetzt sind.

Verstöße gegen gesetzliche Bestimmungen – wer kann helfen?

Da Jugendliche in einem Abhängigkeitsverhältnis zum Arbeitgeber stehen, ist es oft schwierig, eine angemessene Reaktion auf Verstöße gegen gesetzliche Bestimmungen zum Schutz der Jugendlichen im Arbeits- oder Ausbildungsverhältnis zu finden. Aufgrund der Arbeitsmarktsituation werden daher häufig solche Verstöße von den Jugendlichen toleriert.

Wichtige **Ansprechpartner** in dieser Situation sind die **Ausbildungsberater** der Kammern, die **Lehrer** der Berufsschule und die **Gewerbeaufsichtsämter**. Hier kann sich der Jugendliche beraten lassen und entsprechend der Situation angemessen reagieren.

Vielfach wird ein Gespräch mit dem Ausbilder oder Arbeitgeber das Problem lösen, da aufgrund der komplexen Gesetzeslage häufig ein Verstoß auf Unkenntnis und nicht auf einer Übervorteilungsabsicht beruht.

AKTION

Lösen Sie die folgenden Aufgaben mithilfe des Gesetzestextes. Bei den Aufgaben 4 bis 11 handelt es sich um Auszubildende im Einzelhandel.

1 Der 12-jährige Fritz hilft im Lebensmittelladen um die Ecke, indem er älteren Leuten die eingekauften Waren nach Hause bringt. Dafür erhält er vom Kaufmann ein Taschengeld und von den Kunden Trinkgelder. Beurteilen Sie die Rechtslage.

2 Die 15-jährige Nadine arbeitet in den Ferien im Bahnhofskiosk an 5 Tagen in der Woche von Mittwoch bis Sonntag in der Zeit von 17:00 Uhr bis 23:00 Uhr als Verkäuferin. Darf sie das? Begründung.

3 Der 15-jährige noch Vollzeit schulpflichtige Timo hilft im Textilgeschäft seines Vaters am Sonntag 9 Stunden lang bei der Inventur mit. Ist dies zulässig? Begründen Sie Ihr Urteil.

4 Bei einer Auszubildenden in einer Boutique für Modeschmuck stellt der Arzt bei der ersten Nachuntersuchung eine Nickelallergie fest. Viele Schmuckstücke enthalten Nickel. Die Auszubildende möchte aber auf jeden Fall in dem Geschäft ihre Ausbildung abschließen. Welche Problemlösungen schlagen Sie vor? Wie ist die Rechtslage für den Ausbildungsbetrieb?

5 Die 16-jährige Tina muss wegen einer erkrankten Kollegin Überstunden leisten. Ihre tägliche Arbeitszeit beträgt 10 Stunden. Dies geht über einen Zeitraum von mehreren Wochen.

6 Die 19-jährige Anna muss vor dem Berufsschulunterricht, der um 8:45 Uhr beginnt, in ihrem Bäckerladen Ware für den Tag auffüllen.

7 Der 17-jährige Florian erhält nach 5 Stunden Arbeitszeit eine Ruhepause von 30 Minuten, die er am Arbeitsplatz im Büro verbringt, da ein extra Pausenraum nicht vorhanden ist.

8 Die 17-jährige Karola muss jeden Samstag arbeiten.

9 Der 16-jährige Sven arbeitet als Verkäufer im Tankstellenshop am Sonntag. Da er wegen der Sonntagszulagen mehr verdient, bittet er seinen Chef, ihn an allen Sonntagen des Monats einzusetzen.

10 Kevin erhält 25 Werktage Jahresurlaub, da er am 3. Januar 17 Jahre alt wird.

11 Sophie schließt am 30. April mit der Prüfung ihre Ausbildung ab. Für die Prüfungstage soll sie Urlaub nehmen. Sie ist 18 Jahre alt.

12 Aufgrund eines Krankheitsfalles fällt Berufsschulunterricht aus. Die Schüler gehen nach der 4. Stunde nach Hause.

13 Gestalten Sie eine Wandzeitung mit den wichtigsten Regelungen im Jugendarbeitsschutzgesetz nach den folgenden Gesichtspunkten:

Arbeitszeit und Freizeit	Urlaub	Beschäftigungsverbote und -beschränkungen	gesundheitliche Betreuung

2 Soziale Sicherung

2.1 Sozialversicherung

Pflichtbeiträge zur gesetzlichen Sozialversicherung — muss das sein?

SITUATION

Sozialsysteme/Bundesbank warnt

Junge Generation bald überfordert

Für echte Einsparungen und Reformen

Ohne schnelle und wirksame Reformen werden künftige Generationen unter der finanziellen Abgabenlast zusammenbrechen. Dies befürchtet die Bundesbank. Sie fordert von der Berliner Politik echte Einsparungen. ... Weitere Anstrengungen zur Sanierung der Staatsfinanzen und Sozialkassen seien dringend notwendig. Sie müssten vor allem langfristig angelegt sein und dürften nicht nur kurz- und mittelfristig wirken.

Tabu als Ausweg aus der sich anbahnenden Generationenkrise ist laut Bundesbank aber zweierlei: die Erhöhung von Steuern und Sozialbeiträgen wegen der dann zu erwartenden negativen Folgen für Wachstum und Arbeitsplätze sowie pure Umfinanzierung von Lasten. ... Geboten sind nach Ansicht der Bundesbank aber eine echte und nachhaltige Rückführung der Staatsquote sowie Leistungskürzungen im Sozialbereich. ...

Um eine Gleichverteilung der Lasten zwischen den heute Geborenen und künftigen Generationen zu gewährleisten, wäre eine Reduzierung der Leistungen für die Alterssicherung um 38 Prozent erforderlich. Einen solchen harten Einschnitt hält aber selbst die Bundesbank nicht für machbar. Sollten die Politiker Einsparungen und Reformen nicht zuwege bringen, könnte ein erschreckendes Szenario eintreten. Voll Berufstätige des Geburtsjahrgangs 1996 zahlen in ihrem Leben durchschnittlich 464.000 EUR Abgaben und bekommen 251.000 EUR staatlicher Zahlungen wie Rente, Wohngeld oder Sozialhilfe zurück.

1. Warum befinden sich die sozialen Sicherungssysteme in Deutschland in der Krise?
2. Wie beurteilt die Deutsche Bundesbank die finanzielle Lastenverteilung zwischen junger und älterer Generation?
3. Welche Ansatzpunkte für eine gleichmäßigere Verteilung der Belastungen schlagen Sie vor?

INFORMATION

Im Grundgesetz der Bundesrepublik Deutschland heißt es in Artikel 20: **„Die Bundesrepublik Deutschland ist ein demokratischer und sozialer Bundesstaat.“**

Alle politischen Maßnahmen haben das Ziel, sozialen Missständen, Ungleichheiten und Ungerechtigkeiten entgegenzuwirken und für alle Bevölkerungsschichten eine soziale Sicherung zu gewährleisten.

Diese Forderung wird in erster Linie durch das System der **Sozialversicherungen** verwirklicht. Allerdings bedeutet dies nicht, dass der Staat vollständig die soziale Fürsorge für die Bürger übernimmt. Gerade in Zeiten, in denen der Staat sparen muss, wird vom Bürger mehr Eigenverantwortung, mehr Selbstbeteiligung und -vorsorge verlangt.

Durch die **Leistungen** der **Sozialversicherungen** sollen die **Grundrisiken** des Lebens **gemindert** werden.

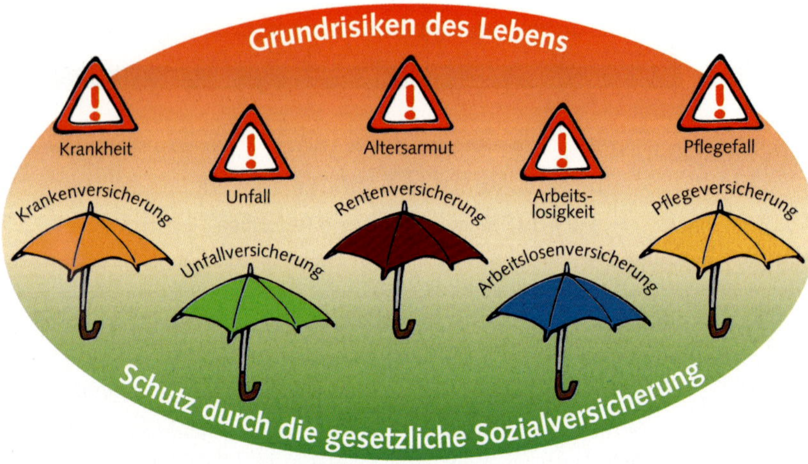

Grundprinzipien der Sozialversicherung

Versicherungspflicht

Grundsätzlich sind **alle** Beschäftigten **versicherungspflichtig** und müssen Beiträge leisten. Als **Beschäftigte** gelten Personen, die eine nichtselbstständige Tätigkeit ausüben.

Solidaritätsprinzip

Zwischen den Versicherten findet ein **sozialer Ausgleich** statt. Trotz unterschiedlich hoher Beitragszahlungen erhalten die Mitglieder der gesetzlichen Kranken- und Pflegeversicherung die gleichen Leistungen.

Die **Beitragshöhe** richtet sich nach der Höhe des Einkommens. Das bedeutet, dass das Bruttoeinkommen jedes Beschäftigten mit dem gleichen prozentualen Beitragssatz belastet wird. Es gibt hier jedoch eine Obergrenze, die sogenannte **Beitragsbemessungsgrenze**. Sie stellt die betragsmäßige Obergrenze der Belastung des monatlichen Bruttoeinkommens mit Sozialabgaben dar. Die Beitragsbemessungsgrenzen werden jährlich von der Bundesregierung für die Renten-/Arbeitslosenversicherung und die Kranken-/Pflegeversicherung durch Rechtsverordnung angepasst. Das Solidaritätsprinzip wird außerdem auch daran deutlich, dass sich **Leistungsansprüche** i. d. R. nach der **Bedürftigkeit** und **nicht** nach dem individuellen **Risiko** der versicherten Person richten.

Versicherungsprinzip

In der Renten- und Arbeitslosenversicherung erwerben die Versicherten **Leistungsansprüche** gemäß ihren **Beitragszahlungen**.

Finanzierung der Sozialversicherungsleistungen

Die **Sozialversicherungen** werden vorwiegend aus **Beiträgen** der **Arbeitnehmer** und **Arbeitgeber** finanziert und grundsätzlich von beiden Seiten zu **gleichen** Teilen übernommen (Ausnahmen bei der Kranken- und Pflegeversicherung; dort gibt es Zusatzbeiträge, die ausschließlich der Arbeitnehmer zu tragen hat).

Der **Gesetzgeber** legt die **Höhe** der **Beitragssätze** gesetzlich fest mit Ausnahme für die Unfallversicherung. Dies übernimmt dort der Träger dieser Versicherung.

Die Beitragszahlungen orientieren sich an der Gehaltshöhe des Arbeitnehmers. Dabei ist zu beachten, dass die **Beitragsbemessungsgrenze** bei der Renten- und Arbeitslosenversicherung in den alten und neuen Bundesländern unterschiedlich hoch ist, während sie bei der Kranken- und Pflegeversicherung bundeseinheitlich ist. Die **Höchstbeiträge** lassen sich nach der Formel „Beitragsbemessungsgrenze × Beitragssatz" ermitteln. Die folgende Abbildung zeigt die monatlichen Höchstbeiträge (ohne gesetzliche Unfallversicherung) in den alten und neuen Bundesländern.

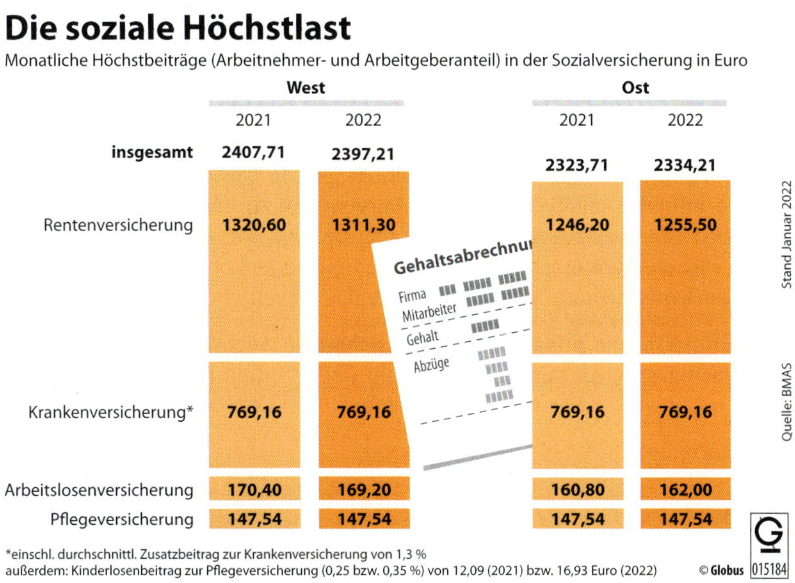

Die **Abführung** der Beiträge zur Sozialversicherung an die einzelnen Versicherungsträger übernimmt der **Arbeitgeber**. Die Beiträge zur Kranken-, Pflege-, Renten- und Arbeitslosenversicherung werden bei versicherungspflichtig Beschäftigten für alle Sozialversicherungszweige einheitlich vom Arbeitgeber eingezogen und als **Gesamtsozialversicherungsbeitrag** an die **Krankenkassen** als **Einzugsstelle** abgeführt. Diese behalten den Beitrag zur Kranken- und Pflegeversicherung. Die Beiträge zur Renten- und Arbeitslosenversicherung werden von den Kassen an die berechtigten Träger (Deutsche Rentenversicherung und Bundesagentur für Arbeit) weitergeleitet.

Die Beiträge zur gesetzlichen Unfallversicherung trägt der Arbeitgeber alleine und leitet sie an die zuständige Berufsgenossenschaft weiter.

! **Hinweis:** Für die geringfügigen Beschäftigungsverhältnisse (Mini-Job, Midi-Job) gelten besondere Bestimmungen für die Sozialbeiträge (vgl. LF 9, Kap. 4.5).

Krankenversicherung

© Zerbor – Fotolia.com

Eine **Krankenversicherung** ist für Beschäftigte in der **gesetzlichen Krankenversicherung** (GKV) oder einer **privaten Krankenversicherung** (PKV) möglich. In der GKV sind über 70 Millionen Menschen versichert; dies entspricht ca. 85 % der Bevölkerung.

Dazu zählen auch alle Auszubildenden, die vom ersten Tag ihrer Ausbildung an bei einer Krankenkasse pflichtversichert sind.

Versicherter Personenkreis

Wenn das **Gehalt** eines Beschäftigten nicht über der **Krankenversicherungspflichtgrenze** liegt, besteht eine **Versicherungspflicht** bei einer gesetzlichen Krankenkasse. Die Krankenkasse kann **frei** gewählt werden, jedoch sind die Leistungen der gesetzlichen Krankenkassen zu etwa 95 % gleich, weil sie der Gesetzgeber vorschreibt. Zu den Krankenkassen zählen die Allgemeinen Ortskrankenkassen (AOK), Betriebs- und Innungskrankenkassen *(Bosch BKK)* sowie die Ersatzkassen *(DAK, Barmer, KKH)*. Das Prinzip der GKV sieht vor, jedem Patienten die gleiche medizinische Versorgung zu ermöglichen und unabhängig von den Beiträgen gleiche Leistungsansprüche zu garantieren. Die **GKV** hat die **Aufgabe**, die Gesundheit der Versicherten zu erhalten, wiederherzustellen oder ihren Gesundheitszustand zu bessern. Es wird daher bezahlt, was an ärztlichen Behandlungen als notwendig und wirtschaftlich erachtet wird. Familienmitglieder können unter bestimmten Voraussetzungen als Familienversicherte in der GKV kostenlos mitversichert werden.

Um als **Beschäftigter** in die **private Krankenversicherung** wechseln zu können, muss man die Versicherungspflichtgrenze für mindestens ein Jahr überschritten haben. Da eine **Versicherungspflicht** besteht, müssen auch die privaten Versicherer ein der GKV vergleichbares Angebot machen (Basistarif).

Finanzierung

Die **Beiträge** der gesetzlichen Krankenversicherung werden je zur **Hälfte** vom **Arbeitgeber** und vom **Arbeitnehmer** aufgebracht. Die Höhe dieser Beiträge richtet sich nach dem Bruttoentgelt bis zur **Beitragsbemessungsgrenze**.

Der **Beitragssatz** beträgt einheitlich 14,6% (Stand 2023). Die **Versicherten** müssen allerdings alleine einen **Zusatzbeitrag** in Höhe von 1,6 % zur Finanzierung von Zahnersatz und Krankengeld leisten.

Leistungen

Als **Versicherter** hat man z. B. **Anspruch** auf:

› Maßnahmen zur **Vorsorge** und **Früherkennung** von bestimmten Krankheiten (Vorsorgeuntersuchungen),

› **ärztliche** und **zahnärztliche Behandlung** mit freier Wahl unter den zugelassenen Vertragsärzten und Vertragszahnärzten,

› **Arznei-, Verband- und Heilmittel** sowie Hilfsmittel, wie Hörgeräte und Rollstühle,

- **Behandlung** im **Krankenhaus**,
- **Kostenübernahme** oder Zuschüsse bei notwendigen Vorsorge- und Rehabilitationsmaßnahmen,
- **Krankengeld:** Normalerweise zahlt der Arbeitgeber für sechs Wochen das Gehalt weiter, wenn man arbeitsunfähig ist. Anschließend erhält man von seiner Krankenkasse 70 % des regelmäßig erzielten Bruttoarbeitsentgelts bis zur Beitragsbemessungsgrenze, jedoch nicht mehr als 90 % des letzten Nettoarbeitsentgelts. Krankengeld kann man für höchstens 78 Wochen innerhalb von drei Jahren bekommen.

Der Gesundheitsfonds – Lösung der Probleme im Gesundheitssystem?

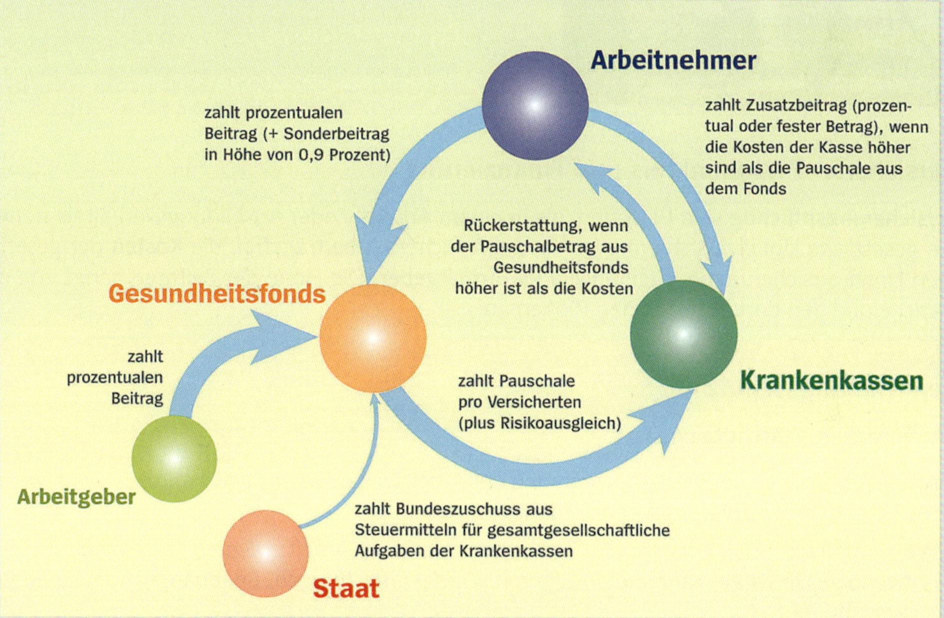

Abb. So funktioniert der Gesundheitsfonds (Quelle: AOK Mediendienst)

Alle Beitragszahler zahlen den gleichen Beitragssatz zur gesetzlichen Krankenversicherung. Zukünftig sollen die Beiträge, die weiterhin zu 90 bis 95 % aus Arbeitnehmer- und Arbeitgeberbeiträgen finanziert werden, direkt in den Fonds fließen. Jede Krankenkasse erhält aus dem Gesundheitsfonds pro Versicherten eine pauschale Zuweisung sowie ergänzende Zu- und Abschläge je nach Alter, Geschlecht und Gesundheitszustand ihrer Versicherten.

Eine Krankenkasse, die besser wirtschaftet, kann ihren Versicherten finanzielle Vergünstigungen oder eine Prämienauszahlung gewähren.

Eine Krankenkasse, die schlechter wirtschaftet, muss von ihren Mitgliedern einen Zusatzbeitrag erheben. Die Zusatzbeiträge können von den Krankenkassen frei und ohne Obergrenze festgesetzt werden.

Durch die Einführung des Gesundheitsfonds soll mehr Wirtschaftlichkeit und Wettbewerb im Gesundheitswesen erzielt werden. Kritiker warnen vor den Folgen: Die Beiträge würden für viele Versicherte steigen, die Kassenleistungen jedoch nicht.

Unfallversicherung

© MEV Agency UG

Die wesentliche Aufgabe der **gesetzlichen Unfallversicherung** (GUV) ist die Verhütung von Unfällen am Arbeitsplatz (und in der Schule) sowie arbeitsbedingte Gesundheitsgefahren möglichst zu vermeiden. **Träger** der **gesetzlichen Unfallversicherung** sind die **Berufsgenossenschaften**, die im Verband „Deutsche Gesetzliche Unfallversicherung – DGUV" zusammengeschlossen sind.

Für den **Einzelhandel** zuständig ist die Berufsgenossenschaft Handel und Warendistribution mit Sitz in Mannheim.

Versicherter Personenkreis und Finanzierung

Versicherungspflichtig sind Personen, die in einem Arbeits-, oder Ausbildungsverhältnis stehen. Die gesetzliche Unfallversicherung ist für die Versicherten **beitragsfrei**, die **Kosten** der gesetzlichen Unfallversicherungen tragen allein die **Arbeitgeber**. Die Höhe der Beiträge hängt von der Branche und den dort auftretenden Risiken ab.

Versicherungsschutz

Der **Versicherungsschutz** umfasst:

› **Arbeitsunfälle**, die Beschäftigten während der Arbeit *(Arbeiten im Lager)* und auf Dienstwegen *(Fahrt zu einer Fortbildungsveranstaltung)* zustoßen.

› **Wegeunfälle**, die sich auf dem direkten Weg von und zur Arbeit ereignen. Versichert sind auch notwendige Umwege *(Fahrgemeinschaften, Kinder unterbringen)* unabhängig vom benutzten Verkehrsmittel.

› **Berufskrankheiten**, dies sind Krankheiten, die sich ein Versicherter durch die Arbeit zuzieht und die entweder in der Berufskrankheiten-Verordnung verzeichnet oder die nach neuen medizinischen Erkenntnissen durch den Beruf verursacht sind.

> **!** **Hinweis:** Der Versicherungsschutz **entfällt**, wenn das Unfallereignis vorsätzlich herbeigeführt wurde oder wenn Trunkenheit, Rauschgift- oder Tablettenmissbrauch die wesentliche Ursache des Unfalls war!

Leistungen

Bei einem **Arbeitsunfall** oder einer **Berufskrankheit** kommt die gesetzliche Unfallversicherung für die Folgen auf. Im **Versicherungsfall** erbringt die GUV folgende **Leistungen**:

› Leistungen zu einer umfassenden **Heilbehandlung** *(ärztliche Behandlung, Arznei-, Verband- und Heilmittel, Krankenhausaufenthalt, Verletztengeld)*,

- Leistungen zur **Teilhabe** am **Arbeitsleben** *(Umschulung, Ausbildung)* in einem anderen Beruf,
- Leistungen zur **Teilhabe** am **Leben** in der **Gemeinschaft** *(Wohnungshilfe, Haushaltshilfe, psychosoziale Betreuung, Rehabilitationssport)*,
- **Geldleistungen** an Versicherte und Hinterbliebene *(Verletztenrente, Pflegegeld, Sterbegeld, Hinterbliebenenrente)*.

Schutzengel sind gut, Prävention ist besser!

Durch Präventionsmaßnahmen sollen Arbeitsunfälle und Berufskrankheiten verhütet, arbeitsbedingte Gesundheitsgefahren abgewehrt und die Arbeit menschengerecht gestaltet werden. Dazu erlassen die Berufsgenossenschaften z. B. Unfallverhütungsvorschriften, informieren auf Merkblättern und durch Broschüren über mögliche Gefahren, außerdem führen ihre Mitarbeiter Beratungen und Fortbildungen durch.

Beispiele:

- Informationen zu einem verbesserten Hautschutz für Floristinnen und Floristen führten zu einem erheblichen Rückgang schwerer Hautkrankheiten in dieser Branche.
- Schulungen und Infobroschüren führten zur Reduzierung von Messerunfällen beim Auspacken von Waren und beim Verkauf von Fleisch- und Wurstwaren.

Rentenversicherung

© MEV Agency UG

Die **gesetzliche Rentenversicherung** ist die Hauptsäule der Alterssicherung. Seit vielen Jahrzehnten sorgt sie dafür, dass die Versicherten nach dem Ausscheiden aus dem Berufsleben auch im Alter finanziell abgesichert sind.

Träger der gesetzlichen Rentenversicherung ist die **Deutsche Rentenversicherung** in Berlin.

Versicherter Personenkreis

Die **gesetzliche Rentenversicherung** ist bei Beschäftigten eine **Pflichtversicherung**. Auch Auszubildende sind vom ersten Tag ihrer Ausbildung an rentenversichert.

Die Beiträge werden je zur Hälfte vom Arbeitnehmer und vom Arbeitgeber gezahlt. Der **Beitragssatz** beträgt **18,6 %** des **Bruttoentgelts**.

Finanzierung

Die **gesetzliche Rentenversicherung** wird über das **Umlageverfahren** finanziert. Das bedeutet: Die Einnahmen aus den Beiträgen der Beschäftigten und der Arbeitgeber des laufenden Monats werden für die Rentenzahlungen des folgenden Monats verwendet. Somit kommt die arbeitende Generation in Form eines Solidarsystems **(Generationenvertrag)** für das Altersruhegeld der Rentner auf.

© bluedesign – Fotolia.com

Die **Beiträge** reichen jedoch nicht aus, um die Renten zu bezahlen. Ein **Zuschuss** des Bundes in Milliardenhöhe ist zur Deckung der Ausgaben notwendig.

Leistungen

Um eine **gesetzliche Rente** zu bekommen, muss man eine bestimmte **Altersgrenze** erreicht haben und mindestens **fünf** Jahre rentenversichert gewesen sein.

© Krisskunterbunt – stock.adobe.com

Die **Altersgrenze** für den Bezug Rente wird zwischen 2012 und 2029 schrittweise von 65 Jahren auf 67 Jahre angehoben. Von 2012 bis 2029 steigt das Rentenalter stufenweise ab dem Jahrgang 1947.

Wer zum Beispiel 1959 geboren wurde, kann erst mit 66 Jahren und zwei Monaten in Rente gehen. Für die Jahrgänge 1964 und später gibt es die volle Rente erst mit 67 Jahren. Wer früher geht, muss Abzüge in Kauf nehmen, weil er länger Rente bekommt. Wer 45 Jahre Beiträge gezahlt hat, kann wie bisher mit 65 Jahren ohne Abzüge die Altersrente für besonders langjährig Versicherte bekommen.

Überblick zu den wichtigsten Leistungen

Die gesetzliche **Rentenversicherung:**	
› zahlt die Altersrenten.	Alle Ruheständler erhalten jeden Monat pünktlich ihre Renten.
› kümmert sich um die Rehabilitation.	Beschäftigte werden unterstützt, um nach einer längeren Krankheit oder einem Unfall wieder fit für den Beruf zu werden.
› kümmert sich, wenn man nur noch teilweise oder gar nicht mehr arbeiten kann.	Wenn Reha-Maßnahmen nicht weiterhelfen, wird unter bestimmten Umständen eine Erwerbsminderungsrente bezahlt.
› zahlt Witwen- und Waisenrente.	Wer seinen Ehepartner, seinen eingetragenen Lebenspartner, seine Eltern oder einen Elternteil verloren hat, dem kann eine Hinterbliebenenrente zustehen.
› beteiligt sich an der Krankenversicherung der Rentner.	Wer Rente bezieht, zahlt in der Regel nur die Hälfte des Krankenversicherungsbeitrags. Die andere Hälfte übernimmt die Rentenversicherung.
› berücksichtigt Kindererziehungszeiten, Arbeitslosigkeit und die Zeit des Wehr- oder Zivildiensts.	Mütter oder Väter bekommen auch durch Kindererziehungszeiten mehr Rente, obwohl sie in dieser Zeit nichts einzahlen. Und auch in Zeiten der Arbeitslosigkeit oder im Wehr- und Zivildienst ist man rentenversichert.

Arbeitslosenversicherung

Mit der **Arbeitslosenversicherung** sollen **Risiken** abgedeckt werden, die beim **Verlust** des **Arbeitsplatzes** eintreten können. Gleichzeitig ist die Arbeitslosenversicherung nach den Bestimmungen des Sozialgesetzbuches (SGB) Bestandteil einer umfassenden **Berufsförderung**.

© CrazyCloud – stock.adobe.com

Träger der Arbeitslosenversicherung und der Maßnahmen zur Berufsförderung ist die **Bundesagentur für Arbeit** mit Sitz in Nürnberg sowie das bundesweite Netz von **Arbeitsagenturen** und Geschäftsstellen.

Versicherter Personenkreis

Grundsätzlich sind alle Personen, die eine mehr als geringfügige Beschäftigung („Mini-Job") gegen Arbeitsentgelt ausüben, versicherungspflichtig in der gesetzlichen Arbeitslosenversicherung. Versicherungspflichtig sind daher auch Auszubildende.

Finanzierung

Die **Leistungen** der **Arbeitsförderung** *(Arbeitsvermittlung, Arbeitslosengeld)* und die sonstigen Ausgaben der Bundesagentur für Arbeit werden durch Beiträge der Arbeitnehmer, der Arbeitgeber und bei Bedarf durch den Staat finanziert. **Arbeitnehmer** und **Arbeitgeber** zahlen den **Beitrag** zur Arbeitsförderung je zur **Hälfte**. Der Beitragssatz beträgt **2,6 %** des Bruttoentgelts bis zur Höhe der Beitragsbemessungsgrenze.

© Stefan Körber – stock.adobe.com

Aufgaben und Leistungen

Im Rahmen der Arbeitslosenversicherung wird eine Vielzahl von Leistungen erbracht. Dazu gehören Leistungen, die die Integration der Menschen in Arbeits- und Ausbildungsverhältnisse unterstützen, aber auch den Lebensunterhalt bei Arbeitslosigkeit sichern.

© timyee – stock.adobe.com

Zu den wichtigsten **Aufgaben** zählen:

- Förderung der Berufsausbildung und der beruflichen Weiterbildung,
- Arbeitsvermittlung und -beratung,
- Förderung der Teilhabe behinderter Menschen am Arbeitsleben,
- Förderung der Aufnahme einer selbstständigen Tätigkeit,
- Förderung von Umschulungsmaßnahmen,
- Auszahlung von Entgeltersatzleistungen (Arbeitslosengeld).

Ein **Anspruch** auf **Arbeitslosengeld** besteht, wenn folgende Voraussetzungen gemeinsam erfüllt sind:

1. Man muss arbeitslos sein,
2. man muss innerhalb der letzten zwei Jahre mindesten 12 Monate in die gesetzliche Arbeitslosenversicherung eingezahlt haben,
3. man muss sich persönlich arbeitslos gemeldet haben.

Wenn diese Voraussetzungen erfüllt sind, haben Arbeitslose Anspruch auf **Arbeitslosengeld I (ALG I)**. Es errechnet sich aus dem bisherigen Nettolohn. Kinderlose erhalten 60 %, mit Kindern erhält man 67 %.

Da es beim ALG I um eine Versicherungsleistung handelt (vgl. Kap. 8.1.1) spielt die finanzielle Lage *(Vermögensverhältnisse)* des Arbeitslosen keine Rolle.

Mit dem **Bürgergeld** hat die Bundesregierung eine große Sozialreform auf den Weg gebracht. Es löst das bisherige Arbeitslosengeld II (Hartz IV) ab. Arbeitslose Menschen in dieser Grundsicherung sollen besser qualifiziert und damit in dauerhafte Jobs vermittelt werden.

Pflegeversicherung

Die Leistungen der **Pflegeversicherung** sollen dazu beitragen Menschen zu helfen, die auf **Betreuung** oder **Unterstützung** angewiesen sind, weil sie wegen einer körperlichen, geistigen oder seelischen Krankheit oder Behinderung die regelmäßigen Aufgaben des täglichen Lebens nicht mehr selbstständig meistern können.

Versicherter Personenkreis und Finanzierung

Die Pflegeversicherung ist eine Pflichtversicherung. Wer gesetzlich krankenversichert ist, der gehört dort auch der sozialen Pflegeversicherung an. Dies gilt auch für mitversicherte Familienangehörige.

Die **Finanzierung** der Pflegeversicherung entspricht der Finanzierung wie bei der gesetzlichen Krankenversicherung: Arbeitnehmer und Arbeitgeber zahlen je die Hälfte des Beitrags. Der **Beitragssatz** zur Pflegeversicherung liegt bei **3,05 %** vom Bruttoentgelt. **Arbeitgeber** und **Arbeitnehmer** übernehmen jeweils einen Anteil von 1,275 %. Es gilt eine bundeseinheitliche Beitragsbemessungsgrenze. Kinderlose, die mindestens 23 Jahre alt und nach dem 31. Dezember 1939 geboren sind, zahlen einen Beitragszuschlag von 0,35 %.

Leistungen

Welche **Leistungen** Pflegebedürftige erhalten, ist vom Pflegegrad abhängig. Dieser wird vom Medizinischen Dienst der Krankenversicherung festgestellt. Um den unterschiedlichen Anforderungen Rechnung zu tragen, hat der Gesetzgeber fünf **Pflegegrade** festgelegt. Damit sind auch die Höchstbeträge für die Leistungen durch die Pflegeversicherung festgelegt.

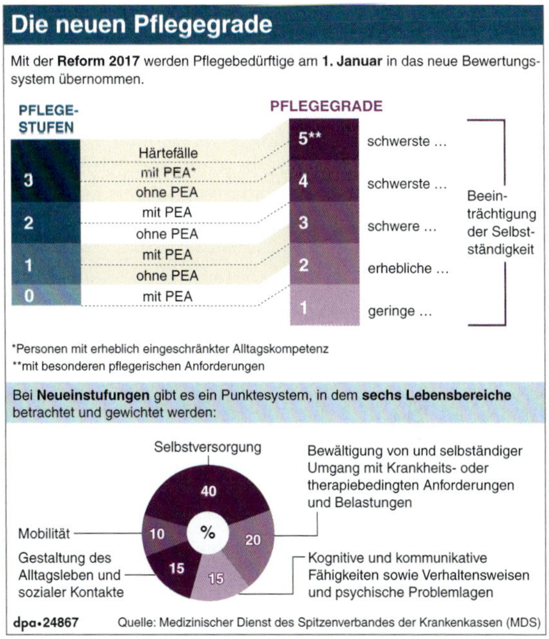

Die Leistungen der Pflegeversicherung erfolgen als **Geldleistung** *(Pflegegeld)* oder **Sachleistungen** *(Einsatz von professionellen Pflegediensten)*, mit denen die Grundpflege und hauswirtschaftliche Versorgung finanziert wird. Die Leistungen richten sich danach, ob eine häusliche Pflege möglich ist oder eine stationäre Pflege erfolgen muss.

Mit der Umstellung auf den neuen Pflegebedürftigkeitsbegriff im Zuge der Pflegereform 2017 gibt es keine Pflegestufen mehr. An deren Stelle rückten fünf **Pflegegrade**. Für die Pflegeeinstufung ist dann nicht mehr der Grad der Hilfebedürftigkeit entscheidend, sondern der Grad der **individuellen Selbstständigkeit.**

Probleme und Lösungsansätze in der Sozialversicherung

Probleme der Sozialversicherung	Lösungsansätze zur dauerhaften Sicherung der Sozialsysteme
↓	↓
› Beitragsausfälle durch anhaltend hohe Arbeitslosigkeit. › Anzahl der Leistungsempfänger der Kranken-, Pflege- und Rentenversicherung steigt durch wachsende Lebenserwartung. › Zahl der Beitragszahler sinkt durch geburtenschwache Jahrgänge, die ins Erwerbsleben eintreten. › Lange Ausbildungszeiten sowie Vorruhestandsregelungen führen zu einer Verkürzung der Dauer der Lebensarbeitszeit und damit auch zu einer Verringerung der Beitragszeiten. › Anzahl der sozialversicherungspflichtigen Vollzeitbeschäftigten geht zurück.	› Kürzung von Ausgaben durch Einschränkung der Leistungen und eine höhere Selbstbeteiligung der Versicherten an den anfallenden Kosten. › Erhöhung der Versicherungsbeiträge. › Stärkung der Eigenvorsorge der Versicherten durch private Vermögensbildung. › Maßnahmen zum Abbau der Arbeitslosigkeit. › Eliminierung von versicherungsfremden Leistungen aus der Rentenversicherung. › Beschränkung der Leistungen der gesetzlichen Sozialversicherung auf eine Grundversorgung der Bevölkerung.

› Steigende Ausgaben der Rentenversicherung durch jährliche Anpassung der Rentenzahlungen an die allgemeine Einkommensentwicklung (Dynamisierung der Renten). › Durch den sogenannten Generationenvertrag (= laufende Rentenzahlungen werden aus Beiträgen der heutigen Erwerbsgeneration geleistet) wirken sich Verschiebungen im Altersaufbau der Bevölkerung besonders gravierend aus.	› Kapitaldeckungsverfahren anstelle des Umlageverfahrens in der Rentenversicherung. › Anhebung der Altersgrenze und Einführung von angemessenen Leistungsabschlägen bei vorzeitigem Bezug von Altersruhegeld.

AKTION

1 Beantworten Sie die folgenden Fragen zum Grundwissen der Sozialversicherung:

a) Das Sozialstaatsgebot lautet „Die Bundesrepublik Deutschland ist ein demokratischer und sozialer Bundesstaat." Wo steht das?

b) Welche Versicherungen zählen zu den gesetzlichen Sozialversicherungen?

c) Die gesetzliche Krankenversicherung (GKV) wird besonders vom Solidaritätsgedanken getragen. Was bedeutet dies?

d) Warum spielt für Sie als Auszubildende die Beitragsbemessungsgrenze keine Rolle?

e) Wie werden die Mittel für die gesetzliche Sozialversicherung aufgebracht?

f) Wer sind die Träger der einzelnen Versicherungen?

2 Stellen Sie fest, welcher Zweig der Sozialversicherungen in den folgenden Fällen zuständig ist und nennen Sie mögliche Leistungen, die in den genannten Fällen erbracht werden können. Informieren Sie sich bei Bedarf mithilfe einer Internetrecherche.

a) Ulrike Klein bricht sich beim Skifahren ein Bein und ist neun Wochen arbeitsunfähig.

b) Auf dem Weg zur Arbeit stolpert die Auszubildende Mandy so unglücklich, dass sie sich einen Bänderriss zuzieht und für drei Wochen krankgeschrieben wird.

c) Lisa geht mit ihrer zehnjährigen Tochter Sara zur U-11-Untersuchung bei ihrer Kinderärztin. Diese stellt fest, dass Sara erheblich übergewichtig ist und empfiehlt eine vierwöchige Kinderkur.

d) Frau Walter ist nach einem Schlaganfall halbseitig gelähmt. Sie wird von ihrer Tochter, die im gleichen Haus wohnt, gepflegt.

e) Herr Bemberg arbeitet seit über 20 Jahren in einem Herrenkonfektionsgeschäft. Da der Inhaber keinen Nachfolger findet, schließt er sein Geschäft.

3 Projekt: Wo drückt der Schuh?

Untersuchen Sie in der Lerngruppe in Foren und Groups (Google-Groups, Yahoo! Groups) Beiträge von Nutzern zu Problemen in der Sozialversicherung. Berichten Sie in einem kurzen Statement gegenüber der Klasse, welches die Hauptprobleme sind.

4 Projekt: Soziale Sicherung in der Krise!

Setzen Sie sich mit den aktuellen Problemen der einzelnen Zweige des deutschen Sozialsystems kritisch auseinander und diskutieren Sie Maßnahmen zur Reform der gesetzlichen Sozialversicherung.

5 Formulieren Sie die Kernaussagen des folgenden Pressetextes.

Krankenstand auf Rekordtief

Der Krankenstand der Mitglieder in der GKV ist weiter zurückgegangen und hat mit 3,2 % das niedrigste Niveau seit Jahrzehnten erreicht. Neben dem persönlichen Gesundheitsverhalten, das von großer Bedeutung ist, sind mehrere Faktoren für diesen Trend verantwortlich: Immer mehr Menschen arbeiten im Dienstleistungsbereich mit der Folge, dass körperlich belastende und für die Gesundheit schädliche Tätigkeiten für viele Beschäftigte an Bedeutung verloren haben. Seit dreißig Jahren ist außerdem die Zahl der Arbeitsunfälle deutlich zurückgegangen, weil die Investitionen der Arbeitgeber in Sicherheit und Gesundheit am Arbeitsplatz den Fehlzeitenstand aufgrund von Arbeitsunfällen stark gesenkt haben. Qualitativ hochwertige Produkte und Dienstleistungen können ohne leistungsfähige und leistungsbereite Beschäftigte nicht erbracht werden. Immer mehr Unternehmen betreiben daher eine aktive und systematische betriebliche Gesundheitsförderung bzw. ein betriebliches Gesundheitsmanagement. Auch die Maßnahmen der Krankenkassen im Bereich der betrieblichen Gesundheitsförderung und der Unfallversicherung zur Vermeidung arbeitsbedingter Erkrankungen haben in den letzten Jahren zugenommen. Durch die allgemeine Verbesserung der Gesundheit der Beschäftigten wird neben der Leistungsfähigkeit auch der Krankenbestand positiv beeinflusst.

Neben dem Gesundheitszustand der Mitarbeiter haben auch andere Umstände maßgeblich Einfluss auf den Krankenbestand. Insbesondere besteht ein Zusammenhang zur jeweiligen Arbeitsmarktlage: Während bei hoher Arbeitslosigkeit Befindlichkeitsstörungen weniger häufig als Anlass für eine Krankschreibung genommen werden, steigt die Fehlzeitenquote bei verbesserter Arbeitsmarktlage tendenziell an.

Quelle: Bundesvereinigung der deutschen Arbeitgeberverbände, gekürzte Fassung

6 Interpretieren Sie das folgende Schaubild. Welche Hauptproblematik können Sie dabei erkennen?

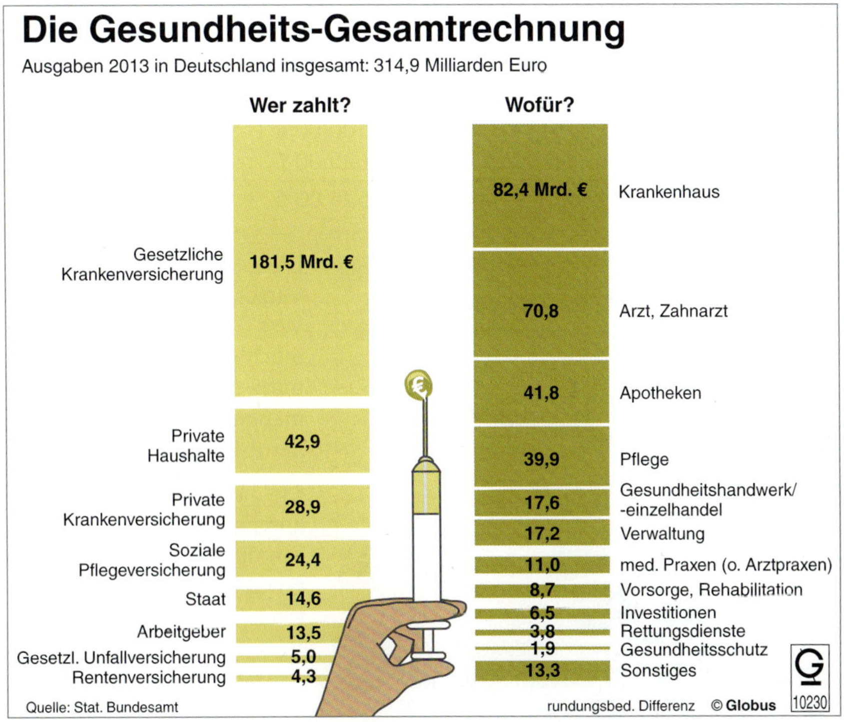

2.2 Private Vorsorge

Die Tücke mit der Lücke: Rente allein reicht nicht!

SITUATION

Franca erzählt ihrer Freundin Leonie, dass ihr Großvater ständig über seine zu geringe Rente schimpft. Er habe doch fast 40 Jahre gearbeitet und jetzt reiche das Geld vorne und hinten nicht. „Hoffentlich geht es uns mal besser, was meinst du, Leonie?"

„Damit es uns auch im Alter ganz ordentlich geht, müssen wir aber selbst was dazu tun!", wirft Leonie ein. „Wieso denn?", meint Franca, „wir zahlen doch schon genug in die Sozialkassen ein!"

Warum sieht Leonie die Notwendigkeit, für eine ausreichende Altersversorgung einen eigenen Beitrag zu leisten?

INFORMATION

Durch die **Rentenzahlung** soll der Lebensunterhalt nach dem Ausscheiden aus dem Berufsleben gesichert werden. Legt man das letzte Nettoeinkommen des Arbeitnehmers zugrunde, dann müsste er – gleicher Lebensstandard vorausgesetzt –, eine Rente in Höhe des Nettogehaltes erhalten. Eine solche Rentenhöhe ist nicht einmal bei einer regelmäßigen Beitragszahlung von 45 Versicherungsjahren (Arbeitsbeginn mit 15, Renteneintrittsalter mit 65) zu erzielen. Wer keine Eigenleistung erbringt, wird mit der gesetzlichen Rente als einziger Einkunftsart erhebliche finanzielle Einbußen hinnehmen müssen.

Beispiel: Arbeitnehmer mit 40 Versicherungsjahren

Bruttogehalt:	2.500,00 €
Mögliche Altersrente:	ca. 1.100,00 €
Nettogehalt (Abzüge durchschn. 35 %)	1.625,00 €
Differenz zwischen Nettoeinkünften und Rente:	525,00 €

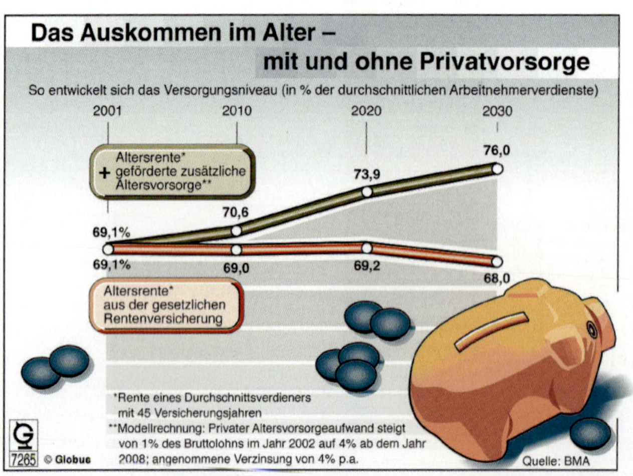

Diese Differenz wird auch als **Versorgungslücke** bezeichnet. Wer diese Lücke schließen möchte bzw. verringern, der muss sich für **private Vorsorgemaßnahmen** schon während der Berufstätigkeit entscheiden.

Die nebenstehende Grafik veranschaulicht, wie sich das Versorgungsniveau mit und ohne privater Vorsorge in den nächsten Jahrzehnten entwickeln soll.

Eine Privatrente, d. h. lebenslange, garantierte Zusatzeinkünfte, ist somit eine wichtige **Ergänzung** zur gesetzlichen Rentenversicherung.

Arbeitnehmerinnen und Arbeitnehmer scheiden aber nicht nur aus Altersgründen aus dem Berufsleben. **Krankheiten** und **Unfälle** können dazu führen, dass man für längere Zeit oder für immer nicht mehr berufstätig sein kann. Auch in solchen Fällen stellt sich die Frage: Wer kommt für die Versorgung auf?

Vorsorge bei Erwerbsminderung

Ursachen für Berufs- und Erwerbsunfähigkeit

In der Bundesrepublik muss ca. jeder fünfte Angestellte und jeder vierte Arbeiter wegen Erwerbs- und/oder Berufsunfähigkeit **vorzeitig** aus dem Berufsleben ausscheiden.

Die weitaus häufigsten **Ursachen** aller Berufsunfähigkeitsfälle sind nicht Unfälle, sondern Krankheiten, vor allem Herz-, Kreislauf- und Gelenkerkrankungen.

Bei der Erwerbsminderung ist zwischen **Berufsunfähigkeit** und **Erwerbsunfähigkeit** zu unterscheiden.

Berufsunfähigkeit:	Erwerbsunfähigkeit:
 © nmann77 – stock.adobe.com	 © nmann77 – stock.adobe.com
Berufsunfähig ist der Versicherte, der infolge von Krankheit, Unfall oder anderen Gebrechen weder in seinem erlernten noch in einem ihm zumutbaren Beruf halb soviel leisten und verdienen kann, wie andere Berufstätige mit ähnlicher Ausbildung, gleichwertigen Kenntnissen und Fähigkeiten.	**Erwerbsunfähig** ist der Versicherte, der wegen Krankheit oder Behinderung auf nicht absehbare Zeit in der Lage ist, eine Erwerbstätigkeit regelmäßig auszuüben oder daraus ein Arbeitsentgelt zu erzielen, das 450 € übersteigt.

Gesetzliche Leistungen bei Erwerbsminderung

© magele-picture – stock.adobe.com

Für alle, die 1961 und später geboren sind, gibt es wegen Berufsunfähigkeit **keine** Rentenansprüche mehr. Die Rentenversicherung bietet allerdings die Möglichkeit beruflicher **Rehabilitationsmaßnahmen** *(Umschulung, Fortbildung)*. Das heißt, bevor eine Rente wegen verminderter Erwerbsfähigkeit gezahlt wird, wird geprüft, ob die Arbeitsfähigkeit durch medizinische und/oder berufliche **Reha-Maßnahmen** verbessert oder wiederhergestellt werden kann.

Ziel der medizinischen oder berufsfördernden Leistungen ist es, den Arbeitsplatz zu erhalten bzw. den Wiedereinstieg ins Berufsleben zu ermöglichen („REHA geht vor Rente!").

›› **Beispiel:** Bernd Schneider ist als Schreiner bei der Wohnwelt GmbH beschäftigt. Beim Transport eines schweren Möbelstücks wird er durch einen Unfall so schwer verletzt, dass er künftig keine schweren Lasten mehr tragen kann. Durch eine Umschulungs- und Weiterbildungsmaßnahme wurde erreicht, dass er nun in der Verwaltung der Wohnwelt GmbH eine kaufmännische Tätigkeit ausübt.

Eine **Rente** wegen **teilweiser Erwerbsminderung** gibt es nur, wenn man wegen Krankheit oder Behinderung auf unabsehbare Zeit nicht in der Lage ist, drei bis unter sechs Stunden täglich zu arbeiten. Die Höhe dieser Rente liegt allerdings weit unter dem zuletzt verdienten Bruttoeinkommen (ca. 17 %).

© agenturfotografin – stock.adobe.com

Eine **volle Erwerbsminderung** – also vollständige Arbeitsunfähigkeit – ist laut Gesetz nur dann gegeben, wenn man weniger als drei Stunden täglich arbeiten kann. In diesem Fall hat man einen Anspruch auf die Erwerbsminderungsrente, die im besten Fall 35% des letzten Bruttoeinkommens ausmacht.

Vorsorge durch Abschluss privater Versicherungen

Um nicht zum **Sozialfall** zu werden, ist gerade für **Berufsanfänger** der Abschluss einer **privaten Berufsunfähigkeitsversicherung** zu empfehlen.

Man sollte sie so früh wie möglich abschließen, weil gesundheitliche Probleme in jungen Jahren noch eine Ausnahme sind. Bereits über 30-Jährige haben es oft schon schwer, einen Vertrag zu bekommen, weil die Versicherungsunternehmen sie wegen Sportverletzungen oder ersten Rückenbeschwerden als gesundheitliche Risiken einstufen und deshalb ablehnen.

Die **Angebote** der Versicherungswirtschaft sind vielfältig, es empfiehlt sich vor Abschluss gründlich zu **prüfen**, damit man im Versicherungsfall keine unangenehmen Überraschungen erlebt.

Beispiel: Checkliste zum Abschluss einer Berufsunfähigkeitsversicherung
(Quelle: www.jugend.igmetall.de)

Auf diese acht Punkte musst du achten!	
Einzelvertrag abschließen	Oft wird eine Kombination aus Berufsunfähigkeitsversicherung und Risikolebensversicherung angeboten. Wenn du noch keine Familie hast: Schließ lieber eine selbstständige Berufsunfähigkeitsversicherung ab. Das ist billiger, und wenn du niemanden versorgen musst, solltest du nicht unnötig für die Todesfallleistung einer angehängten Risikolebensversicherung bezahlen!
Keine Versicherung mit „abstrakter Verweisung" abschließen	Hol mehrere Angebote ein, um vergleichen zu können. Wähle auf jeden Fall eine Versicherung aus, die auf die sogenannte „abstrakte Verweisung" verzichtet. Das geht aus den Versicherungsbedingungen hervor. Viele Anbieter verzichten mittlerweile darauf, aber nicht alle. Wird auf die abstrakte Verweisung NICHT verzichtet, kann der Versicherer im Fall von Berufsunfähigkeit versuchen, dir nachzuweisen, dass du theoretisch noch in einem anderen Beruf arbeiten könntest. Mit dieser Begründung wurde in der Vergangenheit oft die Rentenzahlung abgelehnt.
Keinen Leistungsausschluss in Kauf nehmen	Akzeptiere keinen Leistungsausschluss für eine Erkrankung, sondern zahl lieber einen Zuschlag auf deinen Beitrag. Versuche dann, mit deinem Versicherer schriftlich zu vereinbaren, dass dieser Zuschlag nach einer gewissen Zeit entfällt.
Wichtig: Lange Laufzeit	Auch wenn du jetzt noch sehr jung bist: Achte darauf, dass deine Berufsunfähigkeitsversicherung nicht zu früh ausläuft. Sonst entsteht eine Versorgungslücke, bis deine Alterseinkünfte fließen. Das gilt zum Beispiel für Verträge, bei denen der Schutz schon mit 55 Jahren endet. Nachträglich lässt sich die Laufzeit normalerweise nicht verlängern.
Auf Rentenhöhe achten	Die Höhe der vereinbarten Rente sollte nicht zu knapp bemessen sein. Bei Auszubildenden begrenzen allerdings viele Versicherer die monatliche Berufsunfähigkeitsrente auf maximal 500 oder 1.000 Euro.
Sinnvoll: Nachversicherung	Verträge, die eine Nachversicherung vorsehen, sind variabel und deshalb besonders für junge Leute empfehlenswert. Steigt dein Einkommen oder gründest du eine Familie, kannst du deine Rente dann ohne erneute Gesundheitsprüfung erhöhen.
Gesundheitsfragen genau beantworten	Füll die Antragsformulare mit Gesundheitsfragen sehr sorgfältig aus. Andernfalls könntest du später den Versicherungsschutz verlieren.
Fragen zur Gesundheit sollen sich auf zeitlich begrenzten Zeitraum beziehen	Die Versicherer sollten nur nach Krankenhausaufenthalten der vergangenen zehn Jahre oder ambulanten Arztbesuchen sowie Erkrankungen der vergangenen fünf Jahre fragen. Wird noch länger zurückgefragt, entstehen zwangsläufig Unsicherheiten. Entscheide dich lieber für eine gleich gute Versicherung, in deren Antragsformularen die Gesundheitsfragen zeitlich begrenzt werden.

Altersvorsorge

Damit der einmal erreichte **Lebensstandard** auch im Alter gehalten werden kann, wird es künftig nicht mehr ausreichen seine Altersversorgung allein über die gesetzliche Sozialversicherung abzusichern.

Probleme der gesetzlichen Rentenversicherung und Lösungsansätze

Eine ausreichende Altersvorsorge zu finanzieren wird immer schwieriger, denn die Menschen werden älter als früher und gleichzeitig geht die Zahl der Geburten stark zurück. Dieser sogenannte **„demographische Wandel"** gefährdet die Finanzierung der gesetzlichen Rentenversicherung. Jüngere Erwerbstätige zahlen mit ihren Beiträgen die laufenden Renten der Alten **(umlagenfinanzierte Rente)**. Dies funktioniert nicht mehr lange, wenn immer weniger Junge für immer mehr Ältere zahlen sollen. Für die jetzt Jungen würde dies bedeuten: Höhere Rentenbeiträge und für weniger Rente eine längere Lebensarbeitszeit.

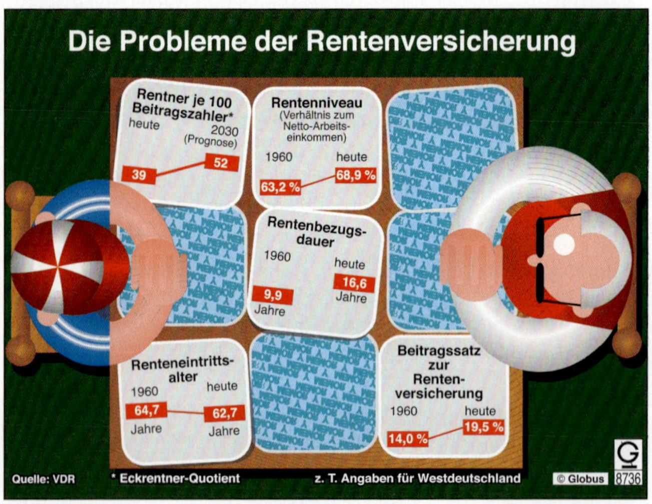

Das **Alterseinkünftegesetz** von 2005 wird das deutsche Alterssicherungssystem sehr stark verändern, da es einen Übergang zur **nachgelagerten Besteuerung** der Alterseinkünfte einleitet. Dies bedeutet, während der Erwerbstätigkeit bleiben die Beiträge zur Altersvorsorge steuerfrei. Dagegen sind Alterseinkünfte im Gegenzug voll steuerpflichtig.

Damit gibt es mehr **Spielraum** für die **private** und **betriebliche Vorsorge**, weil Beiträge in die gesetzliche Rentenversicherung bis zum Jahr 2025 schrittweise bei der Einkommensteuer als Sonderausgaben geltend gemacht werden können.

Hinzu kommt: Die private Vorsorge wird vom Staat durch Steuervergünstigungen zusätzlich gefördert.

Altersvorsorge nach dem Drei-Schichten-Modell

Die Gestaltung der **Altersvorsorge** folgt nach dem sogenannten **Drei-Schichten-Modell.**

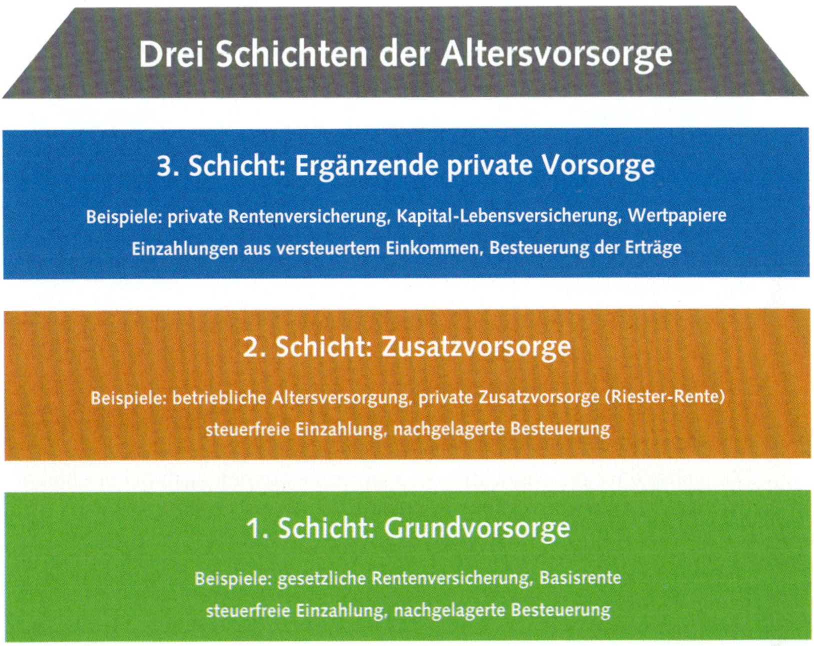

1. Schicht	Die erste Schicht, die **Grundvorsorge (Basisvorsorge)**, umfasst Beiträge und Leistungen aus der **gesetzlichen Rentenversicherung.** Das grundsätzliche Rentenalter für eine Altersrente liegt bei 65 Jahren. Wer besondere persönliche oder versicherungsrechtliche Voraussetzungen erfüllt, kann auch vor Vollendung des 65. Lebensjahres in Rente gehen. Häufig kommt es dann jedoch zu einer prozentualen Kürzung der Rente. Zur 1. Schicht gehört ebenfalls die mit dem Alterseinkünftegesetz neu eingeführte **private** kapitalgedeckte **Basisrente**. Diese Form der Altersvorsorge ähnelt der gesetzlichen Rentenversicherung: Man zahlt monatlich Beiträge ein und erhält frühestens ab dem 60. Lebensjahr lebenslang monatlich eine bestimmte Geldsumme. Allerdings lässt sich diese Rente – im Gegensatz etwa zur Kapitallebensversicherung – nicht zu einem Stichtag als größere Geldsumme auszahlen. Außerdem kann sie nicht beliehen, übertragen oder vererbt werden. Gefördert wird sie vom Staat durch Steuervorteile, weshalb sie vor allem für Selbstständige interessant ist, die nicht rentenversicherungspflichtig sind.
2. Schicht:	Zur zweiten Schicht, der **Zusatzvorsorge,** zählen die **betriebliche Altersversorgung** und die über staatliche Zulagen beziehungsweise steuerliche Begünstigungen geförderte **private Zusatzvorsorge** (Riester-Rente). Die Leistungen, sofern sie auf geförderten Beiträgen beruhen, sind in voller Höhe mit dem individuellen Steuersatz zu versteuern.

2. Schicht:	Jeder Arbeitnehmer hat das Recht darauf, Teile seines Gehaltes in eine **betriebliche Altersversorgung** einzubringen. Diese sogenannte **Entgeltumwandlung** bedeutet, dass der Arbeitnehmer auf einen Teil des ihm zustehenden Gehaltes verzichtet. Mit diesem Geld wird vom Arbeitgeber eine betriebliche Altersversorgung aufgebaut. Dies kann z. B. dadurch geschehen, dass der Arbeitgeber für den Arbeitnehmer eine **Lebensversicherung** bei einem Versicherungsunternehmen abschließt **(Direktversicherung)** oder die Beiträge in eine betriebseigene **Pensionskasse** zahlt, aus der später die Leistungen an den Versicherten bezahlt werden (Betriebsrente). Wie bei der privaten Altersvorsorge können auch bei der betrieblichen Altersvorsorge **staatliche Zulagen** vom Versicherungsnehmer in Anspruch genommen werden. Die **Riester-Rente** (benannt nach Walter Riester, der bei der Einführung dieser Vorsorgemöglichkeit Arbeits- und Sozialminister war) ist vor allem für untere Einkommensgruppen und für kinderreiche Familien interessant. Zusammen mit der gesetzlichen Rente soll dann beim Renteneintritt ein ähnliches Versorgungsniveau wie bei den heutigen Rentnern gewährleistet werden. Damit möglichst viele mitmachen, gibt der Staat **Zuschüsse.** Die Förderung baut sich in vier Stufen auf. Wer vier Prozent seines Einkommens für die zusätzliche Eigenvorsorge aufwendet, erhält den maximalen Fördersatz. Die **Förderung** ist **familienfreundlich** ausgestaltet, d. h. sie begünstigt kinderreiche Familien. Gewährt wird eine Grundzulage und eine Kinderzulage für jedes Kind, für das Anspruch auf Kindergeld besteht. Die Beiträge für die zusätzliche Altersvorsorge können auch bei der **Steuer** als Sonderausgaben vom zu versteuernden Einkommen **abgezogen** werden. Wegen der Anrechnung der Förderbeträge auf die Sparleistung ist bei geringem Einkommen die prozentuale Förderung am höchsten. Besserverdienende profitieren durch eine erhebliche Steuerersparnis.
3. Schicht:	Die dritte Schicht umfasst Versicherungsprodukte, die der Altersvorsorge dienen können, aber nicht müssen. Wer eine **private Rentenversicherung** abschließt, erwirbt mit diesem Produkt eine sogenannte **„kapitalgedeckte Rente"**. Das heißt: Für jeden Versicherungsnehmer werden die später fälligen Leistungen vom Versicherungsunternehmen aus den Beiträgen der Versicherten und darauf entfallenden Zinsen angespart. Diese kapitaldeckende Finanzierung macht die private Rentenvorsorge von demographischen Entwicklungen weitgehend unabhängig. Bei der privaten Rentenversicherung wird das Geld einem Versicherungsunternehmen zur Verwaltung übergeben. Dieses legt es dann hauptsächlich in festverzinslichen Wertpapieren, aber auch in Aktien und Immobilien an. Ab einem bestimmten Alter besteht dann ein Anspruch auf eine lebenslange Rente. Im Todesfall während der Sparphase erhalten die Angehörigen die bis dahin eingezahlten Beiträge zuzüglich Überschüsse (je nach Gesellschaft unterschiedlich hoch) zurück. Stirbt man während des Rentenbezugs, verfallen alle Ansprüche, außer man hat mit der Versicherung eine Rentenzahlung über eine feste Laufzeit vereinbart. Da es keinen Todesfallschutz gibt, werden bei einer privaten Rentenversicherung keine Gesundheitsfragen gestellt! Zu der 3. Schicht zählt auch die **Kapitallebensversicherung,** die Altersvorsorge und Hinterbliebenenschutz kombiniert. Im Erlebensfall erhält der Kunde eine Kapitalzahlung; im Todesfall erhalten die Angehörigen die vereinbarte Todesfallsumme. Ebenfalls zählt die Kapitalanlage in **Ratensparverträgen** und **Wertpapieren** zur 3. Schicht.

AKTION

1 Erklären Sie den Begriff „Versorgungslücke".

2 Worin besteht der Unterschied zwischen Berufs- und Erwerbsunfähigkeit?

3 Beurteilen Sie folgende Aussage eines Mitarbeiters: „Wozu eine private Berufsunfähigkeitsversicherung? Das Geld spare ich mir! Es gibt doch die gesetzliche Unfallversicherung, die für uns aufkommt."

4 Wie unterstützt der Staat Beitragszahlungen zu einer privaten Zusatzrente? Informieren Sie sich dazu auch durch eine Internetrecherche.

5 Nennen Sie drei Ursachen für die Probleme der gesetzlichen Rentenversicherung.

6 Warum kann ein starkes Ansteigen der Geburtenzahlen die aktuellen Probleme der Rentenversicherung nicht lösen?

7 Künftig soll die volle Rente erst ab dem 67. Lebensjahr gezahlt werden. Kritiker sehen darin eine Rentenkürzung. Begründen Sie, ob diese Behauptung gerechtfertigt ist.

© chaotic_Photography – stock.adobe.com

© Free1970 – stock.adobe.com

8 Interpretieren Sie das folgende Bild.

© Hyejin Kang – stock.adobe.com

3 Betriebliche Mitwirkung und Mitbestimmung

Arbeitnehmerinteressen vertreten und durchsetzen!
Welche Rechte haben Betriebsräte?

SITUATION

Frau Roll, Verkäuferin in der DOB-Abteilung des Warenhauses Merkur, wird zum Geschäftsführer Herrn Henke bestellt.

Herr Henke: „Guten Morgen Frau Roll, wir haben etwas Unerfreuliches zu besprechen. Leider haben Sie sich in letzter Zeit im Verkauf nicht so verhalten, wie es von Mitarbeiterinnen und Mitarbeitern unseres Hauses erwartet wird."

Frau Roll: „Hat da jemand mich verleumdet, das kann doch nur die ..."

Herr Henke: „Stopp Frau Roll! Niemand hat schlecht über Sie gesprochen. Sie setzen sich z. B. trotz Verbot während der Verkaufszeit auf Stühle, die für Kunden gedacht sind. Und was besonders ärgerlich ist, Sie ignorieren Kundinnen und unterhalten sich ungerührt mit Kolleginnen."

Frau Roll: „Woher wollen Sie das denn wissen Herr Henke?"

Herr Henke legt eine Videokassette in ein Abspielgerät und spielt die Kassette ab.

Herr Henke: „Sehen Sie, alles aufgezeichnet! Unsere Videoanlage ist unbestechlich!"

Frau Roll: „Das ist ja ungeheuerlich, ich werde mich sofort beim Betriebsrat beschweren!"

Herr Henke: „Das steht Ihnen selbstverständlich zu. Ach und übrigens, ich versetze Sie ab morgen in die Warenannahme!"

Eine Woche später wird Frau Roll wieder zu Herrn Henke gebeten.

Herr Henke: „Frau Roll, ich muss Ihnen leider mit sofortiger Wirkung kündigen.
Bitte holen Sie die Papiere und verlassen Sie unverzüglich unser Unternehmen!"

Frau Roll: „Was haben Sie eigentlich gegen mich?"

Herr Henke: „Nichts Frau Roll. Sie selbst tragen ganz allein die Verantwortung für diese unerfreuliche Entwicklung. Sie haben sich, seit sie in der Warenannahme sind, mehrfach geweigert den Anweisungen Ihrer Vorgesetzten zu folgen, außerdem haben Sie sich an drei Tagen unerlaubt für mehr als eine Stunde von der Arbeit entfernt, angeblich sei Ihnen übel. Man hat Sie aber jedes Mal putzmunter im Kundenrestaurant beim Kaffeetrinken gesehen. So geht es nicht!"

Überprüfen Sie mithilfe des Informationsteils und des Betriebsverfassungsgesetzes, ob die von Herrn Henke getroffenen Maßnahmen mit dem Betriebsrat des Warenhauses Merkur vorher hätten abgesprochen werden müssen.

© nmann77 – Fotolia.com

INFORMATION

Arbeitgeber nehmen durch eine Vielzahl von Entscheidungen auf das berufliche und auch private Leben ihrer **Mitarbeiterinnen** und **Mitarbeiter** einen z.T. erheblichen **Einfluss** *(Einstellungen, Versetzungen, Beförderungen, Entlassungen)*.

Um die Arbeitnehmer davor zu bewahren, nur als „Produktionsfaktor" behandelt zu werden, hat der **Gesetzgeber** durch das **Betriebsverfassungsgesetz** (BetrVG) den Beschäftigten **Beteiligungsrechte** in den Unternehmen eingeräumt. Damit wird auch ein gutes Betriebsklima angestrebt, das wesentlich zur Motivation der Mitarbeiter beiträgt und damit sich positiv auf den Unternehmenserfolg auswirken kann.

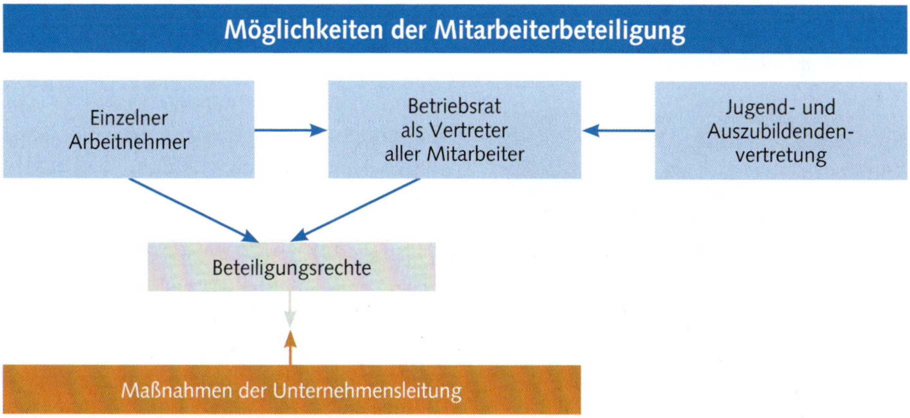

Bei Kapitalgesellschaften *(GmbH, AG)* gibt es zusätzlich ab einer Beschäftigtenzahl von über 500 Mitarbeitern eine Mitbestimmung der Arbeitnehmer über Sitze im Aufsichtsrat dieser Unternehmen.

Zu den Beteiligungsrechten zählen:

› **Unterrichtung**	Der Arbeitgeber muss einen Beschäftigten über Veränderungen im Arbeitsbereich informieren.
› **Anhörung**	Die Vorgesetzten müssen jede Arbeitnehmerin und jeden Arbeitnehmer, die oder der sich zu betrieblichen Angelegenheiten äußern möchte, anhören.
› **Beschwerde**	Arbeitnehmerinnen und Arbeitnehmer, die sich ungerecht behandelt fühlen, dürfen sich beschweren.
› **Einsicht**	Alle Arbeitnehmerinnen und Arbeitnehmer haben das Recht, in ihre Personalakte Einsicht zu nehmen.

» **Beispiel:** Hanna Abele, Erstverkäuferin im Warenhaus Merkur, bewarb sich zum wiederholten Mal erfolglos um die Stelle einer Abteilungsleiterin in der Filiale Neuburg. Sie verlangt ein Gespräch mit der Filialleitung und möchte Einsicht in ihre Personalakte nehmen.

Bedeutung des Betriebsrates

Der **Betriebsrat** ist das zentrale **Vertretungsorgan** der **Arbeitnehmer** und wacht über die zugunsten der Arbeitnehmer geltenden Gesetze, Verordnungen, Tarifverträge und Betriebsvereinbarungen. Außerdem übt er die im **Betriebsverfassungsgesetz** (BetrVG) ihm zustehenden Mitwirkungs- und Mitbestimmungsrechte gegenüber dem Arbeitgeber aus. Ferner nimmt er Anregungen einzelner Arbeitnehmer sowie der Jugend- und Auszubildendenvertretung entgegen und vertritt sie, sofern sie berechtigt erscheinen, gegenüber dem Arbeitgeber.

Wahlen zum Betriebsrat

Er wird in Betrieben mit mindestens 5 ständig beschäftigten Arbeitnehmern gewählt. Gewählt werden kann jeder Beschäftigte, der dem Unternehmen mindestens 6 Monate angehört. Wahlberechtigt sind alle Arbeitnehmer, die das 18. Lebensjahr vollendet haben. Gewählt wird geheim und unmittelbar, wobei die Anzahl der Betriebsratsmitglieder je nach Größe des Betriebes verschieden ist. Bei 5 bis 20 Arbeitnehmern vertritt ein(e) Betriebsobmann/frau die Interessen der Arbeitnehmer. Große Unternehmen können Betriebsräte mit über 30 Mitgliedern haben. Bei Filialunternehmen gibt es häufig Betriebsräte für die einzelnen Filialen und einen Gesamtbetriebsrat am Sitz des Unternehmens. Die regelmäßige Amtszeit des Betriebsrates beträgt 4 Jahre. Die Wahl findet immer zwischen dem 1. März und 31. Mai des entsprechenden Jahres statt.

Zusammenarbeit Betrieb und Betriebsrat

Das BetrVG sieht ausdrücklich vor, dass Betriebsrat und Unternehmensleitung vertrauensvoll und zum Wohle des Unternehmens und der Mitarbeiter zusammenarbeiten sollen. Betriebliche Vereinbarungen (Betriebsvereinbarung), die zwischen Arbeitgeber und Betriebsrat getroffen werden, haben nur dann Gültigkeit, wenn sie im Rahmen gesetzlicher oder tarifvertraglicher Regelungen getroffen werden. Sollten zwischen Arbeitgeber und Betriebsrat unüberbrückbare Differenzen auftreten, sieht das Gesetz eine Einigungsstelle vor. Deren Entscheidung gilt, es sei denn, eine der beiden Parteien erwirkt eine Entscheidung durch den Rechtsweg (Klage vor Arbeitsgericht).

Rechte des Betriebsrates

In zahlreichen Angelegenheiten aus dem wirtschaftlichen, personellen und sozialen Bereich des Unternehmens hat der Betriebsrat unterschiedlich stark ausgeprägte Beteiligungsrechte.

Rechte des Betriebsrates			
Information	**Beratung**	**Mitwirkung**	**Mitbestimmung**
Der Betriebsrat oder der Wirtschaftsausschuss kann verlangen, dass er über betriebliche Vorgänge unterrichtet wird oder ihm die erforderlichen Unterlagen unterbreitet werden.	Der Arbeitgeber muss den Betriebrat unterrichten und sich mit ihm beraten.	Der Betriebsrat kann aus bestimmten Gründen betrieblichen Maßnahmen widersprechen. Diese werden dadurch jedoch nicht unwirksam. Im Streifall entscheidet das Arbeitsgericht oder die Einigungsstelle.	Betriebliche Maßnahmen werden erst mit Zustimmung des Betriebsrates wirksam.
Wirtschaftliche Angelegenheiten		**Personelle Angelegenheiten**	**Soziale Angelegenheiten**
» Beispiel: Unterrichtung des Wirtschaftausschusses über wirtschaftliche Angelegenheiten; Unterrichtung des Betriebsrates bei Einstellung leitender Angestellter.	**» Beispiel:** Planung von Bauten; Einführung neuer Techniken (der Arbeitgeber muss hier auch mit dem einzelnen Arbeitnehmer über Weiterbildungsmaßnahmen beraten); Personalplanung; Berufsbildung; Einschränkung, Stilllegung und Verlegung des Unternehmens oder von Teilen des Unternehmens (Aufstellung eines Sozialplanes, um nachteilige Folgen für die Arbeitnehmer zu verhindern).	**» Beispiel:** Kündigungen; Änderung der Ausstattung von Arbeitsplätzen, des Arbeitsablaufes oder der Arbeitsumgebung; Einstellung, Eingruppierung und Versetzungen in Unternehmen mit mehr als 20 wahlberechtigten Arbeitnehmern.	**» Beispiel:** Beginn und Ende der täglichen Arbeitszeit einschließlich der Pausen, Urlaubsplan, Lohngestaltung; Einführung von Arbeitszeiterfassungsgeräten, Telefondatenerfassung; betriebliche Regelungen über den Gesundheits- und Unfallschutz; Erhöhung der täglichen Arbeitszeit über acht Stunden und die damit verbundene Festlegung des Ausgleichzeitraumes; Einführung von Personalfragebogen; Durchführung von Gruppenarbeit.

Betriebsversammlung

Die Betriebsversammlung findet vierteljährlich während der Arbeitszeit statt. Alle Mitarbeiter können daran teilnehmen. Der Betriebsrat leitet die Versammlung und berichtet über seine Tätigkeit. Der Arbeitgeber hat ebenfalls Rederecht auf der Betriebsversammlung.

Jugend- und Auszubildendenvertretung (JAV)

Die besonderen Anliegen und Probleme der **Jugendlichen** und **Auszubildenden** nimmt die **JAV** wahr. Sie vertritt die **Interessen** der **jungen Menschen** in Betrieben, in denen mindestens fünf Arbeitnehmer bis 18 Jahre oder Auszubildende bis zu einem Alter von 25 Jahre beschäftigt sind. Entsprechend wählt dieser Personenkreis diese Vertretung, deren Amtszeit zwei Jahre beträgt. Die Anzahl der zu wählenden Vertreter richtet sich nach der Zahl der Jugendlichen und Auszubildenden, die im Unternehmen arbeiten. In den meisten Fällen liegt die Zahl der Vertreter zwischen ein und fünf Mitgliedern. **Wählbar** sind alle Jugendlichen und Auszubildenden bis 25 Jahre. Die **JAV** arbeitet eng mit dem **Betriebsrat** zusammen und überwacht die Einhaltung der Gesetze und Vereinbarungen, die die Jugendlichen und Auszubildenden betreffen.

Betriebsvereinbarungen

Betriebsvereinbarungen regeln betriebliche Angelegenheiten der Arbeitnehmer. Die Betriebsvereinbarungen gelten nur für den Betrieb, für den sie abgeschlossen wurden, und können **nur** zwischen dem **Betriebsrat** und der **Geschäftsleitung** ausgehandelt und abgeschlossen werden.

In Betrieben ohne Betriebsrat kann weder eine Gruppe noch die Gesamtbelegschaft eine Betriebsvereinbarung abschließen. Betriebsvereinbarungen dürfen die Arbeitnehmer nicht schlechter stellen als Gesetze und Tarifverträge (**Günstigkeitsprinzip**).

Mit Betriebsvereinbarungen soll vor allem auf die **besonderen Verhältnisse** eines Betriebes eingegangen werden *(Betriebsvereinbarung zur Bildschirmarbeit in einem Versandhausunternehmen).* Eine Veröffentlichung, z. B. als Anschlag am Öffentlichen Brett, ist gemäß BetrVG zwingend vorgeschrieben.

Inhalte von Betriebsvereinbarungen

In Betriebsvereinbarungen werden u. a. geregelt:

- Beginn und Ende der täglichen Arbeitszeit sowie Schichtzeiten,
- Aufstellung des Urlaubsplanes,
- Richtlinien zum Gesundheitsschutz und zur Unfallverhütung,
- Beurteilungsgrundsätze,
- Internetnutzung im Betrieb,
- Umgang mit suchtkranken Mitarbeitern,
- Verbot von Diskriminierungen und Förderung partnerschaftlichen Verhaltens.

Beispiel für eine Betriebsvereinbarung zur Urlaubsplanung:

Betriebsvereinbarung zwischen der Geschäftsleitung der …
und dem Betriebsrat der …

Urlaubsrahmenplanung

Präambel

Diese Betriebsvereinbarung soll eine reibungslose Urlaubsplanung gewährleisten und für die Arbeitnehmerinnen und Arbeitnehmer des Betriebes sowie für die Geschäftsleitung Rechtssicherheit bei der Abwicklung des Urlaubs geben.

§ 1 Beantragung des Urlaubs

Alle Arbeitnehmerinnen und Arbeitnehmer haben ihren Urlaub in der Zeit vom 01.01. bis zum 15.02. eines jeden Urlaubsjahres auf dem hierfür vorgesehenen Antragsformular (Bestandteil dieser Betriebsvereinbarung) zu beantragen und im Personalbüro abzugeben. Verspätet abgegebene Urlaubsanträge finden bei der Gewährung des Urlaubs nur dann Berücksichtigung, wenn dem Antrag nicht andere, rechtzeitig eingegangene Urlaubsanträge entgegenstehen. Das Urlaubsjahr ist das Kalenderjahr.

§ 2 Vorrang

Arbeitnehmerinnen und Arbeitnehmer, die schulpflichtige Kinder haben, erhalten vorrangig während der Schulferien den Jahresurlaub.

§ 3 Urlaubsplaner

Der beantragte Urlaub ist jeweils in den für die Abteilungen bereitgestellten Urlaubsplaner einzutragen.

§ 4 Urlaubsgewährung

Der Urlaubsantrag ist nach Eingang im Personalbüro schriftlich auf der Kopie des Urlaubsantrags zu bescheiden. Dies hat spätestens 14 Tage nach Eingang des Urlaubsantrags im Personalbüro zu erfolgen. Wird vorgenannte Frist nicht eingehalten, gilt der Urlaub, wie beantragt, als gewährt und kann auch angetreten werden, ohne dass die Einrede des eigenmächtigen Urlaubsantritts geltend gemacht wird.

§ 5 Streitigkeiten

Bei Streitigkeiten über die Gewährung des Urlaubs verhandeln Geschäftsleitung und Betriebsrat gemäß den Bestimmungen des Betriebsverfassungsgesetz mit dem ernsthaften Willen zur Einigung. Die Vorschriften über ein mögliches Einigungsstellenverfahren werden durch diese Betriebsvereinbarung nicht berührt.

§ 6 Schlussbestimmungen

Die Betriebsvereinbarung wird jeder Arbeitnehmerin und jedem Arbeitnehmer mit der nächsten Entgeltabrechnung ausgehändigt und am Schwarzen Brett bekannt gemacht. Neu eingetretene Beschäftigte erhalten diese Betriebsvereinbarung spätestens am ersten Tage der Arbeitsaufnahme. Diese Betriebsvereinbarung tritt am ...... 20... in Kraft und kann mit einer Kündigungsfrist von 3 Monaten zum Ende eines Kalenderjahres gekündigt werden, erstmalig jedoch zum ..... 20... Im Falle einer Kündigung entfaltet diese Betriebsvereinbarung Nachwirkung, bis eine neue Betriebsvereinbarung vorstehende Vereinbarung ersetzt.

Ort, Datum …

Betriebsvereinbarungen zur Sicherung von Arbeitsplätzen

Um gefährdete Arbeitsplätze eines Unternehmens zu sichern, ist es möglich, in Betriebsvereinbarungen von tariflich festgelegten Leistungen abzuweichen. Diese sogenannten **„Öffnungsklauseln"** sind Bestimmungen in einem Tarifvertrag, die zu einzelnen Tarifvertragsinhalten einen ergänzenden Abschluss einer Betriebsvereinbarung zulassen, die auch das Unterschreiten tariflich verbindlich vereinbarter Mindeststandards zulässt.

AKTION

1 Welche der folgenden Maßnahmen werden erst durch Zustimmung des Betriebsrates wirksam? Benutzen Sie zur Lösung der folgenden Aufgaben auch das BetrVG und begründen Sie kurz Ihre Entscheidung:

a) Die Öffnungszeiten der Wohnwelt GmbH sollen von bisher 9:00 Uhr bis 19:00 Uhr auf 10:00 Uhr bis 20:00 Uhr geändert werden.

b) Die Geschäftsführung der Wohnwelt GmbH beschließt die Entgeltfortzahlung im Krankheitsfall von 100 % auf 80 % zu senken.

c) Ab sofort werden wegen gestiegener Kosten die Preise für das Kantinenessen im Warenhaus Merkur von 2,10 € auf 3,00 € angehoben.

d) Die Geschäftsleitung des Warenhauses Merkur beschließt den Bau eines Logistikzentrums außerhalb der Stadt.

e) In der Textil-Markt GmbH wird zwei Mitarbeiterinnen gekündigt, weil sie mehrfach unerlaubterweise Personalrabatte an Bekannte gewährt haben.

2 Welche Rechte kann jeder Arbeitnehmer gegenüber seinem Arbeitgeber geltend machen, auch wenn das Unternehmen keinen Betriebsrat besitzt?

3 Zahlenrätsel: Welche Bedeutung steckt hinter den folgenden Zahlen im Zusammenhang mit der betrieblichen Mitwirkung und Mitbestimmung?

1 **4** **5** **6** **18** **25**

4 Warum hat der Gesetzgeber im BetrVG eine JAV vorgesehen?

5 Welche Personen dürfen Sie in die JAV wählen?

6 Erläutern Sie das Schaubild. Welche Schlüsse können Sie daraus ziehen?

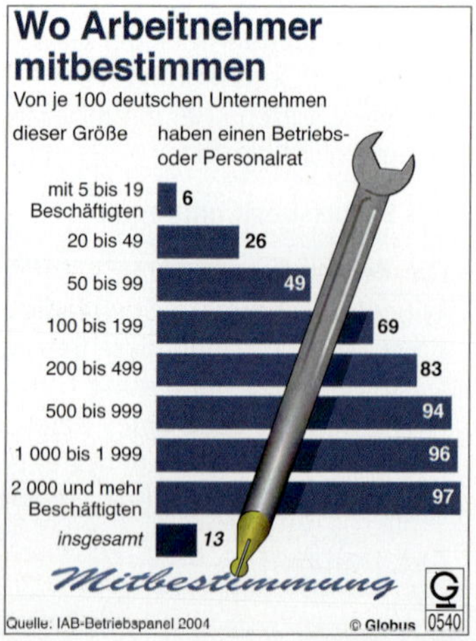

7 Führen Sie im Internet eine Recherche durch. Suchen Sie mit den Begriffen „Betriebsvereinbarung – Diskriminierung – Gleichstellung – Mobbing" nach vorhandenen Betriebsvereinbarungen. Präsentieren Sie in einem Referat die wesentlichen Inhalte aus drei von Ihnen gefundenen Vereinbarungen.

8 Diskutieren Sie in der Klasse über Situationen, die zu Störungen des Unterrichts führen. Versuchen Sie durch das Erstellen entsprechender schriftlicher Vereinbarungen, die von allen Mitschülerinnen und Mitschülern unterschrieben werden, solche Störfaktoren zu verringern bzw. ganz auszuschließen.

9 Lesen Sie bitte den folgenden Text:

Betriebsvereinbarungen zur Flexibilisierung der Arbeitszeit mit Arbeitszeitkonten

Die verfügbare Arbeitszeit wird den Mitarbeitern wie ein Konto dargestellt, das er mit Arbeitsstunden entweder auffüllen oder abbuchen kann. Arbeitszeitkonten können für Tage, Wochen oder gar für ein ganzes Jahr eingerichtet werden. Verschiedene Modelle sind möglich. Für jeden Arbeitnehmer wird ein persönliches Zeitbudget-Konto geführt, auf dem Abweichungen zwischen den vom Unternehmen erforderlichen Einsatzplänen und der tatsächlich verbrauchten Arbeitszeit verrechnet werden. Mitarbeiter, die zusätzliche Arbeitszeit verbrauchen, weil das Unternehmen mehr Arbeitsstunden aufgrund erhöhter Kundenfrequenz benötigt *(Aktionsverkäufe, Feiertage)*, schreiben diese Stunden gut, die sie dann bei minderen Anforderungen wieder durch Freizeit „abbummeln" können.

Welche Vor- bzw. Nachteile sehen Sie in einer solchen Betriebsvereinbarung für die Beschäftigten eines Einzelhandelsunternehmens?

10 In einem Internetforum können Arbeitnehmer Fragen zur Mitbestimmung und Mitwirkung im Betrieb stellen. Hier ein Auszug:

a) „In unserem Betrieb sollen künftig alle Kopierer nur noch durch „Fingerkuppenscan" bedient werden können. Mit dem Betriebsrat wurde darüber nicht gesprochen. War dies in Ordnung?"

b) „Hallo! Ich habe mal eine Frage! Mein Mann arbeitet seit 5 Jahren als Lagerist in einem großen Verbrauchermarkt. Es sind in diesem Unternehmen über 80 Mitarbeiter beschäftigt. Es gibt keinen Betriebsrat. Ist das rechtens? Und wenn nicht, welche Gewerkschaft ist dafür zuständig?"

c) „Ich bin Vorsitzender in der JAV, meine Amtszeit läuft im Dezember aus. Meine Ausbildung läuft noch bis zum 31. Januar nächsten Jahres. Heute habe ich einen Brief bekommen, in dem steht: „Herr Müller, hiermit möchten wir Ihnen mitteilen, dass wir Sie nach der Ausbildung nicht weiter beschäftigen werden. Für Ihre Zukunft wünschen wir Ihnen alles Gute."

   Normalerweise habe ich doch ein Jahr Kündigungsschutz, oder nicht? Was muss ich jetzt machen, ich würde schon gerne in der Firma bleiben!"

d) „Ich bin Azubi im 2. Ausbildungsjahr und 19 Jahre alt. Kann ich mich zur Wahl zum Betriebsrat aufstellen lassen?"

e) Hallo, ich bin 20 Jahre alt (kein Azubi) und arbeite als Verkaufshelfer mit einem Zeitvertrag (läuft von 02.01.2017 bis 30.6.2018). Ich möchte für die Wahl zur Jugendvertretung kandidieren. Der Wahlvorstand sagte mir, dass wäre nicht möglich, da ich keinen Festvertrag habe. Ist das so richtig?"

Beantworten Sie die Fragen und nutzen Sie dazu das Betriebsverfassungsgesetz. Falls es Ihnen nicht vorliegt, unter der Internetadresse http://www.gesetze-im-internet.de/betrvg haben Sie Zugriff auf den vollständigen Gesetzestext.

4 Tarifverträge

Alle Jahre wieder — der Kampf um mehr Prozente!
Wie werden Tarifverträge abgeschlossen?

SITUATION

Aus den Neuburger Nachrichten:

Fronten im Handel verhärtet
Tarifverhandlungen festgefahren – Einzelhändler warnen vor Jobabbau

Berlin. Im Tarifstreit für die nahezu 3 Millionen Beschäftigten des Einzelhandels verhärten sich die Fronten.

Die Vereinte Dienstleistungsgewerkschaft ver.di hat in Nordrhein-Westfalen für diese Woche Streiks angekündigt. Ein Sprecher des Hauptverbandes des deutschen Einzelhandels meinte dazu, die Gewerkschaften wollten Abschlüsse durchsetzen, „die nicht vertretbar sind und zu weiterem Personalabbau führen müssen." Die Gewerkschaften fordern in den einzelnen Tarifbezirken Lohn- und Gehaltserhöhungen zwischen 4,5 und fünf Prozent. Die Arbeitgeber haben Verbesserungen zwischen 1,5 und 2 Prozent geboten...

Zwei Tage später in den Neuburger Nachrichten:

Erster Durchbruch im Tarifkonflikt im Einzelhandel

München. Im Tarifkonflikt im Einzelhandel ist in zwei Tarifgebieten – in Bayern und in Bremen – ein erster Durchbruch erfolgt. Die Löhne und Gehälter werden ab dem 1. Juli um 2,3 Prozent erhöht. Die unteren Gehaltsgruppen erhalten eine überproportionale Anhebung zwischen 2,6 und 2,9 Prozent. ...

1. Welche Organisationen vertreten bei Tarifauseinandersetzungen die Interessen der Arbeitgeber und die der Arbeitnehmer?
2. Von welchen Interessen sind die von den Tarifvertragsparteien ins Auge gefassten Lohn- und Gehaltserhöhungen bestimmt?
3. Wie will die Gewerkschaft ihren Forderungen in Nordrhein-Westfalen Nachdruck verleihen?

4. Was hat die Tarifvertragsparteien in Bayern und Bremen wohl dazu veranlasst, von ihren Forderungen bzw. Angeboten abzugehen und sich auf 2,3 % Erhöhung zu einigen?
5. Warum gilt der Abschluss von Bremen und Bayern nicht für den gesamten deutschen Einzelhandel?
6. Warum werden Lohn- und Gehaltserhöhungen nicht vom Bundeswirtschaftsministerium im Hinblick auf die jeweilige wirtschaftliche Lage des Landes empfohlen bzw. vorgegeben?

INFORMATION

Sozialpartner

Interessenkonflikt zwischen Arbeitgeber und Arbeitnehmer

Arbeitgeber	Lohn = Kostenfaktor **Ziel:** Lohnkosten senken	Sicherung der Wettbewerbsfähigkeit **Ziel:** Kostensenkung	Sicherer Arbeitsplatz = höhere Kosten **Ziel:** Kostensenkung
Arbeitnehmer	Lohn = Existenzsicherung **Ziel:** Lohn erhöhen	Erhalt der Arbeitskraft **Ziel:** Bessere Arbeitsbedingungen	Sicherer Arbeitsplatz = Existenzsicherung **Ziel:** Lohn erhöhen

Arbeitgeber und Arbeitnehmer in Berufsverbänden

Als **„Sozialpartner"** regeln Arbeitgeber und Arbeitnehmer in Berufsverbänden im Rahmen der geltenden Gesetze Arbeitsbedingungen und legen Löhne und Gehälter fest.

In **Tarifverträgen** werden diese Vereinbarungen für bestimmte Branchen und Tarifgebiete schriftlich festgelegt. Dabei darf der Staat in das Verhandlungsgeschehen nicht eingreifen (*Zwangsschlichtung, Eingreifen in Arbeitskämpfe*), denn es herrscht **Tarifautonomie**, d. h. Gewerkschaften und Arbeitgeberverbände handeln die Arbeitsbedingungen frei aus.

© CrazyCloud – stock.adobe.com

Gewerkschaften – Vertreter der Arbeitnehmerinteressen

Arbeitnehmer schließen sich in **Gewerkschaften** zusammen. Die größte gewerkschaftliche Dachorganisation in Deutschland ist der **Deutsche Gewerkschaftsbund (DGB),** in dem sich acht Einzelgewerkschaften mit über sieben Millionen Mitgliedern zusammengeschlossen haben.

Wenn **Beschäftigte** im **Einzelhandel** sich gewerkschaftlich organisieren wollen, werden sie Mitglied von **„ver.di"** (Vereinte Dienstleistungsgewerkschaft). Diese Gewerkschaft mit ihren mehr als zwei Millionen Mitgliedern vertritt nicht nur die Interessen der im Einzelhandel tätigen Frauen und Männer, sondern auch die anderer Arbeitnehmer in mehr als tausend dienstleistungsorientierten Berufen.

Arbeitgeberverbände – Vertreter der Arbeitgeberinteressen

Die **Arbeitgeber** sind in der Bundesvereinigung der deutschen Arbeitgeberverbände **(BDA)** zusammengeschlossen. Diese schließt wie der DGB keine Tarifverträge ab. Dies übernehmen die Fachverbände.

Im **Einzelhandel** ist dies der **Handelsverband Deutschland – Der Einzelhandel** (HDE). Er ist die Spitzenorganisation des deutschen Einzelhandels und hat 100.000 Mitgliedsunternehmen aller Branchen, Standorte und Größenklassen.

■ Arten der Tarifverträge im Einzelhandel

Typisch für die Tariflandschaft in der Bundesrepublik Deutschland ist der **Flächen- bzw. Verbandstarifvertrag**, den eine Gewerkschaft mit einem Arbeitgeberverband abschließt. Dieser gilt für eine Branche oder Teile davon und zwar entweder für eine einzelne Region oder bundesweit. Im Einzelhandel wird für jedes der 16 Bundesländer ein Tarifvertrag abgeschlossen.

In seltenen Fällen wird von den Gewerkschaften mit sehr großen Unternehmen ein Firmentarifvertrag abgeschlossen. Die Bestimmungen der Tarifverträge sind **Mindestbedingungen** und es darf nur zugunsten der Arbeitnehmer davon abgewichen werden.

Lohn- und Gehaltstarifverträge

In diesen Verträgen wird die Höhe der tariflichen Grundvergütung in Form von Lohn- und Gehaltstabellen sowie Beschäftigungs- und Lohngruppen festgelegt. Die Verträge können auch die Ausbildungsvergütungen enthalten; diese werden aber auch in gesonderten Abkommen vereinbart.

Die **Laufzeit** dieser Vergütungstarifverträge beträgt in der Regel **ein Jahr**.

Manteltarifverträge

Diese Verträge enthalten Bestimmungen über Arbeitsbedingungen unterschiedlichen Inhalts, (*Probezeit, Kündigungsfristen, Dauer und Verteilung der Wochenarbeitszeit, Regelungen zu Nacht- und Schichtarbeit, Urlaub, Kurzarbeit, Regelungen zur Abendöffnung*).

Die **Laufzeit** von Rahmen- und Manteltarifverträgen beträgt in der Regel **mehrere Jahre**.

■ Geltungsbereich der Tarifverträge

Grundsätzlich gelten Tarifverträge nur für die Mitglieder der Tarifparteien. Das würde bedeuten, dass ausschließlich Gewerkschaftsmitgliedern die tariflichen Leistungen zustünden und diese nur von Unternehmen geleistet werden müssten, die Mitglied der Arbeitgeberorganisationen sind. Durch Antrag beim für das Tarifgebiet zuständigen Minister für Arbeit und Sozialordnung können Tarifverträge als **allgemeinverbindlich** erklärt werden. Dies bedeutet, dass die in den Tarifverträgen enthaltenen Regelungen für **alle Unternehmen**, die in den fachlichen Geltungsbereich der Tarifverträge fallen, Anwendung finden.

© CrazyCloud – stock.adobe.com

Allerdings sind nur noch ganz wenige Tarifverträge allgemeinverbindlich, mit der Folge, dass Unternehmen, die nicht Mitglied im Arbeitgeberverband sind, unter Tarif bezahlen können.

Ablauf von Tarifverhandlungen und Arbeitskampf

Tarifverhandlungen zwischen Arbeitgebern und Arbeitnehmern werden nach Ende der Laufzeit eines Tarifvertrages geführt. Normalerweise erstrecken sich die Verhandlungen über mehrere Termine, an deren Ende der Abschluss des neuen Tarifvertrages steht.

Die Mehrzahl der Tarifverhandlungen geht ohne reguläre Arbeitskampfmaßnahmen über die Bühne. Häufiger sind dagegen Demonstrationen in Form kurzfristiger Arbeitsniederlegungen und Warnstreiks, die die Entschlossenheit der Arbeitnehmerseite demonstrieren sollen.

© dpa – Fotoreport

Kommt es zu keiner Einigung und werden die Verhandlungen als gescheitert erklärt, kann von jeder Seite die **Schlichtung** beantragt werden. Die Schlichtungskommissionen sind zu gleichen Teilen mit Vertretern der Verhandlungsparteien und einem bzw. zwei unparteiischen Vorsitzenden besetzt. Kommt es auch dort zu keiner Einigung bzw. wird der Vorschlag des Schlichters nicht angenommen, wird das Verfahren ergebnislos beendet.

Sind Tarifverhandlungen und Schlichtung gescheitert, kann die Gewerkschaft zum **Streik** aufrufen. Dabei gilt es zu beachten:

- Der Streik muss um ein tariflich regelbares Ziel geführt werden (*Gehaltserhöhung 3 %*).
- Der Streik darf nicht während der Laufzeit des Tarifvertrages sowie der Dauer des Schlichtungsverfahrens geführt werden. Für diese Zeit gilt die sogenannte **Friedenspflicht**.
- Der Streik muss von der Gewerkschaft getragen werden.
- Während des Streiks sind notwendige Erhaltungsarbeiten und Notdienste durchzuführen.

In den meisten Fällen geht einem Streik eine **Urabstimmung** voraus, die mindestens die Zustimmung von 75 % der Gewerkschaftsmitglieder finden muss. Während des Streiks besteht kein Anspruch auf Lohnzahlung. Die Gewerkschaftsmitglieder erhalten aber von ihrer Gewerkschaft eine Streikunterstützung, die in der Regel zwei Drittel ihres Bruttoverdienstes ausmacht. Die **Arbeitgeber** können als **Kampfmaßnahme** von der **Aussperrung** Gebrauch machen. Dabei wird auch den arbeitswilligen Arbeitnehmern die Arbeitsmöglichkeit verweigert und sie erhalten während der Aussperrung keine Lohn- bzw. Gehaltszahlung. Während des Arbeitskampfes kommt es zu neuen Verhandlungen der Tarifparteien.

Der **Arbeitskampf** ist **beendet**, wenn in einer zweiten Urabstimmung mindestens 25 % der gewerkschaftlich organisierten Arbeitnehmer mit dem neuen Verhandlungsergebnis einverstanden sind und es auch von den Arbeitgebern akzeptiert wird.

Ablauf von Tarifverhandlungen/Arbeitskampf

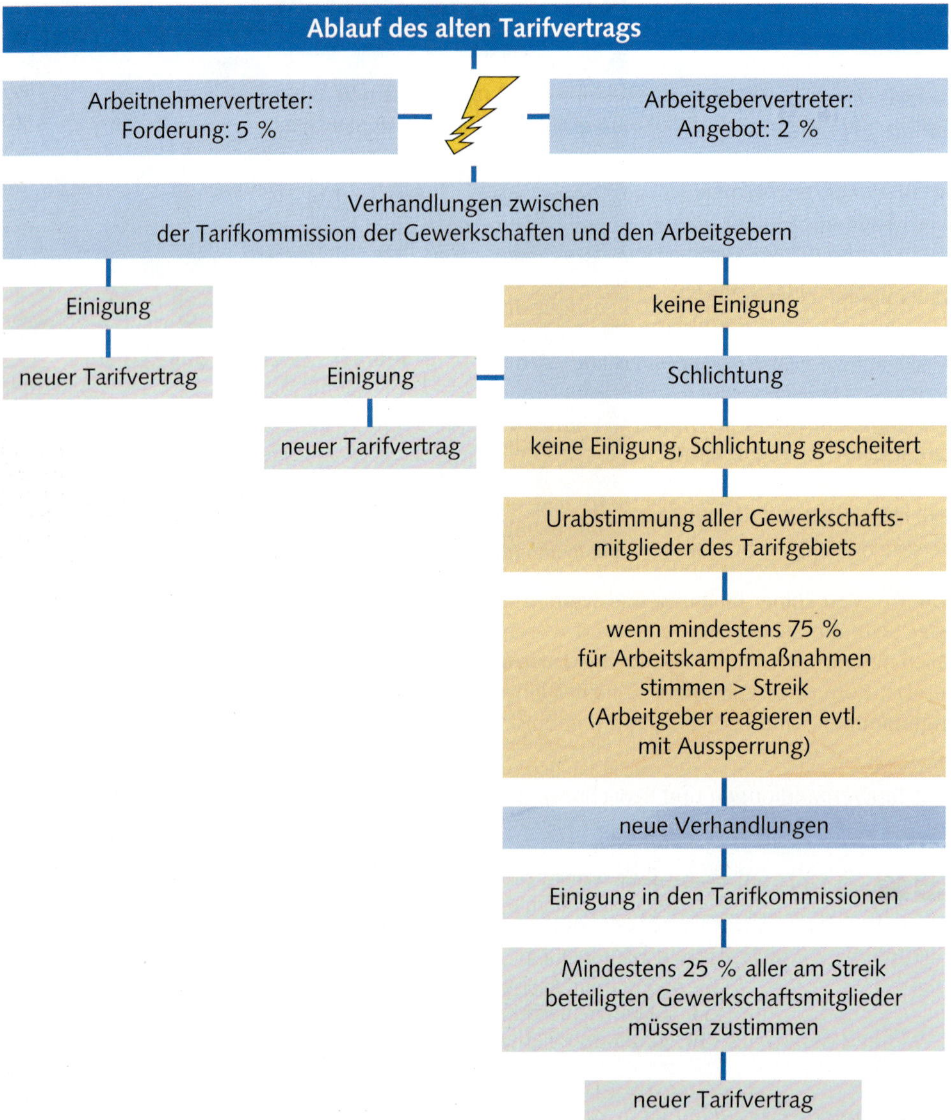

■ AKTION

1 Janine (24) ist Erstverkäuferin in einem Warenhaus in Hannover. Sie ist dort im ersten Beschäftigungsjahr und erhält nach Tarif 1.658,00 € brutto im Monat. Ihr Jahresurlaub beträgt 30 Werktage. Sabine, ebenfalls 24 Jahre alt und Erstverkäuferin in einem Warenhaus in Karlsruhe, erhält 1.812,00 € brutto und 32 Werktage Jahresurlaub. Wie sind diese Unterschiede zu erklären?

2 Welche Vorteile bringt der Abschluss von Tarifverträgen für die betroffenen Arbeitgeber und Arbeitnehmer?

3 Wie unterscheiden sich Lohn- und Gehaltstarifverträge von Manteltarifverträgen?

4 In Baden-Württemberg ist seit einigen Jahren die Allgemeinverbindlichkeit für den Tarifvertrag im Einzelhandel aufgehoben.

a) Welche möglichen Gefahren sieht die Gewerkschaft durch diese Regelung?

b) Warum wird diese Änderung besonders von Klein- und Mittelbetrieben begrüßt?

5 Beschreiben Sie die Maßnahmen von Gewerkschaften und Arbeitgebern bei einem Arbeitskampf.

6 Welche Nachteile müssen Mitarbeiter, die nicht Mitglied der Gewerkschaft sind, bei einem Streik bzw. einer Aussperrung in Kauf nehmen?

7 Der Bundesverband der deutschen Arbeitgeber (BDA) hat zum Thema „Arbeitskampf" folgende Stellungnahme abgegeben:

„Die Grundidee des Arbeitskampfes, den Vertragspartner durch Zufügung von Schäden zum Vertragsabschluss zu bringen, ist nicht mehr zeitgemäß. Für die Beschäftigungsförderung in Deutschland ist es wichtig, zu neuen Formen von Tarifverhandlungen in friedlichem Rahmen zu finden. Meinungsverschiedenheiten sollten nicht durch Kampf, sondern durch Verhandlung und Schlichtung beigelegt werden."

(Quelle: Internetseiten des BDA)

Sollte Ihrer Meinung nach auf Streiks verzichtet werden?

8 Interpretieren Sie das folgende Schaubild.

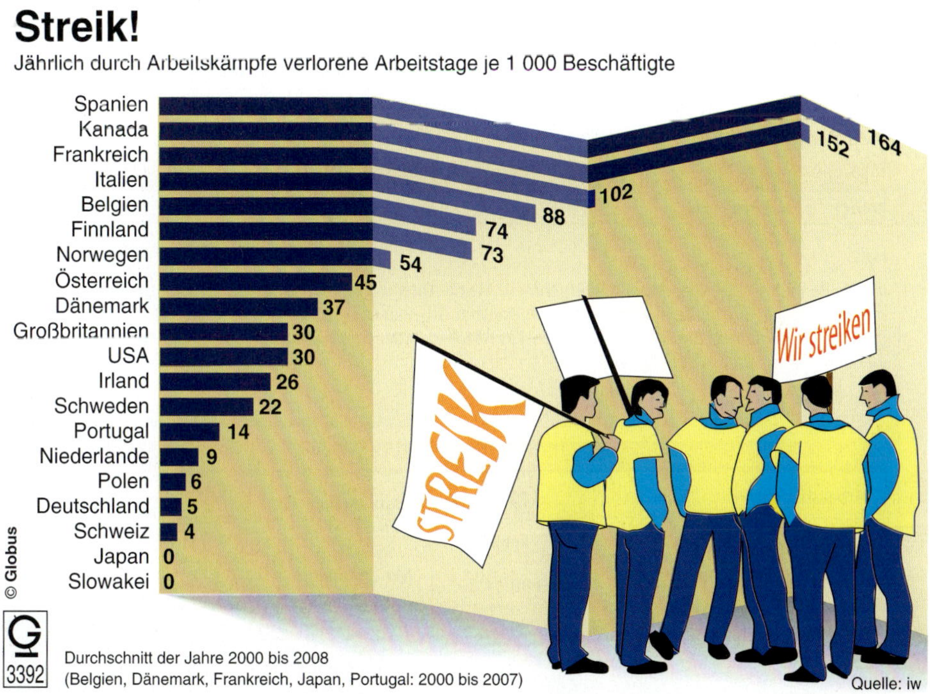

5 Kompetenztraining WiSo

Zusatzaufgaben

1

Die 18-jährige Anja Leber und der 19-jährige Öner Aytun sind Auszubildende zur/zum Kauffrau/Kaufmann im Einzelhandel im ersten Ausbildungsjahr. Gegenwärtig ist noch eine Praktikantin Mandy Möller im Betrieb.

a) Erläutern Sie der Praktikantin Mandy Möller, was es bedeutet, eine Ausbildung im Dualen System zu machen.

b) Mandy Möller möchte wissen, welche Vor- und Nachteile eine Ausbildung im Dualen System aus Sicht der Auszubildenden mit sich bringen kann. Fertigen Sie hierzu eine Gegenüberstellung mit je zwei Argumenten an und erläutern Sie diese kurz.

c) Seit Beginn der Ausbildung ist Öner Aytun im Lager eingesetzt, während Anja Leber nur in der Personalabteilung gearbeitet hat. Begründen Sie, ob der Einsatz in unterschiedlichen Unternehmensbereichen zulässig ist.

d) An wen könnten sich Anja Leber und Öner Aytun bei Fragen zur Berufsausbildung wenden?

e) Sie sind Mitglied in der Jugend- und Auszubildendenvertretung des Unternehmens. In dieser Funktion klären Sie Probleme der Auszubildenden. In Ihrem Mail-Account ist eine Anfrage eines Auszubildenden eingegangen.

✉	
Betreff:	Arbeitsplan

Hallo,

ich bin Benni, seit einer Woche im Unternehmen. Meine Abteilungsleiterin Frau Wendehorst ist auch neu im Unternehmen und hat mir heute meinen unten dargestellten Arbeitsplan gegeben. Ich bin 16 Jahre alt und glaube, dass der Plan nicht stimmen kann. Ich bin zwar bereits Mitglied in der Gewerkschaft, aber ich möchte mich erst an dich wenden. Kannst du mir bitte helfen?

Viele Grüße Benni

<table>
<tr><th>Arbeitszeit</th><th>Montag</th><th>Dienstag</th><th>Mittwoch</th><th>Donnerstag</th><th>Freitag</th></tr>
<tr><td>Arbeitsbeginn</td><td>08:00</td><td>10:00</td><td rowspan="4">Berufsschule von 07:30 bis 15:30 Uhr
Mit 7 Stunden auf die Arbeitszeit angerechnet.</td><td>10:00</td><td rowspan="4">kurzer Schultag, Schulbeginn um 07:30 Uhr.
Mit 6 Stunden auf die Arbeitszeit angerechnet.</td></tr>
<tr><td>Frühstückspause</td><td>10:30–10:45</td><td>keine</td><td>keine</td></tr>
<tr><td>Mittagspause</td><td>12:45–13:30</td><td>13:30-14:30</td><td>13:30–14:30</td></tr>
<tr><td>Arbeitsende</td><td>17:30</td><td>18:30</td><td>20:30</td></tr>
</table>

Überprüfen Sie die Rechtmäßigkeit von Bennis Arbeitsplan und beantworten Sie die E-Mail.

2

Zu Beginn Ihrer Ausbildung sind Sie Gewerkschaftsmitglied geworden und engagieren sich nun auch in der Jugendorganisation der Gewerkschaft. Nach Ihren ersten Monaten als Azubi treffen Sie sich mit Ihren neuen Freunden Tom und Mandy aus Ihrer Berufsschulklasse 1KE in einem Café in Neuburg. Hier entwickelt sich folgendes Gespräch:

© Rawpixel – Fotolia.com

Sie (selbst): Mann oh Mann, die ersten Monate bei mir im Betrieb waren ganz schön anstrengend. Ich habe jeden Freitag den Boden gescheuert, weil mein Ausbildungsbetrieb sparen muss und kein Geld für Putzhilfen hat. Gestern habe ich sogar die Toiletten geputzt! Mir tut echt alles weh! Aber das liegt wahrscheinlich auch daran, dass ich morgens immer die schweren Kartons zum Auffüllen des Kopierpapiers herumtragen muss.

Tom: Was, du musst putzen und schwere Kisten schleppen? Da hab' ich es ja noch richtig gut in meinem Ausbildungsbetrieb! Allerdings ist mein Chef extrem geizig: Ich musste mir sogar die PC-Tastatur selbst kaufen. Er sagt, ich würde ja auch den ganzen Tag darauf schreiben!

Sie: Das finde ich aber noch weniger schlimm als das körperliche Schuften in meinem Ausbildungsbetrieb. Ich habe mir meine Ausbildung ganz anders vorgestellt.

Mandy: Ich weiß gar nicht, was ihr habt! Bei mir ist alles ganz easy, die drei Ausbildungsjahre werden super! Gestern nach der Mittagspause hat mich meine Ausbilderin damit beauftragt, die Ausgangsrechnungen zu überprüfen und Mahnungen zu schreiben. Nach einer halben Stunde hatte ich keine Lust mehr und habe erst einmal Kaffeepause gemacht – und dann war auch schon Feierabend. Mir macht meine Ausbildung echt Spaß! Und die Kollegen sind so nett. Mit denen kann man sich richtig gut unterhalten!

Sie: Nett sind bei mir auch alle, da kann ich mich nicht beklagen. Aber mir tun alle Knochen weh.

Tom: Und ich muss mir morgen erst mal eine Computermaus kaufen! Mein Chef sagt, wenn wir eine Maus brauchen, müssen wir uns diese auch selbst besorgen. Und nur mit den Tasten komme ich nicht zurecht, ich brauch' einfach eine Maus!

Mandy: Jetzt lasst uns nicht dauernd über die Ausbildung reden! Wir haben schließlich Wochenende! Was machen wir denn am Samstagabend?

Sie: Du hast Recht. Lass uns das Thema wechseln!

a) Ihre und die Probleme Ihrer Freunde lassen Sie nicht los und so sprechen Sie mit Ihren Gewerkschaftskollegen über dieses Thema: „Was muss ich während meiner Ausbildung leisten? Was kann ich erwarten?" Arbeiten Sie die rechtlichen Regelungen mithilfe des Gesetzes (BBiG) heraus und stellen Sie jeweils die Rechte und Pflichten übersichtlich dar.

b) Bestimmen Sie, wer von Ihnen die Telefonate (siehe Rollenkarten) entgegennimmt, wer die Ergebnisse der Telefonate protokolliert. Beantworten Sie die Fragen der Anrufer ausführlich. Erörtern Sie hierbei auch den angemessenen Umgang der Azubis mit ihren Gesprächspartnern bei solchen Konfliktgesprächen.

Rollenkarten

1. Fall ______

Sie finden den Unterricht in der Berufsschule besonders langweilig. Vor allem die Lehrer sind sehr öde. Sie überlegen, ob Sie anstatt in die Berufsschule zu gehen, den Tag besser sinnvoller zu Hause nutzen sollten. Allerdings sind Sie sich nicht so sicher, ob das während der Ausbildung so einfach geht.

2. Fall ______

Gestern sollten Sie sich in der Buchhaltungsabteilung in die Buchung von Geschäftsfällen am PC einarbeiten. Da Sie sich aber dafür interessieren, haben Sie stattdessen die Belege sortiert. Ihr Ausbilder hat Sie daraufhin kritisiert. Zu Unrecht, wie Sie finden.

3. Fall ______

Ihrer Freundin Susi haben Sie letztens erzählt, dass Ihr Nachbar wohl ziemlich reich sein muss, da dieser Waren im Wert von 20.000,00 € bei Ihrem Ausbildungsbetrieb gekauft hatte. Susi meinte, dass Sie solche Sachen besser nicht überall ausplaudern sollten, sonst könnten Sie mächtig Ärger bekommen. Genauer konnte Susanne Ihnen das aber auch nicht erklären.

4. Fall ______

Sie haben jetzt schon häufiger Ärger mit Ihren Kollegen im Büro bekommen: In den Büros ist das Rauchen ausdrücklich untersagt. Sie rauchen aber trotzdem. Jede Zigarettenpause würde Ihre Arbeit ja unterbrechen und so könnten Sie viel konzentrierter arbeiten. Da kann doch niemand etwas dagegen haben. Nun wollen die Kollegen sich aber über Sie beim Chef beschweren.

5. Fall ______________________________

Vorgestern hat Sie ein Mitarbeiter der Verkaufsabteilung beauftragt, einen Kunden anzurufen, um ihm einen Liefertermin zu bestätigen. Weil Ihnen der Kollege unsympathisch ist, haben Sie den Kunden nicht angerufen. Jetzt haben Sie ein schlechtes Gewissen.

6. Fall ______________________________

Sie finden Ihre Ausbilderin total pingelig. Aus Unachtsamkeit hatten Sie Ihren Kaffee über die Computertastatur gekippt. Außerdem ist Ihnen etwas Zigarettenasche in die Ausgangspost gefallen. Sie finden den Ärger, der Ihnen jetzt deshalb gemacht wird, total übertrieben.

7. Fall ______________________________

Ihr Ausbilder ist nach Ihrer ersten Woche der Meinung, dass Sie nichts zustande gebracht haben und nur Schwierigkeiten gemacht hätten. Deshalb erhalten Sie für den ersten Monat keine Ausbildungsvergütung.

8. Fall ______________________________

Ihr Ausbildungsbetrieb verlangt, dass Sie Ihren eigenen Computerbildschirm von zu Hause mitbringen sollen. Schließlich brauchen Sie ihn ja zu den Arbeitszeiten zu Hause nicht. Trotz der Begründung finden Sie diese Aufforderung etwas merkwürdig.

9. Fall ______________________________

Sie mussten bei Ihrem Ausbildungsbetrieb die Fenster putzen. Dazu mussten Sie eine lange Leiter hochklettern, obwohl Sie unter panischer Höhenangst leiden. Doch das hat niemanden interessiert.

10. Fall ______________________________

Sie dürfen in Ihrem Ausbildungsbetrieb überhaupt nicht in die Verkaufsabteilung mit der Begründung, das wäre nur etwas für Erfahrene. Stattdessen sollen Sie im ersten Ausbildungsjahr die Kundendaten auf Ihre Aktualität hin überprüfen, die Ablage machen und die Post abholen und wegbringen. Sie fühlen sich ausgenutzt.

11. Fall ______________________________

Beim letzten Azubitreffen in Ihrem Ausbildungsbetrieb haben Sie erfahren, dass man dort kein Zeugnis am Ende der Ausbildung bekommt, da dies Papier- und Zeitverschwendung wäre. Die neuen Arbeitgeber könnten sich ja telefonisch über die Azubis erkundigen.

12. Fall ______________________________

In Ihrem Ausbildungsbetrieb herrscht aktuell Hochbetrieb und es sind extrem viele Kundenaufträge zu bearbeiten. Deshalb sollen Sie in den nächsten drei Wochen nicht in die Berufsschule gehen, sondern im Unternehmen arbeiten. Sie wollen aber nichts in der Schule verpassen.

3

Sie sind Mitarbeiterin/Mitarbeiter der DEAL Verbrauchermarkt GmbH, einem Lebensmittelvollsortimenter. Ein familiengeführter Betrieb eines großen Einkaufsverbandes. Die Belegschaft besteht aus 34 Personen. Hierunter befinden sich sieben Auszubildende, von denen drei noch unter 18 Jahren alt sind.

© coloures-pic – Fotolia.com

Ihr Chef hält nichts von Gewerkschaften und Betriebsräten, weil er meint, dass man, wenn man so wie er einen offenen und großzügigen Umgang mit seinen Mitarbeiterinnen/Mitarbeitern pflegt, solche Institutionen nicht benötigt.

Nun aber möchte Ihr Chef die Öffnungszeiten deutlich verlängern, vor allem in den Abendstunden und am Wochenende. Die meisten Ihrer Kolleginnen/Kollegen reagieren auf diese Idee mit Unwillen und Ihre Kollegin Simone Krause, die zwei kleine Kinder hat, macht den Vorschlag, jetzt endlich einen Betriebsrat zu gründen, um mehr Mitspracherecht zu erhalten.

a) Sie helfen Simone Krause beim Verfassen der Einladung zur Betriebsversammlung. Außerdem notieren Sie in dem Schreiben als Information für Ihre Kolleginnen und Kollegen, welche grundlegenden Fragen bei dem Treffen zu klären sind.

   Gestalten Sie das Einladungsschreiben.

b) Erstellen Sie eine Übersicht über die wesentlichen Bestimmungen des Betriebsverfassungsgesetzes zur Gründung von Betriebsräten.

c) In der Versammlung werden die Kolleginnen und Kollegen verschiedene Meinungen vertreten, ob die Gründung eines Betriebsrates bei der DEAL Verbrauchermarkt GmbH sinnvoll ist oder nicht. Bereiten Sie sich auf die Diskussion vor.

   Formulieren Sie Argumente für „Ihre" Position und notieren Sie diese auf Karten. Entwickeln Sie auch mögliche Gegenargumente, die im Gespräch von Ihnen entkräftet werden müssen.

d) Die Entscheidung steht nun fest: Ein Betriebsrat soll gegründet werden. Nun müssen Kolleginnen und Kollegen gefunden werden, die sich als Kandidaten für die Wahl zur Verfügung stellen. Ein paar Interessenten haben sich schon gemeldet, möchten aber zuvor genauer wissen, was auf sie zukommt. Erstellen Sie als Befürworter der Betriebsratsarbeit mit Ihren Kolleginnen/Kollegen für das Personalhandbuch eine Übersicht über das Gremium und seine Aufgaben.

e) Die Auszubildenden der DEAL Verbrauchermarkt GmbH möchten von Ihnen wissen, ob die Gründung einer Jugend- und Auszubildendenvertretung rechtlich möglich wäre. Zu den Aufgaben und der Wahl einer JAV bereiten ein bis zwei Übersichtsblätter vor.

4

a) Beschreiben Sie die Bausteine des Sozialstaates anhand des folgenden Schaubildes:

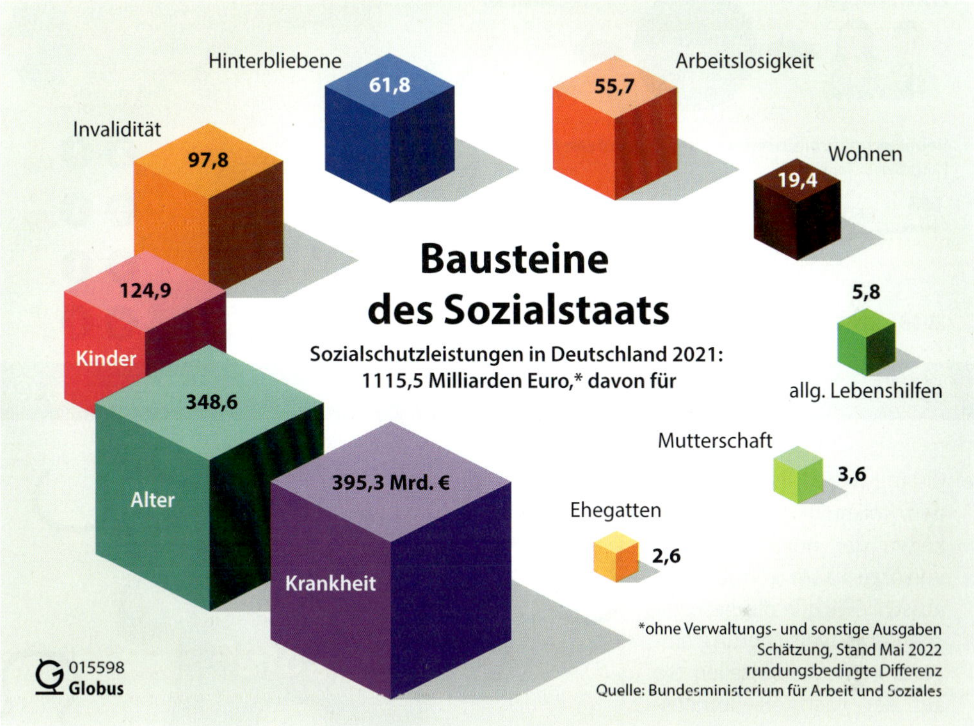

b) Erläutern Sie, was unter dem Generationenvertrag zu verstehen ist.

c) Analysieren Sie, wie sich die demografische Entwicklung auf die soziale Sicherung auswirken wird.

d) Zeigen Sie Möglichkeiten auf, um den negativen Folgen des demografischen Wandels entgegenwirken zu können.

© blende 40 – Fotolia.com

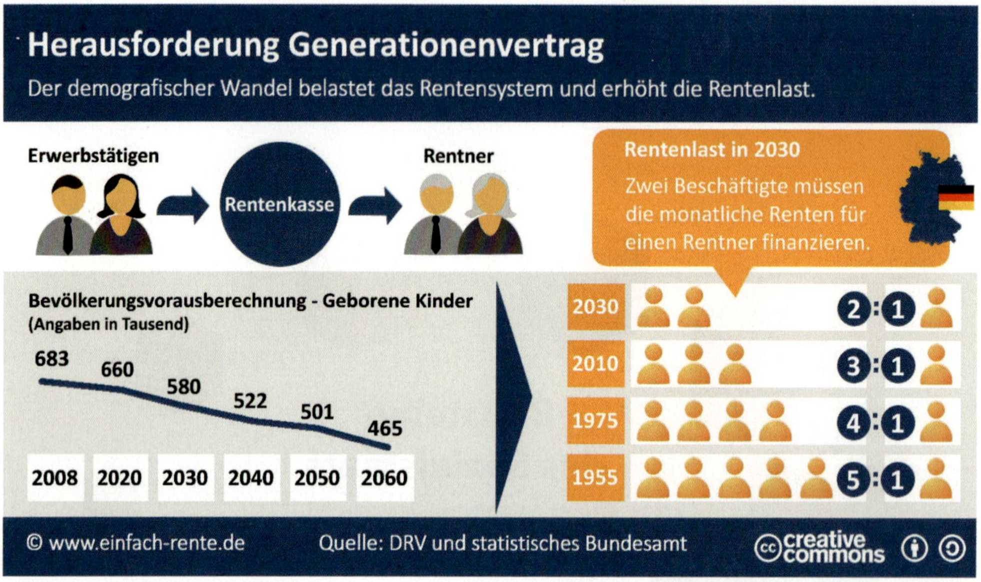

e) Bislang haben Ihre Kolleginnen/Kollegen die Möglichkeiten der privaten Altersvorsorge kaum genutzt und ausschließlich in die gesetzliche Rentenversicherung eingezahlt. Deshalb stellen Sie auf der nächsten Betriebsversammlung die Notwendigkeit einer zusätzlichen Altersvorsorge dar.

© Fotohansel – Fotolia.com

Formulieren Sie auf einem „Stichwortzettel“ drei Probleme der gesetzlichen Rentenversicherung.

Begründen Sie die Notwendigkeit der privaten Altersvorsorge.

Projektkompetenz (PKO)

Projekte auswählen, planen und durchführen

Inhalte

1 Grundlagen der Projektarbeit
2 Projektpraxis
3 Methodentraining
4 Projektthemen für berufsorientierte Projekte

Ziele

Sie wählen ein einführendes Projekt aus dem Bereich Ihrer Arbeitswelt aus und planen die Durchführung.

Im Team beschaffen Sie zielgerichtet Informationen, treffen eine Auswahl und bereiten die gewonnenen Daten auf. Dabei wenden Sie Instrumente der Informationsgewinnung an und setzen sie zur Lösung der Projektaufträge ein.

Bei der Erarbeitung einer zielgruppenbezogenen Präsentation nutzen Sie die Möglichkeiten von Problemlösungstechniken und verwenden für die anschauliche Darstellung der Ergebnisse angemessene Präsentationsmedien.

1 Grundlagen der Projektarbeit

SITUATION

Auszubildende führen einen Markt

Heilbronn. Im Handelshof Heilbronn startet diese Woche das Ausbildungsprojekt „Auszubildende führen einen Markt". Über 100 Auszubildende werden für vier Wochen den Handelshof eigenverantwortlich betreiben. Die Auszubildenden kommen aus über 30 Märkten in Baden-Württemberg. Sie wurden von ihren Ausbildern für dieses Projekt vorgeschlagen und ausgewählt.

Alle Mitarbeiter des Handelshofes arbeiten während dieser vier Wochen in anderen Märkten oder sind in Urlaub, die Auszubildenden führen den Markt selbstständig. In Abstimmung mit den Auszubildenden wurden sämtliche Positionen besetzt. Die Auszubildenden sind für alle Marktabläufe eigenverantwortlich.

Zu ihren Aufgaben zählen zum Beispiel Bestellung der Ware, Abwicklung des Wareneingangs, Platzierung der Ware, Planung des Personaleinsatzes im Markt sowie an der Kasse, Abwicklung von Kundenanfragen, Sauberkeit im Markt und vieles mehr.

Durch frühzeitige Übergabe von Verantwortung werden den Auszubildenden tiefere Einblicke in die Vielfalt und Verantwortung ihrer zukünftigen Tätigkeit ermöglicht. Dadurch identifizieren sich die jungen Menschen stärker mit ihrem späteren Beruf sowie dem Unternehmen. Erklärtes Ziel von Handelshof ist es, Führungskräfte aus den eigenen Reihen zu entwickeln. Deshalb unterstützt Handelshof mit dieser außergewöhnlichen, internen Maßnahme die schulische und betriebliche Ausbildung.

Quelle: Pressemitteilung der Kaufland Stiftung & Co. KG, Neckarsulm

Welche Gründe veranlassen das Unternehmen Kaufland/Handelshof ein solches mehrwöchiges Projekt mit den Auszubildenden durchzuführen?

INFORMATION

Projektarbeit in der Schule verlangt viel Einsatz und Engagement von den Beteiligten. Das **Ziel** ist der Erwerb von **Projektkompetenz**, als einer Fähigkeit komplexe Arbeitsaufträge selbstständig mit anderen im Team lösen zu können. Diese Fähigkeiten werden zunehmend in der beruflichen Praxis benötigt angesichts der Schnelllebigkeit von wirtschaftlichen und technischen Entwicklungen. Nicht der Einzelne, sondern die Gruppe kann mit diesen Herausforderungen besser fertig werden.

Projektarbeit bedeutet aber auch **kreatives** Arbeiten, das **Spaß** macht und weitgehend frei von der Steuerung und Kontrolle der Vorgesetzten *(Ausbildungsleiter, Lehrer)* ist. Dies heißt nun aber auf keinen Fall, dass man tun und lassen kann, was man will. Im Gegenteil: Ein erfolgreicher Projektabschluss setzt voraus, dass die Gruppe ihre Aufgaben unter Beachtung und Einhaltung von selbst gesetzten Regeln durchführt und alle Gruppenmitglieder sich ihrer Aufgaben und Verantwortung bewusst sind.

1.1 Definition und Merkmale eines betrieblichen Projekts

© sdecoret – stock.adobe.com

Ein **Projekt** ist ein Vorhaben, bei dem innerhalb einer vorgegebenen **Zeit** ein bestimmtes **Ziel** erreicht werden soll, und das sich dadurch auszeichnet, dass es im Wesentlichen ein **einmaliges** Vorhaben ist. Die **Aufgabenstellung** ist in der Regel neuartig und somit ist auch der Lösungsweg oft zunächst unbekannt. Typisch für ein Projekt ist auch die **zeitliche** Begrenzung, sowie eine **Zusammenarbeit** über mehrere Abteilungen. Sobald ein befriedigendes Ergebnis vorliegt, ist das Projekt beendet und die Projektgruppe wird aufgelöst.

Beispiele:

- Das Warenhaus Merkur beabsichtigt eine Italienische Woche durchzuführen. Dazu wird eine Projektgruppe gebildet, die Mitarbeiterinnen und Mitarbeiter aus allen betroffenen Abteilungen umfasst *(Einkauf, Werbung, Schauwerbegestaltung, Verkauf, Geschäftsführung)*.
- Bei einer Mitarbeiterbefragung im Warenhaus Merkur stellte sich heraus, dass die meisten Mitarbeiter mit dem innerbetrieblichen Informationswesen unzufrieden sind. Auch wurde sehr oft der Wunsch nach Arbeitsplatzbeschreibungen geäußert. Eine Projektgruppe entwickelt entsprechende Vorschläge und Lösungsmöglichkeiten.

Kommunikation und Kooperation

© Eugenio Marongiu – stock.adobe.com

Damit alle gut zusammen arbeiten, sind **Kommunikation** und **Kooperation** häufig wichtiger als reines Fachwissen. Wenn sich z. B. Verkäufer, Marketing-Leute und Einkäufer nicht verständigen und als Team nicht zusammenarbeiten können, wird eine geplante Aktion kaum zum gewünschten Erfolg führen.

Projektorganisation

In der Projektorganisation hat die **Gruppe** ein hohes Maß an **Selbstverantwortung**. Arbeitsweise und Organisationsstruktur legen die Projektmitarbeiter weitgehend selbst fest. Im Projektauftrag wird im Wesentlichen nur die Grundidee bzw. das angestrebte Produkt oder Ergebnis festgehalten, die Klärung der organisatorischen Rahmenbedingungen ist Aufgabe des Projektteams.

Projektmanagement

Die **Projektleitung** ist für das gesamte **Projektmanagement** (Planung, Steuerung und Überwachung eines Projekts) zuständig. Zu ihren **Hauptaufgaben** zählen: Führung der Teammitglieder, Organisation der Arbeitsabläufe, Bereitstellung der erforderlichen Mittel sowie die Dokumentation und Präsentation des Projektergebnisses.

1.2 Projekte in der Schule

Projektarbeit kann in der **Schule** grundsätzlich unter **zwei** Gesichtspunkten erfolgen:

Schulintern

Beispiele:

- Lehrplaninhalte
- Schulfeste
- Schulorganisation
- Ausflüge

Schulextern

Beispiele:

- Teilnahme an Wettbewerben
- Lernortkooperation
- Stadtfest

Zielsetzung schulischer Projekte

Unabhängig davon, ob ein **schulisches Projekt** innerhalb oder außerhalb der Schule verwirklicht wird, sind die **Ziele,** die damit erreicht werden sollen, die gleichen:

- Bearbeitung einer umfassenden und komplexen Aufgabe,
- wenn möglich Verbindung von Theorie und Praxis,
- fächerübergreifend,
- Arbeit in Gruppen,
- weitgehend selbstständige Planung und Durchführung,
- gemeinsames Vertreten des Projektergebnisses nach außen.

Projektkompetenz bedeutet:
- Informationen beschaffen können,
- selbstständig arbeiten, planen und gestalten,
- Probleme gemeinsam lösen und kooperativ miteinander umgehen,
- für das eigene Tun Verantwortung übernehmen,
- Ergebnisse präsentieren und beurteilen.

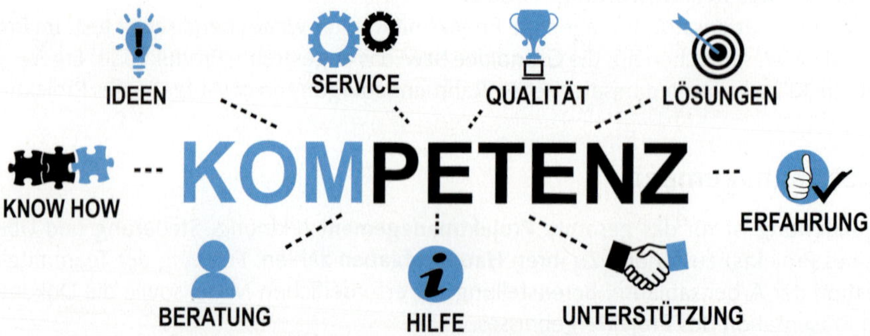

AKTION

1 Informieren Sie sich in Ihrem Ausbildungsbetrieb über dort bereits stattgefundene Projekte. Berichten Sie in der Klasse in einem Kurzvortrag.

2 Projekte sind Ihnen mit Sicherheit aus den allgemeinbildenden Schulen bekannt, die Sie vor Ihrer Berufsausbildung besuchten. Berichten Sie über stattgefundene Projekttage und Projektprüfungen.

3 Arbeit in Projekten heißt vor allem Arbeit in Gruppen. Damit diese erfolgreich ist, müssen die Gruppenmitglieder aufeinander Rücksicht nehmen und kooperativ handeln können. „Einzelkämpfertum" ist nicht gefragt! Kooperationsspiele sind eine gute Möglichkeit, das Miteinander in der Gruppe zu üben und sich an diese Arbeitsweise zu gewöhnen.

Die folgenden Spiele können Ihnen dabei helfen:

› Eisscholle

Alle in der Klasse sind Pinguine (bitte pantomimisch darstellen!) und stehen dicht gedrängt auf einer Eisscholle (aus Zeitungspapier). Der Spielleiter (das muss nicht der Lehrer sein!) steht außen und erzählt von der aufregenden und gefahrvollen Treibfahrt auf der Scholle. Je mehr sie in wärmere Gewässer kommt, umso mehr schmilzt sie, d.h. der Spielleiter verkleinert die Eisscholle, indem er immer wieder Zeitungspapierstreifen abreißt. So treibt die Scholle weiter und wird kleiner und kleiner. Sie müssen sich immer mehr gegenseitig halten und helfen. Das Spiel ist beendet, wenn ihre Gruppe droht „unterzugehen".

› Der große Eierfall

Teilen Sie Ihre Klasse in mehrere Gruppen zu 4 bis 5 Mitglieder auf. Jede Gruppe erhält:

Ein Lineal, einen Bleistift, einen Spitzer, eine Schere, zwei Blatt festeres A4-Papier, einen Luftballon, eine Tube Klebstoff und ein rohes Ei.

Das Ei ist mit diesen Materialien so zu verpacken, dass es einen Fall aus dem ersten Stock Ihrer Schule heil übersteht. Das fertige „Rettungsgerät" erhält von den Mitgliedern ihrer Gruppe einen gemeinsam ausgewählten Namen. Nach Ablauf von einer Schulstunde präsentiert jede Gruppe ihre Konstruktion mit Namen und erklärt die Funktionsweise.

Anschließend kommt der „Ernstfall", in der jede Gruppe ihr Rettungsgerät aus dem ersten Stock herabfallen lässt.

Quelle: Gilsdorf/Kistner: „Kooperative Abenteuerspiele"

Zum Schluss erfolgt eine Gesamtauswertung in der Klasse, bei der jede Gruppe zu den folgenden Fragen Stellung nimmt:

› Welche Empfindungen standen während der Zusammenarbeit im Vordergrund?

› Wie hat die Zusammenarbeit in der Gruppe geklappt?

› War das Verhalten der Gruppenmitglieder teamfördernd?

2 Projektpraxis

SITUATION

In der W1KE hat man sich entschlossen als erstes Unterrichtsprojekt das Duale Ausbildungssystem Schülerinnen und Schülern der achten Klassen einer Hauptschule vorzustellen.

Nach dem Motto „Schüler informieren Schüler" will die W1KE die Hauptschüler umfassend über das in Deutschland praktizierte Ausbildungssystem informieren. Dies soll in einer Präsentation vor den Klassen erfolgen. Außerdem plant man ein Informationsblatt speziell zu den Einzelhandelsberufen an die Schüler auszuteilen. Die Projektpräsentation wird vor dem Betriebspraktikum der Achtklässler erfolgen.

INFORMATION

Der **Ablauf** einer **Projektarbeit** lässt sich in mehrere **Phasen** gliedern. Sie sind nicht als starres Schema zu sehen, sondern es sind auch immer wieder Überschneidungen möglich.

Projektphasen	
Projektdefinition	Festlegung des Projektthemas und des Projektziels.
Projektplanung	Planung des Projektablaufs, Festlegung des Zeitplans und Bestimmung der Verantwortlichkeiten.
Projektdurchführung	Ausführung und Bearbeitung der geplanten Arbeitsaufträge durch die jeweils zuständigen Projektmitglieder.
Projektabschluss	Projektpräsentation und Erstellung einer Abschlussdokumentation (Projektordner).

2.1 Projektdefinition

Ausgangspunkt jeder Projektinitiative ist die **Projektidee**, die zum **Projektthema** führt und schließlich zum genau zu formulierenden **Projektauftrag**.

» **Beispiel:**

Projektidee: Hauptschüler der achten Klasse über alles, was mit einer Ausbildung zusammenhängt, zu informieren.

Projektthema: Das Duale Ausbildungssystem in kaufmännischen Ausbildungsberufen am Beispiel Kaufmann/-frau im Einzelhandel.

Projektauftrag: Umfassende Information zum Dualen Ausbildungssystem, speziell im kaufmännischen Ausbildungsberuf Kaufmann/-frau im Einzelhandel durch eine Projektpräsentation vor Hauptschulklassen.

Zieldefinition

Nachdem der Projektauftrag möglichst genau formuliert ist, muss sich die Projektgruppe (Klasse) über die **Projektziele** klar werden. Je genauer die Zielbeschreibung, desto leichter ist auch der Weg dorthin zu gehen.

„Wer nicht weiß, wohin er will, darf sich nicht wundern, wenn er ganz woanders ankommt!"

Am Ende dieser Phase muss eindeutig geklärt sein:

Zielvorgaben	Beispiel
Was wollen wir erreichen	Umfassende Information der Zielgruppe.
Wer ist unsere Zielgruppe	Schülerinnen und Schüler der achten Klasse einer Hauptschule.
Wozu tun wir das?	Zur Hilfe und Unterstützung bei der Ausbildungsplatzsuche.
Welcher Aufwand ist nötig?	Zehn Unterrichtsstunden bis zur Präsentation, die zwei Schulstunden umfassen soll.
Wann soll das Projekt präsentiert werden?	Eine Woche vor Beginn des Betriebspraktikums der Hauptschüler.

Ziele müssen „SMART" sein

Wenn das Projektziel eindeutig festliegt, können sich alle Beteiligten auf eine gesicherte Planungs- und Handlungsgrundlage beziehen. Bevor die Planungsphase beginnt, muss aber sichergestellt sein, dass das Ziel **„SMART"** ist. Damit ist nicht das englische Wort für tüchtig oder geschickt gemeint, sondern SMART steht für:

Spezifisch → Zieldefinition muss unmissverständlich und eindeutig sein.

Messbar → Die Möglichkeit festzustellen, ob das Ziel erreicht wurde.

Anspruchsvoll → Das Ziel darf nicht zu leicht zu erreichen sein; es muss von Bedeutung sein, sonst wird es als Ziel nicht ernstgenommen.

Realistisch → Das Ziel muss trotz möglicher „Stolpersteine" erreichbar sein.

Terminierbar → Es gibt feste Zwischentermine und einen fixierten Endtermin.

2.2 Projektplanung

Eine ausführliche und genaue **Planung** trägt entscheidend zum Erfolg des Projektes bei. Mithilfe von zwei **„Werkzeugen"** lassen sich Planungsaufgaben sinnvoll strukturieren und grafisch darstellen.

Projektstrukturplan

In einem **Projektstrukturplan (PSP)** werden die einzelnen Vorhaben und Maßnahmen, die für die Durchführung des Projekts notwendig sind, in einzelnen **Strukturelementen** beschrieben und in eine hierarchische (Überordnung – Unterordnung) Beziehung zueinander gesetzt.

Grundsätze bei der Aufstellung eines PSP

Alle während des Projekts anfallenden Tätigkeiten werden dargestellt und in Haupt- und Teilaufgaben untergliedert. Dabei gelten folgende **Grundsätze:**

› Komplette Auflistung der Aufgaben,
› eindeutige und vollständige Beschreibung der Aufgaben,
› klare Abgrenzung der Aufgaben untereinander,
› keine Aufgabenüberschneidung,
› genaue Zuordnung der Aufgaben an die Projektverantwortlichen.

Vorteile beim Einsatz eines PSP

Durch die **Aufteilung** in einzelne und damit auch leichter überschaubare Aufgabenbeschreibungen wird das **Gesamtprojekt** für alle Beteiligten **transparenter**.

Es kann leicht überprüft werden, ob alle Aufgaben vollständig erfüllt wurden, da stets der Blick auf das gesamte Projekt möglich ist. Außerdem kann jeder Projektbeteiligte durch die personenbezogene Zuordnung der Aufgaben erkennen, welchen Beitrag er bereits geleistet hat und was er noch tun muss.

» **Beispiel:** Duales Ausbildungssystem „Lernorte"

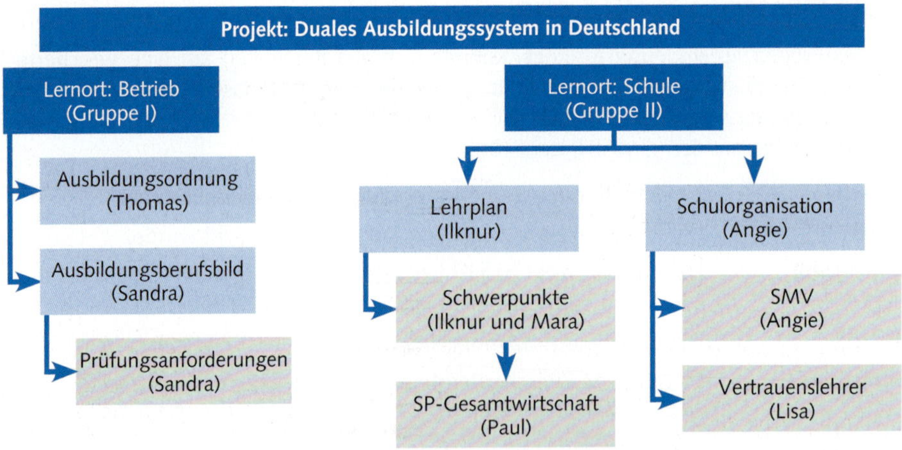

Festlegung der Arbeitsaufträge (Arbeitspakete)

Aus dem **Projektstrukturplan** können die zu leistenden Aufgaben und Teilaufgaben sowie die personelle Zuordnung entnommen werden. In der nächsten Projektphase erfolgt die Formulierung der einzelnen **Arbeitspakete**. Der Begriff stammt aus dem Projektmanagement und beschreibt in sich kleine, abgeschlossene Tätigkeitseinheiten, die einer Person oder Gruppe zugeordnet werden können. Im Rahmen von Arbeitspaketen wird festgelegt, wer, was, mit wem, wo, wie, bis wann und mit welchem Ergebnis erledigen muss.

Zur besseren Übersicht empfiehlt es sich einen **Handlungsplan** aufzustellen.

Muster und Beispiel

Projekt:	Duales Ausbildungssystem in Deutschland			
Arbeitsgruppe:	Lernort Schule (Gruppe II)			
Mitglieder:	Ilknur, Mara, Paul, Angie, Lisa, Frank			
Ziel:	Vorstellung des Lernorts Schule			
Was ist zu tun?	**Wer?**	**Wo?**	**Wann?**	**Bis?**
Beschaffung des Lehrplans für Kaufleute im Einzelhandel	Frank und Paul	Bei der Schulleitung, Herr Burk	12. März	12. März
Kopieren des Lehrplans (5 mal)	Ilknur	Sekretariat, Frau Neubert	12. März	12. März
Anfertigen einer Folie, Thema: Stundentafel	Paul	Klassenzimmer	12. März	12. März
...	...	...	...	...

Quelle: Nach Unterlagen des Koordinationsteams Lernfelder beim Landesinstitut für Schulentwicklung, Stuttgart

Projektablaufplan (PAP)

In dem sich nun anschließenden **Projektablaufplan (PAP)** werden die Arbeitspakete **zeitlich** eingeordnet. Dabei muss auf eine logische zeitliche Abfolge der Arbeitsaufträge unbedingt geachtet werden, da sonst das Projekt u.U. nicht realisierbar ist.

» **Beispiel:** Es ist geplant bei Auszubildenden im dritten Ausbildungsjahr eine Umfrage vorzunehmen. Mit den Klassenlehrern ist die erste Stunde an einem bestimmten Tag zur Befragung vereinbart worden. Die Vervielfältigung des Fragebogens wurde aber versehentlich auf die dritte Stunde an diesem Tag terminiert.

Mit einem **Balkendiagramm** kann der zeitliche Ablauf des gesamten Projekts und der einzelnen Teilschritte anschaulich dargestellt werden. Um den Terminplan einzuhalten, muss zu den Vorgängen der voraussichtliche Zeitaufwand bekannt sein. Wegen unvorhergesehener Verzögerungen sind Zeitpuffer unbedingt mit einzuplanen.

» **Beispiel:** Duales Ausbildungssystem – Besuch bei der Ausbildungsabteilung der IHK

Genaue Beschreibung des Auftrags	1. Woche	2. Woche	3. Woche	4. Woche	5. Woche
1 Kontaktaufnahme mit Ausbildungsabteilung der IHK, Vereinbarung eines Gesprächstermins					
2 Entwurf eines Fragebogens					
3 Besuch bei IHK, Interview mit zuständigem Referenten					
4 Auswertung der Fragebögen					
5 Darstellung der Ergebnisse in einer PP-Präsentation.					
...	...	...	...	...	...

2.3 Hilfsmittel zur Projektplanung

Damit die Projektplanung möglichst problemlos vonstatten gehen kann, ist es sinnvoll, einige **Hilfsmittel** zu verwenden, die die Arbeit erleichtern.

Projektstatus und Meilensteine

Im Klassenzimmer sollte eine **Übersicht** angebracht werden, die den jeweils aktuellen **Projektstatus** anzeigt. In dieser Übersicht werden auch die **„Meilensteine"** festgelegt. Meilensteine dienen zur Überprüfung des bisherigen Projektablaufs und sind meist im Voraus geplante kurze gemeinsame Treffen. Dabei berichten die Projektteilnehmer über ihre bisherige Arbeit und informieren sich gegenseitig. Solche regelmäßigen Treffen helfen aufgetauchte Probleme zu lösen und u.U. neue Ideen und Entwicklungen in das Projekt einzubringen.

Protokoll

Über jede **Projektsitzung** ist ein **Protokoll** zu führen. Nur so ist eine ordentliche Dokumentation der Projektarbeit gewährleistet. Neben einem **Verlaufsprotokoll,** das vor allem den Gesprächsverlauf wiedergibt, bietet sich ein **Ergebnisprotokoll** an. Es dokumentiert Vereinbarungen, Abstimmungen und Entscheidungen. Als Protokollführer sollte man in der Diskussion Zurückhaltung zeigen. Abstimmungsergebnisse sind eindeutig festzuhalten, damit es später nicht zu unnötigen Auseinandersetzungen kommt. Es ist außerdem empfehlenswert die Endfassung des Protokolls noch am gleichen Tag anzufertigen.

›› **Beispiel:** Musterprotokoll

Punkte	Inhalte
Thema:	
Zeit/Ort	
An-/Abwesend	
Ziele	
Verlauf	› Worüber wurde gesprochen?
Ergebnisse	› Was konnte geklärt werden, was blieb ungeklärt? Dazu eine kurze Begründung! › Was wurde vereinbart?
Weiterer Verlauf	› Welche Aufgaben sind noch zu bearbeiten? › Wer übernimmt diese Aufgaben?
Termine	› Bis wann sind die vereinbarten Aufgaben zu erledigen? › Wann trifft sich das Projektteam wieder?

Projektordner

In jeder Projektgruppe wird schon zu Beginn des Projekts ein **Projektordner** angelegt, wobei dies auch ein „virtueller" Ordner auf dem Schulnetz sein kann. In diesem Ordner werden **alle** schriftlichen Unterlagen der Gruppe gesammelt. Der Ordner muss sich immer in der Schule befinden. Da er alle Materialien und Dokumente enthält, ist auch gewährleistet, dass die

Gruppe weiterarbeiten kann, wenn ein Teammitglied z. B. wegen Krankheit ausfällt. Nicht zuletzt für die **Projektbewertung** ist der Ordner eine wichtige Grundlage.

2.4 Projektrealisierung

Arbeitsphase

Wurde das Projekt gut vorbereitet und geplant, dürften in der eigentlichen **Durchführung** keine größeren Schwierigkeiten auftreten. In dieser Phase werden die Arbeitspakete durch die entsprechenden Projektgruppenmitglieder „abgearbeitet". Das bedeutet vor allem:

Tätigkeit	Beispiel: Projekt Duale Ausbildung
Informationsgewinnung	Beschaffung der Ausbildungsordnung und des Lehrplans für den Beruf Kaufmann/-frau im Einzelhandel, Befragung ehemaliger Auszubildende über ihre Erfahrungen während der Ausbildungszeit.
Informationsbearbeitung	Zusammenfassung der wichtigsten Bestimmungen in der Ausbildungsordnung auf einem Info-Blatt, Auswertung der Fragebogenaktion und Darstellung mithilfe von Diagrammen.
Informationsbewertung	Bewertung der gewonnenen und aufbereiteten Informationen. Beispiel: 70 % der befragten ehemaligen Auszubildenden würden sich nochmals für eine Ausbildung im Einzelhandel entscheiden.

Abschluss- und Präsentationsphase

Nach Ausführung aller im Projektplan festgehaltenen Arbeitsaufträge kann das Projekt abgeschlossen werden.

Dokumentation

Das **Ergebnis** wird in der **Projektdokumentation** festgehalten. Sie umfasst alle Dokumente, die von Projektbeginn (Ideenskizzen) bis zum Projektende (Abschlussbericht) anfallen.

Die Dokumente werden im Projektordner gesammelt, der nach Abschluss des Projekts auch die Grundlage für die Bewertung darstellt, die vom Lehrer vorgenommen wird.

Eine sorgfältige Dokumentation erleichtert die Bewertung, denn der Projektablauf kann lückenlos nachvollzogen werden.

Präsentation

Die „Krönung" des Projekts stellt die **Präsentation** dar. Dabei ist immer die Zielgruppe, der das Projekt präsentiert wird, Maßstab für die Art der Präsentation *(Achte Klassen der Hauptschule)*.

Bei der Präsentation sind zu beachten:

Inhalt	Medieneinsatz	Sprache	Körpersprache
› Titel › Umfang › Ablauf	› Tafel › Folien › PC	› Stimme › Tempo › Betonung	› Mimik › Gestik › Haltung

Das **Ziel** einer **Präsentation** ist es, die im Projekt aufbereiteten Sachverhalte so darzustellen, dass sie veranschaulicht und damit besser verstanden werden und somit im Gedächtnis haften bleiben. Die Präsentation soll außerdem zum Mitdenken anregen und zur Diskussion auffordern (Präsentationstechniken siehe S. 521). Nicht alle Projekte lassen sich in einem Vortrag darstellen.

Für jede Art der Präsentation gilt: Sparsame Verwendung von Effekten und kurze und damit überschaubare Texte.

2.5 Reflexionsphase (Nachbereitung)

Nach erfolgter Präsentation endet das Projekt. Wurde es ein Erfolg, gibt es sicher Grund zum Feiern. Zum **Projektabschluss** gehört auch die Reflexion, d.h. Schüler und Lehrer werten das Projekt aus. In einer gemeinsamen Abschlusssitzung aller am Projekt Beteiligten werden die zu Anfang des Projekts formulierten Ziele daraufhin überprüft, ob der Projektauftrag erfüllt wurde. Am Ende steht ein **Projekt-Abschlussbericht**, der u.a. folgende Fragestellungen beantwortet:

› In welchem Ausmaß wurden die angestrebten Ziele erreicht?
› Welche Schwierigkeiten traten auf (Inhalts- und Beziehungsebene)?
› Welche Fehler wurden gemacht?
› Was haben wir aus dem Projekt gelernt?
› Was können wir beim nächsten Projekt anders und/oder besser machen?

Die aus dem Abschlussbericht gewonnenen Erfahrungen fließen bei einem neuen Projekt mit ein.

■ AKTION

1 Ihre Klasse plant einen Kuchenverkauf im Schulfoyer in den großen Pausen am nächsten Berufsschultag. Entwickeln Sie einen Projektstrukturplan, einen Handlungsplan sowie einen Projektablaufplan. Orientieren Sie sich bei der Planung dieses „Mini-Projekts" an folgenden Leitfragen:

› Welche Aufgaben sind vor dem Verkauf, bei der Durchführung und nach dem Verkauf zu erledigen?

› Was soll verkauft werden?
› Wer backt die Kuchen?
› Was wird für den Verkauf benötigt?
› Wer ist für den Auf- und Abbau der Verkaufstheke zuständig?
› Was wird außer der Theke noch zum Verkauf benötigt?
› Wie soll die Theke gestaltet werden?

2 Üben Sie anhand der folgenden Situation die Erstellung eines Zeitplans mithilfe eines Balkendiagramms:

Für den Sommerurlaub haben die Mitarbeiter der Buchhaltung bei der Wohnwelt GmbH folgende Terminwünsche angemeldet:

Mitarbeiter	Woche
Abteilungsleiter Zorn	22. bis einschließlich 25. Woche
stell. Abteilungsleiter Hahn	25. bis einschließlich 28. Woche
Sachbearbeiter Worms	22. bis einschließlich 25. Woche
Sachbearbeiterin Hilbert	23. bis einschließlich 26. Woche
Sachbearbeiterin Stotz	25. bis einschließlich 28. Woche
Sachbearbeiter Janz	26. bis einschließlich 27. Woche

a) Fertigen Sie ein Diagramm an, das diese Terminwünsche zeigt.

b) Erstellen Sie den Urlaubsplan unter folgenden Bedingungen:

Zorn, Worms und Hilbert haben schulpflichtige Kinder, deren Ferien von der 22. Woche bis einschließlich der 27. Woche dauern. Außerdem muss sichergestellt sein, dass stets der Abteilungsleiter oder sein Stellvertreter sowie zwei Sachbearbeiter in der Abteilung anwesend sind.

3 Entwickeln Sie in der Textverarbeitung einen Protokollvordruck als Format- oder Kopiervorlage.

4 Erstellen Sie zu einer Unterrichtsstunde ein Verlaufsprotokoll.

5 Entwickeln Sie Vorschläge zur Gestaltung eines Projektordners.

6 Üben Sie das Präsentieren in der Gruppe unter besonderer Beachtung der Gesichtspunkte Sprache und Körpersprache anhand des folgenden Präsentationsspieles:

Das MULTIPLEXSPIEL!

Vor Messebesuchern präsentieren Sie Ihr innovatives Multifunktionsgerät „Multiplex" in einer kleinen Verkaufsschau.

Planung und Durchführung:

› Sie bilden Gruppen und legen gemeinsam fest, welche Einsatz- und Verwendungsmöglichkeiten Ihr neues Produkt bietet. Verwenden Sie dazu das in nahezu jedem Klassenzimmer vorhandene Zeichendreieck (Geo-Dreieck).

- Entwickeln Sie eine Präsentation dieses Produktes, bei der möglichst viele der Gruppenmitglieder beteiligt sind.
- Wählen Sie einen attraktiven Firmennamen und stellen Sie dann das „Multiplex“ vor Messepublikum (Ihre Klasse) vor.
- Lassen Sie Ihrer Fantasie freien Lauf! Sie werden überrascht sein, was man alles mit einem einfachen Geo-Dreieck anfangen kann! Zeichnen Sie die Präsentation mit einer Kamera auf und beurteilen Sie Sprache und Körpersprache.

3 Methodentraining

SITUATION

In der W1KE ist man eifrig dabei das Projekt „Duales Ausbildungssystem“ zu planen. Heute müssen in den drei Projektstunden die ersten Arbeitsaufträge ausgeführt werden. Gruppe III hat die Aufgabe, herauszufinden, welche Qualifikationen ein Ausbildungsbetrieb im Einzelhandel von Bewerbern um eine Ausbildungsstelle erwartet. Dazu ist geplant, Ausbildungs- und Personalleiter in den Ausbildungsbetrieben der Schüler zu befragen. Nach einer halben Stunde heftiger Diskussion ist der Gruppe noch immer nicht klar, wie man diese Aufgaben lösen soll.

1. Erstellen Sie eine Tabelle nach folgendem Muster:

Art der Qualifikation	Warum ist diese notwendig
Beherrschung der deutschen Sprache in Wort und Schrift › ›	z. B. schriftliche Bestellungen formulieren können, mit Kunden Beratungsgespräche führen können

2. Vergleichen Sie Ihre Lösung mit den Vorschlägen Ihrer Mitschüler und ergänzen Sie Ihre Tabelle.

INFORMATION

Die folgenden Ausführungen zu **Arbeits- und Lerntechniken** helfen Ihnen, die im Rahmen der Projektarbeit zu bearbeitenden Aufgaben zu lösen und Arbeitsaufträge erfolgreich zu Ende zu führen.

Kompetenzen

© Torb2 – stock.adobe.com

Ihnen ist es sicherlich bereits bei der Erstellung der Tabelle aufgefallen: Unternehmen fordern nicht mehr nur solides Grundlagenwissen wie z. B. gute Kenntnisse in Schulfächern Deutsch und Mathematik. Bereits im Bewerbungsgespräch sind Sie vielleicht mit Fragen und Tests konfrontiert worden, die herausfinden sollen, ob Sie mit anderen Menschen etwas gemeinsam erarbeiten können, Initiative und Verantwortung übernehmen wollen und die Fähigkeit haben, sich auf neue Aufgaben schnell einstellen zu können.

Der Grund dafür, dass diese **Kompetenzen** auf dem Vormarsch sind, liegt in den sich wandelnden Arbeitsformen: Die Arbeit in Gruppen nimmt immer mehr zu, der klassische Einzelkämpfer verschwindet mehr und mehr. Wenn die Arbeitsaufgaben sich immer rascher ändern, wird derjenige Vorteile haben, der flexibel reagieren und schnell Neues lernen kann; daher die Forderung nach lebenslangem Lernen. Wenn es nicht mehr für jeden Arbeitsvorgang eine Aufforderung durch einen Chef gibt, ist selbstständiges Denken und Arbeiten gefragt. Günstig, wenn man erfolgreich gelernt hat, Probleme systematisch zu lösen.

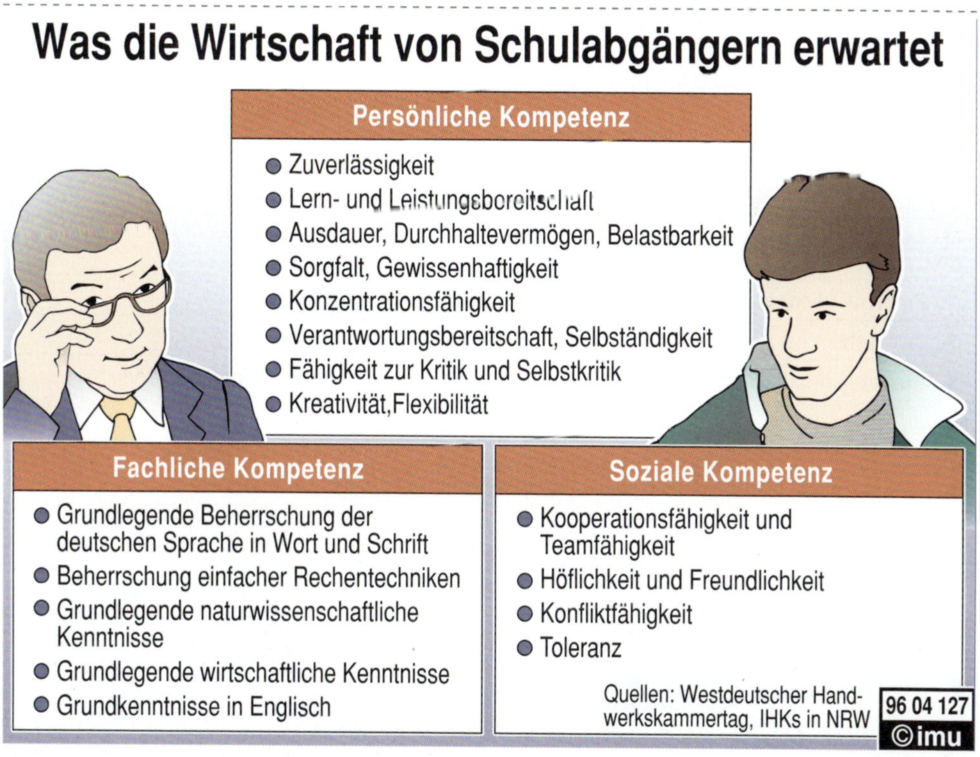

Stufen zum Erfolg – das Methodenbuch

Mittlerweile werden in Schule und Ausbildung gute Erfolge damit erzielt, das Erlernen von Fachwissen mit der Förderung von sozialen und persönlichen Kompetenzen zu verbinden. Das geschieht, indem Ihre Lehrer und Ausbilder den Unterricht dadurch interessant gestalten, dass zu Arbeitsaufgaben Lösungsstrategien in der Gruppe entwickelt und diskutiert werden. Sie selbst haben es in der Hand, den Erfolg noch weiter zu verbessern. Dabei kommt es darauf an, dass Sie die folgenden Möglichkeiten nicht nur lesen, sondern möglichst mit Ihren bisherigen Erfahrungen verbinden und an vielen Stellen auch praktisch ausprobieren. Dazu haben Sie im Verlauf der Lektüre dieses Buches immer wieder Gelegenheit: Bei vielen Arbeitsaufgaben werden Sie aufgefordert, bestimmte **Arbeits-** oder **Lerntechniken** einzusetzen, die jetzt kurz beschrieben werden.

Und dies sind die Bausteine, mit denen Sie Ihre Lern- und Arbeitsprozesse effizienter machen und Ihre persönlichen und sozialen Kompetenzen verbessern können:

- Systematisch vorgehen beim Problemlösen
- Informationen sammeln durch Interview, Fragebogen und Internet-Recherchen
- Informationen auswerten: Strukturieren durch Mind-Mapping
- Gruppenarbeit – aber richtig
- Kreativität kann man fördern: Brainwriting und Brainstorming
- Kommunizieren im Beruf: Im Rollenspiel berufliche Rollen kennenlernen und die Grundlagen der Gesprächsführung trainieren
- Präsentationen überzeugend vorbereiten und durchführen

Systematisch vorgehen beim Problemlösen

Ein Erfolgsrezept für bessere Problemlösungen ist das systematische Entwerfen einer Strategie mit einer bestimmten Schrittfolge. Diese könnte etwa so aussehen:

1. Problem erkennen	*das Problem genau beschreiben*
2. Ziele setzen	*sinnvoll und erreichbar formulieren*
3. Ausgangssituation analysieren	*für Problemlösung notwendige Informationen beschaffen und auswerten*
4. Lösungsschritte planen	*Termine und Verantwortung festlegen*
5. Lösungsmöglichkeiten erarbeiten	*Ideenfindungstechniken einsetzen*
6. Bewerten und Lösung auswählen	*Kriterien finden und berücksichtigen sowie Entscheidung treffen*
7. Problem lösen	*gefundene Lösung realisieren und durchsetzen*

Informationen sammeln

Die Praxis zeigt: Probleme werden oft nicht genügend analysiert, der Sachverhalt ist unklar, es fehlen wichtige Daten. Dabei gibt es viele Möglichkeiten der **Informationssammlung**, benützt haben

Sie sicherlich regelmäßig **Lehrbücher** und **Lexika**. Vielleicht ist Ihnen aufgefallen, dass viele Informationen zu allgemein sind, um Ihr spezielles Problem oder eine bestimmte Arbeitsaufgabe zu lösen. Manche Daten werden Sie nur dadurch erhalten, dass Sie sich persönliche Auskünfte einholen.

Fragebogen und Interview

Je besser ein **Interview** vorbereitet ist, desto erfolgreicher wird Ihr Gespräch mit Ihrem Interviewpartner verlaufen.

Die Beachtung folgender Regeln bringt Sie schnell und sicher zum Ziel:

› Bereiten Sie ein Interview durch die Aufstellung eines schriftlichen Fragebogens vor.

› Sammeln Sie Ihre Fragen und teilen Sie diese in Haupt- und Nebenfragen ein.

› Wechseln Sie mit dem Fragewort ab. Nicht immer „Warum.....?", nutzen Sie auch die anderen „W-Fragen" (wann, wie viel, womit, wodurch, wer, ... usw.).

› Offene Fragen (Welche Qualifikation schätzen Sie bei Ihren Verkaufsmitarbeitern am meisten?) ermöglichen vielschichtige Antworten; geschlossene Fragen (mit vorformulierten Antworten) sind leichter auszuwerten und besser vergleichbar.

› Wählen Sie einen systematischen Aufbau der Fragen: Beginnen Sie mit einfach zu beantwortenden Fragen und gehen Sie dann zu den schwierigeren über.

Ein **Interview** kann offen, das heißt in Form eines Gespräches oder mithilfe vorbereiteter Fragebögen geführt werden.

Bei der **Gestaltung** eines **Fragebogens** unterscheidet man unterschiedliche **Fragetypen**, die jeweils nach der Absicht, die mit der Fragestellung verbunden ist, ausgewählt werden können.

Fragetyp	Beispiel
Entscheidungsfrage	Wollten Sie schon immer Verkäuferin werden? Ja ❑ Nein ❑
Mehrfachauswahlfragen	Welches Gesetz ist Grundlage der Ausbildungsverträge? a) Jugendarbeitsschutzgesetz ❑ b) Grundgesetz ❑ c) Berufsbildungsgesetz ❑ d) Betriebsverfassungsgesetz ❑
Skalenfragen (Rangordnung)	Meine Arbeit macht mir großen Spaß nie ❑ ❑ ❑ ❑ ❑ immer Frauen haben im Handel gleiche Berufschancen wie Männer stimmt nicht ❑ ❑ ❑ ❑ ❑ stimmt sehr
Bewertungsfragen	Welche Note geben Sie Ihrer betrieblichen Ausbildung? Geben Sie eine Note von 1 bis 6. ❑
Offene Fragen	Wie beurteilen Sie die Zukunft von kleinen Fachgeschäften? ....

Wenn Sie das Interview **durchführen**, wird Ihr Erfolg noch größer sein:

› wenn Sie sich korrekt vorstellen

› Ihren Interviewpartner mit Namen anreden

- › Ihr Gesprächsziel offenlegen
- › eine ungefähre zeitliche Beanspruchung vorschlagen
- › dem Gesprächspartner einen Grund nennen, weshalb die Befragung auch für ihn von Nutzen sein könnte
- › durch eine geeignete Körpersprache Ihr Interesse und Dankbarkeit für die zur Verfügung gestellte Zeit bekunden
- › deutlich machen, dass Sie sich gut vorbereitet haben und deshalb Zeit gespart werden kann

Internetrecherche

Die persönliche Befragung (oft sehr zeitaufwendig) kann häufig durch eine Internetrecherche ersetzt werden. Der einfachste Weg ist, direkt eine bestimmte **Adresse** im Internet aufzurufen. Wenn Sie z. B. neue Lieferanten suchen wollen, wären dies die Publikationen von Einkaufsführern oder Branchenverzeichnissen wie etwa „Wer liefert was“. Deren Adresse erreichen Sie unter www.wlw.de.

Auf der **Startseite** geben Sie Ihren Suchbegriff ein, starten die Suche und bekommen die Adressen der entsprechenden Lieferanten angezeigt.

Führt die Suche über vorhandene Adressen zu keinem brauchbaren Ergebnis, können Sie **Suchmaschinen** benutzen (www.google.de).

■ Informationen auswerten und darstellen: Strukturieren durch Mind-Mapping

Mindmaps sind „Gedankenlandkarten“, die sowohl Informationen in einer übersichtlichen Struktur abbilden, darüber hinaus das Denken anregen und damit ermöglichen, eigene Gedanken und Ideen nach Bedarf hinzuzufügen und mit den bereits notierten in Beziehung zu setzen.

Gehen Sie bei der **Erstellung** eines **Mindmap** Schritt für Schritt vor:

1. Markieren Sie in Ihrem Textmaterial die Kernbegriffe oder finden Sie geeignete Hauptwörter für solche Kernbegriffe und streichen Sie überflüssige Wörter und Sätze.
2. Von einer Zentralidee, einem Oberthema oder einer Fragestellung in der Mitte eines Blattes (Querformat) notieren Sie auf Hauptäste die Kernbegriffe zum Thema.
3. Diese Hauptäste verzweigen Sie durch Gedanken, die dem Text entstammen oder durch neue Ideen, die Sie auch durch Pfeile miteinander verbinden können.

Ein solches Mindmap lässt sich auch für die Vorbereitung eines Referates verwenden. Sie haben dann automatisch einen Stichwortzettel für Ihren Vortrag. Und ein weiterer Vorteil: Sprachliches und bildhaftes Denken wird durch die Mindmap-Technik miteinander verbunden, das fördert sowohl das kreative Arbeiten als auch die Gedächtnisleistung!

Die Mindmap-Technik kann natürlich auch verwendet werden, um eine Ideensammlung einer Arbeitsgruppe zu einem bestimmten Problem in prägnanter Form festzuhalten.

»› **Beispiel:** Die Geschäftsleitung Ihres Ausbildungsbetriebes ist mit der Entwicklung der Umsätze ihrer Verkaufsmitarbeiter unzufrieden. In einer Konferenz wird nach Maßnahmen gesucht, diesen negativen Trend zu stoppen bzw. umzukehren.

Gruppenarbeit – aber richtig

Gruppenarbeit ist in vielen Unternehmen seit einigen Jahren eine weit verbreitete Arbeitsform. Der Schulunterricht bietet bei vielen Themen eine gute Gelegenheit, sich mit dieser Arbeitsweise vertraut zu machen.

Vorteile der Arbeit in Gruppen ↓	
Ergebnisse, die durch Gruppenarbeit erzielt werden, sind meistens qualitativ besser und werden schneller erreicht als vergleichbare Einzelergebnisse, weil sich die Spezialkenntnisse der Gruppenmitglieder gegenseitig ergänzen = Synergieeffekt.	Gruppenarbeit macht Spaß, fördert den Teamgeist, die Motivation und Arbeitszufriedenheit. Auch wird selbst erarbeitetes Wissen besser behalten und kann wirkungsvoller auf ähnliche und neue Aufgabenstellungen übertragen werden.

Gelegentlich ist Gruppenarbeit mühsam: Die Aufgabenstellung ist unklar, die Verteilung der Aufgaben gelingt nicht, die Motivation einzelner Mitglieder ist gering und beeinflusst negativ den Arbeitsprozess.

Tipps zur Gestaltung von Gruppenarbeit

› Die Arbeitsaufgabe, das (Lern-)Ziel und die Teilaufgaben werden bekannt gegeben. Dabei wird überprüft, ob alle Teilnehmer richtig und umfassend informiert sind.
› Die Gruppen bilden sich je nach Arbeitsinhalt und Lernziel arbeitsteilig oder arbeitsgleich.
› Die ideale Gruppengröße beträgt drei bis sechs Teilnehmer.
› Die Gruppen organisieren sich räumlich.
› Die Gruppen wählen einen Gruppensprecher, stellen (bei umfangreicheren Gruppenarbeiten) einen **Arbeitsplan** auf oder wenden die **Checklist-Technik** an.

Arbeitsplanerstellung

› Im Arbeitsplan wird die Aufgabenstellung der Gruppe genau definiert.
› Mithilfe von Fragestellungen (W-Fragen) wird die Aufgabe in überschaubare Teilaufgaben zerlegt.
› Für diese Teilaufgaben wird der Informationsbedarf bestimmt.
› Die Informationsquellen werden festgelegt.

Checklist-Technik

Wenn Gruppen gemeinsam an der Lösung eines Problems arbeiten oder ein Projekt miteinander durchführen, fließen viele Anregungen und Vorschläge manchmal gleichzeitig und umfangreich in die Arbeit. Wird dies nicht zeitnah und übersichtlich protokolliert, drohen später Unmut und Ärger. Im nachhinein lässt sich nämlich nicht mehr genau feststellen: Welche Vereinbarungen wurden getroffen? Wer ist für die Umsetzung der Vorschläge verantwortlich? Wann sollen bestimmte Aufgaben erledigt sein? usw. Hier hilft eine einfache Checklist, also kein umständliches Formular. Am besten nimmt man ein großes Packpapier oder Flipchart-Blatt (wenn es für alle sichtbar sein soll) und teilt es je nach Bedarf in mehrere Felder.

Beispiel:

Projekt: Steigerung der Verkaufsleistung der Mitarbeiter (siehe Mind-Map)	Verantwortliche/r	Dauer/Termine
Maßnahme: Schulung durch externen Trainer **Schritte:** › Feststellung des Trainingsbedarfes durch Befragen der Abteilungsleiter und Mitarbeiter › Recherche über geeignete Anbieter von Trainingsmaßnahmen › Angebotseinholung/-auswertung und Entscheidung › ____________________ › ____________________	?	?

Erledigte Aufgaben werden entsprechend gekennzeichnet oder falls dies sich verzögert, wird der Fertigstellungstermin in Absprache mit den übrigen Beteiligten korrigiert.

Die Arbeit wird stets mit einem **Protokollblatt** (So sind wir vorgegangen, das haben wir erreicht, das bereitet uns noch Probleme) dokumentiert und anschließend in ansprechender Form vor der Klasse **präsentiert** (vgl. „Präsentation überzeugend vorbereiten und durchführen").

Regeln für die Gruppenmitglieder

Jede/r

- **hört zu, ohne andere zu unterbrechen**
- **fragt solange nach, bis alle Unklarheiten beseitigt sind**
- **darf in sachlicher Form kritisieren und kritisiert werden**
- **gibt die Informationen weiter, die für das Arbeitsziel wichtig sind**
- **akzeptiert nach gründlicher Diskussion die Entscheidung der Mehrheit**

Kreativität kann man lernen: Brainwriting und Brainstorming

Dass Sie durch die Anwendung von **Kreativitätstechniken** zum genialen Erfinder werden, ist eher unwahrscheinlich. Vielmehr geht es bereits in der Ausbildung darum, ausgetretene Lösungspfade zu verlassen. In den Unternehmen werden zunehmend solche Mitarbeiter gebraucht, die an der ständig notwendigen Verbesserung von Produkten und Dienstleistungen kreativ mitwirken. Auch die Organisation der Arbeitsabläufe muss regelmäßig auf den Prüfstand gestellt werden und neu gestaltet werden. Dabei können Kreativitätstechniken helfen. Sie lösen Denkblockaden und haben überdies den Vorteil, dass sie schnell durchführbar sind.

Wichtige Regeln bei der Anwendung:

- Die Phase der Ideenfindung ist von der Phase der Ideenbewertung strikt zu trennen, also keine „Killerphrasen" wie etwa „Das ist zu teuer" oder „Seien Sie erst mal einige Jahre hier" usw.
- Jeder Teilnehmer lässt seinen Gedanken freien Lauf.
- Jeder Teilnehmer greift die Ideen der anderen auf und entwickelt sie weiter.

Für Neulinge auf diesem Gebiet empfiehlt sich der Start mit der **Brainwriting-Methode**, die auch **„Methode 6-3-5"** genannt wird. **6** Teilnehmer schreiben in **3** vorgegebene Felder je eine Idee. Dafür haben sie **5** Minuten Zeit.

So gehen Sie vor:	Problemstellung:
1. Tragen Sie hier die Problemstellung ein. **2.** Notieren Sie spontan drei Ideen. **3.** Tauschen Sie nach 5 Minuten die Formulare. **4.** Schreiben Sie in die zweite Zeile weitere drei Ideen nieder. Ergänzen oder variieren Sie die Ideen Ihrer Vorgänger, oder notieren Sie völlig neue Ideen. **5.** Nach weiteren 5 Minuten tauschen Sie erneut, bis die letzte Zeile des Formulars ausgefüllt ist. **6.** Werten Sie das Formular durch Ankreuzen der drei originellsten Ideen aus und stellen Sie diese in der Gruppe zur Diskussion.	

Abb. Muster für ein Brainwriting Formular

Das **Brainstorming** verzichtet auf ein Formular. Für das Festhalten der Ideen braucht man einen Protokollanten. Ideal sind 5–7 Teilnehmer, die aus unterschiedlichen Abteilungen kommen (Synergieeffekt). Vom zu bearbeitenden Problem ist es abhängig, ob Vorgesetzte dabei sein sollten. Ein **Moderator** kann hilfreich sein, den Ideenfindungsprozess zu fördern, indem er dominante Teilnehmer dämpft, stille aktiviert und auf die Einhaltung der Regeln (s.o.) achtet.

Nach Ende der Brainwriting- oder Brainstorming-Sitzung werden in einer Grobauswahl solche Ideen ausgefiltert, die erkennbar unrealistisch sind. Zur Beurteilung der Brauchbarkeit von Ideen werden in einem weiteren Schritt Kriterien (Kosten, Bedarfsschätzung usw.) gesucht, an denen die einzelnen Vorschläge gemessen werden. In einer Feinauswahl werden die Ideen von den jeweils betroffenen Experten auf ihre Realisierbarkeit geprüft, bevor eine Entscheidung fällt.

■ Kommunizieren im Beruf: Im Rollenspiel berufliche Rollen kennenlernen und die Grundlagen der Gesprächsführung trainieren

Rollenspiele sind in der betrieblichen Praxis ein fester Bestandteil der Aus- und Weiterbildung. Unternehmen möchten damit z. B. ihre Verkaufsmitarbeiter für die Beratung ihrer Produkte und Dienstleistungen fit machen. Geübt werden typische Situationen und Phasen von Verkaufsgesprächen.

Ziele eines Rollenspiels

- Die Fakten eines betriebswirtschaftlichen Sachverhaltes in einer konkreten Situation situationsgerecht anwenden können (Für ein Kündigungsgespräch die relevanten gesetzlichen und vertraglichen Bestimmungen vorbereiten und im Rollenspiel einbringen).
- Sich hineinversetzen können in eine neue Rolle (Bei Tarifverhandlungen die Arbeitgeberseite vertreten, beim Kündigungsgespräch die Rolle des Personalleiters übernehmen).
- Die Kluft zwischen Denken und Tun verringern (Sich während eines Reklamationsgespräches beim Kunden zu entschuldigen).
- Verschiedene Wege der Gesprächsführung ausprobieren (Zu Forderungen des Gesprächspartners auch einmal „nein" sagen können oder einen Kompromiss finden).

Die Gestaltung eines Rollenspiels hängt davon ab, welches betriebswirtschaftliche Thema als Grundlage gewählt wird. Das Simulieren einer Tarifverhandlung erfordert den Einsatz mehrerer Rollenspieler, am Kündigungsgespräch werden eher nur zwei Personen teilnehmen. Für den Erfolg eines Rollenspiels ist wichtig, dass die Ausgangssituation für die Beteiligten und die Beobachter geklärt ist. Hilfreich sind **Rollenkarten** mit Hinweisen für die Rollenspieler, die als Grundlage zunächst einmal akzeptiert werden sollten. Wer das erste Mal mitspielt, wird vielleicht Sorge haben, das „Gesicht zu verlieren". Erfahrungsgemäß zeigt sich jedoch, dass alle Menschen gute Darsteller sind, wenn sie ihrer Eigenart folgen. Wenn Sie die Rolle eines Personalleiters übernehmen, sollten Sie sich so verhalten, wie es Ihrer Meinung nach ein Personalleiter tun würde. Dabei kommt es nicht auf die Qualität der schauspielerischen Leistung an. Also: Nicht die Persönlichkeit ändert sich im Rollenspiel, sondern das Verhalten als Antwort auf eine bestimmte Situation, in der sich der Rollenspieler befindet. Es ist zu beobachten, dass die emotionalen Erfahrungen, die ein Rollenspieler macht, dazu führen, dass er ein Gespür für die Rolle entwickelt und dies später in der Realität zu der Fähigkeit führt, eine Rolle angemessen auszufüllen. Die Auswertung kann auf zwei Ebenen erfolgen:

- Wie wurde fachlich/inhaltlich argumentiert?
- Welches Gesprächsverhalten wurde beobachtet? (Gesprächsziel konsequent verfolgt, Zuhören können, Körpersprache usw.)

Grundlagen der Gesprächsführung

Was immer Sie in einem Gespräch sagen und was immer Sie eigentlich meinen: Sie dürfen nicht automatisch davon ausgehen, dass Ihr Gesprächspartner Sie richtig verstanden hat oder gar einverstanden ist. Wenn Sie bei einem Gespräch also etwas erreichen wollen, haben zunächst Sie das Problem, zu klären, ob der andere Sie verstanden hat. Hinterher über Missverständnisse zu klagen, nützt nichts. Und ein Zweites sollte Ihnen bewusst sein: Jede Aussage, die Sie machen, hat eine Inhalts- und eine Beziehungsebene.

» **Beispiel:** Ein Kunde macht zu einem Produkt, bei dem Sie sich gut auskennen, eine fehlerhafte Angabe. Sie sagen spontan zu ihm „Das ist falsch!" Objektiv mag das (auf der Inhaltsebene) richtig sein, der Kunde hört vielleicht aber heraus: „Das weiß doch jedes Kind" und ist vielleicht beleidigt (Beziehungsebene) – Sie haben einen Kunden verloren.

Tipps zur Gesprächsführung

- Das Gespräch gründlich vorbereiten (W-Fragen benutzen)
- Stets das Gesprächsziel verfolgen

- Mehr agieren als reagieren
  - Wer fragt führt, wer antwortet, wird geführt
  - Kritische Punkte zunächst zurückstellen
- Situationsgerecht auftreten
  - Inhaltsebene und Beziehungsebene berücksichtigen
  - Die richtige Sprache sprechen
  - Zuhören können
- Am Gesprächsende ein Ergebnis zusammenfassen

Argumentationstechnik

Nicht immer sind sich Gesprächpartner darüber einig, worüber sie gerade sprechen. Bei strittigen Sachverhalten kann der Gesprächspartner am besten überzeugen, wenn er in der Lage ist richtig zu argumentieren. Beim Argumentieren unterstützt man seine Behauptungen durch Begründungen *(Beispiele, Beweise)* und zieht daraus seine Schlussfolgerungen.

Beispiel:

Argumentationskette	
Behauptung	**Ein betriebliches Prämiensystem erhöht die Umsätze,**
Begründung	**weil** sich Umsatzprämien positiv auf die Arbeitsmotivation auswirken;
Beweis	**denn** Untersuchungen der Unternehmensberatung McKonley haben den Zusammenhang zwischen Motivation und Arbeitseinsatz gezeigt.
Beispiel	So haben **zum Beispiel** über 80 % der Beschäftigten eines großen Warenhauskonzerns nach Einführung des Prämiensystems im Durchschnitt 15 % mehr Umsatz erzielt.
Schluss-folgerung	Wir **empfehlen** daher auch in Ihrem Unternehmen das Prämiensystem einzuführen.

■ Präsentationen überzeugend vorbereiten und durchführen

Es ist schade, wenn Sie ein gutes Ergebnis erzielt haben, das durch eine schwache Präsentation nicht ins rechte Licht gerückt wird.

Planen Sie deshalb genügend Zeit für eine wirkungsvolle **Präsentation** Ihrer Arbeit ein.

© Beck

Tipps für eine wirkungsvolle Präsentation Ihrer Arbeitsergebnisse

- Verdeutlichen Sie für die Zuhörer die Ausgangssituation und die Problem- oder Aufgabenstellung. Legen Sie einen „roten Faden".

- Stellen Sie nur die wichtigsten Lösungsmöglichkeiten vor und belegen Sie diese mit Fakten.
- Präsentieren Sie engagiert (Blickkontakt zu den Zuhörern, passende Mimik und Gestik, Stimme modulieren, ermuntern Sie die Zuhörer zu Fragen).
- Präsentieren Sie anschaulich durch Verwendung von Medien und Bildern.

Ein Bild sagt mehr als 1000 Worte!

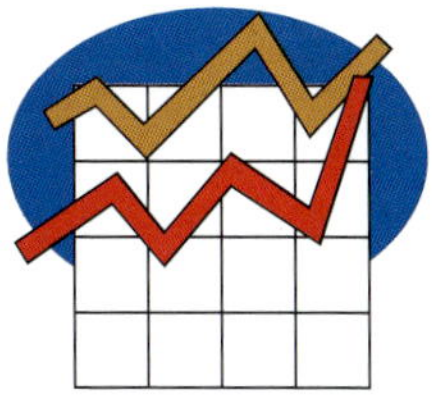

gut
lesbar
schreiben

Für die rasche Verständlichkeit von Referaten und Vorträgen, in denen viele abstrakte Begriffe und Zahlen auftauchen, eignen sich kleine **symbolhafte Zeichnungen.** Wenn Sie beispielsweise über die Umsatzanteile einzelner Produkte in Ihrem Sortiment referieren, lässt sich dies leicht mit einem **Diagramm** veranschaulichen. Einflussgrößen auf ein Problem lassen sich mit **Pfeilen** darstellen.

Beim Schreiben achten Sie auf die richtige **Schriftgröße** und verwenden am besten Groß- und Kleinbuchstaben.

Farben beleben und heben Wichtiges hervor.

Folien erzeugen, wenn sie nicht überladen sind, eine gute Aufmerksamkeit.

Die können Sie noch steigern, wenn Sie auch hier an Abwechslung denken: Mit einer **Wandzeitung** lässt sich die Entwicklung Ihrer Arbeit gut darstellen.

Eine Ergebnispräsentation in Form von **Fernsehnachrichten** oder einer **Pressekonferenz** mit mehreren Sprechern erzielt natürlich noch größere Wirkung. Der Kreativität sind hier nur wenig Grenzen gesetzt.

AKTION

1 Führen Sie mit Ihrem Nebensitzer/Nebensitzerin ein Interview. Dabei möchten Sie möglichst viel über die Person in Erfahrung bringen. Zeichen Sie das Interview mit der Kamera auf und analysieren Sie Ihre Fragetechnik.

2 Nehmen Sie bei Passanten auf der Haupteinkaufsstraße eine kleine Befragung vor, die Ihnen Auskunft darüber geben soll, wo die Verbraucher am liebsten einkaufen. Formulieren Sie dazu einen Fragebogen mit nicht mehr als fünf Fragen. Werten Sie ihn aus und präsentieren Sie Ihr Ergebnis in einem kleinen und visualisierten Vortrag vor Ihrer Klasse.

3 Suchen Sie im Internet nach Einkaufsmöglichkeiten für:

Lebensmittel, Bekleidung und Schuhe, Bücher und Unterhaltungselektronik.

Wo gibt es das größte Angebot?

Wie wird das Angebot präsentiert?

© Strichfiguren.de – stock.adobe.com

4 Erstellen Sie ein Mindmap zur Planung Ihrer nächsten Urlaubsreise.

5 Nutzen Sie die Brainstorming- bzw. Barinwriting-Methode, um als Einzelhandelsklasse sich mit mehreren Aktionen an einem Tag der offenen Tür Ihrer Schule zu beteiligen.

6 Überzeugen Sie Ihre Mitschüler durch eine wirkungsvolle Argumentation zu folgenden Behauptungen:

- Rauchen ist ungesund und sollte an den Schulen verboten werden!
- Weiterbildung lohnt sich!
- Zu viel Umweltschutz schadet der Wirtschaft und kostet Arbeitsplätze!
- Nur wer nachhaltig wirtschaftet und damit die Umwelt schont, sichert auf Dauer Arbeitsplätze!

© THesIMPLIFY – stock.adobe.com

7 Präsentieren Sie Ihren Ausbildungsbetrieb mithilfe einer Wandzeitung.

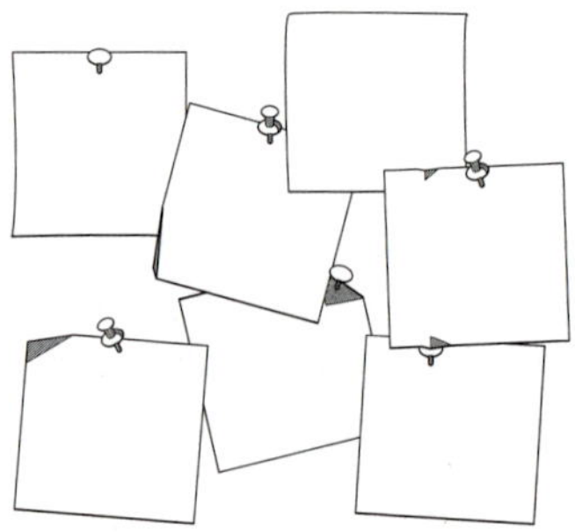

© Anika – stock.adobe.com

4 Projektthemen für berufsorientierte Projekte

Projekt 1: Der kundenfreundliche Ausbildungsbetrieb

Um im verschärften Wettbewerb bestehen zu können, wird neben einer konsequenten Preisorientierung auch eine verstärkte Kundenorientierung erfolgen müssen.

Führen Sie folgende Aufgaben durch:

1. Entwickeln Sie Maßnahmen, um die Kompetenz des Verkaufspersonals zu erhöhen.
2. Führen Sie in Ihrem eigenen Ausbildungsbetrieb eine kleine Kundenbefragung durch und ermitteln Sie, welche Dienstleistungen Ihre Kunden wünschen.
3. Kreieren Sie für Ihren eigenen Ausbildungsbetrieb ein „Dienstleistungs- und Servicepaket" mit Leistungen, die in Ihrem Ausbildungsbetrieb bisher nicht angeboten werden.
4. Präsentieren Sie Ihre Ergebnisse in der Klasse und laden Sie zur Präsentation Vertreter Ihres Ausbildungsbetriebes ein.

Projekt 2: Exotische Früchte und Gemüse – Genuss ohne Reue?

Sie besorgen sich exotische Früchte und Gemüse und stellen sie in der Klasse vor. Sie entwickeln Merkmale, nach denen Sie die Produkte untersuchen und klassifizieren *(Aussehen, Geruch, Geschmack)*. Die Produkte werden von Ihnen fotografiert und Sie erstellen Wandzeitungen, die über diese Früchte und Gemüse Auskunft geben.

Thematisieren Sie zusätzlich folgende Fragen:

- Wie sind die Bedingungen, unter denen exotische Früchte in ihren Herkunftsländern produziert und exportiert werden?
- Wie erfolgt der Transport zu den Endverbrauchern, welche Kosten und Umweltbelastungen fallen an?
- Wer verdient was und wie viel? (Thema „Fairer Handel")
- Welche Folgen hat der Plantagenanbau in reinen Monokulturen? (Thematisierung von giftigen Rückständen in den Pflanzen)
- Müssen Produkte, die es bei uns nur zu bestimmten Jahreszeiten gibt, wirklich das ganze Jahr über angeboten werden können? (Thema: regionale Verzehrgewohnheiten).

Projekt 3: Sport und Fitness

In diesem Projekt schnüren Sie ein optimales „Fitnesspaket", das Sie den Kunden anbieten möchten. Damit das Projekt sinnvoll verwirklicht werden kann, sollten in Ihrer Klasse Mitschüler aus folgenden Branchen vertreten sein:

- Sportartikel
- Textil und Schuhe
- Lebensmittel
- Drogerie- und Kosmetikbereich
- Einrichtungshäuser, Bau- und Heimwerkermärkte

Die verschiedenen Teams stellen die für den entsprechenden Kundenkreis geeigneten Waren vor und liefern eine verwendungs- und nutzenbezogene Verkaufsargumentation in einem Rollenspiel dazu.

Projekt 4: Branchenmix in der Innenstadt

Phase 1: Jede Projektgruppe vermerkt auf einem Stadtgang in der von ihr ausgewählten Einkaufsstraße Lage, Anzahl, Betriebsform und Branchenzugehörigkeit der dortigen Einzelhandelsgeschäfte. Berücksichtigen Sie auch die dort ansässigen Dienstleistungsbetriebe *(Cafés, Gaststätten, Banken usw.)*.

Phase 2: Erstellen Sie im Projektunterricht einen Straßenplan, auf dem die Unternehmen verzeichnet sind. Kennzeichnen Sie mit verschiedenen Farben die wichtigsten Branchen (Lebensmittel, Textil, Schuhe, Unterhaltungselektronik).

Phase 3: Untersuchen Sie das Geschäftsangebot anhand folgender Fragestellungen:

- Ist ein ausgewogener Branchenmix vorhanden?
- Welche Betriebsformen dominieren?
- Besteht ein großer Filialisierungsgrad?
- Ist eine Konzentration branchengleicher Geschäfte festzustellen?
- Können Vor- bzw. Nachteile der jewveiligen Straßenseite festgestellt werden?

Phase 4: Präsentieren Sie Ihre Ergebnisse vor der Klasse.

Phase 5: Fassen Sie die Ergebnisse aller Gruppen zusammen und schreiben Sie dazu einen Bericht für Ihre Lokalzeitung. Eine weitere Möglichkeit ist die Präsentation Ihrer Ergebnisse und Schlussfolgerungen vor dem örtlichen Handels- und Gewerbeverein.

Projekt 5: Kartenzahlung jetzt auch bei uns!

Dieses Projekt zählt zu den schulinternen Projekten und basiert auf einer Themenstellung des Lehrplans im Schwerpunkt Betriebswirtschaft Schuljahr 1.

Dort heißt es: „Die Schülerinnen und Schüler wickeln Kassiervorgänge ab. Sie informieren sich über die üblichen Zahlungsarten und deren Vor- und Nachteile.“

Sie stellen als Gruppe jeweils eine elektronische Zahlungsmöglichkeit im Einzelhandel vor. Sie bewerten diese Zahlungsmöglichkeit unter Kostengesichtspunkten für Kunden und Einzelhändler und zeigen die jeweiligen Vor- und Nachteile auf.

Zusätzlich zur Präsentation vor der Klasse erstellen Sie eine kleine schriftliche Information für Ihre Klasse über die von Ihnen vorgestellte elektronische Zahlungsmöglichkeit.

© Astrid Gast – stock.adobe.com

Projekt 6: Finanzielle Sicherheit im Alter

Die Schülerinnen und Schüler informieren sich in Gruppen, welche Möglichkeiten sie haben, um nach Beendigung der Berufstätigkeit eine ihren Wünschen und Vorstellungen entsprechende Altersversorgung zu erhalten.

- Gruppe 1: Grundvorsorge
- Gruppe 2: Zusatzvorsorge
- Gruppe 3: Ergänzende private Vorsorge

Diese drei Hauptgruppen können sich wiederum in Untergruppen teilen, um spezielle Vorsorgeangebote der Klasse zu erläutern, z. B. die sogenannte Riester-Rente.

Jede Gruppe erstellt ein Handout mit den wichtigsten Informationen zur untersuchten Vorsorgemöglichkeit. Zum Projektabschluss werden externe Experten eingeladen und stellen sich den Fragen der Schülerinnen und Schüler.

© weseetheworld – Fotolia.com

Sachwortverzeichnis

C

D